U0216144

吉林人民出版社

简体字本二十六史

宋史

卷三八八——卷四四一

（十二）

[元] 脱脱等 撰

刘浦江等 标点

宋史卷三八八
列传第一四七

# 周执羔　王希吕　陈良祐
# 李浩　陈橐　胡沂　唐文若
# 李焘

周执羔字表卿，信州弋阳人。宣和六年，举进士，廷试，徽宗擢为第二。授湖州司士曹事，俄除太学博士。

建炎初，乘舆南渡，自京师奔诣扬州，不及，遂从隆祐太后于江西，还觐会稽。寻以继母刘疾，乞归就养，调抚州宜黄县丞。时四境扰扰，溃卒相延为变，令大恐，不知所为，执羔谕以祸福，皆敛手听命。既又讯其党，执首谋者斩以徇。邑人德之，至绘像立祠。

绍兴五年，改秩，通判湖州。丁母忧，服阕，通判平江府。召为将作监丞。明年春，迁备。累迁右司员外郎。

八月，擢权礼部侍郎，充贺金生辰使。往岁奉使官得自辟其属，赏典既厚，愿行者多纳金以请，执羔始拒绝之。使还，兼权吏部侍郎。请赐新进士闻喜宴于礼部，从之。军兴废此礼，至是乃复。同知贡举。旧例，进士试礼部下，历十八年得免举，又四试礼部下，始特奏名推恩。秦桧既以科第私其子，士论喧哗，为减三年以悦众。执羔言祖宗法不可乱，綖此忤桧，御史劾罢之。

又六年，起知眉州，徙阆州，又改夔州，兼夔路安抚使。夔部地接蛮獠，易以生事。或告：秦、播夷叛，其豪帅请遣兵致讨，执羔谓曰："朝廷用尔为长,今一方绎骚,责将焉往,能尽力则贳尔,一兵不可得也。"豪惧斩叛者以献,夷人自是皆慑息。三十年,知饶州,寻除敷文阁待制。

乾道初,守婺州,召还,提举佑神观兼侍讲。首进二说,以为王道在正心诚意,立国在节用爱人。二年四月,复为礼部侍郎。孝宗患人才难知,执羔曰："今一介干进,亦蒙赐召,口舌相高,殆成风俗,岂可使之得志哉!"上曰："卿言是也。"一日侍经筵,自言学《易》知数,臣事陛下之日短,已乃垂涕,上恻然,既拜本部尚书,升侍读,固辞,不许。

方士刘孝荣言《统元历》差,命执羔厘正之。执羔用刘义叟法,推日月交食,考五纬赢缩,以纪气朔寒温之候,撰《历议》、《历书》、《五星测验》各一卷上之。

上尝问丰财之术,执羔以为:"蠹民之本,莫甚於兵。古者兴师十万,日费千金。今尺籍之数,十倍於此,罢癃老弱者几半,不汰之其弊益深。"论:"和籴本以给军兴,豫凶灾。盖国家一切之政,不得已而为之。若边境无事,妨於民食而务为聚敛,可乎?旧籴有常数,比年每郡增至一二十万石。今诸路枯旱之余虫螟大起无以供常税,况数外取之乎?宜视一路、一郡一县丰凶之数,轻重行之,灾甚者蠲之可也。"上矍然曰:"灾异如此,乃无一人为朕言者!"即诏从之。

充安恭皇后攒宫按行使,日与阉人接,卒事未尝交一谈,阉亦服其长者,不怨也。拜疏求去,上谓辅臣曰:"朕惜其老成,宜以经筵留之。"除宝文阁学士,提举佑神观。上曰:"遂除龙图可也。"经筵二年,每劝上以辨忠邪、纳谏争,上深知其忠。

明年三月,告老,上谕曰:"祖宗时,近臣有年逾八十尚留者,卿之齿未也。"命却其章。闰月,复申前请。上度不可夺,诏提举江州太平兴国宫,赐茶、药、御书,恩礼尤渥,公卿祖帐都门外,搢绅荣之。时闽、粤、江西岁饥盗起,执羔陛辞以为言,诏遣太府丞马希言使诸路振救之。乾道六年卒,年七十七。

执羔有雅度,立朝无朋比。治郡谦恕,有循吏风。手不释卷,尤通于《易》。

王希吕字仲行，宿州人。渡江后自北归南，既仕，寓居嘉兴府。乾道五年，登进士科。孝宗奖用西北之士，六年，召试，授秘书省正字。除右正言。时张说以攀援戚属擢用，再除签书枢密院事，希吕与侍御史李衡交章劾之。上疑其合党邀名，责远小监当，既而悔之，改授宫观。方说之见用，气势显赫，后省不书黄，学士院不草诏，皆相继斥逐，而希吕复以身任怨，去国之日，屏徒御，躚履以行，恬不为悔。由是直声闻于远迩，虽以此黜，亦以此见知。出知庐州。

淳熙二年，除吏部员外郎，寻除起居郎兼中书舍人。淮右择帅，上以希吕已试有功，令知庐州兼安抚使。修葺城守，安集流散，兵民赖之。加直宝文阁、江西转运副使。

五年，召为起居郎，除中书舍人、给事中，转兵部尚书，改吏部尚书，求去，乃除端明殿学士、知绍兴府。寻以言者落职，处之晏如。

治郡百废俱兴，尤敬礼文学端方之士。天性刚劲，遇利害无回护意，惟是之从。尝论近习用事，语极切至，上变色欲起，希吕挽御衣曰：“非但臣能言之，侍从、台谏皆有文字来矣。”佐漕江西，尝作《拳石记》以示僚属，一幕官举笔涂数字，举坐骇愕，希吕览之，喜其不阿。荐之。

居官廉洁，至无屋可庐，由绍兴归，有终焉之意，然犹寓僧寺。上闻之，赐钱造第。后以疾卒于家。

陈良祐字天与，婺州金华人。年十九，预乡荐，间岁入太学。绍兴二十四年，擢进士第。调兴国军司户，未上，有荐于朝者，召除太学录、枢密院编修官。中丞汪澈荐除监察御史，累迁军器监兼邓王府直讲。隆兴元年，出为福建路转运副使。丁父忧，服阕，乾道三年，除起居舍人兼权中书舍人，迁起居郎。寻除左司谏。

首言会子之弊，愿捐内帑以纾细民之急。上曰：“朕积财何用，能散可也。”慨然发内府白金数万两收换会子。收铜版勿造，军民翕然。未几，户部得请，改造五百万。又奏："陛下号令在前，不能持半岁久，以此令民，谁能信之？岂有不印交子五百万，遂不可为国乎？"既而又欲造会子二千万，屡争之不得，遂请以五百万换旧会，俟通行渐收之，常使不越千万之数。

上锐意图治，以唐太宗自比，良祐言："太宗《政要》愿赐省览，择善而从，知非而戒，使臣为良臣，勿为忠臣。"上曰："卿亦当以魏征自勉。"

又言："陛下躬行节俭，弗殖货利。或者托肺腑之亲，为市井之行；以公侯之贵，牟商贾之利。占田畴，擅山泽，甚者发舶舟，招蕃贾，贸易宝货，糜费金钱。或假德寿，或托椒房，犯法冒禁，专利无厌，非所以维持纪纲，保全戚畹。愿严戒敕，苟能改过，富贵可保，如其不悛，以义断恩。

时左相丁外艰，诏起复，良祐言："起复非正礼，今无疆场之事，宜使之终丧。"遂寝。迁右谏议大夫兼侍讲，同知贡举，除给事中，兼直学士院，迁吏部侍郎。寻除尚书。

时议遣泛使请地，良祐奏："陛下恢复之志未尝忘怀，然词莫贵於金同，不可不察；博访归於独断，不可不审。固有以用众而兴，亦有以用众而亡；固有以独断而成，亦有独断而败。今遣使乃启衅之端，万一敌骑犯边，则民力困於供输，州郡疲於调发，兵拏祸结，未有息期。将帅庸鄙，类乏远谋，对君父则言效死，临战阵则各求生。有如符离之役，不战自溃，瓜州之遇，望敌惊奔，孰可仗者？此臣所以未敢保其万全。且今之求地，欲得河南，曩岁尝归版图，不旋踵而又失，如其不许，徒费往来，若其许我，必邀重币。经理未定，根本内虚，又将随而取之矣。向之四郡得之亦勤，尚不能有，今又无故而求侵地，陛下度可以虚声下之乎？况止求陵寝，地在其中，曩亦议此，观其答书，几於相戏。凡此二端，皆是求衅。必须遣使，则祈请钦宗梓宫，犹为有辞。内视不足，何暇事外？迩者未怀，岂能绥远？

奏入，忤旨，贬瑞州居住，寻移信州。九年，许令自便。淳熙四年，起知徽州，寻除敷文阁待制、知建宁府，卒。

李浩字德远，其先居建昌，迁临川。浩早有文称。绍兴十二年，擢进士第。时秦熺挟宰相子以魁多士，同年皆见之，或拉浩行，毅然不往。调饶州司户参军、襄阳府观察推官，连丁内外艰，继调金州教授，改太常寺主簿，寻兼光禄寺丞。

轮对，首陈《无逸》之戒，且言："宿卫大将杨存中恩宠特异，待之过，非其福。"上悟，旋令就第。自秦桧用事，塞言路，及上总揽权纲，激厉忠谠，此习尚存，朝士多务慎默。至是命百官转对，浩与王十朋、冯方、查籥、胡宪始相继言事，闻者兴起。

浩不安於朝，请祠，主管台州崇道观以归。孝宗即位，以太常丞召。时张浚督师江、淮，宰相多抑之，浩引仁宗用，韩琦、范仲淹诏章得象故事，乞戒谕令同心协济。兼权吏部郎官。浩雅为汤思退所厚，御史尹穑欲引之以共挤浚，因荐浩。及对，乃明示不同之意，二人皆不乐。逾年，始除员外郎兼皇子恭王府直讲。

在王府多所裨益，且因事以及时政，书之於册，幸上或见之，王亦素所爱重。他日外补，累年以归，王喜曰："李直讲来矣。"未几，宰相召为郎者四人，将进用之。尤属意浩。浩嘿然无一辞，同舍皆迁，浩独如故。

逾年，浙河水灾，诏郎官、馆职以上条时政阙失，浩谓上忧劳如此，今何可不言，即奏疏指论近臣，并及宰执惟举行，台谏多迎合，百执事顾忌畏缩。反覆数千言，倾倒罄竭，见者悚栗。上不以为忤，执事者深忌之。

乞外，得台州。州有谏中禁军五百人，训谏官贪残失众心，不逞者因谋作乱，忽露刃於庭，浩谓之曰："汝等欲为乱乎？请先杀我。"众骇曰："不敢，"乃徐推其为首者四人黥徒之，讫无事。除直秘阁。并海有宿寇，久不获，浩募其徒，自缚赎罪，即行其魁。

里豪民郑宪以赀给事权贵人门，襄橐为奸，事觉，械系之，死狱中，尽籍其家，徒其妻孥。权贵人教其家讼冤，且诬浩以买妾事，言者用是挤之。疏方上，权参政刘珙越次奏曰："李浩为郡，获罪豪民，为其所诬,臣考其本末甚白。上顾曰:"守臣不畏强御,岂易得邪?"且门章安在,珙袖出之,遂留中不下。大理观望,犹欲还其所没赀,上批其后曰:"台州所断至甚允当,郑宪家资,永不给还,流徙如故。"浩始得安

明年,除司农少卿。时朝廷和籴米八万,董其事者贱籴湿恶,隐刻官钱,户部不敢诘。浩白发其奸,下有司穷竟。户部欲就支稽见数,大理附会之,浩争曰:"非但惠奸,且亏军食。"上是其言。会大理奏结他狱,上顾辅臣曰:"棘寺官得刚正如李浩者为之。"已而卿缺,又曰:"无以易浩。"遂除大理卿。

时上英明,有大有为之志,廷臣不能奉行,诞慢苟且,依违避事。浩前在司农,尝因面对,陈经理两淮之策,至是为金使接伴还,奏曰:"臣亲见两淮可耕之田,尽为废地,心尝痛之。修书营屯,以为恢复根本。"又言:"比日措置边事甚张皇,愿戒将严备御,无规微利近功。日与大臣修治具,结人心,行重安静,以俟敌衅。"上悉嘉纳。

宰相议遣泛使,浩与辨其不可,至以官职诱之,浩怒,以语触之,且力求外。以直宝文阁知静江府兼广西安抚。有尚书郎入对,论及择帅事,上曰:"如广西,朕已得李浩矣。"又谕大臣曰:"李浩营田议甚可行。"大臣莫有应者。

浩至郡,旧有灵渠通漕运及灌溉,岁久不治,命疏而通之,民赖其利。邕管所隶安平州,其酋恃险,谋聚兵为边患,浩遣单使谕以祸福,且许其引赦自新,即日叩头谢过,焚撤水栅,听太府约束。

治广二年,召还,入对,论俗不美者八,其言曰:"陛下所求者规谏,而臣下专务迎合;所贵者执守,而臣下专务顺从;所惜者名器,而侥幸之路未塞;所重者廉耻,而趋附之门尚开;儒术可行,而有险诐之徒;下情当尽,而有壅蔽之患;期以气节,而偷惰者得以苟容;责以实效,而诞慢者得以自售。"上问诞慢谓谁,浩具以实对。翌日,谓宰相曰:"李浩直谅。"遂除权吏部侍郎。时政府有怙宠窃权者,党与非一,自浩之入,已相侧目,且欲以甘言诱之,浩中立不倚,拒弗纳。於是相与谋嗾谏议大夫姚宪论以强狠之资,挟奸谀之志,置之

近列,变乱黑白。未及正谢而罢。

乾道九年,提举太平兴国宫。明年夏,夔路阙帅,命浩以秘阁修撰宠其行。夔有羁縻州曰思州,世袭为守则田氏,与其犹子不协,将起兵相攻,浩草檄遣官为劝解,二人感悟,歃血盟,尽释前憾,边得以宁。逾年,以疾请祠,提举玉隆万寿宫,命未至,以淳熙三年九月卒,年六十一。诸司奏浩尽瘁其职以死,诏特赠集英殿修撰。

浩天资质直,涵养浑厚,不以利害动其心。少力学为文辞,及壮益沈潜理义。立朝慨然以时事为己任,忠愤激烈,言切时弊,以此见忌於众。平居未尝假人以辞色,不知者以为傲,或谮於上前,上谓:"斯人无他,在朕前亦如此,非为傲者。"小人惮之,诱以禄利,正色不回,谋害之者无所不至,独赖上察其衷,始终全之。为郡尤洁己,自海右归,不载南海一物。平生奉养如布衣时,风裁素高,人不敢干以私云。


陈棨字德应,绍兴余姚人。入太学有声,登政和上舍第,教授宁州。以母老改台州士曹,治狱平允。更摄天台、临海、黄岩三邑,易越州新昌令,皆以恺悌称。

吕颐浩欲援为御史,约先一见,棨曰:"宰相用人,乃使之呈身耶?"谢不往。赵鼎、李光交荐其才。绍兴二年五月,召对,改秩。六月,除监察御史,论事不合。八月,诏以宰邑有治行,除江西运判。瑞昌令倚势受赂,棨首劾罢之。期年,所按以十数,至有望风解印绶者。

以母年高,乞归养,诏棨善抚字,移知台州。台有五邑,尝摄其三,民怀惠爱,越境欢迎,不数月称治。母丧,邦人巷哭,相率走行在所者千余人,请起棨。诏棨清谨不扰,治状著闻,其敕所在州赐钱三十万。棨力辞,上谓近臣曰:"陈棨有古循吏风。"终丧,以司勋郎中召。

累迁权刑部侍郎。时秦桧力主和议,棨疏谓:"金人多诈,和不可信。且二圣远狩沙漠,百姓肝脑涂地,天下痛心疾首。今天意既回,兵势渐集,宜乘时扫清,以雪国耻;否亦当按兵严备,审势而动。舍此不为,乃迟讲和,何以系中原之望。"

既而金厚有所邀,议久不决,将再遣使,櫽复言:"金每挟讲和以售其奸谋。论者因其废刘豫又还河南地,遂谓其有於和,臣以为不然。且金之立豫,盖欲自为捍蔽,使之南窥。豫每犯顺,率皆败北,金知不足恃,从而废之,岂为我哉?河南之地欲付之他人,则必以豫为戒,故捐以归我。往岁金书尝谓岁帑多寡听我所裁,曾未淹岁,反覆如此。且割地通和,则彼此各守封强可也,而同州之桥,至今存焉。盖金非可以义交而信结,恐其假和好之说,骋谬悠之辞,包藏祸心,变出不测。愿深鉴前辙,亦严战守之备,使人人激厉,常若寇至。苟彼通和,则吾之振伤武备不害为立国之常。如其不然,决意恢复之图,勿循私曲之说,天意允协,人心向应,一举以成大勋则梓宫,太后可还,祖宗疆土可复矣。"桧憾之。櫽因力请去。未几,金果渝盟。

除徽猷阁待制,知颍昌府。时河南新疆初复,无敢往者,櫽即日就道。次寿春则颍已不守。改处州,又改广州。兵兴后,广东盗贼无宁岁,十年九易牧守。櫽尽革弊政,以恩先之。留镇三年,民夷悦服。

初朝廷移韩京一军屯循州,会郴寇骆科犯广西,诏遣京讨之。櫽奏:"广东累年困於寇贼,自京移屯,敌稍知畏。今悉军赴广西,则广东危矣。"桧以櫽为京地,坐稽留机事,降秩。屡上章告老,改婺州,请不已,遂致仕。又十二年,以疾卒于家,年六十六。

櫽博学刚介,不事产业,先世田庐,悉推予兄弟。在广积年,四方聘币一不入私室。既谢事归剡中,侨寓僧寺,日籴以食,处之泰然。王十朋为《风土赋》,论近世会稽人物,曰:"杜祁公之后有陈德应云。

　　胡沂字周伯,绍兴余姚人。父宗及,号醇儒,能守所学,不逐时好。沂颖异,六岁诵五经皆毕,不忘一字。绍兴五年进士甲科,陆沉州县几三十载,至二十八年,始入为正字。迁校书郎兼实录院检讨官、吏部员外郎。转右司,以忧去,终丧还朝。孝宗受禅,除国子司业、邓王府直讲,寻擢殿中侍御史。

有旨侍从、台谏修具方今时务,沂言:"守御之利,莫若令沿边屯田。前岁淮民逃移,未复旧业,中原最附,未知所处。俾之就耕,可赡给,省饷馈。东作方兴,且虑敌人乘时惊扰,宜聚兵险隘防守。"诏行其言。

御史中丞辛次膺论殿帅成闵黩货不恤士卒之罪,诏罢殿前司职事,与祠。沂再言其二十罪,遂落太尉,婺州居住。

沂又言:"将臣定十等之目,令其举荐,施之择将之顷则可,施之养士有素则未也。夫设武举,立武学,试之以弓马,又试之以韬略之文、兵机之策,盖将有所用也。除高等一二名,余皆吏部授以榷酤、征商,所养非所用,所用非所养,愿诏大臣详议,中举者定品格,分差边将下准备差遣则人人思奋,应上之求矣。"从之。

时龙大渊、曾觌以藩邸旧恩除知阁门事,张震、刘珙、周必大相继缴回词命。沂论其市权招士,请屏远之,未听,而谏官刘度坐抗论左迁。沂累章,益恳切,曰:"大渊、觌不屏去,安知无柳宗元、刘禹锡辈挠节以从之者,"好进者嫉其言,共排之,沂亦以言不行请去,遂以直显谟阁主管台州崇道观。

乾道元年冬,召为宗正少卿兼皇子庆王府赞读,寻兼侍讲,进中书舍人、给事中。进对,论命令当谨之於造命之初,上曰:"三代盛时如此。卿职在缴驳,事有当然,勿谓拂君相不言。"除吏部侍郎兼权尚书。

沂奏:"七司法自绍兴十三年纂修成书,岁且一纪,历月阅时,不无牴牾。望令敕令所官讨论章旨,此法可行不可行,此条当革不当革,将见行之法与当革之条辑为一书,颁之中外,庶可戢吏胥之奸。"诏行之。寻以目疾丐祠。

六年,出为徽猷阁待制、知处州。复引疾奉祠,提举江州太平兴国宫。八年,以待制除太子詹事,寻复拜给事中,进礼部尚书并兼领詹事，又改侍读。上顾沂厚，有大用意，而沂资性恬退，无所依附。数请去。

虞允文当国，希旨建策复中原，沂极论金无衅，而我诸将未见可任此事者，数梗其议。遂以龙图阁学士仍提举兴国官。

淳熙元年卒，年六十八。方疾革，整容素冠不少惰，盖其为学所得者如此。谥献肃。

唐文若字立夫，眉山人。父庚在《文苑传》。文若少英迈不群，为文豪健。登进士第，分教潼川府。给事中勾涛荐自代，诏赴行在所，既至，而勾涛出，不得见。文若奏书阙下，略曰："昔汉高慢士，四皓去之，而西鄙少廉耻之人；光武礼贤，严光友之，而东都多节义之士。陛下屈万乘之尊，驻跸东南，两宫将归，五路初复，正宜市朽骨，式怒蛙，以来豪杰，与之共治，宁迟惜此数刻之对耶？"书奏，翌日召对便殿，高宗大悦，特旨改合入官，通判洋州，洋西乡县产茶，亘陵谷八百余里，山穷险，赋不尽括。使者韩球将增赋以市宠。园户避苛敛转徙，饥馑相藉，文若力争之，赋迄不增。

再通判遂宁府。会大水，民多漂死，文若至城上，发库钱募游者，振活甚众。又力请于朝，除田租二万一千顷，免场务税二十余所，筑长堤以捍水势，自是无水患。

秦桧死，上访蜀士於魏良臣，以文若对。二十六年，以光禄丞召，改秘书郎，为《文思箴》以献，其略曰："於赫我皇，兵既休矣。兵休如何？莫若治兵。居安思危，邦乃攸宁。爰整其旅，文王以兴，载舞干羽，舜仁用成。向戍弭兵，《春秋》所惩。萧俛去兵，祸乱乃萌。师则多矣，军则强矣。纵弛不绳，犹曰无人。兵非以残，以兵休兵。"凡千五百余言。自桧主和，朝论讳言兵，故文若以此风焉。

迁起居郎。劝上收用西北人材以固根本，上深纳之。将命以掌制，时有为宣和执政请恩，为司谏凌哲所弹，文若喜其直，作《禾黍诗》以美之。侍御史周方崇以为讥己，劾文若狂诞，出知邛州。上屡为近臣言唐文若无罪，可改近郡。

知饶州,兴学宫,减田租奇耗二万石,又请岁籴常平义仓之储什三与民平市,农末俱利,而粟不腐,遂以著令。余干尝有剧盗,巡尉不能制,文若遣牙兵捕而戮之,加直敷文阁,移知温州。三十一年,召为宗正少卿。

金人犯边,文若求对,首建大臣节制江上之议。上谕大臣以文若与虞允文、杜莘老、马骐才皆可用,复除起居郎。时诸将北出,捷书日闻,上下有狃志,独文若忧之,图上元嘉北伐故事。上谕文若以创业所历艰苦及敌情反覆甚悉,文若对曰:"愿陛下深察大势,趋策之长而避其短,无循前代轨辙,则大善。"

未几,诸军退守,金主自将,围大将王权于历阳,权遁,淮南尽没。诏百官廷议,文若画三策,一请上亲征,二乞遣大臣劳军,三乞起张浚。工部侍郎许尹是其言,众遂列奏上之。不报。

文若寻面对,上问曰:"今计安出,卿熟张浚否?"文若曰:"浚守道笃学,天下属望,今四十年,天不死浚岭海,正为今日。上矍然曰:"援浚者多,非卿无以发此。"数日,遣杨存中护江上军,缓亲征之期,起浚知平江府,盖上以浚虽忠悫,喜功,将士多不附。文若复言浚本以孤忠得众,寻改浚镇建康府,将以为江、淮宣使,中沮之而止。

乘舆幸江表,以起居郎兼给事中,直学士院,同群司居守。驾还,迁中书舍人。上将内禅,前数日手诏追崇皇太子所生父,文若既书黄,因过周必大诵圣德,而疑名称示安,归白宰相,请更黄,堂吏不可,文若执不已,宰相以闻。诏改称本生亲,寻又改宗室子称,其后诏称皇兄。

孝宗嗣位,张浚以右府都督江、淮军事,文若时以疾请外,除敷文阁待制,知汉州,寻改都督参赞军事。浚使行边按守备,多所罢行者。未还,除知鼎州,改江州。

明年,浚入相,都督府罢。其冬,金复大入,官军悉戍淮。文若谓上流当严兵备,以定民志,奏籍乡丁五万,训练有法,人倚以固。解严,和籴大起,郡之数八万,文若以民劳,坚请得减什三。旋请祠,章三上未报。

乾道元年卒,年六十。赠左通奉大夫。

李焘字仁甫,眉州丹稜人,唐宗室曹王之后也。父中登第,知仙井监。焘甫冠,愤金仇未报,著《反正议》十四篇,皆救时大务。绍兴八年,擢进士第。调华阳簿,再调雅州推官。改秩,知双流县。仕族张氏子居丧而争产,焘曰:"若忍坠先训乎?盍归思之。"三日复来,迄悔艾无讼。又有不白其母而鬻产者,焘置之理,豪强敛迹。於是以余暇力学。

焘耻读王氏书,独博极载籍,搜罗百氏,慨然以史自任,本朝典故尤悉力研核。仿司马光《资治通临》例,断自建隆,迄于靖康,为编年一书,名曰《长编》,浩大未毕,仍效光体为《百官公卿表》。史官以闻,诏给札来上。制置王刚在辟干,办公事。

知荣州。荣因溪为隍,夏秋率苦水潦,焘筑防捍之。除潼川府路转运判官,入境,劾守令不职者四人。县多聚敛,焘括一路财赋额,通有无,酌三年中数,定为科约,上之朝,颁之州县。

乾道三年,召对,首举艺祖治身、治家、治官、治吏典故,以为恢复之法,乞增置谏官,许六察言事,请谏兵,毋增兵,杜诸将私献,核军中虚籍。

除兵部员外郎兼礼部郎中。会庆节上寿,在郊礼散斋内,议权作乐,焘言:"汉、唐祀天地,散斋四日,致斋三日,建隆初郊亦然。自崇宁、大观法《周礼》祭天地,故前十日受誓戒。今既合祭,宜复汉、唐及建隆旧制,庶几两得。"诏垂拱上寿止乐,正殿为北使权用。正除礼部郎中,言中兴祭礼未备,请以《开宝通礼》、《嘉祐因革礼》、《政和新仪》令太常寺参校同异,修成祭法。

四年,上《续通鉴长编》,自建隆至治平,凡一百八卷。时《乾道新历》成,焘言:"历不差不改,不验不用。未差无以知其失,未验无以知其是。旧历多差,不容不改,而新历亦未有大验,乞申饬历官讨论。"五年,迁秘书少监兼权起居舍人,寻兼实录院检讨官。

子后试贤良方正直言极谏科。焘素谓唐三百年不愧此科者惟刘去华,心慕之,尝以所著《通论》五十篇见蜀帅张焘,欲应诏,不偶而止。其友晁公塑书勉之,焘答以当修此学,必不从此举。既不克躬试,於是命二子垔、塾习焉。至是,吏部尚书汪应辰荐垔文行可应诏,故有是命。

左相陈俊卿出知福州,右相虞允文任恢复事,更张旧典。宰相以焘数言事,不乐,焘遂请去。除直显谟阁、湖北转运副使陛辞,以欲速变古为戒。

又奏:“《禹贡》九州,荆田第八,赋乃在三,人功既修,遂超五等,今田多荒芜,赋亏十八。”上命之条画。既至,奏:“京湖之民结茅而庐,筑土而坊,庸牛而犁,粜重而殖,谷苗未立,睥睨已多,有横加科敛者。今宜宽侵冒之禁,依乾德诏书止输旧税,广收募之术,如咸平、元丰故事,劝课有劳者推恩。”诏从之。总饷吕游问入奏焘摄其事。

岁饥,发鄂州大军仓振之,僚属争执不可,焘曰:“吾自任,不以累诸君。”寻如数偿之。游问返,果劾焘专,上止令具析,不之罪也。

八年,直宝文阁,帅潼川兼知、泸州,首葺石门堡以扼夷人,奏乞戒茶马司市叙州羁縻马毋溢额,戒官民毋於夷、汉禁山伐木造舟,奏移锁水於开边旧池,皆报可。

淳熙改元,被召,适城中火,上章自劾。提刑何熙志奏焚数不实,且言《长编》记魏王食肥彘,语涉诬谤,上曰:“宪臣按奏火数失实,职也,何预国史?”命成都提刑李蘩究火事,诏熙志贬二秩罢,焘止贬一秩。

焘及都门,乞祠,除江西运副,且许临遣。或劝以方被谗,无及时事,焘曰:“圣主全度如此,竭忠所以为报。”遂奏:“日食、地震皆阴盛,主敌国小人,不可不虑。”且申“无变古、无欲速”两言,又上《快箴》,引太祖罢朝悔乘快决事以谏,上曰:“朕当揭之座右。”进秘阁撰、权同修国史、权实录院同修撰。

焘为左史时,尝乞复行明堂礼,谓南郊、明堂初无隆杀,合视圜坛，特免出郊浮费。"至是申言之，诏集议，嬖幸沮止。其后周必大为礼部尚书，申其说，始克行。权礼部侍郎。

七月壬戌，雷震太祖庙柱，坏鸱尾，有司旋加修缮。焘奏非所以畏天变，当应以实。上谕大臣："焘爱朕，屡进谠言。"赐金紫。常请正太祖东向之位。

四年，驾幸太学，以执经特转一官，焘论两学释奠："从祀孔子，当升范仲淹、欧阳修、司马光、苏轼，黜王安石父子；从祀武成王，当黜李勣。众议不叶，止黜王雱而已。真拜侍郎，仍兼工部。

《徽宗实录》置院久，趣上奏篇，焘荐吕祖谦学识之明，召为秘书郎兼检讨官。夜直宣引，奏："近者蒙气蔽日，厥占不肖者禄，股肱耳目宜谨厥与。"赐坐。欲起，又留赐饮、赐茶寻诏监视太史测验天文。

九月丁酉，日当夜食，焘为社坛祭告官，伐鼓礼废，特举行。塈既中制科，为秘书省少正字，寻迁著作郎兼国史实录院编修检讨官。父子同主史事，搢绅荣之。

焘感上知遇，论事益切，每集议，众莫敢发言，独条陈可否无所避。近臣复举其次子塾应制科，以阁试不中程黜。塈偶考上舍试卷，发策问制科，为御史所劾，语连及焘，塈罢，焘亦知常德府。

初，政和末，沣、辰、沅、靖四州置营田刀弩手，募人开边，范世雄等附会扰民，建炎罢之。乾道间，有建请复置者，焘为转运使，尝奏不当复，已而提刑尹机迫郡县行之，田不能给。焘至是又申言之，请度田立额，且约帅臣张栻列奏，诏从之。境多茶园，异时禁切商贾，率至交兵，焘曰："官捕茶贱，岂禁茶商？"听其自如，迄无警。

累表乞闲，提举兴国宫。秋，明堂大礼成，以其首议，复除敷文阁待制。顷之，塈、塾继亡，上欲以吏事纾焘忧，起知遂宁府。

七年，《长编》全书成，上之，诏藏秘阁。焘自谓此书宁失之繁，无失之略，故一祖八宗之事凡九百七十八卷，卷第总目五卷。依熙宁修《三经》例，损益修换四千四百余事，上谓其书无愧司马迁。焘尝举汉石渠、白虎故事，请上称制临决，又请冠序，上许之，竟不克就。

又奏："陛下即位二十余年，志在富强，而兵弱财匮，与'教民七年可以即戎者'异矣。"一日，召对延和殿，讲臣方读《陆贽奏议》，焘因言："贽虽相德宗，其实不遇。今遇陛下可谓千载一时，"遂举贽所言切於今可举而行者数十事，劝上力行之。上有功业不足之叹，焘曰："功业见乎变通，人事既修，天应乃至。"进敷文阁直学士，提举佑神观兼侍讲、同修国史。荐尤袤、刘清之十人为史官。

十年七月，久旱，进祖宗避殿减膳求言故事，上亟施行。丁丑雨。一日宣对，焘言："外议陛下多服药，罕御殿，宫嫔无时进见，浮费颇多。"上曰："卿可谓忠爱，顾朕老矣。安得此声。近惟葬李婕妤用三万缗，他无费也。"遂因转对，乞用祖宗故事召宰执赴经筵。

太史言，十一月朔，日当食心八分。焘复条上古今日食是月者三十四事，因奏之曰："心，天王位，其分为宋。十一月於卦为复，方潜阳时，阴气乘之，故比他食为重，非小人害政，即敌人窥中国。"明日对延和殿，又及晋何会讥武帝无经国远图。

十一年春，乞致仕，优诏不允。上数问其疾增损，给事中宇文价传上旨，焘曰："臣子恋阙，非老病，忍乞骸骨。"因叩价时事，勉以忠荩。又闻四川乞减酒课额，犹手札赞庙堂行之。

病革，除敷文阁学士，致仕。命下，喜曰："事了矣。"口占遗表云："臣年七十，死不为夭，所恨报国缺然。愿陛下经远以艺祖为师，用人以昭陵为则。"辞气舒徐，乃卒，年七十。

上闻嗟悼，赠光禄大夫。他日谓宇文价曰："朕尝许焘大书'续资治通监长编'七字，且用神宗赐司马光故事，为序冠篇，不谓其止此。"

焘性刚大，特立独行。早著书，桧尚当路，桧死始闻于朝。既在从列，每正色以订国论。张栻尝曰："李仁甫如霜松雪柏。"无嗜好，无姬侍，不殖产。平生生死文字间，《长编》一书用力四十年，叶适以为《春秋》以后才有此书。

有《易学》五卷，《春秋学》十卷，《五经传授》、《尚书百篇图》、

《大传杂说》各一卷、《七十二子名籍》各一卷，《文集》五十卷，《奏议》三十卷，《四朝史蒉》五十卷，《通论》十卷，《南北攻守录》三十卷，《七十二侯图》、《陶潜新传》并《诗谱》各三卷，《历代宰相年表》、《唐宰相谱》、《江左方镇年表》、《晋司马光本支》、《齐梁本支》、《王谢世表》、《五代将帅年表》合为四十一卷。

谥文简，累赠太师、温国公。子壾、歪、塾、壁、壴。壾著作郎，歪夔州路提点刑狱，壁、壴皆执政，别有传。

论曰：执羔宿德雅度，在经筵，忠忱启沃，以口舌相高为戒。希吕刚直垦切，有古引裾风。良祐力止泛使，惧开衅端，忤旨窜斥而甘心焉。李浩独不造秦熺，陈橐以呈身为耻，文若讥休兵，胡沂斥阉宦，其清风苦节，终始弗渝。高、孝之世，李焘耻读王氏书，掇拾礼文残缺之余，粲然有则，《长编》之作，咸称史才，然所掇拾，或出野史，《春秋》传疑传信之法然欤！

宋史卷三八九
列传第一四八

# 尤袤　谢谔　颜师鲁　袁枢
# 李椿　刘仪凤　张孝祥

尤袤字延之，常州无锡人。少颖异，蒋偕、施垌呼为奇童。入太学，以词赋冠多士，寻冠南宫。绍兴十八年，擢进士第。尝为泰兴令，问民疾苦，皆曰："邵伯镇置顿，为金使经行也，使率不受而空厉民。漕司输藁秸，致一束数十金。二弊久莫之去。"乃力请台阃奏免之。县旧有外城，屡残於寇，颓毁甚，袤即修筑。已而金渝盟，陷扬州，独泰兴以有城得全。后因事至旧治，吏民罗拜曰："此吾父母也。"为立生祠。

注江阴学官，需次七年，为读书计。从臣以靖退荐，召除将作监簿。大宗正阙丞，人争求之，陈俊卿曰："当予不求者。"遂除袤。虞允文史事过三馆，问谁可为秘书丞者，佥以袤对，亟授之。张栻、曰："真秘书也。"兼国史院编修官、实录院检讨官，迁著作郎兼太子侍读。

先是，张说自阁门入西府，士论鼎沸，从臣因执奏而去者数十人，袤率三馆上书谏，且不往见。后说留身密奏，於是克家罢相，袤与秘书少监陈骙各与郡。袤得台州，州五县。有丁无产者输二年丁税，凡万有三千家。前守赵汝愚修郡城工才什三，属袤成之。袤按行前筑，殊卤莽，亟命更筑，加高厚，数月而毕。明年大水，更筑之，塘正直水冲，城赖以不没。

　　会有毁袤者，上疑之，使人密察，民诵其善政不绝口，乃录其《东湖》四诗归奏。上读而叹赏，遂以文字受知。除淮东提举常平，改江东。江东旱，单车行部，核一路常平米，通融有无，以之振贷。

　　朱熹知南康，讲荒政，下五等户租五斗以下悉蠲之，袤推行于诸郡，民无流殍。进直秘阁，迁江西漕兼知隆兴府。屡请祠，进直敷文阁，改江东提刑。

　　梁克家荐袤及郑侨以言事去国，久于外，当召，上可之。召对，言：“水旱之备惟常平、义仓，愿预伤有司随市价禁科抑，则人自乐输，必易集事。”除吏部郎官、太子侍讲，累迁枢密检正兼左谕德。轮对，又申言民贫兵怨者甚切。

　　夏旱，诏求阙失，袤上封事，大略言：“天地之气，宣通则和，壅遏则乖；人心舒畅则悦，抑郁则愤。催科峻急而农民怨；关征苛察而商旅怨；差注留滞，而士大夫有失职之怨；廪给俊削，而士卒有不足之怨；奏谳不是地报，而久系囚者怨；幽枉不获伸，而负累者怨；强暴杀人，多特贷命，使已死者怨；有司买纳，不即酬价，负贩者怨。人心抑郁所以感伤天和者，岂特一事而已。方今救荒之策，莫急于劝分，输纳既多，朝廷吝于推赏。乞诏有司检举行之。”

　　高宗崩前一日，除太常少卿。自南渡来，恤礼散失，事出仓卒，上下罔措，每有讨论，悉付之袤，斟酌损益，便于今而不泥于古。

　　当定庙号，袤与礼官定号“高宗”，洪迈独请号“世祖”。袤率礼官颜师鲁、郑侨奏曰：“宗庙之制，祖有功，宗有德。艺祖规创大业，为宋太祖，太宗混一区夏，为宋太宗，自真宗至钦宗，圣圣相传，庙制一定，万世不易。在礼，子为父屈，示有尊也。太上亲为徽宗子，子为祖而父为宗，失昭穆之序。议者不过以汉光武为比，光武以长沙王后，布衣崛起，不与哀、平相继，其称无嫌。太上中兴，虽同光武，然实继徽宗正统，以子继父，非光武比。将来祫庙在徽宗下而称祖，恐在天之灵有所不安。”诏群臣集议，袤复上议如初，迈论遂屈。诏从礼官议。众论纷然。会礼部、太常寺亦同主“高宗”，谓本朝创业中兴，皆在商丘，取“商高宗”，实为有证。始诏从初议。建议事堂，令皇太子参决庶务，袤时兼侍读，乃献书，以为："储副之位，止于侍膳问安，不交外事；抚军监国，汉至今，多出权宜。乞便恳辞以彰殿下之令德。"

台臣乞定丧制，袤奏："释老之教，矫诬亵渎，非所以严宫禁、崇几筵，宜一切禁止。"灵驾将发引，忽定配享之议，洪迈请用吕颐浩、韩世忠、赵鼎、张俊。袤言："祖宗典故，既附然后议配享，今忽定于灵驾发引一日前，不集众论，惧无以厌伏勋臣子孙之心。宜反覆熟议，以俟论定。"奏入，诏未预议官详议以闻，继寝之，卒用四人者。时杨万里亦谓张浚当配食，争之不从，补外。进袤权礼部侍郎兼同修国史侍讲，又兼直学士院。力辞，上听免直院。

淳熙十四年，将有事于明堂，诏议升配，袤主绍兴孙近、陈公辅之说，谓："方在几筵，不可配帝，且历举郊岁在丧服中者凡四，惟元祐明堂用吕大防请，升配神考，时去大祥止百余日，且祖宗悉用以日易月之制，故升侑无嫌。今陛下行三年之丧，高宗虽已祔庙，百官犹未吉服，讵可近违绍兴而远法元祐升侑之礼？请俟丧毕议之。"诏可。

孝宗尝论人才，袤奏曰："近召赵汝愚，中外皆喜，如王蔺亦望收召。"上曰："然。"一日论事久，上曰："如卿才识，近世罕有。"次日语宰执曰："尤袤甚好，前此无一人言之，何也？"兼权中书舍人，复诏兼直学士院，力辞，且荐陆游自代，上不许。时内禅议已定，犹未谕大臣也。是日谕袤曰："旦夕制册甚多，非卿孰能为者，故处卿以文字之职。"袤乃拜命，内禅一时制册，人服其雅正。

光宗即位，甫两旬，开讲筵，袤奏："愿谨初戒始，孜孜兴念。"越数日，讲筵又奏："天下万事失之于初，则后不可救。《书》曰：'慎厥终，惟其始。'"又历举唐太宗不私秦府旧人为戒。又五日讲筵，复论官制，谓："武臣诸司使八阶为常调，横行十三阶为要官，遥郡五阶为美职，正任六阶为贵品，祖宗待边境立功者。近年旧法顿坏，使被坚执锐者积功累劳，仅得一阶；权要贵近之臣，优游而历华要，举行旧法。"姜特立以为议己。言者固以为周必大党，遂与祠。

　　绍熙元年，起知婺州，改太平州，除焕章阁待制，召除给事中。既就职，即昌言曰："老矣，无所补报。凡贵近营求内除小碍法制者，虽特旨令书请，有去而已，必不奉诏。"甫数日，中贵四人希赏，欲自正使转横行，衮缴奏者三，竟格不下。

　　兼侍讲，入对，言："愿上谨天戒，下畏物情，内正一心，外正五事，澄神寡欲，保毓太和。虚己任贤，酬酢庶务。不在於劳精神、耗思虑、屑屑事为之末也。"

　　陈源除在京宫观，耶律适嘿除承宣使，陆安转遥郡，王成特补官，谢渊、李孝友赏转官，吴元充、夏永寿迁秩，皆论驳之，上并听纳。

　　韩侂胄以武功大夫、和州防御使用应办赏直转横行，衮缴奏，谓："正使有止法，可回授不可直转。侂胄勋贤之后，不宜首坏国法，开攀援之门。"奏入，手诏令书行，衮复奏："侂胄四年间已转二十七年合转之官，今又欲超授四阶，复转二十年之官，是朝廷官爵专徇侂胄之求，非所以为摩厉之具也。"命遂格。

　　上以疾，一再不省重华宫，衮上封事曰："寿皇事高宗历二十八年如一日，陛下所亲见，今不待倦勤以宗社付陛下，当思所以不负其托，望勿惮一日之勤，以解都人之惑。"后数日，驾即过重华宫。

　　侍御史林大中以论事左迁，衮率左史楼钥论奏，疏入，不报，皆封驳不书黄。耶律适嘿复以手诏除承宣使，一再缴奏，辄奉内批，特与书行。衮言："天下者祖宗之天下，爵禄者祖宗之爵禄，寿皇以祖宗之天下传陛下，安可私用祖宗爵禄而加於公议不允之人哉？"疏入，上震怒，裂去后奏，付前二奏出。衮以后奏不报，使史收阁，命遂不行。

　　中宫谒家庙，官吏推赏者百七十有二人，衮力言其滥，乞痛裁节，上从之。尝因登对，专论废法用例之弊，至是复申言之。除礼部尚书。驾当诣重华宫，复以疾不出，率同列奏言："寿皇有免到宫之命，愿力请而往，庶几可以慰释群疑，增光孝治。"后三日，驾随出，中外欢呼。

　　兼侍读，上封事曰："近年以来，给舍、台谏论事，往往不行，如黄裳、郑汝谐事迁延一月，如陈源者奉祠，人情固已惊愕，至姜特立召，尤为骇闻。向特立得志之时，昌言台谏皆其门人，窃弄威福，一旦斥去，莫不诵陛下英断。今迟召之，自古去小人甚虽，譬除蔓草，犹且复生，况加封植乎？若以源、特立有劳，优以外任，或加锡赉，无所不可。彼其闲废已久，含愤蓄怨，待此而发，傥复呼之，必将潜引党类，力排异已，朝廷无由安静。

　　时上山属疾，国事多舛，袤积忧成疾，请告，不报。疾笃乞致仕，又不报，遂卒，年七十。遗奏大略劝上以孝事两宫，以劝康庶政，察邪佞，护善类。又口占遗书别政府。明年，转正奉大夫致仕。赠金紫禄大夫。

　　袤少从喻樗、汪应辰游。樗学於杨时，时，程颐高弟也。方乾道、淳熙间，程氏学稍振，忌之者目为道学，将攻之。袤在掖垣，首言："夫道学者，尧，舜所以帝，禹、汤、武所以王，周公、孔、孟所以设教。近立此名，诋訾士君子，故临财不苟得所谓廉介，安贫守分所谓恬退，择言顾行所谓践履，行己有耻所谓名节，皆目之为道学。此名一立，贤人君子欲自见於世，一举足且入其中，俱无得免，此岂盛世所宜有？愿徇名必责其实，听言必观其行，人才庶不坏於疑似。"孝宗曰："道学岂不美之名，正恐假托为奸，使真伪相乱尔。待付出戒敕之。"袤死数年，侂胄擅国，於是禁锢道学，贤士大夫皆受其祸，识者以袤为知言。

　　尝取孙绰《遂初赋》以自号，光宗书篇赐之。有《遂初小藁》六十卷、《内外制》三十卷。嘉定五年，谥文简。子棐、棨。孙焴，礼部尚书。


　　谢谔字昌国，临江军新喻人。幼敏惠，日记千言，为文立成。绍兴二十七年，中进士第，调峡州夷陵县主簿，未上，抚之乐安多盗，监司檄谔摄尉，修二十策，大要使其徒相纠而以信赏随之，群盗果解散。金渝盟，诸军往来境上，选行县事，有治办声。

改吉州录事参军。囚死者旧瘗以稿，往往暴骨。谞白郡，取船官弃材，以棺敛之。郡民陈氏僮窃其箧以逃，有匿之者。陈于官，词过其实，反为匿僮者所诬。帅龚茂良怒，欲坐以罪，谞为书白茂良，陈氏获免，茂良亦以是知之。

岁大侵，饥民万余求廪，官吏罔措。谞植五色旗，分部给粜，顷刻而定。知袁州分宜县。县积负於郡数十万，岁常赋外，又征缗钱二万余，谞乃疏其弊於诸监司，请免之。以母忧去。寻丁父忧，服阕，除干办行在诸司量料院。迁国子监簿，寻擢监察御史。奏减袁州分宜。秀州华亭月桩钱。

谞里居时，创义役法，编为一书，至是上之。诏行其法於诸路，民以为便。

迁侍御史，再迁右谏议大夫兼侍讲。讲《尚书》，言於上曰："《书》，治道之本，故观经者当以《书》为本。"上曰："朕最喜伊尹、传说所学，得事君之道。"谞曰："伊、传固然，非成汤、武丁信用之，亦安能致治！"因论及边事，上有乘机会之谕，谞曰："机会虽不可失举事亦不可轻。"上常问："闻卿与郭雍游，雍学问甚好，岂曾见程颐乎？"谞奏："雍父忠孝尝事颐，雍盖得其传於父。"上遂封雍为颐正先生。

光宗登极，献十箴，又论二节三近：所当节者曰宴饮，曰妄费；所当近者曰执政大臣，曰旧学名儒，曰经筵列职。除御史中丞，权工部尚书，请祠，以焕章阁直学士知泉州，又辞，提举太平兴国宫而归。绍熙五年，卒，年七十四，赠通议大夫。

谞为文仿欧修、曾巩。初居县南之竹坡，名其燕坐曰艮斋，人称艮斋先生。周必大荐士，及谞姓名，孝宗曰："是谓艮斋者耶？朕见其《圣学渊源》五卷而得之"云。

颜师鲁字几圣，章州龙溪人。绍兴中，擢进士第，历知莆田、福清县。尝决水利滞讼，辟陂洫绵四十里。岁大侵，发廪劝分有方而不遏籴价，船粟毕凑，市籴更平。郑伯熊为常平使，荐于朝，帅陈俊卿尤器重之。召为官告院,迁国子丞,除江东提举。时天雨土,日青无光,都人相惊,师鲁陛辞,言:"田里未安,犴狱未清,政令未当,忠邪未辨,天不示变,人主何繇省悟!愿诏中外,极陈得失,求所以答天戒,销患未形。"上韪其言。

寻改使浙西。役法敝甚,细民至以鸡豚甖榻折产力,遇役辄破家。师鲁下教属邑,预正流水籍,稽其役之序,宽比限,免代输,咸便安之。盐课岁百钜万,本钱久不给,亭灶私鬻,禁不可止,刑辟日繁。师鲁搏祭缗。尽偿宿负,戒官吏毋侵移,比旁路课独最。上谓执政曰:"儒生能办事如此。"予职直秘阁。农民有垦旷土成田未及受租者,奸豪多为己利,师鲁奏:"但当正其租赋,不应绳以盗种法,失劝农重本意。"奏可,遂著为令。

入为监察御史,遇事尽言,无所阿挠。有自外府得内殿宣引,且将补御史阙员,师鲁亟奏:"宋璟召自广州,道中不与杨思勖交一谈。李鄘耻为吐突承璀所荐,坚辞相位不拜,士大夫未论其才,立身之节,当以璟、鄘为法。今其人朋邪为迹,人所切齿,纵朝廷乏才,宁少此辈乎?臣虽不肖,羞与为伍。"命乃寝。继累章论除职帅藩者:"比年好进之徒,平时交结权幸,一纡郡绂,皆掊克以厚包苴,故昔以才称,后以贪败。"上出其疏袖中,行之。

十年,由太府少卿为国子祭酒。初,上谕执政择老成端重者表率太学,故有是命。首奏:"宜讲明理学,严禁穿凿,俾廉耻兴而风俗厚。"师鲁学行素孚规约,率以身先,与诸生言,挈挈以治己立诚为本,艺尤异者必加奖劝,由是人知饬励。上闻之喜"曰:"颜师鲁到学未久,规矩甚肃。"除礼部侍郎,寻兼吏部。

有旨改官班,特免引见。师鲁献规曰:"祖宗法度不可轻弛,愿始终持久,自强不息。"因言:"赐带多滥,应奉微劳,皆得横金预外朝廷会,如观瞻何?且臣下非时之赐,过于优隆;梵舍不急之役,亦加锡赉。虽南祭封桩不与大农经费,然无功劳而既与之,是弃之也。万一有为国制变御侮,建功立事者,将何以旌宠之?"高宗丧制,一时典礼多师鲁裁定,又与礼官尤袤、郑侨上议庙号,语在袤传。

诏充遗留礼信使。初,显仁遗留使至金,必令簪花听乐。师鲁陛辞,言:"国势今非昔比,金人或强臣非礼,誓以死守。"沿途宴设,力请撤乐。至燕山,复辞簪花执射。时孝宗以孝闻,师鲁据经陈谊,反复慷慨,故金终不能夺。

迁吏部侍郎,寻除吏部尚书兼侍讲,屡抗章请老,以龙图阁直学士知泉州。台谏、侍从相继拜疏,引唐孔戣事以留行。内引,奏言:"愿亲贤积学,以崇圣德,节情制欲,以养清躬。"在泉因任,凡阅三年,专以恤民宽属邑为政,始至即蠲舶货,诸商贾胡尤服其清。再起知泉州,以绍熙四年卒于家,年七十五。

师鲁自幼庄重若成人,孝友天至。初为番禺簿,丧父以归,扶柩航海,水程数千里,甫三日登于岸,而飓风大作,人以为孝感。常曰:"穷达自有定分,枉道希世,徒丧所守。"故其大节确如金石,虽动与俗情不合,而终翕然信服。嘉泰二年,诏特赐谥曰定肃。

袁枢字机仲,建之建安人。幼力学,尝以《修身为弓赋》试国子监,周必大、刘珙皆期以远器。试礼部,词赋第一人,调温州判官,教授兴化军。

乾道七年,为礼部试官,就除太学录,轮对三疏,一论开言路以养孝之气,二论规恢复当图万全,三论士大夫多虚筵、徼荣利。张说自阁门以节铖签枢密,枢方与学省同僚共论之,上虽容纳而色不怡。枢退诣宰相,示以奏疏,且曰:"公不耻与哙等伍邪。"虞允文愧甚。枢即求外补,出为严州教授。

枢常喜诵司马光《资治通鉴》,苦其浩博,乃区别其事而贯通之,号《通鉴纪事本末》。参知政事龚茂良得其书,奏于上,孝宗读而嘉叹,以赐东宫及分赐江上诸帅,且令熟读,曰:"治道尽在是矣。"

他日,上问袁枢今何官,茂良以实对,上曰:"可与寺监簿。"於是以大宗正簿召登对,即因史书以言曰:"臣窃闻陛下尝读《通鉴》,屡有训词,见诸葛论两汉所以兴衰,有'小人不可不去'之戒,大哉王言,垂法万世。"遂历陈往事,自汉武而下至唐文宗偏听奸佞,致于祸乱。且曰:"固有诈伪而似诚实,恇佞而似忠鲠者,苟陛下日与图事於帷幄中,进退天下士,臣恐必为朝廷累。"上顾谓曰:"朕不至与此曹图事帷幄中。"枢谢曰:"陛下之言及此,天下之福也。"

迁太府丞。时士大夫颇有为党与者。枢奏曰:"人主有偏党之心,则臣下有朋党之患。比年或谓陛下宠任武士,有厌薄儒生之心,猜疑大臣,亲信左右,内庭行庙堂之事,近侍参军国之谋。今虽总权纲,专听览,而或壅蔽聪明,潜移威福。愿可否惟听於国人,毁誉不私於左右。"上方锐意北伐,示天下以所向。枢奏:"古之谋人国者,改示之以弱,苟陛下志复金仇,臣愿蓄威养锐,勿示其形。"复陈用宰执、台谏之术。

时议者欲制宗室应举锁试之额,限添差岳祠,减臣僚荐举,定文武任子,严特奏之等,展郊禋之岁,缓科举之期,枢谓:"此皆近来从窄之论,人君惟天是则,不可行也,"遂抗疏劝上推广大以存国体。

兼国史院编修官,分修国史传。章惇家以其同里,宛转请文饰其传,枢曰:"子厚为相,负国欺君。吾为史官,书法不隐,宁负乡人,不可负天下后世公议。"时相赵雄总史事,见之叹曰:"无愧古良史。"

权工部郎官,累迁兼吏部郎官。两淮旱,命廉视真、扬、庐、和四郡。归陈两淮形势,谓:"两淮坚固则长江可守,今徒知备江,不知保淮,置重兵於江南,委空城於淮上,非所以戒不虞。瓜洲新城,专为退保,金使过而指议,淮人闻而叹嗟。谁为陛下建此策也?"

迁军器少监,除提举江东常平茶盐,改知处州,赴阙奏事。枢之使淮入对也,尝言:"朋党相附则大臣之权重,言路壅塞则人主之势孤,"时宰不悦。至是又言:"威权在下则主势弱,故大臣逐台谏以蔽人主之聪明;威权在上则主势强,故大臣结台谏以遏天上之公议。今朋党之旧尚在,台谏之官未正纪纲,言路将复荆榛矣。"

除吏部员外郎,迁大理少卿。通州民高氏以产业事下大理,殿中侍御史冷世光纳厚赂曲庇之,枢直其事以闻,人为危之。上怒,立罢世光,以朝臣劾御史,实自枢始。手诏权工部侍郎,仍兼国子祭酒。因论大理狱案请外,有予郡之命,既而贬两秩,寝前旨。光宗受禅,叙复元官,提举太平兴国宫、知常德府。

宁宗登位,擢右文殿修撰、知江陵府。江陵濒大江,岁坏为巨浸,民无所托。楚故城楚观在焉,为室庐,徙民居之,以备不虞。种木数万,以为捍蔽,民德之。寻为台臣劾罢,提举太平兴国宫。自是三举祠,力上请制,比之疏传、陶令。开禧元年,卒,年七十五。

自是闲居十载,作《易传解义》及《辩异》、《童子问》等书藏于家。

李椿字寿翁,名州永年人。父升,进士起家。靖康之难,升翼其父,以背受刃,与长子俱卒。椿年尚幼,藁殡佛寺,深窆而详识之;奉继母南走,艰苦备尝,竭力以养。以父泽,补迪功郎,历官至宁国军节度推官。治豪民伪券,还陈氏田,吏才精强,人称之。

张浚辟为制司准备差遣,常以自随。椿奔走淮甸,绥流民,布屯戍,察庐、寿军情,相视山水砦险要,周密精审,所助为多。

隆兴元年春,诸将有以北讨之议上闻者,事下督府,椿方奉檄至巢,亟奏记浚曰:“复仇伐敌,天下大义,不出督府而出诸将,况藩篱不固,储备不丰,将多而非才,兵弱而未谏,议论不定,纵得其地,未易守也。”既而师出无功。

浚尝叹实才之难,椿曰:“岂可厚诬天下无人,唯不恶逆耳而甘逊志,则庶其肯来耳。”浚复除右相,椿知事不可为,劝之去。明年春,浚出视师,椿曰:“小人之党已胜,公无故去朝廷,综迹必危,”复申前说甚苦。浚心是之,而自以宗臣任天下之重,不忍决去,未几果罢。

监登闻鼓院,有所不乐,请通判廉州以归。未上,召对,知鄂州。请行垦田,复户数千,旷士大辟。

移广西提黠刑狱,狱未竟者,一以平决之,释所疑数十百人。奏罢昭州金坑,禁仕者毋市南物。移湖北漕,适岁大侵,官强民振籴,且下其价，米不至，益艰食。椿损所强籴数而不遏其直，未几米舟凑集，价减十三。每行部，必前期戒吏具州县所当问事列为籍，单车以行，所至取吏卒备使令。凡以例致馈，一不受，言事者请下诸道为式。

召为吏部郎官，论广西盐法，孝宗是其说，遂改法焉。除枢密院检详。小吏持南丹州莫酉表，求自宜州市马者，因签书张说以闻。椿谓："邑远宜近，故迁之，岂无意？今莫氏方横，奈何道之以中国地里之近？小吏妄作，将启边衅，请论如法。"说怒，椿因求去，上慰谕令安职。

迁左司，复请外，除直龙图阁、湖南运副。兼请十三事，同日报可，大者减桂阳军月桩钱万二千缗，损民税折银之直，民刻石纪之。

除司农卿。椿会大农岁用米百七十万斛，而省仓见米仅支一二月，叹曰："旨所谓国非其国矣。"力请岁储二百万斛为一年之蓄。

择临安守，椿在议中，执政或谓其於人无委曲，上曰："正欲得如此人。"遂兼临安府，视事三月，竟以权幸不便解去。椿在朝遇事辄言，执政故不悦。及是转对，又言："君以刚健为体而虚中为用，臣以柔顺为体而刚中为用。陛下得虚中之道，以行刚健之德矣。在廷之臣，未见其能以刚中守柔顺而事陛下者也。"执政滋不悦，出知婺州。

会诏市牛筋，凡五千斤。椿奏："一牛之筋才四两，是欲屠二万牛也。"上悟，为收前诏。

除吏部侍郎，又极言阉寺之盛，曰："自古宦官之盛衰，系国家兴亡。其盛也，始则人畏之，甚则人恶之，极则群起而攻之。汉、唐勿论，靖康、明受之祸未远，必有以裁制之，不使至极，则国家免於前日之患，宦官亦保其富贵。门禁宫戒之外，勿得预外事，严禁士大夫兵将官与之交通。"上闻靖康、明受语，蹙頞久之，曰："幼亦闻此。"因纳疏袖中以入。最后极言："当预边备，如欲保淮。则楚州、盱眙、昭信、濠梁、涡口、花圧、正阳、光州皆不可以不守；如欲保江，则高邮、六合、瓦梁、濡须、巢湖、北峡亦要地也。"

以病请祠,不许,面请益力,乃除集英殿修撰、知宁国府,改太平州,赐尚方珍剂以遣。既至,力图上流之备,请选将谏习,缓急列舰,上可以援东关、濡须,下可以应采石。

年六十九,上章请老,以敷文阁待制致仕。越再岁,上念湖南兵役之余,欲镇安之,谓椿重厚可倚,命待制显谟阁、知潭州、湖南安抚使。累辞不获,乃勉起,至则抚摩凋瘵,气象一如盛时。复酒税法,人以为便。岁旱,发廪劝分,蠲租十一万,粜常平米二万,活数万人。

潭新置飞虎军,或以为非便,椿曰:“长沙一都会,控扼湖、岭,镇抚蛮徭,二十年间,大盗三起,何可无一军?且已费县官缗钱四十二万,何可废耶?亦在驭之而已。”未满岁,复告归,进敷文阁直学士致仕,朝拜命,夕登舟,归老野塘上。

椿年十五岁避地南来,贫无以为养,不得专力於学。年三十始学《易》,其言於朝廷,措诸行事,皆《易》之用。巍然有守,存心每主於厚,尤恶佛老邪说。

淳熙十年,卒,年七十三。朱熹尝铭其墓,谓“其逆知得失,不假蓍龟,”“不阿主好,不诡时誉”云。


刘仪凤字韶美,普州人。少以文竭左丞冯澥,澥甚推许,遂知名。绍兴二年,登进士第。抱负倜傥,不事生产,於仕恬如也。擢第十年,始赴调,尉遂宁府之蓬溪,监资州资阳县酒税,为果州、荣州掾。

绍兴二十七年,有旨令侍从荐士,起居郎赵逵举仪凤,称其“富有词华,恬於进取,”宰执上其名,上曰:“蜀人道远,文学行义有可用者,不由论荐,何缘知之?前此蜀仕宦者例多隔绝,不得一至朝廷,殊可惜也。”自秦桧专权,深抑蜀士,故上语及之。寻除诸王宫大小学教授。召试馆职,辞以久离场屋,改国子监丞。宰相以其名士,迁秘书丞、礼部员外郎。所草馈奏,以典雅称。

孝宗受禅,议“上光尧寿圣”尊号册宝,有欲俟钦宗服除者,太常博士林栗谓:“唐宪宗上顺宗册宝在德宗服中,不必避,备乐而不作可也。"仪凤独上议曰："谨按上尊号事属嘉礼,累朝必俟郊祀庆成然后举行。太上皇帝为钦宗备礼终制,见於诏书。议者引宪宗故事,考之唐史,自武德以来,皆用易月之制,与本朝事体大相远也。乞候钦宗终制,检举以行,则国家盛美,主上事亲情实称矣。"议者虽是其言,然谓事亲当权宜而从厚,竟用栗议,仪凤复争辨不已。寻兼国史院编修官兼权秘书少监。乾道元年,迁兵部侍郎兼侍讲。

仪凤在朝十年,每归即匿其车骑,扃其门户,客至,无亲疏皆不得见,政府累月始一上谒,人尤其傲。奉入,半以储书,凡万余卷,国史录无遗者。御史张之纲论仪凤录四库书本以传私室,遂斥归蜀。

三年十二月,辅臣进前侍从当复职者,上曰:"刘仪凤无罪,可与复集英殿修撰。"起知邛州,未上,改汉州、果州,罢归。淳熙二年十二月丙申,卒,年六十六。

仪凤苦学,至老不倦,尤工於诗。然颇慕晋人简傲之风,不乐与庸辈接,故平生多踬踬,一跌遂不振云。

张孝祥字安国,历阳乌江人。读书一过目不忘,下笔顷刻数千言。年十六,领乡书,再举冠里选。绍兴二十四年,廷试第一。时策问师友渊源,秦埙与曹冠皆力攻程氏专门之,孝祥独不攻。考官已定埙冠多士,孝祥次之,曹冠又次之。高宗读埙策皆秦桧语,於是擢孝祥第一,而埙第三,授承事郎、签书镇东军节度判官。谕宰相曰:"张孝祥词翰俱美。"

先是,上之抑埙而擢孝祥也,秦桧已怒,既知孝祥乃祁,祁与胡寅厚,桧素憾寅,且唱第后,曹泳揖孝祥于殿庭,以请婚为言,孝祥不答,泳憾之。於是风言者诬祁有反谋,繁诏狱。会桧死,上郊祀之二日,魏良臣密奏散狱释罪,遂以孝祥为秘书省正字。故事,殿试第一人,次举始召,孝祥甫一年得召由此。

初对,首言乞总揽权纲以尽更化之美。又言:"官吏忤故相意,并缘文致,有司观望锻练而成罪,乞令有司即改正。"又言:"王安石作《日录》,一时政事,美则归己。故相信任之专,非特安石。臣惧其作《时政记》，亦如安石专用己意，乞取已修《日历》详审是正，黜私说以垂无穷。"从之。

迁校书郎。芝生太庙，考祥献文曰《原芝》，以大本未立为言，且言："芝在仁宗、英宗之室，天意可见，乞早定大计。"迁尚书礼部员外郎，寻为起居舍人、权中书舍人。

初，孝祥登第，出汤思退之门，思退为相，擢孝祥甚峻。而思退素不喜汪澈，孝祥与澈同为馆职，澈老成重厚，而孝祥年少气锐，往往陵拂之。至是澈为御史丞，首劾孝祥奸不在卢杞下，孝祥遂罢，提举江州太平兴国宫，於是汤思退之客稍稍被逐。

寻除知抚州。年未三十，莅事精确，老於州县者所不及。孝宗即位，复集英殿修撰、知平江府。事繁剧，孝祥剖决，庭无滞讼。属大姓并海囊橐为奸利，孝祥捕治，籍其家得谷粟数万。明年，吴中大饥，迄赖以济。

张浚自蜀还朝，荐孝祥，召赴行在。孝祥既素为汤思退所知，及受浚荐，思退不悦。孝祥入对，乃陈"二相当同心戮力，以副陛下恢复之志。且靖康以来惟和战两言，遗无穷祸，要先立自治之策以应之。"复言："用才之路太狭，乞博采度外之士以备缓急之用。"上嘉之。

除中书舍人，寻除直学士院兼都督府参赞军事。俄兼领建康留守，以言者改除敷文阁待制，留守如旧。会金再犯边，孝祥陈金之势不过欲要盟。宣谕使劾孝祥落职，罢。

复集英殿修撰、知静江府、广南西路经略安抚使，治有声绩，复以言者罢。俄起知潭州，为政简易，时以威济之，湖南遂以无事。复待制，徙知荆南湖北路安抚使。筑守金堤，自是荆州无水患，置万盈仓以储诸漕之运。

请祠，以疾卒，孝宗惜之，有用才不尽之叹。进显谟阁直学士致仕，年三十八。

孝祥俊逸，文章过人，尤工翰墨，尝亲书奏札，高宗见之，曰："必将名世。"但渡江初，大议惟和战，张浚主复仇，汤思退祖秦桧之说力主和,孝祥出入二人之门而两持其说,议者惜之。

论曰:尤袤学本程颐,所谓老成典刑者,立朝抗论,与人主争是非,不允不已,而能令终完节,难矣。谢谔、颜师鲁、袁枢临民则以治辨闻,立朝则启沃忠谏,各举乃职,为世师表。李椿、刘仪凤言论节概,著于行事。张孝祥蚤负才俊,莅政扬声,迨其两持和战,君子每叹息焉。

宋史卷三九〇
列传第一四九

# 李衡　王自中　家愿　张纲
# 张大经　蔡洸　莫濛　周淙
# 刘章　沈作宾

　　李衡字彦平,江都人。高祖昭素仕至侍御史。衡幼善博诵,为文操笔立就。登进士第,授吴江主簿。有部使者怙势作威,侵刻下民,衡不忍以敲扑迎合,投劾于府,拂衣而归。后知溧阳县,专以诚意化民,民莫不敬。夏秋二税,以期日榜县门,乡无吏迹,而输送先他邑办。因任历四年,狱户未尝系一重囚。

　　隆兴二年,金犯淮堧,人相惊曰:“寇深矣!”官沿江者多送其孥,衡独自浙右移家入县,民心大安。盗蝟起旁境,而溧阳靖晏自如。帅汪澈、转运使韩元吉等列上治状,诏进一秩,寻召入为监察御史。历司封郎中、枢密院检详,出知温、婺、台三州,惟婺尝位其治。加直秘阁,而衡引年乞身,恳恳不休,上累却其奏,除秘阁修撰致仕。上思其朴忠,旋召落致仕,除侍御史,以老固辞,不获命。差同知贡举。会外戚张说以节度使掌兵柄,衡力疏其事,谓“不当以母后肺腑为人择官,”廷争移时。改除起居郎,衡曰:“与其进而负於君,孰若退而合於道。”章五上,请老愈力,上知不可夺,仍以秘撰致仕。时给事中莫济不书敕,翰林周必大不草制,右正言王希吕亦与衡相继论奏,同时去国,士为《四贤诗》以纪之。衡后定居昆山,结茅别

墅,杖屦徜徉,左右惟二苍头,聚书逾万卷,号曰"乐菴",卒,年七十
九。

衡自宣和间入辟雍,同舍有赵孝孙者,洛人也,其父实师程颐,
家学有源,劝衡读《论语》曰:"学非记诵辞章之谓,所以学圣贤也,
不可有丝毫伪实处,方可以言学。"衡心佩其训,虽博通群书而以
《论语》为根本。临没,沐浴冠栉,悠然而逝。周必大闻之曰:"世谓
潜心释氏,乃能达死生,衡非逃儒入释者,而临终超然如此,殆几孔
门所谓闻道者叹。

王自中字道甫,温州平阳人。少负奇气,自立崖岸,由是忤世。
乾道四年,议遣归正人,自中伏丽正门争论,且言:"今内空无贤,外
空无兵,当搜罗豪俊,广募忠力,以图中原。"坐斥徽州,放还。淳熙
中,登进士第,主舒州怀宁簿。严州分水令。

枢密使王蔺荐,召对,帝壮其言,将改秩为籍田令,又俾举所
知,且响用矣,以谏疏罢。自中本韩彦古客,王蔺既荐之,上大喜。韩
彦直、彦质辈,恐其为彦古报仇,力请交结於自中;而密达意近习,
谓"自中受彦古赂,伏阙上书荐彦古为相。"上遣人物色其事,中书
舍人王信恒惧自中入台将不利於王淮,知彦直辈谮已行,亟请对,
探上意;退即走白右正言蒋继周。继周方敢劲奏,读至"受赂阙处,"
上曰:"卿可谓中其膏肓。"继周奏:"臣非不知孤踪忤王蔺,但不敢
旷职。"盖欲并中蔺以媚淮,上但喜继周善论事,不知曲折如此。

通判郢州,道除知光化军,改信州,丁内艰,服阕,还朝。光宗即
位,迎谓曰:"朕得卿名於寿皇,留为郎可乎?"言者不置。主管冲佑
观,起知邵州、兴化军,命下而自中已病,庆元五年八月,卒,年六
十。

家愿字处厚,眉山人。父勤国,庆历、嘉祐间与从兄安国、定国
同从刘巨游,与苏轼兄弟为同门友。王安石久废《春秋》学,勤国愤
之,著《春秋新义》。熙宁、元丰诸人纷更,而元祐诸贤矫枉过正,勤

国忧之,为筑室,作《室喻》,二苏读敬叹。

愿弱冠游京师,以广文馆进士登第,时绍圣元年也。廷策进士,中书侍郎李清臣拟进策问,力诋元祐之政,愿答策惟以守九年之所已行者为言。时门下侍郎苏辙上疏辨策问,举汉武帝事,触上怒待罪,愿未及知也,因见辙,诵所对,惊喜曰:"故人子道同志合,犹若是也。"杨畏核考,专主熙宁、元丰,取毕渐为第一,愿遂居下第。辙寻出守汝,而国论大变矣。

元符三年,以日食求言,愿时为普州乐至令,应诏上言,极时政凡万言,其大要有十:一曰仅始以正本,二曰敬德以格天,三曰谨好恶以防小人,四曰审信任以辨君子,五曰开言路以来直谏,六曰详听言以观事实,七曰破党议以存至公,八曰登硕德以服天下,九曰从宽厚以尽人才,十曰崇名节以厚士风。疏上不报。崇宁元年,诏籍元祐、元符上书人姓名,愿以选人籍入邪下等,谪监华州西岳庙。时当改京秩,迄不改,禁锢不调凡十年。大观四年,孛星出,降赦,党禁解,始改秩,调知双流县。通判文州。郡守郑行纯态内侍势自恣,罢蕃夷互市,启边隙。愿争之,不从,经下令复其旧。守怒交章互奏,俱报罢。而愿以曾入党籍,谪英州酒税,量移黄州,数年始予祠。兴元帅臣王庶荐自代,通判果州。靖康初,左丞冯澥荐备谏列,除开封府工曹,京城失守,不克赴。高宗南渡,擢知阆州。会张浚谋大举,愿谓浚厉兵足谷以俟机会,浚不悦,以便旨移彭州。有论边防书,名曰《罪言》。守彭之明年,乞骸骨以归,卒。

方苏辙之读愿策,谓愿少年能不为进取计,异时当以直道闻,恨不及见,辙之言至是而验。淳祐间,愿曾孙大酉侍讲经筵,因从容及之,上改容嘉叹,宣取所上书,又亲书"西社同门友,元符上书人"十大字以赐。

愿同郡杨恂,丹陵人也,字信仲。元丰五年,登进士第。元符初,知广都县,与愿同时上书,语甚切直。越三年,亦同入党籍邪下第五等。其书以火不存。

　　张纲字彦正,润州丹阳人。入太学,以上舍及第。释褐,徽宗知纲五中首选,特除太正,迁博士,除校书郎。入对,论:"君子小人混淆,询言试事则邪正自别。小人得志邀功生事,祸有不可胜言者。今用事者大言罔上,风俗移靡,背本趋末,日甚一日。宜以祖考躬行之教为法,天下有不难化矣。"上称善。论事与蔡京不相合,挤之去,主管玉局观。久之还故官,兼修《国朝会要》、校正御前文字。迁著作佐郎、屯田司勋郎。

　　初,朝议遣童贯、蔡攸使朔方,纲方论不可出师状,不报。及金渝盟犯京阙,命纲分守四壁,旋解严,诏登陴足月者迁。纲曰:"主忧臣辱,义当尔,顾因此受赏邪?"卒不自言。出为两浙提刑,移江东。池将王进剽悍恣睢,曹官以小过违忤,遂钉手于门。事闻,诏纲乘传穷竟。时国势未安,诸将往往易朝廷,进拥甲骑数百突至纲前,纲叱进阶下,即按问,罪立具,自是无越法者。以左司召,权监察御史。请令郡邑月具系囚存亡数,申提刑司,岁终校多寡行殿最。进起居舍人,改中书舍人。建言乞依祖宗法命大臣兼领史事,诏宰臣吕颐浩监修国史,著为令。

　　试给事中。大将有以军中田不均乞不收租,朝廷将从之,纲执不可。会推恩元祐党籍家,有司无限制,自陈者纷至。纲建议以崇宁所刻十八人为正。自军兴后,小人多乘时召乱,历五年而怨家告讦者众。纲谓非所以广好生之德,乞自蔽囚,后有告勿受。宗室令应特转太中大夫,纲言:"庶官超转侍从非法,且自崇宁以来官职不循资任,致纲纪大坏,今方丕变其俗,奈何以令应故复违旧章。"诏以次官命词,舍人王居正复执不行,命遂寝。宣抚使张俊驻师九江,遣营卒以书至瑞昌,县令郭彦章揣知卒与狱囚通,乃械系之。俊诉于朝,彦章坐免。纲言:"近时州县吏多献谀当路,彦章不随流俗,是能奉法守职,今不奖而黜,何以示劝?"

　　除给事中。侍御史魏矼劾纲,提举太平观。进徽猷阁待制,引年致仕。秦桧用事久,纲卧家二十年绝不与通问。桧死,召为吏部侍郎兼侍读。初讲《诗·关雎》,因后妃淑女事,历陈文王用人,寓意规戒。上曰："久不闻博雅之言，今日所讲析理精详，深启朕心。"纲言："比年监司资浅望轻，请择七品以上清望官，或曾任郡守有治状者为之，庶位望既重，材能已试，可举其职。"从之。权吏部尚书。时以彗出东方，诏求言。纲奏："求言易，听察难。宜命有司详审章奏，必究极其情，无事苟简。"除参知政事。高宗频谕辅臣宽恤民力，盖惩秦桧苛政，期安黎庶。纲乃摘其切於利民八十事，标以大指。乞镂版宣布中外，於是人皆昭知上德意。

告老，以资政殿学士知婺州，寻致仕。高宗幸建康，纲朝行宫。孝宗登极，召纲陪祀南郊，以老辞不至，诏嘉之，命所在州郡恒存问，仍赐羊酒，卒，年八十四。

纲常书坐右曰："以直行己，以正立朝，以静退高天下。"其笃守如此。初谥文定，吏部尚书汪应辰论驳之，孙釜再请，特赐曰章简。釜，庆元间为谏官，力排道学诸贤，累官至签书枢密院事。

张大经字彦文，建昌南城人。绍兴十五年，中进士第，宰吉之龙泉，有善政。诸司列荐，赐对便殿，出知仪旨。时两淮监司、帅守多兴事邀功，大经独以平易近民，民咸德之。提举湖南常平，提點北刑狱，寻移江东。他路有巨豪犯法，狱久不竟，命移属大经。豪挟权势求脱，大经卒正其罪。孝宗重风宪之选，命条上部使者十人，上独可大经，召见，上曰："朕十人中得卿一人，以卿风力峻整。"遂除监察御史。命下，中外耸叹。

大经首陈士风揣克、偷惰、诞慢、浮虚四弊。时理官间多居外，大经奏非便，乃作舍寺庭。迁大理少卿，守殿中侍御史。言："今日不治，由大臣不任责。"又言："诸路荒政不实，飞蝗颇多。愿益加恐惧，申饬大臣，俾内而百官有司输忠悦、修厥职，外而监司守臣察贪理冤、去苛敛、宽民力。"上皆嘉纳。因论近习韩侠荐士，上曰："此亦无害。昔杨得意为狗监，亦尝荐司马相如。"大经奏："彼何人斯，使得荐士，将恐无廉耻者望风希旨，伤毁士俗。"后数日，上谓大经曰："卿前所论韩侠，朕思之诚是也。"又论宦者董琏暴横，将命淮甸，所至诛求,且自号"董阎罗"。上曰:"然,人皆言之。"即依奏镌罢,窜南康军。除侍御史。上宣谕曰:"卿论事得体,且详谏。"大经遂言:"士风未厚,吏治未肃,民力未苏,和气未应,皆由人心未正。愿察公正,明义利,以彰好恶,抑浮薄,去贪刻,则莫不靡然洗濯,一归於正。"上称善再三。又言:"监司治民之本不可限以资格。"上纳其言,即选四寺丞同时临遣。试右谏议大夫兼侍讲。请通漕臣之计,以补州郡之有无;拘户绝之租,以广常平之储偫;严赃罪改正法,以惩贪黩;收外路辟阙归吏部,以杜私竭而通孤寒。

秋旱,诏求言。大经极言:"人心不和有以致之。民力竭而愁叹多,军士贫而怨嗟众,二者当今大弊。州县之间,绢帛多折其估,米粟过收其赢,关市苛征,榷酤峻禁。中外兵帅多出贵幸之门,营利自丰,素召众怨,教阅灭裂,军容不整。且近习甲第名园,越法逾制,别墅列肆,在在有之,非赂遗何以济欲?愿陛下疏斥险腐,抑绝幸门,垂意人主之职,责成宰辅,一提其纲,则天下事必有能办之者。"俄而池司郝政降充统制官,殿帅补外,盖用其言也。

除礼部尚书兼侍读。大经屡请祠,上曰:"卿公廉必能为朕牧民。"以徽猷阁学士知建宁府。未几,移镇绍兴,辞不拜,予祠。进龙图阁学士,告老,以通奉大夫致仕。方主眷未衰,抗疏引,人方之孔戣。寿逾八秩,绍熙五年,宁宗即位,进正义大夫;降诏抚问,赐银衾药茗。庆元四年七月,疾革,语诸子曰:"吾目可瞑,吾爱君忧国之心不可泯。"无一语及私。卒,年八十九。讣闻,上甚悼之,赠银青光禄大夫,谥简肃。

蔡洸字子平,其先兴化仙游人,端明殿学士襄之后,徙霅川。父伸,左中大夫。洸以荫补将仕郎,中法科,除大理评事,迁寺丞,出知吉州。召为刑部郎,徒度支,以户部郎总领淮东军马钱粮、知镇江府。会西溪卒移屯建康,舳舻相衔。时久旱,郡民筑陂潴水灌溉,漕司檄郡决之,父老泣诉。洸曰:"吾不忍获罪百姓也。"却之。已而大雨,漕运通,岁亦大熟。民歌之曰:"我潴我水,以灌以溉,俾我不夺,蔡公是赖。"就除司农少卿,言:"镇江三邑税户客输丁各异,请为一体,不得自为同异。所输丁绢,依和买之直,计尺折纳,人给一钞,官自买绢起发,公私皆便。"上嘉纳。以户部侍郎召,试吏部尚书,移户部。上谓侍臣曰:"朕以版曹得人为喜。"洸常言"财无渗漏则不可胜用。"未几求去,除徽猷阁学士、知宁国府。陛辞赐坐,上慰劳曰:"卿面有火色,风证也,朕有二方赐卿。"洸谢,即奉祠以归。卒,年五十七。

洸事亲孝,曾祖襄未易名,力请于朝,赐谥忠惠。所得奉,每以振亲戚之贫者,去朝之日,囊无余资,至售所赐银鞍辔治行,人服其清洁云。

莫濛字子蒙,湖州归安人。以祖荫补将仕郎,两魁法科,累官至大理评事、提举广南市舶。张子华以赃败,朝廷命濛往鞫之,濛正其罪。又言秦熺、郑时中受子华赂,计直数千缗。还朝,除大理寺正。吏部火,连坐者数百人,久不决,命濛治之。濛察其最可疑者留于狱,也余人为耳目以踪迹之,约三日复来,遂得其实,系者乃得释。黄州卒奏亲擒盗五十余人,上命濛穷竟,既至,咸以冤告。濛命囚去桎梏,引卒至庭,询窃发之由,斗敌之所,远近时日悉皆抵牾,折之,语塞。濛具正犯数人奏上,余释之。上谕辅臣曰:"莫濛非独晓刑狱,可俾理金谷。"除户部员外郎。

朝廷遣濛措置浙西、江淮沙田芦场,上语之曰:"得此可助经费,归日以版曹处卿。"濛多方括责,得二百五十三万七千余亩。言者论其丈量失实,征收及贫民,责监饶州景德镇。起知光化军。谍知金渝盟,郡乏舟,众以为虑,濛力为办集,及敌犯境,民赖以济。时饷馈急,除淮南转运判官,濛迁延不之任,右司谏梁仲敏劾其慢命,罢官勒停。宣谕使汪澈为言於上,复旧职,召见,上谕曰:"朕常记向措置沙田甚不易。"濛谢曰:"职尔,不敢避怨。"上曰:"使任责者人人如卿,天下何事不成。"

除湖北转运判官。未几,知鄂州,召除户部左曹郎中,出知扬州。陛辞,上以城圮,命濛增筑。濛至州,规度城阛,分授诸将各刻姓名甓堞间,县重赏激劝,阅数月告成。除直宝文阁学士、大理少卿兼详定司敕令官,兼权知临安府。未几,假工部尚书使金贺正旦。金庭锡宴,濛以本朝忌日不敢簪花听乐,金遣人趣赴,濛坚执不从,竟不能夺。使还,除刑部侍郎,改工部侍郎兼临安府少尹,以言者罢。起知鄂州。卒于官,年六十一,赠正奉大夫。

　　周淙字彦广,湖州长兴人。父需,以进士起家,官至左中奉大夫。淙幼警敏,力学,宣和间以父任为郎,历官至通判建康府。绍兴三十年,金渝盟,边事方兴,帅守难其选,士夫亦惮行。首命淙守除阳,未赴,移楚州,又徙濠梁。淮、楚旧有并山水置砦自卫者,淙为立约束,结保伍。金主亮倾国犯边,民赖以全活者不可胜计。除直秘阁,再任。孝宗受禅,王师进取虹县,中原之民翕然来归,扶老携幼相属于道。淙计口给食,行者犒以牛酒,至者处以室庐,人人感悦。张浚视师,驻于都梁,见淙谋,辄称叹,且曰:“有急,公当与我俱死。”淙亦感激,至谓“头可断,身不可去。”浚入朝,悉陈其状,上嘉叹不已,进直徽猷阁,帅惟扬。

　　会钱端礼以尚书宣谕淮东,复以淙荐,进直显谟阁。时两淮经践蹂,民多流亡,淙极力招辑,按堵如故。劝民植桑柘,开屯田,上亦专以属淙,屡赐亲札。淙奉行益力,进直龙图阁,除两浙转运副使。未几,知临安府,上言:“自古风化必自近始。陛下躬履节俭,以示四方,而贵近奢靡,殊不知革。”乃条上禁止十五事,上嘉纳之。降诏奖谕,赐金带。临安驻跸岁久,居民日增,河流湫隘,舟楫病之,淙请疏浚。工毕,除秘阁修撰,进右文殿修撰,提举江州太平兴国宫以归。上念淙不忘,除敷文待制,起知宁国府,趣入奏,上慰抚愈渥。魏王出镇,移守婺州。明年春,复奉祠,亟告老。十月卒,年六十,积阶至右中奉大夫,封长兴县男。

　　刘章字文孺,衢州龙游人。少警异,日诵数千言,通《小戴礼》,

四冠乡举。绍兴十五年廷对，考官定其级在三，迨进御，上擢为第一，授镇江军签判。是冬，入省为正字。明年。迁秘书郎兼普安、恩平两王府教授，迁著作佐郎。事王邸四岁，尽忠诚，专以经谊文学启迪掖导，受知孝宗自此始。秦桧当国，兼不附己，风言者媒蘗其罪，出卒筠州。桧死，召为司封员外郎、检详枢密院文字兼玉牒检讨官。擢秘书少临、起居郎。使金还，除权工部侍郎，俄兼吏部、兼侍讲。郊祀毕，侍从，上《庆成诗》。

初，章在秘省，尝议郊庙礼文，当置局讨论，诏行其说。正迁吏部、御史论章使胥长买绢，高宗愕然曰：“刘章必无是事。”御史执不已，罢提举崇道观，举朝嗟郁。起居郎王佐讼其冤，亦坐绌。起知信州，未久，复请祠。孝宗受禅，念旧学，命知漳州，为谏议大夫王大宝所格。寻除秘阁修撰、敷文阁待制，召提举佑神观兼侍读，遂拜礼部侍郎。奏禁遏淫祀，仍於《三朝史》中删去《道释》、《符瑞志》，大略以为非《春秋》法。

朝廷议经略中原，调诸郡兵，民颇扰。少卿赵彦端指言非是。或谮彦端曰：“陛下究心大举，凡所图回，但资赵彦端一笑尔。”彦端惧不测。上因夜对问章曰：“闻卿监中有笑朕者。”章不知状，从容对曰：“圣主所为，人焉敢笑，若议论不同或有之。”上意颇解。彦端获免，人称章长者。诏徇唐太宗所问魏征德仁功利优劣，章上疏谆复，且言：“太宗问征在贞观十六年，陛下宅天命十载于兹，愿益加意，将越商、周绍唐、虞矣，太宗非难到也。”进权礼部尚书兼给事中。对选德殿，问章：“今年几而容貌未衰，颇尝学道否？”章拱对曰：“臣书生无他长，惟菲俭自度。晏婴一狐裘三十年不易，人以为难，臣以为易。”上嘉叹久之。亲洒宸翰以赐，俾安职。章力告归，以显谟阁学士食祠禄。

淳熙元年，子之衡由御史、检法出守广德军，当陛辞，对便殿，问：“卿父学士安否？”抚劳再三，临退复谓曰：“卿归侍，为朕致此意。”旋遣阁门祗候苏曦至家宣问，拜端明殿学士，赐银绢四百匹。四年，上表告老，以资政学士致仕，卒，年八十，赠光禄大夫，谥曰靖文。章容状魁硕，以周密自守，出入两朝，被顾遇，未尝泄禁中一语。

　　沈作宾字宾王，世为吴兴归安人。以父任入仕，监饶州永平监，冶铸坚缎，又承诏造雁翎刀，称上意，连进两资。中刑法科，历江西提刑司检法官，入为大理评事。改秩，通判绍兴府。帅守丘崈遇僚吏刚严，作宾从容裨赞，每济以宽。秩满，知台州，首访民疾苦，弛盐禁；宽租期，均徭役，更酒政，决滞狱，五十日间尽除前政之不便民者，邦人胥悦；而前守嫉其胜己，巧媒蘗之，罢去。民请于朝，借留不遂，为立"留贤碑"。除大理正，亲嫌，改太府丞，迁刑部郎。

　　庆元初，历官至淮南转运判官，以治办闻。直华文阁，因其任。擢太府少卿，总领淮东军马钱粮，继升为卿。寻除直龙图阁，帅浙东，知绍兴府。入对，奏："徽州、南康军月桩不如期，朝廷科降额，比年曰'权免一次'，来年督促如初，适足启吏奸、重民害，乞明诏示。又楚州武锋一军已招三千五百余人，朝廷初欲减戍，数年未就纪律：一，主将望轻；二，郡守节制不为礼；三，训谏不尽其能。愿令本州少假借，责之谏习，期以岁月，考绩用成否，上于朝而黜陟之。"上嘉纳。韩侂胄方用事，族有居越者，私酿公行，作宾逮捕置于狱，而窜其奴。又论绍兴府和买事，语在《食货志》。

　　除两浙转副使。入对，奏："赞宫一司，岁拔经、总制钱为缗率四万有奇，丹腠未弊，加之涂饰，墙壁具存，从而创易，妄费固不足计，亡谓惊黩，非所以妥神灵、彰圣孝。今后有合营缮，闻于朝，下守臣稽核，书旨而后兴役。"上首肯再三，而修奉者不乐也。

　　除权工部侍郎，继兼户部侍郎。奏请修绍兴三十一年以前故事，复敕令所删修官五员以待选人有才者，又乞申严保伍法。以言者罢归，起知镇江府，除集英殿修撰，改知宁国府，除宝谟阁待制，知潭州，除户部侍郎兼详定敕令官，奏湖北当储粟，湖南当增兵。未几，除龙图阁待制，知平江府，请得节制许浦水军，诏可。郡有使臣，故海盗也，作宾使招诱其党，既至，慰勉之，锡衣物，又得强勇者几千人，置将以统之，号曰："义士；"复募郡城内外恶少亦几千人，号

曰"壮士"。衣粮器械皆视官军,而轻捷善斗过之,於是海道不警,市
井无哗。寻命参赞督府,兼权镇江府。请留戍兵千人,又欲以江、闽
新军二千人易旧军千人,备不虞。朝廷难之,遂请祠。言者继及之,
复召为户部侍郎。军兴之余,国力殚耗,见存金谷,仅支旬日,作宾
考逋负,柅吏奸,阅三月即有半年之储。充馆伴使。兼权工部尚书。

　　会临安阙知府事,时相欲奏用作宾,力辞。除权户部尚书,以母
忧解,服阕,授显谟阁直学士、知建宁府入觐,乞申严诡户之禁。除
宝谟阁学士,江西安抚兼知隆兴府。奏部内南安、南康、龙泉三县
'迫近溪峒'三县令尉及近峒之砦曰秀洲,曰北乡,曰莲塘,并永新
县之胜乡砦,宜就委帅、宪两司择才辟置,量加赏格。又乞诏诸道监
司分诣州郡,选禁军,精诚阅,改刺其懦弱者为厢军。在郡撙钱二十
余万缗,僚属请献诸朝,作宾谓平生未尝献羡,以半归帅司犒师,半
隶本府。除焕章阁学士、提举隆兴府玉隆万寿宫,进显谟阁学士致
仕,卒于家,赠金紫光禄大夫。

　　论曰:李衡进退雍容,几於闻道。王自中、家愿奇迈危言,摧折
弗悔,咸有可称。尝考宋之立国,元气在台谏。崇宁、大观而后,奸
佞擅权,爵赏冒滥,驯至覆亡。高、孝重绳纠封驳之司,张纲抑令廉
恩,大经劾韩侂、斥董琏,人人振扬风采,正气稍伸矣。时则有若洸、
蒙、淙、章、作宾,班班有善,同传亦宜。

宋史卷三九一
列传第一五〇

# 周必大　　留正　　胡晋臣

周必大字子充,一字洪道,其先郑州管城人。祖诜,宣和中卒庐陵,因家焉。父利建,太学博士。必大少英特,父死,鞠於母家,母亲督课之。

绍兴二十年,第进士,授徽州户曹。中博学宏词科,教授建康府。除太学录,召试馆职,高宗读其策曰:"掌制手也。"守秘书省正字。馆职复召试自此始。兼国史院编修官,除监察御史。

孝宗践祚,除起居郎。直前奏事,上曰:"朕旧见卿文,其以近作进。"上初御经筵,必大奏:"经筵非为分章析句,欲从容访问,裨圣德,究治体。"先是,左右史久不除,并记注壅积,必大请动必书,兼修月进。乃命必大兼编类圣政所详定官,又兼权中书舍人。侍经筵,尝论边事,上以蜀为忧,对曰:"蜀民久困,愿诏抚谕,事定宜宽其赋。"应诏上十事,皆切时弊。

权给事中,缴驳不辟权幸。翟婉容位官吏转行碍止法,争之力,上曰:"意卿止能文,不谓刚正如此。"金索讲和时旧礼,必大条奏,请正敌国之名,金为之屈。

曾觌、龙大渊得幸,台谏交弹之,并迁知阁门事,必大与金安节不书黄,且奏曰:"陛下於政府侍从,欲罢则罢,欲贬则贬,独於二人委曲迁就,恐人言纷纷未止也。"明日宣手诏,谓:"给舍为人鼓扇,太上时小事,安敢尔!"必大入谢曰:"审尔,则是臣不以事太上者事陛下。"退待罪，上曰："朕知卿举职，但欲破朋党、明纪纲耳。"旬日，申前命，必大格不行，遂请祠去。

久之，差知南剑州，改提点福建刑狱。入对，愿诏中外举文武之才，区别所长为一籍，藏禁中，备缓急之用。除秘书少监、兼直学士院，兼领史职。郑闻草必大制，上改窜其末，引汉宣帝事。必大因奏曰："陛下取汉宣帝之言，亲制赞书，明示好恶。臣观西汉所谓社稷臣，乃鄙朴之周勃，少文主及黯，不学之霍光。圣于公孙弘，蔡义，韦贤，号曰儒者，而持禄保位，故宣帝谓俗儒不达时宣。使宣帝知真儒，何至杂伯哉？愿平心察之，不可有轻儒名。"上喜其精洽，欲与之日夕论文。

德寿加尊号，必大曰："太上万寿，而绍兴末议文及近上表用嗣皇帝为未安。按建炎遥拜徽宗表，及唐宪宗上顺宗尊号册文，皆称皇帝。"议遂定。赵雄使金，赍国书，议受书礼。必大立具草，略谓："尊卑分定，或较等威；叔侄亲情，岂嫌坐起！"上褒之曰："未尝谕国书之意，而卿能道朕心中事，此大才也。"

兼权兵部侍郎。奏请重侍从以储将相，增台谏以广耳目，择监司、郡守以补郎官。寻权礼部侍郎、兼直学士院，同修国史、实录院同修撰。

一日，诏同王之奇、陈良翰对选德殿，袖出手诏，举唐太宗、魏征问对，以在位久，功未有成，治效优劣，苦不自觉，命必大等极陈当否。退而条陈："陛下谏兵以图恢复而将数易，是用将之道未至；择人以守郡国而守数易，是责实之方未尽。诸州长吏，倏来忽去，婺州四年易守者五；平江四年易守者四，甚至秀州一年而四易守，吏奸何由可察，民瘼何由可苏！"上善其言，为革二弊。江、湖旱，请捐南库钱二十万代民输，上嘉之。

兼侍讲，兼中书舍人。未几，辞直学士院，从之。张说再除签书枢密院，给事中莫济封还录黄，必大奏曰："昨举朝以为不可，陛下亦自知其误而止之矣。曾未周岁，此命复出。贵戚预政，公私两失，臣不敢具草。"上批："王旷疾速撰入。济、必大予宫观，日下出国门。"说露章荐济、必大，於是济除温州，必大除建宁府。济被命即出，必大至丰城称疾而归，济闻之大悔。必大三请祠，以此名益重。

久之，除敷文阁待制兼侍读、兼权兵部侍郎、兼直学士院。上劳之曰："卿不迎合，无附丽，朕所倚重。除兵部侍郎，寻兼太子詹事。奏言："太宗储才为真宗、仁宗之用，仁宗储才为治平、元祐之用。自章、蔡沮士气，卒致裔夷之祸。秦桧忌刻，逐人才，流弊至今。愿陛下储才於闲暇之日。"

上日御球场，必大曰："固知陛下不忘阅武，然太祖二百年天下，属在圣躬，愿自爱。"上改容曰："卿言甚忠，得非虞衔橛之变乎？正以仇耻未雪，不欲自逸尔。"升兼侍读，改吏部侍郎，除翰林学士。

久雨，奏请减后宫给使，宽浙郡积逋，命省部议优恤。内直宣引，论："金星近前星，武士击球，太子亦与，臣甚危之。"上俾语太子，必大曰："太子人子也，陛下命以驱驰，臣安敢劝以违命，陛下勿命之可也。"

乞归，弗许。上欲召人与之分职，因问："吕祖谦能文否？"对曰："祖谦涵养久，知典故，不但文字之工。"除礼部尚书兼翰林学士，进吏部兼承旨。诏礼官议明堂典礼，必大定圜丘合宫互举之议。被旨撰《选德殿记》及《皇朝文监序》。必大在翰苑几六年，制命温雅，周尽事情，为一时词臣之冠。或言其再入也，实曾觌所荐，而必大不知。

除参知政事，上曰："执政於宰相，固当和而不同。前此宰相议事，执政更无语，何也？"必大曰："大臣自应互相可否。自秦桧当国，执政不敢措一辞，后遂以为当然。陛下虚心无我，大臣乃欲自是乎？惟小事不敢有隐，则大事何由蔽欺。"上深然之。久旱，手诏求言。宰相谓此诏一下，州郡皆乞振济，何以应之，约必大同奏。必大曰："上欲通下情，而吾侪阻隔之，何以塞公论。"

有介椒房之援求为郎者，上俾谕给舍缴驳，必大曰："台谏、给舍与三省相维持，岂可谕意？不从失体，从则坏法。命下之日，臣等自当执奏。"上喜曰："肯如此任怨耶？"必大曰："当予而不予则有怨，不当予而不予，何怨之有！"上曰："此任责，非任怨也。"除知枢密院。上曰："每见宰相不能处之事，卿以数语决之，三省本未可辍卿也。"

山阳旧屯军八千，雷世方乞止差镇江一军五千，必大曰："山阳控扼清河口，若今减而后增，必致敌疑。扬州武锋军本屯山阳者，不若岁拨三千，与镇江五千同戍。"郭杲请移荆南军万二千永屯襄阳，必大言："襄阳固要地，江陵亦江北喉襟。"於是留二千人。上谕以金既还上京，且分诸子出镇，将若何？"必大言："敌恫疑虚喝，正恐我先动。当镇之以静，惟边将不可不精择。"

拜枢密使。上曰："若有边事，宣抚使惟卿可，他人不能也。"上诸军升差籍，时点召一二察能否，主帅悚激，无敢容私。创诸军点试法，其在外解发而亲阅之。池州李忠孝自言正将二人不能开弓，乞罢军。上曰："此枢使措置之效也。"金州谋帅，必大曰："与其私举，不若明扬。"令侍从管军荐举。或传大石林牙将加兵於金，忽鲁大王分据上京，边臣结约夏国。必大皆屏不省，劝上持重，勿轻动。既而所传果妄。上曰："卿真有先见之明。"

淳熙十四年二月，拜右丞相。首奏："今内外晏然，殆将二纪，此正可惧之时，当思经远之计，不可纷更欲速。"秀州乞减大军总制钱二万，吏请勘当，必大曰："此岂勘当时耶？立蠲之。"封事多言臣同异，必大曰："各尽所见，归於一是，岂可尚同？陛下复祖宗旧制，命三省覆奏而后行，正欲上下相维，非止奉行文书也。"

高宗升遐，议用显仁例，遣三使诣金。必大谓："今昔事殊，不当畏敌曲徇。"止之。贺正使至，或请权易淡黄袍御殿受书，必大执不可，遂为缟素服，就帷幄引见。十五年，思陵发引，援熙陵吕端故事，请行，乃摄太传，为山陵使。明堂加恩，封济国公。

十一月，留身乞去，上奖劳再三。忽宣谕："比年病倦，欲传位太子，须卿且留。"必大言："圣体康宁，止因孝思稍过，何迟至倦勤。"上曰："礼莫大於事宗庙，而孟飨多以病分诣；孝莫重於执丧，而不得自至德寿宫。欲不退休，得乎？朕方以此委卿。"必大泣而退。

十二月壬申，密赐绍兴传位亲札。辛卯，命留身议定。二月壬戌，又命预草诏，专以奉几筵、侍东朝为意。拜左丞相、许国公。参政留正拜右丞相。壬子，上始以内禅意谕二府。二月辛酉朔，降传位诏。翼日，上吉服御紫宸殿。必大奏："陛下巽位与子，盛典再见，度越千古。顾自今不得日侍天颜。"因哽噎不能言，上亦泫然曰："正赖卿等协赞新君。"

光宗问当世急务，奏用人、求言二事。三月，拜少保、益国公。李巘草二相制，抑扬不同，上召巘令帖麻改定，既而斥巘予郡。必大求去。

何澹为司业，久不迁，留正奏选之。澹憾必大而德正，至是为谏长，遂首劾必大。诏以观文殿大学士判潭州。澹论不已，遂以少保充醴泉观使。判隆兴府，不赴，复除观文殿学士、判潭州，复大观文。坐所举官以贿败，降荥阳郡公。复益国公，改判隆兴，辞，除醴泉观使。

宁宗即位，求直言，奏四事：曰圣孝，曰敬天，曰崇俭，曰久任。庆元元年，三上表引年，遂以少传致仕。

先是，布衣吕祖泰上书请诛韩侂胄，逐陈自强，以必大代之。嘉泰元年，御史施康年劾必大首唱伪徒，私植党与，诏降为少保。自庆元以后，侂胄之党立伪学之名，以禁锢君子，而必大与赵汝愚、留正实指为罪首。

二年，复少传。四年，薨，年七十有九。赠太师，谥文忠。宁宗题篆其墓碑曰"忠文耆德之碑。"

自号平园老叟，著书八十一种，有《平园集》二百卷。尝建三忠堂於乡，谓欧阳文忠修、杨忠襄邦义、胡忠简铨皆庐陵人，必大平生所敬慕，为文记之，盖绝笔也。一子，纶。

留正字仲至，泉州永春人。六世祖从效，事太祖，为清远军节度使，封鄂国公。绍兴十三年，第进士，授南恩州阳江尉、清海军节度判官。

　　龚茂良守番禺，正言："在法：劫盗赃满五贯死，海盗加等。小民饵利，率身陷重辟。请镂梓海上，使户知之。"民始知避。用茂良荐，赴都堂审察。宰相虞允文奇之，荐于上。得对，正言："国家右文而略武备，祖宗以天下全力用於西夏，承平日久，边不为备，至敌人长驱而不能支。今当改辙，使文武并用。"孝宗嘉叹，书札中要语下三省施行。

　　知循州，陛辞，言："士大夫名节不立，国家缓急无所倚仗。靖康金人犯阙，死义者少，因乱谋利者多。今欲恢复，当崇尚名节。"上益喜，明日谕辅臣："留正奏事，议论耿耿，可与职事官。"除军器监簿，历官考功郎官。太常谥叶义问"恭简"，正覆谥，言："义问将出疆，不知敌人情伪，及金犯边，督视寡谋，几至败事。"下太常更议，时论韪之。

　　擢起居舍人，寻权中书舍人。光宗自东宫朝，顾见正，谓左右曰："修整如此，其人可知。"乃请于上，兼太子左谕德。正言："记注进御，非设官本意。乞自今免奏御。"诏从之。

　　为中书舍人兼侍讲，兼权兵部侍郎，除给事中。张说子荐往视镇江战舰，挟势游观，沉舟溺卒，除知阁门事、枢密副承旨，正封还词头。洪邦直除御史，正言："邦直为邑人所讼，不宜任风宪。"

　　兼权吏部尚书，言："用人莫先论相。陛下志在恢复，而相位不能任辅赞。望精选人才，与图大计。"时相益不乐，以显谟阁直学士出知绍兴府。

　　侍御史范仲芑劾前帅赃六十万，有诏核责。正明其非辜，御史怒，并劾正，降显谟阁待制、提举玉隆万寿宫。寻复职。知赣州，奏减上供米，不报。及为相，蠲一万八千石。知隆兴府。

　　进龙图阁直学士、四川制置使，兼知成都府。平四蜀折租价，岁减酒课三十八万。乾道初，羌酋奴儿结越大渡河，据安静寨，侵汉地几百里，正密授诸将方略，擒奴儿结以归，尽俘其党，羌平。进敷文阁学士，寻诏赴行在。正在蜀以简素化民，归装仅数箧，人服其清。

　　除端明殿学士、签书枢密院事，参知政事，同知枢密院事。孝宗密谕内禅意,拜右丞相。一日奏事,皇太子参决侍立,上顾谓太子曰:"留正纯诚可托。"

光宗受禅,主管左右春坊姜特立随龙恩擢知阁门事,声势浸盛。正列其招权预政状,乞斥逐,上意犹未决。会副参阙,特立谒正曰:"上以丞相在位久,欲迁左相,叶翥、张均当择一人执政,未知孰先?"正奏之,上大怒,诏特立提举兴国宫。孝宗闻之,曰:"真宰相也。"

绍熙元年,进左丞相。正谨法度,惜名器,豪发不可干以私。引赵汝愚首从班,卒与之共政。用黄裳为皇子嘉王翊善,世号得人。嘉王感疾,正言:"陛下只有一子,隔在宫墙外非便,乃令蕃正元良之位,入居东宫,则朝夕相见甚顺。"又奏:"太子,天下本。传曰:'豫建太子所以重宗庙社稷。'汉文帝即位,即建太子。本朝皇子,居家嫡,有未出阁而正储位者。皇子嘉王既居家嫡,出阁已久,宜早正储位,以定天下本。"再月不报。检《汉文帝纪》及本朝真宗立仁宗典故,并吕诲、张方平两奏,节其要语缴奏。

上不豫,外议汹汹,正与同列间至福宁殿奏事,处分得宜,人情以安。进封申国公。上疾浸平,正乞归政,不许。

初,正帅蜀,虑吴氏世将,谋去之。至是,朝廷议更蜀帅,正言:"西边三将,惟吴氏世袭兵柄,号为'吴家军',不知有朝廷。"遂以户部侍郎丘崈行。及吴挺死,韩侂胄为吴氏地,使吴曦世袭。正力请留曦环卫,遣张诏代挺。后数岁,曦入蜀,卒稔变。

《寿皇圣政》成,进少保,封卫国公。李端友以椒房亲,手诏除郎,正缴还,上不纳,复执奏曰:"昔馆陶公主为子求郎,明帝不许。今端友依态内援,恐累圣德。"姜特立除浙东副总管,寻召赴行在,正引唐宪宗召吐突承璀事,乞罢相。上批:"成命已行,朕无反汗,卿宜自处。"正待罪六和塔,奏言:"陛下近年,不知何人献把定之说,遂至每事坚执,断不可回。天下至大,机务至烦,事出於是,则人无异词,可以固执;事出於非,则众论纷起,必须惟是之从。臣恐自此以往,事无是非,陛下壹持把定之说,言路遂塞。"因缴进前后锡赍及告敕，待罪范村，乞归田里，不许。

寿圣太后将以冬至上尊号册宝，以正为礼仪使，摄太傅。於是上遣左司徐谊谕旨，正复入都堂视事。是行也，待罪凡一百四十日。册宝礼成，拜少傅，封鲁国公。正力辞。

五年正月，孝宗疾革，正数请车驾过宫。一日，上拂衣起，正引裾泣谏，随至福宁殿门。正退上疏，言极激切。六月戊戌，孝宗崩，光宗以疾未能执丧，正率同列屡奏，乞早正嘉王储位，又拟指挥付学士院降诏。寻有手诏："朕历事岁久，念欲退闲。"正得之始惧，请对，复不报。即出国门，上表请老，末曰："愿陛下速回渊鉴，追悟前非，渐收人心，庶保国祚"。

正始议以上疾未克主丧，宜立皇太子监国；若终丧未倦勤，当复辟。设议内禅，太子可即位。时从臣郑湜奏与正同。既而赵汝愚以内禅请于宪圣，正谓："建储诏未下，迟及此，他日必难处。"论既违，以肩舆逃去。及嘉王即位，尊皇帝为太上皇帝，以正为大行攒宫总护使。宁宗即位，入谢，复出。宪圣命速宣押，时汝愚亦以为请，上亲札，遣使召正还。

侍御史张叔椿请议正弃国之罚，乃徙叔椿吏部侍郎，而正复相。入贺，且请车驾一出，慰安都人心；及定寿康宫南向，撤去新增禁旅。诏悉从之。进少傅，屡辞不拜，奏言："陛下勉徇群情，以登大宝，当遇事从简，示天下以不得已之意，实非颁爵之时。"

韩侂胄浸谋预政，数诣都堂，正使省吏谕之曰："此非知阁日往来之地。"侂胄怒而退。会经筵晚讲赐坐，正执奏以为非，上不怿。侍御史黄度论马大同罪，正拟度补外，上知其情，除度右正言。正请推恩随龙人，上曰："朕未见父母，可恩及下人耶？"积数事失上意，侂胄从而间之。八月，手诏正以少师、观文殿大学士判建康府。寻又以谏议大夫张叔椿言，落职。

庆元元年六月，诏正以上皇付正手诏八字进入，宣付史馆。复观文殿大学士。

初，刘德秀自重庆入朝，未为正所知，谒正客范仲黼请为言，正曰:"此人若留之班行,朝廷必不静。"乃除大理簿,德秀憾之。至是为谏议大夫,论正四大罪,递职,自是弹劾无虚岁。以张釜言,责授中大夫、光禄卿,分司西京,邵州居住。明年,令自便。给事中谢源明封还录黄,量移南剑州,再许自便。

复光禄大夫提举洞霄宫。上章乞纳禄,诏复元官职致仕。又以御史林采言,依旧官光禄大夫致仕。俄复观文殿学士、金紫光禄大夫。嘉泰元年,进封魏国公,复少师、观文殿大学士。开禧二年七月,薨,年七十八,赠太师。

正出处大致如绍熙去国,耻与姜特立并位而待罪近郊,五月复入,议者犹惜其去之不勇。首发大议,蚤正嘉王储位,遂致言者深文,指为弃国,岂弘毅有所不足耶?或问范仲黼:"留、赵二公处变不同如何?"仲黼曰:"赵,同姓之卿也;留则异姓之卿,反复之而不听,则去。"闻者以为名言。

有诗文、奏议、外制二十卷行于世。宝庆三年,谥忠宣。子恭、丙、端,皆为尚书郎。孙元英,工部侍郎;元刚,起居舍人。


胡晋臣字子远,蜀州人。登绍兴二十七年进士第,为成都通判。制置使范成大以公辅荐诸朝,孝宗召赴行在。入对,疏当今士俗、民力、边备、军政四弊。试学士院,除秘书省校书郎,迁著作佐郎兼右曹郎官。

轮对,论三事:一,无忽讲读官,以仁宗为法;二,责谏官以纠官邪,责宰相以抑奔竞;三,广听纳、通下情,以销未形之患。又极论近幸,上览奏色动。晋臣口陈甚悉,至论及两税折变,天威稍霁,首肯久之。

赵雄时秉政,手诏下书问近幸姓名。晋臣翼日至中书,执政诘其故,晋臣曰:"近习招权,丞相岂不知之?"即条具大者以闻。上感悟,自是近习严惮。

晋臣以亲年高,求外补,知汉州,除潼川路提点刑狱,以忧去。服除再召,以五事见,曰:"选将帅,广常平,治渠堰,更铨法,通楮币。上谓辅臣曰：胡晋臣言可行。"

除度支郎。累迁侍御史。朱熹除兵部郎官，以病足未供职。侍郎林栗与熹论《易》不合，因奏熹不即受印为傲慢。晋臣上疏留熹而排栗，物论归重。

光宗嗣位，迁工部侍郎，除给事中，每以裁滥恩、惜名器为重，内降持不下，上嘉其有守，拜端明殿学士、签书枢密院事。正谢日，上命条上军政利害。既而朝重华宫，孝宗谓曰："嗣君擢任二三大臣，深惬朕意，闻外庭亦无异词。"晋臣拜谢。

除参知政事兼同知枢密院事。上自南郊后久不御朝，晋臣与丞相留正同心辅政，中外帖然。其所奏陈，以温清定省为先，次及亲君子、远小人、抑侥幸、消朋党，启沃剀切，弥缝缜密，人无知者。未几，薨于位，赠资政殿学士，谥文靖。

论曰：谋大事，决大议，非凝定有立者不能也。周必大、留正一时俱以相业称，然必大纯笃忠厚，能以善道其君，光、宁禅受之际，惧祸而去，其可为有立乎哉？若胡晋臣争论朱熹，则侃侃有守者也。

宋史卷三九二
列传第一五一

# 赵汝愚 子崇宪

赵汝愚字子直,汉恭宪王元佐七世孙,居饶之余干县。

父善应,字彦远,官终修武郎、江西兵马都监。性纯孝,亲病,尝刺血和药以进。母畏雷,每闻雷则披衣走其所。尝寒夜远归,从者将扣门,迟止之曰:"无恐吾母。"露坐达明,门启而后入。家贫,诸弟未制衣不敢制,已制未服不敢服,一瓜果之微必相待共尝之。母丧,哭泣呕血,毁瘠骨立,终日俯首柩傍,闻雷犹起,侧立垂涕。既终丧,言及其亲,未尝不挥涕,生朝必哭于庙。父终肺疾,每膳不忍以诸肺为羞。母生岁值卯,谓卯兔神也,终其身不食兔。闻四方水旱,辄忧形于色。江、淮警报至,为之流涕,不食累日;同僚会宴,善应怅然曰:"此宁诸君乐饮时耶!"众为失色而罢。故人之孤女,贫无所归,善应聘以为己子妇。有尝同僚者死不克葬,子庸食他所,善应驰往哭之,归其子而予之赀,使葬焉。道见病者必收恤之,躬为煮药。岁饥,旦夕率其家人辍食之半,以饲饥者。夏不去草,冬不破坏,惧百虫之游且蛰者失其所也。晋陵尤袤称之曰:"古君子也。"既卒,丞相陈俊卿题其墓碣曰:"宋笃行赵公彦远之墓。"

汝愚早有大志,每曰:"丈夫得汗青一幅纸,始不负此生。"擢进士第一,签书宁国军节度判官,召试馆职,除秘书省正字。"孝宗方锐意恢复,始见,即陈自治之策,孝宗称善,迁校书郎。知阁门张说擢签书枢密院事,汝愚不往见,率同列请祠,未报。会祖母讣至,即日归，因自劾，上不加罪。

迁著作郎、知信州，易台州，除江西转运判官，入为吏部郎兼太子侍讲。迁秘书少监兼权给事中。内侍陈源有宠於德寿宫，添差浙西副总管。汝愚言："祖宗以童贯典兵，卒开边衅，源不宜使居总戎之任。"孝宗喜，诏自今内待不得兼兵职。旧制，密院文书皆经门下省，张说在西府，托言也机不宜泄。汝愚，谓："东西二府，朝廷治乱所关，中书庶政无一不由东省，何密院不然？"孝宗命如旧制。

权吏部侍郎兼太子右庶子，论知阁王抃招权预政，出抃外祠。以集英殿修撰帅福建，陛辞，言国事之大者四，其一谓："吴氏四世专蜀兵，非国家之利，请及今以渐抑之。"进直学士、制置四川兼知成都府。诸羌蛮相挺为边患，汝愚至，悉以计分其势。孝宗谓其有文武威风，召还。光宗受禅，趣召未至，殿中侍御史范处义论其稽命，除知潭州，辞，改太平州。进敷文阁学士，知福州。

绍熙二年，召为吏部尚书。先是，高宗以宫人黄氏侍光宗於东宫，及即位为贵妃，后李氏意不能平。是年冬十一月郊，有司已戒而风雨暴至，光宗震惧，及齐宿青城，贵妃暴薨，驾还，闻之恚，是夕疾作。内侍驰白孝宗，孝宗仓卒至南内，问所以致疾之由，不免有所戒责。及光宗疾稍平，汝愚入对。上常以五日一朝孝宗於重华宫，至是往往以传旨免，至会庆节上寿，驾不出，冬至朝贺又不出，都人以为忧。汝愚往复规谏，上意乃悟。汝愚又属嗣秀王伯圭调护，於是两宫之情通。光宗及后俱诣北内，从容竟日。

四年，汝愚知贡举，与监察御史汪义端有违言。汝愚除同知枢密院事，义端言祖宗之法，宗室不为执政，诋汝愚植党沽名，疏上，不纳。又论台谏、给舍阴附汝愚，一切缄默，不报。论汝愚发策讥讪祖宗，又不报。汝愚力辞，上为徙义端军器监。给事中黄裳言："汝愚事亲孝，事君忠，居官廉，忧国爱民，出於天性。义端实忌贤，不可以不黜。"上乃黜义端补郡，汝愚不获已拜命。未几，迁知枢密院事，辞不拜，有旨趣受告。汝愚对曰："臣非敢久辞。臣尝论朝廷数事，其言未见用，今陛下过重华，留正复相，天下幸甚。惟武兴未除帅，臣心不敢安。"上遂以张诏代领武兴军,汝愚乃受命。

光宗之疾生於疑畏,其未过宫也,汝愚数从容进谏,光宗出闻其语辄悟,入辄复疑。五年春,孝宗不豫,夏五月,疾日臻。光宗御后殿,丞相率同列入,请上诣重华宫侍疾,从臣、台谏继入,阁门吏以故事止之,不退。光宗益疑,起入内。越二日,宰相又请对,光宗令知阁门事韩侂胄传旨云:"宰执并出。"于是俱至浙江亭俟命。孝宗闻之忧甚,嗣秀王简丞相传孝宗意,令宰执复入。侂胄奏曰:"昨传旨令宰执出殿门。今乃出都门。"请自往宣押,汝愚等乃还第。

六月丁酉,夜五鼓,重华大阉扣宰执私第,报孝宗崩,中书以闻,汝愚恐上疑,或不出视朝,持其札不上。次日,上视朝,汝愚以提举重华宫关礼状进,上乃许过北内,至日昃不出,宰相率百官诣重华宫发丧。壬寅,将成服,留正与汝愚议,介少传吴琚请宪圣太后垂廉暂主丧事,宪圣不许。正等附奏曰:"臣等连日造南内请对,不获。累上疏,不得报。今当率百官恭请,若皇帝不出,百官相与恸哭于宫门,恐人情骚动,为社稷忧。乞太皇太后降旨,以皇帝有疾,暂就宫中成服。然丧不可无主,祝文称'孝子嗣皇帝,'宰臣不敢代行。太皇太后,寿皇之母也,请摄行祭礼。"盖是时正、汝愚之请垂廉也,以国本系乎嘉王,欲因廉前,奏陈宗社之计,使命出谦帏之间,事行庙堂之上,则体正言顺,可无后艰。而吴琚素畏慎,且以后戚不欲与闻大计,此议竟格。

丁未,宰臣已下,待对和宁门,不报,乃入奏云:"皇子嘉王仁孝夙成,宜早正储位以安人心。"又不报。越六日再请,御批云:"甚好。"明日,同拟旨以进,乞上亲批付学士院降诏。是夕,御批付丞相云:"历事岁久,念欲退闲。"留正见之惧,因朝临佯仆于庭,密为去计。汝愚自度不得辞其责,念故事须坐甲以戒不虞,而殿帅郭杲莫有以腹心语者。

会工部尚书赵彦逾至私第,语及国事,汝愚泣,彦逾亦泣,汝愚因微及与子意,彦逾喜。汝愚知彦逾善杲,因缪曰:"郭杲侥不同,奈何?"彦逾曰:"某当任之。"约明乃复命。汝愚曰:"此大事,已出诸口,岂容有所俟乎?"汝愚不敢入私室,退坐屏后,以待彦逾之至。有顷,彦逾至,议遂定。明日,正以五更肩舆出城去,人心益摇,汝愚处之恬然。自吴琚之议不谐,汝愚与徐谊、叶适谋可以白意于慈福宫者,乃遣韩侂胄以内禅之意请于宪圣。侂胄因所善内侍张宗尹以奏,不获命,明日往,又不获命。侂胄边巡将退,重华宫提举关礼见而问之,侂胄具述汝愚意,礼令少俟,入见宪圣而泣。宪圣问故,礼曰:"圣人读书万卷,亦尝见有如此时而保无乱者乎?"宪圣曰:"此非汝所知。"礼曰:"此事人人知之,今丞相已去,所赖者赵知院,旦夕亦去矣。"言与泪俱。宪圣惊曰:"知院同姓,事体与他人异,乃亦去乎?"礼曰:"知院未去,非但以同姓故,以太皇太后为可恃耳。今定大计而不获命,势不得不去。去将如天下何?愿圣人三思。"宪圣问侂胄安在,礼曰:"臣已留其俟命。"宪圣曰:"事顺则可,令谕好为之。"礼报侂胄,且云:"来早太皇太后於寿皇梓宫前垂廉引执政。"侂胄复命,汝愚始以其事语陈骙、余端礼,使郭杲及步帅阁仲夜以兵卫南北内,礼使其姻党宣赞舍人傅昌朝密制黄袍。

　　是日,嘉王谒告不入临,汝愚曰:"禫祭重事,王不可不出。"翌日,禫祭,群臣入,王亦入。汝愚率百官诣大行前,宪圣垂帘,汝愚率同列再拜,奏:"皇帝疾,未能执丧,臣等乞立皇子嘉王为太子,以系之心。皇帝批出有'甚好'二字,继有'念欲退闲'之语,取太皇太后处分。"宪圣曰:"既有御笔,相公当奉行。"汝愚曰:"兹事重大,播之天下",书之史册,须议一指挥。"宪圣允诺。汝愚袖出所拟太皇太后指挥以进,云:"皇帝以疾至今未能执丧,曾有御笔,欲自退闲。皇子嘉王扩可即皇帝位,尊皇帝为太上皇帝,皇后为太上皇后。"宪圣览毕曰:"甚善。"汝愚奏:"自今臣等有合奏事,当取嗣君处分。然恐两宫父子间有难处者,须烦太皇太后主张。"又奏:"上皇疾未平,聚闻此事,不无惊疑,乞令都知杨舜卿得举本宫,任其责。"遂召舜卿至廉前,面喻之。宪圣乃命皇子即位,皇子固辞曰:"恐负不孝名。"汝愚奏:"天子当以安社稷,定国家为孝。今中外人人忧乱,万一变生,置太上皇何地?"众扶入素幄,披黄袍,方却立未坐,汝愚率同列再拜。宁宗诣几筵殿，哭尽哀。须臾，立仗讫，催百官班。帝衰服出就重华殿东庑素幄立，内侍扶掖乃坐。百官起居讫，行潭祭礼。汝愚即丧次，召还留正长百僚，命朱熹待制经筵，悉收召士君子之在外者。侍御史张叔椿请议正弃国之罚，汝愚为迁叔椿官。

是月，上命汝愚兼权参知政事。留正至，汝愚乞免兼职，乃除特进、右丞相。汝愚辞不拜，曰："同姓之卿，不幸处君臣之变，敢言功乎？"乃命以特进为枢密使，汝愚又辞特进。孝宗将横，汝愚议横宫非永制，欲改卜山陵，与留正议不合。侂胄因而间之，出正判建康，命汝愚为光禄大夫、右丞相。汝愚力辞至再三，不许。汝愚本倚正共事，怒侂胄不以告，及来谒，故不见，侂胄惭忿。签书枢密罗点曰："公误矣。"汝愚亦悟，复见之。侂胄终不怿，自以有定策功，且依托肺腑，出入宫掖，居中用事。朱熹进对，以为言，又约吏部侍郎彭龟年同劾之，未果。熹白汝愚，当以厚赏酬劳，勿使预政，而汝愚谓其易制不为虑。

右正言黄度欲论侂胄，谋泄，以内批斥去。熹因讲毕，奏疏极言："陛下即位未能旬月，而进退宰执，移易台谏，皆出陛下之独断，大臣不与谋，给舍不及议。此弊不革，臣恐名为独断，而主威不免於下移。疏入，递出内批，除嘉宫观。汝愚袖批还上，且谏且拜，侂胄必欲出之，汝愚退求去，不许。吏部侍郎彭龟年力陈侂胄窃弄威福，为中外所附，不去必贻患。又奏："近日逐朱熹太暴，故欲陛下亦亟去此小人。"既而内批龟年与郡，侂胄势益张。

侂胄恃功，为汝愚所抑，日夜谋引其党为台谏，以摈汝愚。汝愚为人疏，不虞其奸。赵彦逾以尝达意於郭杲，事定，冀汝愚引与同列，至是除四川制置，意不惬，与侂胄合谋。陛辞日，尽疏当时贤者姓名，指为汝愚之党，上意不能无疑。汝愚请令近臣举御史，侂胄密谕中司，令荐所厚大理寺簿刘德秀，内批擢德秀为察官，其党牵联以进，言路遂皆侂胄之人。会黄裳、罗点卒，侂胄又挟其党京镗代点，汝愚始孤，天子益无所倚信。於是中书舍人陈傅良、监察御史吴猎、起居郎刘光祖各先后斥去，群憸和附，视正士如仇仇，而衣冠之祸始矣。

侂胄欲逐汝愚而难其名，或教之曰："彼宗姓，诬以谋危社稷，则一网无遗。"侂胄然之，擢其党将作监李沐为正言。沐，彦颖之子也，尝求节度使於汝愚不得，奏："汝愚以同姓居相位，将不利於社稷，乞罢其政。"汝愚出浙江亭待罪，遂罢右相，除观文殿学士、知福州。台臣合词乞寝出守之命，遂以大学士提举洞霄宫。

国子祭酒李祥言："去岁国遭大戚，中外汹汹，留正弃相位而去，官僚几欲解散，军民皆将为乱，两宫隔绝，国丧无主。汝愚以枢臣独不避殒身灭族之祸，奉太皇太后命，翊陛下以登九五，勋劳著於社稷，精忠贯於天地，乃卒受暗黜而去，天下后世其谓何？"博士杨简亦以为言。李沐劾祥、简，罢之。太府丞吕祖俭亦上书诉汝愚之忠，诏祖俭朋比罔上，送韶州安置。太学生杨宏中、周端朝、张衜、林仲麟、蒋傅、徐范等伏阙言："去岁人情惊疑，变在朝夕。当时假非汝愚出死力，定大议，虽百李沐，罔知攸济。当国家多难，汝愚位枢府，本兵柄，指挥操纵，何向不可，不以此时为利，今上下安恬，乃独有异志乎？"书上，悉送五百里外羁管。

侂胄忌汝愚益深，谓不重贬，人言不已。以中丞何澹疏，落大观文。监察御史胡纮疏汝愚唱引伪徒，谋为不轨，乘龙授鼎，假梦为符。责宁远军节度副使，永州安置。初，汝愚尝梦孝宗授以汤鼎，背负白龙升天，后翼宁宗以素服登大宝，盖其验也，而谗者以为言。时汪义端行词，用汉诛刘屈厘、唐戮李林甫事，示欲杀之意。迪功郎赵师召亦上书乞斩汝愚。汝愚怡然就道，谓诸子曰："观侂胄之意，必欲杀我，我死，汝曹尚可免也。"至衡州病作，为守臣钱鍪所窘，暴薨，天下闻而冤之，时庆元二年正月壬午也。

汝愚学务有用，常以司马光、富弼、韩琦、范仲淹自期。凡平昔所闻於师友，如张栻、朱熹、吕祖谦、汪应辰、王十朋、胡铨、李焘、林光朝之言，欲次第行之，未果。所著诗文十五卷、《太祖实录举要》若干卷、《类宋朝诸臣奏议》三百卷。汝愚聚族而居，门内三千指，所得廪给悉分与之，菜羹疏食，恩意均洽，人无间言，自奉养甚薄，为夕郎时,大冬衣布装,至为相亦然。

汝愚既殁。党禁浸解,旋复资政殿学士、太中大夫,已而赠少保。侂胄诛,尽复元官,赐谥忠定,赠太师,追封沂国公。理宗诏配享宁宗庙庭,追封福王,其后进封周王。子九人,崇宪其长子也。

崇宪字履常,淳熙八年以取应对策第一,时汝愚侍立殿上,降,再拜以谢。孝宗顾近臣曰:"汝愚年几何?已有子如此。"越三年,复以进士对策,擢甲科。上谓执政曰:"此汝愚子,岂即前科取应第一人者耶?"

崇宪初仕为保义郎、监饶州赡军酒库,换从事郎、抚州军事推官。汝愚帅蜀,辟书写机宜文字,改江西转运司幹办公事,监西京中岳庙。汝愚既贬死,海内愤郁,崇宪阖门自处,居数年,复汝愚故官职,多劝以仕。

改奉议郎、知南昌县事,奉行荒政,所活甚众。升籍田令,制曰:"尔先人有功王室,中更谗毁,思其功而录其子,国之典也。"崇宪拜命感泣,陈疏力辞,以为"先臣之冤未悉昭白,而其孤先被宠光,非公朝所以劝忠孝、厉廉耻之意。"俄改监行在都进奏院,复引陈瓘论司,马光、吕公著复官事申言之,乞以所陈下三省集议:"若先臣心迹有一如言者所论,即近日恩典皆为冒滥,先臣复官赐谥,与臣新命,俱合追寝。如公论果谓诬蔑,乞昭示中外,使先臣之谗谤既辨,忠节自明,而宪圣慈烈皇后拥佑之功德益显。然后申饬史官、改正诬史,垂万世之公。"

又请正赵师召妄贡封章之罪,究蔡琏与大臣为仇之奸,毁龚颐正《续稽古录》之妄。诏两省史官考订以闻。已而吏部尚书兼修国史楼钥等请施行如章,从之。及诬史未正,复进言,其略谓:"前日史官徒以权臣风旨,刊旧史、焚元稿,略无留难。今诏旨再三,莫有慨然奋直笔者,何小人敢於为恶,而谓之君子者顾不能勇於为善耶?"闻者愧之。其后玉牒、日历所卒以《重修龙飞事实》进呈,因崇宪请也。

未几，赠汝愚太师，封沂国公，擢崇宪军器监丞，改太府监丞，迁秘书郎，辞，弗许。寻为著作佐郎兼权考功郎官。尝因闵雨求言，乃上封事，谓："今日有更化之名，无更化之实。人才，国之元气，而忠鲠摈废之士，死者未尽省录，存者未悉褒扬。言论，国之风采，其间输忠亡隐，有所规益者，岂惟奖激弗加，盖亦罕见施用；偷安取容，无所建明者，岂惟黜罚弗及，或乃遂皆通显。"至若勉圣学以广聪明，教储贰以固根本，戒宰辅大臣同寅尽瘁以济艰难，责侍从台谏思职尽规以宣壅蔽，防左右近习窃弄之渐，察奸险余党窥伺之萌，皆恳恳为上言之。

请外，知江州。郡民岁苦和籴，崇宪疏于朝，永蠲之。且转籴旁郡谷别廪储之，以备岁俭。瑞昌民负茶引钱，新旧累积，为缗十七万有奇，皆困不能偿，死则以责其子孙犹弗贷。会新券行，视旧价几倍蓰，崇宪欢曰："负茶之民愈困矣。"亟请以新券一偿旧券二，诏从之。盖受赐者千余家，刻石以纪其事。修陂塘以广溉灌，凡数千所。提举江西常平兼权隆兴府及帅漕司事，迁转运判官仍兼帅事。

初，汝愚捐私钱百余万创养济院，俾四方宾旅之疾病者得药与食，岁久浸移为它用。崇宪至，寻修复，立规约数十条，以愈疾之多寡为赏罚。弃儿於道者，亦收鞠之。社仓久敝，访其利害而更张之。

以兵部郎中召，寻改司封，皆固辞，遂直秘阁、知静江府、广西经略安抚。静江之属邑十，地肥硗略等，而阳朔、修仁、荔浦之赋独倍焉。自张栻奏减之余，人犹以为病。崇宪请再加蠲减，诏迎损有差，三县民立祠刻石。琼守非才，激黎峒之变，乃劾去之，改辟能者代其任。萝蔓峒者仍岁寇钞为暴，实民何乡父子阴诱导之。崇宪捐金缯付小校使系以来，实之法。因严民夷交通之禁，使边民相什伍，寇至则鸣鼓召众，先后掩击，俘获者赏，不至者有惩。先是，部内郡邑有警，辄移统府兵戍之，在宜州者百人，古县半之。崇宪谓根本单虚，非所以窒奸萌，乃於其地各置兵如戍兵之数，而敛戍者以归。邑为边要害地，自狄青平侬智高，所以设捍防者甚至，岁久浸弛，而溪峒日强。崇宪条上其议，朝廷颇采其言，然未及尽用也。

崇宪天性笃孝，居父丧，月余始食食，小祥始茹果实，终丧不饮酒食肉，比御犹弗入者久之。

论曰：自昔大臣处危疑之地，而能免於祸难者盖鲜矣。昔者周成王立而幼冲，周公以王室懿亲为宰辅，四国流言，而周公不免於居东之忧，非天降风雷之变，以彰周公之德而启成王之衷，则所谓《金縢》之书，固无因而关於王之耳目，公之心果能以自明乎？公之心能自明，则天意之所以属於周而绵八百载之丕祚者，实系于兹。不然，周其殆哉！

赵汝愚，宋之宗臣也，其贤固不及周公，其位与戚又非若周公之尊且昵也。方孝宗崩，光宗疾，大丧无主，中外汹汹，一时大臣有畏难而去者矣。汝愚独能奋不虑身，定大计於顷刻，收召明德之士，以辅宁宗之新政，天下翕然望治，其功可谓盛矣。然不几时，卒为韩侂胄所构，一斥而遂不复返，天下闻而冤之。於此见天之所以眷宋者不如周，而宋之陵夷驯至于不可为，信非人力之所能也。

汝愚父以纯孝闻，而子崇宪能守家法，所至有惠政，亦可谓世济其美者已。

宋史卷三九三
列传第一五二

## 彭龟年　黄裳　罗點　黄度
**周南附**　林大中　陈骙　黄黼
詹体仁

　　彭龟年字子寿,临江军清江人。七岁而孤,事母尽孝。性颖异,
读书能解大义。及长,得程氏《易》读之,至忘寝食,从朱熹.张栻质
疑,而学益明。登乾道五年进士第,授袁州宜春尉.吉州安福丞。郑
侨.张均同荐,除太学博士。

　　殿中侍御史刘光祖以论带御器械吴端,徙太府少卿,龟年上疏
乞复其位,贻书宰相云:"祖宗尝改易差除以伸台谏之气,不闻改易
台谏以伸幸臣之私。"兼魏王府教授,迁国子监丞。以侍御史林大中
荐,为御史台主簿。改司农寺丞,进秘书郎兼嘉王府直讲。

　　光宗尝亲郊,值暴风雨感疾,大臣希得进见。久之,疾平,犹疑
畏不朝重华宫。龟年以书谯赵汝愚,且上疏言:"寿皇之事高宗,备
极子道,此陛下所亲睹也。况寿皇今日止有陛下一人,圣心拳拳,不
言可知。特遇过宫日分,陛下或迟其行,则寿皇不容不降免到宫之
旨,盖为陛下辞责於人,使人不得以窃议陛下,其心非不愿陛下之
来。自古人君处骨肉之间,多不与外臣谋,而与小人谋之,所以交斗
日深,疑隙日大。今日两宫万万无此。然臣所忧者,外无韩琦、富弼、
吕海、司马光之臣,而小人之中,已有任守忠者在焉,惟陛下裁察。

又言："使陛下亏过宫定省之礼，皆左右小人间谍之罪。宰执侍从但能推父子之爱，调停重华；台谏但能仗父子之义，责望人主。至于疑间之根，盘固不去，曾无一语及之。今内侍间谍两宫者固非一人，独陈源在寿皇朝得罪至重，近复进用，外人皆谓离间之机必自源始。宜亟发威断，首逐陈源，然后肃命銮舆，负罪引慝，以谢寿皇，使父子欢然，宗社有永，顾不幸叹？"居亡何，光宗朝重华，都人欢悦。寻除起居舍人，入谢，光宗曰："此官以待有学识人，念非卿无可者。"

龟年述祖宗之法为《内治圣鉴》以进。光宗曰："祖宗家法甚善。"龟年曰："臣是书大抵为宦官、女谒之防，此曹若见，恐不得数经御览。"光宗曰："不至是。"他日，龟年奏："臣所居之官，以记注人君言动为职，车驾不过宫问安，如此书者又数十矣，恐非所以示后。"有旨幸玉津园，龟年奏："不奉三宫，而独出宴游，非礼也。"又言："陛下误以臣充嘉王府讲读官，正欲臣等教以君臣父子之道。臣闻有身教，有言教，陛下以身教，臣以言教者也，言岂若身之切哉。"

绍熙五年五月，寿皇不豫，疾浸革，龟年连三疏请对，不获命。属上视朝，龟年不离班位，伏地扣额久不已，血渍甃甓。光宗曰："素知卿忠直，欲何言？"龟年奏："今日无大于不过宫。"光宗曰："须用去。"龟年言："陛下屡许臣，一入宫则又不然。内外不通，臣实痛心。"同知枢密院余端礼曰："扣额龙墀，曲致忠恳，臣子至此，为得已邪？"上云："知之。"

孝宗崩，宁宗受禅，是夕召对，宁宗蹙额云："前但建储之义，岂知迟践大位，泣辞不获，至今震悸。"龟年奏："此乃宗祐所系，陛下安得辞，今日但当尽人子事亲之诚而已。"因拟起居札子，乞日进一通。又与翊善黄裳同奏往朝南内，因定过宫之礼，乞先一日入奏，率百官恭谢。宁宗朝泰安宫，至则寝门已闭，拜表而退。

时议欲别建泰安宫，而光宗无徒宫之意。龟年言："古人披荆棘立朝廷，尚可布政出令，况重华一宫岂为不足哉？陛下居狭处，太上居宽处，天下之人必有谅陛下之心者。"于是宫不果建。迁中书舍人。刘庆祖已带遥郡承宣使，而以太上随龙人落皆官，龟年缴奏，宁宗批："可与书行。"龟年奏："臣非为庆祖惜此一官，为朝廷惜此一门耳。夫'可与书行'，近世弊令也，使其可行，臣即书矣，使不可行，岂敢因再令而遂书哉？宁宗尝谓："退朝无事，恐自息惰，非多读书不可。"龟年奏："人君之学与书生异惟能虚心受谏，迁善改过，乃圣学中第一事，岂在多哉！"

一日，御笔书朱熹、黄裳、陈傅良、彭龟年、黄田、沈有开、李巘、京镗、黄艾、邓驲十人姓名示龟年云："十人可充讲官否？"龟年对曰："陛下若招徕一世之杰如朱熹辈，方厌人望，不可专以潜邸学官为之。"寻除侍讲，迁吏部侍郎，升兼侍读。龟年知事势将变，会暴雨震雷，因极陈小人窃权、号令不时之弊。遣充金国吊祭接送伴使。

初，朱熹与龟年约共论韩侂胄之奸，会龟年护客，熹以上疏见绌，龟年闻之，附奏云："始臣约熹同论此事。今熹既罢，臣宜并斥。"不报。迨归，见侂胄用事，权势重于宰相，于是条数其奸，谓："进退大臣，更易言官，皆初政最关大体者。大臣或不能知，而侂胄知之，假托声势，窃弄威福，不去必为后患。"上览奏甚骇，曰："侂胄朕之肺腑，信而不疑，不谓如此。"批下中书，予侂胄祠，已乃复入。

龟年上疏求去，诏侂胄与内祠，龟年与郡，以焕章阁待制知江陵府、湖北安抚使。龟年丐祠，庆元二年，以吕裴言落职；已而追三官。勒停。嘉泰元年，复元官。起知赣州，以疾辞，除集英殿修撰、提举冲佑观。开禧二年，以待制宝谟阁致仕，卒。

龟年学识正大，议论简直，善恶是非，辨析甚严，其爱君忧国之忱，先见之识，敢言之气，皆人所难。晚既投闲，悠然自得，几微不见于颜面。自伪学有禁，士大夫鲜不变者，龟年于关、洛书益加涵泳，扁所居曰止堂，著《止堂训蒙》，盖始终特立者也。闻苏师旦建节，曰："此韩氏之阳虎，其祸韩氏必矣。"及闻用兵，曰："祸其在此乎？"所著书有《经解》、《祭仪》、《五致录》、奏议、外制。

侂胄诛，林大中、楼钥皆白其忠，宁宗诏赠宝谟阁直学士。章颖等请易名，赐谥忠肃。上谓颖等曰："彭龟年忠鲠可嘉，宜得谥。使人人如此，必能纳君于无过之地。"未几，加赠龙图阁学士，而擢用其子钦。

黄裳字文叔，隆庆府普城人。少颖异，能属文。登乾道五年进士第，调巴州通江尉。益务进学，文词迥出流辈，人见之曰："非复前日文叔矣。"

时蜀中饷师，名为和籴，实则取民。裳赋《汉中行》，讽总领李蘩，蘩为罢籴，民便之。改兴元府录事参军。以四川制置使留正荐，召对，论蜀兵民大计。迁国子博士，以母丧去。宰相进拟他官，上问裳安在，赐钱七十万。除丧，复召。

时光宗登极，裳进对，谓："中兴规模与守成不同，出攻入守，当据利便之势，不可不定都。富国强兵，当求功利之实，不可不课吏治。捍内御外，当有缓急之备，不可不立重镇。"其论行都，以为就便利之势，莫若建康。其论吏治，谓立品式以课其功，计资考以久其任。其论重镇，谓自吴至蜀，绵亘亘万里，曰汉中，曰襄阳，曰江陵，曰鄂渚，曰京口，当为五镇，以将相大臣守之，五镇强则国体重矣。除太学博士，进秘书郎。

迁嘉王府翊善，讲《春秋》王正月曰："周之王，即今之帝也。王不能号令诸侯，则王不足为王；帝不能统御郡镇，则帝不足为帝。今之郡县，即古诸侯也。周之王惟不能号令诸侯，故《春秋》必书"王正月"，所以一诸侯之正朔。今天下境土，比祖宗时不能十之四，然犹跨吴、蜀、荆、广、闽、越二百州，任吾民者，二百州守也，任吾兵者，九都统也，苟不能统御，则何以服之？"王曰："何谓九都统？"裳曰："唐太宗年十八起义兵，平祸乱。今大王年过之，而国家九都统之说犹有未知，其可不汲汲于学乎？"

他日，王擢用东宫旧人吴端，端诣王谢，王接之中节。裳因讲《左氏》，"礼有等衰"，问王："比待吴端得重轻之节，有之乎？"王曰："有之。"裳曰："王者之学，正当见诸行事。今王临事有区别，是得等衰之义矣。"王意益向学。于是作八图以献：曰太极，曰三才本性，曰皇帝王伯学术,曰九流学术,曰天文,曰地理,曰帝王绍运,以百官终焉,各述大旨陈之。每进言曰:"为学之道,当体之以心。王宜以心为严师,于心有一毫不安者,不可为也。"且引前代危亡之事以为儆戒。王谓人曰:"黄翊善之言,人所难堪,惟我能受之。"他日,王过重华宫,寿皇问所读书,王举以对,寿皇曰:"数不太多乎?"王曰:"讲官训说明白,忱心乐之,不知其多也。"寿皇曰:"黄翊善至诚,所讲须谛听之。"

　　裳久侍王邸,每岁诞节,则陈诗以寓讽。初尝制浑天仪、舆地图,侑以诗章,欲王观象则知进学,如天运之不息,披图则思祖宗境土半陷于异域而未归。其后又以王所讲三经为诗三章以进。王喜,为置酒,手书其诗以赐之。王尝侍宴宫中,从容为光宗诵《酒诰》,曰:"此黄翊善所教也。"光宗诏劳裳,裳曰:"臣不及朱熹,熹学问四十年,若召置府寮,宜有裨益。"光宗嘉纳。裳每劝讲,必援古证今,即事明理,凡可以开导王心者,无不言也。

　　绍熙二年,迁起居舍人。奏曰:"自古人君不能从谏者,其蔽有三:一曰私心,二曰胜心,三曰忿心。事苟不出于公,而以己见执之,谓之私心,私心生,则以谏者为病,而求以胜之;胜心生,则以谏者为仇,而求以逐之。因私而生胜,因胜而生忿,忿心生,则事有不得其理者焉。如潘景圭,常才也,陛下固亦以常人遇之,特以台谏攻之不已,致陛下庇之愈力,事势相激,乃至于此。宜因事静察,使心无所系,则闻台谏之言无不悦,而无欲胜之心,待台谏之心无不诚能,而无加忿之意矣。

　　三年,试中书舍人。时武备寝弛,裳上疏曰:"寿皇在位三十年,拊循将士,士常恨不得效死以报。陛下诚留意武事,三军之士孰不感激愿为陛下用乎?"又论:"荆、襄形势居吴、蜀之中,其地四平,若金人捣襄阳,据江陵,按兵以守,则吴、蜀中断,此今日边备之最可忧也。宜分鄂渚兵一二万人屯襄、汉之间,以张形势而壮重地。"时朝廷方宴安,裳所言多不省。

　　未几,除给事中。赵汝愚除同知枢密院,监察御史汪义端言祖宗之法,宗室不为执政,再疏丑诋汝愚,汝愚乞免官。裳奏:"汝愚事父孝,事君忠,居官廉。忧国爱民,出于天性,如青天白日,奴隶知其清明。义端所见,曾奴隶之不如,不可以居朝列。"于是义端与郡。

裳在琐闼甫一月,封驳无虑十数。韩侂胄落阶官,邓汝谐除吏部侍郎,裳皆缴其命。改兵部侍郎,不拜,遂以显谟阁待制充翊善。先是,光宗以忧疑成疾,不过重华宫,裳入疏请五日一朝,至是复苦言之。上曰:"内侍杨舜卿告朕勿过宫。"裳请斩舜卿,且以八事之目为奏,曰念恩,释怨,辨谗,去疑、责己、畏天、防乱,改过。不报。

裳尝病疽,及是忧愤,创复作,又奏:

陛下之于寿皇,未尽孝敬之道,意者必有所疑也。臣窃推致疑之因,陛下毋乃以焚廪、浚井之事为忧乎？夫焚廪、浚井,在当时或有之。寿皇之子惟陛下一人,寿皇之心,托陛下甚重,爱陛下甚至,故忧陛下甚切。违豫之祭,炳香祝天,为陛下祈祷。爱子如此,则焚廪、浚井之心,臣有以知其必无也,陛下何疑焉？又无乃以肃宗之事为忧乎？肃宗即位灵武,非明皇意,故不能无疑。寿皇当未倦勤,亲挈神器授之陛下,揖逊之风,同符尧、舜,与明皇之事不可同日而语明矣,陛下何疑焉？又无乃以卫辄之事为忧乎？辄与蒯聩,父子争国。寿皇老且病,乃颐神北宫,以保康宁,而以天下事付之陛下,非有争心也,陛下何疑焉？又无乃以孟子责善为疑乎？父子责善,本生于爱,为子者能知此理,则何至于相夷。寿皇愿陛下为圣帝,责善之心出于忠爱,非贼恩也,陛下何疑焉？

此四者,或者之所以为疑,臣以理推之,初无一之可疑者。自父子之间,小有猜疑,此心一萌,方寸遂乱。故天变则疑而不知畏,民困则疑而不知恤,疑宰执专权则不礼大臣,疑台谏生事则不受忠谏,疑嗜欲无害则近酒色,疑君子有党则庇小人。事有不须疑者,莫不以为疑。乃若贵为天子,不以孝闻,敌国闻之,将肆轻侮,此可疑也,而陛下则不疑；小人将起为乱,此可疑也,而陛下则不疑；中外官军,岂无他志,此可疑也,而陛下则不疑。事之可疑者,反不以为疑,颠倒错乱,莫甚于此,祸乱之萌,近在旦夕。宜及今幡然改过,整圣驾,谒两宫,以交父子之欢,则四夷向风,天下慕义矣。

会寿皇不豫,中外忧危,裳抗声谏。上起入宫,裳挽其裾随之至宫门,挥涕而出。乃连章请外,谓:"臣职有三:曰待制,曰侍讲,曰翊善。今使供待制之职乎?则当日夕求对以救主失,今不过宫,有亏子道,前后三谏而不加听,是待制之职可废也。将使供待讲之职乎?则当引经援古,劝君以孝,今不问安,不视疾,大义已丧,复讲何书乎?是待讲之职可废也。将使供翊善之职乎?当究义理,教皇子以孝,陛下不能以孝事寿皇,臣将何说以劝皇子乎?是翊善之职可废也。"因出关待命。及闻寿皇遗诏,乃亟入临。

宁宗即位,裳病不能朝。改礼部尚书,寻兼侍读。力疾入谢,奏曰:

孔子曰:"有始有卒者,其惟圣人乎?"又《诗》曰:"靡不有初,鲜克有终。"所谓"有始有卒"者,由其持心之一也;所谓"鲜克有终"者,由其持心之不一也。陛下今日初政固善矣,能保他日常如此乎?请略举已之行之事论之。

陛下初理万机,委任大臣,此正得人君持要之道。使大臣得人,常如今日,则陛下虽终身守之可也。臣恐数年之后,亦欲出意作为,躬亲听断,左右迎合,因谓陛下事决外庭,权不归上,陛下能不佛然于心乎?臣恐是时委任大臣,不能如今日之专矣。夫以万机之众,非一人所能酬酢,苟不委任大臣,则必借助左右,小人得志,阴窃主权,引用邪党,其为祸患,何所不至,臣之所忧者一也。

陛下奖用台谏,言无不听,此正得祖宗设官之意。使台谏得人,常如今日,则陛下终身守之亦可也。然臣恐自今以往,台谏之言日关圣听,或斥小人之过,使陛下欲用之而不能,或暴近习之罪,使陛下欲亲之而不可。逆耳之言,不能无厌,左右迎合,因谓陛下奖用台谏,欲闻谠论,而其流弊,致使人主不能自由,陛下不能不佛然于心乎？臣恐是时奖用台谏,不能如今日之重矣。夫朝廷所恃以分别善恶者,专在台谏,陛下苟厌其多言,则为台谏,不能如今日之重矣。夫朝廷所恃以分别善恶者,专在台谏,陛下苟厌其多言,则为台谏者,将咋舌闭口,无所论列。君子日退,小人日进,而天下乱矣,臣之所忧者二也。

二事,朝廷之大者。又以三事之切于陛下之身言之："曰笃于孝爱,勤于学问,薄于嗜好。陛下今皆行之矣,未知数年之后,能保常如今日乎？

又引魏徵十渐以为戒,恳恳数千言。

又奏言："陛下近日所为颇异前日,除授之祭,大臣多有不知,臣闻之忧甚而病剧。盖是时韩侂胄已潜弄威柄,而宰相赵汝愚未之觉,故裒先事言之。及疾革,时时独语,曰："五年之功,无使一日坏之,度吾已不可为,后之君子必有能任其责者。"遂口占遗表而卒,年四十九。上闻之惊悼,赠资政殿学士。

裒为简易端纯,每讲读,随事纳忠,上援古义,下揆人情,气平而辞切,事该而理尽。笃于孝友,与人言倾尽底蕴。耻一书不读,一物不知。推贤乐善,出乎天性。所为文,明白条达。有《王府春秋讲义》及《兼山集》,论天人之理,性命之源,皆足以发明伊、洛之旨。尝与其乡人陈平父兄弟讲学,平父,张栻之门人也,师友渊源,盖有自来云。嘉定中,谥忠文。子瑾,大宗正丞兼刑部郎官。孙子敏,刑部郎官。

罗點字春伯,抚州崇仁人.六岁能文.登淳熙三年进士第,授定江节度推官.累迁校书郎兼国史院编修官.岁旱,诏求言,点上封事,谓："今时奸谀日甚,议论凡陋。无所可否,则曰得体;与世浮沈,则曰有量;众皆默,己独言,则曰沽名;众皆浊,己独清,则曰立异。此风不革,陛下虽欲大有为于天下,未见其可也。自旱暵为虐,陛下祷群祠,赦有罪,曾不足以感动。及朝求谠言,夕得甘雨,天心所示,昭然不诬。独不知陛下之求言,果欲用之否乎？如欲用之,则愿以所上封事,反覆详熟,当者审而后行,疑者咨而后决,如此则治象日著,而乱萌自消矣。"迁秘书郎兼皇太子宫小学教授。

宁宗时以皇孙封英国公,点兼教授,入讲至晡时不辍,左右请少憩,点曰:"国公务学不休,奈何止之。"又摭古事劝戒,为《鉴古录》以进。高宗崩,孝宗在谅暗,皇太子参决庶务,点时以户员外郎兼太子侍讲,出使浙右,迁起居舍人,改太常少卿兼侍立修注官,被命使金告登宝位。会金有国丧,迫点易金带,点曰:登位吉事也,必以吉服从事。有死而已,带不可易。"又诘点不当称"宝位,"点曰:"圣人大宝曰位,不加'宝'字,何以别至尊。"金人不能夺。

上尝谓点:"卿旧为宫僚,非他人比,有所欲言,毋惮启告。"点言:"君子得志常少,小人得志常多。盖君子志在天下国家,而不在一己,行必直道,言必正论,往往不忤人主,则忤贵近,不忤当路,则忤时俗。小人志在一己,而不在天下国家,所行所言,皆取悦之道。用其所以取忤者,其得志鲜矣;用其所以取悦者,其不得志亦鲜矣。若昔明主,念君子之难进,则极所以主张而覆护之;念小人之难退,则尽所以烛察而堤防之。"

皇子嘉王年及弱冠,点言:此正亲师友、进德业之时,宜择端良忠直之士,参侍燕闲。"遂除黄裳为翊善。又言:"人主忧勤,则臣下协心;人主偷安,则臣下解体。今道涂之言,皆谓陛下每旦视朝,勉强听断,意有在事。宰执奏陈,备礼应答,侍从庶僚,备礼登对,而宫中燕游之乐,锡来奢侈之费,已腾于众口。强敌对境,此声岂可出哉!"

绍熙三年十一月日长至,车驾将朝贺重华宫,既而中辍。点言:"自天子达庶人,节序拜亲,无有阙者,三纲五常,所系甚大,不当以为常事而忽之。"上过宫意未决,点奏:"陛下已涓日过宫,寿皇必引领以俟陛下。常人於朋友且不可以无信,况人主之事亲乎?今陛下久阙温清,寿皇欲见不可得,万一忧思感疾,陛下将何以自解於天下?"

尝召对便殿,点言:"近者中外相传,或谓陛下内有所制,不能递出,溺於酒色,不恤政事,果有之乎?"上曰:"无是。"点曰:"臣固知之。窃意宫禁间或有樱拂之事,姑以酒自遣耳。夫闾阎匹夫,处闺门逆境,容有纵酒自放者。人主宰制天下,此心如青天白日,当风雨雷电既霁之余,湛然虚明,岂容复有纤芥停留哉?"上犹未过宫。点又奏:"窃闻嘉王生朝,称寿禁中,以报劬劳之德,父子欢洽,宁不动心,上念两宫延望之意。"十一月,点以言不见听,求去,不许。十二月,试兵总尚书。

五年四月,上将幸玉津园,点请先过重华,又奏曰:"陛下为寿皇子,四十余年一无间言,止缘初郊违豫,寿皇尝至南内督过,左右之人自此谗间,遂生忧疑。以臣观之,寿皇与天下相忘久矣。今大臣同心辅政,百执事奉法循理,宗室、戚里、三军、万姓皆无贰志,设有离间,诛之不疑。乃若深居不出,久亏子道,众口谤讟,祸患将作,不可以不虑。"上曰:"卿等可为朕调护之。"黄裳对曰:"父子之亲,何俟调护。"点曰:"陛下一出,即当释然。"上犹未行。点乃率讲官言之,上曰:"朕心未尝不思寿皇。"对曰:"陛下久阙定省,虽有此心何以自白乎?"及寿皇不豫,点又随宰执班进谏。阁门吏止之,点叱之而入。上拂衣起,宰执引上裾,点亟前泣奏曰:"寿皇疾势已危,不及今一见,后悔何及。"群臣随上入至福宁殿,内侍阖门,众恸哭而退。越三日,点随宰执班起居,诏独引点入。点奏:"前日迫切献忠,举措失礼,陛下赦而不诛,然引裾亦故事也。"上曰:"引裾可也,何得辄入宫禁乎?"点引辛毗事以谢,且言:"寿皇止有一子,既付神器,惟恐见之不速耳。"

寿皇崩,点请上奔丧,许而不出,拜遗诏於重华宫。前后与侍从列奏谏请帝过宫者凡三十五疏,自上奏者又十六章,而奏疏重华、上书嘉王及面对口奏不预焉。宁宗嗣位,人心始定。拜点端明殿学士、签书枢密院事。上有事明堂,点扈从斋宫,得疾卒,年四十五。赠太保,谥文恭。

点天性孝友,无矫激崖异之行,而端介有守,义利之辨皎如。或谓天下事非才不辨,点曰:"当先论其心,心苟不正,才虽过人,果何取哉！"宰相赵汝愚尝泣谓宁宗曰："黄裳、罗点相继沦谢，二臣不幸，天下之不幸也。"

黄度字文叔，绍兴新昌人。好读书，秘书郎张渊见其父，谓似曾巩。隆兴元年进士，知嘉兴县。入监登闻鼓院，行国子监簿。言："今日养兵巨患，救患之策，宜使民屯田，阴复府卫以销募兵。"具《屯田》、《府卫》十六篇上之。

绍熙四年，守监察御史。蜀将吴挺死，度言："挺子曦必纳赂求袭位，若因而授之，恐为他日患，乞分其兵柄。"宰相难之。后曦割关外四州赂金人求王蜀，果如度言。

光宗以疾不过重华宫，度上书切谏，连疏极陈父子相亲之义，且言："太白书见犯天关，荧惑、勾芒行入太微，其占为乱兵入宫。"以谏不听，乞罢去。又言："以孝事君则忠。臣父年垂八十，菽水不亲，动经岁月，事亲如此，何以为事君之忠。"盖托已为谕，冀因有以感悟上心。

又与台谏官劾内侍陈源、杨舜卿、林亿年三人为今日祸根，罪大於李辅国。又言："孔子称天下有道，则庶人不议。"夫人主有过，公卿大夫谏而改，则过不彰，庶人奚议焉。惟谏而不改，失不可盖，使闾巷小人皆得妄议，纷然乱生，故胜、广、黄巢之流议於下，国皆随以亡。今天下无不议圣德者，臣窃危之。"上犹不听。遂出修门，上谕使安职。度奏："有言责者，不得其言则去，理难复入。"宁宗即位，诏复为御史，改右正言。

韩侂胄用事，丞相留正去国，侂胄知度尝与正论事不合，欲讽使挤之。度语同列曰："丞相已去，挤之易耳，然长小人声焰可乎？"侂胄骤窃政柄，以意所好恶为威福。度具疏将论其奸，为侂胄所觉，御笔递除度直显谟阁、知平江府。度言："蔡京擅权，天下所由以乱，今侂胄假御笔逐谏臣，使俯首去，不得效一言，非为国之利也。"固辞。丞相赵汝愚袖其疏入白，诏以冲佑禄归养。俄知婺州，坐不发觉县令张元玠赃罪，降罢。自是纪纲一变，大权尽出侂胄，而党论起矣。然侂胄素严惮度，不敢加害。起知泉州，辞，乃进宝文阁，奉祠如故。

侂胄诛，天子思而召之，除太常少卿，寻兼国史院编修官、实录院检讨官。朝论欲函侂胄首以泗州五千人还金，度以为辱国非之。权吏部侍郎兼修玉牒、同修国史、实录院同修撰，屡移疾，以集英殿修撰知福州，迁宝谟阁待制。始至，讼牒日千余，度随事裁决，日未中而毕。

进龙图阁，知建康府兼江、淮制置使，赐金带以行。至金陵，罢科籴输送之扰，活饥民百万口，除见税二十余万，击降盗卞整，斩盗胡海首以献，招归业者九万家。侂胄尝募雄淮军，已收刺者十余万人。别屯数千人未有所属，度忧其为患，人给钱四万，复其役遣之。

迁宝谟阁直学士。度以人物为己任，推挽不休，每曰："无以报国，惟有此耳。"十上引年之请，不许，为礼部尚书兼侍读。趣入观，论艺祖垂万世之统，一曰纯用儒生，二曰务惜民力。上纳其言。谢病丐去，遂以焕章阁学士知隆兴府。归越，提举万寿宫。嘉定六年十月卒，进龙图阁学士，赠通奉大夫。

度志在经世，而以学为本。作《诗》、《书》、《周礼说》。著《史通》，抑僭窃，存大分，别为编年，不用前史法。至於天文、地理、井田、兵法，即近验远，可以据依，无迂陋牵合之病。又有《艺祖宪监》、《仁皇从谏录》、《屯田便宜》、《历代边防》行於世。婿周南。

周南字南仲，平江人。年十六，游学吴下，视时人业科举，心陋之。从叶适讲学，顿悟捷得。为文词，雅丽精切，而皆达於时用，每以世道兴废为己任。登绍熙元年进士第，为池州教授。会度以言忤当路，御史劾度，并南罢之。度与南俱入伪学党。开禧三年，召试馆职。南对策诋权要，言者劾南，罢之，卒于家。

南端行拱立，尺寸有程准。自赐第授文林郎，终身不进官，两为馆职，数月止。既绝意当世，弊衣恶食，挟书忘昼夜，曰："此所以遗吾老，俟吾死也。"

　　林大中字和叔，婺州永康人。入太学，登绍兴三十年进士第，知扶州金谷县。郡督输赋急，大中请宽其期，不听，纳告敕投劾而归。已而主太常寺簿。

　　光宗受禅，除监察御史。大中谓："国之大事在祀，沿袭不正，非所以严典礼，妥神明。"上疏言："臣昨簿正奉常，实陪庙祀，见其祝于神者，或舛於文；称於神者，或讹其字；所宜厚者，或简不虔；所宜先者，或废不用；更制器服，或岁月太疏踪；夙兴行事，或时刻太早；是皆礼意所未顺，人情所未安也。"一日，御札示大中，谓言束觉察，宜遵旧例。大中曰："台臣不当逾分守，固如圣训，然必抗直敢言，乃为称职。

　　迁殿中侍御史。奏言："进退人才，当观其趣向之大体，不当责其行事之小节。趣向果正，虽小节可责，不失为君子；趣向不正，虽小节可喜，不失为小人。"又论："今日之事，莫大於仇耻之未复。此事未就，则此念不可忘。此念存於心，于以来天下之才，作天下之气，倡天下之义。此义既明，则事之条目可得而言，治功可得而成矣。"陈贾以静江守臣入奏，大中极论其"庸回亡识，尝表裹王淮，创为道学之目，阴废正人。傥许入奏，必再留中，善类闻之，纷然引去，非所以靖国。"命遂寝。

　　绍熙二年春，雷电交作，有旨访时政阙失。大中以事多中出，乃上疏曰："仲春雷电，大雪继作，以类求这，则阴胜阳之明验也。盖男为阳，而女为阴，君子为阳，而小人为阴。当辨邪正，毋使小人得以间君子。当思正始之道，毋使女谒之得行。"

　　司谏邓驲以言事移将作监，大中言："台谏以论事不合而迁，臣恐天下以陛下为不能容。"守侍御史兼侍讲。知潭州赵善俊得旨奏事，大中上疏劾善俊，而言宗室汝愚这贤当召。上用其言，召汝愚而出善俊与郡。

　　时江、淮、荆、襄为国巨屏，而权任颇轻。大中言："宜选行实材略之人，付以江、淮、荆、襄经理之任。旧制河北、陕西分为四路，以文臣为大帅，武臣副之。中兴初，沿江置制置使。自秦桧罢三大将兵权。专归武臣，而江东、荆、襄帅臣不复领制置之职。宜仍旧制置，而以诸将为副，久其任，重其权，则边防立而国势张矣。”

江、浙四路民苦折帛和贾买重输，大中曰：“有产则有税，於税绢而科折帛，犹可言也，如和买折帛则重为民害。盖自咸平马元方建言於春预支本钱济其乏绝，至夏秋使之输纳，则是先支钱而后输绢。其后则钱盐分给，又其后则直取於民，今又令纳折帛钱，以两缣折一缣之直，大失立法初意。”朝廷以其言为减所输者三岁。

马大同为户部，大中劾其用法峻。上欲易置他部，大中曰：“是尝为刑部，固以深刻称。”章三上不报。又论大理少卿宋之瑞，章四上，又不报。大中以言不行，求去，改吏部侍郎，辞不拜，乃除大中直宝谟阁，而大同、之瑞俱与郡。

初，占星者谓朱熹曰：“某星示变，正人当之，其在林和叔耶？”至是，熹贻书朝士曰：“闻林和叔入台，无一事不中的，去国一节，风义凛然，当於古人中求之国府，又移赣州。宁宗即位，召还，试中书舍人，迁给事中，寻兼侍讲。知阁门事韩侂胄来谒，大中接之，无他语，阴请内交，大中笑而却之，侂胄怨由此始。

会吏部会议郎彭龟抗论侂胄，侂胄转一官与内祠，龟年除焕章阁待制与郡。大中同中书舍人楼钥缴奏曰：“陛下眷礼僚旧，一旦龙飞，延问无虚日。不三数月间，或死或斥，赖龟年一人尚留，今又去之，四言谓其以尽言得罪，恐伤政体。且一去一留，恩意不侔。去者日远，不复侍左右。留者内祠，则召见无时。请留龟年经筵，而命侂胄以外任，则事体适平，人无可言者。”有旨：“龟年已为优异，侂胄本无过尤，可并书行。”大中复同奏：“龟年除职与郡以为优异，则侂胄之转承宣使非优异乎？若谓侂胄本无过尤，则龟年论事实出於爱君之忱，岂得为过？”龟年既以决去，侂胄难於独留，宜畀外任或外祠，以慰公议。”不听。

太府寺丞吕祖俭以上书攻侂胄，谪置韶州，大中救之。汪义端顷为御史，以论赵汝愚去，至是侂胄引为右史，大中驳之。改吏部侍郎,不拜,以焕章阁待制知庆元府。城南民田,潮溢不可种,大中捐公帑治石筑之,民不知役而蒙其利。郡讹言夜有妖,大中谓此必黠贼所为,立捕黥之,人情遂安。丐祠,得请。给事中许及之缴驳,遂削职。后提举冲佑观。乞休致,复元职。监察御史林采论列,再落职,寻复之。

大中罢归,屏居十二年,未尝以得丧关其心,作园龟潭之上,客至,撷杞菊,取溪鱼,觞酒赋诗,时事一不以卦口。客或劝大中通侂胄书,大中曰:"吾为夕郎时,一言承意,岂闲居至今日耶?"客曰:"纵不求福,盍亦免祸。"大中曰:"福不可求而得,祸可惧而免耶?"侂胄既召兵衅,大中谓:"今日欲安民,非息兵不可;欲息兵,非去侂胄不可。"

及侂胄诛,即召见,落致仕,试吏部尚书,言:"吕祖俭以言侂胄得罪,死於瘴乡,虽赠官异职,而公议未厌。彭龟年面奏侂胄过尤,朱熹论侂胄窃弄威柄,皆为中伤,降官铨职,卒以老死,宜优加旌表。其他因讥切侂胄以得罪者,望量其轻重而旌别之,以伸被罪者之冤。"除端明殿学士、签书枢密院事。

嘉定改元,兼太子宾客。尝议讲和事,上曰:"朕不惮屈己为民,讲和之后,亦欲与卿等革侂胄弊政作家活耳。"大中顿首曰:"陛下言及此,宗社生灵之福也。"每语所亲云:"吾年垂八十,岂堪劳勚,徒以和议未成,思体承圣训,以革弊幸为经久之计。傥初志略遂,即乞身而归矣。"是年六月卒,年七十有八,赠资政殿学士、正奉大夫,谥正惠。

大中清修寡欲,退然如不胜衣,及其遇事而发,凛乎不可犯。自少力学,趣向不凡。所著有奏议、外制、文集三十卷。


陈骙字叔进,台州临海人。绍兴二十四年,试春官第一,秦桧当国,以秦埙居其上。累官迁将作少临、守秘书少监兼太子谕德。太子尹监安,骙谓:"储宫下亲细务,不得专于学,非所以毓德也。"太子矍然,亟辞。崔渊以外戚张说进,除秘书郎兼金部郎,骙封还词头。

未几，出知赣州，易秀州。召还，首言："陛下锐意图治，群下急於自媒，争献强兵理财之计，及异以职，报效蔑闻。宜杜邪谄之路。"再归故官，迁秘书临兼崇政殿说书。淳熙五年，试中书舍人兼侍讲、同修国史。

上欲采晋、宋以下兴亡理乱之大端，约为一书，谓骙曰："惟卿与周必大可任此事。"言者忌而攻之，上留章不下，授提举太平兴国宫。起知宁国府，改知太平州，加集英殿修撰。以言者罢。起知袁州。光宗受禅，召试吏部侍郎。绍熙元年，同知贡举兼侍讲。

二年春，雷雪，诏陈时政得失，骙疏三十条，如宫闱之分不严，则权柄移；内谒之渐不杜，则明断息；谋台谏於当路，则私党植；咨将帅於近习，则贿赂行；不求谠论，则过失彰；不谨旧章，则取舍错；宴饮不时，则精神昏；赐予无节，则财用竭。皆切於时病。

三年三月，权礼部尚书。六月，同知枢密院事。四年二月，参知政事。光宗以疾不朝重华宫，会庆节称寿又不果往。骙三入奏，廷臣上疏者以百数，上感悟，以冬至日朝重华。五年正月朔旦，称寿于慈福宫。孝宗崩，光宗以疾未临丧，骙请正储位以安人心。七月，摄行三省事。

宁宗即位，知枢密院事兼参知政事。赵汝愚为右丞相，骙素所不快，未尝同堂语。汝愚拟除刘光祖侍御史，骙奏曰："刘光祖旧与臣有隙，光祖入台，臣请避之。"汝愚愕而止。

时韩侂胄恃传言之劳，潜窃国柄。吏部侍郎彭龟年论侂胄将为国患，不报。於是龟年、侂胄俱请祠，骙曰："以阁门去经筵，何以示天下？"龟年竟外补。侂胄语人曰："彭侍郎不贪好官，固也，元枢亦欲为好人耶？"遂以资政殿大学士与郡，辞，诏提举洞霄宫。

庆元二年，知婺州。告老，授观文殿学士，提举洞霄宫。嘉泰三年卒，年七十六。赠少傅，谥文简。

黄黼字元章，临安余杭人也。少游太学，第进士，累迁太常博士。轮对,言:"周以辅翼之臣出任方伯,汉以牧守之最擢拜公卿,唐不历边任,不拜宰相,本朝不为三司等属,不除清望官。仁宗时,韩琦、范仲淹、庞籍皆尝经略西事,久历边任,始除执政。边奏复警,范仲淹至再请行。贝州之变,文彦博亲自讨贼。乞於时望近臣中,择手略谋虑可以任重致远者,或异上流,或委方面,习知边防利害,地形险恶,中外军民亦孚其恩信,熟其威名。天下无事则取风绩显著者不次除拜,以尊朝廷。边鄙有警,则任以重寄,俾制方面。出将入相,何所不可。"上嘉奖曰:"如卿言,可谓尽用人之道。"

行太常丞,进秘书郎、提举江东常平茶盐,召为户部员外郎。寻除直秘阁、两浙路转运判官,进直龙图阁,升副使,辞,改直显谟阁。浙东濒海之田,以旱涝告,常平储蓄不足,矙捐漕计贷之。毗陵饥民取糠粃杂草根以充食,郡县不以闻,矙取民食以进,乞捐会牒、缗钱振济,所全活甚众。

除中书门下检正诸房公事,守殿中侍御史兼侍讲,迁侍御史,行起居郎兼权刑部侍郎。以刘德秀论劾,奉祠而卒。

詹体仁字元善,建宁浦城人。父憶,与吴宏、刘子羣游,调赣州信丰尉。金人渝盟。憶见张浚论灭金秘计,浚辟为属。体仁登隆兴元年进士第,调饶州浮梁尉。郡上体仁获盗功状当赏,体仁曰:"以是受赏,非其愿也。"谢不就。为泉州晋江丞。宰相梁克家,泉人也,荐於朝。入为太学录,升太学博士、太常博士,迁太常丞,摄金部郎官。

光宗即位,提举浙西常平,除户部员外郎、湖广总领,就升司农少卿。奏蠲诸郡赋输积欠百余万。有逃卒千人入大冶,因铁铸钱,剽掠为变。体仁语戎帅:"此去京师千余里,若比上请得报,贼势张矣。宜速加诛讨。"帅用其言,群党悉散。

除太常少卿,陛对,首陈父子至恩之说,谓:"《易》于《家人》之后次之以《睽》,《睽》之上九曰:'见豕负涂,载鬼一车,先张之弧,后说之弧,匪寇婚媾,往,遇雨则吉。'夫疑极而惑,凡所见者皆为冠,而不知实其亲也。孔子释之曰："遇雨则吉，群疑亡也。"盖人伦天理，有间隔而无断绝，方其未通也，湮郁烦愦，若不可以终日；及其醒然而悟，泮然而释，如遇雨焉，何其和悦而条畅也。伏惟陛下神心昭融，圣度恢豁，凡厥疑情，一朝涣然若揭日月而开云雾，歪叙彝伦，以承两宫之欢，以塞兆民之望。"时上以积疑成疾，久不过重华宫，故体仁引"易"睽弧之义，以开广圣意。

孝宗崩，体仁率同列抗疏，请驾诣重华宫亲临祥祭，辞意恳切。时赵汝愚，将定大策，外庭无预谋者，密令体仁及左司郎官徐谊达意少保吴琚，请宪圣太后重廉为援立计，宁宗登极，天下晏然，体仁与诸贤密赞汝愚之为也。

时议大行皇帝谥，体仁言："寿皇圣帝事德寿二十余年，极天下之养，谅阴三年，不御常服，汉、唐以来未之有，宜谥曰"孝"。卒用其言。孝宗将复土，体仁言："永阜陵地势卑下，非所以妥安神灵。"与宰相异议，除太府卿。寻直龙图阁、知福州，言者竟以前论山陵事罢之。退居雪川，日以经史自娱，人莫窥其际。

始，体仁使浙右，时苏师旦以胥吏执役，后倚侂胄蹑跻大官，至是遣介通殷勤。体仁曰："小人乘君子之器，祸至无日矣，乌得以污我！"未几，果败。

复直龙图阁、知静江府，阁十县税钱一万四千，蠲杂赋八千。移守鄂州，除司农卿，复总湖广饷事。时岁凶艰食，即以便宜发廪振救而后以闻。

侂胄建议开边，一时争谈兵以规进用。体仁移书庙堂，言兵不可轻动，宜遵养俟时，皇甫斌自以将家子，好言兵，体仁语僚属，谓斌必败，已而果然。开禧二年卒，年六十四。

体仁颖遇特立，博极群书。少从朱熹学，以存诚慎独为主。为文明畅，悉根诸理。周必大当国，体仁尝疏荐三十余人，皆当世知名士。郡人真德秀早从其游，尝问居官涖民之法，体仁曰："尽心、平心而已，尽心则无愧，平心则无偏。"世服其确论云。

　　论曰：彭龟年、黄裳、罗点以青宫师保之旧，尽言无隐。黄度、林大中亦能守正不阿，进退裕如。此数臣者，皆能推明所学，务引君以当道，可谓粹然君子矣。陈骙论事颇切时病，詹体仁深於理学，皆有足称者。然骙尝诋讥吕祖谦，至视赵汝愚、刘光祖为仇，而体仁乃能以朱熹、真德秀为师友，即其所好恶，而二人之邪正，於是可知焉。

宋史卷三九四
列传第一五三

# 胡纮　何澹　林栗　高文虎
# 陈自强　郑丙　京镗
# 谢深甫　许及之　梁汝嘉

胡纮字应期，处州遂昌人。淳熙中，举进士。绍熙五年，以京镗荐，监都进奏院，迁司农寺主簿、秘书郎。韩侂胄用事，逐朱熹、赵汝愚，意犹未快，遂擢纮监察御史。

纮未达时，尝谒朱熹於建安，熹侍学子惟脱粟饭，遇纮不能异也。纮不悦，语人曰："此非人情。只鸡尊酒，山中未为乏也。"遂亡去。及是，劾赵汝愚，且诋其引用朱熹为伪学罪首。汝愚遂谪永州。

汝愚初抵罪去国，晋绅大夫与夫学校之士，皆愤悒不平，疏论甚众。侂胄患之，以汝愚之门及朱熹之徒多知名士，不便於己，欲尽去之，谓不可一一诬以罪，则设为伪学之目以摈之。用何澹、刘德秀为言官，专击伪学，然未有诵言攻熹者。独纮草疏将上，会改太常少卿，不果。沈继祖以追论程颐得为察官，纮遂以稿授之。继祖论熹，皆纮笔也。

宁宗以孝宗嫡孙行三年服，纮言止当服期。诏侍从、台谏、给舍集议释服，於是徙纮太常少卿，使草定其礼。既而亲飨太庙。

纮既解言责，复入疏云："比年以来，伪学猖獗，图为不轨，动摇上皇，诋诬圣德，几至大乱。赖二三大臣、台谏出死力而排之，故元

恶殒命，群邪屏迹。自御笔有'救偏建中'之说，或者误认天意，急於
奉承，倡为调停之议，取前日伪学之奸党次第用之，以冀幸其他日
不相报复。往者建中靖国之事，可以为戒。陛下何未悟也。汉霍光
废昌邑王贺，一日而诛群臣一百余人；唐五王不杀武三思，不旋踵
而皆毙於三思之手。今纵未能尽用古法，亦宜且令退伏田里，循省
愆咎。"俄迁纮起居舍人。诏伪学之党，宰执权住进拟，用纮言也。自
是学禁益急。进起居郎，权工部侍郎，移礼部，又移吏部。坐同知贡
举、考宏词不当而罢。未几，学禁渐弛，纮亦废弃，卒于家。

何澹字自然，处州龙泉人。乾道二年进士，累官至国子司业，迁
祭酒，除兵部侍郎。光宗内禅，拜右谏议大夫兼侍讲。

澹本周必大所厚，始为学官，二年不迁，留正奏迁之。澹憾必
大，及长谏垣，即劾必大，必大遂策免。澹尝与所善刘光祖言之，光
祖曰："周丞相岂无可论，第其门多佳士，不可并及其所荐者。澹不
听。

时姜特立、谯熙战以春坊旧恩颇用事。一日，光祖过澹，因语澹
曰："曾、龙之事不可再。"澹曰："得非姜、谯之谓乎？"既而澹引光祖
入便坐，则皆姜、谯之徒也，光祖始悟澹谩诺。明年，澹同知贡举，光
祖除殿中侍御史，首上学术邪正之章。及奏名，光祖被旨入院拆号，
与澹席甫逼。澹曰："近日风采一新。"光祖曰："非立异也，但尝为大
谏言者，今日言之耳。"既出，同院谓光祖曰："何自然见君所上章，
数夕恍惚，饵定志丸，他可知也。"进御史中丞。

澹有本生继母丧，乞有司定所服，礼寺言当解官，澹引不逮事
之文，乞下给、谏议之。太学生乔吉、朱有成等移书於澹，谓："足下
自长台谏，此纲常之所系也。四十余年以所生继母事之，及其终也，
反以为生不逮而不持心丧可乎？奉常礼所由出，顾以台谏、给舍议
之，识者有以窥之矣。"澹乃去。终制，除焕章阁学士、知泉州，移明
州。

宁宗即位，朱熹、彭龟年以论韩侂胄俱绌，澹还为中丞，怨赵汝

愚不援引。汝愚时已免相，复诋其废坏寿皇良法美意，汝愚落职罢祠。又言："专门之学，流而为伪。愿风厉学者，专师孔、孟，不得自相标榜。"除同知枢密院事、参知政事，迁知枢密院。

吴义贿通时宰，规图帅蜀，未及贿澹，韩侂胄已许之，澹持不可。侂胄怒曰："始以君肯相就，黜伪学，汲引至此，今顾立异耶？"以资政殿大学士提举洞霄宫。起知福州。澹居外，常怏怏失意，以书祈侂胄，有曰："迹虽东冶，心在南园。"南园，侂胄家圃也。侂胄怜之。进观文殿学士，寻移知隆兴府。后除江、淮制置大使兼知建康府，移使湖北，兼知江陵。奉祠卒，赠少师。

澹美姿容，善谈论，少年取科名，急於荣进，阿附权奸，斥逐善类，主伪党之禁，贤士为之一空。其后更化，凶党俱逐，澹以早退幸免，优游散地几二十年。

林栗字黄中，福州福清人。登绍兴十二年进士第，调崇仁尉，教授南安军。宰相陈康伯荐为太学正，守太常博士。孝宗即位，迁屯田员外郎、皇子恭王府直讲。

时金人请和，约为叔侄之国，且以归疆为请。栗上封事言："前日之和，诚为非计。然徽宗梓宫、慈宁行殿在彼，为是而屈，犹有名焉。今日之和，臣不知其说也。宗庙之仇，而事之以弟侄，其忍使祖宗闻之乎！无唐、邓，则荆、襄有齿寒之忧；无泗、海，则淮东之备达于真、扬，海道之防遍于明、越矣。议者皆言和戎之币少，养兵之费多，不知讲和之后，朝廷能不养兵乎？今东南民力，陛下之所知也，朝廷安得而不较乎？且非徒无益而已。与之岁币，是畏之矣。三军之情，安得不懈弛；归正之心，安得不携贰。为今日计，宜停使勿遣，迁延其期。比至来春，别无动息，徐於境上移书，谕以两国誓言。败之自彼，信不由衷，虽盟无益。自今宜守分界，休息生灵，不烦聘使之往来，各保疆场之事，焉用疲弊州县，以奉犬羊之使乎？"

孝宗惩创绍兴权臣之弊，躬揽权纲，不以责任臣下，栗言："人主泣权，大臣审权，争臣议权，王侯、贵戚善挠权者也，左右近习善窃权者也。权在大臣，则大臣重；权在迩臣，则迩臣重；权在争臣，则争臣重。是故人主常患权在臣下，必欲收揽而独持之，然未有能独持之者也。不使大臣持之，则王侯、贵戚得而持之矣；不使迩臣审之，争臣议之，则左右近习得而议之矣。人主顾谓得其权而自执之，岂不误哉。是故明主使人持权而不以权与之，收揽其权而不肯独持之。"至有"以鹿为马、以鸡为鸾"之语。方奉对时，读至"人主常患权在臣下，必欲收揽而独持之"，孝宗称善，栗徐曰："臣意尚在下文。"执政有诉於孝宗曰："林栗谓臣等指鹿为马，臣实不愿与之同朝。"乃出知江州。

有旨省并江州屯驻一军，栗奏："辛巳、甲申，金再犯两淮，赖江州一军分布防托，故舒、蕲、黄三州独不被寇。本州上至鄂渚七百里，下至池阳五百里；平时屯戍，诚若无益，万一有警，鄂渚之戍，上越荆、襄，池阳之师，下流增备，中间千里藩篱，诚为虚阙。无以一夫之议，而废长江千里之防。"由是军得无动。

以吏部员外郎召。冬至，有事南郊，前期十日，百执事听誓戒；会庆节，有旨上寿不用乐，迨宴金使，乃有权用乐之命。栗以为不可，致书宰相，不听，乃乞免充举册官，以状申朝廷曰："若听乐则废斋，废斋则不敢以祭。祖宗二百年事天之礼，今因一介行人而废之。天之可畏，过於外夷远矣。"不听。

兼皇子庆王府直讲，有旨令二王非时招延讲读官，相与议论时政，期尽规益。栗以为不可，疏言："汉武帝为泪太子开博望苑，卒败太子；唐太宗为魏王泰立文学馆，卒败魏王。古者教世子与吾祖宗之所以辅导太子、诸王，惟以讲经读史为事，他无预焉。若使议论时政，则是对子议父，古人谓之无礼，不可不留圣意。"

除右司员外郎，迁太常少卿。太庙祫享之制，始祖东向，昭南向，穆北向，别庙神主附於祖姑之下，随本室南北向而无西向之位。绍兴、乾道间，恣节、安穆二后升附，有司设幄西向。逮安恭皇后新附，有司承前失，其西向之位，几与喜祖相对。栗辨正之。

除直宝文阁、知湖州。栗朝辞，曰："臣闻汉人贾谊号通达国体，其所上书至於痛哭流涕者,考其指归,大抵以一身谕天下之势。其言曰:'天下之势方病大瘇。非徒瘇也,又苦跛躄。又类痱,且病痱。'臣每见士大夫好论时事,臣辄举以问之:今日国体,於四百四病之中名为何病? 能言其病者犹未必能处其方,不能言其病而辄处其方,其误人之死,必矣。闻臣之言者不怼则默,间有反以诘臣,即对之曰:今日之病,名为风虚,其状半身不随是也。风者在外,虚者在内,真气内耗,故风邪自外而乘之,忽中於人,应时僵仆而,则靖康之变是也。幸而元气犹存,故仆复起,则建炎之兴是也。然元气虽存,邪气尚盛,自淮以北皆吾故壤,而号令不能及,正朔不能加,有异於半身不随者乎? 非但半身不随而已,半身存者,凛凛乎畏风邪之乘而不能以自安也。今日论者,譬如痿人之不忘起,奚必贤智之士,然后与国同其愿哉? 而市道庸流,口传耳受,苟欲尝试以售其方,则荡熨咸石,杂然并进,非体虚之人所宜轻受也。闻之医曰:'中风偏废,年五十以下而气盛者易治。盖真气与邪气相敌,真气盛则邪气衰,真气行则邪气去。然真气不充满於半存之身,则无以及偏废之体。故欲起此疾者,必禁其嗜欲,节其思虑,爱其气血,养其精神,使半存之身,日以充实,则阳气周流,脉络宣畅,将不觉舍杖而行。若急於愈疾而不顾其本,百毒入口,五脏受风,风邪之盛未可卒去,而真气之存者日以耗亡,故中风再至者多不能救。'臣愚有感於斯言,窃谓贾谊复生,为陛下言,无以易此。”

知兴化军,又移南剑,除夔路提点刑狱,改知夔州,加直敷文阁。夔属郡曰施州,其羁縻郡曰思州。施民谭汝翼者,与知思州田汝弼交恶,会汝弼卒,汝翼帅兵二千人伐其丧。汝弼之子祖周深入报复,兵交於三州之境,施、黔大震。汝翼复缮甲兵,料丁壮,以重币借兵诸洞,而乞师於帅府。栗曰:“汝翼实召乱者。”移檄罢兵,乃选属吏往摄兵职,以渐收汝翼之权。命兵马钤辖按阅诸州,密檄至施,就摄州事。汝翼不之觉,已乃皇迟遁入成都。事闻,孝宗亲札赐栗及成都制置使陈岘曰:“田氏犹是羁縻州郡,谭氏乃夔路豪族,又且首为衅端,帅阃不能弹压,纵其至此。如尚不悛,未免加兵,除其元恶。"时汝翼在成都,闻之逃归,调集家丁及股八砦义军,列陈于沱河桥与官军战,溃,汝翼遁去,俘其徒四十有三人,获甲铠器仗三万一千。栗取其巨恶者九人诛之。田祖周由是惧,与其母冉氏谋献黔江田业,计钱九十万缗以赎罪,蛮徼遂安。

既而汝翼入都诉栗受田氏金,诏以汝翼属吏,省札下夔州。栗亲书奏状缴还,并辨其事。上大怒。会近臣有救解者,寻坐栗身为帅臣,擅格上命,镌职罢归。既而理寺追究,事白,贷汝翼死,幽置绍兴府。

居顷之,诏栗累更事任,清介有闻,复直宝文阁、广南西路转运判官,就改提点刑狱,又改知潭州。除秘阁修撰,进集英殿修撰、知隆兴府。召对便殿,奏乞仿唐制置补阙、拾遗左右各一员,不以纠弹为责。从之。除兵部侍郎。朱熹以江西提刑召为兵部郎官,熹既入国门。未就职。栗与熹相见,论《易》与《西铭》不合。至是,栗遣吏部趣之,熹以脚疾请告。栗遂论:"熹本无学术,徒窃张载、程颐之绪余,为浮诞宗主,谓之道学,妄自推尊。所至辄携门生十数人,习为春秋、战国之态,妄希孔、孟历聘之风,绳以治世之法,则乱人之首也。今采其虚名,俾之入奏,将置朝列,以次收用。而熹闻命之初,迁延道途,邀索高价,门生迭为游说,政府许以风闻,然后入门。既经陛对,得旨除郎,而辄怀不满,傲睨累日,不肯供职,是岂张载、程颐之学教之然也?缘熹既除兵部郎官,在臣合有统摄,若不举劾,厥罪惟均。望将熹停罢,姑令循省,以为事君无礼者之戒。"

上谓其言过当,而大臣畏栗之强,莫敢深论。太常博士叶适独上封事辩之曰:"考栗之辞,始末参验,无一实者。其中'谓之道学'一语,无实最甚。盖自昔小人残害良善,率有指名,或以为好名,或以为立异,或以为植党。近忽创为'道学'之目,郑丙唱之,陈贾和之。居要路者密相付授,士大夫有务洁修,粗能操守,辄以道学之名归之,殆如契茶事魔、影迹犯败之类。往日王淮表裹台谏,阴废正人,盖用此术。栗为侍从,无以达陛下之德意志虑,而更袭郑丙、陈贾密相传授之说,以道学为大罪。文致言语,逐去一熹,固未甚害,

第恐自此游辞无实,谗言横生,善良受害,无所不有!愿陛下正纪纲
之所在,绝欺罔於既形,摧抑暴横以扶善类,奋发刚断以慰公言。"
於是侍御史胡晋臣劾栗,罢之,出知泉州,又改明州。奉祠以卒,谥
简肃。

栗为人强介有才,而性狷急,欲快其私忿,遂至攻讦名儒,废绝
师教,殆与郑丙、陈贾、何澹、刘德秀、刘三杰、胡纮辈党邪害正者同
科。虽畴昔论事,雄辩可观,不足以盖晚节之谬也。

高文虎字炳如,四明人,礼部侍郎阅之从子。登绍兴庚辰进士
第,调平江府吴兴县主簿。

曾几守官在吴,文虎从之游,故闻见博洽,多识典故。除国子
正,迁太学博士。孝宗幸两学,祭酒林光朝访文虎具仪注,文虎辑国
朝以来临幸故事授之。兼国史院编修官,与修《四朝国史》。出知建
昌军,擢将作丞兼实录院检讨官,修《高宗实录》;又兼玉牒所检讨
官,修《神宗玉牒》。自熙宁以来,史氏淆杂,人无所取信。文虎尽取
朱墨本刊正缪妄,一一研核。既奏御,又修《徽宗玉牒》,考订宣和、
崇、观以来尤为详审。

宁宗即位,迁军器少监,兼将作监,迁国子司业兼学士院权直,
迁祭酒、中书舍人,兼直学士院兼祭酒,升实录院同修撰、同修国
史。

韩侂胄用事,既逐赵汝愚、朱熹,以其门多知名士,设伪学之目
以摈之,遂命文虎草诏曰:"向者权臣擅朝,伪邪朋附,协肆奸宄,包
藏祸心。赖天之灵,宗庙之福,朕获承慈训,膺受内禅,阴谋坏散,国
势复安。嘉与士大夫厉精更始,凡曰淫朋比德,几其自新,而历载臻
兹,弗迪厥化。缔交合盟,窥伺间隙,毁誉舛迕,流言间发,将以倾国
是而惑众心。甚至窃附於元祐之众贤,而不思实类乎绍圣之奸党。
国家秉德康宁,弗汝瑕疹,今惟自作弗靖,意者渐于流俗之失不可
复反叹?将狃于国之宽恩而罚有弗及叹?何其未能洗濯以称朕意
也!朕既深诏二三大臣与夫侍从言议之官,益维持正论以明示天下

矣，谕告所抵，宜各改视回听，毋复借疑似之说以惑乱世俗。若其遂非不悔，怙终不悛，邦有常刑，必罚毋赦！”

西掖词命，旧率以数人共一词，文虎以为非所以崇训戒、赞人才也，乃人人各为之，迁兵部侍郎，兼中书舍人，又兼祭酒，拜翰林学士兼侍读，实录院修撰，修国史。除华文阁学士、知建宁府，力丐祠，提举太平兴国宫。以台臣言夺职，卒。

文虎以博洽自负，与胡纮合党，共攻道学，久司学校，专困遏天下士，凡言性命道德者皆绌焉。

陈自强者，福州闽县人，字勉之。登淳熙五年进士第。庆元二年，入都待铨。自以尝为韩侂胄童子师，欲见之，无以自通，适僦居主人出入侂胄家，为言於侂胄。一日，召自强，比至，则从官毕集，侂胄设褥于堂，乡自强再拜，次召从官同坐。侂胄徐曰：“陈先生老儒，汩没可念。”明日，从官交荐其才。除太学录，迁博士，数月转国子博士，又迁秘书郎。入馆半载，擢右正言、谏议大夫、御史中丞。入台未逾月，遂登枢府，由选人至两地财四年。嘉泰三年，拜右丞相，历封祁、卫、秦国公。

韩侂胄专朝权，包苴盛行，自强尤贪鄙。四方致书馈，必题其缄云：‘某物并献’；凡书题无‘并’字，则不开。纵子弟亲戚关通货贿，仕进干请，必谐价而后予。日押空名刺札送侂胄家，须用乃填，三省不与也。都城火，自强所贮，一夕为煨烬。侂胄首遗之万缗，执政及列郡闻之，莫不有助。不数月，得六十万缗，遂倍所失之数。创国用司，自为国用使，以费士寅、张岩为同知国用事，掊克民财，州郡骚动。

方侂胄欲为平章，犹畏众议，自强首率同列援典故入奏。诏以侂胄为平章军国事。常语人曰：“自强惟一死以报师王。”每称侂胄为恩王、恩父，而呼堂吏史达祖为兄、苏师旦为叔。

侂胄将用兵，遣使北行审敌虚实，自强荐陈景俊以往。金人有“不宜败好”之语，景俊归，自强戒使勿言，侂胄乃决恢复之议。吴曦有逆谋,求归蜀,厚赂自强。自强语侂胄:"非曦不足以镇坤维。"乃纵之归,曦卒受金人命为蜀王。侂胄奸凶,久盗国柄,自强实为之表裹。

既开边隙,朝野汹汹,三遣使请和。金人欲缚送首议用兵贼臣,侂胄恚愤,复欲用兵,中外大惧。史弥远建议诛侂胄,诏以自强阿附充位,不恤国事,罢右丞相。未几,诏追三官。永州居住,又责武泰军节度使、韶州安置。中书舍人倪思缴奏,乞远窜,籍其家,诏从之。再责复州团练副使、雷州安置。后死於广州。

郑丙字少融,福州长乐人。绍兴十五年进士。积官至吏部尚书、浙东提举。

朱熹行部至台州,奏台守唐仲友不法事,宰相王淮庇之。熹章十上。丙雅厚仲友,且迎合宰相意,奏:"近世士大夫有所谓'道学'者,欺世盗名,不宜信用。"盖指熹也。於是监察御史陈贾奏:'道学士徒,假名以济其伪,乞摈斥勿用。'道学之目,丙倡贾和,其后为庆元学禁,善类被厄,丙罪为多。

尝知泉州,为政暴急,或劝之尚宽,丙曰:"吾疾恶有素,岂以晚节易所守哉。"闻者哂之。丙官终端明殿学士,卒,谥简肃。

京镗字仲远,豫章人也。登绍兴二十七年进士第。龚茂良帅江西,见之曰:"子庙廊器也。"及茂良参大政,遂荐镗入朝。

孝宗诏侍从举良县令为台官,给事中王希吕曰:"京镗蚤登儒级,两试令,有声。陛下求执法官,镗其人也。"上引见镗,问政事得失。时上初统万机,锐志恢复,群臣进说,多迎合天子意,以为大功可旦暮致。镗独言:"天下事未有骤如意者,宜舒徐以图之。"上善其言。镗於是极论今日民贫兵骄,士气颓靡,言甚切至。上说,擢为监察御史,累迁右司郎官。

金遣贺生辰使来,上居高宗丧,不欲引见,镗为候佐,以旨拒之。使者请少留阙下,镗曰:"信使之来,以诞节也。诞节礼毕,欲留何名乎？"使行，上嘉其称职。转中书门下省检正诸房公事。

　　金人遣使来吊，镗为报谢使。金人故事，南使至汴京则赐宴。镗请免宴，郊劳使康元弼等不从，镗谓必不免宴，则请撤乐，遗之书曰："镗闻邻丧者舂不相，里殡者不巷歌。今镗衔命而来，翳北朝之惠吊，是荷是谢。北朝勤其远而悯其劳，遣郊劳之使，蕆式宴之仪，德莫厚焉，外臣受赐，敢不重拜。若曰而必听乐，是於圣经为悖理，於臣节为悖义，岂惟贻本朝之羞，亦岂昭北朝之懿哉？"相持甚久。镗即馆，相礼者趣就席，镗曰："若不撤乐，不敢即席。"金人迫之，镗弗为动，徐曰："吾头可取，乐不可闻也。"乃帅其属出馆门，甲士露刃向镗，镗叱退之。金人知镗不可夺，驰白其主，主叹曰："南朝直臣也。"特命免乐。自是恒去乐而后宴镗。孝宗闻之喜，谓辅臣曰："士大夫平居孰不以节义自许，有能临危不变如镗者乎？"

　　使还，入见，上劳之曰："卿能执礼为国家增气，朕将何以赏卿？"镗顿首曰："北人畏陛下威德，非畏臣也。正使臣死於北庭，亦臣子之常分耳，敢言赏乎！"故事，使还当增秩。右相周必大言於上曰："增秩常典尔，京镗奇节，今之毛遂也，惟陛下念之。"乃命镗权工部侍郎。

　　四川阙帅，以镗为安抚制置使兼知成都府。镗到官，首罢征敛，弛利以予民。泸州卒杀太守，镗擒而斩之，蜀以大治。召为刑部尚书。

　　宁宗即位，甚见尊礼，由政府累迁为左丞相。当是时，韩侂胄权势震天下，其亲幸者由禁从不一二岁至宰辅；而不附侂胄者，往往沉滞不偶。镗既得位，一变其素守，於国事谩无所可否，但奉行侂胄风旨而已。又荐引刘德秀排击善类，於是有伪学之禁。

　　后宦者王德谦除节度使，镗乃请裂其麻，上曰："除德谦一人而止可乎？"镗曰："此门不可启。节钺不已，必及三孤；三孤不已，必及三公。愿陛下以真宗不予刘承规为法，以大观、宣、政间童贯等冒节钺为戒。"上於是谪德谦而黜词臣吴宗旦，或曰，亦侂胄意也。

　　居无何，以年老请免相，薨，赠太保，谥文忠。后以监察御史倪千里言,改谥庄定。

　　谢深甫字子肃,台州临海人。少颖悟,刻志为学,积数年不寐,夕则置瓶水加足於上,以警困怠。父景之识为远器,临终语其妻曰:"是儿当大吾门,善训迪之。"母攻苦守志,督深甫力学。

　　中乾道二年进士第,调嵊县尉。岁饥,有死道旁者,一妪哭诉曰:"吾儿也。佣于某家,遭掠而死。"深甫疑焉,徐廉得妪子他所,召妪出示之。妪惊伏曰:"某与某有隙,赂我使诬告耳。"

　　越帅方滋、钱端礼皆荐深甫有廊庙才,调昆山丞,为浙曹考官,一时士望皆在选中。司业郑伯熊曰:"文士世不乏,求具眼如深甫者实鲜。"深甫曰:"文章有气骨,如泰山乔岳,可望而知,以是得之。"

　　知处州青田县。侍御史葛邲、监察御史颜师鲁、礼部侍郎王蔺交荐之。孝宗召见,深甫言:"今日人才,枵中侈外者多妄诞,矫讦沽激者多眩鬻。激昂者急於披露,然或邻於好夸;刚介者果於植立,而或邻於太锐;静退简默者寡有所合,或邻於立异。故言未及酬而已龃龉,事未及成而已挫抑。於是趣时徇利之人,专务身谋,习为软熟,畏避束手,因循苟且,年除岁迁,亦至通显,一有缓急,莫堪倚仗。臣愿任之际,必察其实,既悉其实,则涵养之以蓄其才,振作之以厉其气,栽培封殖,勿使沮伤。"上嘉纳。问当世人才,对曰:"荐士,大臣职也。小臣来自远方,不足以奉明诏。"上颔之,谕宰臣曰:"谢深甫奏对雍容,有古人风。"除籍田令,迁大理丞。

　　江东大旱,擢为提举常平,讲行救荒条目,所全活一百六十余万人。光宗即位,以左曹郎官借礼部尚书为贺金国生辰使。绍熙改元,除右正言,迁起居郎兼权给事中。知阁门事韩侂胄破格转遥郡刺史,深甫封还内降云:"人主以爵禄磨厉天下之人才,固可重而不可轻;以法令堤防天下之侥幸,尤可守而不可易。今侂胄蓦越五官而转遥郡,侥幸一启,攀援踵至,将何以拒之?请罢其命。"

　　进士俞古应诏言事,语涉诋讦,送瑞州听读。深甫谓:"以天变求言,未闻旌赏而反罪之,则是名求而实拒也。俞古不足以道,所惜者朝廷事体耳。"右司谏邓驲论近习，左迁，深甫请还驲，谓："不可以近习故变易谏官，为清朝累。"

二年，知临安府。三年，除工部侍郎。入谢，光宗面谕曰："京尹宽则废法，猛则厉民，独卿为政得宽猛之中。"进兼吏部侍郎，兼详定敕令官。四年，兼给事中。陈源久以罪斥，忽予内祠，深甫固执不可。姜特立复诏用，深甫力争，特立竟不得入。张子仁除节度使，深甫疏十一上，命遂寝。每禁庭燕私，左右有希恩泽者，上必曰："恐谢给事有不可耳。"

宁宗即位，除焕章阁待制、知建康府，改御史中丞兼侍读。上言："比年以来，纪纲不立。台谏有所论击，不与被论同罢，则反除以外任；给、舍有所缴驳，不命次官书行，则反迁以他官；监司有所按察，不两置之勿问，则被按者反得美除。以奔竞得志者，不复知有廉耻；以请属获利者，不复知有彝宪。贪墨纵横，莫敢谁何；罪恶暴露，无所忌惮。坠坏纪纲，莫此为甚。请风厉在位，革心易虑，以肃朝著。"礼官议祧喜祖，侍讲朱熹以为不可，深甫言："宗庙重事，未宜递革。朱熹考订有据，宜从熹议。"

庆元元年，除端明殿学士、签书枢密院事，迁参知政事，再迁知枢密院事兼参知政事。内侍王德谦建节，深甫三疏力陈不可蹈大观覆辙，德谦竟斥。进金紫光禄大夫，拜右丞相，封申国公，进岐国公。光宗山陵，为总护使。还，拜少保，力辞，改封鲁国公。

嘉泰元年，累疏乞避位，宁宗曰："卿能为朕守法度，惜名器，不可以言去。"召坐赐茶，御笔书《说命》中篇及金币以赐之。

有余嚞者，上书乞斩朱熹，绝伪学，且指蔡元定为伪党。深甫掷其书，语同列曰：'朱元晦、蔡季通不过自相与讲明其学耳，果有何罪乎？余嚞蚍虱臣，乃敢狂妄如此，当相与奏知行遣，以厉其余。'

金使入见不如式，宁宗起入禁中，深甫端立不动，命金使俟于殿隅，帝再御殿，乃引使者进书，迄如旧仪。

拜少保。乞骸骨，授醴泉观使。明年，拜少传，致仕。有星陨于居第，遂薨。后孙女为理宗后，追封信王，易封卫、鲁，谥惠正。

许及之字深甫,温州永嘉人。隆兴元年第进士。知袁州分宜县。以部使者荐,除诸军审计,迁宗正簿。乾道元年,林栗请增置谏员,乃效唐制置拾遗、补阙,以及之为拾遗,班序在监察御史之上。

高宗崩,及之言:"皇帝既躬三年之丧,群臣难从纯吉,当常服黑带。"王淮当国久,及之奏:"陛下即位二十七年,而群臣未能如圣意者,以苟且为安荣,以姑息为仁恕,以不肯任事为简重,以不敢任怨为老成。敢言者指为轻儇,鲜耻者谓之朴实。陛下得若人而相之,何补於治哉!"淮竟罢职予祠。

光宗受禅,除军器监,迁太常少卿,以言者罢。绍熙元年,除淮南运判兼淮东提刑,以铁钱滥恶不职,贬秩,知庐州。召除大理少卿。宁宗即位,除吏部尚书兼给事中。及之早与薛叔似同擢遗、补,皆为当时所予。党事既起,善类一空,叔似累斥逐,而及之谄事侂胄,无所不至。尝值侂胄生日,朝行上寿毕集,及之后至,阍人掩关拒之,及之俯偻以入。为尚书,二年不迁,见侂胄流涕,序其知遇之意及衰迟之状,不觉膝屈。侂胄恻然怜之曰:"尚书才望,简在上心,行且进拜矣。"居亡何,同知枢密院事。当时有"由窦尚书、屈膝执政"之语,传以为笑。

嘉定二年,拜参知政事,进知枢密院事兼参政。兵端开,侂胄欲令及之守金陵,及之辞。侂胄诛,中丞雷孝友奏及之实赞侂胄开边,及守金陵,始诡计免行。降两官,泉州居住。嘉定二年,卒。

梁汝嘉字仲谟,处州丽水人。以外祖太宰何执中任入官,调中山府司议曹事。建炎初,知常州武进县。守荐其治状,擢通判州事,加直秘阁,历官至转运副使。

临安阙守,火盗屡作,命汝嘉摄事。汝嘉修火政,严巡徼,盗发辄得,火灾亦息。遂命为真,加直龙图阁。以称职,擢徽猷阁待制,试户部侍郎兼知监安府。累迁户部侍郎,进权尚书兼江、淮、荆广经制使。

汝嘉素善秦桧，殿中侍御史周葵将按之。汝嘉闻，给中书舍人林待聘曰："副端将论君。"待聘亟告桧，徙葵起居郎。葵入后省，出疏示待聘曰："梁仲谟何其幸也。"待聘始知为汝嘉所卖，士大夫以是薄汝嘉。汝嘉求去，以宝文阁直学士提举太平观。未几，升学士、知明州，兼浙西沿海制置使，更温、宣、鼎三郡，复奉祠以归。绍兴二十三年，卒。汝嘉长於吏治，在监安风绩尤著。

论曰：君子之论人，亦先观其大者而已矣。忠孝，人之大节也，胡纮导其君以短丧，不得谓之忠；何澹疑所生继母之服，士论纷纭而后去，不可以为孝，彼於其大者且忍为之，则其协比权奸，诬构善类，亦何惮而不为乎？谢深甫出处，旧史泯其迹，若无可议为者。然庆元之初，韩侂胄设伪学之禁，纲罗善类而一空之，深甫秉政，适与之同时，诿曰不知，不可也。况於一劾陈傅良，再劾赵汝愚，形於深甫之章，有不可掩者乎？陈自强、郑丙、许及之辈，狐媚苟合，以窃贵宠，斯亦不足论已。若林栗之有治才，善论事，高文虎之自负该洽，京镗之仗义秉礼，志信於敌国，抑岂无足称者。然栗以私忿诋名儒，不为清议所与，而文虎草伪学之诏，以是为非，以正为邪，变乱白黑，以欺当世，其人可知也。镗暮年得政，朋奸取容，既愧其初服矣，况伪学之目，识者以为镗实发之乎？士君子立身行事，一失其正，流而不知返，遂为千古之罪人，可不惧哉！

宋史卷三九五
列传第一五四

# 楼钥　李大性　任希夷
# 徐应龙　庄夏　王阮　王质
# 陆游　方信孺　王柟

　　楼钥字大防,明州鄞县人,隆兴元年,试南宫,有司伟其辞艺,欲以冠多士,策偶犯旧讳,知贡举洪遵奏,得旨以冠未等。投赘谢诸公,考官胡铨称之曰:“此翰林才也。”试教官,调温州孝授,为敕令所删定官,修《淳熙法》。议者欲降太学释奠为中祀,钥曰:“乘舆临幸,於先圣则拜,武成则肃揖,其礼异矣,可钧敌乎?”

　　改宗正寺主簿,历太府、宗正寺丞,出知温州。属县乐清倡言方腊之变且复起,邑令捕数人归于郡。钥曰:“罪之则无可坐,纵之则惑民。”编隶其为首者,而驱其徒出境,民言遂定。堂帖问故,钥曰:“苏洵有言:‘有乱之形,无乱之实,是谓将乱。不可以有乱急,不可以无乱弛。’”丞相周必大心善之。

　　光宗嗣位,召对,奏曰:“人主初政,仍当先立其大者。至大莫如恢复,然当先强主志,进群德。”又曰:“今之纲密甚矣,望陛下轸念元元,以设禁为不得已,凡有创意增益者,寝而勿行,所以保养元气。”

　　除考功郎兼礼部。吏铨并缘为奸,多所壅底。钥曰:“简要清,尚书郎之选。”尽革去之。改国子司业,擢起居郎兼中书舍人。代言坦明，得制诰体，缴奏无所回避。禁中或私请，上曰："楼舍人朕亦惮之，不如且已。"刑部言，天下狱案多所奏裁，中书之务不清，宜痛省之。钥曰："三宥制刑，古有明训。"力论不可。会庆节上寿，扈从班集，乘与不出。已而玉牒、圣会要书成，将进重华，又屡更日。钥言："臣累岁随班，见陛下上寿重华宫，欢动宸极。嘉王日趋朝谒，恪勤不懈，窃料寿皇望陛下之来，亦犹此也。"又奏："圣政之书，全载寿皇一朝之事。玉牒、会要足成淳熙末年之书，幸速定其日，无复再展，以全圣孝。"于是上感悟，进书成礼。

试中书舍人，俄兼直学士院。光宗内禅诏书，钥所草也，有云："虽丧纪自行於宫中，而礼文难示於天下。"荐绅传诵之。迁给事中。乞正太祖东向之位，别立禧祖庙以代夹室，顺祖、翼祖、宣祖之主皆藏其中，袷祭即庙而禴。从之。

朱熹以论事忤韩侂胄，除职与郡。钥言："熹鸿儒硕学，陛下闵其耆老，当此隆寒，立讲不便，何如俾之内祠，仍令修史，少俟春和，复还讲筵。"不报。赵汝愚谓人曰："楼公当今人物也，直恐监事少刚决耳。"及见其持论坚正，叹曰："吾於是大过所望矣。"

宁宗受禅，侂胄以知阁门事与闻传命，颇有弄权之渐，彭龟年力攻之。侂胄转一官，与在京宫观，龟年除待制，与郡。钥与林大中奏，乞留龟年於讲筵，或命侂胄以外祠。龟年竟去，钥迁为吏部尚书，以显谟阁学士提举江州太平兴国宫。寻知婺州，移宁国府，罢，仍夺职。告老至再，许之。

侂胄尝副钥为馆伴，以钥不附己，深嗛之。侂胄诛，诏起钥为翰林学士，迁吏部尚书兼翰林侍讲。时钥年过七十，精敏绝人，词头下，立进草，院吏惊诧。入朝，陛循旧班谛视钥曰："久不见此官矣。"时和好未定，金求韩侂胄函首，钥曰："和好待此而决，奸凶已死之首，又何足恤。"诏从之。

赵汝愚之子崇宪奏雪父冤，钥乞正赵师召之罪，重蔡琏之诛，毁龚颐正《续稽古录》以白诬谤。除端明殿学士、签书枢密院事，升同知，进参知政事。位两府者五年，累疏求去，除资政殿学士知太平州,辞,进大学士,提举万寿观。嘉定六年薨,年七十七,赠少师,谥宣献。

钥文辞精博,自号攻愧主人,有集一百二十卷。

李大性字伯和,端州四会人。其先积中,尝为御史,以直言入元祐党籍,始家豫章。

大性少力学,尤习本朝典故。以父任入官,因参选,进《艺祖庙谟》百篇及公私利害百疏。又言:“元丰制,六察许言事,章惇为相始禁之,乞复旧制,以广言路。”从臣力荐之,命赴都堂审察,仅迁一秩,为湖北提刑司斡官。未几,入为主管吏部架阁文字。丁母艰,服阕,进《典故辨疑》百篇,皆本朝故实,盖纲罗百氏野史,订以日历、实录,核其正舛,率有据依,孝宗读而褒嘉之。

擢大理司直,迁敕令所删定官,添差通判楚州。郡守吴曦与都统刘超合议,欲撤城移他所,大性谓:“楚城实晋义乌间所筑,最坚,奈何以脆薄易坚厚乎?”持不可。台臣将劾其沮挠,不果。会从官送北客,朝命因俾廉访,具以实闻,遂罢戎帅,召大性除太府寺丞,迁大宗正丞兼仓部郎,寻改工部。

陈传良以言事去国,彭龟年、黄度、杨方相继皆去。大性抗疏言:“朝廷清明,乃使言者无故而去,臣所甚惜也。数人之心,皆本爱君,知其爱君,任其去而不顾,恐端人正士之去者将不止此。孟子曰:‘不信仁贤,则国空虚。’臣所以为之寒心也。’”

孝宗崩,光宗疾,未能执丧。大性复上疏言:“今日之事,颠倒舛逆,况金使祭奠当引见于北宫素帷,不知是时犹可以不出乎?《檀弓》曰:‘成人有兄死而不丧者,闻子皋将为成宰,遂为衰。’成人曰:‘兄则死而子皋为之衰。’”盖言成人畏子皋之来方为制服,其服乃子皋为之,非为兄也。若陛下必待使来然后执丧,则恐贻讥中外,岂特如成人而已哉。”迁军器少监,权司封郎,提举浙东常平,改浙东提刑兼知庆元府。召为吏部郎中,四迁为司农卿。明年,兼户部侍郎。

出知兴府，甫一岁，召为户部侍郎，升尚书。朝论将用兵，大性条陈利害，主不宜轻举之说，忤韩侂胄意，出知平江，移知福州，又移知江陵，充荆湖制置使。江陵当用兵后，残毁饥馑，继以疾疫，大性首议振货，凡三十八万缗有奇。前官虚羡，凡十有四万五千缗，率蠲放不督，民流移新复业者，皆奏免征榷。边郡武爵，本以励士，冒滥滋众，大性劾两路戎司冒受逃亡付身，凡三千四百九十七道，率缴上毁抹，左选为之一清。江陵旧使铜镪，钱重褚轻，民持赀入市，有终日不得一钱者。大性奏乞依襄、郢例通用铁钱，於是泉货流通，民始复业。除刑部尚书兼详定敕令，寻迁兵部。

时金国分裂，不能自存，有举北伐之议者，大性上疏以和战之说未定，乞令朝臣集议，从之。寻以端明殿学士知平江府，引疾丐祠，卒于家，年七十七，赠开府仪同三司，谥文惠。

李氏自积中三世官于朝，父子兄弟相师友，而大性与弟大异、大东并跻从列，为名臣云。

任希夷字伯起，其先眉州人。四世祖伯雨为谏议大夫，其后仕闽，因家邵武。希夷少刻意问学，为文精苦。登淳熙三年进士第，调建宁府浦城簿。从朱熹学，笃信力行，熹器之曰：“伯起，开济士也。”

开禧初，主太常寺簿，奏：“绍熙以来，礼书未经编次，岁月滋久，恐或散亡，乞下本寺修纂。”从之。迁礼部尚书兼给事中。谓：“周惇颐、程颢、程颐为百代绝学之倡，乞定议赐谥。”其后惇颐谥元，颢谥纯，颐谥正，皆希夷发之。

进端明殿学士、签书枢密院事兼权参知政事。史弥远柄国久，执政皆具员，议者颇讥其拱默。寻提举监安洞霄宫，薨，赠少师，谥宣献。

徐应龙字允叔。淳熙二年第进士，调衡州法曹、湖南检法官。潭获劫盗，首谋者已系狱，妄指逸者为首，吏信之，及获逸盗，治之急，遂诬服。吏以成宪谳于宪司，应龙阅实其辞，谓：“首从不明，法当奏。"时周必大判潭州,提刑庐彦德不欲反其事,将置逸盗于死,应龙力与之辨。先是,彦德许应龙京削,至是怒曰:"君不欲出我门邪?"应龙曰:"以人命传文字,所不忍也。"彦德不能夺,闻者多其有守,交荐之。

改秩,知瑞州高安县。吕祖俭言事忤韩侂胄,谪死高安,应龙为之经纪其丧,且为文诔之。有劝之避祸者,应龙曰:"吕君吾所敬,虽缘此获谴,亦所愿也。"朱熹贻书应龙曰:"高安之政,义风凛然。"主淮西机宜文字,知南恩州.

陈自强当国,乃旧同舍,应龙丐雷州而去。召监兼都进奏院,迁国子博士、守工部员外郎,进户部侍郎,迁国子司业兼实录院检讨官、崇政殿说书、守秘书少监权工部侍郎。

时金主徒汴,应龙言:"金人穷而南奔,将溢出而蹈吾之境。金亡,更生新敌,尤为可虑。"兼侍讲,言:"人主不能尽知天下人材,当责之宰相;宰相不能尽知天下人材,当采之公论。李吉甫为相,号称得人,而三人之荐,乃出於裴垍之疏。"

迁吏部侍郎,进刑部尚书兼侍读。应龙在讲筵,多指陈时政。一日读吴起为卒吮疽事,应龙奏:"起恤士卒如此,故能得其死力。今军将得以贿迁,专事掊克,未免多怨。"上惊曰:"债帅之风,今犹未除邪?"宰相史弥远闻而恶之,免侍读。未几,兼太子詹事。会景献太子薨,请老,上不许,徒吏部尚书。以焕章阁学士提举嵩山崇福宫。嘉定十七年卒,赠开府仪同三司,谥文肃。

子荣叟,官至参知政事,谥文靖;深叟,官终将作监丞;清叟,知枢密院事兼参知政事。各有传。

庄夏字子礼,泉州人。淳熙八年进士。庆元六年,大旱,诏求言。夏时知赣州兴国,县上封事曰:"君者阳也,臣者君之阴也。今威福下移,此阴胜也。积阴之极阳气散乱而不收,其敝为火灾,为旱蝗。愿陛下体阳刚之德,使后宫戚里、内省黄门,思不出位,此抑阴助阳之术也。"

召为太学博士。言:"比年分藩持节,诏墨未干而改除,坐席未温而易地,一人而岁三易节,一岁而郡四易守,民力何由裕?"迁国子博士。召除吏部员外郎,迁军器监、太府少卿。出知漳州,为宗正少卿兼国史院编修官,寻权直学士院兼太子侍读。时流民来归,夏言:"荆襄、两淮多不耕之田,计口授地,贷以屋庐牛具。吾乘其始至,可以得欲;彼幸其不死,可以忘其劳。兵民可合,屯田可成,此万世一时也。"

试中书舍人兼太子右庶子、左谕德,言:"今战守不成,而规模不定,则和好之说,得以乘间而入。今日之患,莫大於兵冗。乞行下将帅,令老弱自陈,得以子若弟侄若婿强壮及等者收刺之,代其名粮。"上曰:"兵卒子弟与召募百姓不同,卿言是也。"除兵部侍郎、焕章阁待制,与祠归。嘉定十年卒。

王阮字南卿,江州人。曾祖韶,神宗时,开熙河,擒木征;祖厚,继辟湟、鄯;父彦傅,靖康勤王:皆有功。阮少好学,尚气节。常自称将种,辞辩奋发,四坐莫能屈。尝谒袁州太守张栻,栻谓曰:"当今道在武夷,子盍往求之。"阮见朱熹于考亭,熹与语,大说之。登隆兴元年进士第.

时孝宗初即位,欲成高宗之志,首诏经理建业以图进取,而大臣巽懦幸安,计未决。阮试礼部,对策曰:

临安蟠幽宅阻,面湖背海,膏腴沃野,足以休养生聚,其地利於休息。建康东南重镇,控制长江呼吸之间,上下千里,足以虎视吴、楚,应接梁、宋,其地利於进取。建炎、绍兴间,敌人乘胜长驱直捣,而我师亦其他甚备也。上皇遵养时晦,不得与平,乃驻临安,所以为休息计也。已三十年来,阙者全,坏者修,弊者整,废者复,较以曩昔,倍万不侔。主上独见远览,举而措诸事业,非固以临安为不足居也。战守之形既分,动静进退之理异也。

古者立国,必有所恃,谋国之要,必负其所恃之地。秦有涵谷,蜀有剑阁,魏有成皋,赵有井陉,燕有飞狐,而吴有长江,皆其所恃以为国也。今东南王气,锺在建业,长江千里,控扼所会,辍而弗顾,退守幽深之地,若将终身焉,如是而曰谋国,果得为善谋乎?且夫战者以地为本,湖山回环,孰与乎龙盘虎踞之雄?胥潮奔猛,孰与乎长江之险?今议者徒习吴、越之僻固,而不知秣陵之通达,是犹富人之财,不布於通都大邑,而匦金以守之,愚恐半夜之或失也。傥六飞顺动,中原在跬步间,况一建康耶?古人有言:'千里之行,起於足下。'人患不为尔。

知贡举范成大得而读之,叹曰:"是人杰也。"

调南康都昌主簿,以廉声闻,移永州教授。献书阙下,请罢吴、楚牧马之政,而积马於蜀茶马司,以省往来纲驿之费、岁时分牧之资,凡数千言。绍熙中,知濠州,请复曹玮方田,修种世衡射法,日讲守备,与边民亲访北境事宜。终阮在濠,金不敢南侵。改知抚州。

韩侂胄宿闻阮名,特命入奏,将诱以美官,夜遣密客诣阮,阮不答,私谓所亲曰:"吾闻公卿择士,士亦择公卿。刘歆、柳宗元失身匪人,为万世笑。今政自韩氏出,吾肯出其门哉?"陛对毕,拂衣出关。侂胄闻之大怒,批旨斥祠。阮於是归隐庐山,尽弃人间事,从容觞咏而已。朱熹尝惜其才气术略过人,而留滞不偶云。嘉定元年卒。

王质字景文,其先郓州人,后徙兴国。质博通经史,善属文。游太学,与九江王阮齐名。阮每云:"听景文论古,如读郦道元《水经》,名川支川,贯穿周匝,无有间断,咳唾皆成珠玑。"

质与张孝祥父子游,深见器重。孝祥为中书舍人,将荐质举制科,会去国不果。著论五十篇,言历代君臣治乱,谓之《朴论》。中绍兴三十年进士第,用大臣言,召试馆职,不就。明年,金主完颜亮南侵,御史丞汪澈宣谕荆、襄,又明年,枢密使张浚都督江、淮,皆辟为属。入为太学正。

时孝宗屡易相,国论未定,质乃上疏曰:

陛下即位以来,慨然起乘时有为之志,而陈康伯、叶义问、汪澈在廷，陛下皆不以为才，于是先逐义问，次逐澈，独徘徊康伯，难于进退，陛下意终鄙之，遂决意用史浩，而浩亦不称陛下意，于是决用张浚，而浚又无成，于是决用汤思退。今思退专任国政，又且数月，臣度其终无益于陛下。

夫宰相之任一不称，则陛下之志一沮。前日康伯持陛下以和，和不成；浚持陛下以战，战不验；浚又持陛下以守，守既困；思退又持陛下以和。陛下亦尝深察和、战、守之事乎？李牧在雁门，法主于守，守乃有战。祖逖在河南，法主于战，战乃有和。羊祜在襄阳，法主于和，和乃有守。何至分而不使相合？

今陛下之心志未定，规模未立。或告陛下，金弱且亡，而吾兵甚振，陛下则勃然有勒燕然之志；或告陛下，吾力不足恃，而金人且来，陛下即委然有盟平凉之心；或告陛下，吾不可进，金不可入，陛下又蹇然有指鸿沟之意。使臣为陛下谋，会三者为一，天下乌有不治哉？

天子心知质忠，而忌者共谗质年少好异论，遂罢去。会虞允文宣抚川、陕，辟质偕行。一日令草檄契丹文，援毫立就，辞气激壮。允文起执其手曰："景文天才也。"入为敕令所删定官，迁枢院编修官。允文当国，孝宗命拟进谏官，允文以质鲠亮不回，且文学推重于时，可右正言。时中贵人用事，多畏惮质，阴沮之，出通判荆南府，改吉州，皆不行，奉祠山居，绝意禄仕。淳熙十五年卒。

陆游字务观，越州山阴人。年十二能诗文，荫补登仕郎。锁厅荐送第一，秦桧孙埙适居其次，桧怒，至罪主司。明年，试礼部，主司复置游前列，桧显黜之，由是为所嫉。桧死，始赴福州宁德簿，以荐者除敕令所删定官。

时杨存中久掌禁旅，游力陈非便，上嘉其言，遂罢存中。中贵人有市北方珍玩以进者，游奏："陛下以'损'名斋，自经籍翰墨外，屏而不御。小臣不体圣意，辄私买珍玩，顾损圣德，乞严行禁绝。"

应诏言："非宗室外家，虽实有勋劳，毋得辄加王爵。顷者有以师传而领殿前都指挥使,复有以尉而领阁门事,渎乱名器,乞加订正。"迁大理寺司直兼宗正簿。

孝宗即位,迁枢密院编修官兼编类圣政所检讨官。史浩、黄祖舜荐游善词章,谙典故,召见,上曰:"游力学有闻,言论剀切。"遂赐进士出身。入对,言:"陛下初即位,乃信诏令以示人之时,而官吏将帅一切玩习,宜取其尤沮格者,与众弃之。"

和议将成,游又以书白二府曰:"江左自吴以来,未有舍建康他都者。驻跸临安出于权宜,形势不固,馈饷不便,海道逼近,凛然意外之忧。一和之后,盟誓已立,动有拘碍。今当与之约,建康、监安皆系驻跸之地,北使朝聘,或就建康,或就临安,如此则我得以暇时建都立国,彼不我疑。"

时龙大渊、曾觌用事,游为枢臣张焘言:"觌、大渊招权植党,荧惑圣听,公及今不言,异日将不可去。"焘迟以闻,上诘语所自来,焘以游对。上怒,出通判建康府,寻易隆兴府。言者论游交结台谏,鼓唱是非,力说张浚用兵,免归。久之,通判夔州。

王炎宣抚川、陕,辟为干办公事。游为炎陈进取之策,以为经略中原必自长安始,取长安必自陇右始。当积粟练兵,有衅则攻,无则守。吴璘子挺代掌兵,颇骄恣,倾财结士,屡以过误杀人,炎莫谁何。游请以玠子拱代挺。炎曰:"拱怯而寡谋,遇敌必败。"游曰:"使挺遇敌,安保其不败。就令有功,愈不可轻驭。"及挺子曦替叛,游言始验。

范成大帅蜀,游为参议官,以文字交,不拘礼法,人讥其颓放,因自号放翁。后累迁江西常平提举。江西水灾,奏:"拔义仓振济,檄诸郡发粟以予民。"召还,给事中赵汝愚驳之,遂与祠。起知严州,过阙,陛辞,上谕曰:"严陵山水胜处,职事之暇,可以赋咏自适。"再召入见,上曰:"卿笔力回斡甚善,非他人可及。"除军器少监。

绍熙元年,迁礼部郎中兼实录院检讨官。嘉泰二年,以孝宗、光宗《两朝实录》及《三朝史》未就,诏游权同修国史、实录院同修撰,免奉朝请,寻兼秘书监。三年,书成;遂升宝章阁待制,致仕。

　　游才气超逸,尤长于诗。晚年再出,为韩侂胄撰《南园阅古泉记》,见讥清议。朱熹尝言:"其能太高,迹太近,恐为有力者所牵挽,不得全其晚节。"盖有先见之明焉。嘉定二年卒,年八十五。

　　方信孺字孚若,兴化军人。有隽材,未冠能文,周必大、杨万里见而异之。以父崧卿荫,补番禺县尉。盗劫海贾,信孺捕之,盗方沙聚分卤获,惶骇欲趋舟,信孺已使人负盗舟去矣,乃悉缚盗,不失一人。

　　韩侂胄举恢复之谋,诸将偾军,边衅不已。朝廷寻悔,金人亦厌兵,乃遣韩元靓来使,而都督府亦再遣壮士遗敌书,然皆莫能得其要领。近臣荐信孺可使,自萧山丞召赴都,命以使事。信孺曰:"开衅自我,金人设问首谋,当何以答之?"侂胄矍然。假朝奉郎、枢密院检详文字,充枢密院参谋官,持督帅张岩书通问于金国元帅府。

　　至濠州,金帅纥石烈子仁止于狱中,露刃环守之,绝其薪水,要以五事。信孺曰:"反俘、归币可也,缚送首谋,于古无之,称藩、割地,则非臣子所忍言。"子仁怒曰:"若不望生还耶?"信孺曰:"吾将命出国门时,已置生死度外矣。"

　　至汴,见金左丞相、都元帅完颜宗浩,出就传舍。宗浩使将命者来,坚持五说,且谓:"称藩、割地,自有故事。"信孺曰:"昔靖康仓卒割三镇,绍兴以太母故暂屈,今日顾可用为故事耶?此事不独小臣不敢言,行府亦不敢奏也。请面见丞相决之。"将命者引而前,宗浩方坐幄中,陈兵见之,云:"五事不从,兵南下矣。"信孺辩对不少诎。宗浩叱之曰:"前日兴兵,今日求和,何也?"信孺曰:"前日兴兵复仇,为社稷也。今日屈己求和,为生灵也。"宗浩不能诘,授以报书曰:"和与战,俟再至决之。"

　　信孺还,诏侍从、两省,台谏官议所以复命。众议还俘获,罪首谋,增岁币五万,遣信孺再往。时吴义已诛,金人气颇索,然犹执初议。信孺曰:"本朝为增币已为卑屈,况名分地界哉?且以曲直校之,本朝兴兵在去年四月,若贻书诱吴义,则去年三月也,其曲固有在矣。如以强弱言之,若得滁、濠,我亦得泗、涟水。若夸胥浦桥之胜,我亦有凤凰山之捷。若谓我不能下宿、寿,若围庐、和、楚果能下乎?五事已从其三,而犹不我听,不过再交兵耳。"

金人见信孺忠恳,乃曰:"割地之议姑寝,但称藩不从,当以叔为伯,岁币外,别犒师可也。"信孺固执不许。宗浩计穷,遂密与定约。复命,再差充通谢国信所参谋官,奉国书誓草及许通谢百万缗抵汴。宗浩变前说,怒信孺不曲折建白,迟以誓书来,有"诛戮禁锢"语。信孺不为动,将命曰:"此事非犒军钱可了。"别出事目。信孺曰:"岁币不可再增,故代以通谢钱。今得此求彼,吾有陨首而已。"将命曰:"不尔,丞相欲留公。"信孺曰:"留于此死,辱命亦死,不若死于此。"会蜀兵取散关,金人益疑。

信孺还,言:"敌所欲者五事:'割两淮一,增岁币二,犒军三,索归正等人四,其五不敢言。"侂胄再三问,至厉声诘之,信孺徐曰:"欲得太师头耳。"侂胄大怒,夺三秩,临江军居住。

信孺自春至秋,使金三往返,以口舌折强敌,金人计屈情见,然愤其不屈,议用弗就。已而王柟出使,定和议,增币、函首,皆前信孺所持不可者。柟白庙堂:"信孺辩折敌酋于强愎未易告语之时,信孺当其难,柟当其易。柟每见,金人必问信孺安在,公论所推,虽敌人不能掩也。"乃诏信孺自便。

寻知韶州,累迁淮东转运判官兼提刑。知真州,即北山匮水筑石堤,袤二十里,人莫知其所为。后金人薄仪真,守将决水匮以退敌,城乃获全。山东初内附,信孺言:"豪杰不可以虚名驾驭,武夫不可以弱势弹压,宜选威望重臣,将精兵数万,开幕山东,以主制客,以重驭轻,则可以包山东,固江北,而两河在吾目中矣。"坐责降三秩,再奉祠,稍复官。

信孺性豪爽,挥金如粪土,所至宾客满其后车。使北时,年财三十。既龃龉归,营居室岩窦,自放于诗酒。后赀用竭,宾客益落,信孺寻亦死矣。

　　王枏字汝良，大名人。祖伦，同签书枢密院事。伦使北死，孝宗访求其孙之未禄者三人官之，枏其一也。调通州海门尉。乘轻舟入海涛，捕剧贼小吴郎，并其徒十七人获之，狱成，不受赏。

　　韩侂胄以恢复起兵端，天子思继好息民，凡七遣使无成。续遣方信孺往，将有成说矣，坐白事忤侂胄得罪。欲再遣使，顾在廷无可者，近臣以侂荐，擢监登闻鼓院，假右司郎中，使持书北行。侂归白其母，母曰：“而祖以忠死国，故恩及子孙。汝其勉旃，毋以吾老为念。”乃拜命，疾驱抵敌所。

　　金将乌骨论等四人列坐，问：“韩侂胄贵显几年矣？”枏对：“已十余年，平章国事财二年耳。”又问“今欲去此人可乎？”枏曰：“主上英断，去之何难。”四人相顾而笑。有完颜天宠者，袖出文书，云：“王枏虽持韩侂胄书，乃朝廷有旨遣其来元帅府议和，宜详议以报。”是金人知侂胄已诛，和议遂决。

　　枏持金人牒归，求函侂胄首，以起居郎许奕为通谢使，枏为通谢所参谋官。枏自军前再还，议以侂胄首易淮、陕侵地，从之。枏奏：“和约之成，皆方信孺备尝险阻再三将命之功，臣因人成事，乞录信孺功而蠲其过。”朝论以枏不掩人扬己多之。守军器少监，知楚州，累官至太府卿。告归，以右文殿修撰知太平州，加集英殿修撰，致仕。卒，赠宝章阁待制。

　　论曰：楼钥浑厚正大，李大性直言不愧其先，任希夷请谥先儒，徐应龙在经筵多所裨益，庄夏、王阮、王质皆负其有为之才，卒奉祠去国。陆游学广而望隆，晚为韩侂胄著堂记，君子惜之，抑《春秋》责贤者备也。方信孺年少奉使，而以意气折金人。王枏北归，请录信孺之功，长者哉！

宋史卷三九六
列传第一五五

# 史浩　王淮　赵雄　权邦彦
# 程松　陈谦　张岩

　　史浩字直翁,明州鄞县人。绍兴十四年登进士第,调绍兴余姚县尉,历温州教授,郡守张九成器之。

　　秩满,除太学正,升国子博士。因转对,言:"普安、恩平二王宜择其一以系天下望。"高宗颔之。翌日,语大臣曰:"浩有用才也。"除秘书省校书郎兼二王府教授。三十年,普安郡王为皇子,进封建王,除浩权建王府教授。诏建王府置直讲、赞读各一员,浩守司封郎官兼直讲。一日讲《周礼》,言:"膳夫掌膳羞之事,岁终则会,惟王及后、世子之膳羞不会。至酒正掌饮酒之事,岁终则会,惟王及后之饮酒不会,世子不与焉。以是知世子膳羞可以不会,世子饮酒不可以无节也。"王作而谢曰:"敢不佩斯训。"

　　三十一年,迁宗正少卿。会金主亮犯边,下诏亲征。时两淮失守,廷臣争陈退避计,建王抗疏请率师为前驱。浩为王力言:"太子不可将兵,以晋申生、唐肃宗灵武之事为戒。"王大感悟,立俾浩草奏,请扈跸以供子职,辞意恳到。高宗方怒,览奏意顿释,知奏出于浩,语大臣曰:"真王府官也。"既而殿中侍御史吴芾乞以皇子为元帅,先视师。浩复遗大臣书,言:"建王生深宫中,未尝与诸将接,安能办此。"或谓使王居守,浩复以为不可。上亦欲令王遍识诸将,遂扈跸如建康。

　　三十二年，上还临安，立建王为皇太子，浩除起居郎兼太子右庶子。孝宗受禅，遂以中书舍人迁翰林学士、知制诰。张浚宣抚江、淮，将图恢复，浩与之异议，欲城瓜州、采石。浚奏：“不守两淮而守江，不若城泗州，”除参知政事。有诏议应敌定论，洪遵、金安节、唐文若等相继论列，宰执独无奏。上以问浩，浩奏：“先为备御，是谓良规。傥听浅谋之士，兴不教之师，寇去则论赏以邀功，寇至则敛兵而遁迹，谓之恢复得乎？”荐枢密院编修官陆游、尹穑，召对，并赐出身。隆兴元年，拜尚书右仆射，首言赵鼎、李光之无罪，岳飞之久冤，宜复其官爵，禄其子孙。悉从之。

　　李显忠、邵宏渊奏乞引兵进取，浩奏：“二将辄乞战，岂督府命令有不行耶？”浚请入觐，乞即日降诏幸建康，上以问浩，浩陈三说不可，退，又以诘浚曰：“帝王之兵，当出万全，岂可尝试以图侥幸。”复辨论于殿上，浚曰：“中原久陷，今不取，豪杰必起而收之。”浩曰：“中原决无豪杰，若有之，何不起而亡金？”浚曰：“彼民间无寸铁，不能自起，待我兵至为内应。”浩曰：“胜、广以锄耰棘矜亡秦，必待我兵，非豪杰矣。”浚因内引奏：“浩意不可回，恐失机会，乞出英断。”省中忽得宏渊出兵状，始知不由三省，经檄诸将，浩语陈康伯曰：“吾属俱兼右府，而出兵不与闻，焉用相哉！不去尚何待乎？”因又言：“康伯欲纳归正人，臣恐他日必为陛下子孙忧。浚锐意用兵，若一失之后，恐陛下终不得复望中原。”御史王十朋论之，出知绍兴。

　　先是，浩因城瓜洲，白遣太府丞史正志往视之，正志与浚论辩。十朋亦疏史正志朋比，并及浩，遂与祠，自是不召者十三年。起知绍兴府、浙东安抚使。持母丧归，服阕，知福州。

　　淳熙初，上问执政：“久不见史浩，无他否？”遂除少保、观文殿大学士、醴泉观使兼侍读。五年，复为右丞相。上曰：“自叶衡罢，虚席以待卿久矣。”浩奏：“蒙恩再相，唯尽公道，庶无朋党之弊。”上曰：“宰相岂当有党，人主亦不当以朋党名臣下。朕但取贤者用之，否则去之。”

　　枢密都承旨王抃建议以殿、步二司军多虚额，请各募三千人充之。已而殿前司辄捕市人，京城骚动，被掠者多断指，示不可用。军人怙众，因夺民财。浩奏："尽释所捕，而禽军民首喧呶者送狱。"狱成议罪，欲取兵民各一人枭首以徇。浩曰："诸军掠人夺货至于哄，则始衅者军人也，军法从事固当。若市人陆庆童特与抗斗尔，可同罚乎？陛下恐军人有语，故一其罪以安之。夫民不得其平，言亦可畏，'等死，国可乎？'是岂军人语。"上怒曰："是比朕为秦二世也。"浩徐进曰："自古民怨其上者多矣，'时日曷丧，予及汝偕亡，'岂二世事。"寻求去，拜少传、保宁军节度使，充醴泉观使兼侍读。后有言庆童之冤者，上曰："史浩尝力争，坐此求去，至今悔之。"

赵雄尝荐刘光祖试馆职，光祖答策，论科场取士之道，进入，上亲批其后，略曰："用人之弊，人君乏知人之哲，宰相不能择人。国朝以来，过于忠厚，宰相而误国，大将而败军，未尝诛戮。要在人君必审择相，相必当为官择人，懋赏立乎前，诛戮设乎后，人才不出，吾不信也。"手诏既出，中外大耸。议者谓曾觌视草，为光祖甲科发也。上遣觌持示浩，浩奏："唐、虞之世，四凶极恶，止于流窜，三考之法，不过黜陟，未尝有诛戮之科。诛戮大臣，秦汉法也。太祖制治以仁，待臣下以礼，列圣传心，迨仁宗而德化隆洽，本朝之治，与三代同风，此祖宗家法也。圣训则曰'过于忠厚'。夫为国而底于忠厚，岂有所谓过哉？臣恐议者以陛下自欲行刻薄之政，归过祖宗，不可不审也。"

及自经筵将告归，乃于小官中荐江、浙之士十五人，有旨令升擢，皆一时选也。如薛叔似、杨简、陆九渊、石宗，昭陈谦、叶适、袁燮、赵静之、张子智，后皆擢用，不至通显者六人而已。

十年，请老，除太保致仕，封魏国公。晚治第鄞之西湖上，建阁奉两朝赐书，又作堂，上为书"明良庆会"名其阁、"旧学"名其堂。光宗御极，进太师。绍熙五年薨，年八十九，封会稽郡王。宁宗登极，赐谥文惠，御书"纯诚厚德元老之碑"赐焉。嘉定十四年，追封越王，改谥忠定，配享孝宗庙庭。

浩喜荐人才，尝拟陈之茂进职与郡，上知之茂尝毁浩，曰："卿岂以德报怨耶?"浩曰:"臣不知有怨,若以为怨而以德报之,是有心也。"莫济状王十朋行事,诋浩尤甚,浩荐济掌内制,上曰:"济非议卿者乎?"浩曰:"臣不敢以私害公。"遂除中书舍人兼直学士院,待之如初。盖其宽厚类此。子弥大、弥正、弥远、弥坚。弥远嘉定初为右丞相,有传。

王淮字季海,婺州金华人。幼颖悟,力学属文。登绍兴十五年进士第,为台州监海尉。郡守萧振一见奇之,许以公辅器。振帅蜀,辟置幕府。振出,众欲留,淮曰:"万里将母,岂为利禄计。"皆服其器识,迁校书郎。

高宗命中丞举可为御史者,朱倬举淮,除监察御史,寻迁右正言。首论:"大臣养尊,小臣持禄,以括囊为智,以引去为高,愿陛下正心以正朝廷,正朝廷以正百官。"宰相汤思退无物望,淮条其罪数十,于是策免。至于吏部侍郎沈介之欺世盗名,都司方师尹之狡险,大将刘宝掊克结权幸,皆劾罢之。又奏:"自治之策,治内有三:正心术,宝慈俭,去壅蔽。治外有四:固封守,选将帅,明赏罚,储财用。"上深嘉欢。

除秘书少监兼恭王府直讲。时恭王生子挺,淮白于丞相,曰:"恭王夫人李氏生皇嫡长孙,乞讨论典礼。"钱端礼怒其名称,奏:"淮有年钧以长之说。"上曰:"是何言也,岂不启邪心?"出淮知建宁府,改浙西提刑。入见,陈闽中利病甚悉。帝褒嘉之,且令一至东宫,皇太子待以师儒,特施拜礼。寻召,除太常少卿,除中书舍人兼直学士院。龙大渊赠太师,仍畀仪同三司恩数,张说除太尉、在京宫观,皆封还诏书。除翰林学士、知制诰,训词深厚,得王言体。上命择文学行谊之士,淮荐郑伯熊、李焘、程叔达,皆擢用。

淳熙二年,除端明殿学士、签书枢密院事。辛叶疾平茶寇,上功太滥。淮谓:"不核真伪,何以劝有功。"文州蕃部扰边,吴挺奏:"库彦威失利,靖州夷人扰边。"杨倓奏:"田湛失利。"淮谓:"二将战殁,若罪之,何以劝来者。"上尝谕曰:"枢密监事尽公,人无间言,差除能守法甚善。"荐军帅吴拱、郭田、张宣。除同知枢密院事、参知政事。

时宰相久虚，淮与李彦颖同行相事。淮谓："授官当论贤否，不事形迹。诚贤，不敢以乡里故旧废之；非才，不敢以己私庇之。"上称善。擢知院事、枢密使。上言武臣岳祠之员宜省，淮曰："有战功者，壮用其力，老而弃之，可乎？"赵雄言："北人归附者，畀以员外置，宜令诣吏部。"上曰："姑仍旧。"淮曰："上意即天意也。"雄又奏言："宗室岳祠八百员，宜罢。"淮曰："尧亲睦九族，在平章百姓之先；骨肉之恩疏，可乎？时辛弃疾平江西寇，王佐平湖南寇，刘焞平广西寇，淮皆处置得宜，讼功惟允。上深嘉之，谓："陈康伯虽有人望，处事则不及卿。"

八年，拜右丞相兼枢密事。先是，自夏不雨至秋，是日甘雨如注，士大夫相贺，上亦喜命相而雨，乃命口算诸郡绢钱尽蠲一年，为缗八十余万。

赵雄罢相，蜀士之在朝者皆有去意。淮谓："此唐季党祸之胎也，岂圣世所宜有。"皆以次进迁，蜀士乃安。枢密都承旨王抃怙宠为奸，淮极陈其罪，谓："人主受谤，鲜不由此。"上即斥之，且曰："丞相直谅无隐，君臣之间正宜如此。"章颖论事狂直，上将黜之，淮曰："陛下乐闻直言，士大夫以言相高，此风可贺也。黜之适成其名。"上说，颖复留。

时以荒政为急，淮言："李椿老成练达，拟除长沙帅，朱熹学行笃实，拟除浙东提举，以倡郡国。"其后推赏，上曰："朱熹职事留意。"淮言："修举荒政，是行其所学，民被实惠，欲与进职。"上曰："与升直徽猷阁。"成都阙帅，上加访问，淮以留正对。上曰："非闽人乎？"淮曰："立贤无方，汤之执中也。必曰闽有章子厚、吕惠卿，不有曾公亮、苏颂、蔡襄乎？必曰江、浙多名臣，不有丁谓、王钦若乎？"上称善。拜左丞相。

天长水害七十余家，或谓不必以闻，淮曰："昔人谓人主不可一日不闻水旱盗贼，记曰：'四方有败，必先知之。'岂可不以闻？"镇江饥民强借菽粟，执政请痛惩之，淮曰："令甲，饥民罪不至死。"进士八人求以免举恩为升等，淮曰："八人得之，则百人援之。"龚颐以执政之客补官，求诣铨曹，淮以此门不可启，绝其请。尝言跅弛之士，缓急能出死力，乃以周极知安丰军，辛弃疾与祠。

上章力求去，以观文殿大学士判衢州。淮力辞，改提举洞霄宫。光宗嗣位，诏询初政，淮以尽孝进德，奉天敬民，用人立政，罔不在初。母亡，居丧如礼。得疾，忽语家人曰："《易》卦六十四，吾年亦然。"淳熙十六年薨。讣闻，上哀悼，辍视朝，赠少师，谥文定。

初，朱熹为浙东提举，劾知台州唐仲友。淮素善仲友，不喜熹，乃擢陈贾为监察御史，俾上疏言："近日道学假名济伪之弊，请诏痛革之。"郑丙为吏部尚书，相与叶力攻道学，熹由此得祠。其后庆元伪学之禁始于此。

赵雄字温叔，资州人。为隆兴元年类省试第一。虞允文宣抚四蜀，辟斡办公事，入相，荐于朝。乾道五年，召见便殿，孝宗大奇之，即日手诏除正字。

范成大使金，将行，雄当登对，允文招与之语。既进见，雄极论恢复。孝宗大喜曰："功名与卿共之。"即除右史，两月除舍人。金使耶律子敬贺会庆节，雄馆伴。子敬披露事情不敢隐，逻者以闻。上夜召雄，雄具以子敬所言对，上喜。金使入辞，故事当用乐，雄奏："卜郊有日，天子方斋，乐不可用。"上斋之，遣中使谕雄，雄奏："金使必不敢不顺，即有他，臣得引与就馆。"上大喜。雄请复置恢复局，日夜讲磨，条具合上意，除中书舍人。自选人入馆至此，未满岁也。

时金将起河南之役，议尽以诸陵梓宫归于我。上命雄出使贺生辰，仍止奉迁陵寝及正受书仪。雄既见金主，争辨数四。其臣屡喝起，雄辞益力，卒得请乃已，金人谓之龙斗。尝上疏论恢复计，大略谓："莫若由蜀以取陕西，得陕西以临中原，是秦制六国之势也。"八年，以母忧去。

淳熙二年，召为礼部侍郎，除端明殿学士、签书枢密院事。一日奏事,上曰:"今夏蚕麦甚熟、丝米价平可喜。"雄奏:"孟子论王道始于不饥不寒。"上曰:"近世士大夫好高论,耻言农事,微有西晋风。岂知《周礼》与《易》言理财,周公、孔子曷尝不理财为务?且不独此,士夫讳言恢复,不知其家有田百亩,内五十亩为人所据,亦投牒理索否?"雄曰:"陛下志在大有为,敢不布尧言,书之《时政记》。"十一月,同知枢密院事。五年三月,参知政事。十一月,拜右丞相。每进见,必曰"二帝在沙漠,"未尝离诸口也。

朱熹累召不出,雄请处以外郡,命知南康军。熹极论时事,上怒,谕雄令分析。雄奏:"熹狂生,词穷理短,罪之适成其名。若天涵地育,置而不问可也。"会周必大亦力言之,乃止,绍兴帅张津献羡余四十万缗,雄乞降旨于绍兴,以其钱为民代输和买身丁折帛钱之半,使取诸民者,民复得之,足以见圣主之德。

自雄独相,蜀人在朝者仅十数。及眷衰,有言其私里党者,上疑之。已而陈岘为四川制置,王渥为茶马,命从中出。雄求去,诏勉留,曰:"丞相任事不避怨,选才无乡旧。"盖有所激也。祖宗时蜀人未尝除蜀帅,雄请外,除观文殿大学士、四川制置使。王蔺为御史,以故事不可,上疏论之。雄乞免,改知泸南安抚使。上思雄不忘,改知江陵府。江陵无险可恃,雄请城江陵,城成,民不告扰。

张栻再被召,论恢复固当,第其计非是,即奏疏。孝宗大喜,翌日以疏宣示,且手诏云:"恢复当如栻所陈方是。"即除侍讲,云:"且得直宿时文卿论事。"虞允与雄之徒不乐,遂沮抑之。广西横山买马,诸蛮感悦,争以善马至。上知栻治行,甚向栻,众皆忌嫉。泪栻复出荆南,雄事事沮之。时司天奏相星在楚地,上曰:"张栻当之。"人愈忌之。

光宗将受禅,召雄,雄上万言书,陈修身齐家以正朝廷之道,言甚削切。诏授宁武军节度使、开府仪同三司,进卫国公,改帅湖北。疾甚,改判资州,又除潼川府,改隆兴府。绍熙四年薨,年六十五,赠少师。嘉定二年,谥文定。

　　权邦彦字朝美,河间人,登崇宁四年太学上舍第,调沧州教授,入为太学博士,改宣教郎,除国子司业。宣和二年,使辽。明年,抗表请帝临雍。为学官积十余年,改都官郎中、直秘阁、知易州,移相州,复召为都官郎中。与王黼议不合,镌职,知冀州。

　　金人再入,高宗开大元帅府,起两河兵卫汴京,邦彦提所部兵二千五百人,与宗泽自澶渊趋韦城,据刀马河,诸道兵莫有进者。会敌兵大至,移屯南华。二帝北迁,邦彦与泽五表劝进。

　　建炎元年五月,召还,命知荆南府,改东平府。时东州半已入金,至是围益急,邦彦誓以死守,居数月城破,犹力战不已。民义而从之,突围以出,遂奔行在。有司议失守罪,将重坐之,帝以其父母妻子皆没于敌,才贬二秩。俄除宝文阁直学士兼知江州、本路制置使。既抵镇,三年冬,闻父死,乃解官。

　　四年,起复,知建康府,辞,不许。剧盗张琪残徽州,邦彦遣裨将平之。改江、淮等路制置发运使,以治办称。言者论:“三年天下之通丧,后世有从权夺服者,所以徇国家之急。比年如权邦彦、姜仲谦,至幕职亦起复,几习宣、政之风,望革其弊,以明人伦、厚风俗。”诏邦彦任军赋,宜如旧,余悉罢之。

　　绍兴元年,召为兵部尚书兼侍读。二年,除端明殿学士、签书枢密院事。初,邦彦献十议以图中兴,大略谓:“宜以天下为度,进图洪业,恢复土宇,勿苟安于东南。驾御诸将,当威之以法,而限之以爵。命读讲之臣,取累朝训典及三代、汉、唐中兴故事,日陈于前,以裨圣学。又监观伤善妨贤之谗,偷安苟容之佞,市恩立威之奸,怀谖罔上之欺,听其言,察其事,则忠邪判。爱民先爱其力,宽民先节其用。俊已奉以佐国,当自执政始。分阃而属大事,类非偏裨之所能为,必得贤臣大将然后可。制置一官可省,宜令沿江州县各备境内,总以漕帅,上自荆、鄂、江、池,下至采石、京口,委任得人,乃防秋上策。宗室中岂无杰然有人望,可以济艰难、赞密勿、留宿卫者,愿求其人置诸左右。人事尽则天悔祸,不可独归之数。”

　　吕颐浩素善邦彦,荐用之。给事中程瑀劾邦彦五罪,三疏不报。

邦彦在枢密，又言："宜乘机者三，譬奕之争先，安可随应随解，不制而制于人哉?"寻兼权参知政事。帝尝对辅臣言湖南事，颐浩言："李纲纵暴，恐治潭无善状。"帝曰："纲在宣和间论水灾，以得时望。"邦彦曰："纲元无章疏，第略虚名耳，"盖助颐浩以排纲也。三年，卒。

邦彦与政几一年，碌碌无所建明，充位而已。无子，以侄嗣衍为后。有遗稿十卷，号《瀛海残编》，藏于家。

程松字冬老，池州青阳人。登进士第，调湖州长兴尉。章森、吴义使北，松为傔从。庆元中，韩侂胄用事，义为殿帅。时松知钱塘县，谄事义以结侂胄。侂胄以小故出爱姬，松闻，以百千市之，至则盛供帐，舍诸中堂，夫妇奉之谨。居无何，侂胄意解，复召姬，姬具言松谨待之意，侂胄大喜，除松斡办行在诸军审计司、守太府寺丞。未阅旬，迁监察御史，擢右正言、谏议大夫。

吕祖泰上书，乞诛侂胄、苏师旦，松与陈说劾祖泰当诛，祖泰坐真决，流岭南。松满岁未迁，意殊怏怏，乃献一妾于侂胄，曰"松寿"。侂胄讶其名，问之，答曰："欲使庇贱姓名常蒙记意尔。"除同知枢密院事，自宰邑至执政才四年。

开禧元年，以资政殿大学士知成都府、四川制置使。侂胄决议开边，期以二年四月分道进兵，命松要为宣抚使，兴元都统制吴曦副之，寻加曦为陕西招抚使，许便宜从事。松将东军三万驻兴元，曦将西军六万驻河池。松至益昌，欲以执政礼责曦庭参，曦闻之，及境而返。松用东西军一千八百人自卫，曦多抽摘以去，松殊不悟。曦遣其客纳款于金，献关外四州地，求为蜀王。有告曦叛者，松哂其狂。及金人取成州，守将弃关遁，吴曦焚河池还兴州。松以书从曦求援兵，曦答"以凤州非用骑之地，汉中平衍，可骑以驱驰，当发三千骑往。"盖绐之也。

未几，金人封曦为蜀王。曦遗松书讽使去，松不知所为。兴元帅刘甲、茶马范仲任见松，谋起兵诛曦，松恐事泄取祸，即揖二人起去。会报金人且至，百姓奔走相蹂躏，一城如沸。松亟望米仓山遁去，由阆州顺流至重庆，以书抵曦，丏赆礼买舟，称曦为蜀王。曦遣使以匣封致馈，松望见大恐，疑其剑也，亟逃奔。使者追及，松不得已启视之，则金宝也。松乃兼程出峡，西向掩泪曰："吾今获保头颅矣。"曦诛，诏落职，降三官，筠州居住，再降顺昌军节度副使，澧州安置，又责果州团练副使、宾州安置。死宾州。

陈谦字益之，温州永嘉人。乾道八年进士，授福州户曹、主管刑工部架阁文字，迁国子录、敕令所删修官、枢密院编修官。陈中兴五事，至李纲议建镇事，上曰："纲何足道。"谦曰："陛下用大臣，审出纲上，宜如圣训。今顾出纲下远甚，奈何？"上蹙然，遂极论逾数刻。

孝宗内禅，通判江州，知常州，提举湖北常平。平辰州峒徭，加直焕章阁，除户部郎中，总领湖、广财赋。谦乃丞相赵汝愚客，会党论起坐斥。后数年，起为提点成都府路刑狱，移京西运判，复直焕章阁。

韩侂胄谋扰金人，令献马者补官，七州民相扇为盗。谦移书侂胄曰："今若倚群盗行剽掠之策，岂得以败亡为戏乎？"既而屡论襄帅皇甫斌、李奕罪，且求罢。上谕旨薛叔似协和之。迁司农少卿、湖广总领，除宣抚司参谋官。

金兵深入，陷应城，焚汉川，汉阳空城走，武昌震惧。谦以宝谟阁待制副宣抚，即日置司北岸，命土豪赵观覆之中流，士马溺死甚众，余兵皆返走。未几，夺职，罢。后复知江州。侂胄死，和议已决，谦复罢，奉祠。卒，年七十三。

谦有隽声，早为善类所予。晚坐伪禁中废，首称侂胄为"我王"，士论由是薄之。

张岩字肖翁，大梁人，徙家扬州，绍兴末渡江，居湖州。为人机警，柔回善谐。登乾道五年进士第，历官为监察御史，与张釜、陈自强、刘三杰、程松等阿附时相韩侂胄，诬逐当时贤者，严道学之禁。

进殿中侍御史，累迁给事中，除参知政事。以言者罢为资政殿学士、知平江府，旋升大学士、知扬州。时边衅方开，诏岩与程松分帅两淮，已而召还，为参知政事兼同知国用事。开禧二年，迁知枢密院事。明年，除督视江、淮军马。

时方信孺使金议和，值吴曦以蜀叛，议未决，曦伏诛。金人寻前议，信孺再行。侂胄趣岩遣毕再遇、田琳合兵剿敌，且募生擒伪帅。未几，川、陕战屡衄，大散关陷，敌情复变。岩开督府九阅月，费耗县官钱三百七十余万缗，见和议反复，乃言不知兵，固求去。

侂胄诛，御史章燮论岩与苏师旦朋奸误国，夺两官。宁宗谓兵衅方开，岩尝言其不可，许自便，复元官，奉祠。以银青光禄大夫致仕，薨，赠特进。

论曰：史浩宅心平恕，而不能相其君恢复之谋。王淮为伪学之禁，毒痛善类。赵雄与虞允文协谋用兵，而旧史谓二人沮抑张栻，何哉？邦彦守城力战，惜乎助吕颐浩攻李纲，君子少之。程松、陈谦、张岩诬谀之徒，何足算哉！

# 宋史卷三九七
# 列传第一五六

## 徐谊　吴猎　项安世
## 薛叔似　刘甲　杨辅
## 刘光祖

　　徐谊字子宜，一字宏父，温州人。乾道八年进士，累官太常丞。孝宗临御久，事皆上决，执政惟奉旨而行，群下多恐惧顾望。谊谏曰："若是则人主日圣，人臣日愚，陛下谁与共功名乎？"及论乐制，谊对以"宫乱则荒，其君骄；商乱则陂，其官坏"。上遽改容曰："卿可谓不以官自惰矣。"

　　知徽州，陛辞，属光宗初受禅，谊奏："三代圣王，有至诚而无权术，至诚不息，则可以达天德矣。"至郡，歙县有妻杀夫系狱，以五岁女为证，谊疑曰："妇人能一掌致人死乎？"缓之未覆也。会郡究实税于庭，死者父母及弟在焉，乃言："我子欠租久系，饥而大叫，役者批之，堕水死矣。"然后冤者得释，吏皆坐罪，阖郡以为神。移提举浙西常平，守右司郎中，迁左司。

　　孝宗疾浸棘，上久稽定省，谊入谏，退告宰相曰："上慰纳从容，然目瞪不瞬，意思恍惚，真疾也。宜祷祠郊庙，进皇子嘉王参决。"丞相留正不克用。

　　孝宗崩，上不能丧，祭奠有祝，有司不敢摄，百官皆未成服。谊与少保吴琚议请太皇太后临朝，扶嘉王代祭。及将禫，正忧惧，仆于殿庭而去。谊以书谯赵汝愚曰:"自古人臣为忠则忠,为奸则奸,忠奸杂而能济者,未之有也。公内虽心惕,外欲坐观,非杂之谓欤?国家安危,在此一举。"汝愚问策安出,谊曰:"此大事,非宪圣太后命不可。而知阁门事韩侂胄,宪圣之戚也,同里蔡必胜与侂胄同在阁门,可因必胜招之。"侂胄至,汝愚以内禅议遣侂胄请于宪圣,侂胄因内侍张宗尹、关礼达汝愚意,宪圣许之。

宁宗即位,谊迁检正中书门下诸房公事兼权刑部侍郎,进权工部侍郎、知临安府。侂胄恃功,以赏薄浸觖望。谊告汝愚曰:"异时必为国患,宜饱其欲而远之。"不听。

汝愚雅器谊,除授建明多咨访,谊随事裨助,不避形迹,怨者始众。尝劝汝愚早退,汝愚亦自请:"名在属籍,不宜久司揆事,愿因阜陵讫事以去。"宁宗已许之。侂胄出入禁中无度,谊密启汝愚,无计防之,乃直面讽侂胄。侂胄疑将排己,首谒谊,退束装,冀谊还谒,留之通殷勤,谊不往。

吏部侍郎彭龟年论侂胄罪状,侂胄疑汝愚、谊知其情,益怨恨。以御史刘德秀、胡纮疏谊,责惠州团练副使、南安军安置,移袁州,又移婺州。久之,许自便。复官,提举崇道观,起守江州,加集英殿修撰,升宝谟阁待制,移知建康府,兼江、淮制置使。初,金攻庐、楚不下,留兵缀濠州以待和,时时抄掠,与宋师遇,杀伤相当,淮人大惊,复进流江南,在建康者以数十万计。谊昼夜拊循,益严备御,请专捍敌,勿从中御。朝廷惧生事,移知隆兴府以卒。

谊尝与绍兴老将接,于行阵之法,分数奇正,皆有指授,自为图式。后谥忠文。

吴猎字德夫,潭州醴陵人。登进士第,初主浔州平南簿。时张栻经略广西,檄摄静江府教授。刘焞代栻,栻以猎荐,辟本司准备差遣。

盗李接起,陷容、雷、高、化、贵、郁林等州,猎请赏劳诛罪,焞于是录郁林功,诛南流县尉、郁林巡检,人人惊厉,争死斗,不逾时,盗悉就擒。尉,宰相王淮甥也。猎坐降官。久之,知常州无锡县。用陈傅良荐,召试,守正字。

光宗以疾久不觐重华宫,猎上疏曰:"今慈福有八十之大母,重华有垂白之二亲,陛下宜于此时问安上寿,恪共子职。"辞甚切。又白宰相留正,乞召朱熹、杨万里。时陈傅良以言过宫事不行求去,猎责之曰:"今安危之机,判然可见,未闻有牵裾折槛之士。公不于此时有所奋发,为士大夫倡,第洁身而去,于国奚益!"傅良为改容谢之。

宁宗即位,迁校书郎,除监察御史。上趣修大内,将移御,猎言:"寿皇破汉、魏以来之薄俗,服高宗三年之丧,陛下万一轻去丧次,将无以慰在天之灵。"又言:"陛下即位,未见上皇,宜笃厉精诚,以俟上皇和豫而祗见焉。"会伪学禁兴,猎言:"陛下临御未数月,今日出一纸去宰相,明日出一纸去谏臣,昨又闻侍讲朱熹遽以御札畀祠,中外惶骇,谓事不出于中书,是谓乱政。"猎既驳史浩谥,又请以张浚配享阜陵曰:"艰难以来,首倡大义,不以成败利钝异其心,精忠茂烈,贯日月、动天地,未有过于张浚也。孝宗皇帝规恢之志,一饭不忘。历考相臣,终始此念,足以上配孝宗在天之意,亦惟浚一人耳。"议皆不合。出为江西转运判官,寻劾罢。

久之,党禁弛,起为广西转运判官,除户部员外郎、总领湖广江西京西财赋。韩侂胄议开边,猎贻书当路,请号召义士以保边场,刺子弟以补军实,增枣阳、信阳之戍以备冲突,分屯阳罗五关以捍武昌,杜越境诱窃以谨边隙,选试良家子以卫府库。且谓:"金人惩绍兴末年之败,今其来必出荆、襄逾湖。"乃输湖南米于襄阳,凡五十万石;又以湖北漕司和籴米三十万石分输荆、郢、安、信四郡;蓄银帛百万计以备进讨,拔董逵、孟宗政、柴发等分列要郡,厥后皆为名将。

召除秘书少监,首陈边事,乞增光、鄂、江、黄四郡戍。属江陵告饥,除秘阁修撰、主管荆湖北路安抚司公事、知江陵府。陛辞,请出大农十万缗以振饥者。道武昌,遣人招商分籴;至郡,减价发粜,米价为平。

猎计金攻襄阳，则荆为重镇，乃修成"高氏三海"，筑金鸾、内湖、通济、保安四匮，达于上海而注之中海；拱辰、长林、药山、棘林四匮，达于下海；分高沙、东奖之流，由寸金堤外历南纪、楚望诸门。东汇沙市为南海。又于赤湖城西南遏走马湖、熨斗陂之水，西北置李公匮，水势四合，可限戎马。

金人围襄阳、德安，游骑迫竟陵，朝廷命猎节制本路兵马。猎遣张荣将兵援竟陵，又招神马陂溃卒得万人，分援襄阳、德安。加宝谟阁待制、京湖宣抚使。

时金人再犯竟陵，张荣死之，襄阳、德安俱急。吴曦俄反于蜀，警报至，猎请魏了翁摄参议官，访以西事，募死士入竟陵，命其将王宗廉死守，调大军及忠义、保捷分道夹击，金人遂去。又督董逵等援德安，董世雄、孟宗政等解襄阳之围。

西事方殷，猎为讨叛计，请于朝，以王大才、彭辂任西事，仍分兵抗均、房诸险，漕粟归峡，以待王师。及曦诛，除刑部侍郎，充四川宣谕使。朝廷命旌别淑慝。以敷文阁学士、四川安抚制置使兼知成都府。嘉定六年召还，卒，家无余资。蜀人思其政，画像祠之。

猎初从张栻学，乾道初，朱熹会栻于潭，猎又亲炙，湖湘之学一出于正，猎实表率之。有《畏斋文集》、奏议六十卷。谥文定。


项安世字平父，其先括苍人，后家江陵。淳熙二年进士，召试，除秘书正字。

光宗以疾不过重华宫，安世上书言："陛下仁足以覆天下，而不能施爱于庭闱之间；量足以容君臣，而不能忍于父子之际。以一身寄于六军、万姓之上，有父子然后有群臣。愿陛下自入思虑，父子之情，终无可断之理；爱敬之念，必有油然之时。圣心一回，何用择日，早往则谓之省，暮往则谓之定。即日就驾，旋乾转坤，在返掌间尔。"疏入不报。安世遗宰相留正书求去，寻迁校书郎。

宁宗即位，诏求言，安世应诏言：

　　管夷吾治齐，诸葛亮治蜀，立国之本，不过曰量地以制赋，量赋以制用而已。陛下试披舆地图，今郡县之数，比祖宗时孰为多少？比秦、汉、随、唐时孰为多少？陛下必自知其狭且少矣。试命版曹具一岁赋入之数，祖宗盛时，东南之赋入几何？建炎、绍兴以来至乾道、淳熙，其所增取几何？陛下试命内外群臣有司具一岁之用，人主供奉、好赐之费几何？御前工役、器械之费几何？嫔嫱、宦寺廪给之费几何？户部、四总领养兵之费几何？州县公使、迎送、请给之费几何？陛下必自知其为侈且滥矣！用不量赋而至於侈且滥，内外上下之积不得而不空，天地山川之藏不得而不竭，非忍痛耐谤，一举而更张之，未知其所以终也。

　　今天下之费最重而当省者，兵也。能用土兵则兵可省，能用屯田则兵可省。其次莫如宫掖。兵以待敌国，常畏而不敢省，故省兵难。宫掖以私一身，常爱而不忍省，故省宫掖难。不敢省者，事在他人，不忍者在陛下。宫中之嫱嫔、宦寺陛下事也。宫中之器械、工役，陛下事也，陛下肯省则省之。宫中既省，则外廷之官吏，四方之州县，从风而省，奔走不暇，简朴成风，民志坚定，民生日厚，虽有水旱虫蝗之炎，可活也；国力日壮，虽有夷狄盗贼之变，可为也。复祖宗之业，雪人神之愤，惟吾所为，无不可者。

　　时朱熹召至阙，未几予祠，安世率馆职上书留之，言："御笔除熹宫祠，不经宰执，不由给舍，径使快行，直送熹家。窃揣圣意，必明知熹贤不当使去，宰相见之必执奏，给舍见之必缴驳，是以为此骇异变常之举也。夫人主患不知贤尔，明知其贤而明去之，是示天下以不复用贤也。人主患不闻公议尔，明知公议之不可而明犯之，是示天下以不复顾公议也。且朱熹本一庶官，在二千里外，陛下即位未数日，即加号召，畀以从官，俾侍经幄，天下皆以为初政之美。供职甫四十日，即以内批逐之，举朝惊愕，不知所措。臣愿陛下谨守纪纲，毋忽公议，复留朱熹，使辅圣学，则人主无失，公议尚存。"不报。俄为言者劾去，通判重庆府，未拜，以伪党罢。

安世素善吴猎，二人坐学禁久废。开禧用兵，猎起帅荆渚，安世方丁内艰。起复，知鄂州。俄淮、汉师溃，薛叔似以怯懦为侂胄所恶，安世因贻侂胄书，其末曰："偶送客至江头，饮竹光酒，半醉，书不成字。"侂胄大喜曰："项平父乃尔闲暇。"遂除户部员外郎、湖广总领。

会叔似罢，金围德安益急，诸将无所属。安世不俟朝命，径遣兵解围。高悦等与金人力战，马雄获万户，周胜获千户，安世第其功以闻。代叔似为宣抚使，寻以宣谕使人蜀。朝命安世权宣抚使，又升太府卿。

有宣抚幕官王度者，吴猎客也。猎与安世素相友，及安世招军，名项家军，多不逞，好虏掠，猎斩其为首者，安世憾之，至是斩度於大别寺。猎猎闻于朝，安世坐免。後以直龙图阁为湖南转连判官，未上，用台章夺职而罢。嘉定元年，卒。所著《易玩辞》、他书，多行于世。

薛叔似字象先，其先河东人，後徙永嘉。游太学，解褐国子录。初登对，论："祖宗立国之初，除二税外，取民甚轻。自熙宁以来，赋日增而民困滋甚。"孝宗嘉纳，因曰："朕在宫中如一僧。"叔似曰："此非所望於陛下，当论功业如何。正使海内富庶如文、景，不过江左之文、景；法度修明如明、章，不过江左之明、章。陛下即位二十余年，国势未张，未免牵於苟安无事之说。"上默然。

复数日，宰执进拟朝士，上出寸纸书叔似及应孟明姓名，嘉其奏对也。迁太常博士，寻除枢密院编修官。时仿唐制，置补阙、拾遗，宰臣启，擢令侍从、台谏荐人，上自除叔似左补阙。叔似论事，遂劾首相王淮去位。

属金主殂，太孙景立，叔似奏："规模果定，则乘五单于争立之机；规模不存，则恐成五胡迭起之势。"光宗受禅，时传金使入界命名名未正，叔似奏："自寿皇一正匹敌之礼，金人常有南顾之虞，使名未正而遽受之，祗以重其玩侮。"翼日复奏："谋国者畏敌太过。"上奋然纳。

除将作监,出为江东转运判官。俄以谏臣论罢,主管冲佑观,寻除湖北运判,加直秘阁,移福建,召为太常少卿兼实录院检讨官、守秘书监、权户部侍郎。初,丞相周必大请择侍从、台谏忠直者提举太史局,盖用神宗朝司马光与王安礼故事,缠度少差,豫图销弭,遂命叔似提举。寻兼枢密都承旨,以刘德秀疏罢,提举兴国宫。起知赣州,移隆兴府、庐州,召除在京宫观兼侍读,进权兵部侍郎兼同修国史兼国用司参议官。两浙民有身丁钱,叔似请于朝,遂蠲之。

试吏部侍郎兼侍读,充京、湖宣谕使。时韩侂胄开边,除兵部尚书、宣抚使。叔似方乞给降官会,分拔运,募兵鬻马,辟致僚佐,而皇甫斌唐州之师已败矣。遂劾斌,南安军安置。叔似料敌必侵光、黄,委总领陈谦按行五关,发鄂卒守三关。金果入寇,谦驻汉阳为江左节制。

寻除叔似端明殿学士兼侍读。时宣司兵戍襄阳,都统赵淳、副统制魏友谅与统制吕渭孙不相下,渭孙死之,叔似遂自劾委任失当。叔似夙以功业自期,逮临事,绝无可称,以御史王益祥论,夺职罢祠。侂胄诛,谏官叶时再论,降两官,谪福州,以兵端之开,叔似迎合故也。久之,许自便。嘉定十四年卒,赠银青光禄大夫,谥恭翼。

叔似雅慕朱熹,穷道德性命之旨,谈天文、地理、钟律、象数之学,有稿二十卷。

刘甲字师文,其先永静军东光人,元祐宰相挚之後也。父著,为成都漕幕,葬龙游,因家焉。甲,淳熙二年进士,累官至度支郎中,迁枢密院检详兼国史院编修官、实录院检讨官。

使金,至燕山,伴宴完颜者,名犯仁庙嫌讳,甲力辞,完颜更名修。自绍兴后,凡出疆遇忌,俱辞设宴,皆不得免,秦桧所定也。九月三日,金宴甲,以宣仁圣烈后忌,辞。还除司农少卿,进太常,擢权工部侍郎,升同修撰,除宝谟阁待制,知江陵府,湖北安抚使。甲谓:"荆州为吴、蜀脊,高保融分江流,渚之以为北海,太祖常令决去之,盖保江陵之要害也。"即因遗址浚筑,亘四十里。移知庐州。

　　程松为四川宣抚使，吴曦副之，以甲知兴元府、利东安抚使。时蜀口出师败衄，金陷西和、成州，曦焚河池县。先是，曦已遣姚淮源献四州於金，金铸印立曦为蜀王。甲时在汉嘉，未至镇也。金入破大散关，兴元都统制毋思以重兵守关，而曦阴撤莓关之戍，金自板岔谷绕出关后，思挺身免。

　　甲告急于朝，乞下两宣抚司协力扞御。松谋遁，甲固留不可，遽以便宜檄甲兼沿边制置。曦遣后军统制王钺、准备将赵观以书致甲，甲援大义拒之，因卧疾。曦又遣其弟旼邀甲相见，甲叱而去之。乃援颜真卿河北故事，欲自拔归朝，先募二兵持帛书遣参知政事李壁告变，且曰：“若遣吴总以右职入川，即日可瓦解矣。”

　　曦僭王位，甲遂去官。朝廷久乃微闻曦反状，韩侂胄犹不之信，甲奏至，举朝震骇。壁袖帛书进，上览之，称“忠臣”者再。召甲赴行在，命吴总以杂学士知鄂州，多赐告身、金钱，使招谕诸军为入蜀计。复命以帛书赐甲曰：“所乞致仕，实难允从，已降指挥，召赴行在。今朝廷已遣使与金通和，襄、汉近日大捷，北兵悉已渡江而去。恐蜀远未知，更在审度事宜，从长区处。”二兵皆补官。

　　甲舟行至重庆，闻安丙等诛曦，复还汉中，上奏待罪。诏趣还任。甲奏叛臣子孙族属及附伪罪状，公论快之。会宣抚副使安丙以杨巨源自负倡义之功，阴欲除之，语在《巨源传》。巨源既死，军情叵测，除甲宣抚使。杨辅亦以为请，当国者疑辅避事，李壁曰：“昔吴璘属疾，孝宗尝密诏汪应辰权宣抚司事，既而璘果死，应辰即日领印，军情遂安，此的例也。”乃以密札命甲，甲镉藏之。未几，金自鹘岭关札金崖，进屯八里山，甲分兵进守诸关，截潼川戍兵驻饶风以待之。金人知有备，引去。

　　侂胄诛，上念甲精忠，拜宝谟阁学士，赐衣带、鞍马。是岁，和议成，朝廷闻彭略与丙不协，以书问甲，又俾谕丙减汰诸军勿过甚，及访蜀人才之可用者。盖自杨辅召归，西边诸事，朝论多於甲取决，人无知者。

　　绍兴中，蜀军无见粮，创为科籴。孝宗闻其病民，命总领李蘩以本所钱招籴，惧不给，又命劝籴其半，"劝籴"之名自此始。久之，李昌图总计，复奏令金、梁守卒任责收籴，而劝籴遂罢。及是，宣、总司令金、洋、兴元三郡劝籴小麦三十万石，甲乞下总所照李蘩成法措置，从之。

明年，罢宣抚司，合利东、西为一帅，治兴元，移甲知潼川府。安丙既同知枢密院事，董居谊为制置使，甲进宝谟阁学士、知兴元府、利路安抚使，节制本路屯驻军马。朝廷计居谊犹在道，命甲权四川制置司事。

先是，大臣抚蜀者，诸将事之，有所谓互送礼，实贿赂也。甲下令首罢之，凡丙所立茶盐柴邸悉废之。又乞以皁郊博易铺场还隶沔戎司，复通吴氏庄，岁收租四万斛有奇，钱十三万，以裨总计。从之。丙增多田税，甲命属吏讨论，由一府言之，岁减凡百六十万缗、米麦万七千石，边民感泣。嘉定七年，卒于官，年七十三。

甲幼孤多难，母病，刲股以进。生平常谓："吾无他长，惟足履实地。"昼所为，夜必书之，名曰"自监"。为文平澹，有奏议十卷。理宗诏谥清惠。


杨辅字嗣勋，遂宁人。乾道二年进士甲科，召试馆职，除秘书省正字，迁校书郎。出知眉州，累迁户部郎中、总领四川财赋，升太府少卿、利西安抚使。

吴挺病，辅以吴氏世帅武兴，久恐生变，密白二府，早择人望以镇方面。又贻书四川制置丘崈言："统制官李奭乃吴氏腹心，缓急不可令权军。"崈然之。挺卒，崈檄辅权帅事，辅谓："职为王人，若经往，第疑军心。"遂索印即益昌领事。复数月，奏以权兴州事杨虞仲兼权。

召守秘书监、礼部侍郎，以显谟阁待制知江陵府，移襄阳，又移潼川。召还，除显谟阁直学士，奉外祠，寻以敷文阁直学士知成都府、兼本路安抚使。韩侂胄决意用兵，以吴曦为四川宣抚副使，假以节制财利之权。辅知曦有异志，贻书大臣言："自昔兵帅与计臣不相统摄,故总领有报发觉察之权。今所在皆受节制,内忧不轻。因托言他事,遣人以矾书告于朝。朔日。率官属东望拜表如常仪。上意辅能诛曦,密诏授宝谟阁学士、四川制置使,许以便宜从事。时人望辅倡义,刘光祖、李道传皆勉之。辅自以不习兵事,且内郡无兵可用迁延两月,但为去计。曦移辅知遂宁府,辅遂以印授通判韩植而去。

安丙、杨巨源密谋诛曦,以辅有人望,谓密诏自辅所来,闻者皆信。曦既诛,丙趣辅还成都,除四川宣抚使。奏言:"臣以衰病软懦,而居建元功者之上,徒恐牵制败事。安丙才力强济,赏罚明果,乞以事任付丙。"又论:"蜀中三帅,惟武兴事权特重,故臻今日之变。乞并置两帅,分其营屯、隶属。"

安丙奏乞两宣抚分司,朝廷察丙与辅异,召辅赴阙。议者谓蜀乱初平,如辅未宜去,乃复以为制置使兼知成都府。再被召,逾年财抵建康,复引咎不进。上召辅益坚,乃之镇江俟命。著作佐郎杨简言辅尝弃成都,不当召,乃除兵部尚书兼侍读,以龙图阁学士知建康府兼江、淮制置使。卒于官,谥曰庄惠。

刘光祖字德修,简州阳安人。幼出于外祖贾晖,后以晖遗泽补官。登进士第,廷对,言"陛下睿察太精,宸断太严,求治太速,喜功太甚。又言:"陛下躬擐甲胄,间驭球马,一旦有警,岂能亲董六师以督战乎?夫人主自将,危道也。臣恐球马之事,敌人闻之,适以贻笑,不足以示武。"除剑南东川节度推官,辟潼川提刑司检法。

淳熙五年,召对,论恢复事,请以太祖用人为法,且曰:"人臣献言,不可不察:其一,不量可否,劝陛下轻出骤进,则是即日误国;其一,不思振立,苟且偷安,则是久远误国。"除太学正。召试守正字,兼吴、益王府教授,迁校书郎,除右正言、知果州。以赵汝愚荐,召入。

光宗即位,除军器少监兼权侍左郎官,又兼礼部。时殿中侍御史阙,上方严其选,谓宰相留正曰:"卿监、郎官中有其人。"正沈思久之,曰"得非刘光祖乎?"上曰:"是久在朕心矣。"

光祖入谢，因论：

近世是非不明，则邪正互攻，公论不立，则私情交起。此固道之消长，时之否泰，而实为国家之祸福，社稷之存亡，甚可畏也。本朝士大夫学术议论，最为近古，初非有强国之术，而国势尊安，根本深厚。咸平、景德之间，道臻皇极，治保太和，至於庆历、嘉祐盛矣。不幸而坏於熙、丰之邪说，疏弃正士，招来小人，幸而元祐君子起而救之，末流大分，事故反覆。绍圣、元符之际，群凶得志，绝来纲常，其论既胜，其势既成，崇、观而下，尚复何言。

臣始至时，闻有讥贬道学之说，而实未睹朋党之分。中更外艰，去国六载，已忧两议之各甚，而恐一旦之交攻也。逮臣复来，其事果见。因恶道学，乃生朋党，因生朋党，乃罪忠谏。嗟乎，以忠谏为罪，其去绍圣几何！陛下履位之初，端拱而治，凡所进退，率用人言，初无好恶之私，岂以党偏为主。而一岁之内，逐者纷纷，中间好人固亦不少，反以人臣之私意，微累天日之清明。往往推忠之言，谓为沽名之举；至於洁身以退，亦曰愤怼而然。欲激怒於至尊，必加之以讪讪。事势至此，循默乃宜，循默成风，国家安赖？

臣欲熄将来之祸，故不惮反复以陈。伏几圣心豁然，永为皇极之主，使是非由此而定，邪正由此而别，公论由此而明，私情由此而熄，道学之讥由此而消，朋党之迹由此而泯，和平之福由此而集，国家之事由此而理，则生灵之幸，社稷之福也。不然，相激相胜，展转反复，为祸无穷，臣实未知税驾之所。

章既下，读之有流涕者。劾罢户部尚书叶翥、太府卿兼中书舍人沈揆结近习，图进用，言："比年以来，士大夫不慕廉靖而慕奔竞，不尊名节而尊爵位，不乐公正而乐软美，不敬君子而敬庸人，既安习以成风，谓苟得为至计。良由前辈老成，零落殆尽，后生晚进，议论无所据依，学术无所宗主，正论益衰，士风不竞。幸诏大臣，妙求人物，必朝野所共属、贤愚所同敬者一二十人，参错立朝，国势自壮。臣虽终岁无所奏纠,固亦未至旷官。今日之患,在於不封殖人才,台谏但有摧残,庙堂初无长养。臣处当言之地,岂以排击为能哉?"徙太府少卿。求去不已,除直必阁、潼川运判。改江西提刑,又改夔州。

时孝宗不豫,上久不过宫,光祖致书留正、赵汝愚曰:"宜与群贤并心一力,若上未过宫,宰执不可归安私第。林、陈二阉,自以获罪重华,日夜交谋其间。宜用韩魏公逐任守忠故事,以释两宫疑谤。大臣亦当收兵柄,密布腹心,俾缓急有可仗者。"闻孝宗崩,又贻书汝愚,勉以安国家、定社稷之事。

宁宗即位,除侍御史,改司农少卿。入对,献《谨始》五箴。又论:"人主有六易:天命易恃,天位易乐,无事易安,意欲易奢,政令易怠,岁时易玩。又有六难:君子难进,小人难退,苦言难入,巧佞难远,是非难明,取舍难决。暗主之所易,明主之所难;暗主之所难,明主之所易。"又言:"陛下以隆慈之命,践祚於素幄,盖有甚不得已者。宜躬自贬损,尽礼於上皇,使圣意欢然知释位之乐,然後足以昭陛下之大孝。"上悚然嘉纳。

进起居舍人。论:"政令当出中书,陛下审而行之,人主操柄,无要於此。"知阁门事韩侂胄寝擅威福,故首及之。迁起居郎。集议卜孝宗山陵,与朱熹皆谓会稽山陵,土薄水浅,乞议改卜。既而熹与祠,光祖言:"汉武帝之於汲黯,唐太宗之於魏徵,仁宗之於唐介,皆暂怒旋悔。熹明先圣之道,为今宿儒,又非三臣比。陛下初膺大宝,招来耆儒,此初政之最善者。今一旦无故去之,可乎?"且曰:"臣非助熹,助陛下者也。"再疏,不听。

刘德秀劾光祖,出为湖南运判,不就,主管玉局观。赵汝愚既罢相,侂胄擅朝,遂目士大夫为伪学逆党,禁锢之。光祖撰《涪州学记》,谓:"学之大者,明圣人之道以修其身,而世方以道为伪;小者治文章以达其志,而时方以文为病。好恶出於一时,是非定於万世。"谏官张釜指为谤讪,比之杨恽,夺职,谪居房州。久之,许自便。起知眉州,复职,将漕利路,以不习边事辞。进直宝谟阁,主管冲佑观。

吴曦叛，光祖白郡守，焚其榜通衢，且驰告帅守、监司之所素知者，仗大义，连衡以抗贼。俄闻曦诛，则以书属宣抚使杨辅，讲行营田，前日利归吴氏者，悉收之公上，以省饷军费；奖名节、旌死事以激忠烈之心。除潼川路提刑、权知泸州。侂胄诛，召除右文殿修撰、知襄阳府，进宝谟阁待制、知遂宁府，改京、湖制置使，以宝谟阁直学士知潼川府。

诏以闵雨求言，光祖奏：“女直乃吾不共戴天之仇，天亡此仇，送死于汴。陛下为天之子，不知所以图之，天与不取，是谓弃天，未有弃天而天不我怒也。青、郓、蔺、会求通弗纳，陛下为中国衣冠之主，人归而我绝之，是谓弃人，未有弃人而人不我怨也。且金人舍其巢穴，污我汴京，尚可使吾使人拜之於祖宗昔日朝会之廷乎？”

又请改正宪圣慈烈皇后讳日。先是，后崩以庆元三年十一月二日，郊禋期迫，或谓侂胄曰：“上亲郊，不可不成礼。且有司所费既夥，奈何已之？”侂胄入其言，五日祀圜丘，六日始宣遗诰。於是光祖言：“宪圣，陛下之曾祖母，克相高宗，再造大业。侂胄敢视之如卑丧，迁就若此。贼臣就戮，盍告谢祖宗，改从本日？”从之。

升显谟阁直学士、提举玉隆万寿宫。引年不许，提举西京嵩山崇福宫。嘉定十五年卒，进华文阁学士，谥文节。

赵汝愚称光祖论谏激烈似苏轼，恳恻似范祖禹，世以为名言。所著《后溪集》十卷。子：端之、靖之、翊之、竑之。

论曰：徐谊窜逐於小人之手，身之否，道之亨也。吴猎之以学为政，项安世之通经博古，皆一时之英才，今更定旧史，公论其少伸欤！薛叔似通儒也，不幸以开边事累之。刘甲、杨辅蔚乎有用之才。刘光祖盛名与《涪州学记》并传穷壤，世之人何惮而不为君子也！

**宋史卷三九八**
**列传第一五七**

# 余端礼　李壁　丘崈　倪思
# 宇文绍节　李蘩

余端礼字处恭,衢州龙游人。第进士,知湖州乌程县。民间赋丁绢钱,率三氓出一缣,不输绢而折其估,一缣千钱,後增至五千,民不胜病。端礼以告于府,事得上闻,又自诣中书陈便宜,岁蠲缗钱六万。

召对,时孝宗志在恢复,端礼言:

谋敌决胜之道,有声有实。敌弱者先声後实,以耆其气;敌强者先实後声,以俟其机。汉武乘匈奴之困,亲行边陲,威震朔方,而漠南无王庭者,耆其气而服之,所谓先声而後实也。越谋吴则不然,外讲盟好,内修武备,阳行成以种、蠡,阴结援於齐、晋,教习之士益精,而献遗之礼益密,用能一战而霸者,伺其机而图之,所谓先实而後声也。今日之事异於汉而与越相若。愿阴设其备,而密为之谋,观变察时,则机可投矣。

古之投机者有四:有投隙之机,有捣虚之机,有乘乱之机,有承弊之机。因其内衅而击之,若匈奴困於三国之攻而宣帝出师,此投隙之机也。因其外患而伐之,若夫差牵於黄池之役而越兵入吴,此捣虚之机也。敌国不道,因其离而举之,若晋之降孙皓,此乘乱之机也。敌人势穷,蹑其後而蹙之,若高祖之追项羽,此乘弊之机也。机之未至,不可以先。机之已至,不可以後。

经此备边，安若太山，以此应敌，动如破竹，惟所欲为，无不如志。

上喜曰："卿可谓通事体矣。"后以荐为监察御史，迁大理少卿，转太常少卿。

诏以来岁祈谷上帝，仲春躬耕籍田，令礼官讨论明道故事。端礼言："祈谷之制，合祭天地於圜丘，前期享於太庙，视冬至郊祀之仪，此国朝故事也。若乃明道之制，则以宫中火后考室落成，故於太安殿恭谢天地，此特一时谢灾之事耳。今欲祈谷而耕籍，必合祭天地於圜丘，必前期朝享於景灵宫、太庙可也。欲如明道之制，行於殿庭不可。"诏太常、礼部集议。中书有可以义起者，端礼曰："礼固有可义起，至於大体，则不可易。古者郊而后耕，以其於郊，故谓之郊，犹祀於明堂，故谓之明堂。如明道谢灾之制，则与祈谷异。今以郊而施之殿庭，亦将以明堂而施之坛壝乎？礼之失自端礼始，端礼死不敢奉诏。"上为之止。

权兵部侍郎兼太子詹事，进吏部侍郎，出知太平州，奉祠。光宗立，召见，言："天子之孝不与庶人同。今陛下之孝於寿皇，当如舜之於尧，行其道可也，武之於文，继其志、述其事可也。凡寿皇睿谋圣训，仁政善教，所尝施於天下者，愿与二三大臣朝夕讲求而力行之，则足以尽事亲之孝矣。"授集英殿修撰、知赣州，还为吏部侍郎、权刑部尚书兼侍讲，以焕章阁直学士知建康府。召拜吏部尚书，擢同知枢密院事。

兴州帅吴挺死，端礼谓枢密赵汝愚曰："吴氏世握蜀兵，今若复令承袭，将为後患。"汝愚是其言，合辞以奏，光宗意未决，端礼言："汝愚所请为蜀计，为东南计。夫置大将而非其人，是无蜀也，无蜀，是无东南也。今军中请帅而迟迟不报，人将生心。"不听。后挺子曦卒以蜀叛，如端礼言。

上以疾不朝重华宫，孝宗崩，又不能发丧，人情汹然。端礼谓宰相留正曰："公独不见唐肃宗朝群臣发哀太极殿故事乎？宜请太皇太后代行祭奠之礼。"於是宰执以请于太皇太后，留正惧，入临重华宫,仆地致仕而去。

太皇太后垂帘,策皇子嘉王即皇帝位,王流涕逊避。端礼奏:"太上违豫,大丧乏主,安危之机在於呼吸,太皇太后非为陛下计,乃为太上皇帝计,为宗社计。今坚持退让,不思国家之大计,是守匹夫之小节而昧天子之大孝也。"宁宗悚然收泪,不得已,侧身就御坐之半。端礼与汝愚再拜固请,宁宗乃正御坐,退行禫祭礼。

进端礼知枢密院事兼参知政事。汝愚去右丞相位,端礼代之。始,端礼与汝愚同心共政,汝愚尝曰:"士论未一,非余处恭不能任。"及韩侂胄以传道之劳,寝窃威柄,汝愚等欲疏斥之,谋泄而汝愚逐。端礼不能遏,但长吁而已。

浙西常平黄灏以放民租窜,知婺州黄度以庇属吏褫职罢郡,二人皆侂胄所憾,端礼执奏,竟不免於罪。太府丞吕祖俭坐上书忤侂胄南迁,端礼救解不获,公议始归责焉。他日见上,言除从官中书不知,朝纲已紊,祸根已滋。即丐去,不许,进左丞相。

端礼在相位期年,颇知拥护善类,然为侂胄所制,抑郁不惬志,称疾求退,以观文殿大学士提举洞霄宫。居顷之,判潭州,移庆元,复帅潭。薨,授少保、郇国公致仕,赠太傅,谥忠肃。子嵘,工部尚书。

李壁字季章,眉之丹陵人。父焘,典国史。壁少英悟,日诵万余言,属辞精博,周必大见其文,异之曰:"此谪仙才也。"孝宗尝问焘:"卿诸子孰可用?"焘以壁对。以父任入官,后登进士第。召试,为正字。

宁宗即位,徙著作佐郎兼刑部郎、权礼部侍郎兼直学士院。时韩侂胄专国,建议恢复,宰相陈自强请以侂胄平章国事,遂召壁草制,同礼部尚书萧达讨论典礼,命侂胄三日一朝,序班丞相上。

壁受命使金,行次扬州,忠义人朱裕挟宋师袭涟水,金人愤甚,壁乞枭裕首境上,诏从其请。壁至燕,与金人言,披露肝胆,金人之疑顿释。壁归,侂胄用师意方锐,壁言:"进取之机,当重发而必至,毋轻出而苟沮。"既而陈景俊使北还,赞举兵甚力,钱象祖以沮兵议忤侂胄得罪贬，壁论襄阳形势，深以腹心为忧，欲待敌先发，然後应之，侂胄意不择，於是四川、荆、淮各建宣抚而师出矣。

壁度力不能回，乃入奏：“自秦桧首倡和议，使父兄百世之仇不复开於臣子之口。今庙谋未定，士气积衰，苟非激昂，曷克不应。臣愚以为宜亟贬秦桧，示天下以仇、耻必复之志，则宏纲举而国论明，流俗变而人心一，君臣上下奋励振作，拯溃民於残虐，湔祖宗之宿愤。在今日举而措之，无难矣。”疏奏，秦桧坐追王爵。议者谓壁不论桧之无君而但指其主和，其言虽公，特以迎合侂胄用兵之私而已。

初，侂胄召叶适直学士院，草出师诏，适不从，乃以属壁，由是进权礼部尚书。侂胄既丧师，始觉为苏师旦所误，一夕招壁饮，酒酣，及师旦事，壁微摘其过，觇侂胄意向，乃极言：“师旦怙势招权，使明公负谤，非窜谪此人，不足以谢天下。”师旦坐贬官。壁又言：“郭倬、李汝翼偾军误国之罪，宜诛之以谢淮民。”拜参知政事。

金遣使来，微示欲和意，丘崇以闻，壁贻崇书，俾遣小使致书金帅求成，金帅报书以用兵首谋指侂胄，侂胄大恚，不复以和为意。壁言：“张浚以讨贼复仇为己任，隆兴之初，事势未集，亦权宜就和。苟利社稷，固难执一。”侂胄不听，以张严代崇，壁力争，言丘崇素有人望，侂胄变色曰：“方今天下独有一丘崇邪！”

吴曦叛，据蜀称王，杨巨源、安丙诛之。事闻，壁议须用重臣宣抚，荐制置使杨辅为宣抚使，而使安丙辅之。丙杀杨巨源，辅恐召变，以书举刘甲自代，侂胄疑辅避事，壁曰：“孝宗闻吴璘病，丞诏汪应辰权宣抚使职事，蜀赖以安，此故事也。”於是命甲权宣抚使。

方信孺使北归，言金人欲缚送侂胄，故侂胄忿甚，用兵之意益急。壁方与共政，或劝其速去，毋与侂胄分祸，壁曰：“嘻，国病矣，我去谁适谋此？”会礼部侍郎史弥远谋诛侂胄，以密旨告壁及钱象祖，象祖欲奏审，壁言事留恐泄，侂胄迄诛，壁兼用知枢密院事。御史叶时论壁反复诡谲，削三秩，谪居抚州。後辅臣言诛侂胄事，壁实预闻，乃令自便。复官提举洞霄宫，久之，复以御史奏削三秩，罢祠。

越四年，复除端明殿学士、知遂宁府。未至，而溃兵张福入益昌，戕王人，略阆剑果，至遂宁，壁传檄谕之，福等读檄泣下，约解甲降。会官军至挑贼，贼忿，尽燔其城，顾府治曰："李公旦夕来居，此其勿毁。"壁驰尽大将张威，使调嘉定黎雅砦丁、牌手来会战，威夜遣人叩门，来言曰："贼垒坚不可破，将选死士，梯而登，以火攻之。"壁曰："审尔，必多杀士卒，盍先断贼汲路与粮道，使不得食，即自成擒矣。"以长围法授之，威用其谋，贼遂平。

壁寻引疾奉祠。嘉定十五年六月卒，进资政殿学士致仕，谥文懿。

壁嗜学如饥渴，群经百氏搜抉靡遗，於典章制度尤综练。为文隽逸，所著有《雁湖集》一百卷、《涓尘录》三卷、《中兴战功录》三卷、《中兴奏议》若干卷、《内外制》二十卷、《援毫录》八十卷、《临汝闲书》百五十卷。壁父子与弟橐皆以文学知名，蜀人比之三苏云。

丘崈字崇卿，江阴军人。隆兴元年进士，为建康府观察推官。丞相虞允文奇其才，奏除国子博士。孝宗谕允文举自代者，允文首荐崈。有旨赐对，遂言："恢复之志不可忘，恢复之事未易举，宜甄拔实才，责以内治，遵养十年，乃可议北向。"

时方遣范成大使金，祈请陵寝。崈言："泛使亟遣，无益大计，徒以骄敌。"孝宗不乐，曰："卿家坟墓为人所据，亦须理索否？"崈对曰："臣但能诉之，不能请之。"孝宗怒，崈退待罪，孝宗察其忠，不遣也。

迁太常博士，出知秀州华亭县。捍海堰废且百年，碱潮岁大入，坏并海田，苏、湖皆被其害。崈至海口，访遗址已沦没，乃奏创筑，三月堰成，三州舄卤复为良田。除直必阁、知平江府，入奏内殿，因论楮币折阅，请公私出内，并以钱会各半为定法。诏行其言，天下便之。

知吉州，召除户部郎中，迁枢密院检详文字。被命接伴金国贺生辰使。金历九月晦，与《统天历》不合，崈接使者以恩意，乃徐告以南北历法异同,合从会庆节正日随班上寿。金使初难之,卒屈服。孝宗喜谓畚曰:"使人听命成礼而还,卿之力也。"

先是,王抃为枢密,畚不少下之。方迓客时,抃排定程顿奏,上降付接伴,令沿途遵执。畚具奏,谓"不可以此启敌疑心",不奉诏。抃憾之,訾畚不礼金使,予祠。起知鄂州,移江西转连判官,提点浙东刑狱,进直徽猷阁、知平江府,升龙图阁,移帅绍兴府,改两浙转运副使,以忧去。

光宗即位,召对,除太常少卿兼权工部侍郎,进户部侍郎,擢焕章阁直学士、四川安抚制置使兼知成都府。畚素以吴氏世掌兵为虑,陛辞,奏曰:"臣入蜀后,吴挺脱至死亡,兵权不可复付其子。臣请得便宜抚定诸军,以俟朝命。"挺死,畚即奏"乞选他将代之,仍置副帅,别差兴州守臣,并利州西路帅司归兴元,以杀其权。挺长子曦勿令奔丧,起复知和州,属总领杨辅就近节制诸军,檄利路提刑杨虞仲往摄兴州。"朝廷命张诏代挺,以李仁广副之,遂革世将之患。其后郭杲继诏复兼利西路安抚。杲死,韩侂胄复以兵权付曦,曦叛,识者乃服畚先见。

进焕章阁直学士。宁宗即位,赴召,以中丞谢深甫论罢之。居数年,复职知庆元府既入奏,韩侂胄招以见,出奏疏几二千言示畚,盖北伐议也,知畚平日主复仇,冀可与共功名。畚曰:"中原沦陷且百年,在我固不可一日而忘也,然兵凶战危,若首倡非常之举,兵交胜负未可知,则首事之祸,其谁任之?此必有夸诞贪进之人,攘臂以侥幸万一,宜亟斥绝,不然必误国矣。

进敷文阁学士,改知建康府。将行,侂胄曰:"此事姑为迟之。"畚因赞曰:"翻然而改,诚社稷生灵之幸,惟无摇於异议,则善矣。"侂胄闻金人置平章,宣抚河南,奏以畚为签枢,宣抚江、淮以应之。畚手书力论"金人未心有意败盟,中国当示大体,宜申警军宝,使吾常有胜势,若衅自彼作,我有辞矣。"宣抚议遂寝。侂胄移书欲除畚内职,宣谕两淮。畚报曰:"使名虽异,其为示敌人以嫌疑之迹则同,且伪平章宣抚既寝,尤不宜轻举。"侂胄滋不悦。

升宝文阁学士、刑部尚书、江淮宣抚使。时宋师克泗州,进图宿、寿,既而师溃,侂胄遣人来议招收溃卒,且求自解之计。嵒谓:"宜明苏师旦、周筠等偾师之奸,正李汝翼、郭倬等丧师之罪。"嵒欲全淮东兵力,为两淮声援,奏"泗州孤立,淮北所屯精兵几二万,万一金人南出清河口及犯天长等城,则首尾中断,堕敌计矣。莫若弃之,还军盱眙。"从之。

金人拥众自涡口犯淮南,或劝嵒弃庐、和州为守江计,嵒曰:"弃淮则与敌共长江之险矣。吾当与淮南俱存亡。"益增兵为防。

进端明殿学士、侍读,寻拜签书枢密院,督视江、淮军马。有自北来者韩元靖,自谓琦五世孙,嵒诘所以来之故,元靖言:"两国交兵,北朝皆谓出韩太师意,今相州宗族坟墓皆不可保,故来依太师尔。"嵒使毕其说,始露讲解意。嵒遣人护送北归,俾扣其实。其回也,得金行省幅纸,嵒以闻于朝,遂遣王文采持书币以行。文采还,金帅答书辞顺,嵒复以闻,遂遣陈璧充小使。璧回,具言:"金人诘使介,既欲和矣,何为出真州以袭我?然仍露和意也。"嵒白庙堂,请自朝廷移书续前议,又谓彼既指侂胄为元谋,若移书,宜暂免系衔,侂胄大怒,罢嵒,以知枢密院事张岩代之,既以台论,提举洞霄宫,落职。

侂胄诛,以资政殿学士知建康府,寻改江、淮制置大使兼知建康府。淮南运司招辑边民二万,号"雄淮军",月廪不继,公肆剽劫,嵒乃随"雄淮"所屯,分隶守臣节制,其西路则同转运张颖拣刺为御前武定军,以三万人为额,分为六军,余汰归农,自是月省钱二十八万缗,米三万四千石。武定既成军伍,淮西赖其力。以病丐归,拜同知枢密院事。卒,谥忠定。

嵒仪状魁杰,机神英人。尝慷慨谓人曰:"生无以报国,死愿为猛将以灭敌。"其忠义性然也。

倪思字正甫,湖州归安人。乾道二年进士,中博学宏词科。累迁秘书郎,除著作郎兼翰林权直。光宗即位,典册与尤袤对掌。故事,行三制并宣学士。上欲试思能否,一夕并草除公师四制,训词精敏,在廷诵叹。

权侍立修注官,直前奏:"陛下方受禅,金主亦新立,欲制其命,必每事有以胜之,彼奢则以俭胜之,彼暴则以仁胜之,彼怠惰则以忧勤胜之。"又请增置谏官,专责以谏事。又乞召内外诸将访问,以知其才否。

迁将作少监兼权直学士院,兼权中书舍人,升中书舍人兼直学士院、同修国史,寻兼侍讲。

初,孝宗以户部经费之余,则於三省置封桩库以待军用,至绍熙移用始频。会有诏发缗钱十五万入内帑备犒军,思谓实给他费,请毋发,且曰:"往岁所入,约四百六十四万缗,所出之钱不及二万,非痛加撙节,则封桩自此无储。"遂定议犒军岁以四十万缗为额,由是费用有节,又言:"唐制使谏官随宰相入阁,今谏官月一对耳,乞许同宰执宣引,庶得从容论奏。"上称善,除礼部侍郎。

上久不过重华宫,思疏十上,言多痛切。会上召嘉王,思言:"寿皇欲见陛下,亦犹陛下之於嘉王也。"上为动容。时李皇后寝预政,思进讲姜氏会齐侯于泺,因奏:"人主治国必自齐家始,家之不能齐者,不能防其渐也。始於亵狎,终於恣横,卒至於阴阳易位,内外无别,甚则离间父子。汉之吕氏,唐之武、韦,几至乱亡,不但鲁庄公也。"上悚然。赵汝愚同侍经筵,退语人曰:"谠直如此,吾党不逮也。"

兼权吏部侍郎,出知绍兴府。宁宗即位,改婺州,未上,提举太平兴国宫,召除吏部侍郎兼直学士院。御史姚愈劾思,出知太平州,历知泉州、建宁府,皆以言者论去。久之召还,试礼部侍郎兼直学士院。侂胄先以书致殷勤,曰:"国事如此,一世人望,岂宜专以洁己为贤哉?"思报曰":"但恐方拙,不能徇时好耳。"

时赴召者,未引对先谒侂胄,或劝用近例,思曰:"私门不可登,矧未见君乎?"逮人见,首论言路不通:"自吕祖俭谪从而朝士不敢输忠,自吕祖泰编窜而布衣不敢极说。胶庠之士欲有吐露,恐之以去籍，谕之以呈藥，谁肯披肝沥胆，触冒威尊？近者北伐之举，谨有一二人言其不可，如使未举之前，相继力争之，更加详审，不致轻动。"又言"苏师旦贼以巨万计，胡不黥戮以谢三军？皇甫斌丧师襄汉，李爽败绩淮甸，秦世辅溃散蜀道，皆罪大罚轻。"又言："士大夫寡廉鲜耻，列拜於势要之门，甚者匍匐门窦，称门生不足，称恩坐、恩主甚至于恩父者，谀文丰赂，又在所不论也。"侂胄闻之大怒。

思既退，谓侂胄曰："公明有余而聪不足：堂中剖决如流，此明有余；为苏师旦蒙蔽，此聪不足也。周筠与师旦并为奸利，师旦已败，筠尚在，人言平章骑虎不下之势，此李林甫、杨国忠晚节也。"侂胄悚然曰："闻所未闻！"

司谏毛宪劾思，予祠。侂胄殛，复召，首对，乞用淳熙例，令太子开议事堂，闲习机政。又言："侂胄擅命，凡事取内批特旨，当以为戒。"

除权兵部尚书兼侍读。求对，言："大权方归，所当防微，一有干预端倪，必且仍蹈覆辙。厥今有更化之名，无更化之实。今侂胄既诛，而国人之言犹有未靖者，盖以枢臣犹兼宫宾，不时宣召，宰执当同班同对，枢臣亦当远权，以息外议。"枢臣，谓史弥远也。金人求侂胄函首，命廷臣集议，思谓有伤国体。徙礼部尚书。

史弥远拟除两从官，参政钱象祖不与闻。思言："奏拟除目，宰执当同进，比专听侂胄，权有所偏，覆辙可鉴。"既而史弥远上章自辨，思求去，上留之。思乞对，言："前日论枢臣独班，恐蹈往辙，宗社堪再坏耶？宜亲擢台谏，以革权臣之弊，并任宰辅，以鉴专擅之失。"弥远怀恚，思请去益力，以宝谟阁直学士知镇江府，移福州。

弥远拜右丞相，陈晦草制用"昆命元龟"语，思叹曰："董贤为大司马，册文有'允执厥中'一言，萧咸以为尧禅舜之文，长老见之，莫不心惧。今制词所引，此舜、禹揖逊也。天下有如萧咸者读之，得不大骇乎？"乃上省牍，请贴改麻制。诏下分析，弥远遂除晦殿中侍御史，即劾思藩臣僭论麻制，镌职而罢，自是不复起矣。

久之，除宝文阁学士，提举嵩山崇福宫。嘉定十三年卒，谥文节。

宇文绍节字挺臣，成都广都人。祖虚中，签书枢密院事。父师援，显谟阁待制。父子皆以使北死，无子，孝宗愍之，命其族子绍节为之後，补官仕州县。九年，第进士。累迁宝谟阁待制、知庐州。

时侂胄方议用兵，绍节至郡，议修筑古城，创造砦栅，专为固圉计。淮西转运判官郑友龙谮於侂胄，谓绍节但为城守，徒耗财力，无益於事。侂胄以书让绍节，绍节复书谓："公有复仇之志，而无复仇之略；有开边之害，而无开边之利。不量国力，浪为进取计，非所敢知。"侂胄得书不乐，仍以李爽代绍节，召还，为兵部侍郎兼中书舍人兼直学士院，以宝文阁待制知镇江府。

吴曦据蜀，趣绍节赴阙，任以西讨之事。绍节至，谓大臣曰："今进攻，则瞿唐一关，彼必固守；若驻军荆南，徒损威望。闻随军转运安内者素怀忠义，若授以密旨，必能讨贼成功。"大臣用其言，遣丙所亲以帛书达上意，丙卒诛曦。

权兵部尚书，未几，除华文阁学士、湖北京西宣抚使、知江陵府。统制官高悦在戍所，肆为杀掠，远近苦之。绍节召置帐前，收其部曲。俄有诉悦纵所部为寇者，绍节杖杀之，兵民皆欢。升宝文阁学士，试吏部尚书，寻除端明殿学士、签书枢密院事。

安丙宣抚四川，或言丙有异志，语闻，廷臣欲易丙。绍节曰："方诛曦初，安丙一摇足，全蜀非国家有，顾不以此时为利，今乃有他耶？绍节原以百口保丙。"丙卒不易。朝廷於蜀事多所咨访，绍节审而後言，皆周悉事情。

嘉定六年正月甲午卒，讣闻，上嗟悼，为改日朝享。进资政殿学士致仕，又赠七官为少师，非常典也。谥曰忠惠。

李蘩字清叔，崇庆晋原人。第进士，为隆州判官，摄绵州。岁侵，出义仓谷贱粜之，而以钱贷下户，又听民以茅秸易米，作粥及褚衣，亲衣食之，活十万人。明年又饥，邛、蜀、彭、汉、成都盗贼蜂起，绵独安堵。知永康军,移利州,提点成都路刑狱兼提举常平。岁凶,先事发廪蠲租,所活百七十万人。知兴元府、安抚利州东路。

汉中久饥,剑外和籴在州者独多,蘩尝匹马行阡陌间访求民瘼,有老妪进曰:“民所以饥者,和籴病之也。”泣数行下。蘩感其言,奏免之,民大悦。从徙部员外郎,总领四川赋财、军马、钱粮,升郎中。

淳熙三年,廷臣上言:“四川岁籴军粮,名为和籴,实科籴也”诏制置使范成大同蘩相度以闻,蘩奏:“诸州岁籴六十万石,若从官籴,岁约百万缗,如於经费之中斟酌损益,变科籴为官籴。贵贱视时,不使亏毫忽之价;出纳视量,勿务取圭撮之赢。则军不乏兴,民不加赋。”乃书“利民十一事”上之。前后凡三年,蘩上奏疏者十有三,而天子降诏难问者凡八,讫如其议。民既乐与官为市,远迩欢趋,军饷坐给,而田里免科籴,始知有生之乐。会岁大稔,米价顿贱,父老以为三十年所无。梁、洋间绘蘩像祠之。

范大成驿疏言:“关外麦熟,倍於常年,实由罢籴,民力稍纾,得以尽於农亩。”孝宗览之曰:“免和籴一年,田间和气若此,乃知民力不可重困也。”擢蘩守太府少卿。范成大召见,孝宗首问:“籴事可久行否?”成大奏:“李蘩以身任此事,臣以身保李蘩。”孝宗大悦,曰:“是大不可得李蘩也。”上意方向用,而蘩亦欲奏蠲监酒和买之弊,以尽涤民害。会有疾,卒。诏以蘩能官,致仕恩外特与遗表,择一人庶官,前此所未有。

初,蘩宰眉山,校成都漕试,念吴氏世袭兵柄必稔蜀乱,发策云:“久假人以兵柄,未有不为患者。以武、宣之明,不能销大臣握兵之祸;以宪、武之烈,不能收藩镇握兵之权。危刘氏、歼唐室,鲜不由此。”吴挺以为怨。後蘩总饷事,挺谬奏军食粗恶,孝宗以问蘩,蘩缄其样以进,挺之妄遂穷。逾三十年,吴曦竟以蜀叛,安丙既诛曦,每语人云:“吾等焦头烂额耳,孰如李公先见者乎?”蘩讲学临政皆有源委,所著书十八种,有《桃溪集》一百卷。

论曰：余端礼平时论议剀正，及为相，受制於韩侂胄，虽有志扶掖善类，而不得以直，遂颇不免君子之论。若李壁、丘崈皆谏侂胄以轻兵召衅之失。及其决意用师，命叶适草诏不从，而壁独当笔焉，何其所见后先舛迕哉！附会之罪，壁固无以逭於公论矣。倪思直辞劘主，又屡触权臣，三黜不变其风概，有可尚焉。李蘩所至能举荒政，蠲苛赋，亦庶几古所谓惠人也。

**宋史卷三九九**

**列传第一五八**

# 郑骧 王庭秀附　仇悆　高登
# 娄寅亮　宋汝为

　　郑骧字致刚,建州人。政和八年举进士,授安陆府教授,权信阳县尉,监南京酒税。遂召为御史台主簿。张邦昌之僭号也,挺身见高宗于济州。既即位,擢监察御史,迁右司谏,升为谏议大夫。

　　帝至杭州,骧奏曰:"陛下南渡出于仓卒,省台寺监、百司之臣获济者鲜,当擢吴中之秀以为用。况天下贤俊多避地吴、越,宜令守臣体访境内寄居待阙,及见任宫观等京朝官以上,各具姓名以闻,简拔任使,庶几速得贤才以济艰厄。"诏从之。

　　苗傅、刘正彦等逆乱,骧庭立面折二凶,且谓逆贼凶焰炽甚,非请外援无可为者。乃上章待罪求去,退见吕颐浩,议兴复计,太后降诏不允。朱胜非言骧面折二凶事,拜御史中丞。

　　时二凶窃威福之柄,肆行杀戮,日至都堂侵紊机政。骧言:"黄门宦者之设,本以给事内庭,供扫除而已。俾与政事,则贪暴无厌,待以兵权,则惨毒无已,皆前世已行之验也。故宦官用事于上,则生人受祸于下,匹夫力不能胜,则群起而攻之。是以靖康之初,群起而攻之者庶民也;睿圣皇帝南渡,驻跸未安,群起而攻之者众兵也。今当痛革前弊,并令选择其人,曾经事任招权纳宠者,屏之远方,俾无浸淫以激众怒,则赏罚之柄自朝廷出,国势尊矣。仍谕军法便宜,止行于所辖军伍,其余当闻之朝廷,付之有司,明正典刑,所以昭尊君之礼而全臣子忠义之节也。"疏留中不出。榖对,请付外行之。

又论:"黄潜善、汪伯彦均于误国,而潜善之罪居多,今同以散官窜谪湖南;钱伯言与黄愿皆弃城,吕源与梁扬祖皆拥兵而逃,今愿罢官,扬祖落职,而源、伯言未正典刑,非所以劝惩。"诏窜削有差。

傅、正彦日至都堂议事,榖奏:"将帅之臣不可预政。"及闻以签书枢密院召吕颐浩,以礼部尚书召张浚,分张浚兵以五百人归陕西,而浚不受尚书之命,俊不肯分所部兵,遂谪浚居郴州,擢俊以节度知凤翔。榖知出二凶奸谋,具章乞留颐浩知金陵,浚不当贬,不报。榖遂遣所亲谢响变姓名,微服为贾人,徒步如平江见浚等,具言城中事,以为严设兵备,大张声势,持重缓进,使贼自遁,无惊动三宫,此上策也。浚闻之,皆感激奋厉为赴难计。

俄诏睿圣皇帝为皇太弟、天下兵马大元帅,幼主为皇太侄,即与大臣进议,以为"在庭公卿、百司、群史皆昔之臣属也,今则与之比肩事主矣。稽之于古,则无所法;行之于今,则实逆天。或者谓大元帅可以任军旅之大事,臣窃以为不然。昔舜之禅禹也,犹命禹徂征有苗,则禹虽受禅,而征伐之事舜犹亲之也。唐睿宗传位皇太子,以听小事,自尊为太上皇,以听大事。如是无不可者,则稽之于古为有法,行之于今为得宜。"

太后垂帘同听政,以安人心。退与御史王庭秀上疏力争。太后召榖与宰执同对帘前,榖乞召庭秀,太后谕曰:"今欲令睿圣皇帝总领兵马尔。"榖奏曰:"臣不知其他,但人君位号岂容降改,闻之天下,孰不怀疑。虽前世衰乱分裂之时,固未有旬日之间易两君,一朝降两朝位号者也。"太后令榖至都堂,朱胜非出朱晟等所上书以示榖、庭秀,榖、庭秀力言昨日诏书不可宣布,必召变。胜非与执政颜岐、王孝迪、路允迪皆在坐,尚书左丞张　独曰:"事势若此,岂争此名位耶?"澂欲出,榖等共止之。

榖与李邴并为端明殿学士、同签书枢密院事。高宗复位,进签书,执政甫百日而卒。高宗甚悼之,谓大臣:"朕丧元子,犹能自排遣,于毂殆不能释也。"

庭秀字颖彦,慈溪人。与黄庭坚、杨时游,其为学旁搜远绍,不苟趣时好,造诣深远,操植坚正,发为文辞,俊迈宏远。登政和二年上舍第,历官州县。

侍御史李光荐为御史台检法官。宣和、靖康时,进言皆发于忠义。御史中丞言:"伪楚时庶官中如虞谟、王庭秀者,初非疾病,毅然致为臣而归,愿褒擢之。"拜监察御史,奏:"乞威断当出於人主,而所遣宣谕官,当令举廉吏。"又言:"刑名有疑虑者,令州郡法官申宪司阅实县奏,以取裁决。"迁殿中侍御史,论黄潜善卖官售宠,罢之。

既与郑毂力争降封高宗事,未几出知瑞州,右正言吕祉奏:"朝廷今日缘论大臣移一言官,明日罢一言官,则后日大臣行事有失,谁敢言者。"遂召为吏部郎,改左司,言:"朝廷比来深疾贪吏,然州县之间岂无廉介自将,沈于下僚者,宜命五使,所至以廉洁清修,可以师表吏民者,以名来上,参之公议,不次升擢,以厉士风。"从之。

迁检正中书门下省诸房公事,与宰相议多不合,不自安,引疾求去。诏直秘阁、主管崇道观而归。

仇悆字泰然,益都人。大观三年进士,授邠州司法,谳狱详恕,多所全活。为邓城令,满秩,耆幼遮泣不得去。徙武陟令,属朝廷方调兵数十万于燕山,悆馈饷毕给。时主将纵士卒过市掠物,不予直,他邑官逃避,悆先期趣备,申严约束,遂以不扰。已而悆送运饷于涿,值大军溃于庐沟河,囊橐往往委以资敌,悆间关营护,无一豪弃失。

调高密丞,俗尚嚣讼,悆摄县事,剖决如流,事无淹夕,民至怀饼饵以俟决遣。猾吏杨盖每阴疏令过,胁持为奸,悆暴其罪黜之,无不悦服。州阙司录,命悆摄事,既行,邑氓万馀邀留,至拥归县廨,时天寒,皆然火警守,布满后先,悆由它道得出,或追拜马首曰:"公舍我去,我必使公复来。"它日,悆方白事郡牙,忽数千人径夺以归,守将弗能遏。剧寇起莱、密间，素闻念名，戒其党毋犯高密境，民赖以安。密卒闭关叛掠，害官吏几尽，独呼曰："无警仇公。"

南迁，丁母忧。服除，知建昌军，入为考功员外。时仕者宛转兵间，亡失告牒十常七八，而铨部无案籍，诉丐者甚多，真伪错乱。念亲为考核，其可据者悉责保识，因上闻行之。

迁右司及中书门下检正诸房公事，俄为沿海制置使。明守与宰相厚善，绐言士卒将为变，致遣精兵密捕。统制官徐文觉之，初谋纵军剽略，顷之泛海去，呼曰："我以仇公故，不杀人，不焚屋庐。"一城晏然。犹坐削两官，主管太平观。

以淮西宣抚知庐州。刘豫子麟合金兵大入，民情汹惧。宣抚司统制张琦者，冀乘危为乱，驱居民越江南走。欲先胁念出，拥甲士数千突入，露刃登楼，扬白麾，左右惊溃，迫念上马，念徐谓曰："若辈无守土责，吾当以死徇国，寇未至而逃，人何赖焉。"坚不为动，神色无少异。琦等错愕，遽散其徒，人心遂定。

时金人出入近境，念求援于宣抚司，不报。又遣其子自间道赴朝廷告急，虽旌其子以官，而援卒不至。帝方下诏亲征，而诏亦不至淮甸，喧言将弃两淮为保江计。余录诏语揭之郡县，读者至流涕，咸思自奋。监押阎仅死于贼，余众来归，州帑匮竭，无以为赏，念悉引班坐，犒以酒食，慰劳之，众皆感励。募庐、寿兵得数百，益乡兵二千，出奇直抵寿春城下，敌三战皆北，却走度淮。其后麟复增兵来寇，却复寿春，俘馘甚众，获旗械数千，焚粮船百余艘，降渤海首领二人。

初，金人围濠州，旬日未下，属天寒，马多僵死，乃悉众向淮东。枢密使张浚方视师金陵，念以策说之曰："金重兵在淮东，师老食匮，若以精兵二万，一自寿阳，一自汉上，径趋旧京，当不战而退，继以大军尾击，蔑有不济者。昔人谓'一日纵敌，数世之患。'愿无失时之悔。"浚不能用。

麟复以步骑数千至合肥，谍言兀术为之殿，人心怖骇，不知所为。会京西制置使遣牛皋统兵适至，却顾左右曰："召牛观察来击贼。"皋既至，以忠义撼之，皋素勇甚，以二千馀骑驰出，短兵相接，所向披靡，敌稍慑，散而复集者三。其副徐庆忽坠马，敌竞赴之，皋掖以上，手刜数人，因免胄大呼曰："我牛皋也，尝四败兀术，可来决死。"寇畏其名，遂自溃。以悆克复守御功，加徽猷阁待制。

明年，宣抚司始遣大将王德来，时寇已去，德谓其伍曰："当事急时，吾属无一人渡江击贼，今事平方至，何面目见仇公耶？"德麾下多女真、渤海归附者，见悆像，不觉以手加额。

初，宣抚司既不以一卒援诸郡，但令焚积聚，弃城退保，文移不绝于道，又请浚督行之。浚檄悆度其宜处之，悆谓："残破之余，兵食不给，诚不能支敌。然帅臣任一路之责，誓当死守。今若委城，使金人有淮西，治兵徙于巢湖，必贻朝廷忧。"力陈不可，浚韪其言，而卒全活数州之众。寻诏诣阙，军民号送之。

改浙东宣抚使、知明州，以挫豪强、奖善良为理。吏受赇，虽一钱不贷，奸猾敛迹。州罹兵火既毁，舰斥厨钱助其费，买田行乡饮酒礼。岁饥，发官储损其直，民无死徙。朝廷闻之，进秩一等。

再召，进对，帝亲加褒谕，欲留置近密。言者以悆在郡多黥胥吏为惨酷，请授外藩。时峒獠未息，乃进直学士，为湖南安抚使，禁盗铸钱者，趣使为农，物价既平，商贾遂通。数月，召还，加宝文阁学士、陕西都转运使。时金人无故归侵疆，诡计叵测，悆力陈非策。固辞不行。秦桧方主和议，以为异己，落职，以左朝奉郎、少府少监分司西京，全州居住。

起知河南府，未行，金人果复陷所归郡邑，如悆言。乃复待制，再知明州，改知平江府，陛辞，言："我军已习战，非复前日，故刘锜能以少击众，敌大挫衄，若乘已振之势，鼓行而前，中原可传檄而定。"上嘉之。以言罢，提举太平观。积官至左朝议大夫，爵益都县伯。卒，赠左通议大夫。

悆性至孝，母没时，方崎岖转徙，居丧尽礼。沿海制置使陈彦文荐于朝，起复之，悆不就。悆端方挺特，自初官讫通显，无所附丽。令邓城时，丞相范宗尹方为邑子，以文谒悆。悆他日语其父："是子公辅器也。"宗尹既当国，未尝以私见。愈在明州，尝欲荐一幕官，问曰："君日费几何？"对以"十口之家，日用二千"。愈惊曰："吾为郡守费不及此，属僚所费倍之，安得不贪。"遂止。

高登字彦先，漳浦人。少孤，力学，持身以法度。宣和间，为太学生。金人犯京师，登与陈东等上书乞斩六贼。廷臣复建和议，夺种师道、李纲兵柄，登与东再抱书诣阙，军民不期而会者数万。王时雍纵兵欲尽歼之。登与十人屹立不动。

钦宗即位，擢吴敏、张邦昌为相，敏又雪前相李邦彦无辜，乞加恩礼起复之。登上书曰："陛下自东宫即位，意必能为民兴除大利害。践阼之始，兵革扰攘，朝廷政事一切未暇，人人翘足以待事息而睹惟新之政，奈何相吴敏、张邦昌？又纳敏党与之言，播告中外，将复用李邦彦，道路之人无不饮恨而去。是陛下大失天下之望，臣恐人心自此离矣。太上皇久处邦彦等于政府，纪纲紊乱，民庶愁怨，方且日以治安之言诱误上皇，以致大祸，仓皇南幸，不获宁居。主辱臣死，此曹当尽伏诛，今乃偃然自恣，朋比为奸，蒙蔽天日。陛下从敏所请，天下之人将以陛下为不明之君，人心自此离矣。"再上书曰："臣以布衣之微贱，臣言系宗社之存亡，未可忽也。"于是凡五上书，皆不报。因谋南归，忽闻邦昌各与远郡，一时小人相继罢斥，与所言偶合者十七八，登喜曰："是可以尽言矣。"复为书论敏未罢，不报。

初，金人至，六馆诸生将遁去，登曰："君在可乎？"与林迈等请随驾，隶聂山帐中，而帝不果出。金人退师，敏遂讽学官起罗织，屏斥还乡。

绍兴二年，廷对，极意尽言，无所顾避，有司恶其直，授富川主簿。宪董弅闻其名，檄谳六郡狱，复命兼贺州学事。学故有田舍，法罢归买马司，登请复其旧。守曰："买马、养士孰急？"登曰："买马固急矣，然学校礼义由出，一日废，衣冠之士与堂下卒何异？"守曰："抗长吏耶！"曰："天下所恃以治者，礼义与法度尔，既两弃之，尚何言！"守不能夺，卒从之。摄狱事，有囚杀人，守欲奏裁曰："阴德可为。"登曰："阴德岂可有心为之,杀人者死,而可幸免,则被死之冤何时而销?"

满秩,士民丐留不获,相率馈金五十万,不告姓名,白于守曰:"高君贫无以养,原太守劝其咸受。"登辞之,不可,复无所归,请置于学,买书以谢士民。归至广,会新兴大饥,帅连南夫檄发廪赈济,复为糜于野以食之,愿贷者听,所全活万计。岁适大稔,而偿亦及数。民投牒愿留者数百辈,因奏辟终其任。

召赴都堂审察,遂上疏万言及《时议》六篇,帝览而善之,下《六议》中书。秦桧恶其讦己,不复以闻。

授静江府古县令,道湖州,守汪藻馆之。藻留与修《徽宗实录》,固辞,或曰:"是可以阶改秩。"登曰:"但意未欲尔。"遂行。广西帅沈晦问登何以治县,登条十余事告之。晦曰:"此古人之政,今人诈,疑不可行。"对曰:"忠信可行蛮貊,谓不能行,诚不至尔。"豪民秦琥武断乡曲,持吏短长,号"秦大虫",邑大夫以下为其所屈。登至,颇革,而登喜其迁善,补处学职。它日,琥有请属,登谢却之,琥怒,谋中以危法。会有诉琥侵贷学钱者,登呼至,面数琥,声气俱厉,叱下,白郡及诸司置之法,忿而死,一郡快之。

帅胡舜陟谓登曰:"古县,秦太师父旧治,实生太师于此,盍祠祀之?"登曰:"桧为相亡状,祠不可立。"舜陟大怒,摭秦琥事,移荔浦丞康宁以代登,登以母病去。舜陟遂创桧祠而自为记,且诬以专杀之罪,诏送静江府狱。舜陟遣健卒捕登,属登母死舟中,藁葬水次,航海诣阙上书,求纳官赎罪,帝闵之。故人有为右司者,谓曰:"丞相云尝识君于太学,能一见,终身事且无忧,上书徒尔为也。"登曰:"某知有君父,不知有权臣。"既而中书奏故事无纳官赎罪,仍送静江狱。登归葬其母,讫事诣狱,而舜陟先以事下狱死矣,事卒昭白。

广漕郑鬲、赵不弃辟摄归善令,遂差考试,摘经史中要语命题,策闽、浙水炎所致之由。郡守李仲文即驰以达桧,桧闻震怒,坐以前事,取旨编管容州。漳州遣使臣谢大作持省符示登,登读毕,即投大作上马，大作曰："少入告家人，无害也。"登曰："君命不敢稽。"大作愕然。比夜，巡检领百卒复至，登曰："若朝廷赐我死，亦当拜敕而后就法。"大作感登忠义，为泣下，奋剑叱巡检曰："省符在我手中，无它语也。汝欲何为，吾当以死捍之。"鬲、不弃亦坐镌一官。

登谪居，授徒以给，家事一不介意，惟闻朝廷所行事小失，则颦蹙不乐，大失则恸哭随之。临卒，所言皆天下大计。后二十年，丞相梁克家疏其事以闻。何万守漳，言诸朝，追复迪功郎。后五十年，朱熹为守，奏乞褒录，赠承务郎。

登事其母至孝，舟行至封、康间，阻风，方念无以奉晨膳，忽有白鱼耀于前。其学以慎独为本，所著《家论》、《忠辨》等篇，有《东溪集》行世。

　　娄寅亮字陟明，永嘉人。政和二年进士，为上虞丞。建炎四年，高宗至越，寅亮上疏云："先正有言：'太祖舍其子而立弟，此天下之大公；周王薨，章圣取宗室育之宫中，此天下之大虑也。'仁宗感语其说，诏英祖入继大统。文子文孙，宜君宜王，遭罹变故，不断如带。今有天下者，独陛下一人而已。蜀者椒寝未繁，前星不耀，孤立无助，有识寒心。天其或者深戒陛下，追念祖宗公心长虑之所及乎？崇以来，谀臣进说，独推濮王子孙以为近属，馀皆谓之同姓，遂使昌陵之后，寂寥无闻，奔进蓝缕，仅同民庶。恐祀丰于昵，仰违天监，太祖在天莫肯顾歆，是以二圣未有回銮之期，金人未有悔祸之意，中原未有息肩之日。臣愚不识忌讳，欲乞陛下于子行中遴选太祖诸孙有贤德者，视秩亲王，俾牧九州，以待皇嗣之生，退处藩服，并选宣祖、太宗之裔，材武可称之人，升为南班，以备环卫。庶几上慰在天之灵，下系人心之望。"帝读之感悟，枢密富直柔荐之。

　　绍兴元年，召赴行在，以其言宗社大计也。既入见，复上疏曰："陛下辙迹所环，六年于外，险阻艰难，备尝之矣。然而二圣未还，金人未灭，四方未靖者，何哉？天意若曰："天祚宋德，太祖不私其子而保之，不幸奸邪误国而坏之，将使嗣圣念祖，思危而后获之，乃所以申其永命也。臣诚狂妄，去岁上章，请陛下取太祖诸孙之贤者，视秩亲王，使牧九州，误蒙采听，赦而不诛。兹盖在天之灵发悟圣心，为社稷计，非愚臣之所及也。伏望宜告大臣行之，它日皇子之生，使之退处清暇，不过增一节度使尔。陛下以太祖之心，行章圣之虑，自然孝弟感通，两宫回跸，泽流万世。"

改合入官，擢监察御史。时相秦桧以其直柔所荐，恶之，讽言者论寅亮匿父丧不举，下大理鞫问，无实，犹坐为族父冒占官户罢职，送吏部，由是坐废。

宋汝为字师禹，丰县人。靖康元年，金人犯京师，阖门遇害。汝为思报国家及父兄之仇，建炎三年，金人再至，谒部使者陈边事，遣对行在。高宗嘉纳，特补修武郎，假武功大夫、开州刺史，奉国书副京东运判杜时亮使金。

时刘豫节制东平，丞相吕颐浩因致书豫。汝为行次寿春，遇完颜宗弼军，不克与时亮会，独驰入其壁，将上国书。宗弼盛怒，劫而缚之，欲加僇辱。汝为一无惧色，曰："死固不辞，然衔命出疆，愿达书吐一辞，死未晚。"宗弼顾汝为不屈，遂解缚延之曰："此山东忠义之士也。"命往见豫，汝为曰："愿伏剑为南朝鬼，岂忍背主不忠于所事。"力拒不行，乃至京师，濒死者数四。

豫僭号，汝为持颐浩书与之，开陈祸福，勉以忠义，使归朝廷。豫悚而立曰："使人！使人！使豫自新南归，人谁直我，独不见张邦昌之事乎？业已至此，夫复何言。"即拘留汝为。然以汝为儒士，乃授通直郎、同知曹州以诱之，固辞。遂连结先陷于北者凌唐佐、李亘、李俦为腹心，以机密归报朝廷。唐佐等所遣僧及卒为逻者所获，汝为所遣王现，邵邦光善达，朝廷皆官之。

绍兴十三年，汝为亡归，作《恢复方略》献于朝，且曰："今和好虽定，计必背盟，不可遽弛。"时秦桧当国，置不复问。独礼部尚书苏符怜之，为言于朝，换宣教郎，添差通判处州。高宗忆其忠，特转通直郎。

　　汝为遂上丞相书，言："用兵之道，取胜在于得势，成功在乎投机。女真乘袭取契丹之锐，枭视狼顾，以窥中原，一旦长驱直捣京阙，升平既久，人不知兵，故彼得投其机而速发，由是猖獗两河，以成盗据之功。既而关右、河朔豪杰士民避地转斗，从归圣朝，将士戮力，削平群盗，破逐英雄，百战之余，勇气万倍。回思曩昔，痛自惭悔，人人扼腕切齿，愿当一战。加以金人兵老气衰，思归益切，是以去岁顺昌孤垒，力挫其锋。方其狼狈逃遁之际，此国家乘胜进战之时也。惜乎王师遽旋，抚其机而不发，遂未能殄灭丑类，以成恢复之功。今闻其力图大举，转输淮北，其设意岂小哉！所虑秋冬复肆猖獗，兀术不死，兵革不休，虽欲各保边陲，安可得也。今当乘去岁淮上破贼之势，特降哀痛之诏，声言亲征，约诸帅长驱直捣某月日各到东京，协谋并力，以俘馘兀术为急。"

　　又言："兀术好勇妄作，再起兵端，所共谋者，叛亡群盗而已。去夏诸帅各举，金人奔命败北之不暇，兀术深以为虑，故为先发制人之动，所恃者不过自能聚兵合势，料王师以诸帅分军尔。今计其步骑不过十万，王师云集，其众数倍，合势刻期，并进戮力，何忧乎不胜？若以诸帅难相统属，宜除川、陕一路，专当撒离喝，权合诸帅为两节制，公选大臣任观军容为宣慰之职，往来调和诸帅，使之上下同心，左右戮力，则势既合不为贼所料矣。不然，分军山陈、蔡，直捣东都，贼必首尾势分，复以重兵急击，然後以舟师自淮溯新河入钜野泽，以步兵自洛渡怀、卫入太行山，以袭其内。舟师入钜野，则齐鲁摇，步兵入太行，则三晋应，贼势虽欲合而不分，亦难乎为计矣。"

　　久之，有告汝为于金人以腊书言其机事者，大索不获，寻知南归。检将械送金人，汝为变姓名为赵复，徒步入蜀。汝为身长七尺，疏眉秀目，望之如神仙。杨企道者，遇之溪上，企道曰："必奇士也。"款留之，见其议论英发，洞贯古今，靖康间离乱事历历言之，企道益惊，遂定交，假僧舍居之。

　　桧死，汝为曰："朝廷除此巨蠹，中原恢复有日矣。"企道劝其理前事，汝为慨然太息曰："吾结发读书，奋身一出，志在为国复仇，收还土宇,颇为诸公所知。命缪数奇,轧于权臣,今老矣,新进贵人,无知我者。"汝为能知死期,尝祭其先,终日大恸,将终,神气不乱。

汝为倜傥尚气节,博物洽闻,饮酒至斗余,未尝见其醉,或歌或哭,涕泪俱下。其客蜀也,史载之、邵博、宇文亮臣、李焘相得甚欢,赵沂、王京鲁、关民先、杨采、惠畴经纪其丧事。

三十二年,其妻钱莫知汝为死,诣登闻鼓院以状进,诏索之不得。隆兴二年,其子南强以汝为之死哀诉于朝,参知政事虞允文,钱端礼以闻,特官一子。有《忠嘉集》行世。

论曰:高宗播迁,复有苗、刘之变,此何时也,郑毅、王庭秀正色立朝,以争君之义,顾不韪哉!仇悆恺悌君子,遗泽在民。《易》曰"王臣蹇蹇",高登有焉。娄寅亮请立太祖后为太子,能言人臣之所难言,而高宗亦慨然从之,君仁而臣直乎!宋汝为归自金国,论事切直,与寅亮俱迕秦桧,一则诬以罪谴,一则逃遁以死,於乎悕矣!

# 宋史卷四〇〇
## 列传第一五九

# 王信　汪大猷　袁燮
# 吴柔胜　游仲鸿　李祥
# 王介　宋德之　杨大全

　　王信字成之，处州丽水人。既冠，入太学，登绍兴三十年进士第，试中教官，授建康府学教授。丁父忧，服除，进所著《唐太宗论赞》及《负薪论》，孝宗览之。嘉叹不已，特循两资，授太学博士。

　　时须次者例徙外，添差温州教授。郡饥疫，议遣官赈救之，父老愿得信任其事，守不欲以烦信，请益力，信闻之，欣然为行，遍至病者家，全活不可胜记。

　　差敕令所删定官，法令有不合人情，自相牴牾，吏得以傅会出入者，悉厘正之。转对，言：“敌情不可测，和议不可恃，今日要当先为自备之策，以待可乘之机。”上以为是。又论：“太学正、录掌规矩之官而员多，博士掌训导之官而员少，请以正、录两员升为博士。”从之。论除官胜冗之敝，乞精选监司而择籍名，郡将代半岁乃注人。上亲以其章授宰臣行。

　　权考功郎官。蜀人张公迁，初八年免铨；至是改秩，吏妄引言，复令柅之，信钩考其故，吏怖服。有三蜀士实碍式，吏受赇为地，工部尚书赵雄，蜀人也，以属信，信持弗听，已而转吏部阅审成牒，抚掌愧叹，嗟激不已，以闻于上。

　　它日，上谓尚书蔡洸曰：“考功得王信，铨曹遂清。”逻者私相语，指为神明。武臣给告不书年齿，磨转荫荐，肆为奸欺，不可控搏，为挞最者数事告宰相，付之大理狱。事连三衙，殿帅王友直锐争之，上审知其非，沮之曰：“考功所言，公事也，汝将何为？”狱具，皆伏辜。因请置籍，以杜后患。

　　授军器少监，仍兼考功郎官。丁母忧，吏衰金杀牲祷神，愿信服阕无再为考功。既起，知永州。入奏事，留为匠作少监，复考功郎官，转诨器少监兼右司郎官，升员外郎。四方有以疑狱来上者，信反复披览，常至夜分。

　　升左司员外郎，转对，论士大夫趋向之敝：“居官者逃一时之责，而後之祸患有所不恤，献言者求一时之合，而行之可否有所不计。集事者以趣办为能，而不为根本之虑；谋利者以羡余为事，而不究源流之实。持论尚刻薄，而寝失祖宗忠厚之意；革敝烦预碎，而不明国家宽大之体。因循玩习，恬不为怪。愿酌古之道，当时之宜，示好恶於取舍之间，使天下靡然知乡，而无复为目前苟且之徇。”又论：朝廷有恤民之政，而州县不能行恤民之实言。近岁不登，陛下轸念元元，凡水旱州郡租赋，或蠲放，或倚阁住催。然倚阁住催之名可以并缘为扰，愿明与减放。”又论豫备三说：收逃亡之卒，选忠顺之官，严训练之职。又言屯田利害。上皆纳其说。

　　兼玉牒所检讨官、提领户部酒库。久之，上谕信曰：“知朕意否？行用卿，虑书生不长於财赋，故以命卿，果能副朕所委。”

　　为中书门下检正诸房文字，迁太常少卿兼权中书舍人。假礼部尚书使于金，肆射都亭，连中其的，金人骇曰：“尚书得非黑王相公子孙耶？”谓王德用也。信得米芾书法，金人宝之。归言金人必衰之兆有四，在我当备之策有二，上首肯之。

　　太史奏仲秋日月五星会于轸，信言：“休咎之征，史策不同，然五星聚者有之，未闻七政共集也。分野在楚，愿思所以顺天而应之。”因条上七事。又言：“陛下即位之初，经营中原之志甚锐，然功之所以未立者，正以所用之人不一。其人不一，故其论不一；其论不一,故其心不一。愿豫求至当之论,使归于一。锁闱封驳,而右府所下不关中书,或斜封捷出,左於公论。统领官奴事内侍,坐谪远州,幸蒙赦还而遽复故职。潜藩恩旧之隶徒,榷酤官而齿朝士。老禁校侥冀节钺,诡计可得之,而奉稍恩典,与正不异。阁门多溢额祗候。妃嫔进封而冒指它姓为甥侄。既一一涂归,有虽书读而徐核其不当者,续争救之。”上曰:“事有不可不问者,第言之,朕无有不为卿行者。”於是益抗志不回。

宦者甘昪既逐远之矣,属高宗崩,用治丧事,人莫敢言。昪俄提举德寿宫,信亟执奏,举朝皆悚。翰林学士洪迈适入,上语之曰:“王给事论甘昪事甚当。朕特白太上皇后,圣训以为:‘今一宫之事异於向时,非我老人所能任,小黄门空多,类不习事,独昪可任责,分吾忧。渠今已归,居室尚不能有,岂敢蹈故态’以是驳疏不欲行。卿见王给事,可道此意。”信闻之乃止。

信遇事刚果,论奏不避权要,繇此人多嫉之,信亦力求去,提举崇福宫。诏求言,信条十事以献,其目曰:法戒轻变,令贵必行,宽州郡以养民力,修军政以待机会,郡当分其缓急,县当别其剧易,严铜钱之禁,广积聚之备,处归附之人,收逃亡之卒。

起知湖州,信未涉州县,据桉剖析,敏如流泉。擢集英殿修撰、知绍兴府、浙东安抚使。奏免逋官钱十四万、绢七万匹、绵十万五千两、米二千万斛。山阴境有猕猴湖,四环皆田,岁苦潦,信创启斗门,导停渚注之海,筑十一坝,化汇浸为上腴。民绘象以祠,更其名曰王公湖。筑渔浦堤,禁民不举子,买学田,立义冢,众职修理。加焕章阁待制,徙知鄂州,改池州。

初,信扶其父丧归自金陵,草屦徒行,虽疾风甚雨,弗避也,由是得寒湿疾。及闻孝宗遗诏,悲伤过甚,疾复作,至是寝剧,上章请老,以通议大夫致仕。有星陨于其居,光如炬,不及地数尺而散。数日,信卒,遗训其子以忠孝公廉。所著有《是斋集》行世。

汪大猷字仲嘉,庆元府鄞县人。绍兴七年,以父恩补官,授衢州江山县尉，晓畅吏事。登十五年进士第，授婺州金华县丞，争财者谕以长幼之礼，悦服而退。

李椿年行经界法，约束严甚，檄大猷覆视龙游县，大猷请不实者得自陈，毋遽加罪。改建德，迁知昆山县。丁父忧，免丧，差总领淮西、江东钱粮干官，改干办行在诸司粮料院。

参知政事钱端礼宣谕淮东，辟干办公事，充参议官，迁大宗丞兼吏部郎官，又兼户部右曹。入对，言："总核名实，责任臣下。因才而任，毋违所长，量能授官，毋拘流品。"孝宗顾谓左右曰："疏通详雅而善议论，有用之才也。"除礼局员外郎。丞相洪适荐兼吏部侍郎，仍迁主管左迁。

庄文太子初建东宫，兼太子左谕德、侍讲，两日量讲《孟子》，多寓规戒。太子尝出龙大渊禁中所进侍燕乐章，谕官僚同赋，大猷曰："郑、卫之音，近习为倡，非讲读官所当预。"白于太子而止。迁秘书少监，修《五礼会要》。金人来贺，假吏部尚书为接伴使。寻兼权刑部侍郎，又兼崇政殿说书，又兼给事中。

孝宗清燕，每访政事，尝曰："朕每厌宦官女子之言，思与卿等款语，欲知朝政阙失，民情利病，苟有所闻，可极论之。"大猷遂陈者长雇直隶经总制司，并缘法意使里正兼催科之役，厉民为甚。又论："亭户未尝煮监、居近场盐，贷钱射利，隐寄田产，害及编氓、宜取二等以上充役。"又论："赐田勋戚，豪夺相先，陵轹州县，惟当赐金，使自求之。又论："没入赀产，止可行於强盗、赃吏，至於仓库纲运之负陷者，惟当即其业收租以偿，既足则给还，使复故业。"转对，言捕酒之害，及居官者不得铸铜为器。上嘉奖曰："卿前後所言，皆今日可行之事。"

权刑部侍郎，升侍讲，言："有司率用新制，弃旧法，轻重舛悟，无所遵承，使舞文之吏时出，以售其奸，请明诏编纂。"书成上进，上大悦。

尚书周执羔韩元吉。枢密刘珙以强盗率不处死，无所惩艾，右司林栗谓："太祖朝强盗赃满三贯死，无首从，不问杀伤。景佑增五贯，固从宽。今设六项法，非手刃人，例奏裁黥配，何所惩艾，请从旧法，贼满三贯者斩。"大猷曰："此吾职也。"遂具奏曰："强盗乌可恕，用旧法而痛惩之，固可也。天圣以来，益用中典，寖失禁奸之意。今所议六项法，犯者以法行之，非此而但取财，惟再犯者死，可谓宽严适中。若皆置之死地，未必能禁其为盗，盗知必死，将甘心於事主矣，望稍开其生路。"乃奏用六项法则死者十七人，用见行法则十四人，旧法则百七十人俱死。遂从大猷议。

借吏部尚书为贺金国正旦使，至盱眙，得印榜云："强盗止用旧法，罢六项法。"还朝自劾求去，上闻之，复行六项法。

改权吏部侍郎兼权尚书。夜傅旨学士院，出唐沈既济论选举事，曰："今日有此敕，可行与否，诘旦当面对。"即奏："事与今异，敕虽似之，言则难行。"上曰："卿言甚明。"既郊，差充卤簿使，以言去，授敷文阁待制、提举太平兴国官。

起知泉州。毗舍邪尝掠海滨居民，岁遣戍防之，劳费不赀。大猷作屋二百区，遣将留屯。久之，戍兵以真腊大贾为毗舍邪犯境，大猷曰："毗舍邪面目黑如漆，语言不通，此岂毗舍邪耶？"遂遣之。故事蕃商与人争斗，非伤折罪，皆以牛赎，大猷曰："安有中国用岛夷俗者，苟在吾境，当用吾法。"三佛斋请铸铜瓦三万，诏泉、广二州守臣督造付之。大猷奏："法，铜不下海。中国方禁销铜，奈何为其所役？"卒不与，进敷文阁直学士，留知泉州。

逾年，提举太平兴国宫，改知隆兴府、江西安抚使。以大暑讨永新禾山洞寇，不利，自劾，降龙图阁待制，落职，南康军居住，提举太平兴国官。复龙图阁待制，提举上清太平宫。复敷文阁待制，升学士。没，赠二官。

大猷与丞相史浩同里，又同年进士，未尝附丽以干进，浩深叹美之。好周施，叙宗族外族为《兴仁录》，率乡人为义庄二十余亩以为倡，众皆欣劝。所著有《适斋存藁》、《备忘》、《训鉴》等书。

袁燮字和叔，庆元府鄞县人。生而端粹专静，乳媪置瘵水其前，玩视终日，夜卧常醒然。少长，读东都《党锢传》，慨然以名节自期。入太学，登进士第，调江阴尉。

浙西大饥，常平使罗点属任振恤。燮命每保画一图，田畴、山水、道路悉载之，而以居民分布其间，凡名数、治业悉书之。合保为都，合都为乡，合乡为县，征发、争讼、追胥，披图可立决，以此为荒政首。除沿海制属。连丁家艰，宁宗即位，以太学正召。时朱熹诸儒相次去国，丞相赵汝愚罢，燮亦以论去，自是党禁兴矣。久之，为浙东帅幕、福建常平属、沿海参议。

嘉定初，召主宗正簿、枢密院编修官、权考功郎官；太常丞、知江州，改提举江西常平、权知隆兴。召为都官郎官，迁司封。因对，言：“陛下即位之初，委任贤相，正士鳞集，而窃威权者从旁睨之。彭龟年逆知其必乱天下，显言其奸，龟年以罪去，而权臣遂根据，几危社稷。陛下追思龟年，盖尝临朝太息曰：‘斯人犹在，必大用之。’固已深知龟年之忠灵。今正人端士不乏愿常存此心，急闻剀切，崇奖朴直，一龟年虽没，众龟年继进，天下何忧不治。”“臣昨劝陛下勤於好问，而圣训有曰：‘问则明。’臣退与朝士言之，莫不称善。而侧听十旬，陛下之端拱渊默犹昔也。臣窃惑焉。夫既知如是而明，则当知反是而暗。明则辉光旁烛，无所不通；暗则是非得失，懵然不辨矣。”

迁国子司业、秘书少监，进祭酒、秘书监。延见诸生，必迪以反躬切己，忠信笃实，是为道本。闻者悚然有得，士气益振。兼崇政殿说书，除礼部侍郎兼侍读。时史弥远主和，燮争益力，台论劾燮，罢之，以宝文阁待制提举鸿庆宫。起知温州，进直学士，奉祠以卒。

燮初入太学，陆九龄为学录，同里沈焕、杨简、舒璘亦皆在学，以道义相切磨。后见九龄之弟九渊发明本心之指，乃师事焉。每言人心与天地一本，精思以得之，兢业以守之，则与天地相似。学者称之曰絜斋先生。后谥正献。子甫，自有传。

吴柔胜字胜之，宣州人。幼听其父讲伊、洛书，已知有持敬之学,不妄言笑。长游郡泮,人皆惮其方严。登淳熙八年进士第,调都昌簿。丞相赵汝愚知其贤,差嘉兴府学教授,将实之馆阁,会汝愚去,御史汤硕劾柔胜尝救荒浙右,擅放田租,为汝愚收人心,且主朱熹之学,不可为师儒官,自是闲居十余年。

嘉定初,主管刑、工部架阁文字,迁国子正。柔胜始以朱熹《四书》与诸生诵习,讲义策问,皆以是为先。又於生徒中得潘时举、吕乔年,白于长,擢为职事,使以文行表率,於是士知趋向,伊、洛之学,晦而复明。迁太学博士,又迁司农寺丞。

出知随州。时再议和好,尤戒开边隙,旁塞之民事与北界相涉,不问法轻重皆杀之。郡民梁皋有马为北人所盗,追之急,北人以矢拒皋,皋与其徒亦发二矢。北界以为言,郡下七人于狱,柔胜至,立破械纵之,具始末报北界而已。收土豪孟宗政、扈再兴隶帐下,後宗政、再兴皆为名将。筑随州及枣阳城,招四方亡命得千人,立军曰“忠勇”,廪以总所阙额,营栅器械悉备。除京西提刑,领州如故。改湖北运判兼知鄂州。甫至,值岁歉,即乞籴于活南,大讲荒政,十五州被炎之民,全湖者不可胜计。

改知太平州,除直秘阁,主管亳州明道宫。改直华文阁,除工部郎中,力辞,除秘阁修撰,依旧宫观以卒,於正肃。二子渊、潜,俱登进士,各有傅。

游仲鸿字子正,果之南充人。淳熙二年进士第,初调犍为簿。李昌图总蜀赋,辟籴买官,奇其才,曰:“吾董饷积年,惟得一士。”昌图召入,首荐之,擢四川制置司干办公事。制置使赵汝愚一见即知敬之。

叙州董蛮犯犍为境,宪将合兵讨之,仲鸿请行。诘其衅端,以州负马直也,乃使人谕蛮曰:“归俘则还马直,不然大兵至矣。”蛮听命,仲鸿其降而归。改秩,知中江县,总领杨辅檄置幕下。时关外营田凡万四千顷,亩仅输七升。仲鸿建议,请以兵之当汰者授之亩,存赤籍,迟以数年,汰者众,耕者多,则横敛一切之赋可次第以减。辅然之，大将吴挺沮而止。赵汝愚移帅闽，举仲鸿自代，制置使京镗、转运刘光祖亦交荐于朝。

绍熙四年，赴召，赵汝愚在枢密，谓仲鸿直谅多闻，访以蜀中利病。汝愚欲亲出经略西事，仲鸿曰："宥密之地，斡旋者易，公独不闻吕申公'经略西事当在朝廷'之语乎？"汝愚悟而止。差斡办诸司粮料院。

光宗以疾久不朝重华宫，仲鸿遗汝愚书，陈宗社大计，书有"伊、周、霍光"语，汝愚读之骇，立焚之，不答。又遗书曰："大臣事君之道，苟利社稷，死生以之，既不死，曷不去？"汝愚又不答。孝宗崩，仲鸿泣谓汝愚曰："今惟有率百官哭殿庭，以请亲临。"宰相留正以病去，仲鸿亟简汝愚曰："禫日不决，祸必起矣。"汝愚又不答。後三日，嘉王即位于重华宫。

汝愚既拜右丞相，以仲鸿久游其门，辟嫌不用。初，汝愚之定策也，知阁韩侂胄颇有劳，望节钺，汝愚不与，侂胄方居中用事，恚甚。汝愚迹已危，方益自严重，选人求见者例不许。仲鸿劝以降意容接，觊遏异论，而汝愚以淮东、西总赋积弊，奏遣仲鸿核实。仲鸿曰："丞相之势已孤，不忧此而顾忧彼耶？"改监登闻鼓院以行。

会侍讲朱熹以论事去国，仲鸿闻之，即上疏曰："陛下宅忧之时，御批数出，不由中书。前日宰相留正之去，去之不以礼；谏官黄度之去，去之不以正；近臣朱熹之去，复去之不以道。自古未有舍宰相、谏官、讲官而能自为聪明者也。愿亟还熹，毋使小人得志，以养成祸乱。"

监察御史胡纮希侂胄意，诬汝愚久蓄邪心，尝语人以乘龙授鼎之梦，又谓朝士中有推其宗派，以为裔出楚王元佐正统所在者，指仲鸿也。初，欲直书仲鸿名，同台张孝伯见之曰："书其名则窜矣。凡阿附宰相，本冀官爵，此人沉埋六院且二年，心迹可察。"卒不书其名。

庆元元年，汝愚罢相，仲鸿迁军器监主簿，力丐外，除知洋州。朱熹闻其出，曰："信蜀士之多奇也。"越三年，起知嘉定府。擢利路转运判官,数忤宣抚副使吴曦,曦言仲鸿老病,朝命易他部。未几,曦叛,宣抚司幕官薛绂访仲鸿於果山,仲鸿对之泣,指案上一编书示绂曰:"开禧丁卯正月游某死。"谓家人曰:"曦逼吾死,即填其日。"

时宣抚使程松已大弃其师遁,仲鸿以书劝成都帅杨辅讨贼,辅不能用。至是松至果,仲鸿谓绂曰:"宣威肯留,则吾以积奉二万缗犒兵,护宣威之成都。"松不顾而去。总赋刘崇之继至,仲鸿遣其子侐往见,以告松者告之,崇之复不听。未几,曦诛,参政李壁奏除利路提点刑狱,寻乞休致,予祠而归,迁中奉大夫。

嘉定八年卒,年七十八。刘光祖表其隧道曰:"於乎,庆元党人游公之墓。"绍定五年,谥曰忠。子侐,淳祐五年为右丞相,自有传。

李祥字元德,常州无锡人。隆兴元年进士,为钱塘县主簿。时姚宪尹临安,俾摄录参。逻者以巧发为能,每下有司,必监视锻炼,囚服乃已。尝诬告一武臣子谤朝政,鞫于狱,祥不使逻者入门。既而所告无寔,具以白尹,尹惊曰:"上命无实乎?"祥曰:"即坐遣,自甘。"宪具论如祥意,上骇曰:"朕几误矣,卿吾争臣也。"遂赐宪出身为谏大夫,祥调濠州录事参军。安农守臣冒占民田,讼屡改而不决,监司委祥,卒归之民。未几,其人易守濠,以嫌换司理庐州;守出改官奏留之,不可。

主管户部架阁文字、太学博士、国子博士、国子博士、司丰寺丞、枢密院编修官兼刑部郎官、大宗正丞、军器少监。言:"忝朝迹八年。在外贤才不胜众,愿更出迭入由臣始。"出提举淮东常平茶监、淮西连判。两淮铁钱比不定,祥疏乞官赐钱米销滥恶者,废定城、兴国、汉阳监,更铸绍熙新钱;从之,淮人以安。

迁国子司业、宗正少卿、国子祭酒。丞相赵汝愚以言去国,祥上疏争之,曰:"顷寿星崩,两宫隔绝,中外汹汹,留正弃印亡去,国命如发。汝愚不畏灭族,决策立陛下,风尘不摇,天下复安,社稷之臣也。奈何无念功至意,忽体貌常典,使精忠巨节怫郁黯暗,何以示後世?"

除直龙图阁、湖南运副,言者劾罢之。於是太学诸生杨宏中、周端朝等六人上书留之,俱得罪。主冲佑观,再请老,以直龙图阁致仕。嘉泰元年八月卒,谥肃简。

王介字元石,婺州金华人。从朱熹、吕祖谦游。登绍熙元年进士第,廷对陈时弊大略言:"近者罢拾遗、补阙,有远谏之意,小人唱为朋党,有厌薄道学之名。"上嘉其直,擢居第三人。

签书昭庆军节度判官厅公事,除为国子录,上疏言:"寿皇亲挈神器授之陛下,孝敬岂可久阙乎?"又言:"妇事舅姑如事父母,不可亏宫中之礼。"不报。孝宗崩,介又力请上过宫执丧,累疏言辞激切,人叹其忠。

宁宗即位,介上疏言:"陛下即位未三月,策免宰相,迁易台谏,悉出内批,非治世事也。崇宁、大观间事出御批,遂成北狩之祸。杜衍为相,常积内降十数封还,今宰相不敢封纳,台谏不敢弹奏,此岂可久之道。"迁太学博士。

时韩侂胄居中潜弄威福之柄,犹未肆也,而文墨义论之士阴附之以希进,於是始无所惮矣。侂胄始疑介前封事诋己,且其弟仰胄尝以旧识求自通,介拒绝之,侂胄怨益深。

添差通判绍兴府,寻知邵武军。会学禁起,谏大夫姚愈劾介与袁燮皆伪学之党,且附会前相汝愚,主管台州崇道观。久之,差知广德军。侂胄之隶人苏师旦忿介不通谒,目为伪党,拼及甲寅廷对之语,以告侂胄。有劝其自明者,介曰:"吾发已种种,岂为鼠辈所使邪!"侂胄亦畏公议不敢发。以外劾去。

免丧。知饶州,未赴,召为秘书郎,迁度支郎官。师旦已建节,介与同列谒政府,遇之於庭,客皆逾阶而揖,介不顾。於是殿中侍御史徐柟劾介资浅立异,奉祠,除都大坑冶。

侂胄诛,朝廷更化,介召还,除侍左郎官兼右司、太子舍人,改兵部郎官、国子司业、太子侍讲兼国史院编修官、实录院检讨官,除国子祭酒。会以不雨,绍百官指陈阙失,时宰相史弥远以母丧起复,介手疏历论时政,推本《洪范》僭恒旸若之证,谓:"罗日愿为变,是下人谋上也。修好增币,而金人犹觖望,是夷人乱华也。内批数出,是左右干政也。谏官无故出省,是小人间君子也。皆谓之僭。一僭已足以致天变,而况兼有之哉。"又言:"汉法天地降灾,策免丞相,乞令弥远终丧,择公正无私者置左右,王、吕、蔡、秦之覆辙,可以为戒。"

接送伴金国贺生辰使还,奏:"故事两国通庙讳、御名,而本朝止通御名,高宗至光宗皆传名而不传讳,绍熙初,黄裳尝以为言,而未及厘正。愿正典礼,以尊宗庙。"

除秘书监,升太子右谕德。其在春宫,笃意辅导,每遇讲读,因事规谏。太子尝欲索馆中图画,欲而弗与,及张灯设乐,则谏止之;且乞选配故家以正始,绝令旨以杜请谒,宫僚分日上直,以资见闻。

迁宗正少卿兼权中书舍人,缴驳不避权贵。张允济以阁职为州钤,介谓此小事而用权臣例,破祖宗制,不可不封还词头。丞相语介曰:"此中宫意。"介曰:"宰相而逢宫禁意向,给舍而奉宰相风旨,朝廷纪纲扫地矣。"

居数日,除起居舍人。介奏:"宰相以私请不行,而托威福于宫禁,权且下移,谁敢以忠告陛下者。"乞归老,不许。言:"本朝循唐入阁之制,左右史不立前殿,若御后殿,则立朵殿下,何所闻见而修起居注乎?乞依欧阳修、王存、胡铨所请,分立殿上。"

吏部侍郎许奕以言事去国,介奏曰:"陛下更化三年,而言事官去者五人,倪思、傅伯成既去,其后蔡幼学、邹应龙相继而出,今许奕复蹈前辙。此五臣者,四为给事,一为谏大夫,两年之间,尽听其去。或谓此皆宰相意,自古未有大臣因给舍论事而去之者,是大臣误陛下也,将恐成孤立之势。"疏奏,乞补外,以右文殿修撰知嘉兴府。

岁余,升集英殿修撰、知襄阳府、京西安抚使。徙知庆元府兼沿海制置使,以疾奉祠。嘉定六年八月卒,年五十六。端平三年,郡守赵汝谈请于朝，特赠中大夫、宝章阁待制，谥忠简。子垄，自有传。

　　宋德之字正仲，其先京兆人。隋谏大夫远谪彭山，子孙散居於蜀，遂为蜀州人。德之以应举擢庆元二年外省第一，为山南道掌书记。召除国子正，迁武学博士。与诸生论八阵之象本乎八卦，皆动物也，奇正之变，往来相生而不穷，知此然后可以致胜。

　　迁编修枢密院。时兵衅有萌，会赤眚见太阴，犯权星，未浃日，内北门鸱尾灾，延及三省、六部，诏求言，德之奏："离为火，为日，为甲胄；坎为水，为月，为盗，为隐伏。故火失其性，赤气见，忧在甲兵；水失其性，太阴失度，忧在隐伏。"因疏七事，皆当今至切之患，乃曰："人火小变不足虑，天象之变，臣窃危之。"

　　他日，又对曰："今敌未动，而轻变祖宗旧制，命武臣帅边以自遗患。晋叛将、唐藩镇之祸基於此矣。"时吴曦在西陲，皇甫斌在襄汉、郭倪、李爽在两淮，德之预以为虑。

　　除太常丞，出知阆州。会曦变，托跌足以避伪，事平，始赴阆。擢本路提点刑狱，制帅安丙奏："德之傲视君命，不俟代者之来，径用观察使印领事。"诏降一官，改潼川路转运判官、湖南路提刑，改湖北。

　　召为兵部郎官。朝论有疑安丙意，丞相史弥远首以问德之，德之对曰："蜀无安丙，朝廷无蜀矣，人有大功，实不敢以私嫌废公议。"忤时相意，遂罢。安丙深感德之，尝谓人曰："丙不知正仲，正仲知丙；丙负正仲，正仲不负丙。"请昏於德之，不许。论者益称德之之贤。起知眉州，监特奏名试，得疾而卒。

　　德之大父耕，性刚介，一朝弃官去，莫知所终。从父廉语德之曰："吾昔至临安府，有人言蜀有宋宣教者过浙江而去，吾适越求之，则入四明矣。"德之渡浙江寻访，至雪窦，有蜀僧言："闻诸耆老云：山後有烂平山，有二居士焉，其一宋宣教也。"德之跻攀至烂平，见丹灶，置祠其上而归。

　　杨大全字浑甫,眉之青神人。乾道八年进士,调温江尉,摄邑有政声。

　　绍熙三年,召除监登闻鼓院。五年,光宗以疾久,不克省重华宫,廷臣多论谏者。太学生汪安仁等二百余人上书,而龚日章等余人以投匦上书为绥,必欲伏阙。大全谓:“院以登闻名,实明目达聪之地也,今乃使人视为具文,吾何颜以尸此职。”乃为书以谏,力请过宫,书上不报。大全于是三上疏,其略曰:

　　　　臣之志于忧君者,不畏义死,不荣幸生,不以言而获罪为耻,而以言不听从为耻。自古谏之不效,其大者身膏斧锧,其次亦流窜四裔,其小者犹罢免终身,未有若今日不勉于听从,亦不加于黜逐,徒饵之以无所谴何之恩,使皆饕富贵,甘豢养,以消靡其风节。平居皆贪禄怀奸之士,则临难必无仗节死义之人。

　　　　陛下自夏秋以来,执政从官之死者皆不信,卒之果然乎?不然乎?建康赵济死,武兴吴挺死,今尚不以为然,则事有几微於朕兆者,可谏陛下乎?万一变起萧墙,祸生肘腋,陛下必将以为不信,坐受其危亡矣。

　　　　盗满山东而高、斯弄权,二世不知也。蛮寇成都而更奏捷,明皇不知也。此犹左右聋瞽尔。今在朝之士沥忠以告,而陛下不听,是陛下自壅蔽其聪明也。今外间传闻,以为寿皇将幸越,幸吴兴,此爱陛下之深,欲泯其迹也。陛下当亟图所以解寿皇之忧。

疏入,又不报。

　　宁宗即位,迁宗正寺主簿。庆元元年,易太常寺主簿,迁司农寺丞。修《高宗实录》,充检讨官。先是,韩侂胄用事,私台谏之选为己羽翼,且欲得知名士,借其望以压群言,一时之好进者,恨不预此选也。会御史虚位,有力荐大全者,属大全一往见,且曰:“公朝见,除目夕下矣。”大全笑谢,决不往,明日遂丐外。时《实录》将上矣,上必推恩,大全去不少待。於是除知金州,至姑苏,以病卒。

论曰：王信有文学，通政事。汪大猷敦厚老成。袁燮学有所本。吴柔胜、游仲鸿名在伪学。观李祥讼赵汝愚，公论藉是以立。王介、杨大全直道而行。宋德之其知兵者欤？

# 宋史卷四〇一
## 列传第一六〇

# 辛弃疾　何异　刘宰　刘爚
# 柴中行　李孟传

辛弃疾字幼安,齐之历城人。少师蔡伯坚,与党怀英同学,号辛、党。始筮仕,决以蓍,怀英遇《坎》,因留事金,弃疾得《离》,遂决意南归。

金主亮死,中原豪杰并起。耿京聚兵山东,称天平节度使,节制山东、河北忠义军马,弃疾为掌书记,即劝京决策南向。僧义端者,喜谈兵,弃疾间与之游。及在京军中,义端亦聚众千余,说下之,使隶京。义端一夕窃印以逃,京大怒,欲杀弃疾。弃疾曰:"丐我三日期,不获,京死未晚。"揣僧必以虚实奔告金帅,急追获之。义端曰:"我识君真相,乃青兕也,力能杀人,幸勿杀我。"弃疾斩其首归报,京益壮之。

绍兴三十二年,京令弃疾奉表归宋,高宗劳师建康,召见,嘉纳之,授承务郎、天平节度掌书记,并以节使印告召京。会张安国、邵进已杀京降金,弃疾还至海州,与众谋曰:"我缘主帅来归朝,不期事变,何以复命?"乃约统制王世隆及忠义人马全福等径趋金营,安国方与金将酣饮,即众中缚之以归,金将追之不及。献俘行在,斩安国於市。仍授前官,改差江阴佥判。弃疾时年二十三。

乾道四年,通判建康府。六年,孝宗召对延和殿。时虞允文当国,帝锐意恢复,弃疾因论南北形势及三国、晋、汉人才,持论劲直,不为迎合。作《九议》并《应问》三篇、《美芹十论》献于朝，言逆顺之理，消长之势，技之长短，地之要害，甚备。以讲和方定，议不行。迁司农寺主簿，出知滁州。忻罹兵烬，井邑凋残，弃疾宽征薄赋，招流散，教民兵，议屯田，乃创奠枕楼、繁雄馆。辟江东安抚司参议官，留守叶衡雅重之，衡人相，力荐叶疾慷慨有大略。召见，迁仓部郎官、提点江西刑狱。平剧盗赖文政有功，加必阁修撰。调京西转运判官，差知江陵府兼湖北安抚。

迁知隆兴府兼江西安抚，以大理少卿召，出为湖北转运副使，改湖南，寻知潭州兼湖南安抚。盗连起湖湘，弃疾悉讨平之。遂奏疏曰："今朝廷清明，比年李全、赖文政、陈子明、李峒相继窃发，皆能一呼啸聚千百，杀掠吏民，死且不顾，至烦大兵翦灭。良由州以趣办财赋为急，吏有残民害物之政，而州不敢问，县以并缘科敛为急，吏有残民害物之状而县不敢问。田野之民，郡以聚敛害之，县以科率害之，吏以乞取害之，豪民以兼并害之，盗贼以剽夺害之，民不为盗，去将安之？夫民为国本，而贪吏迫使为盗，今年剿除，明年划荡，譬之木焉，日刻月削，不损则折。欲望陛下深思致盗之由，讲求弭盗之术，无徒恃平盗之兵。申饬州县，以惠养元元为意，有违法贪冒者，使诸司各扬其职，无徒按举小吏以应故事，自为文过之地。"诏奖谕之。

又以湖南控带二广，与溪峒蛮獠接连，草窃间作，岂惟风俗顽悍，抑武备空虚所致。乃复奏疏曰："军政之敝，统率不一，差出占破，略无已时。军人则利于优闲窠坐，奔走公门，苟图衣食，以故教阅废弛逃亡者不追，冒名者不举。平居则奸民无所忌惮，缓急则卒伍不堪征行。至调大军，千里讨捕，胜负未决，伤威损重，为害非细。乞依广东摧锋、荆南神劲、福建左翼例，别创一军，以湖南飞虎为名，止拨属三牙、密院，专听帅臣节制调度，庶使夷獠知有军威，望风慑服。"

诏委以规画，乃度马殷营垒故基，起盖砦栅，招步军二千人，马军五百人，兼人在外，战马铁甲皆备。先以缗钱五万於广西买马五百匹,诏广西安抚司岁带买三十匹。时枢府有不乐之者,数沮挠之,弃疾行愈力,卒不能夺。经度费钜万计,弃疾善干旋,事皆立办。议者以聚敛闻,降御前金字牌,俾日下住罢。弃疾受而藏之,出责监办者,期一月飞虎营栅成,违坐军制。如期落成,开陈本末,绘图缴进,上遂释然。时秋霖几月,所司言造瓦不易,问:"须瓦几何?"曰:"二十万。"弃疾曰:"勿忧。"令厢官自官舍、神祠外,应居民家取沟匜瓦二,不二日皆具,僚属叹伏。军成,雄镇一方,为江上诸军之冠。

　　加右文殿修撰,差知隆兴府兼江西安抚。时江右大饥,诏任责荒政。始至,榜通衢曰:"闭粜者配,强粜者斩。"次令尽出公家官钱、银器,召官吏、儒生、商贾、市民各举有干实者,量借铁物,逮其责领运粜,不取子钱,期终月至城下发粜,於是连樯而至,其直自减,民赖以济。时信守谢源明乞米救助,幕属不从,弃疾曰:"均为赤子,皆王民也。"即以米舟十之三予信。帝嘉之,进一秩,以言者落职,久之,主管冲佑观。

　　绍熙二年,起福建提点刑狱。召见,迁大理少卿,加集英殿修撰、知福州兼福建安抚使。弃疾为宪时,尝摄帅,每叹曰:"福州前枕大海,为贼之渊,上四郡民顽犷易乱,帅臣空竭,急缓奈何?"至是务为镇静,未期岁,积镪至五十万缗,榜曰:"备安库。"广籴闽中土狭民稠岁俭则籴于广,今幸连稔,宗室及军人入仓请米,出即籴之,俟秋贾贱,以备安钱籴二万石,则有备无患矣。又欲造万铠,招强壮补军额,严训练,则盗贼可以无虞。事未行,台臣王蔺劾其用钱如泥沙,杀人如草芥,且夕望端坐"闽王殿"。遂丐祠归。

　　庆元元年落职,四年,复主管冲佑观。久之,起知绍兴府兼浙东安抚使。四年,宁宗召见,言盐法,加宝谟阁待制、提举佑神观,奉朝请。夺差知镇江府,赐金带。坐缪举,降朝散大夫、提举冲佑观,差知绍兴府、两浙东路安抚使,辞免。进宝文阁待制,又进龙图阁、知江陵府。令赴行在奏事,试兵部侍郎,辞免。进枢密都承旨,未受命而卒。赐对衣、金带,守龙图阁待制致仕,特赠四官。

　　弃疾豪爽尚气节,识拔英俊,所交多海内知名士。尝跋绍兴间诏书曰："使此诏出於绍兴之前,可以无事仇之大耻;使此诏行於隆兴之後,可以卒不世之大功。今此诏兴仇敌俱存也,悲夫!"人服其警切。帅长沙时,士人或愬考试官滥取第十七名《春秋》卷,弃疾察之信然,索亚榜《春秋》卷两易之,启名则赵鼎也。弃疾怒曰:"佐国元勋,忠简一人,胡为又一赵鼎!"掷之地。次阅《礼记》卷,弃疾曰:"观其议论,必豪杰士也,此不可失。"启之,乃赵方也。尝谓:"人生在勤,当以力田为先。北方之人,养生之具不求於人,是以无甚富甚贫之家。南方多末作以病农,而兼并之患兴,贫富斯不侔矣。"故以"稼"名轩。为大理卿时,同僚吴交如死,无棺敛,弃疾叹曰:"身为列卿而贫若此,是廉介之士也!"既厚赙之,复言于执政,诏赐银绢。

弃疾尝同朱熹游武夷山,赋《九曲棹歌》,熹书"克己复礼"、"夙兴夜寐",题其二斋室。熹殁,伪学禁方严,门生故旧至无送葬者。弃疾为文往哭之曰:"所不朽者,垂万世名。孰谓公死,凛凛犹生!"弃疾雅善长短句,悲壮激烈,《有稼轩集》行世。绍定六年,赠光禄大夫。咸淳间,史馆校勘谢枋得过弃疾墓旁僧舍,有疾声大呼于堂上,若鸣其不平,自昏暮至三鼓不绝声。枋得秉烛作文,旦且祭之,文成而声始息。德祐初,枋得请于朝,加赠少师,谥忠敏。

何异字同叔,抚州崇仁人。绍兴二十四年进士,调石城主簿,历两任,知萍乡县。丞相周必大、参政留正以院辖拟异,孝宗问有无列荐,正等以萍乡政绩对,乃迁国子监主簿,迁丞,转对,所言帝喜之,曰:"君臣一体,初不在事形迹,有所见闻,於银台司缴奏。"擢监察御史。异奏与丞相留正旧同官,不敢供职,御札不许引嫌,遂拜命。

迁右正言。时光宗惎于定省,异入疏谏,不报。约台官联名,言奸人离间父子,当明正典刑,语极峻,又不报。丐外,授湖南转运判官。偶摄帅事,辰蛮侵扰邵阳,异募山丁捕首乱者,蒲来矢以众来降。寻为浙西提点刑狱。以太常少卿召,改秘书监兼实院检讨官,权礼部侍郎、太常寺。

太庙芝草生,韩侂胄率百官观焉,异谓其色白,虑生兵妖,侂胄不悦。又以刘光祖於异交密，言者遂以异在言路不弹丞相留正及受赵汝愚荐，劾罢之，久乃予祠。起知夔州兼本路安抚。异以夔民土狭食少，同转运司籴米桩积，立循环通济仓。七月丙戌，西北有星白芒坠地，其声如雷，异曰："戌日酉时，火土交会，而妖星自东南冲西北，化为天狗，蜀其将有兵乎？"丐祠，以宝谟阁待制提举太平兴国宫。后四年，吴曦果叛。起知潭州，乞闲予祠者再。

嘉定元年，召为刑部侍郎。五月不雨，异上封事言："近日号令或从中出，而执政不得与闻其事，台谏不得尽行其言。陛下悯念饥民，药病瘗死，遏荒僻峤，安得实惠？多方称提不如缩造楮币，卓通商米，不如稍宽关市之征。"明年，权工部尚书。告老，抗章言："近臣求去，类成虚文，中外相观，指为礼数，无以为风俗廉耻之劝。"以宝章阁直学士知泉州，从所乞予祠，进宝章阁学士，转一官致仕。卒，年八十有一。异高自标致，有诗名，所著《月湖诗集》行世。

刘宰字平国，金坛人。既冠，入乡校，卓然不苟于去就取舍。绍熙元年举进士，调江宁尉。江宁巫风为盛，宰下令保伍互相纠察，往往改业为农。岁旱，帅守命振荒邑境，多所全活。有持妖术号"真武法"、"穿云子"、"宝华主"者，皆禁绝之。书其坐右曰："毋轻出文引，毋轻事棰楚。"缘事出郊，与吏卒同疏食水饮。去官，惟箧藏主簿赵师秀酬倡诗而已。调真州司法。诏仕者非伪学，不读周敦颐、程颐等书，才得考试，宰喟然曰："平生所学者何？首可断，此状不可得。"卒弗与。

授泰兴令，有杀人狱具，谓："祷于丛祠，以杀一人，刃忽三耀，乃杀三人，是神实教我也。"为请之州，毁其庙，斩首以徇。邻邑有租牛县境者，租户於主有连姻，因丧会，窃券而逃。它日主子征其祖，则曰牛鬻久矣。子累年讼于官，无券可质，官又以异县置不问。至是诉于宰，宰曰："牛失十载，安得一旦复之。"乃召二丐者劳而语之故，托以它事系狱，鞫之，匄者自诡盗牛以卖，遣诣其所验视。租户曰："吾牛因某氏所租。"丐者辞益力，因出券示之，相持以来，盗券者怃然,为归牛与租。富室亡金钗,惟二仆妇在,置之有司,咸以为冤。命各持一芦,曰:"非盗钗者,诘朝芦当自若;果盗,则长於今二寸。"明旦视之,一自若,一去其芦二寸矣;即讯之,果伏其罪。有姑诉妇不养者二,召二妇并姑置一室,或饷其妇而不及姑,徐伺之,一妇每以己馔馈姑,姑犹呵之,其一反之。如是累日,遂得其情。

父丧,免,至京,韩侂胄方谋用兵,宰启邓友龙、薛叔似极言轻挑兵端,为国深害,讫如其言。为浙东仓司干官,职事修举,亟引去,默观时变,顿不乐仕。寻告归,监南岳庙。江、淮制置使黄度辟之入幕,宰辞曰:"君命召不住,今矧可出耶?"嘉定四年,堂审召命且再下,不至。时相亦屡讽执政、从官贻书挽宰,宰峻辞以绝。俄题考功历,示决不复仕。

理宗初即位,以为籍田令,屡辞,改添差通判建康府,又辞,乞致仕,乃以直秘阁主管仙都观。拜改秩予祠之命,辞秘阁,不允。端平元年,升直宝谟阁,祠如故,且尽还磨勘岁月。未几,迁太常丞,郡守以朝命趣行,不得已勉就道,至吴门,拜疏径归。一时誉望,收召略尽,所不能致者,宰与崔与之耳。帝侧席以问侍御史王遂,且俾宣抚。迁将作少监,又以直敷文阁知宁国府,皆不拜。进直显谟阁、主管玉局观,帝犹冀宰一来也。召奏事,讫不为起。寿卒,乡人罢市走送,袂相属者五十里,人人如哭其私亲。

宰刚大正直,明敏仁恕,施惠乡邦,其烈实多。置义仓,创义役,三为粥以与饿者,自冬徂夏,日食凡万余人,薪粟、衣纩、药饵、棺衾之须,靡谒不获。某无田可耕,某无庐可居,某之子女长矣而未婚嫁,皆汲汲经理,如己实任其责。桥有病涉,路有险阻,虽巨役必捐赀先倡而程其事。宰生理素薄,见义必为,既竭其力,藉质贷以继之无倦。若定折麦钱额,更县斗斛如制,毁淫祠八十四所,凡可以白于有司,利于乡人者,无不为也。

宰隐居三十年,平生无嗜好,惟书靡所不读。既竭日力,犹坐以待,虽博考训注,而自得之为贵。有《漫塘文集》、《语录》行世。

刘爚字晦伯,建阳人。与弟韬仲受学于朱熹、吕祖谦。乾道八年举进士,调山阴主簿。爚正版籍,吏不容奸。调饶州录事,通判黄奕将以事污爚,而已自以赃抵罪去。都大坑冶耿某闵遗骸暴露,议用浮屠法葬之水火,爚贻书曰:“使死者有知,祸亦惨矣。”请择高阜为丛冢以葬。

调莲城令,罢添给钱及纲运例钱,免上供银钱及纲本、二税甲叶、钞盐、军期米等钱,大修学校,乞行经界,改知闽县,治以清简,庭无滞讼,兴利去害,知无不为。差通判潭州,未上,丁父忧。伪学禁兴,爚从熹武夷山讲道读书,怡然自适。筑云庄山房,为终老隐居之计。调赣州坑冶司主管文字,差知德庆府,大修学校,奏便民五事,又奏罢两县无名租铁,纠集武勇民兵。入奏言:“前者北伐之役,执事者不度事势,贻陛下忧。今虽从和议,愿益恐惧修省,必开言路以广忠益,必振公道以进人才,必饬边备以防敌患。”

提举广东常平。令守臣岁以一半易新,春末支,及冬复偿,存其半以备缓急。通欠亭户钱十万,转运司五万,爚以公使、公用二库赢钱补之。奏义仓之弊、客丁钱之弊、小官奉给之弊、举留守令之弊、吏商之弊。召入奏事,首论:“公道明,则人心自一,朝廷自尊,虽危可安也;公道废,则人心自贰,朝廷自轻,虽安易危也。”帝嘉奖。迁尚左郎官,请节内外冗费以收楮敝。转对言:“愿於经筵讲读、大臣奏对,反复问难,以求义理之当否,与政事之得失,则圣学进而治道隆矣。”乞收拾人才及修明军政。迁浙西提点刑狱,巡按不避寒暑,多所平反。有杀人而匿权家者,吏弗敢捕,爚竟获之。

迁国子司业,言於丞相史弥远,请以熹所著《论语》、《中庸》、《大学》、《孟子》之说以备劝讲,正君定国,慰天下学士大夫之心。奏言:“宋兴,《六经》微旨,孔、孟遗言,发明於千载之后,以事父则孝,以事君则忠,而世之所谓道学也。庆元以来,权佞当国,恶人议己,指道为伪,屏其人,禁其书,学者无所依乡,义利不明,趋向污下,人欲横流,廉耻日丧。追惟前日禁绝道学之事,不得不任其咎。望其既仕之後,职业修,名节立,不可得也。乞罢伪学之诏,息邪说,正人心，宗社之福。"又请以熹《白鹿洞规》颁示太学，取熹《四书集注》刊行之。又言："浙西根本之地，宜诏长吏、监司禁戢强暴，抚柔善良，务储积以备凶荒，禁科敛以纾民力。"

兼国史院编修官，实录院检讨官。接伴金使于盱眙军。还，言："两淮之地，藩蔽江南，干戈盗贼之後，宜加经理，必於招集流散之中，就为足食足兵之计。臣观淮东，其地平博膏腴，有陂泽水泉之利，而荒芜实多。其民劲悍勇敢，习边鄙战斗之事，而安集者少。诚能经画郊野，招集散亡，约顷亩以授田，使毋广占抛荒之患，列沟洫以储水，且备戎马驰突之虞。为之具田器，贷种粮，相其险易，聚为室庐，使相保护，联以什伍，教以击刺，使相纠率。或乡为一团，里为一队，建其长，立其副。平居则耕，有敬则守，有余力则战。"帝嘉纳之。

进国子祭酒兼侍立修注官。论贡举五敝。兼权兵部侍郎，改兼权刑部侍郎，封建阳县开国男，赐食邑。权刑部侍郎兼国子祭酒，兼太子左谕德，升同修国史、实录院同修撰。时廷臣争务容默，有论事稍切者，众辄指以为异。爚奏："愿明诏大臣，崇奖忠谠以作士气，深戒谀佞以肃具僚。乞择州县狱官。"冬雷，上恐惧，爚奏："遴选监司以考察贪吏为先，访求民瘼，有泽未下流、令未便民者，悉以实上，变而通之，则民心悦而天意解矣。"又请择沿边诸将。

兼工部侍郎。奏"乞使沿边之民，各自什伍，教阅于乡，有急则相救援，无事则耕稼自若，军政隐然寓於田里之间，此非止一时之利也。"请城沿边州郡、罢遣贺正使。试刑部侍郎，兼职依旧，赐对衣、金带，辞，不允。两请致仕，不允。奏绝金人岁币，建制置司於历阳以援两淮。夏旱，应诏上对事，曰："言语方壅而导之使言，人心方郁而疏之使通，上既开不讳之门，下必有尽言之士，指陈政事之阙失，明言朝廷之是非。或者以为好名要誉，而陛下听之，则苦言之药，至言之实，陛下弃之而不恤矣，甘言之腴，华言之疾，陛下受之而不觉矣。"乞罢瑞庆圣节，谢绝金使。

进封子爵。权工部尚书，赐衣带、鞍马。兼太子右庶子，仍兼左

谕德。每讲读至经史所陈声色嗜欲之戒,辄恳切再三敷陈之。进读
《诗》之说,詹事戴溪读之为之吐舌。卒,赠光禄大夫,官其後,赐谥
文简。所著有奏议、《史稿》、《经筵故事》、《东官诗解》、《礼记解》、
《讲堂故事》、《云庄外稿》。

　　柴中行字与之,馀干人。绍熙元年进士,授抚州军事推官。权
臣韩侂胄禁道学,校文,转运司移檄,令自言非伪学,中行奋笔曰:
"自幼读程颐书以收科第,如以为伪,不愿考校。"
　　调江州学教授,母丧,免,广西转运司辟为干官,帅将荐之,使
其客尝中行,中行正色曰:"身为大帅,而称人为恩王、恩相,心窃耻
之。毋污我!"摄昭州郡事,蠲丁钱,减苗斛,赈饥羸。转运司委中行
代行部,由桂林蜀邑历柳、象、宾入邕管,问民疾苦,先行而後闻,捐
盐息以惠远民。嘉定初,差主管尚书吏部架阁文字,迁太学正,升博
士。转对,首论主威夺而国势轻;次论士大夫寡廉隅、乏骨鲠,宜养
天下刚毅果敢之气;末论权臣用事,包苴成风,今旧习犹在,宜举行
先朝痛绳脏吏之法。谓太学风化首,童子科复试胄子舍选,有挟势
者,中行力言于长,守法无秋毫私。迁太常主簿,转军器监丞。
　　出知光州,严保伍,精阅习,增辟屯田,城壕营砦、器械糗粮,百
尔具备,治行为淮右最。又条画极边、次边缓急事宜上之朝廷,大概
谓:"边兵宜如蛇势,首尾相应。草寇合兵大入,则邻道援之;分兵轻
袭,则邻郡援之;援兵既多,虽危不败。"又言:"淮、襄土豪丁壮,往
者用兵,倾赀效力者,朝廷吝赏失信,宜亟加收拾,亦可激昂得其死
力。"
　　迁西京转运使兼提点刑狱。中行谓襄阳乃自古必争之地,备御
尤宜周密。时任边寄者政令烦苛,日夜与民争利,中行讽之,不听。
天方旱,尽捐酒税,斥征官,黜务吏,甘澍随至。官取盐钞赢过重,课
日增,入中日寡,钞日壅。中行揭示通衢,一钱不增,商贾大集。改
直秘阁、知襄阳兼京西帅,仍领漕事。江陵戎司移屯襄州,兵政久
弛。中行白于朝,考核军实,旧额二万二千人,存者才半,亟招补虚

籍。自是朝廷以节制之权归帅司。重劾李珙不法以惩贪守，明扈再兴有功以厉宿将，上关朝廷，下关制阃。

迁江东转运司判官，旋改湖南提点刑狱。豪家习杀人，或收养亡命，横行江湖，一绳以法，华亭令贪虐，法从交疏荐之，中行笑曰："此欲断吾按章也。"卒发其辜。入为吏部郎官。以立志启迪君心，言好进，好同、好欺，士大夫风俗三敝。选曹法大坏，吏缘为奸，中行遇事持正，不为势屈，由是铨综平允。

擢宗正少卿。上疏谓："陛下初政则以刚德立治本，更化则以刚德除权奸，今者顾乃垂拱仰成，安于无为。夫刚德实人主之大权，不可以久出而不收，覆辙在前，良可鉴也。"又曰："朝廷用人，外示涵洪而阴掩其迹，内用牢笼而微见其机，观听虽美，实无以大服天下之心。曩者更化，元气复挽回矣。比年欲求安静，颇厌人言，於是臣下纳说，非观望则希合，非回缓则畏避，而面折廷诤之风未之多见，此任事大臣之责也。"

兼国史编修、实录检讨。孟春，大雨震电，雷雹交作，边烽告急，至失地丧师，淮甸震泪。中行亟奏内外二失，朝廷十忧，大要言："今日之事，人主尽委天下以任一相，一相尽以天下谋之三数腹心，而举朝之士相视以目，噤不敢言。甚至边庭申请，久不即报，脱有阙误，咎当谁执？"

调秘书监、崇政殿说书。极论"往年以道学为伪学者，欲加远窜，杜绝言语，使忠义士箝口结舌，天下之气岂堪再沮坏如此耶？"又谓："欲结人心，莫若去贪吏；欲去贪吏，莫若清朝廷。大臣法则小臣廉，在高位者以身率下，则州县小吏何恃而敢为？"又论内治外患，辨君子小人，大略谓："执政、侍从、台谏、给舍之选，与三术、京尹之除，皆朝廷大纲所在，故其人必出人主之亲擢，则权不下移。今或私谒，或请见，或数月之前先定，或举朝之人不识。附会者进，争为妾妇之道，则天下国家之利害安危，非惟已不敢言，亦且并绝人言矣。大臣为附会之说所误，边境之臣实遁者掩以为诬，真怯者誉以为勇，金帛满前，是非交乱，以欺庙堂，以欺陛下，愿明诏大臣，绝私意，布公道。”

进秘阁修撰、知赣州。治盗有方，境内清肃。丐祠得请，以言罢。理宗即位，以右文殿修撰主管地京鸿庆宫，赐金带。卒。所著有《易系集传》、《书集传》、《诗讲义》、《论语童蒙说》。

李孟传字文授，资政殿学士光季子也。光谪岭海，孟传才六岁，奉母居乡，刻志于学。贺允中、徐度皆奇之，而曾几妻以其孙。龙大渊黜为浙东总管，知孟传为名门子，解后必就语，孟传正色辞之。干办江东提刑司，易浙东常平司。

母丧，免，调江山县丞，弃去，监南岳庙、行在编估局，未上，改楚州司户参军，单车赴官。公退，闭户读《易》。郡守、部使者不敢侍以属吏。徐积墓在境内，芜没既久，加葺之。修复陈公塘，有灌溉之利。知象山县，守荐为邑最，从官多合荐之，主管官告院，与同列上封事，请诣北宫，又移书宰相。

迁将作监主簿。丞相赵汝愚初当国，适大侵，遣孟传按视江、池、鄂三大军所屯积粟，道除太府丞。既复命，汝愚去国，党论起，而孟传奉使无失指，面对言："比以使事往返四千里，所过民生困穷，衣食不赡。国之安危，以民为本，今根本既虚，形势俱见，保邦之虑，宜勤圣念。"时韩侂胄连逐留正及汝愚，太府簿吴琦与侂胄有连姻，因言台谏将论朱熹，孟传奋然曰："如此则士大夫争之，鼎镬且不避。"

兼考功郎，复因对言："国家长育人才，犹天地之於植物，滋液渗漉，待其既成而後足以供大厦之用。今士大夫皆有苟进之心，治功未优，功能尚薄，而意已驰骛於台阁，不稍有以扶持正饬之，其敝将甚。"又言："武举及军士比试，专取其力，监敌难以必胜。唐世取人由步射、弓弩以至马射，各以其中之多寡为等级，宜采取行之。"韩侂胄与孟传故，尝致侂胄意，孟传谢曰："行年六十，去意已决。"侂胄惭而退。请外，知江州，狱讼止息。侂胄不悦。丐归，复知处州。

迁广西提点刑狱，改江东提举常平，移福建。诏入对，首论用人宜先气节後才能,益招徕忠谠以扶正论。故人有在政府者,折简问劳勤甚,孟传逆知其意,即谢曰:"孤踪久不造朝,获一望清光而去,幸矣。"对毕即出关。至闽,大饥,发廪劝分,民无流莩。侂胄诛,就迁提点刑狱,移江东,又辞,丞相史弥远,其亲故也,人谓进用其时矣,卒归使节,角巾还第。再奉祠,以仓部郎召,又辞。

迁浙东提点刑狱,未数月,申前请,章再上,加直秘阁,移江东,不赴,主管明道宫。进直宝谟阁,致仕,卒,年八十四。常诫其子孙曰:"安身莫若无竞,修已莫若自保。守道则福至,求禄则辱来。"有《磐溪集》、《宏词类稿》、《左氏说》、《读史》、《杂志》、《记善》、《记异》等书行世。

论曰:古之君子,出处不齐,同归于是而已。辛弃疾知大义而归宋。何异笃实君子,而切谏光宗朝重华宫。柴中行宁不校临川之试,终不肯自言非程颐伪学。刘爚表章朱熹《四书》以备劝讲,卫道之功莫大焉。李孟传所立不愧其父。至於刘宰飘然远引,屡征不起,所谓鸿飞冥冥者耶。

# 宋史卷四○二
## 列传第一六一

# 陈敏　张诏　毕再遇　安丙
# 杨巨源　李好义

　　陈敏字元功，赣之石城人。父皓，有才武，建炎末，以破赣贼李仁功，补官至承信郎。敏身长六尺余，精骑射，积官至忠靖郎。以杨存中荐，擢阁门祗候。时闽地多寇，殿司兵往戍，率不习水土。至是，始募三千兵置左翼军，以敏为统制，漳州驻札。敏按诸郡要害，凡十有三处，悉分兵扼之，盗发辄获。赣州齐述据城叛，啸聚数万，将弃城南寇。敏闻之曰：“赣兵精劲，善走险，若朝廷发兵未至，万一奔冲，江、湖、闽、广骚动矣。”不俟命，领所部驰七日，径抵赣围其城。逾月，朝廷命李耕以诸路兵至，破之。累功授右武大夫，封武功县男，领兴州刺史。召赴阙，高宗见其状貌魁岸，除破敌军统制。寻丁母忧，诏起复，以所部驻太平州。

　　绍兴三十一年，金主亮来攻，成闵为京湖路招讨使，以敏军隶之，升马司统制，军于荆、汉间。敏说闵曰：“金人精骑悉在淮，汴都必无守备，若由陈、蔡径捣大梁，溃其腹心，此救江、淮之术也。”不听。从闵还驻广陵，时金兵尚未渡淮，敏又说闵邀其归师。复不听。敏遂移疾归姑孰。

　　孝宗即位，张浚宣抚江、淮，奏敏为神劲军统制。浚视师，改都督府武锋军都统制。朝廷遣李显忠北伐，浚欲以敏偕行，敏曰：“盛夏兴师非时，且金人重兵皆在大梁，我客彼主，胜负之势先形矣。愿少缓。"浚不听，令敏屯盱眙。显忠至符离，果失律，敏遂入泗州守之。金人议和，诏敏退守滁阳。敏请於朝，谓滁非受敌之所，改戍高邮，兼知军事。与金人战射阳湖，败之，焚其舟，追至沛城，复败之。

乾道元年，迁宣州观察使，召除主管侍卫步军司公事。居岁余，敏抗章曰："久任周庐，无以效鹰犬，况敌情多诈，和不足恃。今两淮无备，臣乞以故部之兵，再戍高邮。"仍请更筑其城。乃落常阶，除光州观察使，分武锋为四军，升敏为都统制兼知高邮军事，仍赐筑城屯田之费。敏至郡，板筑高厚皆增旧制。自宝应至高邮，按其旧作石磋十二所，自是运河通泄，无冲突患。

四年，北界人侍旺叛于涟水军。密款本朝，称结约山东十二州豪杰起义，以复中原。上以问敏，敏曰："旺欲假吾国威以行劫尔，必不能成事，愿勿听。"适屯田统领官与旺交通，旺败，金有间言，上知非敏罪，乃召敏为左骁卫上将军。

言事者议欲戍守清河口，敏言："金兵每出清河，必遣人马先自上流潜渡，今欲必守其地，宜先修楚州城池，盖楚州为南北襟喉，彼此必争之地。长淮二千余里，河道通北方者五，清、汴、涡、颍、蔡是也，通南方以入江者，惟楚州运河耳。北人舟舰自五河而下，将谋渡江，非得楚州运河，无缘自达。昔周世宗自楚州北神堰凿老鹳河，通战舰以入大江，南唐遂失两淮之地。由此言之，楚州实为南朝司命，愿朝廷留意。"及是，再出守高邮，乃诏与楚州守臣左祐同城楚州，祐卒，遂移守楚州。北使过者观其难堞坚新，号"银铸城"。

以归正人二百家逃归，降授忠州团练使，罢为福建路总管，改江西路总管，赣州驻札月余，朝廷命往福州拣军，又命还豫章教阅江西团结诸郡人马。俄提举佑神观，仍奉朝请，继复蕲州防御使，再除武锋军都统制兼知楚州，复光州观察使，以疾卒。特赠庆远军承宣使。

张诏字群卿，成州人。少隶张俊帐下，积功守和州。尝被旨介聘，一日金人持所绘祐、献二陵像至馆中，皆北地服，诏向之再拜。

馆者问之,答曰:"诏虽不识其人,但龙风之姿,天日之表,疑非北朝祖宗也,敢不拜!"孝宗闻而喜之,由是骤用。

绍熙五年,除兴州都统制兼知兴州,代吴挺。庆元二年,赵彦逾帅蜀,以关外去兴元远,缓急恐失事机,复请分东西为二帅,诏遂兼西路安抚司公事。先是,赵汝愚为从官时,每奏吴氏世掌蜀兵,非国家之利,请以张诏代领武兴之军。盖汝愚之意欲以吴曦为文臣帅,以杜他日握兵之渐,而未及行也。汝愚既知枢密院,力辞不拜,白於光宗曰:"若武兴朝除帅,则臣夕拜命。"上许之,乃以诏为成州团练使、兴州诸军都统制。诏在兴州,甚得士心。六年卒,郭杲代之。

毕再遇字德卿,兖州人也。父进,建炎间从岳飞护卫八陵,转战江、淮间,积阶至武义大夫。再遇以恩补官,隶侍卫马司,武艺绝人,挽弓至二石七斗,背挽一石八斗,步射二石,马射一石五斗。孝宗召见,大悦,赐战袍、金钱。

开禧二年,下诏北伐,以殿帅郭倪招抚山东、京东,遣再遇与统制陈孝庆取泗州。再遇请选新刺敢死军为前锋,倪以八十七人付之。招抚司克日进兵,金人闻之,闭榷场、塞城门为备。再遇曰:"敌已知吾济师之日矣,兵以奇胜,当先一日出其不意。"孝庆从之。再遇犒士卒,激以忠义,进兵薄泗州。泗有东西两城,再遇令陈戈旗舟楫於石屯下,如欲攻西城者,乃自以麾下兵从陟山径趋东城南角,先登,杀敌数百,金人大溃,守城者开北门遁。西城犹坚守,再遇立大将旗,呼曰:"大宋毕将军在此,尔等中原遗民也,可速降。"旋有淮平知县缒城而下乞降,於是两城皆定。郭倪来犒士,出御宝刺史牙牌授再遇,辞曰:"国家河南八十有一州,今下泗两城即得一刺史,继此何以赏之?且招抚得朝廷几牙牌来?"固辞不受。寻除环卫官。

倪调李汝翼、郭倬取宿州,复遣孝庆等继之。命再遇以四百八十骑为先锋取徐州,至虹,遇郭、李兵裹创旋,问之,则曰:"宿州城下大水,我师不利,统制田俊迈已为敌擒矣。"再遇督兵疾趋,次灵壁，遇孝庆驻兵于凤凰山，将引还，再遇曰："宿州虽不捷，然兵家胜负不常，岂宜遽自挫！吾奉招抚命取徐州，假道於此，宁死灵壁北门外，不死南门外也。"会倪以书抵孝庆，令班师，再遇曰："郭、李军溃，贼必追蹑，吾当自御之。"金果以五千馀骑分两道来，再遇令敢死二十人守灵壁北门，自领兵冲敌阵。金人见其旗，呼曰"毕将军来也"。遂遁。再遇手挥双刀，绝水追击，杀敌甚众，甲裳尽赤，逐北三十里。金将有持双铁简耀马而前，再遇以左刀格其简，右刀斫其胁，金将堕马死。诸军发灵壁，再遇独留未动，度军行二十馀里，乃火灵壁。诸将问："夜不火，火今日，何也？"再遇曰："夜则照见虚实，昼则烟埃莫睹，彼已败不敢迫，诸军乃可安行无虞。汝辈安知兵易进而难退邪？"

还泗州，以功第一，自武节郎超授武功大夫，除左骁卫将军。於是丘崇代郑友龙为宣抚使，檄倪还惟扬，寻弃泗州。命再遇还盱眙，遂知盱眙军，寻改镇江中军统制，兼守如故。以凤凰山功，授达州刺史。其冬，金人以骑步数万、战船五百余艘渡淮，泊楚州、淮阴间，宣抚司檄再遇援楚，遣段政、张贵代之。再遇既去盱眙，政等惊溃，金人入盱眙；再遇复定盱眙，除镇江副都统制。

金兵七万在楚州城下，三千守淮阴粮，又载粮三千艘泊大清河。再遇谍知之，曰："敌众十倍，难以力胜，可计破也。"乃遣统领许俊间道趋淮阻，夜二鼓衔枚至敌营，各摧火潜入，伏粮车间五十余所，闻哨声举火，敌警扰奔窜，生擒鸟古伦师勒、蒲察元奴等二十三人。

金人复自黄狗滩渡淮，涡口戍将望风遁，濠、滁相继失守，又破安丰。再遇谓诸将曰："楚城坚兵多，敌粮草已空，所虑独淮西耳。六合最要害，彼必并力攻之。"乃引兵赴六合。寻命节制淮东军马。金人至竹镇，距六合二十五里。再遇登城，偃旗鼓，伏兵南土门，列弩手土城上，敌方临濠，众弩俱发，宋师出战，闻鼓声，城上旗帜并举，金人惊遁，追击大败之。金万户完颜蒲辣都、千户泥庞古等以十万骑驻成家桥、马鞍山，进兵围城数重，欲烧坝木，决壕水，再遇令劲

弩射退之。既而纥石烈都统制合兵进攻益急，城中矢尽，再遇令人张
青盖往来城上，金人意其主兵官也，争射之，须臾矢集楼墙如蝟，获
矢二十余万。纥石烈引兵退，已乃益增兵，环城四面营帐亘三十里。
再遇令临门作乐以示闲暇，而间出奇兵击之。敌昼夜不得休，乃引
退。再遇料其且复来，乃自提兵夺城东野新桥，出敌之背，金人遂遁
去，追至滁，大雨雪，乃旋。获骡马一千五百三十一、鞍六百，衣甲旗
帜称是，授忠州团练使。

三年，除镇江都统制兼权山东、京东招抚司事。还至扬州，除骁
卫大将军。金围楚州已三月，列屯六十余里。再遇遣将分道挠击，
军声大赈，楚围解。兼知扬州，淮东安抚使。扬州有北军二千五百
人，再遇请分隶建康、镇江军，每队不过数人，使不得为变。更造轻
甲，长不过膝，披不过肘，兜鍪亦杀重为轻，马甲易以皮，车牌易以
木而设转轴其下，使一人之力可推擎，务便捷不使重迟。敢死一军，
本乌合亡命，再遇能驾驭得其用。陈世雄、许俊等皆再遇所荐。张
健雄恃勇桀骜，再遇状其罪于朝，命以军法戮之，诸将慑服。

嘉定元年，除左骁卫上将军。和好成，累疏乞归田里，赐诏不
允，除保康军承宣使，降诏奖谕，寻令带职奏事，提举佑神观。六年，
提举太平兴国宫，十年，以武信军节度使致仕。卒，年七十。赠太尉，
累赠太师，谥忠毅。

再遇姿貌雄杰，早以拳力闻。属时寝兵，无所自见。一旦边事
起，诸将望风奔衄，再遇威声始著，遂为名将云。


安丙字子文，广安人。淳熙间进士，调大足县主簿。秩满诣阙，
陈蜀利病十五事，言皆剀切。丁外艰，服除，辟利西安抚司干办公
事，调曲永丞。吴挺为帅，知其才，邀致之。改秩，知新繁县。丁内
艰，服除，知小溪县。通判隆庆府，嘉泰三年，郡大水，丙白守张鼎，
发常平粟振之。寻又凿石徙溪，自是无水患。知大安军，岁旱，民艰
食，丙以家财即下流籴米数万石以赈。事闻，诏加一秩。

开禧二年，边事方兴，程松为四川宣抚使，吴曦副之，丙陈十可

忧於松。继而松开府汉中,道三泉,夜延丙议。丙又为松言曦必误国,松不省。盖丙尝为其父客,素知曦。既而曦奏丙为随军转运司,居河池。时梁、洋义士方袭取和尚原,旋为金人所夺,守将弃甲而走。十一月戊子,金人攻湫池堡,破天水,繇西和入成州,师溃,曦置不问,金人肆掠关外四州,如践虚邑,军民莫知死所。曦已潜遣其客姚准源交金人,至是曦还兴州,留丙鱼关,已而檄还武兴。十二月丙寅,金人持其诏及金印至置口,曦密受之,宣言使者欲得四州以和,驰书讽松去。癸酉,曦受金诏称蜀王,榜谕四川。三年正月甲午,曦僭号建官,称臣於金,以其月为元年,改兴州为兴德府,以丙为中大夫、丞相长史、权行都省事。

先是,从事郎钱巩之从曦在河池,尝梦曦祷神祠,以银杯为珓掷之,神起立谓曦曰:"公何疑?公何疑?後政事已分付安子文矣。"曦未省,神又曰:"安子文有才,足能办此。"巩之觉,心异其事,具以语曦。事既炽,丙不得脱,度徒死无益,阳与而阴图之。遂与杨巨源、李好义等谋诛曦,语见巨源、好义传。徐景望在利州,逐王人,擅财赋。丙遣弟焕往约诸将相与拊定,及景望伏诛,军民无敢哗者。於是传檄诸道,按堵如故。曦僭位凡四十一日。三月戊寅,陈曦所以反及矫制平贼便宜赏功状,自劾侍罪,函曦首级、违制法物与曦所受金人诏印及所匿庚牌附驿。

朝廷初闻变,莫知所为。韩侂胄与曦书,亦谓"嗣颁茅土之封",亟召知镇江府宇文绍节问之,绍节曰:"安丙非附逆者,必能讨贼。"於是密降帛书曰:"安丙素推才具,有志事功,今闻曦谋不轨,尔为所胁,谅以凶焰方张,恐重为蜀祸,故权且从之尔,岂一日忘君父者?如能图曦报国,以明本心,即当不次推赏,虽二府之崇亦无所吝,更宜审度机便,务在成事,以副委属之意。"帛书未至,露布已闻,上下动色交庆。辛丑,加丙端明殿学士、中大夫、知兴州、安抚使兼四川宣抚副使,诏奖谕,恩数视执政,如帛书旨也。

时都统孙忠锐由凤州进攻大散关不克,统领强德等出奇道由松林堡破金砦,四月癸丑,克之。忠锐贪功吝财,赏罚迷缪,大失军心，且速还凤州，以关钥付庸将陈显。癸酉，大散关复陷。巨源自请收复，丙遣朱邦宁佐之。丙深恶忠锐，檄赴司议事，欲废之。巨源至凤，斩忠锐及其子揆，丙遂以忠锐附伪进表之罪闻于朝。先是，以诛曦功，巨源补朝奉郎，与通判差遣。巨源遣其亲校傅桧诉功于朝，语见《巨源传》。於是丙拜疏丐闲。至是，金人揭示境上，得丙首者与银绢二万匹两，即授四川宣抚。

时方议和，丙独戒饬将士，恫疑虚喝，以攻为守，威声甚著。诏以蜀平，遣吴猎抚谕四川，时沿边关隘悉为金毁，丙遗时相书，谓："西和一面，已修仇池，聚粮积刍，使军民可守。若敌至，则坚壁不战，彼欲攻则不可，欲越则不敢。若西和可守，成州之境自不敢犯。成州黑谷、南谷亦皆顿重兵。天水虽不可守，距天水十里所，见创白环堡，与西和相为掎角，又增堡鸡头山，咸以民卒守之，及修黄牛堡，筑兴赵原，屯千余人。凤州秋防原尤为险绝，绍兴初，州治于此，宣抚吴玠尝作家计砦，前即马岭堡，正扼凤州之後。凡此数堡既坚，金人决不敢近。而河池、杀金平、鱼关皆大军屯聚，其他径路，虽关之裹如大安，亦阴招民卒授以器械，为掩击之备矣。"又云："见於关表广结义士，月给以粮，俾各保田庐坟墓，逮事定，则系之尺籍而劝之耕，庶可经久，以丙所见，直为守计，则精选五万人亦为有余。"

好义守西和，谓四州兵後，民不聊生，请蠲租以惠创痍。丙请于朝。又以沔州都统司所统十军权太重，故自吴璘至挺、曦皆有尾大不掉之忧，乃请分置副都统制，各不相隶，以前右中左後五军隶都统司，踏白、摧锋、选锋、策锋、游奕五军隶副司。诏皆从之。

时方信孺使还，金人和意未决，且欲得首议兴师之人，侂胄大怒。上手书赐丙，谓："金人必再至，当激励将士，戮力赴功。"侂胄既诛，赐丙金器百二十两、细币二十匹，进资政殿学士。和议成，还大散、隔牙关。丙分遣僚吏，经量洋、沔、兴元、大安民田，别定租税。

右丞相史弥远起复，丙移书曰："昔仁宗起复富郑公、文潞公，孝宗起复蒋丞相，皆力辞，名教所系，人言可畏，望阁下速辞成命，以息议者之口。"论者韪之。升大学士、四川制置大使兼知兴元府。

谍知金人迁汴,关辅豪杰款塞愿降者众。丙以为此正冉闵告晋之时,乃与宰臣书,谓当兴问罪之师。朝论忧丙轻举,乃诏丙益修守备。

七年春,丙使所爱吏安蕃、何九龄合官军夜袭秦州,败归。王大才执九龄等七人斩之,而讼丙於朝。三月,诏丙同知枢密院事兼太子宾客,赐手书召之。行次广德军,进观文殿学士、知潭州、湖南安抚使。至官,留意学校,请于太常创大成乐。而政尚严酷,转运判官章徕劾丙,不报。御史李安并徕劾之,徕罢,丙授崇信军节度使、开府仪同三司、万寿观使。遣阁门舍人闻人玙锡命,赐旌节、金印、衣带、鞍马。三辞,还蜀。

董居谊帅蜀,大失士心。金人乘之,破赤丹、黄牛堡,入武休关,直寿捣梁、泽,至大安,宋师所至辄溃,散入巴山。十二年,聂子述代之。时丙之子癸仲知果州,子述即檄兼参议官。四月,红巾贼张福、莫简叛,入利州,子述遁去。总领财赋杨九鼎与贼遇,走匿民舍,贼追九鼎杀之。子述退保剑门,檄癸仲兼节制军马,任讨贼之责。癸仲召戎师张威等军来会,贼自痕趋遂宁,所过无不残来。丙欲自持十万缗偕子述往益昌募士,子述曰:“大臣非得上旨,未可轻出。”丙遂如果州。

时四川大震,甚於曦之变。张方首奏,动望如丙,今犹可用。魏了翁移书宰执,谓安丙不起,则贼未即平,蜀未可定,虽贼亦曰:“须安相公作宣抚,事乃定耳。”李壁、李直时并镇潼、遂,亦皆以国事勉丙。五月乙未,丙至果州,是日贼焚蓬溪县。

己酉,诏起丙为四川宣抚使,予便宜,寻降制授保宁军节度使兼知兴元府、利东安抚使。丙奏:“臣不辞老以报国,但事不任怨,难以图成,将恐胜谤交攻,使臣独抱赤心,无从上白。昔秦使甘茂攻宜阳,至质之以‘息壤在彼’,魏使乐羊攻中山,至示之以谤书一箧。君臣之间,似不必尔。然自古及今,谤以疑间而成,祸以忌嫉而得;况臣已伤弓於既往,岂容不惩沸於方来。”诏曰:“昔唐太宗以西寇未平,诏起李靖,靖慷慨请行,不以老疾为解。代宗有朔方难,图任郭子仪,闻命引道,亦不以谗自疑。皆能乘时立功,焜煜耀竹帛,朕甚慕之。今蜀道俶扰,未宽顾忧,朕起卿燕间,付以方面,而卿忠於报国,谊不辞难,朕之用人庶几於唐宗,卿之事朕无愧於李、郭矣。勉图隽功,以济国事!”寻命丁焴改知兴元府。

甲申,发果州。丙戌,至遂宁,贼犹负固于普州之茗山。丙下令诸军合围,绝其樵汲之路以困之。未几,张威、李贵俘获张福等十七人以献,丙命裔王大才以祭九鼎。七月庚子,尽俘余党千余人,皆斩之。庚戌班师,乃移治利州,赐保宁军节度使印。癸仲亦加三秩,进直华文阁,起复,主管宣抚司机宜文字。明年,进丙少保,赐衣带鞍马。

丙以关表营田多遗利,命官括之。有文垓者方持母丧,以便宜起复,干办鱼关粮料院,俾之措置,且以宣抚副使印假之。而冯安世者,又即利州置根括局。於是了翁遗丙书,谓:“幕府举辟,当用经术信厚之士,不可用冒丧之人。且公八年镇蜀,有恩则有怨,岂可人人而校,事事而理,自处甚狭,恐贻子孙宾客无穷之累。虽今日理财虽拘故常,然告绝产、首白契、讦隐田、伺富民过失、纠盐酒户堀额,报怨挟愤、招权纳贿者,必且纷然,而公任其怨。”丙复书曰:“关外籴买当用四百万缗,而总所见缗止二十五万,多方措置,非得已而不已。傥皆清流,何由办事?蜀士中如令弟嘉父、李成之辈,清则清、高则高矣,其肯办钱谷俗务乎?刘德修尝雅责杨嗣勋不能举义诛叛,嗣勋云:‘德修特未当局耳。’丙于华父亦云。”其後,安世不法滋甚,近臣有以书抵丙,而安世之徒亦发其事,丙械送大安穷治之。

先是,夏人来乞师并兵攻金人,丙且奏且行,分遣将士趋秦、巩、风翔,委丁焴节制,师次于巩。夏人以枢密使宁子宁众二十馀万,约以夏兵野战,宋师攻城。既而攻巩不克,乃已。

丙卒。讣闻,以少傅致仕,辍视朝二日,赠少师,赙银绢千计,赐沔州祠额为英惠庙。理宗亲札赐谥忠定。丙所著有《蕞然集》。

杨巨源字子渊,其先成都人。父信臣,客益昌,因家焉。巨源倜傥有大志,善骑射,涉猎诸子百家之书。应进士不中,武举又不中。刘光祖见而异之,荐之总领钱粮陈晔,以右职举为凤州堡子原仓官,驰骋射猎,倾财养士,沿边忠义,咸服其才。分差鱼关粮料院,移监兴州合江赡军仓。

吴曦叛,巨源阴有讨贼志,结义士三百人,给其钱粮。有游奕军统领张林者,力能挽两石弓,队将朱邦宁身长六尺,勇力过人,皆为曦所忌,虽屡战有功亦不加赏,林等憾之。时林在置口,邦宁在合江,巨源因与深相缔结,并集忠义人朱福、陈安、傅桧之徒。

曦胁安丙为丞相长史,丙称疾,眉士程梦锡见丙,丙叹曰:“世事如此,世无豪杰!”梦锡因及巨源之谋。丙曰:“肯见我乎?”乃嘱梦锡以书致巨源,延之卧所。巨源曰:“先生而为逆贼丞相长史耶?”丙号哭曰:“目前兵将,我所知。不能奋起。必得豪杰,乃灭此贼,则丙无复忧。”巨源曰:“先生之意决乎?”丙指天誓曰:“若诛此贼,虽死为忠鬼,夫复何恨!”巨源大喜,曰:“非先生不足以主此事,非巨源不足以了此事。”

当是时,李好义、好问亦结李贵、杨君玉、李坤辰凡数十人,坤辰邀巨源与好义会。巨源又大喜曰:“吾与安长史议以三月六日邀曦谒庙,合勇士刺之。”好义曰:“彼出则龊巷,从卫且千人,事必难济。闻熟食日祭东园,图之此其时也。”巨源然之。好义愿一见长史以为信。巨源曰:“事今先为长史言之,来日为伪宫,令长史问君先世是已。”巨源以告丙,明日,好义在伪宫见丙,揖之。丙曰:“乡与尊父同僚,杨省干盛谈才略,且夕以职事相委。”其谋乃决。

君玉先属其乡人白子申拟诏,文不雅驯,巨源更为之,便用合江仓朱记。巨源、好义忧事寝泄,遂以二月乙亥未明,好义率其徒入伪宫,巨源持诏乘马,自称奉使,入内户,曦启户欲逸,李贵执杀之。卫者始拒斗,闻有诏皆却。巨源、好义迎丙宣诏,以曦首徇。三军推丙权四川宣抚使,巨源权参赞军事。丙奏功于朝,以巨源第一,诏补承事郎。

巨源谓丙曰:“曦死,贼胆以破,关外四州为蜀要害,盍乘势复取。"好义亦以为言。丙虑军无见粮,巨源力言四州不取,必有後患,自请为随军措置粮运。於是分遣好义复西和州,张林、李简复成州,刘昌国复阶州,孙忠锐复散关。俄诏巨源转朝奉郎,与通判差遣,兼四川宣抚使司参议官。丙素恶忠锐,闻忠锐失守散关,檄其还,欲废之,先命巨源偕邦宁以沔兵二千策应。巨源至凤州,因忠锐出迎,伏壮士於幕後,突出斩之,并其子揆。丙遂以忠锐附伪贺表闻于朝,且待罪。

先是,奖谕诛叛诏书至沔州,巨源谓人曰:"诏命一字不及巨源,疑有以蔽其功者。"俄报王喜授节度使,巨源弥不平,时赵彦呐以在襃诛禄禧得州通判,巨源曰:"杀吴曦亦与通判耶?"以启谢丙曰:"飞天以下聊城,深慕鲁仲连之高谊;解印而去彭泽,庶几陶靖节之清风。"又遣诉功于朝,而从兴元都统制彭辂乞书遗韩侂胄,辂阳许而阴以白丙。或言巨源与其徒米福、车彦威谋为乱,丙命喜鞫之,福、彦威皆抵罪。正将陈安复告巨源结死士入关,欲焚沔州州治,俟丙出则杀之。丙积前事,因欲去巨源,然未有以发也。

会巨源在风州以檄书遗金风翔都统使,其辞若用间者,且自称宣抚副使而以参议官印印之。金以檄至丙。巨源方与金战,败於长桥,丙乃移书召巨源,巨源疑焉。有梁泉主簿高岳成者,巨源荐为随军拨运,来见巨源,赞其归,巨源信之。

时辂已至沔,六月壬申,巨源还幕府,丙密命辂收巨源。巨源殊不知,以为谒已也,语半,略起,巨源送之宾次。武士就挽其裾,巨源犹叱之,则已为驱至庭下。巨源大呼曰:"我何罪?"丙隔屏遣人谓之曰:"若为诈称宣抚副使?"命械送阆州狱。巨源曰:"我一时用间,异时必有为我明其事。"丙饷以肴酒,巨源曰:"一身无愧,死且无憾;惟有妹未嫁,宣抚念之。"癸酉,巨源舟抵大安龙滩,将校樊世显者呼於岸,巨源知将见杀,指其地而语之曰:"此好一片葬地。"世显曰:"安有是?"舟行数步,谓曰:"宣参久渴,莫进杯酒?"巨源辞以不饮。又曰:"宣参荷械已久,盍少苏?"巨源未及答,左右遽取利刀断其头,不绝者喻寸,遂以巨源自殪闻宣抚司。后数日,丙命瘗之。

巨源死，忠义之士为之扼腕，闻者流涕，剑外士人张伯威为文以吊，其辞尤悲切。巨源之属吏也。李璧在政府，闻之曰："嘻，巨源其死矣！"丙以人情汹汹，封章求免。杨辅亦谓丙杀巨源必召变，请以刘甲代之。初，巨源与好义结官军，而丙密为反正之计，各未相知，合巨源於好义者李坤辰，而合好义於丙者巨源也。巨源遗光祖书，述丙酬答之语，钑梓竞传之，丙已弗乐，浸润不已，积成此祸。

成忠郎李珙投匦，献所作《巨源传》为之讼冤，朝廷亦念其功，赐庙褒忠，赠宝谟阁待制，官其二子。制置使崔与之请官给其葬，加赠宝谟阁直学士、太中大夫。嘉熙元年，理宗特赐谥忠愍。子履正终大理卿、四川制置副使。

李好义，下邽人。祖师中，建炎间以白丁守华州，积官忠州团练使。父定一，兴州中军统制。好义弱冠从军，善骑射，西边第一。初以准备将讨文州蕃部有功，开禧初，韩侂胄开边，吴曦主师，好义为兴州正将，数请出精兵袭金人，曦蓄异谋，不纳。未几，关外四州俱陷，金人长驱入散关，曦受金人说，以蜀叛。好义自青坊闻变亟归，与其兄对哭，谋诛之。

会曦遣李贵追杀宣抚程松，贵语其徒曰："程宣抚朝廷重臣，不可杀。"好义知其赤心，可以所谋告之。贵遂约李彪、张渊、陈立、刘虎、张海等，好义又密结亲卫军黄术、赵亮、吴政等。女弟夫杨君玉亦与知，好义戒言曰："此事誓死报国，救四蜀生灵，慎毋泄。"留其母以质。好义兄弟谋曰："今日人皆可杀曦，皆可为曦，曦死後，若无威望者镇抚，恐一变未息，一变复生。"欲至期立长史安丙以主事，盖曦尝授丙伪丞相，而丙托疾不往，故兄弟有是谋也。

既而君玉与李坤辰者来，坤辰因言内亦与合江仓杨巨源阴结忠义欲图曦。好义遂遣君玉偕坤辰约巨源以报丙。丙大喜曰："非统制李定一之子乎？此人既来，断曦之臂矣。"遂与好义约二月晦举事，见《巨源传》。乃约彪、术、贵等七十有四人及士人路良弼、王帟。好义夜飨士，麾众受甲，与好古、好仁及子姓拜决于家庙，嘱妻马氏

曰:"日出无耗,当自为计,死生从此决矣。"马氏叱之曰:"汝为朝廷
诛贼,何以家为?我决不辱李家门户。"马氏之母亦曰:"行矣,勉之!
当兄弟生为壮夫,死为英鬼。"好义喜曰:"妇人女子尚念朝廷不爱
性命,我辈当如何?"众皆踊跃。既行,小将禄祎引十卒来助,各以黄
帛为号。好义誓於众曰:"入宫妄杀人、掠财物者死。"

　　时伪宫门洞开,好义大呼而入曰:"奉朝廷密诏,安长史为宣
抚,令我诛反贼,敢抗者夷其族。"曦护卫千兵皆弃梃而走,遂至伪
殿东角小门,入世美堂,近曦寝室。曦闻外哄,仓皇而起,露顶徒跣,
开寝户欲遁,见贵复止,以手捍内户,贵前争户,户纽折。曦走,贵追
及,手执其髻,举刃中曦颊,曦素勇有力,扑贵于地不能起。好义急
呼王换斧其腰者二,曦负痛手纵,贵起遂斫其首。引众拥曦首出伪
宫,亟驰告丙宣诏,军民拜舞,欢声动天地,持曦首抚定城中,市不
改肆。

　　好义请乘时取关外四州,巨源赞之,丙大喜。巨源辅行,王喜忌
其能,沮之。好义曰:"西和乃腹心之地,西和下,则三州可不战而复
矣。今不图,後悔无及。愿得马步千人,死士二百,赍十日粮可济。"
丙从其请,忠义响应,次独头岭,进士王荣仲兄弟率民兵会合夹击,
金人死者蔽路。十战至山砦高堡,七日至西和。好义率众攻城,亲
犯矢石,人人乐死,以少击众,前无留敌。金西和节使完颜钦奔遁,
好义整众而入,军民欢呼迎拜,籍府库以归于官。

　　好义初欲乘胜径取秦、陇以牵制淮寇,而宣抚司令谨守故疆,
不得侵越,士气皆沮。好义以中军统制知西和州,卒。丙以劳绩上
于朝,特赠检校少保,仍给田以赡其家。後吴猎为请谥曰忠壮。好
义喜育诵《孟子》及《左传》,以为终身行此足矣。诛曦时,惟幼子植
留家。迄事,人争冒功赏,君玉欲注植名,好义指心曰:"惟此物不可
欺。"

　　曦既诛,好义集于丙家,王喜後至,心怀邪谋,欲刃好义,丙力
救解,然日以杀好义为心。及好义守西和,喜遣其死党刘昌国听节
制,好义与之酬酢,欢饮达旦,好义心腹暴痛洞泻,而昌国遁矣。既

殪，口鼻抓指皆青黑，居民莫不冤之，号恸如私亲，摧锋一军几至於变。既而昌国白日见好义持刃刺之，敬怖仆地，疽发而殂。

喜，曦大将也，贪淫狠愎，诛曦之日不肯拜诏，遣其徒入伪宫庑掠殆尽，又取曦姬妾数人。其後欲戕好义为曦复雠，丙不能止，便宜处以节度使知兴州，而恨犹未已。尝出兵於船栅岭，锋未及交，弃军先遁，金人遂由黑谷长驱入境。朝廷虑喜为变，授节度使移荆鄂都统制而死。

论曰：陈敏善守，毕再遇善战。张诏出使不辱国，为将得士心，赵汝愚荐为武兴帅，以其才足以制曦也。曦之畔，向非安丙、杨巨源、李好义之谋，西方之忧莫大焉。然丙卒以是杀巨源，何其娟疾而残贼也？李好义失於周防，竟为王喜所图。宋知喜为曦党，既不能罪，又以节镇赏之，几何而不为唐末之姑息以成藩镇之祸乎？

宋史卷四〇三
列传第一六二

# 赵方　贾涉　扈再兴
# 孟宗政　张威

赵方字彦直,衡山人。父棠,少从胡宏学,慷慨有大志。尝见张浚於督府,浚雅敬其才,欲以右选官之,棠不为屈。累以策言兵事,浚奇之,命子栻与棠交,方遂从栻学。

淳熙八年举进士,调蒲圻尉,疑狱多所委决。授大宁监教授,俗陋甚,方择可教者亲训诱之,人皆感励,自是始有进士。知青阳县,告其守史弥远曰:“催科不扰,是催科中抚字;刑罚无差,是刑罚中教化。”人以为名言。

主管江西安抚司机宜文字,京湖帅李大性辟知随州。南北初讲和,旱蝗相仍,方亲走四郊以祷,一夕大雨,蝗尽死,岁大熟。适和议成,诸郡寝驰备,方独招兵择将,拔土豪孟宗政等补以官。提举京西常平兼转运判官、提点刑狱。时刘光祖以耆德为帅,方事以师礼,自言:“吾性太刚,每见刘公,使人更和缓。”尝请光祖书“勤谨和缓”四字,揭坐隅以为戒。以金部员外郎召,寻加直秘阁,改湖北转运判官兼知鄂州。升直焕章阁兼权江陵府,增修三海八匮,以壮形势。进秘阁修撰、知江陵府、主管湖北安抚司事兼权荆湖置司。

时金逼于兵,计其必南徙,日夜为备。荆门有东西两山险要,方筑堡其上,增戍兵以遏其冲。进右文殿修撰。金樊快明谋归宋,追兵至襄阳,方遣孟宗政、扈再兴以百骑邀之,杀千馀人,金人遁去。

权工部侍郎、宝谟阁待制、京湖制置使兼知襄阳府。谍知金人决意犯境,乃下防夏之令。金相高琪及其枢密乌古伦庆寿犯陈、光化、随、枣阳,信阳、均州,方夜半呼其子范、葵曰:"朝廷和战之说未定,观此益乱人意,吾策决矣,惟有提兵临边决战以报国耳。"遂抗疏主战,亲往襄阳。

金人围枣阳急,方遣宗政;再兴等援枣阳,仍增戍光化、信阳、均州,以联声势。已而枣阳守赵观败金人于城外,再兴、宗政至,与观夹击,又败之,枣阳围解。方申饬诸将,当遏於境上,不可使之入而後拒之于城下。时麦正熟,方遣兵护民刈之,令清野以俟。再疏力陈不可和者七,战议遂定。

金将完颜赛不入境,兵号十万。方部分诸将,金人犯枣阳者,宗政败之于尚家川;犯随州者,刘世兴败之于磨子平。相持逾年,方调世兴移师,与许国、再兴援枣阳;张兴、李雄韬援随州。随州围解,再兴等转战入枣阳。时宗政守城,伏兵城东,金人遇伏败走。未几再至,再兴又败之,自是无日不战。金人三面来攻,宗政出东门,再兴出南门,世兴出北门,大合战败之。金人朝进莫退,力不能捍;诸将表里合谋,国自南山进,张威自瀼河进,世兴、李琪出城与国会,再兴出城与威会,掎角追击,金人遂溃。光化守潘景伯亦设伏败金人于赵家桥,孟宗德又破之于随州鸭儿山,擒赛不妻弟王丑汉,金人遂诛赛不。方以功迁龙图阁待制,封长沙县男,赐食邑。

金人复大举,命讹可围枣阳,堑其外,绕以土城。方计其空巢而来,若捣其虚,则枣阳之围自解。乃命国东向唐州,再兴西向郑州,又命子范监军,葵后殿。时宗政在城中,日夜鏖战,焚其攻具,金人不敢近城。西师由光化境出,砦于三尖山,拔顺阳县,金人率众仰攻,大败。再兴与国两道并进,掠唐、邓境,焚其域栅粮储。枣阳城坚,金顿兵八十余日,方知其气已竭,乃召国、再兴还并东师隶于再兴,克期合战。再兴败金人于瀼河,又败之城南,宗政自城中出夹击,杀其众三万,金人大溃,讹可单骑遁,获其赀粮、器甲不可胜计。进方焕章阁直学士。奏乞均官军民廪给,自备马者倍之。又奏:"使民兵夏归,以省月给,秋复诣屯守御。"从之。

方料金人数不得志于枣阳,必将同时并攻诸城,当先发以制之。命国、宗政出师向唐,再兴向郑,戒之曰:"毋深入,毋攻城,第溃其保甲,毁其城砦,空其赍粮而已。"宗政进破湖阳县,擒其千户赵兴儿;国遣部将耶律均与金人战于比阳,戮其将李提控;再兴破高头城,大败金兵,遂薄邓州。唐州兵来援,迎败之,降者踵至。已而金兵至樊城,方命再兴阵以待之,方视其师;金人三日不敢动,遂遁。

金将驸马阿海犯淮西,枢密完颜小驴屯唐州为後继。方先攻唐伐其谋,及使再兴发枣阳兵击其西,国发桐柏兵击其东。再兴败金人于唐城,斩小驴,围其城五匝,垂下。会蕲、黄继陷,诏趣方遣救,方亟命国保鄂,再兴援淮西。国还鄂州保江;再兴军至蕲之灵山,伺金人归而击之,土豪祝文蔚横突入阵,金人大败,国遣张宝将兵来会,李全等兵亦至,金人遂溃,再兴追逐六十里,擒其监军合答。进方显谟阁直学士、太中大夫、权刑部尚书。

俄得疾,进徽猷阁学士、京湖制置大使。归还,力疾犒师,第其功上之。病革,曰:"未死一日,当立一日纪纲。"引再兴卧内,勉以协心报国。贻书宰相,论疆场大计。寻卒。是夕有大星陨于襄阳。以端明殿学士、正议大夫致仕,赠银青光禄大夫,累赠太师,谥忠肃。

方起自儒生,帅边十年,以战为守,合官民兵为一体,通制总司为一家。持军严,每令诸将饮酒勿醉,当使日日可战。淮、蜀沿边屡遭金人之祸,而京西一境独全。尝问相业於刘清之,清之以留意人才对,故知名士如陈晐、游九功辈皆拔为大吏,诸名将多在其麾下。若扈再兴、孟宗政皆起自土豪,推诚擢任,致其死力,藩屏一方,使朝廷无北顾之忧。故其没也,人皆惜之。子董、薿、范、葵。范、葵有传。

贾涉字济川,天台人。幼好读古书,慷慨有大志。以父任高邮尉,改万安丞。宝应择令,堂差涉至邑,请城之。役兴,以忧去。金人犯光州,起涉竟前役。通判真州,改大理司直、知盱眙军。

淮人季先、沈铎说楚州守应纯之以招山东人,纯之令铎遣周用和说杨友、刘全、李全等以其众至,先招石珪、葛平、杨德广,通号"忠义军"。珪等反,毙铎于涟水,纯之罢,通判梁丙行守事,欲省其粮使自溃。珪、德广等以涟水诸军度淮屯南渡门,焚掠几尽。谓:"朝廷欲和残金,置我军何地?"丙遣李全、季先拒之,不止,事甚危。涉时在宝应,上书曰:"降附踵至,而金乃请和,此正用高澄间侯景遗策,恐山东之祸必移於两淮。况金人所乏惟财与粮,若举数年岁币还之,是以肉啖馁虎,啖尽将反噬。至若忠义之人源源而来,不立定额,自为一军,处之北岸,则安能以有限之财应无穷之须?饥则噬人,饱则用命,其势然也。"授淮东提点刑狱兼楚州节制本路京东忠义人兵。涉亟遣傅翼谕珪等逆顺祸福,自以轻车抵山阳,德广等郊迎,伏地请死,誓以自新。

金太子及仆散万忠、庐国瑞等数十万大入,且以计诱珪等。涉虑珪等为金用,亟遣陈孝忠向滁州,珪与夏全、时青向濠州,先、平、德广趋滁、濠,李全、李福要其归路,以傅翼监军。数日,孝忠捷至,珪屡破金人,遂与先及李全趋安丰。时金人环百余砦,攻具甫半,珪等解其围,李全挟仆散万忠以归,见《李全传》。金人不敢窥淮东者六七年。

南渡门变,平、德广等实预,涉既受降,置弗问。平等尚怀异志,涉密使先以计杀之,而先之势亦孤。忠义诸军在涟水、山阳者既众,涉虑其思乱,因滁、濠之役,分珪、孝忠、夏全为两屯,李全军为五砦,又用陕西义勇法涅其手,合诸军汰者三万有奇,涅者不满六万人,正军常屯七万余,使主胜客,朝廷岁省费十三四。

涉又遣李全以万人取海州,复取密、潍。王琳以宁海州归,遂收登、莱二州。青州守张林以滨、棣、淄州降,又取济、沂等州。自是恩、博、景、德至邢、洺十余州相继请降。涉传檄中原:"以地来归及反戈自效者,朝廷裂地封爵无所吝。"仍厉诸将,图未下州郡。擢太府少卿、制置副使兼京东、河北节制。

　　金十余万众犯黄州,淮西帅赵善湘请援于朝,涉遣李全等赴之,翟朝宗等为後继。丞相史弥远拟升全留後,涉曰:"始全贫窭无聊,能轻财兴众同甘苦,故下乐为之用。逮为主帅,所为反是,只怨既多,众皆不平。近弃西城,免死为幸;若无故升迁以骄其志,非全之福,亦岂国家之福。曷若待事定,与诸将同升可也。"金人破黄陷蕲安庆甚危,全驰至,遂定。全至久长镇,与京湖制置使赵方二子范、葵遇,掎角连战俱胜,遣彭义斌等进至下湾渡,尽掩金人于淮。迁权吏部侍郎。金人再犯淮西。先是,蕲州受围,徐晖往援,乃鼓众宵遁,金乘间登城,一郡为血,前帅不敢问。涉斩晖以徇,诸将畏惧,无不用命,淮西之势大振。

　　初,翟朝宗得玉玺献诸朝,至是赵拱还,又得玉印,文与玺同而加大。朝廷喜璧之归,行庆赏。涉遗书弥远谓:"天意隐而难明,人事切而易见,当思今日人事尚未有可答天意者。昔之患不过亡金,今之患又有山东忠义与北边,宜亟图之。"弥远不怿,李全卒以玺赏为节度使。涉又言:"盗贼血气正盛,官职过分,将有後忧。"弥不以为然。涉曰:"朝廷但知官爵可以得其心,宁知骄则将至於不可劝邪。"

　　涉时已疾,力辞事任。值金人大入,强起视事。金将时全、合连、孛术鲁答哥率细军及众军三道渡淮,涉以合连善战,乃命张惠当之。惠,金骁将,所谓"赛张飞"者,既归宋,金人杀其妻,所部花帽军,有纪律,它军不及也。惠率诸军出战,自辰至酉,金人大败,答哥溺死,陷失太半,细军丧者几二千。涉既病,乃以所获京、河版籍及金银牌铜印之属上于朝。卒,超赠龙图阁学士、光禄大夫。

　　涉父伟尝守开江,贻书丞相赵雄,极论武兴守吴挺之横,它日陛对,又乞裁抑郭棣、郭杲兵权,孝宗嘉纳,後反为所挤以没。涉弱冠直父冤,不避寒暑,泣诉十年,至伏书阙下。子似道有传。

　　扈再兴字叔起,淮人也。有膂力,善机变。每战,被发肉袒徒跣,挥双刃奋呼入阵,人马辟易。金人犯襄阳、枣阳,京西制置使赵方檄再兴等御之。金人来自团山，势如风雨。再兴同孟宗政、阵祥分三阵，设伏以待。既至，再兴中出一阵，复却，金人逐之，宗政与祥合左右两翼掩击之，金人三面受敌，大败，血肉枕藉山谷间。授神劲统制。又犯枣阳，再兴率师赴援，金人闻风夜溃。既而益兵数万复围城，相持九十日。再兴夜以铁蒺藜密布地，黎明佯遁，金人驰中蒺藜者十踣七八。敌却走，追至十五里冈。已而金兵攻城东隅，薄南门北角，再兴与宗政、刘世兴各当一面，大战数十合，大败金兵。金帅完颜讹可拥步骑数万傅城，再兴与宗政纵之涉濠，半渡击之；又令守坝者佯走，金人争坝，急击之，多堕水中。金人创对楼、鹅车、革洞，决濠水，运土石填城下。再兴募死士著战面具，披毡，列陈以待之。金人计无所施而去，弃旗甲辎重满野。大战于范家庄，金人败，追之至泊湖，擒其巡检亢师礼酒，都监纳兰福昌，降其壮丁，获牛马甚众。

　　自是与宗政、世兴无日不战。再兴又破顺昌县，奋甲马三千，破淅川镇，杀金人三百，追至马磴砦，焚其城栅。又败其护驾骑军于邓河。入邓州，破高头，败其步军五千、骑军五百，焚其积聚。遂营于高头，进攻唐州，至三家河，金骑军二千、步军七千出城迎战，又败之，死者十七八，追及城下。金将从义者收残骑三百奔城，再兴据门拒战，斩从义。遂围唐州，分兵焚荡州境，截其归路，砦于久长，严阵以待之。搜剿残兵，获其副统军广威将军柄挞达。金兵歼，乃敛髑髅立人头埃。

　　寻以病卒。子世达亦以名将称，官至都统制。

　　孟宗政字德夫，绛州人。父林，从岳飞至随州，因家焉。宗政自幼豪伟，有胆略，常出没疆场间。开禧二年，金将完颜董犯襄、郢，宗政率义士据险游击，夺其辎重。宣抚使吴猎奇之，补承节郎、枣阳令。京西路分赵方、吴柔胜皆荐其才，转秉义郎、京西钤辖，驻札襄阳。

　　嘉定十年，金人犯襄阳、枣阳，方檄宗政节制神劲，报捷、忠义三军。宗政与统制扈再兴、陈祥分为三军,设覆三所,躁血以战,金兵败走。寻报枣阳围急,宗政午发岘首,迟明抵枣阳,驰突如神。金人大骇,宵遁。方时移帅京西,闻捷大喜,差权枣阳军。初视事,一爱仆犯新令,立斩之,军民股栗。於是筑堤积水,修治城堞,简阅军士。

十一年,金帅完颜赛不拥步骑围城,宗政与再兴合兵角敌,历三月,大小七十余战,宗政身先士卒。金人战辄败,忿甚,周城开濠,四面控兵列濠外,飞锋镝,以陶铃自警,铃响则犬吠。宗政厚募壮士,乘间突击,金人不能支,盛兵薄城,宗政随方力拒。随守许国援师至白水,鼓声相闻。宗政率诸将出战,金人奔溃。赐金带,转武德郎。

十二年,金帅完颜讹可拥步骑傅城,宗政橐糠盛沙以覆楼棚,列瓮瀽水以堤火,募炮手击之,一炮辄杀数人。金人选精骑二千,号弩子手,拥云梯、天桥先登,又募凿银矿石工昼夜陷城,运茅苇直抵围楼下,欲焚楼。宗政先毁楼,掘深坑,防地道;创战棚,防城损;穿阱才透,即施毒烟烈火,鼓韛以熏之。金人窒以湿毡,析路以刬土,城颓楼陷。宗政撤楼益薪,架火山以绝其路,列勇士,以长枪劲弩备其冲。距楼陷所数丈筑偃月城,袤百余尺,翼傅正城,深坑倍仞,躬督役,五日成。金人摘强兵披厚铠、毡衫、铁面而前,又湿毡濡革蒙火山,覆以冰雪,拥云梯径抵西北圈楼登城。城中军以长戈舂其喉,杀之;敢勇军自後夹击金兵,兵坠死燎焰。金将於後截其军,拒马挥刀迫前,自昕至昃,死伤踵接,梯桥尽毁。金人连不得志,俄乘顺风渡濠,飞脂革烧战棚,宗政激将士血战,凡十五阵,矢石交,金兵死者千余,弩子手十七八,射其都统殪。天反风,金人愈忿,炮愈急。会王大任领锐卒一千冒重围转斗入城,内外合势,士气大振,贾勇入金营,自晡至三更,金人横尸遍地,夺其铜印十有六,讹可弃帐走,获辎重牛马万计。捷至,朝廷方录前战守功,升武功大夫兼阁门宣赞舍人,重赐金带。

制置司以湖阳县迫境金兵,檄宗政图之。宗政一鼓而拔,燔烧积聚，夷荡营砦，俘掠以归。金人自是不敢窥襄、汉、枣阳。许国移金陵，宗政代为荆鄂都统制，仍知枣阳。宗政以迫濠而阵，乃于西北濠外瀦水为泞以限骑。中原遗民来归者以万数。宗政发廪赡之，为给田、创屋与居，籍其勇壮号"忠顺军"，俾出没唐、邓间，威振境外。金人呼为"孟爷爷"。俄病疽卒。转右武大夫。团练使、防御使。

宗政於有功者怨必赏，有罪者亲必罚。好贤乐善，出於天性。未尝学兵法，而暗与之合。死之日，边城为罢市恸哭。子珙，有传。


张威字德远，成州人。策选锋军骑兵也。军中马料多，匹马给五石，骑军利其余以自给。总领核实裁抑，威逃去。帅郭杲使其父招之归，送隆庆府后军效用。威贫甚，卖药自给。或言其才勇，乃令戍边。开禧用兵，威与金人战辄捷，屡以功补本军将领。

吴曦既诛，遣将收复。李贵复西和州，威率众先登，败金人，战于板桥，遂取西和，升统制。由是威名大振。天水县当金人西入路，乃升县为军，命威为守，屡立奇功，擢充利州副都统制。丁父忧，服除，带御器械。久之，调荆鄂都统制、襄阳府驻扎，改沔州都统制。

嘉定十二年，金人分道入蜀，犯湫池堡，又犯白环堡。威部将石宣、董炤连却之。既而金人犯成州，威自西和退保仙人原。时兴元都统制吴政战死黄牛堡，李贵代政，亟走武休，金人已破武休，遂陷兴元，又陷大安军。

先是，利州路安抚使丁焴闻金人深入，亟遣书招威东入救蜀，又檄忠义总管李好古北上捍御。好古出鱼关与统领张彪遇，以彪弃迷竹关故，斩之。彪，威弟也。威闻彪死，按兵不进。焴闻之，谓僚佐曰："吴政身死，李贵复以兵败，金人所惮惟威。今好古擅杀其弟，失威心，奈何？且金人在东，非威地分，今可无好古，不可无威。"遂因好古入见，数其擅杀彪罪，斩之。遣书速威进救蜀，且使进士田遂往说之。威感激，夜半调发，鼓行而前，破金人于金斗镇。金人虽败未退，威顿兵不动，潜遣石宣等袭于大安军，大破之。金人之来也，择两齿马及精兵凡三千人，至是歼焉，俘其将巴土鲁，大将包长寿闻之宵遁。

兴元叛兵张福、莫简作乱，以红帕蒙首，号"红巾队"，焚利州，杀总领杨九鼎，破阆、果；入遂宁。游骑在潼、汉界，将窥成都。制置司谓贼势欲西，非威不可御。乃遣威提精兵六千人，自剑、绵至广汉，盛夏暑剧，休士三日，俄安丙檄威东进，时贼自遂宁入普州茗山，威进兵重围，绝其粮道，昼夜迫之。未几禽福等十七人戮之，简自杀，贼遂平。

西夏来约攻金人，丙许之。遣王仕信会夏人于巩，又命威与利帅程信、兴帅陈立等分道并进。威向秦州。议初起，威谓："金人尚强，夏人反覆，未可轻动。"丙不听，卒遣威，威龟勉而行，令所部毋得轻发，诸将至城下，无功而还。丙怒，奏罢其兵柄。是岁，卒于利州，终扬州观察使。

威初在行伍，以勇见称，进充偏裨，每战辄克，金人闻其名畏惮之。临陈战酣，则精采愈奋，两眼皆赤，时号"张红眼"，又号"张鹘眼"，威立"净天鹘旗"以自表。每战不操它兵，有木棓号"紫大虫"，圜而不刃，长不六尺，挥之掠阵，敌皆靡。荆、鄂多平川广野，威曰："是彼骑兵之利也，战骑一冲，吾步技穷矣，蜀中战法不可用。"乃意创法，名"撒星阵"，分合不常，闻鼓则聚，闻金则散。骑兵至则声金，一军分为数十簇；金人随而分兵，则又鼓而聚之。条忽之间，分合数变，金人失措，然后纵击之，以此辄胜。威御军纪律严整，兵行常若衔枚，罕闻其声。每与百姓避路，买食物则贾倍於市，迄无敢喧。晚以嗜欲多疾，故不寿云。

论曰：宋之南渡，边将之才何其鲜哉！或曰"江南非用武之地"，然古之善兵者，若孙武子，亦吴人也。抑先王之世，文武无二道，文武既分，宜其才之各有所偏胜也。赵方少从张栻学，许国之忠，应变之略，隐然有尊俎折冲之风。其部曲如扈再兴、孟宗政后皆为名将，亦方之能奖率也。方之子范、葵，宗政子珙，后皆以功名自见，不愧其父，有足称者，贾涉居方面，亦号有才，及其庶孽，竟至亡国，为可叹也。张威者善於御众，故所至立功云。

宋史卷四〇四
列传第一六三

# 汪若海　　张运　　柳约
# 李舜臣　　孙逢吉　　章颖
# 商飞卿　　刘颖　　徐邦宪

汪若海字东叟,歙人。未弱冠,游京师,入太学。

靖康元年,金人侵扰,朝廷下诏求知兵者,若海应诏,未三刻而文成,擢高等。时已割河北地。其年冬,再犯京师,若海谓:"河北国家重地,当用河北以揽天下之权,不可怯懦以自守,闭关养敌,坐受其敝。"属康王起兵相州,乃上书枢密曹辅,请立王为大元帅,拥兵镇抚河北,以掎金人之後,则京城之围自解。辅大喜,即以其书进钦宗,用为参谋,遣如康王所。宰相何㮚执异议,以道梗为辞,不果遣。

京城失守,若海述麟为书以献。及二帝北行,袖书抗粘罕,请存赵氏。缒而出,谒康王於济州,谓神器久虚,异姓僭窃,宜亟即位,以图中兴。一日间三被顾问,补修职郎,充帐前差使。高宗既即位,推恩改承奉郎,迁江南经制使,转承事郎,监登闻检院。五府交辟,改属右府。

朝廷以张浚宣抚川、陕,议未决。若海曰:"天下者,常山蛇势地,秦、蜀为首,东南为尾,中原为脊。今以东南为首,安能起天下之脊哉?将图恢复,必在川、陕。"乃往见浚,极谈终日,浚大敬,辟以自随,以亲老辞。继论军食,迕执政,通判沅州,以谗夺籍,谪英州。道出临川,时节制江夏军马李允文拥众数十万,跋扈不用朝命,朝廷命招讨使张俊屯江西,参谋官汤东野与若海故,得若海道中,喜甚。谓曰:"李允文怀反侧,非君莫能开其自新。"若海即驰往,谕以成败逆顺,示以朝廷威德,复谈三策以动之,辞旨明畅。允文大感悟,即举军东下。

若海复为书招其徒张用、曹成、李宏、马友同归朝廷。用一见,以其众二十万解甲效顺,惟成疑贰有他志,若海移书责之。成怒将杀若海,若海夜宿王林军帐,以计得林军印,遂夺其众五千人。翼日,成遂遁。若海遗宏书,使刺成以自归;宏得书图成而力不胜,复走长沙刺友,群盗解散。若海遂以林五千人归招讨使张俊,俊乃班师凯旋,军容愈盛。

时朝廷方出师,若海以为为国家者,当化盗贼为我用,不可失英雄为国患。因献平冠策,朝廷悉用之。其後李宏为刘忠所并,死长沙;刘忠为韩世忠所破,走刘豫;曹成走广而复降,湖湘遂安。寻复承务郎、监潭州南岳庙、通判辰州。

绍兴九年,复三京,祗谒陵寝,事还,以前功,旬月四迁至承议郎、通判顺昌府。金人奄至,太尉刘锜甫至,众不满三万,遣人丐援于朝,无敢往者。若海毅然请行,具述锜明方略,善用兵,以偏师济之,必有成功,朝廷从之,金兵果败去。辟淮北宣抚司主管机宜文字。拓皋之役,复以劳两转至朝散郎、通判洪州,未上,丁内艰。服除,添差通判信州。秩满,迁湖北帅司参议。知道州,陛辞得对,上曰:"久不见卿,卿向安在?"授直秘阁、知江州,丁父忧。时方经略中原,朝廷议起若海,而若海死矣。

若海豁达高亮,深沈有度,耻为世俗章句学,为文操纸笔立就,蹈厉风发。高宗尝以片纸书若海名谕张浚曰:"似此人材,卿宜收拾。"会浚去国,不果召。

张运字南仲,信之贵溪人,唐宰相文瓘之後。父贯,右通直郎,累赠太中大夫。运年二十五,以太学生登宣和三年进士第,赐同上舍出身，调桂阳监蓝山县丞。县阙令，运摄县事。县与诸獠接壤，因俗为治，吏民安之。临武寇与诸獠合，大剽掠，运亲帅兵禽之。迁潭州攸县尉。高宗南渡，剧贼王在据岐山，潭帅徵兵戍岳，运将二千人先至岳。贼平，改临江新淦丞。县新被兵，令不能支，沿江抚谕使张汇劾罢之，以运摄县事。运拨煨烬，考版籍，正租赋，数月之间，敝除而民定。

绍兴五年，通判鼎州。贼杨么、黄诚拥众数万，残破城邑，跳梁湖北。高宗遣张浚以都督董师，岳飞以招讨举兵击之，贼率轻锐径趋武溪南兴，以临鼎州，城中大震。运与太守程昌寓勒兵登城，控扼上下，以张其势，贼宵溃。澧贼雷德进栅险称乱，帅檄运讨之。运将都统梁吉等率兵直捣其巢，破四十二栅，降其众。

移贰濡须。金人犯庐、寿等州，大将驻兵淮壖以拒之，运给饷未尝乏绝。岁馀，以亲老远江东，寓居鄱。既而丁母及父忧，服除，起知桂阳监。五月而境内称治，与部使者奏升监为军。大修庠序之教，祠汉以来守令有功德於桂阳者卫飒、唐羌等七人于学，刻续《颜氏家训》、《四时纂要》等书，散之民间，使之修德而务本。召入对，除知达州。方大旱，入境而雨。奏除病民五事。

召为度支郎中。临安楼店务钱步三十余万缗，请以十万归省额。户部所储三佛齐国所贡乳香九万一千五百斤，直可百二十馀万缗，请分送江、浙、荆湖漕司卖之，以佥军饷。及陈诸路纲运七弊，徵革十术，远近递输以均劳逸。事皆施行。兼枢密院检详，迁军器监。寻改大理少卿，请正两浙盐法，以宽私鬻之禁。绍兴永裕、昭慈二陵官地与民犬牙相入，请县重价听民持券献纳，以免误犯之罪。尤明於治狱，狱为之空。

拜刑部侍郎，言：诸斥逐累赦未还者，宜从湔洗。诸申请条制，多重复牴牾，失於太烦。诸编置不以赦原、不以荫论之类，失於太重。外路刑狱三经翻异，移送大理，刀锯数施，非所以示远。及诸不便。皆从之。又请广储蓄，兴鼓铸，修屯田，作乡兵。亦皆听纳。兼权户部侍郎。时久雨伤蚕麦，及边报有警，诏侍从台谏陈弭灾御侮之策。运言：“天灾人事，有甚可畏而不足畏者，视吾政之修不修；有甚可忧而不足忧者，视吾自治之善不善。”及“宜边淮建三大镇以守之”。

会金人渝盟，特迁户部侍郎，以专馈饷。丞相陈康伯议遣李宝自四明控制海道，众论纷纭，运直入赞决，以为上策，金人果败走。因上疏：“乞降诏抚将士，蠲租赋，遣信使，结豪杰，坚城守，督汉中将士趋关陕以制其後。置四镇三帅於两淮、襄汉之间以为内固，以图进取。”以御营随军都转运使从上劳师江上。及驾还，因入对，固请补外。乃授集英殿修撰，出知太平州。当兵饥疾疠之余，殚劳徕安辑之方，严斥堠攻守之备。理财赋，造战舰，缮甲兵，申禁令，民赖以安。

孝宗既受禅，运亦请老，以敷文阁待制提举江州太平兴国宫，寻授广东经略，不赴，乃复祠禄。乾道七年，都大饥，运首发粟二千石以振之，自是民争出粟以济。运上章致政，不许，以疾卒。赠少师、左光禄大夫，官其后三人。嘉定六年，赠开府仪同三司。

柳约字元礼，秀州华亭人。大观三年上舍进士，试中学官，为霸州教授。徙睦州，入为辟雍正。迁博士，改宣议郎，充广亲宅宗子博士。约深於经学，属辞粹微，大为学者师慕。提举福建盐事，召对，论内外学政，次乞罢内外官到堂日投牒求官，以厚风俗。授秘书省校书郎，进著作佐郎、徽州司录，改通判宿州，召拜监察御史。靖康初，兼权殿中侍御史，论三镇不可弃。改尚书工部员外郎，进左司员外郎。父忧去官，服除，以直显谟阁充御营司参谋官，迁太常少卿。

高宗将幸平江，约疏言“兵可进，毋退以示怯于敌”。乃以直龙图阁知台州，未赴，徙严州，兼浙西兵马都监、节制管内军马，当是时，金人大入，杜充拥众北去，列郡震恐，莫有奔问官守者。约於横溃中屹保孤城，悉力捍御。境内按堵，则慨然上书，请纠合诸郡克复吴会。上嘉其忠，进右文殿修撰，守郡如故。诏以军兴费出无艺，吏慢弗虔，柳约独谨赋输，率先程督，进秩一等。又诏：“约郡当兵冲，而能不辞难、不避事,益严列栅,保绥一方,朕甚嘉之。其以约充集英殿修撰。”召入对,奖劳再三,擢权户部侍郎。

约于是感激尽言,凡例外宣索,皆执奏不进。论“吴玠等罪未正,非所以厉臣节。诸大将提兵入觐,各名其家,将有尾大不掉之患”。皆人不敢言者。又言:“军兴科需百出,望官户名田过制者,与编户均一科敷。请增诸路酒钱,其半令提刑司桩管,以备军费。”皆从之。会高丽请修贡,议遣使报聘,上顾廷臣无出约右,加试户部侍郎充其选,且将大用。当路忌之,讽言者诬以事,罢为提举太平观。居七年,复秘阁修撰。

金人归侵疆,起知蔡州,被命而往,一无顾避。既而金人渝平,传檄河南,守臣皆举城降,约独遣使数辈于武昌,得报而后返。未几,以敷文阁待制食祠禄。十有五年,卒。赠四官。

约天性至孝,母病甚,泣祷于天,愿损寿以益亲寿。母寻愈,约竟先母两月卒。


李舜臣字子思,隆州井研人。生四年知读书,八岁能属文,少长通古今,推迹兴废,洞见根本,慨然有志於天下。

绍兴末,张浚视师江、淮,舜臣应诏上书,言:“乘舆不出,无以定大计,宜徙幸武昌。”又谓:“江东六朝皆尝取胜北方,不肯乘机争天下,宜为今日监。”著《江东胜后之监》十篇上之。中乾道二年进士第。时朝廷既罢兵,而为相者益不厌天下望。舜臣对策,论金人世仇,无可和之义,宰辅大臣不当以奉行文字为职业。考官恶焉,绌下第,调邛州安仁县主簿。岁大侵,饥民千百持锄棘大呼,响震邑市,令惧闭门。舜臣曰:“此非盗也,何惧为?”亟出慰劳遣之。

教授成都府。时虞允文抚师关上,辟置幕府,用举者改宣教郎、知饶州德兴县,专尚风化。民有母子昆弟之讼连年不决,为陈慈孝友恭之道,遂为母子兄弟如初,间诣学讲说,邑士皆称‘蜀先生’。罢百姓预贷,偿前官积逋逾三万缗。民病差役,舜臣勤纠诸乡,以税数氏昂定役期久近为义役。期年役成,民大便利。银坑罢虽久,小户犹敷银本钱，官为偿之。天申大礼助赏及军器所需，皆不以烦民。

干办诸司审计司，迁宗正寺主簿，重修《裕陵玉牒》。当曾布、吕惠卿初用，必谨书，或谓非执政除免，格不应书。舜臣曰："治忽所关，何可拘常法。"他所笔削类此。尤邃于《易》，尝曰："《易》起於画，理事象数，皆因画以见，舍画而论，非《易》也。画从中起，乾坤中画为诚敬，坎离中画为诚明。"著《本傅》三十三篇。朱熹晚岁，每为学者称之。所著书《群经义》八卷、《书小傅》四卷、文集三十卷、《家塾编次论语》五卷、《镂玉余功录》二卷。子心传、道传、性传。以性傅官二府，赠太师、追封崇国公。

孙逢吉字从之，吉州龙泉人也。隆兴元年进土第，授郴州司户。乾道七年，太常黄钧荐於丞相虞允文、梁克家，将处以学官，逢吉竟就常德教授以归。李焘、刘珙、郑伯熊、刘焞相继荐之，知萍乡县，以治最闻。除诸军审计司、国子博士。迁司农寺丞兼实录院检讨官。绍熙元年，迁秘书郎兼皇子嘉王府直讲。

二年春二月，雷雪之沴交作，诏求直言，疏八事：去蔽谀，亲讲读，伸论驳，崇气节，省用度，惜名器，拔材武，饬戎备。擢为右正言，建言："都城之民，安居惮徙。宗戚营缮寝广，每建一第，撤民居数百，咨怨者多。"时亲王方更造楼观未已，闻之，亟令罢役。浙漕沈诜见逢吉，谢曰："非正言，漕计殆不可支。"初，工部侍郎兼知临安府潘景珪结贵幸以进，司谏邓驲屡疏其罪，景珪反以计倾之，除驲匠监。逢吉曰："优迁其官而罢言职，後来者且以言为戒。"两疏乞收驲新命，不报，并劾景珪胁持台谏，蔑视朝纲，景珪遂罢。在谏垣七十日，章二十上，词旨剀切，皆人所难言者。改国子司业，求去，为湖南提刑。以秘书监召，兼吏部侍郎。俄为孝宗攒宫按行事。

朱熹在经筵持论切直，小人共不便，潜激上怒，中批与祠。刘光祖与逢吉同在讲筵，吏请曰："今日某侍郎轮讲，以疾告，孙侍郎居次，请代之。"逢吉曰："常所讲论语，今安得即有讲义？"已而问某侍郎讲义安在，取观之，则讲《诗·权舆篇》刺康公与贤者有始而无终，与逐朱熹事相类，逢吉欣然代之讲。因於上前争论甚苦。上曰：
"朱熹言多不可用。"逢吉曰："熹议祧庙与臣不合，他所言皆正，未
见其不可用。"浸失上意。

　　会彭龟年论韩侂胄专僭，出补郡。逢吉入疏曰："道德崇重，陛
下所敬礼者无若朱熹；志节端亮，陛下所委信者无若彭龟年。熹既
以论侂胄去，龟年复以论侂胄绌，臣恐贤者皆无固志。陛下所用皆
庸鄙险薄之徒，何以立国？"侂胄见而恶之。丞相赵汝愚既罢，侂胄
专国。一日从臣扈从重华宫，上行礼毕，驾兴，扈从者出宫门上马，
忽傅呼侂胄至，扈从者却入，敛板甚恭。逢吉曰："既出复入揖，臣子
事君父之礼当如是耶？"不揖而去。

　　会部中会食，吏密报优人王喜除阁职。逢吉即言："于上前效朱
侍讲进趋以儒为戏者，岂可令污阁职？"即抗疏力争之。同列密以告
侂胄。时王喜之命实未出，遂以诬诋，出知太平州。丐祠，提举江州
太平兴国宫。起知赣州，已属疾，卒，谥献简。弟逢年、逢辰，皆有文
学行义，时称"孙氏三龙"。


　　张颖字茂献，临江军人。以兼经中乡荐。孝宗嗣服，下诏求言，
颖为万言书附驿以闻，礼部奏名第一，孝宗称其文似陆贽。调道州
教授，作周敦颐祠。会宜章寇为乱，郡僚相继引去，颖独留。寇平，
郡守以功入为郎，奏颖有协赞之功，可大用。乃召对，除太学录。礼
部正奏第一人，初任即召对者自颖始。时枢密都承旨王抃以言者奉
外祠。颖复言其风金使过求，欲已任调护以为功。孝宗谓其言太讦，
久之不迁。及奏考试官，孝宗曰："张颖可。"乃知上犹记其谠论也。
顷之，迁太学博士。丁内艰，服阕，添差通判赣州，除太常博士。"

　　御史中丞何澹闻继母讣，引不逮事之文，颖定议解官，澹犹未
决去，乞下侍从朝列集议。太学诸生攻之曰："朝廷专设奉常，议礼
之所由出也。今不从议礼所由出之地，反以议礼不公，而欲侍从朝
列集议，岂将启逢迎希合，而为苟留进身之计乎？"除左司谏，时左
相留正去，右相葛邲当国，颖论邲不足任大事，凡二十余疏。从官议

欲超除颖，俾去言职，庶可两留。光宗曰："是好谏官，何以迁之？邠始出。颖屡疏请上问安重华宫，悉焚其稿。

宁宗即位，除侍御史兼侍讲，寻权兵部侍郎。韩侂胄用事，颖侍经帏。上曰："谏官有言及赵汝愚者，卿等谓何？"同列谩无可否，颖奏言："天地变迁，人情危疑，加以敌人嫚侮，国势未安，未可容易进退大臣，愿降诏宣谕汝愚，无听其去。"不报。奏请待罪，与郡；御史劾颖阿党。罢太学生周端朝等六人伏阙，辨汝愚被诬，且谓张颖言发於忠，首遭斥逐。端朝等皆被罪，自是党论遂起矣。

颖家居久之，起知衢州，侍御史林行可劾罢之。寻知赣州，御史王益祥复劾，寝其命，再祠，需次知建宁府。侂胄诛，除集英殿修撰。累迁刑部侍郎兼侍讲，对延和殿，上叹曰："卿为权臣沮抑甚久。"颖乞修改《甲寅龙飞事迹》诬笔。除吏部侍郎，寻迁礼部尚书，升侍读。诏颖以绍熙、庆元谯令宪《玉牒辨诬》，余端礼、赵彦逾《甲寅龙飞记》及赵汝愚当时所记事，考订削诬，从实上之。丐去，奉祠。以嘉定十一年卒，年七十八。

颖操履端直，生平风节不为穷达所移。虽仕多偃蹇，而清议与之。方党论之兴，朱熹遗以书，略曰："世道反覆，已足流涕；而握其事者怒犹未已，未知终安所至极耶？然宗社有灵，公论未泯，共日必有任是责者，非公吾谁望耶？"赠光禄大夫，谥文肃。

商飞卿字翚仲，台州临海人。淳熙初，由太学登进士第，任无为军教授，累官至工部郎官。时韩侂胄柄国，气焰薰灼，飞卿既至，未尝辄一造请，逾月即丐去，提举福建路常平茶盐事。擢监察御史，以言事迕侂胄，罢为奉常。请外，以秘阁修撰为荆湖南路转运判官。後改司农卿，总领江东、淮西军马钱粮。金陵故有帅、漕治所，合戎骑二帅、留钥、内侍，号六司，宴饮馈遗，费动万计。飞卿以身率俭，节缩浮苛，粮饷时敛散，稍稍以裕闻。开禧中，就擢户部侍郎。侂胄将举师，尝问饷计丰约，飞卿以实告。比调遣浩繁，不克支，属有旨俾飞卿军前传宣抚劳，值金兵大至，几不免，以忧卒。

刘颖字公实，衢州西安人。绍兴二十七年进士，调溧阳主簿。时张浚留守建康，金师初退，府索民租未入者，颖白浚言："师旅之後，宜先抚摩，当尽蠲甫赋。"浚喜，即奏阁免，由是知之，遣其子栻与游。教授全州，改官知铅山县，以外艰去。再知常熟县，签判潭州。王佐为帅，负其能，盛气以临僚吏，颖约以中道，多屈而改为。及陈峒反，所擒贼多颖计策，帅上其功，曰："签判宜居臣上。"召监进奏院，进太常寺主簿，迁丞灵兵部郎官。

提举浙西常平茶盐，还澱水湖，以泄吴松江，二水禁民侵筑，毋使逼塞大流，民田赖之。就迁提刑，以洗冤泽物为任，间诣狱，察不应系者纵遣之。御史以介僻劾罢。除江西运判。江州德化县田逃徙太半，守乞蠲税，不报。颖以见种之税均於荒莱，民愿耕者第减之，上供自若，而逃田尽复。

除直秘阁、淮东转运副使。初，水败楚州城，修补未竟，刘超欲移筑，颖因接伴金国使，入对言："国家何苦捐百万缗为军帅幸赏地邪？"光宗从之。除户部郎中、淮东总领。务场以额钞抵赏，阴耗饷计，二十年无知此弊者，颖究核得之，以所卖数论赏而总饷增羡，迁司农少卿、淮西总领。前主计者请自为都酿，抱净息而利赢余，其後稍亏，反以大军钱佐之，邀籴江、淮，回易如负贩状。颖以为失王人之体，遂罢之。内府宣限既迫，每移供军钱以应岁输。颖搜吏弊，汰冗员，分月纲解，自是不复挪移。

寻除直宝谟阁、江东运副、知平江府，皆未行。除宗正少卿，迁起居郎兼实录院检讨官，权户部侍郎，升同修撰。以疾丐祠，提举兴国宫。除集英殿修撰、知宁国府，改知绍兴府，未几，知平江府，径归，提举兴国宫。起知泉州，升华文阁待制，请兴国祠以归。兴国祠满，除敷文阁待制致仕。嘉定改元，召赴行在，落致仕，除刑部侍郎，辞，进龙图阁待制、知婺州。请老，以宝谟阁直学士致仕。六年，卒于家，年七十八。赠光禄大夫。

在孝宗朝，人臣争承意自献。颖奏："今日之失在轻听人言，昔之施为，今复弃置，大损盛德。"孝宗嘉纳之。光宗时，论人主难克而易流者四：曰逸豫无节，赐予无度，儒臣易疏，近幸易昵。宁宗时，学禁初起，党论日兴。颖奏："愿陛下御之以道，容之以德，不然，元祐、崇、观之事可鉴也。"其言皆切中於时。

自浙西请外，凡徙麾节十余年，有以淹速讯之，颖笑曰："吾所欲也。"其在从班日，韩侂胄旧与周旋无间，方居中用事，而颖谢绝之。常言："士以不辱身为重。"其为少宗正，而丞相赵汝愚适归，相遇於废寺，泥雨不能伸足，但僧床立语曰："寄谢余参政，某虽去而人才犹在朝廷，幸善待之。"颖曰："相公人才即参政人才也，使果贤，参政之责，非宰相之忧也。"余参政，端礼也。余继相，卒於善类多所全佑，颖之助云。

徐邦宪字文子，婺州义乌人。幼颖悟，从陈传良究名物义理，以通史传百家之书。绍熙四年，试礼部，第一人登进士第。三迁为秘书郎。

韩侂胄开兵端，同恶附和，无敢先发一语议其非者，邦宪独首言之。丐外，知处州，陛辞，力谏用兵不可太骤。再岁召还，言："求名义以息兵，莫若因建储而肆赦，借殊常之恩，为弭兵之名，因行赦宥，大霈德泽。东委宣谕，西委宣抚，洗弄兵之咎，省戍边之师；发仓粟以赈饿殍，及农时而复民业。如此则建储之义，正与息兵相为表里也。"

又上侂胄书，侂胄恶其言，嗾御史徐枬击之，镌秩罢祠。未几复官，除江西宪，改江东漕，以户部郎为淮西总领。侂胄已诛，尚书倪思举邦宪自代。召对，上言："今日更化，未可与绍兴乙亥同论。秦桧专权，天下犹可以缉理，今侂胄专权，天下败坏尽矣。"除尚右郎兼太子侍讲，除左司，为金贺正使接伴。除宗正少卿，回权工部侍郎、知临安府。丐祠，知江州，奏乞郡，得节制屯戍兵，至郡疾，以宝谟阁待制致仕，卒于官，年五十七，谥文肃。

　　论曰：汪若海、柳约仕于南渡播迁之时，其志将以尊君父，故读其《麐书》而悲之。张运、李舜臣职举事修，遗爱在民。孙逢吉、张颖辨正人之非邪，正学之非伪，君子哉！商飞卿、刘颖、徐邦宪皆有立于权臣柄国之日，卓乎不为势利所移，故能尔耶！

宋史卷四〇五
列传第一六四

# 李宗勉　　袁甫　　刘黻
# 王居安

　　李宗勉字强父，富阳人。开禧元年进士。历黄州教授、浙西茶盐司、江西转运司干官。嘉定十四年，主管吏部架阁，寻改太学正。明年为博士，又明年迁国子博士。宝庆初，添差通判嘉兴府。三年，召为秘书郎。

　　绍定元年，迁著作郎。入对，言边事宜夙夜震惧，以消咎殃。明年，兼权兵郎官。时李全叛谋已露，人莫敢言，宗勉独累疏及之。又言："欲人谋之合，莫若通下情。人多好谄，揣所悦意则侈其言，度所恶闻则小其事。上既壅塞，下亦欺诬，则成败得失之机；理乱安危之故，将孰从而上闻哉？不闻则不戒，待其事至乃骇而图之，抑已晚矣。欲财计之丰，莫若节国用。善为国者常使财胜事，不使事胜财。今山东之旅，坐縻我金谷，湖南、江右、闽中之寇，蹂践我州县，苟浮费泛用，又从而侵耗之，则漏卮难盈，蠹木易坏。设有缓急，必将窘於调度，而事机失矣。欲邦本之固，莫若宽民力。州县之间，聚敛者多，椎剥之风，浸以成习。民生穷蹙，怨愤莫伸，啸聚山林，势所必至。救焚拯溺，可不亟为之谋哉？"寻改兼侍右郎官。明年入对，言天灾甚切。

　　四年，差知台州。明年，直秘阁、知婺州。六年冬，召赴行在，未行。端平元年，进直宝章阁，依旧任。越月，以宗正丞兼权右司召，

改尚左郎官,兼职仍旧。寻兼左司。五月,面对,言四事:"守公道以
悦人心,行实政以兴治功,谨命令以一观听,明赏罚以示劝惩。"次
言楮币:"愿诏有司,始自乘舆宫掖,下至百司庶府,核其冗蠹者节
之,岁省十万,则十万之楮可捐,岁省百万,则百万之楮可捐也。行
之既久,捐之益多,钱楮相当,所至流转,则操吾赢缩之柄不在楮
矣。"

　　拜监察御史。时方谋出师汴、洛,宗勉言:"今朝廷安恬,无异于
常时。士卒未精锐,资粮未充衍,器械未犀利,城壁未缮修。于斯时
也,守御犹不可,而欲进取可乎?借曰今日得蔡,明日得海,又明日
得宿、亳,然得之者未必可守。万一含怒蓄忿,变生仓猝,将何以济?
臣之所陈,岂曰外患之终不可平、土宇终不可复哉?亦欲量力以有
为、相时而後动耳。愿诏大臣,爱日力以修内治,合人谋以严边防,
节冗费以裕邦财,招强勇以壮国势。仍饬沿边将帅,毋好虚名而受
实害,左控右扼,毋失机先。则以逸待劳,以主御客,庶可保其无虞。
若使本根壮固,士马精强,观衅而动,用兵未晚。"已而洛师溃,又
言:"昔之所虑者在当守而冒进,今之所虑者在欲守而不能。何地可
控扼,何兵可调遣,何将可捍御,何粮可给饷,皆当预作措画。"又言
内降之敝,大略谓:"王府后宅之宫僚,戚里奄寺之恩赏,纶綍直下,
不经都省,竿牍陈请,时出禁廷,此皆大臣所当执奏。夫先事而言,
见几而谏,不可谓之专。善则行之,否则止之,不可谓之专。命出君
上,政归中书,不可谓之专。苟以专权为嫌,不以救过为急,每事希
旨迎合,迨其命令已下,阙失已彰,然后言事之人从而论列之,其累
圣德亦多矣。况言之未必听,听之未必行乎?"

　　进左司谏。明年春,兼侍讲。首言:"均、房、安、蕲、光、化等处
兵祸甚烈,然江面可藉以无忧者,犹有襄州,今又告变矣。襄州失则
江陵危,江陵危则长江之险不足恃。昔之所虑犹在秋,今之所虑者
只在旦夕。江陵或不守,则事迫势蹙,必有存亡之忧,悔将何及?"拜
殿中侍御史。时淮西制置使兼沿江制置副使史嵩之兼知鄂州,就鄂
建牙。宗勉言:"荆、襄残破,淮西正当南北之交,嵩之当置司淮西,

则脉络相连，可以应援，邈在鄂渚，岂无鞭不及腹之虑。若云防江为急，欲藉嵩之于鄂渚经理，然齐安正与武昌对，如就彼措置防拒，则藩篱壮而江面安矣。所谓欲保江南先守江北也。当别择鄂守，径令嵩之移司齐安。”

诏侍从、两省、台谏条陈边事，宗勉率合台奏：“蜀之四路，已失其二，成都隔绝，莫知存亡。诸司退保夔门，未必能守。襄汉昨失九郡，今郢破，荆门又破，江陵孤城，何以能立？两淮之地，人民奔迸，井邑丘墟，呜呼危哉！陛下诚能亟下哀痛之诏，以身率先，深自贬损，服御饮宴，一从简俭，放后宫浮食之女，罢掖庭不急之费，止锡赍，绝工役，出内帑储蓄以风动四方。然後劝谕戚畹、世臣，随力输财，以佐公家之调度。分上流淮西、淮东为三帅，而以江淮大帅总之。或因今任，或择长才，分地而守，听令而行。以公私之财分给四处，俾之招溃卒，募流民之强壮者，以充游兵，以补军籍。仍选沿流郡将士为捍御之图，犹可支吾。不然将水陆俱下，大合荆楚之众，扰我上流，江以南震荡矣。或谓其势强盛，宜於讲和，欲出金缯缯以奉之，是抱薪救火，空国与敌矣。”

进工部侍郎兼给事中，仍侍讲。复上疏言：“陛下忧勤於路朝之顷，而入为宴安所移；切劘於广厦之间，而退为便佞所惑。不闻减退宫女，而嫔嫱已溢于昔时；不闻褒录功臣，而节钺先加於外戚；不闻出内贮以犒战士，而金帛多糜於侈费。陛下之举动，人心所视以为卷舒者也。陛下既不以为忧，则谁复为陛下忧。”擢谏议大夫兼侍读。首言边事当增兵防托上流。又言：“求谏非难而受谏为难，受谏非难而从谏为难。苟闻之不以为戒，玩之不以为信，卒使危言鲠论，无益於世用，无救于时危，其与拒谏者相去一间耳。”

进端明殿学士、同签书枢密院事。未几，进签书。时王楫复求岁币银绢各二十万，宗勉言：“轻诺者多後患，当守元约可也。然比之开禧时，物价腾踊奚啻倍蓗矣。”史嵩之开督府，力主和议，宗勉言：“使者可疑者三。嵩之职在督战，如收复襄、光，控扼施、沣，招集山砦，保固江流，皆今所当为。若所主在和，则凡有机会可乘，不无退缩之意,必至虚捐岁月,坐失事功。"

进参知政事。及拜左丞相兼枢密使,守法度,抑侥幸,不私亲党,召用老成,尤乐闻谠言。赵汝腾尝以宗勉为公清之相。以光禄大夫、观文殿大学士致仕,卒,赠少师,谥文清。

袁甫字广微,宝文阁直学士燮之子。嘉定七年进士第一。签书建康军节度判官厅公事,授秘书省正字。入对,论"君天下不可一日无惧心。今之可惧者,大端有五:端良者斥,诏谀者用,杜忠臣敢谏之门,可惧也;兵戈既兴,饭饷不继,根本一虚,则有萧墙之忧,可惧也;陛下深居高拱,群臣奉行簿书,独运密谋之意胜,而虚心咨访之意微,天下迫切之情无由上闻,可惧也;外患未弭,内患方深,而熙熙然无异平时,自谓雅量足以镇浮,不知宴安实为鸩毒,可惧也;陛下恭俭有余,刚断不足,庸夫险人,苟求富贵,而未闻大明黜陟,军帅交结,州郡贿赂,皆自贵近化之,可惧也。其它祸几乱萌,不可悉数,将何以答天谴、召和气哉?"次乞严守帅之先,并大军之权,兴屯田之利。

迁校书郎,转对,言"边事之病,不在外而在内。偷安之根不去,规摹终不立;壅蔽之根不去,血脉终不通;忌嫉之根不去,将帅终不可择;欺诞之根不去,兵财终不可治。祖宗之御天下,政事虽委中书,然必择风采著闻者为台谏,敢于论驳者为给、舍,所以戢官邪、肃朝纲也。今日诚体是意以行之,岂复有偷安壅蔽者哉?"出通判湖州,考常平敷原以增积贮,核隐产,增附婴儿局。

迁秘书郎,寻迁著作左郎;知徽州。治先教化,崇学校,访便民事上之:请蠲减婺源绸绢万七千余匹,茶租折帛钱万五千馀贯,月桩钱六千余贯;请照咸平、绍兴、乾道宽恤指挥,受纳徽绢定每匹十两;请下转运、常平两司,豫蓄常平义仓备荒,兴修陂塘,创筑百梁。丁父忧,服除,知衢州。立旬讲,务以理义淑士心,岁拨助养士千缗。西安、龙游、常山三邑积窘预借,为代输三万五千缗,蠲放四万七千缗。郡有义庄,买良田二百亩益之。

　　移提举江东常平。适岁旱，亟发库庾之积，凡州县窠名隶仓司者，无新旧皆住催，为钱六万一千缗，米十有三万七千、麦五千八百石，遣官分行振济，饥者予粟，病者予药，尺籍之单弱者，市民之失业者，皆曲轸之。又告于朝曰："江东或水而旱，或旱而水，重以雨雪连月，道殣相望，至有举家枕藉而死者。此去麦熟尚赊，事势益急。"诏给度牒百道助费。时江、闽寇迫饶、信，虑民情易动，分榜谕安之。檄诸郡，关制司，闻于朝，为保境捍患之图，寇迄不犯。遂提点本路刑狱兼提举，移司番阳。霜杀桑，春夏雨久湖溢，诸郡被水，连请于朝，给度牒二百道振恤之。盗起常山，调他州兵千人屯广信以为备。

　　都城大火，上封事言："上下不交，以言为讳，天意人心，实同一机，灾变之作，端由於此。愿下哀痛之诏，以回天意。"诏求直言，复上疏言："灾起都邑，天意盖欲陛下因其所可见，察其所不可见，行至公无私之心，全保护大臣之体，率属群工，大明黜陟，与天下更始。"行部问民疾苦，荐循良，劾奸贪，决滞狱。所至诣学宫讲说，创书院贵溪之南，祠先儒陆九渊。岁大旱，请于朝，得度牒，缗钱、绫纸以助振恤。疫疠大作，创药院疗之。前後持节江东五年，所活殆不可数计。转将作监，领事如故。继力辞常平事。彗星见，诏求直言，上疏言："皇天所以震怒者，由愁苦之民众；人民所以愁苦者，由贪冒之风炽。愿一变上下交征之习，为大公至正之归。"

　　帝亲政，以直徽猷阁知建宁府，明年，兼福建转运判官。闽盐隶漕司，例运两纲供费，後增至十有二，吏卒并缘为奸，且抑州县变卖，公私苦之，甫奏复旧例。丁米钱久为泉、漳、兴化民患，会知漳州赵以夫请以废寺租为民代输，甫并捐三郡岁解本司钱二万七千贯助之。郡屯左翼军，本备峒寇，招捕司移之江西，甫檄使还营。俄寇作唐石，即调之以行，而贼悉平。迁秘书少监。入见，帝曰："卿久劳于外，笃意爱民，每览所陈，备见恳恻。"甫奏《无逸》之义，言知农夫稼穑艰难，自然逸欲之念不起。乞力守更化以来求贤如不及之初意。

　　迁起居舍人兼崇政殿说书。于经筵奏："刚之一字，最切於陛下。陛下徒有慕汉宣厉精为治之名，而乃堕元帝、文宗柔弱不振之失。元帝、文宗果断，不用於斥邪佞，反用於逐贤人，此二君不识刚德之真。所谓真刚者，当为之事必行，不当为者则断在勿行。"又乞"专意经训，养育精神，务令充实，上与天一，下合人心"。帝意欲全功臣之世，诏自今中外臣僚奏事，毋得护摭，以奏："是消天下谠言之气，其谓陛下何？"兼中书舍人，缴奏不摘苟小，谓："监司、郡守非其人，则一道一州之蠹也。"

时相郑清之以国用不足，履亩使输券。甫奏："避贵虐贱，有力者顽未应令，而追呼迫促，破家荡产，悲痛无聊者，大抵皆中下之户。"尝讲罢，帝问近事，甫奏："惟履亩事，人心最不悦。"又尝读《资治通鉴》，至汉高祖入关辞秦民牛酒，因奏："今日无以予人，反横科之，其心喜乎，怒乎？本朝立国以仁，陛下以为此举仁乎，否乎？"帝为恻然。

时朝廷以边事为忧，史嵩之帅江西，力主和议。甫奏曰："臣与嵩之居同里，未尝相知，而嵩之父弥忠，则与臣有故。嵩之易於主和，弥忠每戒其轻易。今朝廷甘心用父子异心之人，臣谓不特嵩之之易于主和，抑朝廷亦未免易於用人也。"疏入，不报。遂乞归，不允。授起居郎兼中书舍人。未几，擢嵩之刑部尚书，复奏疏云："臣於嵩之本无仇怨，但国事所系，谊难缄默。"嵩之诰命，终不与书行，乃出甫知江州。王遂抗疏力争，帝曰："本以授其兄袁肃，报行误耳。"令遂勉甫无它志。翼日，乃与肃江州。而殿中侍御史徐清叟复论甫守富沙日赃六十万，汤巾等又争之，清叟亦悔。未几，改知婺州，不拜。

嘉熙元年，迁中书舍人。入见，陈心源之说，帝问边事，甫奏："当以上流为急，议和恐误事。"时清叟与甫并召，而清叟未至。甫奏："台谏风闻言事，初亦何心。今人物眇然，有如清叟宜在朝廷，辞避实惟臣故，乞趣其赴阙。"又奏备边四事，曰：固江陵，堰瓦梁，与流民复业。嵩之移京湖沿江制置使、知鄂州，甫奏曰："嵩之轻脱难信。去年嵩之在淮西，王楫由淮西而来，北军蹑之。今又并湖南付之,臣恐其复以误淮西者误湖南。"疏留中不行。翼日,权吏部侍郎。引疾至八疏,赐告一月,遂归。从臣复合奏留之,寻命兼修玉牒官兼国子祭酒,皆辞不拜。

迁兵部侍郎,入见,奏:"江潮暴涌,旱魃为虐,楮币蚀其心腹,大敌肃其四支,危亡之祸,近在旦夕,乞秉一德,塞邪径。"兼给事中。岳珂以知兵财召,甫奏珂总饷二十年,焚林竭泽,珂竟从外补。迁吏部侍郎兼国子祭酒,日召诸生叩其问学理义讲习之益。时边遽日至,甫条十事,至为详明。权兵部尚书,暂兼吏部尚书,卒,曾通奉大夫,谥正肃。有《孝说》、《孟子解》、《后省封驳》、《信安志》、《江东荒政录》、《防拓录》、《乐事录》及文集行世。

甫少服父训,谓学者当师圣人,以自得为贵。又从杨简问学,自谓"吾观草木之发生,听禽鸟之和鸣,与我心契,其乐无涯"云。


刘黻字声伯,乐清人。早有令闻,读书雁荡山中僧寺,年三十四,以淳祐十年试入太学,侪辈已翕然称之。时丁大全方为台属,劾奏丞相董槐,迫逐去国,将夺其位。黻率同舍生伏阙上书,大乐言朝廷进退大臣,须当以礼。书上,忤执政,送南安军安置,归别其母解氏。解氏曰:"为臣死忠,以直被贬,分也。速行!"黻至南安,尽取濂、洛诸子之书,摘其精切之语,辑成书十卷,名曰《濂洛论语》。及大全贬,黻还太学。未几,侍御史陈垓诬劾程公许,右正言蔡荥诬劾黄之纯,二公罢出,六馆相顾失色,黻又率诸生上书言:

黻等蒙被教养,视国家休戚利害若已痛养。朝廷进一君子,台谏发一公论,则弹冠相庆,喜溢肺膺。至若君子郁而不获用,公论沮而不克伸,则忧愤忡结,寝食俱废。臣闻扶植宗社在君子,扶植君子在公论。陛下在位几三十年,端平间公正萃朝,忠谠接武,天下翕然曰:"此小元祐也。"淳祐初,大奸屏迹,善类在位,天下又翕然曰:"此又一端平也。"奈何年来培养保护之初心,不能不为之转移。

祖宗建置台谏,本以伸君子而折小人,昌公论而杜私说。

乃今老饕自肆，奸种相仍，以谄庾承风旨，以倾险设机阱，以典忍盗官爵。陛下非不识拔群贤，彼则忍於空君子之党，陛下非不容受直言，彼则勇於倒公议之戈。不知陛下何负此辈，而彼乃负陛下至此耶？

当陛下诏起汇髦之秋，而公许起自家食，正君子觇之，以为进退之机。乃今坐席未温，弹章已上，一公许去，若未害也，臣恐草野诸贤，见几深遁，而君子之脉自此绝矣。比年朋邪扇焰，缄默成风，奏事者不过袭陈言、应故事而已。幸而之纯两疏，差强人意。乃今软媚者全身，鲠直者去国，一之纯去，若未害也，臣恐道路以目，欲言辄沮，而公论之脉自此绝矣。

况今天下可言之事不为少，可攻之恶不为不多。术穷桑、孔，浸有逼上之嫌；势挟金、张，滥处牧民之职。以乳臭呆子而躐登从橐，以光范私人而累典辅藩。钱神通灵於旁蹊，公器反类於互市。天下皆知之，岂陛下独不知之。正惟为陛下纪纲者知为身谋，不为陛下谋。陛下明烛事几，讵可坠此辈蒙蔽术中，何忍以祖宗三百年风宪之司，而坏於一二小人之手耶？臣汝腾，陛下之刘向也，则以忠鲠斥；臣子才、臣栋、臣伯玉，陛下之汲黯也，则以切直罢。遂使淳祐诸君子日消月磨，至今几为之一空。彼诚何心哉？

高宗绍兴二十年之诏，有谓"台谏风宪之地，年来用人非据，与大臣为友党，济其喜怒，甚非耳目之寄。"臣窃观近事，不独台谏为大臣友党，内简相传，风旨相谕，且甘为鹰犬而听其指嗾焉。宰相所不乐者，外示以优容，而阴实颐指台谏以去之；台谏所弹击者，外若不相为谋，而阴实奉承宰相以行之。方公许之召也，天下皆知独断於宸衷，及公许之来也，天下亦知尝得罪於时宰，岂料陛下之恩终不足恃，宰相之嗔竟不可逃耶？

陛下万机之暇，试以公许、之纯与垓、荣等熟思而静评之，其言论孰正邪，孰忠孰佞，虽中智以下之主，犹知判别是非，况以陛下明圣而顾不察此？近见公许奏疏，尝告陛下揭至公以示天下，垓则以秘密之说惑上听。公许尝告陛下以宠赂日章，官邪无警，欲塞幸门，绝曲径；垓则纵侠客以兜揽关节，持阘扁以胁取举状，开赂门以簸弄按章。至若之纯之告陛下，力伸邪正之辩，明斥媚相之非，謇謇谔谔，流出肺肝；荥身居言责，闻其风声，自当愧死，尚敢妄肆萋菲，略无人心乎？

且陛下擢用台谏，若臣磊卿、臣咨夔、臣应起、臣汉弼、臣凯、臣燧，光明俊伟，卓为天下称首，然甫入而遽迁，或一鸣而辄斥，独垓、荥辈贪饕顽忍，久污要津，根据而不拔，刘向所谓“用贤转石，去佞拔山”者，乃今见之，可不畏哉？矧今国嗣未正，事会方殷，民生膏血，朘削殆尽，所赖以祈天命，系人心，惟君子与公论一脉耳。小人以不恤之心，为无忌惮之事，其意不过欲爵位日穷，权势日盛，以富贵遗子孙耳，岂暇为国家计哉。

自昔天下之患，莫大於举朝无公论，空国无君子。我朝本无大失德於天下，而乃有宣、靖之祸，夫岂无其故哉？始则邪正交攻，更出迭入，中则朋邪翼伪，阴陷潜诋，终则倒置是非，变乱黑白，不至於党祸不止。向使刘安世、陈瓘诸贤尚无恙，杨畏、张商英、周秩辈不久据台纲，其祸岂至此烈。古语云：“前车覆，后车戒。”今朝廷善类无几，心怀奸险者，则以文藻饰佞舌；志在依违者，则以首鼠持圆机。宗社大计，孰肯明目张胆为陛下伸一喙者，则其势必终於空国无君子，举朝无公论。无君子，无公论，脱有缓急，彼一二险人者，陛下独可倚仗之乎？

若垓之罪，又浮於荥，虽两观之诛，四裔之投，犹为轻典，陛下留之一日，则长一日之祸，异时虽借尚方剑以砺其首，尚何救於国事之万一哉？

又曰：“自昔大奸巨擘，投闲散地，惟觇朝廷意向，以图进用之机。元祐间，章惇、吕惠卿皆在贬所。自吕大防用杨畏为御史，初意不过信用私人，牢护局面，不知小人得志，摇唇鼓吻，一时正人旋被斥逐，继而章惇复柄用，虽大防亦不能安其身於朝廷之上。今右辖久虚,奸臣垂涎有日矣,闻之道路饭遗不止于鞭靮,脉络潜通于禁近,正陛下明察事机之时。若公论不明,正人引去,则迟回展转,钧衡重寄,必归於章惇等乃止。今日之天下,乃祖宗艰难积累之天下,岂堪此辈再坏耶?"

又谏游幸疏曰:

天下有道,人主以忧勤而忘逸乐;天下无道,人主以逸乐而忘忧勤。自昔国家乂安,四夷宾服,享国日久,侈心渐生,若汉武帝之单于震詟,而有千门万户之观,唐明皇之北边无事,而有骊山温泉之幸。至于隋之帝,陈之後主,危亡日迫,游观无度,不足效也。尧、舜、禹、汤、文、武之兢业祗惧,终始忧勤,《无逸》言:游畋则不敢,日昃则不暇食。曷尝借祈禳之说,以事游观之逸。比年以来,以幸为利,以玩为常,未免有轻视世故、眇忽天下之心。单于未尝震詟,而有武帝多欲之费耗;北边未尝无事,而有明皇宴安之鸩毒。

陛下春秋尚少,贻谋垂宪之机,悉在陛下,作而不法,後嗣何观?自十数年间,创龙翔,创集庆,创西太一,而又示之以游幸,导之以祷祠,蛊之以虚诞不经之说。孔子曰:"少成若天性,习惯如自然。"积久惯熟,牢不可破,谁得而正之?且西太一之役,佞者进曰:"太一所临分野则为福,近岁自吴移蜀。"信如祈禳之说,西北坤维按堵可也。今五六十州,安全者不能十数,败降者相继,福何在邪?武帝祠太一于长安,至晚年以虚耗受祸,而後悔方士之缪。虽其悔之弗早,犹愈於终不足悔者也。

大凡人主不能无过,脱有过言过行,宰执、侍从当言之,给舍、台谏当言之,缙绅士大夫当言之,皆所以纳君於当道者也。今陛下未为不知道,未为不受人言,宰执以下希宠而不言,与夫言之而不力,皆非所以爱陛下也。其心岂以士此为当而不必言哉?直以陛下为不足以望尧、舜、禹、汤、文、武之主,而以汉武、明皇待陛下也。

以材署昭庆军节度掌书记,由学官试馆职。咸淳三年,拜监察

御史,论内降恩泽曰:

治天下之要,莫先于谨命令,谨命令之要,莫先于塞内批。命令,帝王之枢机,必经中书参试,门下对驳,然后付尚书省施行,凡不由三省施行者,名曰"斜封墨敕",不足效也。臣睹陛下自郊祀庆成以来,因数绸缪,指挥烦数,今日内批,明日内批,邸报之间,以内批行者居其半,切为陛下惜之。

出纳朕命载于《书》,出纳王命咏於《诗》,不专言出而必而纳者,盖以命令系朝廷之大,不能皆中乎理,於是有出而言复有纳焉。祖宗时,禁中处分军国事付外者谓之内批,如取太原、下江南,韩琦袖以进呈,英宗悚然避坐,此岂非谨内批之原哉?臣日夜念此,以为官爵陛下之官爵,三省陛下之三省,所谓同奉圣旨,则是三省之出命,即出陛下之命也,岂必内批而後为恩?缘情起事,以义制欲,某事当行,某事当息,具有条贯,何不自三省行之,其有未穆於公论者,许令执奏,顾不韪欤。

元祐间,三省言李用和等改官移镇恩例,今高氏、朱氏,皆举故事,皇太后曰:"外家恩泽,方欲除损,又可增长乎?"治平初,欲加曹佾使相,皇太后再三不许;又有圣旨,令皇后本家分析亲的骨肉闻奏,亦与推恩,司马光力谏,以为皇太后既然损抑外亲,则后族亦恐未宜褒进。乃今前之恩数未竟,後之恩数已乘。宰执惧有所专而不敢奏,给舍、台谏惧有所忤而不敢言,更如此者数年,将何以为国? 故政事由中书则治,不由中书则乱,天下事当与天下共之,非人主所可得私也。

四年,改正字,言:"正学不明则义理日微,异端不息则鼓惑转炽。臣非不知犯颜逆耳,臣子所难,实以君德世道,重有关系,不容不恳恻开陈。疏上逾日,未蒙付外。孟轲有云:'有言责者,不得其言则去。'臣忝职谏省,义当尽言,今既不得其言,若更贪慕恩荣,不思引去,不惟有负朝廷设官之意,其於孟轲明训,实亦有慊。"

会丁父忧去位,服除,授集英殿修撰,沿海制置、知庆元府事。建济民庄,以济士民之急,资贡士春官之费,备郡庠耆老缓急之需。

又请建慈湖书院。八年,召还,拜刑部侍郎。九年,改朝奉郎,试吏部尚书,兼工部尚书,兼中书舍人,兼修玉牒,兼侍读。上疏请给王十朋祠堂田土。十年,丁母忧。明年,江上溃师,丞相陈宜中起复黻为端明殿学士,不起。及贾似道、韩震死,宜中谋拥二王由温州入海,以兵逆黻共政,将逊相位,于是黻托宗祀於母弟成伯,遂起,及罗浮,以疾卒。

初,陈宜中梦人告之曰:今年天灾流行,人死且半,服大黄者生。"继而疫疠大作,服者果得不死,及黻病,宜中令服之,终莫能救。其配林氏举家蹈海。未几,海上事亦瓦解矣。黻有《蒙川集》十卷行于世。

王居安字资道,黄岩人。始名居敬,字简卿,避桃庙嫌易之。始能言,读《孝经》,有从旁指曰:"晓此乎?"即答曰:"夫子教人孝耳。"刘孝韩七月八日过其家塾,见居安异凡儿,使赋八夕诗,援笔成之,有思致。孝韩敬拊其背曰:"子异日名位必过我。"入太学,淳熙十四年举进士,授徽州推官,连遭内外艰,柄国者以居安十年不调,将径授职事官,居安自请试民事,乃授江东提刑司干官。使者王厚之厉锋气,人莫敢婴,居安遇事有不可,平面力争不少屈。

入为国子正、太学博士。入对,首言:"人主当以知人安民为要,人未易知,必择宰辅侍从之贤,使引其类;民未易安,必求恺悌循良之吏,以布其泽。"次言:"火政不修,罪在京尹,军律不明,罪在殿、步两司,罪钧异罚固不可,安有薄罚一步帅而二人置弗问乎?"迁校书郎。居安乞召试,言:"祖宗时惟进士第一不试,苏轼以高科负重名,英宗欲授馆职,韩琦犹执不从。"执政谓居安曰:"朝廷于节度尚不较,况馆职乎?"居安因言:"节钺之重,文非位极,武非勋高,胡可妄得。丞相言不较,过矣。"时苏师旦命且下,故居安言及之。改司农丞。御史迎意论劾,主管仙都观。

逾年,起知兴化军。既至,条奏便民事,乞行经界。且言:"蕃舶多得香犀象翠,崇侈俗泄铜锚,有损无益,宜遏绝禁止。"皆要务也。

通商贾以损米价,诛剧盗以去民害。召为秘书丞。转对,言:"置宣司,不闻进取之良规;遣小使,寂无确许之实报。但当严饬守备,益兵据险以待之,此庙算之上也。"李壁尝语人曰:"比年论疆事无若王秘丞之明白者。"

迁著作郎兼国史实录院检讨编修官,兼权考功郎官。诛韩侂胄,居安实赞其决。翼日,擢右司谏。首论:

> 侂胄以预闻内禅之功,窃取大权,童奴滥授以节钺,嬖妾窜籍於官庭。创造亭馆,震惊太庙之山;燕乐语笑,澈闻神御之所,忽慢宗庙,罪宜万死。托以大臣之荐,尽取军国之权。台谏、侍从,惟意是用,不恤公议;亲党姻娅,猎取美官,不问流品;名器僭滥,动违成法,窃弄威柄,妄开边隙。自兵端一启,南北生灵,壮者死锋刃,弱者填沟壑。荆襄、两淮之地,暴尸盈野,号哭震天。军需百费,科扰州县,海内骚然。迹其罪状,人怨神怒,众情汹汹,物议沸腾,而侂胄箝制中外,罔使陛下闻知,宦官宫妾,皆其私人,莫肯为陛下言者。西蜀吴氏,世掌重兵,顷缘吴挺之死,朝廷取其兵柄,改畀它将,其策至善。侂胄与曦结为死党,假之节钺,复授以全蜀兵权。曦之叛逆,罪将谁归?使曦不死,侂胄未可知也。
>
> 侂胄数年之间,位极三公,列爵为王,外则专制东西二府之权,内则窥伺宫禁之严,奸心逆节,具有显状。纵使侂胄身膏斧钺,犹有余罪,况兵衅未解,朝廷倘不明正典刑,何以昭国法,何以示敌人,何以谢天下?今诚取侂胄肆诸市朝,是戮一人而千万人获安其生也。侂胄既有非常之罪,当伏非常之诛,讵可以常典论哉?
>
> 右丞相陈自强素行污浊,老益贪鄙,徒以贫贱私交,自一县丞超迁,径至补辅,奸恺附丽,黩乱国经。较其罪恶,与侂胄相去无几。乞追责远窜,以为为臣不忠、朋邪误国者之戒。

又劾曦外姻郭倪、郭僎,窜岭表,天下快之。

继兼侍讲。方侂胄用事,箝天下之口,使不得议己,太府寺丞吕祖俭以谪死，布衣吕祖泰上书直言，中以危法，流之远郡。居安奏请明其冤，以伸忠鲠之气。又疏言："古今之治本乱阶，更为倚伏。以治易乱则反掌而可治，以乱治乱则乱去而复生。人主公听则治，偏信则乱；政事归外朝则治，归内廷则乱；问百辟士大夫则治，问左右近习则乱，大臣公心无党则治，植党行私则乱；大臣正、小臣廉则治，大臣污、小臣贪则乱。如用人稍误，是一侂胄死，一侂胄生也。"

赵彦逾与楼钥、林大中、章燮并召，居安言："钥与大中用，宗庙社稷之灵，天下苍生之福，彦逾不可与之同日而语。彦逾始以赵汝愚不与同列政地，遂启侂胄专政之谋，汝愚之斥死，彦逾之力居多，而彦逾者，汝愚之罪人也。陛下乃使与二人者同升，不几于薰莸同器、邪正并用乎？非所以示趋向于天也。"疏已具，有微闻者，除目夜下，迁起居郎兼崇政殿说书。於是为谏官才十有八日。既供职，即直前奏曰："陛下特迁臣柱下史者，岂非欲使臣不得言耶？二史得直前奏事，祖宗法也。"遂极论之，又言："臣为陛下耳目官，谏纸未乾，乃以近权要徙他职，不得其言则去，臣不复留矣。"帝为改容。御史中丞雷孝友论其越职，夺一官，罢。太学诸生有举幡乞留者。四明杨简邂逅山阴道中，谓"此举吾道增重"。江陵项安世致书曰："左史，人中龙也。"

逾年，复官，知太平州。当边遽甫定，岁俭，汰去军群聚寇攘，居安威惠流行，晏然若无事时。将副刘佑为怨家诣阙告密，置狱金陵，居安以书抵当路辩其冤，或谓"佑自诬服，得无嫌於党逆乎？"居安曰："郡有无辜死，奚以守为？"事果白。以直龙图阁提黠浙西刑狱。葛怿者，用戚蜀恩补官，豪於赀，尝憾父之嬖，既去而诬以盗，株连庾死者数人，怿乃未尝一造庭。居安一阅得实，立捕系论罪，械送他州。入对，帝曰："卿有用之才也。"权工部侍郎，以集英殿修撰知隆兴府。

初，盗起郴黑风峒，罗世传为之倡，势张甚。湖南所在发兵扼要冲，义丁表里应援，贼乏食，少懈，主兵者稍坚持之，则就禽矣。会江西帅欲以买降为功，遣人间道说贼，馈盐与粮，贼喜，谋益逞。帅以病卒，继者蹈其敝。贼阴治械，外送款，身受官峒中，不至公府。义丁皆恚曰："作贼者得官，我辈捐躯壤产业，何所得！"于是五合六聚，各以峒名其乡，李元励、陈廷佐之徒，并起为贼矣。放兵四劫，掀永新，撤龙泉，江西列城皆震。朝廷调江、鄂之兵屯衡、赣，而他兵驻龙泉者命吉守节制焉。吉守率师往，几为贼困，池兵来援失利。朝廷忧之，遂以居安为帅。

居安以书晓都统制许俊曰："贼胜则民皆为贼，官军胜则贼皆为民，势之翕张，决於此举。将军素以勇名，挫于山贼可乎？"俊得书皇恐，不敢以他帅事居安。居安督战于黄山，胜之，贼始惧，走韶州，为摧锋军所败，势日蹙。吉守前以战不利，用招降之策，遣吏持受降图来，书贼衔"江湖两路大都统"。居安笑曰："贼玩侮如此，犹为国有人乎？"白诸朝，吉守以祠去。遂命居安节制江、池大军，驻庐陵督捕，邻郡事。召土豪问便宜，皆言贼恃险陟降如猿猱，若钞吾粮，吾事危矣。居安曰："吾自有以破贼。"会元励执练木桥贼首李才全至，居安厚待才全而赏元励，众皆感。罗世传果疑元励之贰已，遂交恶。元励率众攻世传，居安语俊曰："两虎斗于穴，吾可成卞庄子之功。"世传族练木桥贼党袭元励，俘其孥，禽元励以献。时青草峒贼亦就禽，并磔于吉之南门。元励既诛，世传以功负恃益骄蹇，名效顺而实自保。俊请班师，居安不许，俾因贼堡壁固守。居亡何，世传以功负恃益骄蹇，名效顺而实自保。俊请班师，居安不许，俾因贼堡壁固守。居亡何，世传果与兄世禄俱叛。居安奏乞朝廷毋忧，今落其角距，可一战禽也。乃密为方略，遣官民兵合围之，世传自经死。斩其首以徇，群盗次第平。居安之在军中也，赏厚罚明，将吏尽力，始终用以贼击贼之策，故兵民无伤者，江西人祠而祝之，刻石纪功。徙镇襄阳，以言者罢，闲居十有一年。

嘉定十五年与魏了翁同召，迁工部侍郎。时方受宝，中朝皆动色相贺。入对，首言："人主畏无难而不畏多难，舆地宝玉之归，盍思当时之所以失。"言极切至。甫两月，以集英殿修撰提举玉隆宫。未几，以宝谟阁待制知温州，郡政大举。

　　理宗即位,以敷文阁待制知福州,升龙图阁直学士,转大中大夫,提举崇福宫。将行,盐寇起宁化,居安以书谕汀守曰:"土瘠民贫,业於盐可尽禁耶? 且彼执三首恶以自赎,宜治此三人,他可勿治。"部使者遣左翼军将邓起提兵往,起贪夜冒险与寇角以死,军溃,民相惊逃去。事闻,命居安专任招捕。居安既留,募军校刘华、丘锐者授以计画,至汀而贼已至郡矣,州人大惧。贼知帅有抚纳意,即引退。华、锐出入贼中,指期约降。有以右班摄汀守者,倔强好大言,以知兵自任,欲出不意为己功。贼知其谋,败降约,而建、剑诸郡并江西啸聚蜂起矣。居安议不合,叹曰:"吾可复求焦头烂额之功耶?"即拜疏归。

　　居安以书生,于兵事不学而能,必诛峒寇而降汀寇,皆非苟然者。卒,累赠少保。居安宅心公明,待物不贰。有《方岩集》行世。

　　论曰:李宗勉在庶僚,论事平直,及入相,负公清之称。袁甫学有本原,善达其用,持节所过,其民至今思之。刘黻分别邪正,侃侃敢言,亦难能者。王居安扫除群邪,以匡王国,其志壮哉!

宋史卷四〇六
列传第一六五

# 崔与之　　洪咨夔　　许奕
# 陈居仁 子卓　　刘汉弼

　　崔与之字正子,广州人。父世明,试有司连黜,每曰"不为宰相
则为良医",遂究心岐、黄之书,贫者疗之不受直。与之少卓荦有奇
节,不远数千里游太学。绍熙四年举进士,广之士繇太学取科第自
与之始。

　　授浔州司法参军。常平仓久弗葺,虑雨坏米,撤居廨瓦覆之。郡
守欲移兑常平之积,坚不可,守敬服,更荐之。调淮西提刑司检法
官。民有窘於豪民逋负,殴死其子诬之者,其长欲流之,与之曰:"小
民计出仓猝,忍使一家转徙乎?况故杀子孙,罪止徙。"卒从之。知
建昌之新城,岁适大歉,有强发民廪者,执其首,折手足以徇,盗为
止,劝分有法,贫富安之。开禧用兵,军旅所需,天下骚然,与之独买
以系省钱。吏告月解不登,曰:"宁罢去。"和籴令下,与之独以时贾
籴,令民自概。通判邕州,守武人,苛刻,衣赐不时给,诸卒大哄。漕
司檄与之摄守,叛者帖然,乃密访其首事一人斩之,阖郡以宁。擢发
遣宾州军事,郡政清简。

　　寻特授广西提点刑狱,遍历所部,至浮海巡朱崖,秋毫无扰州
县,而停车裁决,奖廉劾贪,风采凛然。朱崖地产苦蕈,民或取叶以
代茗,州郡征之,岁五百缗。琼人以吉贝织为衣裳,工作皆妇人,役
之有至期年者,弃稚违老,民尤苦之。与之皆为榜免。其他利病,罢

行甚众。琼之人次其事为《海上澄清录》。岭海去天万里,用刑惨酷,贪吏厉民,乃疏为十事,申论而痛惩之。高惟肖尝刻之,号《岭海便民榜》。广右僻县多右选摄事者,类多贪黩,与之请援广东循、梅诸邑,减举员赏格,以劝选人。熙宁免役之法,独不及海外四州,民破家相望。与之议举行未果,以语颜戣,戣守琼,遂行之。

召为金部员外郎,时郎官多养资望,不省事,与之钜细必亲省决,吏为欺者必杖之,莫不震栗。金南迁于汴,朝议疑其进迫,特授直宝谟阁、权发遣扬州事、主管淮东安抚司公事。宁宗宣引入内,亲遣之,奏选守将集民兵为边防第一事。既至,浚濠广十有二丈,深二丈。西城濠势低,因疏塘水以限戎马。开月河,置钓桥。州城与堡砦城不相属,旧筑夹土城往来,为易以甓。因滁有山林之阻,创五砦,结忠义民兵,金人犯淮西,沿边之民得附山自固,金人亦疑设伏,自是不敢深入。

扬州兵久不练,分强勇、镇淮两军,月以三、八日习马射,令所部兵皆仿行之。淮民多畜马善射,欲依万弩手法创万马社,募民为之,宰相不果行。浙东饥,流民渡江,与之开门抚纳,所活万余。楚州工役繁夥,士卒苦之,叛入射阳湖,亡命多从之者。与之给旗帖招之,众闻呼皆至,首谋者独迟疑不前,禽戮之,分其余录诸军。

山东李全以众来归,与之移书宰相,谓:“自昔召外兵以集事者,必有後忧。”宰相欲图边功,诸将皆怀侥幸,都统刘琸承密札取泗州,兵渡淮而後牒报。琸全军覆没,与之乘忧愤,驰书宰相,言:“与之乘鄣五年,子养士卒,今以万人之命,坏於一夫之手,敌将乘胜袭我。”金人入境,宰相连遗与之三书,俾议和。与之答曰:“彼方得势,而我与之和,必遭屈辱。今山砦相望,边民米麦已尽输藏,野无可掠,诸军与山砦并力剿逐,势必不能久驻。况东海、涟水已为我有,山东归顺之徒已为我用,一旦议和,则涟、海二邑若为区处?山东诸酋若为措置?望别选通才,以任和议。”与之自刘琸败,丞修守战备,遣精锐,布要害。金人深入无功,而和议亦寝。

时议将姑阙两淮制置,命两淮帅臣互相为援,与之启庙堂曰:

"两淮分任其责,而无制阃总其权,则东淮有警,西帅果能疾驰往救乎?东帅亦果能疾驰往救西淮乎?制阃府瞰两淮,特一水之隔,文移往来,朝发夕至,无制阃则事事禀命朝廷,必稽缓误事矣。"议遂寝。

召为秘书少监,军民遮道垂涕。与之力辞召命,竟还。将度岭,趣召不已,行次池口,闻金人至边,乃造朝奏:"今边声可虑者非一,惟山东忠义区处要不容缓。"前後累疏数千言。每叹养虎将自遗患。

升秘书监兼太子侍讲,权工部侍郎。未几,成都帅董居谊以黩货为叛卒所逐,总领杨九鼎遇害,蜀大扰。与之以选为焕章阁待制知成都府本路安抚使,至即帖然。时安丙握蜀重兵久,每忌蜀帅之自东南来者,至是独推诚相与。丙卒,诏尽护四蜀之师,开诚布公,兼用吴、蜀之士,拊循将士,人心悦服。先是,军政不立,戎帅多不协和,刘昌祖在西和,王大才在沔州,大才之兵屡衄,昌祖不救,遂弃皁郊。吴政屯凤州,张威屯西和,金人自白还堡突入黑谷,威不尾袭,而迂路由七方关上青野原,金人遂得入凤州。与之戒以同心体国之大义,於是戎帅协和,而军政始立。

先是,丙尝纳夏人合从之请,会师攻秦、巩,而夏人不至,遂有皁郊之败。与之至是饬边将不得轻纳。逾年,夏人复攻金人,遣百骑入凤州,邀守将求援兵。与之使都统李冲来言曰:"通问当遣介持书,不当遣兵径入。若边民不相悉,或有相伤,则失两国之好,宜敛兵退屯。"夏人知不可动,不复有言。初,金人既弊,率众南归者所在而有,或疑不敢纳。与之优加爵赏以来之。未几,金万户呼延棫等扣洋州以归,与之察其诚,纳之,籍其兵千余人,皆精悍善战,金人自是不敢窥兴元。既复镂榜边关,开谕招纳,金人谍得之,自是上下相疑,多所屠戮,人无固志,以至于亡。

蜀盛时,四戎司马万五千有奇,开禧後,安丙裁去三之一,嘉定损耗过半,比与之至,马仅五千。与之移檄茶马司,许戎司自於关外收市如旧,严私商之禁,给细茶,增马价,使无为金人所邀。总司之给料不足者,亦移檄增给之。乞移大帅於兴元,虽不果行,而凡关外林木厚加封殖，以防金人突至。隔篦关、盘车岭皆极边，号天险，因厚间探者赏，使觇之，动息悉知，边防益密。总计告匮，首拨成都府等钱百五十万缗助籴本。又虑关外岁籴不多，运米三十万石积沔州仓，以备不测。初至，府库钱仅万余，其后至千余万，金帛称是。蜀知名士若家大酉、游似、李性传、李心传、度正之徒皆荐达之，其有名浮於实、用过其才者，亦历历以为言。沔帅赵彦呐方有时名，与之独察其大言亡实，它日误事者必此人，移书庙堂，欲因乞祠而从之，不可付以边藩之寄，后果如其言。与之以疾丐归，朝廷以郑损代，既受代，金谍知之，大入，与之再为临边，金人乃退。召为礼部尚书，不拜，便道还广。蜀人思之，肖其像于成都仙游阁，以配张咏、赵抃，名三贤祠。

理宗即位，授充显谟阁直学士、知潭州、湖南安抚使，辞，提举西京嵩山崇福宫。迁焕章阁学士、知隆兴府、江西安抚使，又辞，授徽猷阁学士、提举南京鸿庆宫。端平初，帝既亲政，召为吏部尚书，数以御笔起之，皆力辞。金亡，朝廷议取三京，闻之顿足浩叹。继而授端明殿学士、提举嵩山崇福宫，亦辞，俄授广东经略安抚使兼知广州。

先是，广州摧锋军远戍建康，留四年，比撤戍归，未逾岭，就留戍江西，又四年，转战所向皆捷，而上功幕府，不报，求撤戍，又不报，遂相率倡乱，纵火惠阳郡，长驱至广州城，声言欲得连帅泊幕属甘心焉。与之家居，肩舆登城，叛兵望之，俯伏听命，晓以逆顺祸福，其徒皆释甲，而首谋数人，惧事定独受祸，遂率之遁去，入古端州以自固。至是，与之闻命亟拜，即家治事，属提刑彭铉讨捕，潜移密运，人无知者。俄而新调诸军毕集，贼战败请降，桀黠不悛者戮之，其余分录诸州。

帝於是注想弥切，拜参知政事，拜右丞相，皆力辞。乃访以政事之孰当罢行，人才之孰当用舍？与之力疾奏：“天生人才，自足以供一代之用，惟辨其君子小人而已。忠实而有才者，上也；才虽不高，而忠实有守者，次也。用人之道，无越于此。盖忠实之才，谓之有德而有才者。若以君子为无才，必欲求有才者用之，意响或差，名实无别，君子、小人消长之势，基于此矣。陛下励精更始，擢用老成，然以正人为迂阔而疑其难以集事，以忠言为矫激而疑其近於好名，任之不专，信之不笃。或谓世数将衰，则人才先已凋谢，如真德秀、洪咨夔、魏了翁，方此柄用，相继而去，天意固不可晓。至於敢谏之臣，忠於为国，言未脱，斥逐随之，一去而不可复留，人才岂易得，而轻弃如此。陛下悟已往而图方来，昨以直言去位者亟加峻擢，补外者亟与召还，使天下明知陛下非疏远正人，非厌恶忠言，一转移力耳。陛下收揽大权，悉归独断。谓之独断者，必是非利害，胸中卓然有定见，而後独断以行之。比闻独断以来，朝廷之事体愈轻，宰相进拟多沮格不行，或除命中出，而宰相不与知，立政造命之原，失其要矣。大抵独断当以兼听为先，倘不兼听而断，其势必至於偏听，实为乱阶，威令虽行于上，而权柄潜移於下矣。”

又曰：“边臣主和，朝廷虽知，而未尝明有施行。忧边之士，剀切而言，一鸣辄斥，得非朝廷亦阴主之乎？假使和而可保，亦当议而行之可也。”又曰：“比年以变灾层出，盗贼跳梁，雷雹震惊，星辰乖异，皆非细故。京城之灾，七年而两见，岂数万户生灵皆获罪於天者。百姓有过，在予一人，此陛下所当凛凛，惟有求直言可以裨助君德，感格天心。”又曰“戚畹、旧僚，凡有丝发夤缘者，孰不乘间伺隙以求其所大欲，近习之臣，朝夕在侧，易於亲昵，而难於防闲。司马光谓‘内臣不可令其采访外事，及问以群臣能否’，盖干预之门自此始也。若谓其所言出於无心，岂知爱恶之私，因此而入，其于圣德，宁无玷乎？”帝览奏嘉叹趣召愈力，控辞至十有三疏。

嘉熙三年，乃得致仕，以观文殿大学士提举洞霄宫。自领乡郡，不受廪禄之入，凡奉余皆以均亲党。薨时年八十有二，遗戒不得作佛事。累封至南海郡公，谥清献。

洪咨夔字舜俞，於潜人。嘉定二年进士，授如皋主簿，寻试为饶州教授。作《大治赋》，楼钥赏识之。授南外宗学教授，以言去。丁母忧，服除，应博学宏词料，直院庄夏举自代。

　　崔与之帅淮东，辟置幕府，边事纤悉为尽力。丘寿隽代与之为帅，金人犯六合，扬州闭门设守，咨夔亟诣寿隽言曰："金人忌楚，必未至扬，乃先自示弱，不特淮左之人心动，而金人且骄必来矣。第当远斥堠、精间探，简士马，张外郡声援而大开城门，晏然如平时。若金人果来犯，某当身任之。"寿隽愧谢。已而金人果遁。山阳兼帅事青州张林请献铜钱二十万缗，咨夔谓宜以所献就犒其军，如唐魏博故事，使无轻量中国心。帅乃令输其半，林亦不复来。

　　与之帅成都，请於帝，授咨夔籍田令、通判成都府。与之为制置使，首檄咨夔自近，辞曰："今当开诚心、布公道，合西南人物以济国事，乃一未有闻而先及门生、故吏，是示人私也。"卒不受，惟以通判职事往来效忠，蜀人高之。寻知龙州。州岁贡麸金，率科矿户，咨夔曰："将奉上乃厉民乎？"出官钱市之。江油之民岁戍边，复苦军饷，为请于制、漕司免之。毁邓艾祠，更祠诸葛亮，告其民曰："毋事仇雠而忘父母。"

　　还朝，为秘书郎，迁金部员外郎。会诏求直言，慨然曰："吾可以尽言瘳主矣。"其父见其疏，曰："吾能吃茄子饭，汝无忧。"史弥远读至"济王之死，非陛下本心"，大恚，掷于地。转考功员外郎。转对，复言李全必为国患。于是台谏李知孝；梁成大交论，镌二秩。读书故山，七年而弥远死，帝亲政五日，即以礼部员外郎召，入见，乞养英明之气，及论君子小人之分。帝问今日急务，对以"进君子而退小人，开诚心而布公道"。且言"在陛下一念坚凝"。又问在外人物，对以"崔与之护蜀而归，闲居十年，终始全德之老臣，若趣其来，可为朝廷重。真德秀、魏了翁陛下所简知，当聚之本朝"。

　　翼日，与王遂并拜监察御史。咨夔感激知遇，谓遂曰："朝无亲擢台谏久矣，要当极本穷原而先论之。"乃上疏曰："臣历考往古治乱之原，权归人主，政出中书，天下未有不治。权不归人主，则廉级一夷，纲常且不立，奚政之问？政不出中书，则腹心无寄，必转而他属，奚权之揽？此八政驭群臣，所以独归之王，而诏之者必天官冢宰也。陛下亲政以来，威福操柄，收还掌握，扬廷出令，震撼海宇，天下始知有吾君。元首既明，股肱不容于自惰，撤副封，罢先行，坐政事堂以治事，天下始知有朝廷。此其大权，大政，亦略举矣。然中书之敝端，其大者有四：一曰自用，二曰自专，三曰自私，四曰自固。愿陛下于从容论道之顷，宣示臣言，俾大臣充初志而加定力，惩往辙而图方来，以仰称励精更始之意。"帝嘉纳之。又首乞罢枢密使薛极以厉大臣之节，章三上，卒出之。其他得罪清议者，相继劾去，朝纲大振。

明年，改元端平。咨夔预乞于正月朔下诏求直言，使人人得尽言无隐，又乞令内职任之穷者各举所知，皆从之。时登进诸儒，以广讲读、说书之选。咨夔言圣学之实，所当讲明而推行者有六：一，亲睦本支；二，正始闺门；三，警肃侍御；四，审正邪用舍；五，储养文武之才；六，忧根本无生事邀功。又言常平义仓、盐课及苗税多取之敝。京湖以《八陵图》来上，咨夔援绍兴留司奉表八陵及东晋大都督亲谒五陵故事，乞先诏制臣往省，俟还，别议朝祭。又复以完颜守绪骨来献，时相侈大其事，咨夔曰："此朽骨耳，函之以葬大理寺可也。第当以金亡告九庙，归诸祖宗德泽，况与大敌为邻，抱虎枕蛟，事变叵测，顾可侈因人之获，使边臣论功，朝臣颂德。且陛下知慕崇政受俘之元祐，独不鉴端门受降之崇宁乎？"然不果悉从。

擢殿中侍御史，会王定入台察，力诋蒋重珍，咨夔乃按定疾视善良，乞罢之。越三日左迁定，而擢咨夔中书舍人，寻兼权吏部侍郎，与真德秀同知贡举，俄兼直学士院。时咨夔口疡已深，复上疏谓当引咎悔过，且乞祠，帝曰："卿在朝多有裨益，何轻去？"咨夔奏："臣数备台谏，给舍，皆不能遏六月之师，何补於朝？臣病久当去，去犹足裨风俗。"帝勉留之，迁吏部侍郎兼给事中。奏："比徇私成俗，化实未更，所恃以一公铄万私者独陛下耳，而好乐营缮，亲厚近属，保护旧臣，若未能无所系累。"上在位逾一纪，国本未立，未有敢深言之者，咨夔乞择宗室子养之，并为济王立后。

擢给事中，史嵩之入相，召赴阙下，进刑部尚书，拜翰林学士、知制诰。求去愈力,加端明殿学士,卒。御笔:"洪咨夔鲠亮忠悫,有助新政,与执政恩例,特赠两官。"其遗文有《两汉诏令览抄》、《春秋说》、外内制、奏议、诗文行于世。

许奕字成子,简州人。以父任主长江簿。丁内艰,免丧调涪城尉。庆元五年,宁宗亲擢进士第一,授签书剑南东川节度判官。未期年,持所生父心丧,召为秘书省正字,迁校书郎兼吴兴郡王府教授。寻迁秘书郎、著作佐郎、著作郎,权考功官,非报竭问疾不出。

迁起居舍人,韩侂胄议开边,奕贻书曰:"今日之势,如元气仅属,不足以当寒暑之寇。"又因转对,论:"今日之急惟备边,而朝廷晏然,百官充位如平时。京西、淮上之师败同罚异。总领,王人也,而听宣抚司节制,或为参谋。庙堂之议,外廷莫得闻,护圣之军,半发于外,而禁卫单薄。"乞鞠勘贼吏,永废勿用,特与放行以启侥幸者,宜加遏绝。所言皆侂胄所不乐也。

蜀盗既平,以起居舍人宣抚四川。奕谓:"使从中遣,必淹时乃至,既又徒云犒师,而不以旌别淑慝为指,无以慰蜀父老之望。"执政是其言。又请:"遇朝会,起居郎、舍人分左右立如常仪。前後殿坐,侍立官御坐东南面西立,可以获闻圣训,传示无极。臣僚奏事,亦不敢易。"诏下其疏讨论之。

遣奕使金,奕与骨肉死诀,诣执政趣受指请行,执政曰:"金人要索,议未决者尚多,今将奈何?"奕曰:"往集议时,奕尝谓增岁币、归俘虏或可耳,外此其可从乎?不可行者,当死守之。"寻迁起居郎兼权给事中,以国事未济力辞,不许。金人闻奕名久,礼迓甚恭,方清暑,离宫相距二十里,至是特为奕还内。方射,奕破的十有一,乃卒行成。还奏,帝优劳久之。奕复奏:"和不可恃,宜葺纪纲,练将卒,使屈信进退之权,复归于我。"客有以使事贺者,奕怃然曰:"是岂得已者,吾深为天下愧之。"

权礼部侍郎,条六事以献。俄兼侍讲。会谏官王居安、傅伯成以言事去职,奕上疏力争之。其後又因炎异申言曰:"比年上下以言为讳,谏官无故而去者再矣。以言名官,且不得尽,况疏远乎。"又论:"用兵以来,资赏泛滥,侥幸捷出,宜加裁制。"夏旱,诏求言,奕言:"当以实意行实政,活民于死,不可责偿于祷祠之间而已也。蝗至都城,然后下礼寺讲醄祭,孰非王土,顾及境而惧,偶不至辇下,则终不以为灾乎。"又曰:"权臣之诛也,下至闾巷,欢声如雷。盖更化之初,人有厚望,久而无以相远也,此谤读言之所从生。"又曰:"内降非盛世事也,王璹进状不实而经营以求幸免,裴伸何人,骤为带御器械。"时应诏者甚众,奕言最为剀切。摄兼侍读,每进读至古今治乱,必参言时事:"愿陛下试思,设遇事若此,当何以处之。"必拱默移时,俟帝凝思,乃徐竟其说。帝曰:"如此则经筵不徒设矣。

迁吏部侍郎兼修玉牒官,兼权给事中,论驳十有六事,皆贵族近习之挠政体者。而封还刘德秀赠典、高文虎之奉祠,士论尤韪之。加杨次山少保、永阳郡王,奕上疏曰:"自古外戚恩宠太甚,鲜不祸咎,天道恶盈,理所必至。次山果辞,则宜从之,如欲更示优恩,则超转少傅,在陛下既隆于恩,在次山知止於义,顾不休哉!"又言:"史弥远力辞恩命,宜从之以成其美。"疏入,不报。奕遂卧家求补外,以显谟阁待制知泸州。弥远问所欲言,奕曰:"比观时事,调护之功深,扶持之意少,非朝廷之利也。"

嘉、叙、泸俱接夷壤,董蛮米在大入,俘杀兵民,四路创安边司穷治其事。奕得夷人质之以致所掠,由是迓安边司。夷酋王粲浮杉木万计入贾,奕虑其荡水陆之险,驱之。

安抚使安内新立大功,谗忌日闻,宰相钱象祖出谤书问奕,奕喟而言:"士不爱一死而困於众多之口,亦可悲也。奕愿以百口保之。"象祖艴然曰:"公悉安子文若此乎?"适宇文绍节宣抚荆湖还,亦曰:"仆愿亦百口以信许公之言。"於是异谕顿息,委寄益专。奕于丙深相知,而职事所关必反复辩数以求直,其後士多畔丙,奕独以书疏候问愈数。

移知夔州,表辞不行,改知遂宁府。捐缗钱数十万以代民输,复盐荚之利以养士,为浮梁作堤数百丈,民德之,尽像祠于学。进龙图阁待制,加宝谟阁直学士、知潼川府。霖雨坏城,撤而筑之,不以烦民,亦捐缗钱十二万为十县民代输,於是其民亦相与祠于东山僧舍。

会金人败盟,蜀道震扰,奕请"速选威望大臣宣抚,信赏必罚,以奖忠义、收人心"。又言:"忠义之招,体势倒持,兵食顿增,未知攸济,且斩将之人未闻褒擢,败军之将未见施行,事势不决,将有后时之悔。"御史劾奕欺罔,降一官。诏提举玉隆宫,未数月,特复元官,提举崇福宫。

还家,草遗表曰:"自念本非衰病,初染微疴。当汤熨可去之时,臣以疾而为讳;及针石已穷之后,医束手而莫图。靖言膏肓所致之由,大抵脉络不通之故。"皆寓讽谏之意。进显谟阁直学士致仕,赠通议大夫。初,奕之守泸,帝顾礼部尚书章颖曰:"许奕已去乎?"起居舍人真德秀侍帝前,论人才,上以骨鲠称之。

奕天性孝友,送死恤孤,恩意备至。通籀隶书,所著有《毛诗说》、《论语·尚书·周礼讲义》、奏议、杂文行世。

陈居仁字安行,兴化军人。父太府少卿膏,娶明州汪氏女,因家焉。膏初为汾州教授,佐守臣张克戬捍金人。後知惠州,单马造曾衮垒,譬晓降之。鄞僧王法恩谋逆事觉,或请屠城,膏方为御史,力论多杀非圣世事,胁从者悉宽宥之。

居仁年十四而孤,以荫授铅山尉。绍兴二十一年举进士。秦桧与膏有故,有劝以一见可得美官,居仁曰:"是有命焉。"终不自通。移永丰令,入监行在点检赡军激赏酒库所槱场,诏修《高宗圣政》,妙选寮属,与范成大并充检讨官。

淮甸交兵,魏杞以宗正少卿使金,辟居仁幕下。时和战未决,金兵驻淮北,人情汹惧,突骑大至,弯弓夹道,居仁上马,犹从容举酒属杞:"天寒且酹此觞。"观者壮之。乃谕金人开道入,卒成礼,减岁币而还。因出疆赏,转承议郎,授诸王宫大小学教授。杞秉国柄,居仁忍贫需远次,未尝求进。虞允文欲引以为用,不就。允文欲与论兵,谢不能,退而贻书谓:"有定力乃可立事,若徒为大言,终必无成,幸成亦旋败。"允文为之色动。

徙主军器监簿、宗正修玉牒。转对,言:"立国须定规模,陛下非无可致之资,而规模未立。"孝宗初颇不怿,曰"朕未尝不立规模。"居仁奏:"陛下锐意恢复,继乃通和,和、战、守三者迄今未定,孰为规模耶?"允文曰:此正前日定力之论,某今益知此言之当也。"

迁将作监丞,转国子丞。九年,进秘书丞。入对,论文武并用长久之术:"陛下奖进武,深得持平救偏之道,然未必得智谋勇略之士,或多便佞轻躁之徒,复有偏胜之患。"帝嘉纳。权礼部郎官。尝言台阁宜多用明习典故之士,帝问其人,居仁以李焘、莫济对。甫数日,召焘。

居仁力请外,乃知徽州。帝令陛辞,慰谕遣之。至郡,告以天子节经费以惠俭瘠,不能推广圣德,吏则有罪。乃招衙浮军,植二表于庭,有输纳中度而遭抑退者,抱所输立表下,亲视之,人无留滞,吏不能措手,输税者恒裹赢以归。邻州有讼,多诣台省乞决於居仁。秩满,邦人挽留,由间道始得去。

入对,帝举新安之政奖之。请编类隆兴以来宽恤诏令,有曰:"法久则易玩,事久则易怠。惟申加戒饬,有以儆其观听,则千万年犹一日。"帝曰:"名言也。"又言:"归下忠顺,过於优渥,而遇战士反轻。此曹出万死策勋,今老矣,添差已罢,廪稍半给,至丐于市,军士解体。乞加优恤,以终始念功之意,坚後生图报之心。"帝览之嘉叹。会驾大阅白石,即命再添差两任,衣粮全给,三军为之呼舞。

留为户部右曹郎官,命未下,朝方推《会要》赏,帝曰:"陈居仁治行为天下第一,可因是并赏之。"特转朝议大夫兼权度支,又兼权礼部。会枢属阙员,方进拟,帝曰:"岂有人才如陈居仁而可久为郎乎?"即授枢密院检详文字,寻为右司,迁左司,又迁检正中书门下省诸房公事,历兼左藏诸库。居仁亲视按牍,尝谓:"有罪幸免则冤者何告,诬枉者七人皆当叙复。"执政难之,居仁退,疏其冤状上之。帝曰:"居仁精审,尚复何疑。"诏以旱求言,居仁乞命公卿务行宽大，御史京镗极论从窄之敝，此风未革。

假吏部尚书使金，还，迁起居郎，寻兼祥定一司敕令兼权中书舍人，泛恩滥赏，封缴无所避。因言："恩惠不及小民，名为宽逋负，实以惠顽民耳；名为赦有罪，实以惠奸民耳。愿尽放天下五等户身丁，四等户一半。"从之。安定王子彤乞封妾为夫人，居仁缴奏，帝喜迎，谓有补风教。又论："君人之道，贵在执要，今陛下亲细故而忽远猷，事末节而忘大体，愿举纲要以御臣下，省思虑以颐精神。"诘旦，令清中书之务。权直学士院。帝曰："内外制向委数人，今陈居仁一人当之，不见其难。"乞诏大臣博议"绝沮费，汰冗兵，计当省之数，定蠲除之目，此富民之要术也。"

以集英殿修撰知鄂州，筑长堤捍江，新安乐寨以养贫病之民，拨闲田归之。进焕章阁待制，移建宁府。岁饥，出储粟平其价，弛逋负以巨万计，代输畸零茧税。有因告籴杀人者，会赦免，居仁曰："此乱民也，释之将覆出为恶。"遂诛之。观察推官柳某死，贫不克归，二子行丐于道，闻而怜之，予之衣食，籴田以养之，择师以教。镇江大旱，又移居仁守镇江。请以缗钱十四万给兵食，不报；为书以义撼丞相，然后许。发时密往觇之。间遣籴运於荆楚商人，商人曰："是陈待制耶？"争以粟就籴。居仁区画有方，所存活数万计。因饥民治古海鲜界港，为石砲丹徒境上，蓄泄以时，以通漕运。治江阴奸僧。

加宝文阁待制、知福州。入境，有饥民啸聚，部分迓兵遮击之，首恶计穷，自经死。治宗室之暴横，申蛊毒之旧禁。有召命求间者，再进华文阁直学士提举太平兴国宫，卒，赠金紫光禄大夫。

居仁风度凝远，处己应物，壹以诚信。临事毅然有守，所至号称循吏，皆立祠祀之。有奏议、制稿、诗文行世。子卓。

卓字立道。绍熙元年进士，其后知江州，移宁国府。丞相以故欲见之，卓谢不往，丞相益器之。李全叛，褫其爵，诏书至淮，人益自励；太庙灾，降罪已诏，京师感动，皆卓所草也。为签书枢密院事。未几，丐祠还里。平生不营产业，以赞书所酬金筑世纶堂。闲居十有六年,卒年八十有六。将葬,事不能具,丞相吴潜闻之,贻书制置使以助。其孙定孙力请谥于朝,乃谥清敏。

刘汉弼字正甫,上虞人。生二岁而孤,母谢氏抚而教之。嘉定九年举进士,授吉州教授。历江西安抚司干官,监南岳庙、浙西提举茶盐司干官。召试馆职,改秘书省正字,序迁秘书郎兼沂王府教授,改著作佐郎兼史馆校勘,权考功员外郎。升著作郎、知嘉兴府兼兵部员外郎,改兼考功。寻为考功员外郎兼崇政殿说书、编修国史、检讨实录,擢监察御史。出知温州。寻擢太常少卿,以左司谏召,擢侍御史兼侍讲,以户部侍郎致仕。

汉弼学明义利之辨,为正字时,应诏言事,极论致灾弭灾之道。为校书郎,转对,举苏轼所言结人心,厚风俗,存纪纲。又论制阃当复其旧,戎司当各还其所,边郡守当用武臣。又论决和战以定国论,合江、淮以壹帅权,公赏罚以励人心,广规抚以用人才。为著作佐郎,言兵财楮币权不可分。又言取士之法,词学不当去"宏博"字,混补不如复待补之便。为著作,为考功员外,所陈皆切於时务。及为言官,帝奖谕曰:"以卿纯实不欺,故此亲擢,宜悉心以告。"

汉弼以台纲久弛,疏三事,曰:定规抚,正体统,远谋虑。首论给事中钱相巧於迎合,睥睨政地,直学士院吴愈不称其职,罢去之。又劾中书舍人濮斗南、左正言叶贲,疏留中不出。贲,松阳人,为时相史嵩之腹心。有使贲互按者,明日贲有他命,而汉弼由是去国。嵩之久擅国柄,帝益患苦之,既复以左司谏召,首赞帝分别邪正以息众疑。奏疏论立圣心、正君道、谨事机、伸士气、收人才五事,帝嘉其言,并付外行之。

及为侍御史,密奏曰:"自古未有一日无宰相之朝,今虚相位已三月,尚可狐疑而不断乎? 愿奋发英断,拔去阴邪,庶可转危而安;否则是非不两立,邪正不并进,陛下虽欲收召善类,不可得矣。臣闻富弼之起复,止於五请,蒋芾之起复,止於三请,今嵩之既六请矣,愿听其终丧,亟选贤臣,早定相位。"帝览纳,遂决。乃命范锺、杜范并相,百官举笏相庆,汉弼之力为多。又累章言金渊、郑起潜、陈一荐、谢达、韩祥、濮斗南、王德明,皆畴昔托身私门,为之腹心,盘据要路,公论之所切齿者。至论马光祖夺情,总赋淮东,乃嵩之预为引例之地,乞勒令追服终丧,以补名教。

帝尝属汉弼以进人才,退而条具以奏,皆时望所归重,汉弼以受知特异,而奸邪未尽屏汰,论议未能坚定为虑,遂感末疾,居亡何,遂卒。特憎四官,未几,赐官田五百亩、楮五千缗给其家,谥曰忠。汉弼之没也,太学生蔡德润等百七十有三人伏阙上书以为暴卒,而程公许著《汉弼墓铭》,亦与徐元杰并言,其旨微矣。

论曰:唐张九龄、姜公辅,宋余靖皆出於岭峤之南,而为名世公卿,造物者曷尝择地而生贤哉?先王立贤无方,盖为是也。番禺崔与之晚出,屹然大臣之风,卒与三子者方驾齐驱。洪咨夔、许奕直道正言於理宗在位之日。陈居仁见称循吏,亲结主知。刘汉弼抱忠以死,哀哉!

# 宋史卷四〇七
# 列传第一六六

# 杜范　杨简　钱时附　　张虙
# 吕午　子沆

　　杜范字成之,黄岩人。少从其从祖烨、知仁游,从祖受学朱熹,至范益著。嘉定元年举进士,调金坛尉,再调婺州司法。绍定三年,主管户部架阁文字。六年,迁大理司直。

　　端平元年,改授军器监丞。明年,入对,言:"陛下亲览大政,两年于兹。今不惟未睹更新之效,而或者乃有浸不如旧之忧。夫致弊必原,救弊必有本,积三四十年之蠹习,浸渍熏染,日深日腐,有不可胜救者,其原不过私之一字耳。陛下固宜惩其弊原,使私意净尽。顾以天位之重而或藏其私憾,天命有德而或滥于私予,天讨有罪而或制于私情,左右近习之言或溺於私听,土木无益之工或侈于私费,隆礼貌以尊贤而用之未尽,温辞色以纳谏而行之惟艰,此陛下之私有未去也。和衷之美不著,同列之意不孚,纸尾押敕,事不预知,同堂决事,莫相可否,集议盈庭而施行决于私见,诸贤在列而密计定於私门,此大臣之私有未去也。君相之私容有未去,则教条之颁徒为虚文。近者召用名儒,发明格物致知,诚意正心之学,有好议论者,乃从而诋,訾讪笑之,陛下一惑其言,即有厌弃代学之意。此正贤不肖进退之机,天下安危所系,愿以其讲明见之施行。"

　　改秘书郎,寻拜监察御史。奏:"曩者权臣所用台谏,必其私人,约言已坚,而后出命。其所弹击,悉承风旨,是以纪纲荡然,风俗大

坏。陛下亲政，首用洪咨夔、王遂，痛矫宿弊，斥去奸邪。然庙堂之
上，奉制尚多。言及贵近，或委曲回护，而先行丐祠之*请*；事有掣肘，
或彼此调停，而卒收论罪之章。亦有弹墨尚新而已颁除目，沙汰未
几而旋得美官。自是台谏风采，昔之振扬者日以铄；朝廷纪纲，昔之
渐起者日以坏。"理宗深然之。

又奏九江守何炳年老不足备风寒，事寝不行。范再奏曰："一守
臣之未罢其事小，台谏之言不行其事大。阻台谏之言犹可也，至於
陛下之旨匿而不行，此岂励精亲政之时所宜有哉！"丞相郑清之见
之大怒，五上章丐去，有"危机将发，朋比祸作"之语；且谓范顺承风
旨，粉饰挤陷。范遂自劾，言："宰相之与台谏，官有尊卑而事关一
体，但当同心为国，岂容以私而害公。行之者宰相，言之者台谏。行
之者岂尽合於事宜，言之者或未免於攻诋，清明之朝，此特常事。古
者大臣欲扶持纪纲，故必崇奖台谏，闻有因言而待罪者矣，未闻有
讳言而含怒者也。曩者柄臣所用台谏，必其私人；陛下更新庶政，而
台谏皆出於亲擢。若庙堂不欲臣言其亲故，钳其口，夺其气，则与曩
者之用私人何以异？不知所谓'承顺风旨'者何人？'粉饰挤陷'者
何事？乞检臣前奏，赐之罢黜，以从臣退安田里之欲。"

时清之妄邀边功，用师河、洛，兵民死者十数万，资粮器甲悉委
于敌，边境骚然，中外大困。范率合台论其事，并言制阃之诈谋罔
上。于是凡侍从、近臣之不合时望者，监司、郡守之贪暴害民者，皆
以次论斥。清之愈忌之，改太常少卿。转对言："今日之病，莫大于
贿赂交结之风。各誉已隆者贾左右之誉以固宠，宦游未达者惟梯级
之求以进身。边方帅臣，黄金不行於反间，而以探刺朝廷；厚赐不优
於士卒，而以交通势要。以致赏罚颠倒，威令慢亵，罪贬者拒命而不
行，弃城者巧计以求免，提援兵者召乱而肆掠，当重任者怙势而夺
攘。下至禁旅，骄悍难制，监军群聚相剿劫。欲望陛下毋以小恩废
大谊，毋以私情挠公法，严制宫掖，不使片言得以入于阃；禁约阉
宦，不使谗诐得以售其奸。"范自入台，屡丐祠，至是复五上归田之
请，皆不允。

　　迁秘书监兼崇政殿说书。大元兵徇江陵，范乞屯兵蕲、黄以防窥江，且令沿江帅臣兼江、淮制置大使以重其权，令淮西帅臣急调兵拨粮以援江陵。拜殿中侍御史，辞不获，乃因讲筵，奏："臣尝冒耳目之寄，辄忤宰相，至烦陛下委曲调护，今又使居向者负芒之地，岂以臣绝私比，而其言犹有可取耶？抑以臣畏懦之质，易於调护，而姑使之备数耶？昔人主之于诤臣，非乐而听之，即勉而从之，否则疏而远之，未闻有不用其言而复用其人者。陛下自端平亲政以来，召用正人以振台纲，未几而有委曲调护之弊，其所弹击，或牵制而不行，其所斥逐，复因缘以求进。臣于入台之初，固已力言之，不惟不之革，而其弊滋甚，甚至节贴而文理不全，易写而台印无有，中书不敢执奏，见者为之致疑。不意圣明之时，其弊一至于此。陛下以其言不可用，又从而超迁之，则是台谏之官，专为仕途之捷径。陛下便知崇奖台谏为盛德，而不知阻抑直言之为弊政，则陛下外有好谏之名，内有拒谏之实，天下岂有虚可以盖实哉。"范始以不得其言不去为恨，至是遂极言台谏失职之弊。

　　时襄、蜀俱坏，江陵孤危，两浙震恐，复言："清之横启边衅，几危宗祀，及其子招权纳贿，贪冒无厌，盗用朝廷钱帛以易货外国，且有实状。"并言："签书枢密院事李鸣复与史寅午、彭大雅以贿交结，曲为之地。鸣复既不恤父母之邦，亦何有陛下之社稷。"帝以清之潜邸旧臣，鸣复未见大罪，未即行，范亦不入台。帝促之，范奏："鸣复不去则臣去，安敢入经筵？"方再奏之，鸣复抗疏自辨，言："台臣论臣，不知所指何事，岂以臣尝主和议耶？幸未斥退，则安国家，利社稷，死生以之；否则无家可归，惟有扁舟五湖耳。"范又极言其寡廉鲜耻，既而合台劾之，太学诸生亦上书交攻之。鸣复将出关，帝又遣使召回，范复与合台奏："鸣复为宰执，所交惟史寅午、彭大雅，此等相与阴谋，不过赂近习、蒙上听，以阴图相位。臣近见自办之章，见其交斗边臣以启嫌隙，妄言和战以肆胁持，且以蜀既破荡而欲泛舟五湖，又以安国家，利社稷自任，不知鸣复久居政府，今又有何安利之策？欺君罔上，无所不至。如臣等言是，即乞行之；所言若非，早赐罢斥。"改起居郎,范奏:"臣论鸣复,未见施行,忽拜左史之命,则是所言不当,姑示优迁。臣前者尝奏台谏但为仕途之捷径,初无益朝廷之纪纲,躬言之,躬蹈之,臣之罪大矣。"即渡江而归。授江东提点刑狱,寻改浙西提点刑狱,范力辞之,而鸣复亦出守越。

嘉兴二年,差知宁国府。明年至郡,适大旱,范即以便宜发常平粟,又劝寓公富人有积粟者发之,民赖以安。始至,仓库多空,未几,米余十万斛,钱亦数万,悉以代输下户粮。两淮饥民渡江者多剽掠,其首张世尤万勇悍,拥众三千余人至城外。范遣人犒之,俾勿扰以俟处分,世显乃阴有窥城之意。范以计擒斩之,给其众使归。

四年,还朝,首言:

旱暵荐臻,人无粒食。楮券猥轻,物价腾踊。行都之内,气象萧条,左浙近辅,殍死盈道。流民充斥,未闻安辑之政,剽掠成风,已开弄兵之萌,是内忧既迫矣。新兴北兵,乘胜而善斗,中原群盗,假名而崛起。挠我巴蜀,据我荆襄,扰我淮壖,近又由夔、峡以瞰鼎、沣。疆场之臣,肆为之臣,胜则张皇而言功,败则掩覆而不言。脱使乘上流之无备,为饮马长江之谋,其谁与捍之?是外患既深矣。

人主上所事者天,下所恃者民。近者天文示变,妖彗吐芒,方冬而雷,既春而雪,海潮动冲於都城,赤地几遍於畿甸,是不得乎天而天已怒矣。人死於干戈,死於饥馑,父子相弃,夫妇不相保,怨气盈腹,谤言载路,"等死"一萌,何所不至,是不得乎民而民已怨矣。内忧外患之交至,天心人心之俱失,陛下能与二三大臣安居於天下之上乎?陛下亦尝思所以致此否乎?

盖自曩者权相阳进妾妇之小忠,阴窃君人之大柄,以声色玩好内蛊陛下之心术,而废置生杀,一切惟其意之所欲为,以致纪纲陵夷,风俗颓靡,军政不修而边备废缺。凡今日之内忧外患,皆权相三十年酝成之;如养护痈疽,待时而决耳。端平号为更化,而居相位者非其人,无能改于其旧,败坏污秽,殆有甚焉。自是圣意惶惑,莫知所倚仗,方且不以彼为雠而以为德,不以彼为罪而以为功。于是天之望於陛下者孤，而变怪见矣，人之望於陛下者觖，而怨叛形矣。

　　陛下敬天有图，旨酒有箴，缉熙有记，使持此一念，振起倾颓，宜无难者。然闻之道路，谓警惧之意，祗见於外朝视政之顷，而好乐之私，多纵於内廷燕亵之际。名为任贤，而左右近习或得而潜间；政出於中书，而御笔特奏或从而中出。左道之蛊惑，私亲之请托，蒙蔽陛下之聪明，转移陛下之心术。

於是范去国四载矣，帝抚劳备至。

　　迁权吏部侍郎兼侍讲。以久旱，复言："陛下嗣膺宝位余二十年，灾异谴告，无岁无之，至于今而益甚。陛下求所以应天者，将止於减膳撤乐、分祷群祀而已乎？抑当外此而反求诸躬乎？夫不务反躬悔过，而徒觊天怒之释，天下宁有是理？欲望陛下一洒旧习以新天下，出宫女以远声色，斥近习以防蔽欺，省浮费以给国用，薄征敛以宽民力。且储贰未立，国本尚虚，乞选宗姓之贤者育之宫中而教导之。"又言铨法之坏："庙堂既有堂除，复时取部缺以徇人情；士大夫既陷赃滥，乃间以不经推勘而改正。凡此皆徇私忘公之害。"未几，复上疏曰：

　　天炎旱暵，昔固有之。而仓廪匮竭，月支不继，升粟一千，其增未已，富户沦落，十室九空，此又昔之所无也。甚而阖门饥死，相率投江，里巷聚首以议执政，军伍诤语所不忍闻，此何等气象，而见于京城众大之区。浙西稻米所聚，而赤地千里。淮民流离，襁负相属，欲归无所，奄奄待尽。使边尘不起，尚可相依苟活，万一敌骑冲突，彼必奔迸南来，或相携从敌，因为之乡导，巴蜀之覆辙可鉴也。

　　窃意陛下宵旰忧惧，宁处弗遑。然宫中宴赐未闻有所贬损，左右嫱嬖未闻有所放遣，貂珰近习未闻有所斥远，女冠诸谒未闻有所屏绝，朝廷政事未闻有所修饬，庶府积蠹未闻有所搜革。秉国钧者惟私情之徇，主道揆者惟法守之侵，国家大政则相持而不决，司存细务则出意而辄行。命令朝更而夕变，纪

纲荡废而不存，无一事之不弊，无一弊之不极。陛下盖亦震惧
自省。

诏："中外臣庶思当今急务，如河道未通，军饷若何而可运？浙右旱
歉，荒政若何而可行？财计空匮，籴本若何而可足？流徙失所，遣使
若何而可定？敌情叵测，边围若何而可固？各务悉力尽思，以陈持
危制变之策。"

拜吏部侍郎兼中书舍人，复极言宴赐不节、修造不时、玩寇纵
欲数事。兼权兵部尚书兼中书舍人。

淳祐二年，擢同签书枢密院事。范既入都堂，凡行事有得失，除
授有是非，悉抗言无隐情。丞相史嵩之外示宽容，内实忌之。四年，
迁同知枢密院事。以李鸣复参知政事，范不屑与鸣复共政，去之。帝
遣中使召回，且敕诸城门不得出范。太学诸生亦上书留范而斥鸣
复，并斥嵩之。嵩之令谏议大夫刘晋之等论范及鸣复，范遂行。会
嵩之遭丧谋起复不果，于是拜范右丞相，范以逊游佀，不许，遂力疾
入觐。帝亲书"开诚心，布公道，集众思，广忠益"赐之。

范上五事："曰正治本，谓政事当常出於中书，毋使旁蹊得窃威
福。曰肃宫闱，谓当严内外之限，使宫府一体。曰择人才，谓当随其
所长用之而久於职，毋徒守迁转之常格。曰惜名器，谓如文臣贴职，
武臣阁卫，不当为徇私市恩之地。曰节财用，谓当自人主一身始，自
宫掖始，自贵近始，考封桩国用出入之数，而补窒其罅漏，求盐策楮
变更之目，而斟酌其利害。仍乞早定国本以系人心。"

时亲王近戚多求降恩泽，引前朝杜衍例，范皆封还。乞拨堂除
阙归之吏部，以清中书之务，惟留书库、架阁、京教及要地干官。人
皆以为不便，太学生亦上书言之，帝以示范，范奏曰："三四十年权
臣柄国，以公朝爵禄而市私恩，取吏部之阙以归堂除，太学诸生亦
习於见闻，乃以近年之弊政为祖宗之成法。如以臣言为是，上下坚
守，则诶者必多而谤者息矣。"未几，赴选调者无淹滞，合资格者得
美阙，众始服。

帝命宰执各条当今利病与政事可行者，范上十二事：

曰公用舍，愿进退人才悉参以国人之论，则乘蹛抵巇者无所投其间。曰储材能，内而朝列，则储宰执于侍从、台谏，储侍从、台谏于卿临、郎官；外而守帅，则以江面之通判为幕府、郡守之储，以江面之郡守为帅阃之储；他职皆然，如是则监时无乏才之忧。曰严荐举，宜诏中外之臣，凡荐举必明著职业、功状、事实，不许止为褒词，朝廷籍记不如所举，并罚举主，仍诏侍从、台谏不许与人觅举。曰徵赃贪，自今有以赃罪案上，即行下勘证，果有脏败，必绳以祖宗之法，无实迹而监司妄以赃罪诬人者，亦量行责罚，台谏风闻言及赃罪，亦行下勘证。曰专职任，吏部不可兼给、舍，京尹不可兼户、吏，经筵亦必专官。曰久任使，内而财赋、狱讼、铨选与其他烦剧之职，必三年而後迁，外而监司、郡守，亦必使之再任，其不能者则亟行罢斥。曰抑侥幸，布告中外，各务职业，朝廷不以弊例而过恩，宫庭不以私谒而废法；勋旧之家，邸第之戚，不以名器而轻假。曰重阃寄。曰选军实。曰招土豪。曰宜仿祖宗方田之制，疏为沟洫，纵横经纬，各相灌注，以凿沟之土，积而为径，使不得并辔而驰，结阵而前，如曹玮守陕西之制，则戎马之来，所至皆有阻限，而沟之内又可以耕屯，胜於陆地多矣。曰治边、理财，实为当今急务，有明於治边、善於理财者，搜访以闻。

时孟珙权重兵久居上流，朝廷素疑其难制，至是以书来贺。范复之曰："古人谓将相调和则士豫附，自此但相与同心徇国。若以术相笼架，非范所屑为也。"珙大感服。未几，大元军大入五河，绝中流，置营栅，且以重兵缀合肥，令不得相援，为必取寿春之计。范命惟扬、鄂渚二帅各调兵西来应，卒以捷闻。范计功行赏，莫不曲当，军士皆悦。

未几，卒，赠少傅；谥清献。其所著述，有古律诗歌词五卷，杂文六卷，奏稿十卷，外制三卷，《进故事》五卷，《经筵讲义》三卷。

杨简字敬仲，慈溪人。乾道五年举进士，授富阳主簿。会陆九渊道过富阳,问答有所契,遂定师弟子之礼。富阳民多服贾而不知学,简兴学养士,文风益振。

为绍兴府司理,犴狱必亲临,端默以听,使自吐露。越陪都,台府鼎立,简中平无颇,惟理之从。一府吏触怒帅,令鞫之,简白无罪,命鞫平日,简曰:“吏过诖能免,今日实无罪,必摘往事置之法,某不敢奉命。”帅大怒,简取告身纳之,争愈力。常平使者朱熹荐之,先是,丞相史浩亦以简荐,差浙西抚干,白尹张均,宜因凶岁戒不虞。乃令简督三将兵,接以恩信,山诸葛亮正兵法肄习之,军政大修,众大和悦。

改知嵊县。丁外艰,服除,知乐平县,兴学训士,诸生闻其言有泣下者。杨、石二少年为民害,简置狱中,谕以祸福,咸感悟,愿自赎。由是邑人以讼为耻,夜无盗警,路不拾遗。绍熙五年,召为国子博士。二少年大帅县民随出境外,呼曰“杨父”。会斥丞相赵汝愚,祭酒李祥抗章辨之,简上书言:“昨者危急,军民将溃乱,社稷将倾危,陛下所亲见。汝愚冒万死易危为安,人情妥定,汝愚之忠,陛下所心知,不必深辨。臣为祭酒属。日以义训诸生,若见利忘义,畏害忘义,臣耻之。”未几,亦遭斥,主管崇道观。再任,转朝奉郎。嘉泰四年,赐绯衣银鱼,朝散郎,权发遣全州,以言罢,主管仙都观。

嘉定元年,宁宗更化,授秘书郎,转朝请郎,迁秘书省著作佐郎兼权兵部郎官。转对,极言经国之要,弭炎厉、消祸变之道,北境传诵,为之涕泣。诏以旱蝗求直言,简上封事,言旱蝗根本,近在人心。兼考功郎官,兼礼部郎官,授著作郎、将作少监。入对,答问往复,漏过八刻,上目送久之。兼国史院编修官兼实录院检讨官以面对所陈未行求外补,知温州,移文首罢妓籍,尊敬贤士。私鹾五百为群过境内,分司干官檄永嘉尉及水砦兵捕之。巡尉不白郡,简敬曰:“是可轻动乎?万一召乱,贻朝廷忧。兵之节制在郡将,违节制是不严天子命,违节制应斩。”建旗立巡尉庭下,召剑手两行夹立,郡官盛服立西序,数其罪,命斩之,郡官交进为致悔罪意,朗久得释,奏罢分司,其纪律如此。寓官置民田负其直,简追其隶责之而偿所负。势家第宅障官河,即日撤之,城中欢踊,名杨公河。

帝遣使至郡讥察,使于简为先世契,出郊迎,不敢当,从间道走州入客位。简闻之不敢入,往来传送数四,乃驱车反。将降车,使者趋出立戟门外,简亦趋出立使者外,顿首言曰:"天使也,某不敢不肃。"使者曰:"契家子,礼有常尊。"简曰:"某守臣,使者衔天子命,辱临敝邑,天使也,某不敢不肃。"遂从西翼偕进,礼北面东上,简行则常西,步则后,及阶,莫敢升,已乃同升自西陛,足踧踖莫敢就主席。使者曰:"邦君之庭也,礼有常尊。"简曰:"《春秋》,王人虽微,例书大国之上,尊天子。况今天使乎?"持之益坚,使者辞益力,如是数刻,使者知不可变,乃曰:"某不敏,敢不敬承执事尊天子之义。"即揖而出。既就馆,简乃以宾礼见。仪典旷绝,邦人创见之,莫不瞿然竦观,屏息立。

简在郡廉俭自将,奉养菲薄,常曰:"吾敢以赤子膏血自肥乎!"闾巷雍睦,无忿争声,民爱之如父母,咸画象事之。迁驾部员外郎,老稚扶拥缘道,倾城哭送。入对,言:"尽扫喜顺恶逆之私情,善政尽举,弊政尽除,民怨自销,祸乱不作。"改工部员外郎,转对,又以择贤久任为言。迁军器监兼工部郎官,转朝奉大夫,又迁将作监兼国史院编修官兼实录院检讨官,转朝散大夫。

金人大饥,来归者日以数千、万计。边吏临淮水射之。简戚然曰:"得土地易,得人心难。薄海内外,皆吾赤子,中土故民,出涂炭,投慈父母,顾靳斗升粟而迎杀之,蕲脱死乃速得死,岂相上帝绥四方之道哉?"即日上奏,哀痛言之,不报。会有疾,请去益力,乃以直宝谟阁主管玉局观。升直宝文阁主管明道宫,秘阁修撰主管千秋鸿禧观。特授朝请大夫,右文殿修撰主管鸿庆宫,赐紫衣金鱼。进宝谟阁待制、提举鸿庆宫,赐金带。

理宗即位,进宝谟阁直学士,赐金带。宝庆元年,转朝议大夫、慈溪县男,寻授华文阁直学士、提举佑神观,奉朝请。诏入见,简屡辞。授敷文阁直学士,累加中大夫,仍提举鸿庆宫,寻以宝谟阁学士、太中大夫致仕,卒,赠正奉大夫。

简所著有《甲稿》、《乙稿》、《冠记》、《昏记》、《丧礼家记》、《家祭记》、《释菜礼记》、《石鱼家记》，又有《己易》、《启蔽》等书，其论治务最急者五，其次八。一曰谨择左右大臣、近臣、小臣；二曰择贤以久任中外之官；三曰罢科举而行乡举里选；四曰罢设法道淫；五曰治伍法，修诸葛武侯之正兵，以备不虞。其次急者有八：一曰募兵屯田，以省养兵之费；二曰限民田，以渐复井田；三曰罢妓籍，从良；四百渐罢和买、折帛暨诸无名之赋及榷酤，而禁群饮；五曰择贤士教之大学，教成，使分掌诸州之学，又使各择井里之士聚而教之，教成，使各分掌其邑里之学；六曰取《周礼》及古书，会议熟讲其可行於今者行之；七曰禁淫乐；八曰修书以削邪说。此简之志也。後咸淳间，制置使刘黻即其居作慈湖书院。门人钱时。

时字子是，淳安人。幼奇伟不群，读书不为世儒之习。以《易》冠漕司，既而绝意科举，究明理学。江东提刑袁甫作象山书院，招主讲席，学者兴起，政事多所裨益。郡守及新安、绍兴守皆厚礼延请，开讲郡庠。其学大抵发明人心，论议宏伟，指摘痛决，闻者皆有得焉。丞相乔行简知其贤，特荐之朝，且曰："时夙负才识，尤通世务，田里之休戚利病，当世之是非得失，莫不详究而熟知之，不但通诗书、守陈言而已。"

授秘阁校勘。诏守臣以时所著书来上。未几，出佐浙东仓幕，太史李心传奏召史馆检阅。转对，敷陈剀切，皆圣贤之精微。旋以国史宏纲未毕求去，授江东帅属，归。其书有《周易释传》、《尚书演义》、《学诗管见》、《春秋大旨》、《四书管见》、《两汉笔记》、《蜀阜集》、《冠昏记》、《百行冠冕集》。宝祐间，守季镛祠于学。

张虙字子宓，慈溪人。庆元二年进士。故事，潜邸进士升名，虙不以自陈。授州教授，为浙东帅属。帅督新昌旧逋，虙手书谏曰："越人之瘠，宜咻噢抚摩之。今夏税当宽为之期，使田里久饥之氓，少还已耗之气血，尚可理旧逋耶？"力辞不行。

主管户部架阁文字,改太学正。时新进者多逞小才、害大体,转对言:"立国有大经,人主当以静制天下之动。今日之治,或有邻于锲薄,而咈人心、伤国体者,宜有以革之,使祖宗之意常如一日可也。"帝嘉纳焉。

迁太常博士。又迁国子博士。时金垂亡,因论自治之道,谓:"天下之治,必有根本。城郭所以御敌也,使沟壑有转徙之民,则何敌之能御?储峙所以备患也,使枵腹盼盼不得食,则何患之能备?今日之吏,能知守边之务者多,而能明立国之意者少。缮城郭,聚米粟,恃此而不恤乎民,则其策下矣。"

时以旱求言,即上疏曰:"上天之心即我祖宗之心,数年以来,盖有为祖宗所不敢为者。凡祖宗之时,几举而不遂,已行而复寝,始以人言而从,终以国体而回者,今皆处之以不疑矣。凡祖宗长虑却顾,所以销恶运、遏乱原,兢兢相与守之者,皆变於目前利便快意之谋矣。议者惟知衰靡之俗不可不振起也,圮坏之风不可不整刷也,抑不知振起整刷之术,最难施于衰靡圮坏之后。何者?元气已伤而不可再扰,人心方苏而不可骇动也。且造楮初欲便民,朝廷既以一切之政戒其听,复以一定之价迫之从,郡县之间,遂骚然矣。监司、郡守老成迟钝者悉屏而不用,而取夫新进喜功名者为之,见事则风生,临事则痛决,事未果集而根本已胲,国未有益民生已困矣。凡此皆有累于祖宗仁厚之德,此旱势之所以弥甚也。"

迁国子监丞。转对,愿力主正论,勿使迎合之人得以投吾机。迁秘书郎,预编《宁宗会要》兼吴、益王府教授,改兼庄文府。讲《毛诗》终篇,乞以所读诸子改读《尚书》,帝曰:"吾固以《诗》、《书》成麟趾之美也。"

迁著作佐郎兼权都官郎官。转对言:"边事有二病,戒敕千条,犹患悖缪,指意明白,犹复背违,安有不示其所向而谓可责其成。且言战则当知彼,言和则当请於彼,惟守则自求诸己而已。傥以为可,则当力主其说,明告天下,日讲求其所以守之之策,盖议论贵合一,而今则病乎杂也。用人不可以尝试,任人不可以自疑。朝廷惟虑独任之难胜,彼此互分,不相扶持,人得抗衡,莫有禀属,制置但存虚器,便宜反出多门。盖体贵合一,而今则病乎分也。”

迁秘书丞,改著作郎。以疾乞外,出知南康。至郡,剖决滞讼,众皆悦服。前守陈宓以钱七千缗置济民库为筑城费,虑至,曰:“不必取赢於民,吾捐万缗为倡,继是悦不已,何患事之难成。”转运使以钱万二千缗置平籴於郡,虑复出钱万二缗以增益之,民赖其利。将增建禁旅,营地属民者,索质剂视元直偿之。徙知处州,移知温州,力辞,遂直秘阁、主管千秋鸿禧观。参议制置使幕中,使者尚威力,慁谏自用,虑守正不阿,每济以宽大。又上书论海防利便。主管玉局观。

端平初,召为国子司业兼侍讲,以《礼记·月令》进读,至“狱讼必端平”之语,因敷畅厥旨。八陵来复,将议修奉,而论者未能协一,虑议曰:“当乘此时遣官肃清威仪,申祗奉故事,如或为其所给,功未即就,亦足以感动天下忠臣义士之心。”力辞劝讲之职,升国子祭酒。以为“《月令》之书虽出于吕不韦,然人主後天而奉天时,此书不为无助”。乃因已讲者为十二卷,乞按月而观之。兼权工部侍郎兼国子祭酒,命下而卒,诏赠四官。


吕午字伯可,歙县人。嘉定四年进士,授乌程主簿,郡守致之幕下,事一决於午。守张忠恕,丞相浚之孙,荐午犹力,时忠恕之母就养,而时时躬至簿听迎午二亲入郡,与午皆衣彩衣奉觞上寿,邦人荣之。

调当涂县丞。守吴柔胜谓午有操守,俾其子渊、潜定交焉。会司理摄芜湖县,庐州遣两兵会公事,司理遂以庐兵夺县民为言。柔胜怒,悉置狱,属午问之。午谓“庐州有公棱,不可谓夺民”。柔胜愈怒,再以属午。明日,午入谒,柔胜先令左百问若何,午执前说。柔胜益加怒,谓“我不忍庐兵夺吾百姓。”不出迎午,午坐客位不退,不食。柔胜勉为出,怒不息,欲黥二兵。午徐曰:“庐州初无公棱则可,有则县不为处置而反罪庐兵,恐不可。”久之,卒从午请,由是柔胜益知午。

陈贵谊守太平，属午安集淮南流民。江东提举徐侨知午在郡，敬喜，辟为幕属。午欲尽决遣郡事而後行，帖趣行至十八而不以白贵谊，侨遗书贵谊午始行。既而侨行部，以田事连丞相史弥远，以言罢。午还当途。温州天富北盐场，改知馀杭县，亦以言罢，公论大不平，然午自此名益重。浙东提举章良朋留之幕，旋兼沿海制置司事。海寇未平，良朋问策安在。午廉知调军出海，粮尽即还，军获寇物，官尽拘收，乃与制置司斡官施一飞议，粮尽再给，不许擅还，贼舟所有，悉以给军，海道遂清。

差知龙阳县。豪民陶守忠杀人，正其狱诛之。弥远虽非贤相，犹置人才簿，书贤士大夫以待用，而午治县之政亦书之。差两浙转运司主管文字，弥远病久不见客，午入谒，特出迎。运使罢，故不用人，以午护印半年。或问弥远，何以不注官？弥远曰："尔谓护印官不能耶？"午闻之力辞。

差监三省枢密院门兼监提辖封桩上库。丁父忧，免丧，迁大府寺簿。拜监察御史，帝亲擢也。郑清之丧师，至是丁黼死于成都，史嵩之、孟珙在京湖，嵩之寻升督府。陈韡、杜杲在淮西，王镃在黄州，计用兵十七万人，围始解。独周葵在淮东不受兵，而坐视不出兵应援。午疏论："边阃角立，当协心释嫌，而乃幸灾乐祸，无同舟共济之心。"葵以为午党京湖制司，而嵩之亦憾午，乃迁宗正少卿兼国史院编修官、实录院检讨官。出知泉州。初，左丞相李宗勉深以葵之言为疑，会来自淮东者，乃言台官皆以葵交书，独吕御史无之，宗勉始以午为贤，语人曰："吕伯可独立无党者。"嵩之得弥远人才簿，心知敬午而内怨所论边事。及午移浙东提刑，嵩之令郑咏嗾董复亨论罢，中外不直嵩之。

提举崇禧观，再移浙东提刑。复为监察御史，入见，帝曰："卿向来议论甚明切。"兼崇政殿说书。嵩之雅不欲午在经筵，时殿中侍御史项容孙子娶午从子，嵩之俾容孙上疏避午，欲撼之去，而于法无避。嵩之乃与言路密谋，以为午尝劾王瓒姻家史洽，遂以瓒为右正言,午即治装去。上手诏趣留之,午力辞,不允,由是再留,而议论愈不合。

迁起居郎兼史院官,官至中奉大夫,间居一纪卒,年七十有七,累赠至华文阁学士、通奉大夫。子沆。

沆字叔朝,以恩补将仕郎。端平三年,铨试第一,授黄岩主簿,监西京中岳庙者二,总领湖广、江西,京西财赋所准备差遣。改知於潜县,重囚逸,闻沆至,自归。淮西总领辟充主管文字。

通判婺州,朱君章讼争田四十有二年,吴王府争墓二十有九年,沆皆决之。特差充提领两浙转运盐事使司主管文字,又差充行在点检赡军激赏酒库,历四辖、六院之文思官告,书拟尚左右郎官事。

贾似道议行公田,彗星见,沆请罢公田还民。及理宗崩,似道矫诏废十七界会子,行关子,沆力言非便。似道大怒,调将作监簿,急令言者论寝。久之,与云台观,起知与国军,未赴,论仍云台观。起知全州,未赴,与仙都观。德佑元年,三学伏阙上书讼沆屈,召赴行在,沆不复出,卒,年八十有一。

论曰:杜范在下僚,已有公辅之望,及入相未久而没。杨简之学,非世儒所能及,施诸有政,使人百世而不能忘,然虽享高年,不究于用,岂不重可惜也哉。张虑子谅易直,吕午风采凛然,皆有裨於世道者矣。

# 宋史卷四〇八
## 列传第一六七

# 吴昌裔　汪纲　陈宓　王霆

　　吴昌裔字季永，中江人。蚤孤，与兄泳痛自植立，不肯逐时好，得程颐、张载、朱熹诸书，辄研绎不倦。嘉定七年举进士，闻汉阳守黄干得熹之学，往从之。

　　调闽中尉。利路转运使曹彦约闻其贤，俾司籴场。时岁饥，议籴上流，昌裔请发本仓所储数万而徐籴以偿，从之。调眉州教授。眉士故尚苏轼学，昌裔取诸经为之讲说，祠周敦颐及颢、颐、载、熹，揭《白鹿洞学规》，仿潭州释奠仪，簿正祭器，士习丕变。制置使崔与之荐之，改知华阳县。修学宫，来四方士，斥羡钱二十万缗，买良田备旱。通判眉州，著《苦言》十篇，虑蜀甚悉。摄郡事，御军有纪律。寻权汉州，故事比摄官，奉馈皆如真，昌裔命削其半。核兵籍，兴社仓，郡政毕举。兴元帅赵彦呐议东纳武仙，西结秦、巩，人莫敢言，昌裔独奋笔力辨其非。未几，武仙败，二州之民果叛。

　　端平元年，入为军器监簿，改将作监簿。改太常少卿。徐侨於人少许可，独贤之。兼皇后宅教授，昌裔以祖宗旧典无以职事官充者，力辞，改吴、益王府教授。转对，首陈六事，其目曰："天理未纯，天德未健，天命未敕，天工未亮，天职未治，天讨未公。"凡君臣之纲，兄弟之伦，举世以为大戒而不敢言者，皆痛陈之。至於边臣玩令，陟罚无章，尤拳拳焉。拜监察御史，弹劾无所避，且曰："今之朝纲果无所挠乎？言及亲故则为之留中，言及私昵则为之讫了，事有窒碍则节帖付出，情有嫌疑则调停寝行。今日迁一人，曰存近图之体，明日迁一人，曰为远臣之劝。屈风宪之精采，徇人情之去留，士气销耎，下情壅滞，非所以纠正官邪，助国脉也。"

台臣故事，季诣狱点检。时有争常州田万四千亩，平江亦数百亩，株逮百余人，视其陵乃赵善湘之子汝櫄、汝梓也，州县不敢决，昌裔连疏劾罢之。冬沸雷，春大雨雪，昌裔居斋宫秉烛草疏，凡上躬缺失，宫庭嬖私，庙堂除授，皆以为言。又言："将帅方命，女宠私谒，旧党之用，边疆之祸，皆此阴类。"且曰："今大昕坐朝，间有时不视事之文；私第谒假，或有时不入堂之报。上有耽乐惰逸之渐，下无协恭和衷之风。内则嬖御怀私，为君心之蠹；外则子弟寡谨，为朝政之累。游言噂沓，宠赂章闻，欲《萧》、《勺》大和，得乎？"

又念蜀事阽危，条四事以进：实规权，审功赏，访军实，储帅才。时有果、阆州守臣逃遁而进职，有知遂宁李炜父子足迹不至边庭而受赏，偾军之赵楷、弃城之朱扬祖皆不加罚；又帅臣赵彦呐年老智衰，其子淫刑黩货，士卒不用命，安癸仲耻遭抨弹，经营复用，欲起谪籍以代帅垣，昌裔皆抗疏弹击。

又历言三边之事曰："今朝廷之上，百辟晏然，言论多於施行，浮文妨於实务。后族王宫之冗费，列曹坐局之常程，群工闲慢之差除，诸道非泛之申请，以至土木经营，时节宴游，神霄祈禳，大礼锡赉，藻饰治具，无异平时，至于治兵足食之方，修车备马之事，乃缺略不讲。"且援靖康之敝，痛哭言之。

出为大理少卿，屡疏引去，不许。会社范再入台，击参政李鸣复，谓昌裔与范善，必相为谋者，数谗之，以权工部侍郎出参赞四川宣抚司军事。人曰："此李纲救太原也。"太原不可救，特以纲主战，故出之耳。"昌裔曰："君命也，不可不亟行。"慷慨襆被出关，忽得疾，中道病甚，帝闻之，授秘阁修撰，改嘉兴府。昌裔曰："吾以疾不能归救父母，上负圣恩，下负此心，若舍远就近，舍危就安，人其谓我何？"辞至四五，而言者以避事论矣。

改赣州，辞，以右文殿修撰主管鸿庆宫。迁浙东提刑，辞，改知婺州。婺告旱，民日夜望之，乃不忍终辞，减驺从供帐，遣僚佐召邑令周行阡陌，蠲粟八万一千石、钱二十五万缗有奇。加集英殿修撰，卒，以宝章阁待制致仕。

昌裔刚正庄重，遇事敢言，典章多所闲习。尝辑至和、绍兴诸臣奏议本末，名《储鉴》。又会萃周、汉以至宋蜀道得失，兴师取财之所，名《蜀鉴》。有奏议、《四书讲义》、《乡约口义》、《诸老记闻》、《容台议礼》、文集行于世。

初，昌裔与徐清叟、杜范一日并入台，皆天下正士，四方想闻风采，人至和"三谏诗"以侈之。然才七阅月以迁，故莫不惋惜云。后谥忠肃。

汪纲字仲举，黟县人，签书枢密院勃之曾孙也。以祖任入官，淳熙十四年中铨试，调镇江府司户参军。

马大同镇京口，强毅自任，纲言论独不诡随。议者欲以两淮铁钱交子行于沿江，廷议令大同倡率行之，纲贻书曰："边面行铁钱，虑铜宝泄于外耳。私铸盛行，故钱轻而物重。今若场务出纳不以铁钱取息，坚守四色请买旧制，冶铸定额不求馀羡，重禁以戢私铸，支散边戍与在军中半者无异，不以铁钱准折，则淮民将自便之，何至以敝内郡邪？"大同始悟。试湖南转运司，又中，纲笑曰："此岂足以用世泽物耶？"乃刻意问学，博通古今，精究义理，覃思本原。

调桂阳军平阳县令，县连溪峒，蛮蜑与居，纲一遇以恩信。科罚之害既三十年，纲下车首白诸台，罢之。桂阳岁贡银二万九千馀两，而平阳当其三分之二。纲谓向者银矿坌发价轻，故可勉以应，今地宝已竭，市于他郡，其价倍蓰，愿力请痛蠲损之。岁饥，旁邑有曹伍者，群聚恶少入境，强贷发廪，众至千馀，挟界头、牛桥二砦兵为援，地盘踞万山间，前后令未尝一涉其境，不虞纲之至也，相率出迎。纲已夙具酒食，令之曰："汝何敢乱，顺者得食，乱者就诛。"夜宿砦中，呼砦官诘责不能防守状，皆皇恐伏地请死，杖其首恶者八人，发粟振粜，民赖以安。

改知金坛县，亲嫌，更弋阳县。父义和为侍御史主管佑神观。寻丁父丧，服除，知兰溪县，决摘如神。岁旱，郡倚办劝分，纲谓劝分所以助义仓，一切行之，非所谓安富恤贫也，愿假常平钱为粜本，使得循环迭济。又躬劝富民浚筑塘堰，大兴水利，饿者得食其力，全活甚众。郡守张抑众及部使者列纲为一道荒政之冠，以言去，邑人相率投匦直其事，纲力止之。

继知太平县，主管两浙转运司文字，未赴，罹内艰，擢监行在左藏西库。蜀金人杀其主允济自立，遣使来告袭位，议者即欲遣币，纲言：“使名不逊，当止之境上，姑命左帑视例计办，或且留京口总司，令盱眙谕之曰：‘纪年名节，皆犯先朝避忌，岁币乃尔前主所增，今既易代，当复隆兴、大定之旧。’俟此议定，而後正旦、生辰之使可遣。迟以岁月，吾择边将葺城堡，简军实，储峙糗粮，使沿边屹然有不可犯之势，听其自相攻击，然後以全力制其後。”庙堂韪之。

提辖东西库，又干办诸司审计司。以选知高邮军，陛辞，言：“扬、楚二州当各屯二万人，壮其声势，而以高邮为家计砦。高邮三面阻水，湖泽奥阻，戎马堑，或备设伏，以扼其动。”又虑湖可以入淮，招水卒五千人造百艘列三砦以戒非常，兴化民田滨海，昔范仲淹筑堰以障卤卤，守毛泽民置石硙函管以疏运河水势，岁久皆坏，纲乃增修之。部使者闻于朝，增一秩，提举淮东常平。淮米越江有禁，纲念“淮民有警则室庐莫保，岁凶则转徙无归，丰年则可以少苏，重以苛禁，自分畛域，岂为民父母意哉！请下金陵粜三十万以通淮西之运，京口粜五十万以通淮东之运。”又言：“两淮之积不可多，升、润之积不可少。平江积米数百万，陈陈相因，久而红腐，宜视其收贮近久，取饷辇下百司，诸军。江上岁军当至京者，贮之京口、金陵转漕。两淮、中都诸仓，亦当粜以补其数。”

制置使访纲备御孰宜先，纲言：“淮地自昔号财赋渊数，西有战治，东富鱼稻，足以自给。淮右多山，淮左多水，足以自固。诚能合两淮为一家，兵财通融，声势合一，虽不假江、浙之力可也。祖宗盛时，边郡所储足支十年；庆历间，中山一镇尚百八十万石。今宜上法先朝，令商旅入粟近塞，而算请钱货於京师。入粟拜爵，守之以信，则输者必多，边储不患不丰。州郡禁兵本非供役，乃就粮外郡耳，今不为战斗用，乃使之共力役，缓急戍守，专倚大军，指日待更，不安风土，岂若土兵生长边地，坟墓室家，人自为守邪？当精择优壮，广其尺籍，悉隶御前军额，分擘券给以助州郡衣粮之供，大率如山阳武锋军制，则边面不必抽江上之戍，江上不必出禁闱之师。生券更番，劳费俱息。"

时有献言制司广买荒田开垦，以为营田，纲以为"荒瘠之地不难办，而工力、水利非久不可，弃产欺官，良田终不可得，耗费公帑，开垦难就。曷若劝民尽耕闲田，川浍堙塞则官为之助，变瘠为沃，使民有馀蓄。晁错入粟之议，本朝便籴之法，在其中矣"。制司知其无益，乃止。

淮东煮盐之利，本居天下半，岁久敝滋，盐本日绌，帑储空竭，负两总司五十馀万，亭户二十八万，借拨于朝廷五十万，又会饷所复盐钞，旧制弗许商人预供贴钞钱，盐司坐是窘不能支。纲抉摘隐伏，凡虚额无实，诡为出内，飞走移易，事制曲防，课乃更羡。既尽偿所负，又赢金三十万缗，为桩办库，以备盐本之阙。添置新灶五十所，诸场悉视乾道旧额三百九十万石，通一千三百万缗，课官吏之殿最。纲约己率下，辞台郡之互馈，独增场官奉以养其廉。

擢户部员外郎、总领淮东军马财赋。时边面多生券，山东归附月饷钱粮，以缗计增三十有三万，米以石计增六万，真、楚诸州又新招万弩手，皆仰给总所，而浙西盐利积负至七十馀万缗，诸州漕运不以时至。纲核名实，警稽慢，区画处分，饷事赖以不乏。

移疾乞闲，得直秘阁、知婺州，改提点浙东刑狱，皆屡辞不得请。虑囚，至婺，有奴挟刃欲戕其主，不遇而杀其子，满谳妄牵连，径出斩之。释衢囚之冤者。台盗锺百一非共盗，尉凯赏，蹑申制司，纲谓："治盗虽尚严，岂得锻练傅会以成其罪邪？"於是得减死。祷雨龙瑞宫，有物蜿蜒朱色，盘旋坛上者三日。纲曰"吾欲雨而已，毋为异以惑众。"言未竟，雷雨大至，岁以大熟。

进直焕章阁、知绍兴府、主管浙东安抚司公事兼提点刑狱。访民瘼，罢行尤切。萧山有古运河，西通钱塘，东达台、明，沙涨三十余里，舟行则胶。乃开浚八千余丈，复创牐江口，使泥淤弗得入，河水不得泄，於涂则尽甃以达城闉。十里创一庐，名曰“施水”，主以道流。於是舟车水陆，不问昼夜暑寒，意行利涉，欢䜣忘勤。蜀邑诸县濒海，而诸暨十六乡濒湖，荡泺灌溉之利甚博，势家巨室率私植埂岸，围以成田，湖流既束，水不得去，雨稍多则溢人邑居，田闾寝荡。濒海藉塘为固，堤岸易圮，碱卤害稼，岁损动数十万亩，蠲租亦万计。以纲言，诏提举常平司发田园，奇援巧请，一切峻劫，而湖田始复；郡备缗钱三万专备修筑，而海田始固。纲谓：“是邦控临海道，密拱都畿，而军籍单弱。”乃招水军，刺叉手，教习甚专，不令他役。创营千馀间，宽整坚密，增置甲兵，威声赫然。兼权司农卿，寻直龙图阁，因任。

理宗即位，诏为右文殿修撰，加集英殿修撰，复因任，又加宝谟阁待制。宝庆三年大水，纲发粟三万八千馀，缗钱五万振之，蠲租六万余石，捐瘠顿苏，无异常岁。越有经总制窠名四十一万，其中二十五，则绍兴以来虚额也，前後帅惧负殿，以修奉攒宫之资伪增焉。纲谓“负殿之责小，罔上之罪大”。撼其实以闻。诏免九万五千缗，而宿敝因是著明矣。

绍定元年，召赴行在，纲入见，言：“臣下先利之心过于徇义，为身之计过于谋国，偷惰退缩，奔竞贪黩，相与为欺，宜有以转移之。”帝曰：“闻卿治行甚美，越中民力如何？”对曰：“去岁水潦，诸暨为甚，今岁幸中熟，十年之间，千里晏安，皆朝廷威德所及，臣何力之有。”权户部侍郎。越数月，上章致仕，特畀二秩，守户部侍郎，仍赐金带。卒，越人闻之多堕泪，有相率哭於寺观者。

纲学有本原，多闻博记，兵农、医卜、阴阳、律历诸书，靡不研究；机神明锐，遇事立决。在越佩四印，文书山积，而能操约御详，治事不过二十刻，公庭如水。卑官下吏，一言中理，慨然从之。为文尤长於论事，援据古今，辨博雄劲。服用不喜奢丽，供帐车乘，虽敝不更。所著有《恕斋集》、《左帑志》、《漫存录》。

陈宓字师复，丞相俊卿之子。少尝及登朱熹之门，熹器共之。长从黄干游。以父任历泉州南安盐税，主管南外睦宗院、再主管西外，知安溪县。

嘉定七年，入监进奏院。时无敢慷慨尽言者，宓上封事言："宫中宴饮或至无节，非时赐予为数浩穰，一人蔬食而嫔御不废於击鲜，边事方殷而桩积反资於妄用，此宫闱仪刑有未正也。大臣所用非亲即故，执政择易制之人，台谏用慎默之士，都司枢掾，无非亲暱，贪吏靡不得志，廉士动招怨尤，此朝廷权柄有所分也。钞盐变易，楮币秤提，安边所创立，固执己见，动失人心；败军之将躐跻殿严，庸鄙之夫久尹京兆，宿将有守成之功，以小过而贬，三牙无汁马之劳，托公勤而擢，此政令刑赏多所舛逆也。若能交饬内外，一正纪纲，天且不雨，臣请伏面谩之罪。"奏入，丞相史弥远不乐，而中宫庆寿，三牙献遗，至是为之罢却。寻迁军器监簿。九年，转对言：

人主之德贵乎明，大臣之心贵乎公，台谏之言贵乎直。陛下临政虽勤而治功未举，奉身虽俭而财用未丰，爱民虽仁而实惠未遍，良由上下相蒙，务于欺蔽。匦奏囊封，有怀毕吐，陛下付近臣差择，是有意於行其言也。而有司惟取专攻上躬与移咎牧守之章，腾播中外，以答观听。今赤地千里，蝗飞蔽天，如此其可畏，犹或讳晦以旱不为灾、蝗不害稼，其他诬罔，抑又可知。臣故曰人主之德贵乎明。

大臣施设，浸异厥初。凡建议求言之人，则以他事逐，谏官言事稍直，则以他职徙。忠愤者指为不靖，切直者目曰沽名，众怨所萃则相继超升，物论所归则以次疏外。某人之迁，是尝重人罪以快同列之私忿者；某人之擢，是尝援古事以文迩日之天变者。直节重望以私嫌而久弃，老奸宿臧以巧请而牵复。使大臣果能杜幸门、塞邪径，则举错当而人心服。臣故曰大臣之心贵乎公。

　　台谏平居未尝立异，遇事不敢尽言。有如金人再通，最关国体，近而侍从，下至生徒，莫不力争，冀神庙算，独于言责，不出一辞。辇毂之下，乾没巨万，莫之谁何；州县之间，罪谨毫发，摭以塞责。大臣所欲为之事则遂之，所不右之人则排之。仁宗时，有宰相奉行台谏风旨之讥，今乃有台谏不敢违中书之诮，岂祖宗设官之初意哉？臣故曰台谏之言贵乎直。

　　三者机括所系，愿陛下幡然悔悟，昭明德以照临百官。大臣、台谏，亦宜公心直节，以副望治之意。指陈敝事，视前疏尤剀切焉。

　　宓遂请罢，归。在告日，擢太府丞，不拜，出知南康军。诣史弥远别，弥远曰："子言甚切当，第愚昧不能行，殊有愧耳。"至官，岁大侵，奏蠲其赋十之九。会流民群集，宓就役之，筑江堤，而给其食。时造白鹿洞，与诸生讨论。改知南剑州。时大旱疫，蠲逋赋十数万，且弛新输三之一，躬率僚吏持钱粟药饵户给之。创延平书院，悉仿白鹿洞之规。

　　知漳州，未行，闻宁宗崩，呜咽累日，亡何，请致仕。宝庆二年，提点广东刑狱，章复三上，迄不就。直秘阁，主管崇禧观，宓拜祠命而辞职名。卒，进职一等致仕。三学诸生以起宓为请，而没已阅月矣。

　　初，宓之在朝也，寺丞丁焴往使金，宓叹曰："世雠未复，何以好为？"饯诗有"百年中国岂无人"之句。後数年，闻关外不靖，以书抵焴曰："蜀口去关外虽远，实如一身。近事可寒心，皆士大夫之罪，岂非贿道不绝之故耶？"焴服其言。

　　宓天性刚毅，信道尤笃，尝为《朱墨铭》，谓朱属阳，墨属阴，以验理欲分寸之多寡。自言居官必如颜真卿，居家必如陶潜，而深爱诸葛亮身死家无余财，库无余帛。庶乎能蹈其语者。端平初，殿中侍御史王遂首言："宓事先帝有论谏之直，而不及俟圣化之更，宜褒其身後，以劝天下之为臣者。"帝为感动，诏赠直龙图阁。所著书有《论语注义问答》、《春秋三传抄》、《读通鉴纲目》、《唐史赘疣》之稿数十卷,藏于家。

王霆字定叟,东阳人。高大父豪,帅众诛方腊,以功补官。霆少有奇气,试有司不偶,去就武举,嘉定四年,中绝伦异等。乔行简考艺别头,喜曰:"吾为朝廷得一帅才矣。"

授承节郎,从军于鄂,帅鍾兴嗣戍边,请于枢密院,以霆为随军都钱粮官。总领綦奎委霆专一教阅总效军,寻委帅师守御黄州。沿江制置副使李真辟置幕下,淮右兵叛,遣霆招谕之。霆於军事知无不言,谓:"招募良家子,不可以夤缘关节冒滥其间,防守江面,全藉正军,若义勇、民兵,特可为声援耳。而所谓大军,羸病者多,兵械损旧,岂不敢事。调兵防江,当於江岸创屋居之,使之专心守御。诸军伍法既废,平居则无以稽其虚籍请之敝,无以纠其窜逸生事之人,缓急则无以稽其拼力向敌之志,无以连其逃陈不进之心。此尉缭子所以著束部伍之令,太公谓伍法为要者谓此也。用兵不以人数多寡为胜负,惟教习之精否,则胜负之形可见矣。"

理宗即位,特差充浙西副都监、湖州驻扎。时潘甫等起兵,事甫定,霆因绥抚之。镇江都统赵胜辟为计议官,时要全寇盐城,攻海陵,胜出戍扬州,属官多惮从行,霆慨然曰:"此岂臣子辞难之日!"至扬子桥,人言贼兵昨日在南门,去将安之,霆竟至南门,以帅宪之命董三城事。胜次第出城接战,霆必身先士卒,大小十八战,无一不利。夺贼壕,筑土城,焚城门,贼气之慑。差知应州兼沿边都巡检使,枢密院命节制黄莆后营,弹厌诸道军马,诸道兵二十万将往收复楚州,霆帅所部为掎角之助。

大帅荐之,召试为阁门舍人。入对言:"恢复之说有二:曰规抚,曰机会。顾今日之规抚安在哉?守令所以牧民,而惠养之未加;将帅所以御军,而拊循之未至。邦财未裕,而楮券之敝浸深;军储未丰,而和籴之害徒惨。官有土地而荒芜,民因赋役而破荡,狱讼类成冤抑,铨曹率多淹留。荐举无反坐,贪徒得以引类而通班;按刺不徇公,微官易以迕意而连遣。以言郡计,则纷耗于襄橐包苴;以言战

功,则多私於亲昵故旧。至如降卒中处,养虎遗患,轻敌开边,以肉
馁虎。夫以规抚之切要者而不满人意如此,臣敢轻进恢复之说以误
上听哉?凡臣之所陈者,诚播告中外之臣,悉惩其旧而图其新。规
抚既立,然後义旗一麾,诸道并进,臣力尚壮,效前驱。惟陛下坚定
而勉图之。"帝称其言可采。升武功大夫,出知濠州,赐金带。至州,
节浮费,籴粟买马,以备不虞。寻差知安丰军,臣僚上言:"王霆在
濠,人甚安之,不宜轻易。"诏再任濠,职事修举,特转横班。诸使交
荐之。

　　北兵至浮光,其民奔遁,相属于道,朝论以为霆可守之,乃知光
州兼沿边都巡检使。冒雪夜行,倍道疾驰至州,分遣间探,整饬战守
之具,大战于谢令桥,不久遂安。督府魏了翁以书来慰安之,以缗钱
十万劳其军。霆以召,寻为吉州刺史,仍知光州。霆固辞,丞相郑清
之、制置使史嵩之皆数以书留霆,霆不从,且曰:"士大夫当以世从
道,不可以道从世也。"

　　再授阁门舍人,寻为达州刺史、右屯卫大将军兼知蕲州,不赴。
寻迁淮西马步军副总管兼淮西游击军副都统制。论游击军十事,不
报。提举崇禧观。知高邮军,流民邦杰聚众三千人为盗,霆剿其渠
魁,余党悉散。时议出师,和者甚多,霆以为:"莫若遣间探觇敌情,
如不得已然後行之;否则无故自荡其根本,是外兵未至而内兵先惨
烈也。"诸军毕行,惟高邮迟之,境内赖以安全。由是与时迕,而谗者
益众。

　　提举云台观。执政期论边事,且谓朝廷即有齐安之命。霆曰
"秋防已急,边守不宜临时更易,动盍需之。"乃授带行左领军卫大
将军,充沿江制置副使司计议官,霆乃撰《沿江等边志》一编上之。
制置使董槐、邓泳交荐之,差知寿昌军,改蕲州,建学舍,祠忠臣。尝
叹曰:"两淮藩篱也,大江门户也,三辅堂奥也。藩离不固则门户且
危,门户既危则堂奥岂能久安乎?"于是贻书丞相杜范,乞瞰江审察
形势,置三新城:蕲春置于龙眼矶,安庆置于孟城,滁阳置于宣化。
不报。卒。

　　初,其父析业,霆独以让其兄。处宗族有恩意,尝训其子弟曰:"穷理尽性,学之本也。"有《玉溪集》行于世。

　　论曰:吴昌裔访道东南,一何勤哉!故其造深醇,见诸事功者,足以知其学无杂也。汪纲之遗爱在越,先民所谓择贤久任者,固不我欺矣。陈宓以宰相子,论谏之直,于今有光。王霆通兵家言,而谓不可以道从世,此古人谋帅贵乎"说《礼》、《乐》而敦《诗》、《书》"也。

宋史卷四〇九
列传第一六八

# 高定子　　高斯得　　张忠恕
# 唐璘

　　高定子字瞻叔,利州路提点刑狱兼和沔州稼之弟也。嘉泰二年举进士,授郪县主簿。吴曦畔,乞解官养母,曦诛,摄府事宇文公绍以忠孝两全荐之,调中江县丞。父就养得疾,定子衣不解带者六旬。居丧,京毁骨立。服除,成都府路诸司辟丹棱令,寻以同产弟魏了翁守眉,改监资州酒务。丁母忧,服除,差知夹江县。

　　前是,酒酤贷秫于商人,定子给钱以籴,且宽榷酤,民以为便。麻菽旧有征,定子悉弛之。会水潦荐饥,贫民竞诉无所于籴,定子曰:"汝毋忧,汝第持钱往常所籴家以俟。"乃发县廪给诸富家,俾以时价粜,至秋而偿,须臾米溢于市。邻邑有争田十余年不决,部使者以属定子,定子察知伪为质剂,其人不伏。定子曰:"嘉定改元诏三月始至县,安得有嘉定元年正月文书邪?"两造遂决。四川总领所辟主管文字,同幕有以趣办为能迫促诸郡者,定子白使者斥去之。总领所治利州,倚酒榷以佐军用,吏奸盘错,定子躬自究诘,酒政遂平。后来者复欲增课,定子曰:"前以吏蠹,亦既革之,今又求益,是再榷也。"乃止。

　　制置使郑损强愎自用,误谓总领所擅十一州小会子之利,奏请废之,令下,民疑而罢市。定子力争,谓:"小会子实以代铁,百姓贸易,赖是以权川引,罢则关、陇之民交病,况又隆兴间得旨为之,非擅也。"乃得存其半。损又欲增总领所盐课,取旧贷军费,定子辨其颠末,损乃释然曰:"二司相关处,公每明白洞达言之,使人爽然自失。"寻差知长宁军。长宁地接夷獠,公家百需皆仰涪井盐利,来者往往因以自封殖,制置司又榷入其半。定子至,争於制置使,得蠲重赋。

差知邛州。大元兵穿风州塞,破武休,下兴元,小校张钺以其徒溃入文州,杀守臣杨必复,将自龙趋县,以闯成都。安抚使黄伯固闻之,亟奏定子兼参议官,措置文、龙备御。定子乃部分诸军扼青塘岭,钺就擒。已而剑南大震,定子语僚吏曰:"诸君去留不敢拘,若某则守城郭封疆之臣,有死而已。"戒群胥曰:"溃军流民不过欲得钱粮尔,吾将尽发吾州之藏与截诸司之纲,为朝廷捍蔽全蜀。我去,听汝等杀我;汝等逃,吾斫汝头矣。"乃下令招溃卒,人给缗钱五十、米一石,命都监陈训专任接纳。训忽奔告曰:"诸军虽受招,不肯释甲,李何?"定子乃令帐下卒衷甲於两庑以俟,戒毋轻动。俄而诸军盛陈兵以至,吏士皆股栗,定子坐堂上,传令劳苦之,诸军皆拜。定子开谕以理,使还本部,以俟给犒。诸将闻之,亦来上谒,定子复慰安之。因问:"汝等何为至此?"皆曰:"制置使未知存亡,诸军无主。"定子曰:"大帅不过暂移治尔,已遣人访所在,苟终不获,我当为汝曹主张。且诸军至此以无粮故,吾州当任供亿。"又曰:"敌将复会于此,盍避之?"定子曰:"我文官也,不畏死,汝将军也,世世衣食县官,乃欲避敌乎?我是守臣,死则死于此尔。有欲杀太守者,一枪足矣,军器安用多为?今诸军大集,万一敌至,能戮力出战,是汝曹立功报国之机也,不犹愈於深入内郡为罪滋大乎?"众悦而去。乃遣吏给犒如令,辟寺观祠宇以舍之。

亡几何,败将和彦威。陈邦佐、曹箎、张涓、姚承祖等皆集于彰明,剽掠尤甚。彦威遣邦佐入州,大言骇众,谓定子曰:"知府何不去?和太尉兼尔戎司,威权甚重,麾下兵且二万馀,欲来驻此,今至矣。"定子谓曰:"本州素非备御之地,大将以兵入,欲何为者?第来,吾固有以相待。"邦佐色沮,乃曰:"已遣幕府来议。"至则一游士尔,缪为恭敬，要索甚大。定子答曰："军将入吾境，当受吾节制，惟各守纪律，则给以钱粮。若敌至，为国一死，作忠臣孝子，愈於病五日不汗死也。"幕府莫能对，出彦威符移，有去："大府招戢散军，人给钱米若干，今所部不下二万人，愿如数得之。"定子报曰："本州已下此令，何敢食言；但所给者乃溃军就招免罪之人，都统所部非溃也，若以此例相给，其肯受乎。"彦威得檄甚惭，乃乞别给钱粮以饷军，定子即捐四十万缗与之，仍趣其还戍。盖定子身任两司之责，极其劳勚，以收捕张钺功，进三官，以防遏招收溃兵功，又进一官，进直宝章阁，再任。

顷之，召入奏事，吏民追送，莫不流涕；邻郡闻定子至，焚香夹道，举手加额曰："微公，吾属涂炭久矣。"定子之未去郡也，伯兄稼以权利路提刑上印而归，了翁亦至自靖州，过定子於绵，定子为筑棣鄂堂，饮酒赋诗为乐，一时以为美谈。入对，极言时敝。时史弥远执国柄久，故有曰："陛下优礼元勋，俾得以驰繁机而养静寿，朝廷得以新百度而革因循，不亦善乎。"既对，人为定子危之，定子曰："乖逢得丧，是有命焉，吾得尽言，乃报君职分也。"越两月。乃迁刑部郎中。弥远没，言之者纷然，识者谓定子先事有言，视诸人为难。

寻以直宝谟阁、江南东路转运判官。陛辞，帝曰："淮师巡边，卿知之乎？辅车之势，漕运为急，卿是行宜斟酌缓急，以相通融。"定子因上疏论边事甚周悉，帝嘉纳焉。逾年，召入奏事。会稼死事于沔州，上疏引疾，乞归田里，不许。寻迁军器监，又迁太府少卿，升计度转运副使。有事于明堂，天大雷雨，诏求言，定子反覆论敬惧灾异之意。复召入。迁司农卿兼玉牒所检讨官。

入对，言："内治不修，外惧不谨，近亲有预政之渐，近习有弄权之渐，国柄有陵夷之渐，士气有委靡之渐，主势有孤立之渐，宗社有阽危之渐。天变日多，地形日蹙。昔有危脉，今有危形；昔有亡理，今有亡证。"又请明诏沿流帅守将吏，思出奇乘险，求为水陆可进之策。

升兼枢密都承旨，又迁太常少卿兼国史院编修官。累言边事，迁起居舍人，寻兼中书舍人，参赞京湖、江西督视府事，冠子亲往周视新城，大犒诸军，激厉守将。迁礼部侍郎，仍兼中书舍人，即军中赐金带。诏以督府事入奏，既至，帝劳问甚渥，特进一官，寻兼崇政殿说书兼直学士院。未几，改侍讲、权礼部尚书，升兼侍读。入奏，言："国无仁贤，无礼义，无政事，有类叔世。"帝竦然。寻兼直学士，修孝宗、宁宗日历，书成上进，擢拜翰林学士、知制诰兼吏部尚书，升兼修国史、实录院修撰，赐衣带、鞍马。乞召收李心传卒成四朝志、传。

时礼部尚书杜范、吏部侍郎李韶皆以伉直称，或乞身求去，或卧家不出。定子言："人主寄耳目者，台谏也，补耳目之所不逮者，法从之论思，百官之轮对，则上必论君德之粹驳，次必言朝政之得失。舍是而使之但言常程，姑应故事，畏缩乎雷霆之威，阿徇乎宰执之好，逊避乎耳目之官，则凡论思等事，皆不必讲矣。宜速反李韶以开不讳之门，勉起杜范以伸敢言之气。"因乞归田甚力。

进端明殿学士、签书枢密院事，寻兼权参知政事。仍旧职，知福州、福建安抚，固辞，提举洞霄宫。因请致仕，不许，改知潭州、湖南安抚大使，力辞，退居吴中，深衣大带，日以著述自娱。以资政殿学士转一官致仁，卒。赠少保。

定子作同人书院于夹江，修长兴学，创六先生祠，盖以教化为先务。所著《存著斋文集》、《北门类稿》、《薇垣类稿》、《经说》、《绍熙讲义》、奏议、历官表奏行世。

高斯得字不妄，利州路提点刑狱、知沔州稼之子也。少从李坤臣学，坤臣瞽，斯得左右扶持之。中成都路转运司试，补入太学。绍定二年举进士，授利州路观察推官。越二年，辟差四川茶马干办公事。李心传以著作佐郎领史事，即成都修《国朝会要》，辟为检阅文字。端平二年九月，稼死事于沔，时大元兵屯沔，斯得日夜西向号泣。会其僮至自沔，知稼战没处，与斯得潜行至其地，遂得稼遗体，奉以归，见者感泣。服除而哀伤不已，无意仕进。心传方修四朝史，辟为史馆检阅，秩同秘阁校勘，盖创员也。斯得分修光、宁二帝纪。
寻迁史馆校勘，又迁军器监主簿兼史馆勘。

时丞相史嵩之柄国，斯得遇对，空臆尽言。冬雷，斯得应诏上封
事，乞择才并相，由是忤嵩之意。迁太常寺主簿，仍兼史馆校勘。时
斯得叔父定子以礼部尚书领史事，时人以为美谈。会太学博士刘应
起入对，挂嵩之，嵩之恚，使其党言叔父兄子不可同朝，以斯得添差
通判绍兴府。淳祐二年，四朝《帝纪》书成，上之。嵩之妄加毁誉於
理宗、济王，改斯得所草《宁宗纪》末卷，斯得与史官杜范、王遂辨
之。范报书亦有"奸人剿入邪说"之语，然书已登进矣。心传藏斯得
所草，题其末曰"前史官高某撰"而已。

逾年，添差通判台州。范既入相，召为太常博士，迁秘书郎。六
年正月朔，日有食之，斯得应诏上封事，言："大奸嗜权，巧营夺服，
陛下奋独断而罢退之，是矣。谏宪之臣，交疏其恶，或请投之荒裔，
或请勒之休致。陛下苟行其言，亦足昭示意向，涣释群疑。乃一切
寝而不宣，历时既久，人言不置，然后龟勉传谕，委曲诲奸，俾於袭
经之时，妄致挂冠之请，因降祠命，苟塞人言，又有奸人阴为之地。
是以伪言并兴，善类解体，谓圣意之难测，而大奸之必还，莽、卓、
操、懿之祸，将有不忍言者。"时监察御史江万里及它台谏累疏论嵩
之罪恶，竟不施行，第因嵩之致仕，予祠而已，故斯得封事首及之。

又言："大臣贵乎以道事君，今乃献替之义少而容悦之意多，知
耻之念轻而患失之心重。内降当执奏，则不待下殿而已行；滥恩当
裁抑，则不从中覆而遽命。嫉正而庇邪，喜同而恶异，任术而诡道，
乐偷而惮劳。陛下虚心委寄，所责者何事，而其应乃尔。"时范锺独
当国，过失日章，故斯得及之。又言："便嬖侧媚之人，尤足为清明之
累，腐夫巧谗而使传几摇，妖媼外通而魁邪密主，阴奸伏蛊，互扇交
攻，陛下之心至是其存者几希矣。陛下之心，大化之本也，洗濯磨
淬，思所以更之，乃徒立为虚言无实之名，而谓之更化，此天心之所
以未当，大异之所以示儆也。"言尤切直，帝嘉纳焉。

又言："群臣庞杂，宫禁奇邪，黩货外交，岂可坐视而不之问！顾

乃并包兼容之意多，别邪辨正之虑浅，忧谗避谤之心重，直前迈往之志微，遂使众臣争衡，大权旁落，养成积轻之势，以开窥觎之渐。设有不幸，变故乘之，上心一移，凶渠立至，使宗社有沦亡之忧，衣冠遭鱼肉之祸，生灵罹涂炭之厄。当是时也，能洁身以去，其能逃万世之清议乎？”于是群险悚惧，或泣诉上前，或上章求去，合力排摈，斯得遂求补外。在告几百馀日，於是差知严州，斯得三请乞祠，不许。严环山为郡，虽岂岁犹仰它州。夏旱，斯得蠲租发廪，招籴劝分，请于朝，得米万石以振济。

　　迁浙东提点刑狱，遂劾知处州赵善瀚、知台州沈塈等七人倚势厉民，疏上，不报。改江西转运判官，斯得具辞免，上奏曰：“臣劾奏赵善瀚等七人，未闻报可，固疑必有党与营救，惑误圣听，今奉恩除，乃知中臣所料。善瀚者，侍御史周坦之妇翁也，赃吏之魁，锢于圣世，郑清之与之有旧，复与州符。沈塈者，同签书枢密院事史宅之妻党也。祖宗以来，未有监司按吏一不施行者，坏法乱纪，未有甚此。臣身为使者，劾吏不行，反叨易节，若贪荣冒拜，则与世之顽顿无耳者何区？乞并臣镌罢，以戒奉使无状者。”章既上，坦自谓已在台谏而反见攻，篇恩同列论斯得，同列难之，计急，自上章劾罢斯得新任，未几，坦亦罢，七人竟罢去。

　　移湖南提点刑狱，荐通判潭州徐经孙等六人。攸县富民陈衡老，以家丁粮食资强贼，劫杀平民。斯得至，有诉其事者，首吏受赇而左右之，衡老造庭，首吏拱立。斯得发其奸，械首吏下狱，群胥失色股栗。於是研鞫具得其状，乃黥配首吏，具白朝省，追毁衡老官资，簿录其家。会诸邑水灾，衡老原出米五万石振济以赎罪。衡老婿吴自性，与衡老馆客太学生冯炜等谋中伤斯得盗拆官椟。斯得白于朝，复正其罪，出一箧书，具得自性等交通省部吏胥情状。斯得并言於朝，下其事天府，索出赇银六万馀两，黥配自性及省寺高铸等二十馀人。初，自性厚赂宦者言於理宗曰：“斯得以缗钱百万进，愿易近地一节。”理宗曰：“高某硬汉，安得有是。”而斯得力求去，清之以书留之。又荐李晞颜等五人。

　　加直秘阁、湖南转运判官,改尚右郎官,未至,改礼部郎中,上疏极论时事,改权左司,力辞,内批兼侍立修注官。言水灾曰:"愿陛下立罢新寺土木,速反近旨诸臣,遏绝邪说,主张善良,谨重刑辟,爱惜士类,抑远佞臣,绝其干挠,则天意可回,和气可召矣。"会斥左司徐霖,帝虑给事中赵汝腾争逐霖事,乃徙汝腾翰林学士,汝腾闻命即去国。斯得言:"汝腾一世之望,宗老之重,飘然引去,陛下遂亦弃之有如弁髦,中外惊怪,将见贤者力争不胜而去,小人踊耀增气而来。陛下改纪仅数月,初意遽变,臣深惜之。"

　　时上封事言得失者众,或者恶其喧诹,遂谓"空言徒乱人听,无补国事。"斯得因转对,言:"诸臣之言,上则切劘圣主,下则砥厉大臣,内则摧抶奸邪,外则销遏寇虐,顾以为无补于实政乎?空言之讥,好名之说,欲一网君子而尽去之,其言易入,其祸难言,此君子去留之机,国家安危之候,不可不深留圣虑者也。"监察御史萧泰来论罢。

　　逾年,以直宝文阁知泉州,力辞,迁福建路计度转运副使。朝廷行自实田,斯得言:"按《史记》,秦始皇三十一年,令民自实田。主上临御适三十一年,而异日书之史册,自实之名正兴秦同。"丞相谢方叔大愧,即为之罢。董槐入相,召为司农卿。程元凤入相,改秘书监。丁大全入相,监察御史沈炎论斯得以闽漕交承钱物,下郡吏天府,榜死数人。先是,吴自性之狱,高铸为首恶黥配广州,捐资免行,至是为相府监奴,嗾炎发其端。京尹顾岩傅会其狱,安吉守何梦然奉行其事,陵铄甚至,斯得不少挫,竟无所得。大全既谪,朝廷罪其委任非人,遂斩铸。斯得既拜浙西提点刑狱之命,炎,浙西人,泣于上前,乞更之,移浙东提举常平。命下,给事中章铿缴还。斯得杜门不出,著《孝宗系年要录》。

　　彗星见,应诏上封事,曰:"陛下专任一相,虚心委之,果得其人,宜天心克享,灾害不生。而庚申、己未之岁,大水为灾,浙西之民死者数百千万。连年旱叹,田野萧条,物价翔跃,民命如线。今妖星突出,其变不小。若非大失人心,何以致天怒如此之烈。"封事之上也,似道匿不以闻。

度宗即位,召为秘书监,又论罢。复迁秘书监,屡辞不许,擢起居舍人兼国史院编修官、实录院检讨官兼侍讲。进读之际,每於天命去留之际,人心得失之因,前代治乱之故,祖宗基业之难,必反复陈之。兼权工部侍郎,遂兼同修国史、实录院同修撰,仍兼侍讲。进《高宗系年要录纲目》,帝善之。大元军下襄阳,斯得疏论言事,最为切要,帝嘉纳,迁工部侍郎。屡求补外,以显文阁待制、知建宁府。

度宗崩,陈宜中入相,以权兵部尚书召。斯得痛国事之阽危,疏言诛奸臣以谢天下,开言路以回天心,聚人才以济国事,旌节义以厉懦夫,竭财力以收散亡。忠愤激烈,指陈当时之事无所遗。擢翰林学士、知制诰兼侍读,进端明殿学士、签书枢密院事兼参知政事,同提举编修敕令及《经武要略》。大元兵下饶州,江万里赴水死,事闻,赠太傅。斯得言赠恤之典,所当度越故常,以风厉天下,遂加赠太师。又言赏通判池州赵卿发死节太薄,乃加赠待制。

台谏徐直方等四人论似道误国之罪,乞安置岭表,簿录其家。丞相留梦炎庇护似道,止令散官居住,且谓簿录扰及无辜。斯得谓"散官则安置,追降官分司则居住,祖宗制也"。梦炎语塞。梦炎乘间直罢去平章事王爚、监察御史俞浙,并罢斯得,于是宋亡矣。所著有《诗肤说》、《仪礼合抄》、《增损刊正杜佑通典》、《徽宗长编》、《孝宗系年要录》、《耻堂文集》行世。

张忠恕字行父,右仆射浚之孙。以祖任,监楼店务。入府幕,时韩侂胄权势熏灼,尝夺民间已许嫁女,夫家以告,忠恕白尹归其父母,尹不能难。再调广西转运司主管文字,改通判沅州,主管京湖宣抚司机宜文字,知沣州。开禧末,入为籍田令。属太庙鸱吻为雷雨坏,神主迁御,忠恕因轮对,请广言路,通下情,宁宗嘉纳。

嘉定五年,迁军器丞,进太府丞。出知湖州。迁司农丞、知宁国府。夏旱,请于朝,得赐僧牒五十,米十万七千馀石。常平使者欲均济而勿劝粜,忠恕虑后无以济,遂核户口、计岁月,严戒诸邑谕大家发盖藏。所见寝异，以言去，主管冲佑观。起知鄂州，改湖北转运判官兼知鄂州。召为屯田郎官，丁内艰。免丧，入为户部郎官。入对，极言边事，其虑至远。

理宗即位，忠恕移书史弥远请取法孝宗，行三年丧，且曰："孝宗始自践祚，服勤子职凡二十有七年，今上自外邸入继大统，未尝躬一日定省之劳，欲报之德，视孝宗宜有加。"既而宰辅率百僚请太母同听政，忠恕复贻书史弥远，谓："英宗以疾，仁、哲以幼，母后垂帘，有不容已，惟钦圣出於勉强，务从抑损。今吾君长矣，若姑援以请，此亦中策尔。"诏群臣集议庙制，忠恕谓："九庙非古，若升先帝，则十世之庙昉于今日，於礼无稽。"宝庆初，诏求直言，忠恕上封事，陈八事：

一曰天人之应，捷於影响。自冬徂春，雷雪非时，西霅、东淮，狂悖荐兴。客星为妖，太白见昼，正统所系，不宜诿之分野。

二曰人道莫先乎孝，送死尤为大事。孝宗朝衣朝冠，皆以大布，迨宁考以适孙承重，光宗虽有疾，未尝不服丧宫中也。洎光宗上宾，权焰方张，莫有言者。去秋礼寺受成胥吏，未尝以义折衷。庆元间，再期而祥，百僚始纯服吉。今若甫经练祭，虽朝臣一带之微，不复有凶吉之别，则是三年之丧降而为期，害理滋甚。况人主执丧于内，而群工之服无异常日，是有父子而无君臣也。

三曰太母方却垂帘之请，而庆寿前期，陛下吉服称觞，播为诗什，此世俗之见，非所以表仪於天下也。

四曰陛下斩然在疚，大昏之期，固未暇问，然非豫讲夙定，恐俚说乘间而入。臣所望于今日者，亦曰严取舍而正法度，广询谋而协公议尔。

五曰陛下于济王之恩，自谓弥缝曲尽矣。然不留京师，徙之外外郡，不择牧守，混之民居，一夫奋呼，阖城风靡，寻虽弭患，莫副初心。谓当此时，亟下哀诏，痛自引咎，优崇恤典，选立嗣子，则陛下所以身处者，庶几无憾，而造讹腾谤者，靡所致力。自始至今，率误於含糊，而犹不此之思，臣所不解也。

六曰近世险佞之徒，凡直言正论，率指为好名归过；夫好名归过，其自为者非也，若首萌逆意厌恶之心，则自今言者望见疑，此危国之鸩毒。

七曰当今名流虽已褒显，而搜罗未广，遗才尚多。经明行修如柴中行、陈孔硕、杨简，识高气直如陈宓、徐侨、傅伯放，金论所推，史笔如李心传，何惜一官，不俾与闻。况迩来取人，以名节为矫激，以忠说为迂流，以介洁为不通，以宽厚为无用，以趣办为疆敏，以拱默为靖共，以迎合为适时，以操切为任事。是以正士不遇，小人见亲。

八曰士习日异，民生益艰。第宅之丽，声伎之美，服用之侈，馈遗之珍，向来宗戚、阉官犹或间见，今缙绅士大夫殆过之。公家之财，视为己物。荐举、狱讼，军伎、吏役、僧道、富民，凡可以得贿者，无不为也。至其避讥媒进，往往分献厥馀。欲基本之不摇，殆却行而求前也。

疏入，朝绅传诵。始魏了翁尝勉忠恕以"植立名节，无陨家声"。及是叹曰："忠献有后矣！"真德秀闻之，更纳交焉。

忠恕又因轮对，引以伯父栻告孝宗之语曰："当求晓事之臣，不求办事之臣；欲求伏节死义之臣，秘求犯颜敢谏之臣。"语益剀切。忠恕自知不为时所容，力请外补，遂以直秘阁、知赣州。抵郡才两月，言者指为朋比，落职，降两官，罢。绍定三年，复元官，进秩一等，提举冲佑观。卒，迁一官致仕。魏了翁尝许忠恕"拳拳体国似浚，拨繁钧剧似其父均，敛华就实则有志义理之学，尝有闻乎栻之教矣"。

唐璘字伯玉，古田人。游太学。嘉定十年举进士，时台臣李安行奏次对官不许论边事，璘对策极诋之，曰："吾始进，可坏于天子之庭乎？"调吴县尉，有杀人于货挟其舟亡者，有司求贼急，屠者自告吾儿实杀之，儿亦自诬伏。璘问："舟安在？钱何用？"其辞差，为缓之，果得贼太湖，与舟俱至，举县感服。县有势家治圃，将凿渠通舟，缪言古有渠，常平使者主之。璘视乾道故籍，则诚民田也，力争，迕使者意，移监县税。璘遂以直闻。调瑞州学教授，用白鹿洞教法，崇礼让，后文艺，士翕然知向。监行在榷货务门。

辟淮东运司催辖纲运官。属出师楚州，尽瘁焉。捷闻，以金人据淮阴，欲乘势取之。璘言："捷奏多夸，谍得信乎？须聚兵二十万，日费米斛馀五千，缗钱馀二万，调夫几万人，仅能使贼全师北去。今出没涟、海，谋结北边，政欲迭出挠我，忧方大尔。淮阴坚垒与楚城等，濠之广又过之，我士疲丁困，可一拔得乎？恢复，美名也，而贾实祸，仆窃危之。"不听。制司耻楚城之捷自赵范与葵出，议赎淮阴二城为功。洎闻金变，即转攻之，我师死伤者六万，璘在兵间愤之，著《谠论》，直书其事上之。知晋陵县，邻州田讼，至有泣诉诸使愿送晋陵可否者。制置使陈铧留守建康，辟为通判，举府事以听。

监六部门，擢监察御史，台吏且至，璘皇骇趋避不敢诣阙。母曰："人言此官好，汝何得曰忧乎？"璘曰："此官须为朝廷争是非，一拂上意，或迕权贵，恐重大为大人累，何得不忧？"母曰："而第尽言，吾有而兄在，勿忧。"璘拜谢，入就职。

故事，御史惟常服拜下，有论奏缴进，至是独召对缉熙殿，令服窄衫面读。首疏奏："天变而至于怒，民怨而几于离，海宇将倾，天下有不可胜讳之虑。陛下谓此何时，纵欲累德，文过饰非，疏远正人，狎昵戚宦，浊乱朝政，自取覆亡。宰相用时文之才为经世之具，不顾民命，轻挑兵端，不度事宜，顿空国帑。委政厥子，内交商人，贿途大开，小雅尽废。琐琐姻娅，敢预邪谋，视国事如俳优，以神器为奇货，都人侧目，朝士痛心。盍正无将之诛，以著不忠之戒。崔与之操行类杨绾，虽修途莫景，力不逮心，而命下之日，闻者兴起。乔行简颇识大体，朝望稍孚，而除授偏私，事多遗忘。宜择家相，赞宗子，辅民物，以慰父母之望，毋使天变寝极，人心愈离也。"上为改容。又请号召土豪，经理荆、襄，亟择帅臣，安集淮西，帝嘉纳；至问边事甚悉。

璘感激知遇，自是弹击无所避，再疏："郑清之妄庸误国，乞褫职罢祠。其子士昌，招权纳贿，拔庸将为统帅，起赃吏为守臣，乞削籍废弃。郑性之懦而多私,尝庇奸庸,臣受其改官举状,尝蒙荐之陛下,国事至此,不敢顾私。李鸣复甘心谄郑损,得荐入朝,适清之议张天纲之狱,迎合从轻,遂擢台端。会赵桃夫遣史寅午嘱清之父子,鸣复又结寅午得登政府。"会杜范亦论鸣复,不行,而范去,璘遂力丐外,疏七上,授广西运判,改知嘉兴府,寻改江东运判。

时边事急,置四察访使,就诏璘分建康、太平、池州、江西。璘揭榜马前,咨所部以利害,又戒土豪团结渔业水手、茶盐舟夫、芦丁,悉备燎舟之具,人人思奋。即选将总二州兵舟以耀敌,檄当涂宿设战具,防采石,拨和籴续生券,且奏损总领所钱二十万缗助江防,军声大振。

寻升直华文阁、知广州、广东经略安抚使。梅州寇作,璘示以威信,寇寻息。江淮旱,议下广右和籴,璘言:"公家赤立,籴本无所办,终恐日取于民,非臣不敢拨本,召寡重朝廷多事之忧。"明年上章乞致仕,帝思见之,亟命入奏,擢太常少卿。寻丁内艰,璘居丧哀毁不食,久之疾革,卒。

璘立台仅百日,世谓再见唐介,至切劘上躬,尽言无隐,帝益严惮之。居官大节,则母教之助为多。

论曰:观高定子在西陲,政业著闻矣。斯得屡起而屡仆于权臣之手,及其再起,宋事已非。张忠恕论济邸事,有父祖风焉。唐璘者,亦可谓古之遗直。

宋史卷四一〇

列传第一六九

# 娄机　沈焕 <small>舒璘附</small>　曹彦约

# 范应铃　徐经孙

娄机字彦发，嘉兴人。乾道二年进士，授盐官尉。丁母忧，服除，调含山主簿。郡委治铜城圩八十有四，役夫三千有奇，设庐以处之，器用材植，一出於官，民乐劝趋，两旬告毕。七摄邻邑，率以治绩闻。调於潜县丞，轻赋税，正版籍，简狱讼，兴学校。遭外艰，免丧，为江东提举司干办公事，易淮东，已而复旧，改知西安县。巨室买地为茔域，发地遇石，复萦元价。机曰："设得金，将谁归？"通判饶州，平反冤狱。蜀帅袁说友辟参议幕中，不就，改干办诸司审计司。转对，请裁损经费，又论刑名疑虑之敝。迁宗正寺主簿，为太常博士、秘书郎，请续编《中兴馆阁书目》，又请宽恤淮、浙被旱州县。

时皇太子始就外傅，遴选学官，以机兼资善堂小学教授。机日陈正言正道，又以累朝事亲、修身、治国、爱民四事，手书以献，太子置之坐右，朝夕观省。随事开明，多所裨益。迁太常丞，仍兼资善。旋迁右曹郎官、秘书省著作郎，改兼驾部。都城大火，机应诏上封事，力言朝臣务为奉承，不能出己见以裨国论；外臣不称职，至苛刻以困民财；将帅偏裨务为交结，而不知训阅以强军律。时年七十，丐闲，不许。太子得机所著《广干禄字》一编，尤喜，命戴溪跋之。擢监察御史，讲未退而除命颁，太子恋恋几不忍舍，机亦为之感涕。

论京官必两任、有举主、年三十以上，方许作县。又论郡守轻滥太甚,贻害千里。苏师旦怙势妄作,蒙蔽自肆,语及者皆罪去,而独惮机。韩侂胄议开边,机极口沮之,谓:"恢复之名非不美,今士卒骄逸,遽驱於锋镝之下,人才难得,财力未裕,万一兵连祸结,久而不解,奈何?"宅胄闻之不悦,其议愈密,外廷罔测。又上疏极论:"虽密谋人莫得知,而习书一驰,中外皇惑。"侍御史郑友龙初不知兵,腾书投合,妄荐大将,既召还,专主此议。机语友龙曰:"今日孰可为大将?孰可为计臣?正使以殿岩当之,能保其可用乎?"

迁右正言兼侍讲,首论广蓄人才,乞诏侍从、台谏、学士、待制、三牙管军各举将帅边郡一二人,召问甄拔,优养以备缓急。进太常少卿兼权中书舍人,诏遣宣谕荆、襄,机昌言曰:"使往慰安人情则可,必欲开边启衅,有死而已,不能从也。"泗州捷闻,愈增忧危,且曰:"若自此成功,以摅列圣之宿愤,老臣虽死亦幸,谪官,但恐进锐退速,祸愈深耳。"友龙至不能堪曰:"不逐此人,则异议无所回。"机遂以言去。

侂胄诛,召为吏部侍郎兼太子左庶子,还朝,言:"至公始可以服天下,权臣以私意横生,败国殄民,今当行以至公。若曰私恩未报,首为汲引,私雠未复,且为沮抑,一涉於私,人心将无所观感矣。"又言:"两淮招集敢勇,不难於招而难於处。若非绳以纪律,课其动惰,必为後害。"仍请检校权臣、内侍等没入家赀,专为养兵之助。机里人有故官吏部,丧未举而子赴调者,机谓彼既冒法禁,而部胥不之问,即挞数吏,使之治葬而後来。闻者韪之。

兼太子詹事,著《历代帝王总要》以裨考订。迁给事中。海巡八厢亲从、都军头、指挥使年劳转资,恩旨太滥,乞收寝未应年格之人,年已及者予之,帝称善久之。飞蝗为灾,机应诏言:"和议甫成,先务安静,葺罅漏以成纪纲,节财用以固邦本,练士卒以壮国威。

迁礼部尚书兼给事中,擢同知枢密院事兼太子宾客,进参知政事。当干戈甫定,信使往来之始,疮痍方深,敝蠹纷然。机弥缝裨赞甚多。尤惜名器,守法度;进退人物,直言可否,不市私恩,不避嫌怨。有举员及格,当改秩作邑而必欲朝阙,机曰:"若是则有劳者何以劝？孤寒者何以伸？若至上前，自应执奏。"堂吏寄资未仕，而例以升朝官赏陈乞封赠，机曰："进士非通籍不能及亲，汝辈乃以白身得之耶？"嘉定二年八月，行皇太子册命，机摄中书令读册。九月礼明堂，为礼仪使。数上章告老，帝不许，皇太子遣官属勉留之。以资政殿学士知福州，力辞。提举洞霄宫以归，遂卒，赠金紫光禄大夫，加赠特进。

机初登第，其父寿戒之曰："得官诚可喜，然为官正自未易尔！"机抚其弟模、栋，卒为善士。居乡以诚接物，是非枉直判於语下，不为後言，人惮而服之。称奖人才，不遗寸长，访问贤能，疏列姓名及其可用之实，以备采取，其所荐进，亦不欲人之知也。所著复有《班马字类》。机深於书学，尺牍人多藏弆云。

沈焕字叔晦，定海人。试入太学，始与临川陆九龄为友，从而学焉。乾道五年举进士，授馀姚尉、扬州教授。召为太学录，以所躬行者淑诸人，蚤暮延见学者，孜孜诲诱，长贰同僚忌其立异。会充殿试考官，唱名日序立庭下，帝伟其仪观，遣内侍问姓名，众滋忌之。或劝其姑营职，道未可行也，焕曰："道与职有二乎？"适私试发策，引《孟子》："立乎人之本朝而道不行，耻也。"言路以为讪己，请黜之，在职才八旬，调高邮军教授而去。

后充干办浙东安抚司公事。高宗山陵，百司次舍供帐酒食之需，供给不暇，焕亟言于安抚使郑汝谐曰："国有大戚，而臣子宴乐自如，安乎？"汝谐属焕条奏。充修奉官，移书御史，请明示丧纪本意，使贵近哀戚之心重，则茇舍菲食自安，不烦弹劾而须索绝矣。于是治并缘为奸者，追偿率敛者，支费顿减。

岁旱，常平使分择官属振恤，得上虞、馀姚二县，无复流殍。改知婺源，三省类荐书以闻，遂通判舒州。闲居虽病，犹不废读书，拳然以母老为念、善类凋零为忧。卒，丞相周必大闻之曰："追思立朝不能推贤扬善，予愧叔晦，益者三友，叔晦不予愧也。"

焕人品高明，而其中未安，不苟自恕，常曰昼观诸妻子，夜卜诸梦寐，两者无愧，始可以言学。追赠直华文阁，特谥端宪。

焕之友舒璘字元质，一字元宾，奉化人。补入太学。张栻官中都，璘往从之，有所开警。又从陆九渊游，曰："吾惟朝於斯，夕於斯，刻苦磨厉，改过迁善，日有新功，亦可以弗畔矣乎。"朱熹、吕祖谦讲学於婺，璘徒步往谒之，以书告其家曰："敝床疏席，总是佳趣；栉风沐雨，反为美境。"

举乾道八年进士，两授郡教授，不赴。继为江西转运司干办公事。或忌璘所学，望风心议，及与璘处，了无疑间。为徽州教授，徽习顿异。《诗》、《礼》久不预贡士，学几无传，璘作《诗礼讲解》，家传人习，自是其学寝盛。丞相留正称璘为当今第一教官，司业汪逵首欲荐璘，或谓璘举员已足，逵曰："吾职当举教官，舍斯人将谁先？"卒剡荐之。知平阳县，郡政颇苛，及璘以民病告，辞严义正，守为改容。秩满，通判宜州，卒。

璘乐於教人，尝曰："师道尊严，璘不如叔晦，若启迪后进，则璘不敢多逊。"袁燮谓璘笃实不欺，无毫发矫伪。杨简谓璘孝友忠实，道心融明。楼钥谓璘之於人，如熙然之阳春。淳祐中，特谥文靖。

曹彦约字简甫，都昌人。淳熙八年进士。尝从朱熹讲学，历建平尉、桂阳司录、辰溪令，知乐平县，主管江西安抚司机宜文字。知沣州，未上，薛叔似宣抚京湖，辟主管机宜文字。汉阳阙守，檄摄军事。时金人大入，郡兵素寡弱，彦约搜访土豪，得许离俾总民兵，赵观俾防水道，党仲升将宣抚司军屯郡城。金重兵围安陆，游骑闯汉川，彦约授观方略，结渔户拒守南河，观逆擎，斩其先锋，且遣死士焚其战舰，昼夜殊死战，北渡追击，金人大败去。又遣仲升劫金人砦，杀千余人，仲升中流矢死。奏观补成忠郎、汉川簿尉，赠仲升修武郎，官其后二人。彦约以守御功进秩二等，就知汉阳。

嘉定元年，诏求言，彦约上封事，谓"敌岂不以岁币为利，惟其所向辄应，所求辄得，以我为易与而纵其欲。莫若迟留小使，督责边备，假以岁月，当知真伪。设复大举，则民固已怨矣，欲进而我已戒严，欲退而彼有叛兵，决胜可期矣。"寻提举湖北常平，权知鄂州兼湖广总领，改提点刑狱，迁湖南转运判官。

时盗罗世传、李元砺、李新等相继窃发，桂阳、茶陵、安仁三县皆破，环地千里，莽为盗区。彦约至攸督运，人心始定。迁直秘阁、知潭州、湖南安抚。时江西言欲招安李元砺，朝命下湖南议招讨之宜，彦约言："今不行讨捕，曲徇招安，失朝廷威重。若元砺设疑词以款重兵，则兵不可撤戍，民不得安业。"元砺果不可降，彦约乃督诸将逼贼巢而屯，击破李新於黡洣，新中创死，众推李如松为首，如松降，遂复桂阳。世传素与元砺有隙，至是密请图元砺以自效，彦约录赏格报之，且告于朝，又予万缗钱犒其师。世传遂禽元砺。彦约还长沙，未几，复出督战，余党悉平。

世传既自以为功，迟留以邀重赂，彦约谕以不宜格外邀求。时池州副都统许俊驻兵吉之龙泉，厚赂以结世传，超格许转官资，世传遂以元砺解江西。胡榘为右司，欲以世傅尽统诸峒而为之帅，悉撤江西、湖南戍兵，彦约固争之，榘不悦，然世传终桀骜不肯出峒。彦约密遣罗九迁为间，诱胡友睦，许以重赏，友睦遂杀世传。江西来争功，不兴校。擢侍右郎官，以右正言郑昭先言，寝其命。

久之，以为利路转运判官兼知利州。关外乏食，彦约悉发本司所储减价遣粜。劝分免役，通商蠲税，民赖以济。时沔州都统制王大才骄横，制置使董居谊既不得其柄，反曲意奉之。彦约以蜀之边面诸司并列，兵权不一，微有小警，纷然奏议，理财者归怨於兵弱，握兵者归咎於财寡，乃作《病夫议》，献之庙堂，曰：

　　古之临边，求一贤者而尽付之兵权，兵权正则事体重，兵权专则号令一。今庙堂之上，患士大夫不奉行诏令，恶士大夫不恪守忠实。故虽信而用之，又以人参之；虽以事权付之，又从中御以系维之。致使知事者不敢任事，畏事者常至失事，卒有缓急，各持己见，兵权财计，互相归咎。

　　昔秦、陇之俗，以知兵善战闻天下。自吴氏世袭以来，握兵者志在於怙势,不在於尊上,用兵者志在於诛货,不在於息民。本原一坏,百病间出,至有世将已叛而宣威不觉,四郡已割而诸将不知。更化之後,逆党既诛,而土俗人心其实未改。任军官而领州事者,易成藩镇之权;起行伍而立微效者,渐无阶级之分。由皁郊以至宕昌,即陇西天水之地,其忠义民兵利在战斗,缓急之际固易鼓率,若其恃勇贪利,犯上作乱,则又不止于大军而已。苟不正其本原,磨之以岁月,渐之以礼义,未见其可也。

今日之领帅权者,必当近边境,必当拥亲兵;有兵权者,必当领经费,必当宽用度。至於忠义之兵,又须有德者以为统率,择知书者以为教导,如古人所谓教民而後用之也。今议不出此,乃欲幸胜以为功,苟安以求免,误天下者必此人也。

时朝论未以为然。

差知宁国府,又改知隆兴府、江西安抚。居亡何,蜀边被兵,内有张福、莫简之变,彦约之言无一不验。迁大理少卿,又权户部侍郎,以宝谟阁待制知成都。彦约乞赴阙奏事,不允,又申省乞入对,不报。改知福州,又改知潭州,彦约力辞,提举明道观,寻以焕章阁待制提举崇福宫。

理宗即位,擢兵部侍郎兼国史院同修撰。宝庆元年入对,劝帝讲学,防近习。次言:“当以庆历、元祐听言为法,以绍圣、崇、观讳言为戒。比年以来,有以卖直好名之说见於奏对者,愿陛下倚忠直如蓍龟,去邪佞若蟊贼,其有沮挠谠言者,必加斥逐。”

会下诏求言,彦约上封事曰:“陛下谨定省以事长乐,开王社以笃天伦,孝友之行,宜足以取信于天下。然兄弟至亲,犹误于狂妄小人之手,道路异说,犹袭于尺布不缝之谣。臣以为守法者,人臣之职也,施恩者,人主之柄也。汉淮南王欲危社稷,张苍、冯敬等请论如法,文帝既赦其罪废徙,王不幸而死,封其二子于故地。此往事之明验,本朝太宗皇帝之所已行也。今若徇文帝缘情之义,法太宗继绝之意,明示好恶,无隙可指,虽不止谤而谤息矣。”又言:“陛下求言

之诏,惟恐不逮,然外议致疑,以为明言文武,似或止于缙绅,泛言
小大,恐不及於韦布,引而伸之,特在一命令之间耳。"又荐隆州布
衣李心传素精史学,乞官以初品,置之史馆,从之。

寻兼侍读,俄迁礼部侍郎。加宝谟阁直学士,提举佑神观兼侍
读。授兵部尚书,力辞不拜。改宝章阁学士、知常德府,陛辞,言下
情未通,横敛未革。帝曰:"其病安在?"对曰:"台谏专言人主,不及
时政,下情安得通?包苴公行于都城,则州郡横敛,无可疑者。"提举
崇福宫,卒,以华文阁学士转通议大夫致仕,赠宣奉大夫。嘉熙初,
赐谥文简。


范应铃字旂叟,丰城人。方娠,大父梦双日照庭,应铃生。稍称,
厉志于学,丞相周必大见其文,嘉赏之。开禧元年,举进士,调永新
尉。县当龙泉、茶陵溪峒之冲,寇甫平,喜乱者诈为警扰,应铃廉得
主名,捽而治之。县十三乡,寇扰者不时,安抚使移司兼郡,初奏弛
八乡民租二年,诏下如章。既而复催以检核之数,应铃力争,不从。
即诣郡自言,反覆数四,帅声色俱厉,应铃从容曰:"某非徒为八乡
贫民,乃深为州家耳!民贫迫之急,将以不肖之心应之,租不可得而
祸未易弭也。"帅色动,令免下户。既出令,复微之,应铃叹曰:"是使
我重失信於民也。"又力争之,讫得请,民大感悦。有大姓与转运使
有连,家僮恣横厉民,应铃笞而系之狱。郡吏庭辱令,应铃执吏囚
之,以状闻。

调衡州录事,总领闻应铃名,辟为属。改知崇仁县,始至,明约
束,信期会,正纪纲,晓谕吏民,使知所趋避。然後罢乡吏之供需,校
版籍之欺敝,不数月省簿成,即以其簿及苗税则例上之总领所,自
此赋役均矣。夙兴,冠裳听讼,发摘如神,故事无不依期结正,虽负
者亦无不心服。真德秀匾其堂曰"对越"。将代,整治如始至。岁
杪,与百姓休息,阁债负,蠲租税,释囚系,恤生死,崇孝劝睦,仁民
厚俗之事,悉举以行,形之榜揭,见者嗟叹。调提辖文思院,干办诸
军审计,添差通判抚州,以言者罢,与祠。丁内艰,服除,通判蕲州。

　　时江右峒寇为乱,吉州八邑,七被残毁,差知吉州,应铃慨然曰:"此岂臣子辞难时耶?"即奉亲以行。下车,首以练兵、足食为先务,然後去冗吏,核军籍,汰老弱,以次罢行。应铃洞究财计本末,每鄙榷酤兴利,蕲五邑悉改为户。吉,舟车之会,且屯大军,六万户,人劝之榷,应铃曰:"理财正辞,吾纵不能禁百姓群饮,其可诱之利其赢耶?"永新禾山群盗啸聚,数日间应者以千数。应铃察过客赵希邵有才略,檄之摄邑,调郡兵,结隅保,分道寿其巢穴,禽之,诛其为首者七人,一乡以定,赣叛卒朱先贼杀主帅,应铃曰:"此非小变也。"密遣谍以厚赏捕之。部使者劾其轻发,镌一官。闲居六年,养亲读书,泊如也。起广西提點刑狱,力辞,逾年乃拜命。即至,多所平反,丁钱蠹民,力奏免之。

　　召为金部郎官,入见,首言:"今以朝行幕改之规抚,欲变累年上玩下慢之积习;以悠悠内治之敝政,欲图一旦赫赫外攘之大功。"又曰:公论不出于君子,而参以逢君之小人,纪纲不正于朝廷,而牵于弄权之阉寺。"言皆谠直,识者韪之。迁尚左郎官,寻为浙东提点刑狱,力丐便养,改直秘阁、江西提举常平,并诡挟三万户,风采凛然。

　　丁外艰,服除,迁军器监兼尚左郎官,召见,奏曰:"国事大且急者,储贰为先。陛下不断自宸衷,徒眩惑于左右近习之言,转移于宫庭嫔御之见,失今不图,奸臣乘夜半,片纸从中出,忠义之士束手无策矣。"帝为之动容,属盐法屡变,商贾之赢,上夺于朝廷之自鬻,下夺於都郡之拘留;九江、豫章扼其襟喉,江右贫民终岁食淡,商与民俱困矣。应铃力陈四害,愿用祖宗入粟易盐之法。

　　授直宝谟阁、湖南转运判官兼安抚司。峒獠蒋、何三族聚千馀人,执县令,杀王官,帅宪招捕,逾年不至,应铃曰:"招之适以长寇。亟捕之可也。"即调飞虎等军会隅总讨之,应铃亲临誓师。号令明壮,士卒鼓勇以前,禽蒋时选父子及凶渠五人诛之,胁从者使之安业,未一月全师而归。授直焕章阁,上疏谢事,不允;擢大理少卿,再请又不允。一旦籍府库,核簿书,处决官事已,遂及家务,纤悉不遗。

僚属劝以清心省事,曰:"生死,数也,平生学力,正在今日。"帅别之杰问疾,应铃整冠肃入,言论如平常,之杰退,倏然而逝。

应铃开明磊落,守正不阿,别白是非,见义必为,不以得失利害动其心。书馈不交上官,荐举不徇权门,当官而行,无敢挠以非义。所至无留讼,无滞狱,绳吏不少贷,亦未尝没其赏,曰:"彼之货以悖入,官又从而悖之,可乎?"进修洁,案奸赃,振树风声,闻者兴起。家居时,人有不平,不走官府,而走应铃之门;为不善者,辄相戒曰:"无使范公闻之。"读书明大义,尤喜《左氏春秋》,所著有《西堂杂著》十卷,断讼语曰《对越集》四十九卷。徐鹿卿曰:"应铃经术似儿宽,决狱似隽不疑,治民似龚遂,风采似范滂,理财似刘晏,而正大过之。"人以为名言。

徐经孙字中立,初名子柔。宝庆二年进士。授浏阳主簿,潭守俾部牙契钱至州,有告者曰:"朝廷方下令颁行十七界会,令若此钱皆用会,小须,则幸而获大利矣。"经孙曰:"此钱取诸保司,出诸公库,吾纳会而私取其钱,外欺其民,内欺其心,奚可哉!"诘旦,悉以所部钱上之,其人敬服有愧色。

辟永兴令,知临武县,通判潭州。帅陈铧雅相知,事必咨而后行。秩满,由丰储仓提管进权辖国子博士兼资善堂直讲。为监察御史,劾京尹厉文翁言伪而辨,疏入,留中。宜谕至再,即日出关,上遣使追之至,不及。进直宝章阁、福建提点刑狱,号称平允。岁馀升安抚使,召为秘书监兼太子谕德。经孙为安抚时,铧家居,门入故吏有挠法者不得逞,相与摇撼。至是铧起家判本郡,怀私逞忿,无复交承之礼,即日劾奏通判,语侵经孙,谓席卷府库而去,于是罢通判,削其秩。经孙造朝,具白于政府。事上闻,帝大怒,谕宰执曰:"陈铧老缪至此,宜丞罢之。"於是经孙再诣政府,言:"某,铧门生也,前日之白,公事也,苟铧以是得罪,人谓我何?"请之不置,俾自乞闲,明通判无罪,识者韪之。

迁宗正少卿、起居舍人、起居郎,入奏:"君人者当守理欲之界限。"迁刑部侍郎兼给事中，升太子左庶子、太子詹事，辅导东宫者三年，敷陈经义，随事启迪。太子入侍，必以其所讲闻悉奏之，帝未尝不称善。景定三年春雷，诏求直言，经孙对曰："三数年来，言论者以靖共为主，有怀者以哗讦为戒，忠谠之气，郁不得行，上帝降监，假雷以鸣。"切中时病。

公田执法，经孙条其利害，忤丞相贾似道，拜翰林学士、知制诰，未逾月，讽御史舒有开奏免，罢归。授湖南安抚使、知潭州，不拜。授端明殿大学士，闲居十年，卒，赠金紫光禄大夫。经孙所荐陈茂濂为公田官，分司嘉兴，闻经孙去国，曰："我不可以负徐公。"遂以亲老谢归，终身不起。

论曰：呜呼，宁宗之为君，韩侂胄之为相，岂用兵之时乎？故娄机力止之。小学之废久矣，而机独知致力于此。沈焕、舒璘学远识明。曹彦约可与建立事功。范应铃赫然政事如神明。徐经孙清慎有守，卒以争公田迕贾似道去国，君子称之。

宋史卷四一一
列传第一七○

# 汤璹　蒋重珍　牟子才
# 朱貔孙　欧阳守道

　　汤璹字君宝,浏阳人。淳熙十四年进士,调德安府学教授,转三省枢密院架阁,迁国子博士。时召朱熹为侍讲,未几辞归,朝廷从其请,予祠。璹上疏言:"熹以正学为讲官,四方颙望其有启沃之益。曾未逾时,辄听其去,必骇物论。宜追召熹还,仍授讲职。"疏上,不报。由是浸恶权相意,而璹之直声亦大闻于时。历礼部、架部二郎官,出知常州,入为大理少卿,进直徽猷阁,卒。

　　璹负直概,与韩侂胄、陈自强不合,故屡嗛言者中伤。璹生平奉祠闲居之日,多於扬历,其在礼曹,例掌三省奏记。临安大火。宁宗遇灾避正殿,中书三表请复,不许。璹属辞务持大体,不为阿曲,言者摭其语涉讪上,而朝廷实知其无他,故起复制词有"清风峻节"之语。璹尝择婿得蒋重珍,後举进士第一。

　　蒋重珍字良贵,无锡人。嘉定十六年进士第一,签判建康军,丁母忧,改昭庆军,寻以公事与部使者异议,请祠,易签判奉国军。绍定二年,召入对,首以"自天子至于庶人所当先知者本心外物二者之界限"为言:"界限明,则知有天下治乱而已,何乐其尊;知有生民休戚而已,何乐其奉。"且论:"苟苴有昔所未有之物,故吾民罹昔所未有之害;苟苴有不可胜穷之费,故吾民有不可胜穷之忧。"迁秘书省正字,屡乞祠,以伯父丧予告,迁校书郎,辞,不可。明年,待命雪川,移文阁门,请对,当路惮之,添差通判镇江府,辞。会行都火,应诏曰:

> 臣顷进本心外物界限之说,盖欲陛下亲揽大柄,不退托于人,尽破恩私,求无愧于己。傥以富贵之私视之,一言一动,不忘其私,则是以天下生灵、社稷宗庙之事为轻,而以一身富贵之所从来为重,不惟上负天命,以先帝圣母至于公卿百执事之所以望陛下者,亦不如此也。昔周勃今日握玺授文帝,是夜即以宋昌领南北军;霍光今年定策立宣帝,而明年稽首归政。今临御八年,未闻有所作为。进退人才,兴废政事,天下皆曰此丞相意,一时恩怨,虽归庙堂,异日治乱,实在陛下。焉有为天之子,为人之主,而自朝廷达于天下,皆言相而不言君哉?天之所以火宗庙、火都城者殆以此。

> 臣所以痛心者,九庙至重,事如生存,而彻小途大,不防于火之未至;宰相之居华屋广袤,而焦头烂额,独全於火之未然,亦足以见人心陷溺,知有权势,不知有君父矣。他有变故,何所倚仗,陛下自视,不亦孤乎?昔史浩两入相,才五月或九月即罢,孝宗之报功,宁有穷已,顾如此其亟,何哉?保全功臣之道,可厚以富贵,不可久以权也。

上读之感动,授宝章阁,主管云台观,则告吏部,不受贴职禄,不愿贴职恩。

它日星变求言,复申前说。又虑柄臣或果去位,君心易纵,大权旁落,则进《为君难》六箴。召为秘书郎兼庄文府教授。端平初入对,上五事,且曰:"隐蔽君德,昔咎故相,故臣得以专诋权臣;昭明君德,今在陛下,故臣以责难君父。"乞召真德秀、魏了翁用之,帝谓之曰:"人主之职无它,惟辨君子小人。"重珍对曰:"小人亦指君子为小人,此为难辨。人主当精择人望,处之要津,正论日闻,则必知君子姓名、小人情状矣。"兼崇政殿说书,戒家事勿以白,务积精诚以窹上意。每草奏,斋心盛服,有密启则手书削稿,帝称其平实。迁著作佐郎。

边帅以《八陵图》来上,诏百官集议,重珍言史嵩之既失相位,危於幕巢,犹欲邀功,自固其位。请择贤帅如汉用充国,使之亲至边境,审度事势,条上便宜。丞相主出师关、洛,重珍力争。会边帅议和战不一,复召集议,重珍奏:"曩乞专意备守,不得已则用应兵,今不敢变前说。"不听,遂自劾以密勿清光,乃不能遏兵端,乞免说书职。迁著作郎兼权司封郎官、起居舍人,言:"近者当侍讲席,旋命止之,或曰是日道流生朝。夫辍讲偶以它故,则当知圣躬举措之难;或所传果得其实,则当知圣心持守之难。"帝曰:"非卿不闻此言。"关、洛师大衅,复进兵,重珍言:"若耻败而欲胜之,则心不平而成忿,气不平而成怒,生灵之命,岂可以忿怒用哉!"又言:"迩来用台谏,颇主不必矫激之说,似畏刚方大过之士。窃窥选用之意,正谓其平易而省事耳。然数月之间,一失於某,再失於某,借曰慎重台纲而忧其激,亦当以平正者居之。"又论禁旅贫弱,教习频严,辄不能堪,不稍变通,非消变之道。

兼国史院编修官、实录院检讨官,言:"更化以来,旧敝未去者五:徇私、调停、覆护、姑息、依违是也。今又益之以轻易。"迁起居郎,以疾求去。以集英殿修撰知安吉州,权刑部侍郎,三辞不许,自劾其不能取信朝廷之罪,乞镌斥置闲散,促觐愈力而疾不可起。诏守刑部侍郎致仕,赠朝请大夫,谥忠文。

牟子才字存叟,井研人。八世祖允良生期岁,淳化间盗起,举家歼焉,惟一姑未笄,以瓮覆之,得免。子才少从其父客陈咸,咸张乐大宴,子才闭户读书,若不闻见者,咸异之。学于魏了翁、杨子谟、虞刚简,又从李方子,方子,朱熹门人也。嘉定十六年举进士,对策诋丞相史弥远,调嘉定府拱雅县尉,监成都府榷茶司卖引所,辟四川提举茶马司准备差遣,使者魏泌众人遇之,子才拂衣竟去,泌以书币谢,不受。改辟总领四川财赋所干办公事。

诏李心传即成都修《四朝会要》,辟兼检阅文字。制置司遣之文州,视王宣军饷,郑艾缒兵处也。道遇宣曰:"敌且压境,宣已退矣,君毋庸往。"子才不可,遂至州视军庾而还。甫出境,文州陷。辟知成都府温江县事,未上,连丁内外艰。时成都已破,遂尽室东下。免丧,心传方修《中兴四朝国史》,请子才自助,擢史馆检阅。

入对,首言大臣不公不和六事,次陈备边三策。理宗顾问甚悉,将下殿,复召与语。翼日,帝谕宰相曰:"人才如此,可峻擢之。"左丞相李宗勉拟秘书郎,右丞相史嵩之怨子才言已,遽曰:"姑迁校勘。"俄宗勉卒,嵩之独相,丞请外,通判吉州,转通判衢州。日食,诏求言,上封事万言,极陈时政得失,且乞早定立太子。入为国子监主簿兼史馆校勘,逾年,迁太常博士。

郑清之再相,子才两上封事,言今日有徽、钦时十证,又请为济王立后,以回天怒。校书郎徐霖言谏议大夫郑寀、临安府尹赵与𥲅,不报,出关。子才言:"陛下行霖言前则霖留,不然则不留也。二人之中寀尤无耻,请先罢之。采去。至若嵩之谋复相,清之误引嵩之之党别之杰共政,皆历历为上言之。作书以孔光、张禹切责清之,清之复书愧谢。谒告还安吉州寓舍,迁秘书郎,屡辞,主管崇道观。逾年,迁著作佐郎,又辞。清之卒之明日,诏子才还朝,迁著作郎;左丞相谢方叔、右丞相吴潜交书道上意,趣行益急,乃至。兼崇政殿说书,子才随事奏陈,举朝诵子才奏疏,皆曰:"有德之言也。"兼国史院编修官、实录院检讨官兼权礼部郎官。时修《四朝史》,乃复兼史馆检讨。

信州守徐谓礼奉行经界奇急,又以脊杖比校催科,饥民啸聚为乱。子才言于上,立罢经界,谪谓礼。浙东、福建九郡同日大水,子才言:"今日纳私谒,溺近习,劳土木,庇小人,失人心,五者皆蹈宣和之失。苟不恐惧修省,臣恐宣和京城之水将至矣。燮理阴阳,大臣之事,宜谕大臣息乖争以召和气,除壅蔽以通下情。今遣使访问水灾,德至渥也,愿出内帑振之。"又言:"君子难聚而易散,今聚者将散,其几有十。"又言:"谥以劝惩,当出自朝廷,毋待其家自请。"

左司徐霖言谏议大夫叶大有,帝大怒,逐霖,给事中赵汝腾缴之，徙它官。汝腾即出关，子才上疏留之，大有遂劾汝腾。子才上疏讼汝腾诬及大有之欺，未几，罢大有言职。故事，早讲讲读官皆在，晚讲惟说书一员，宰相惧子才言已，并晚讲于早，自是不得独对矣。迁军器少监。御史萧泰来劾高斯得、徐霖，右司李伯玉言泰来所劾不当，上切责伯玉，降两官，罢。子才言："陛下更化，召用诸贤，今汝腾、斯得、徐霖相继劾去，伯玉又重获罪，善人尽矣。"除兼侍立修注官，力辞。

行都大火，子才应诏上封事，言甚切直，兼直舍人院。会泰来亦迁起居郎，耻与泰来同列，七疏力辞，上为出泰来，而子才亦请去不已，曰："泰来既去，臣岂得独留。"上不允。又言："蜀当以嘉、渝、夔三城为要，欲保夔则巴、蓬之间不可无屯以控扼之，欲保渝则利、阆之间不可无屯以遏截之，欲守嘉则潼、遂之间不可无屯以掎角之，屯必万人而後可。"升兼侍讲。御史徐经孙劾府尹厉文翁，不报，出关，子才奏留之。文翁改知绍兴府，又缴其命。伯玉降官已逾年，舍人院不敢行词，子才曰："故事，文书行不过百刻。"即为书行，以为叙复地。帝曰："谪词皆褒语，可更之。"子才不奉诏，丞相又道帝意，子才曰："腕可断，词不可改。丞相欲改则自改之。"乃已。

淮东制置使贾似道以海州之捷，子才草奖谕诏，第述军容之盛，不言其功，且语多戒敕，似道不乐。又言："全蜀盛时，官军七八万人，通忠义为十四万，今官军不过五万而已，宜招新军三万，并抚慰田、杨二家，使岁以兵来助。如此则蜀犹可保，不则不出三年，蜀必亡矣。"汤汉、黄蜕召试学士院，子才发策，蜕誉嵩之，罢蜕正字去。迁起居郎，言："外郡以进奉易富贵，左右以土木盎上心，小人以哗竞朋比陷君子，此天灾所以数见也。"

明堂礼成，帝将幸西太乙宫款谢，实欲游西湖尔，子才力谏止。皇子冠，面谕作乐章，礼部言："古者适子一醮无乐，庶子三醮有乐，用乐非是。"子才言："嫡庶之分，特以所立之地不同，非适专用醴，庶专用醮也。乐章乃学士院故事，况面谕臣，不敢不作。"诏从之。又言："首蜀尾吴，几二万里。今两淮惟贾似道、荆蜀惟李会伯二人而已,可为寒心。"谓:"宜於合肥别立淮西制置司、江淮别立荆湖制置司,且於涟、楚、光、黄、均、房、巴、阆、绵、剑要害之郡,或筑城、或增戍以守之。"似道闻之,怒曰:"是欲削吾地也。"正月望,召妓入禁中,子才言:"此皆董宋臣辈坏陛下素履。"权兵部侍郎,屡辞,帝不允。升同修国史、实录院同修撰。

御史洪天锡劾宋臣、文翁及谢堂等,不报,出关。子才请行其言,文翁别与州郡,堂自请外补,宋臣自请解内辖职,而宋臣录黄竟不至院,盖子才复有言也。吴子聪之姑知古为女冠得幸,子聪因之以进,得知阁门事。子才缴之曰:"子聪依凭城社,势焰熏灼,以官爵为市,晋绅之无耻者辐凑其门,公论素所切齿,不可用。"帝曰:"子聪之除,将一月矣,乃始缴驳,何也?可即为书行。"子才曰:"文书不过百刻,此旧制也。今子聪录黄二十馀日乃至後省,盖欲俟其供职,使臣不得缴之耳。给、舍纪纲之地,岂容此辈得以行私于其间。"于是子聪改知沣州,待次。子才力辞去,帝遣检正姚希得挽留之,不可。

以集英殿修撰知太平州,前是例兼提领江、淮茶盐,子才以不谙财恳免。至郡,首教民孝弟,以前人《慈竹》、《义木》二诗刻而颁之,间诣学为诸生讲说经义。修采石战舰百余艘,造兵仗以千计。前政负上供纲及总所纲七十万缗,悉为补之。蠲黄、池酒息六十余万贯,三县秋苗畸零万五千余石,夏税畸零绸帛四千五百余匹、丝七百余两、帛一万三千余两、麦二千余石。郡有平籴仓,以米五千石益之,又以缗钱二十六万创抵库,岁收其息以助籴本。召入对,权工部侍郎。

时丁大全与宋臣表里浊乱朝政,子才累疏辞归。初,子才在太平建李白祠,自为记曰:"白之斥,实由高力士激怒妃子,以报脱靴之憾也。力士方贵倨,岂甘以奴隶自处者。白非直以气陵亢而已,盖以为扫除之职固当尔,所以反其极重之势也。彼昏不知,顾为逐其所忌,力士声势益张,宦官之盛,遂自是始。其後分提禁旅,蹀血宫庭,虽天子且不得奴隶之矣。"又写力士脱靴之状,为之赞而刻诸石。属有拓本遗宋臣，宋臣大怒，持二碑泣诉于帝，乃与大全合谋，嗾御史交章诬劾子才在郡公燕及馈遗过客为入己，降两官，犹未已。帝疑之，密以楘问安吉守吴子明，子明奏曰："臣尝至子才家，四壁萧然，人咸知其清贫，陛下毋信谗言。"帝语经筵官曰："牟子才之事，吴子明乃谓无之，何也？"众莫敢对，戴庆炣曰："臣忆子才尝缴子明之兄子聪。"帝曰："然。"事遂解。盖公论所在，虽仇雠不可废也。未几，大全败，宋臣斥，诬劾子才者悉窜岭海外，乃复子才官职，提举玉隆万寿宫。

帝即欲召子才。会似道入相，素惮子才，又憾草诏事，仅进宝章阁待制、知温州；又嗾御史造飞语目子才为潜党，将中以危祸。上意不可夺，遂以礼部侍郎召，屡辞，不许。乃赐御笔曰："朕久思见卿，故有是命，卿其勿疑，为我强起。"故事，近臣自外召者，先见帝乃供职；子才至北关，请内引奏事，宦者在旁沮之，帝特令见，大说，慰谕久之。

时似道自谓有再造功，四方无虞皆其力，故肆意逸乐，恶闻谠言。子才言："开庆之时，天下岌岌殆矣，今幸复安。不知天将去疾，遂无复忧耶？抑顺适吾意，而基异时不可测之祸也。奈何怀宴安以鸩毒，而不明间暇之政刑乎！忠厚者，我朝之家法也。乃者小人枋国，始用一切以戕其脉，今当反其所为，奈何愈益甚乎！"谓"宜悉取祖宗所以待士爱民、祈天永命者循而行之"，言："议者国之元气也。今言及乘舆，尚见优假，事关廊庙，忿怒斯形，朝政之阙失，臣下之蔽蒙，何由上达乎？"帝曰："非卿不闻此言。"宣坐赐茶，问外事甚悉，子才具以田里疾苦对，帝颦蹙久之，即兼侍读，寻兼同修国史、实录院同修撰。

宋臣有内侍省押班之命，举朝争之不能得。子才入疏，诘朝，帝出其疏示辅臣，皆曰："子才有忧君爱国之真，无要誉沽名之巧。"擢权祀部尚书。礼明堂，子才为执绥官，帝问汉、唐文物，占对详赡。时士大夫小迕权臣，辄窜流，子才请重者量移，轻者放还。兼直学士院，前是舁直多以疾免，子才始复旧制，帝赐诗褒赏。每直，辄召对内殿,语至夜分,或就赐酒果。

兼给事中,朁见,应诏上封事,请罢公田,更七司法。正为尚书,力辞,不许。升修国史、实录院修撰。徐敏子以星赦量移,似道恶其为潜所用,讽後省缴之,子才不可。叶李、吕宙之等上书攻似道,似道怒,欲杀之,以它事下天府狱。子才请宥之,又遗书似道,似道复书辞甚忿,径从天府断遣,不复以闻,盖惧子才再有所论驳也。

度宗在东宫,雅敬子才,言必称先生。即位,授翰林学士、知制诰,力辞不拜,请去不已。进端明殿学士,以资政殿学士致仕,座,赠四官,官其後二人。

子才事亲甚孝。弟子方客死公安,挟其枢葬安吉。女弟在眉山,拔其家于兵火,致之安吉。在吉州,文天祥以童子见,即期以远大。所荐士若李芾、赵卯发、刘黻、家铉翁,後皆为忠义士。平江守吴渊籍富民田以千馀亩遗子才,皆却之。身後家无馀赀,卖金带乃克葬。有《存斋集》、内制外制、《四朝史稿》、奏议、经筵讲义口义、《故事四尚》、《易编》、《春秋轮辐》。子献,大理少卿。

朱貔孙字兴甫,浮梁人。淳祐四年进士,授临江军学教授。丞相史嵩之闻貔孙名,欲致之馆下,以禄未及亲辞。丧父,服除,授福州学教授,差充江东安抚司干办公事。制置使王埜、丘岳、马光祖、赵与陋皆荐之。丁大全在台,势焰熏灼,天久阴雨,貔孙贻书政府,言回积阴之道,去奸邪,罢手实,蠲米税。奸邪,指大全也。丞相董槐得书嘉叹。主管尚书刑、工部架阁文字。

宦者董宋臣宠幸用事,貔孙发策试胄子,极论宦寺专权之患,宋臣讽言者论罢之。光祖辟添差江东安抚司机宜文字,擢史馆校勘。时大全执政,使其党许以骤用,貔孙力拒之,且谒告归省。迁太学博士,属帝亲擢监察御史兼崇政殿说书,首疏论大全权奸误国之罪,倡言学校六士之冤。又以翕聚人才,凝固人心,精择人言;增禁旅以壮帝畿,择良守以牧内郡,选全才以守江面,严舟师以防海道;固地募兵,以应突至之敌,并力合势,以援必守之地。时有建议迁都四明者,貔孙亟上疏言:"銮舆若动,则三边之将士瓦解而四方之盗贼蜂起,必不可。"遂止。貔孙在讲筵,言及宋臣挠政事忤旨。迁大理少卿,又迁司农少卿兼太子右谕德,诏许乘马赴讲。貔孙谕导得体,衍说经义,有关于君道者必委曲敷畅,阴寓警戒,太子每为之改容。兼国史院编修官、实录院检讨官兼权直舍人院。

时大礼成,封命丛委,吏持词头下,每夕无虑数十,貔孙运笔如飞,夜未中已就,皆温润典雅。迁宗正少卿。丁母忧,服除,授必书监兼太子左谕德。改监察御史兼崇政殿说书,姓名已付外矣,寻复改命浙西行公田。吏并绿为奸,貔孙疏其敝。推《春秋》尊王绌霸之旨,劝帝崇仁政,用吉士,行正论,赐赉甚渥。擢殿中侍御史兼侍讲,请严京师淫声奇服之禁。他所论苗耗役害及经理川蜀,皆当世急务。

宋臣覆出,朝论纷然,貔孙因对,力斥其奸,卒夺祠。升侍御史兼侍讲。长星出东方,貔孙力诋外戚内臣及进奉羡馀失人心者,且曰:"回天心自回人心始。"辞旨恳切,帝为之感动,升侍读。貔孙之再入台,属疆场多事,屡陈备御之策。理宗春秋高倚成贾似道,似道擅命,貔孙随事进谏,不肯阿附,至若行公田之政,屡於经筵密以告帝,似道自是深忌之。貔孙累疏求去。

理宗崩,度宗即位,擢右谏议大夫,赐紫金鱼袋兼赐章服犀带,以疾乞辞言职,迁吏部尚书,不拜。帝以旧学故雅欲留貔孙,使者旁午於道,而貔孙辞益力,以毕文阁学士知宁国府,似道讽言者论罢。久之,提举太平兴国宫,复华文阁学士、知袁州。至郡,宣布德意,以戢暴禁贪为先务。郡仓受租,旧倚斛面取赢,吏加渔取。貔孙知其敝,悉榜除之,许民自概量。宿敝顿革,田里欢声。兴学校以劝士。升敷文阁学士,知福州、福建安抚使。未几,卒于袁之郡治。赠四官,与恩泽二,令所在给丧事。有文集、奏议行世。

欧阳守道字公权,一字迁父,吉州人。初名巽,自以更名应举非是,当祭必称巽。少孤贫,无师,自力於学。里人聘为子弟师,主人暗其每食舍肉，密归遗母，为设二器驰送，乃肯肉食，邻媪儿无不叹息感动。年未三十，翕然以德行为乡郡儒宗。江万里守吉州，守道适贡于乡，万里独异视之。

淳祐元年举进士，廷对，言："国事成败在宰相，人才消长在台谏。昔者当国恶箴规，言者疑触迕，及其去位，共谓非才。或有迎合时宰，自效殷勤，亦有疾恶乖方，苟求玭类，以致忠邪不辨，黜陟无章。"唱名，徐俨夫为第一，俨夫握守道起曰："吾愧出君上矣，君文未尝不在我上也。"授雩都主簿。

丁母忧，服除，调赣州司户，其次在十年，后万里作白鹭洲书院，首致守道为诸生讲说。湖南转运副使吴子良聘守道为岳麓书院副山长，守道初升讲，发明孟氏正人心、承三圣之说，学者悦服。宗人新及子必泰先寓居长沙，闻守道至，往访之，初犹未识也，晤语相契，守道即请于子良，礼新为岳麓书院讲书。新讲《礼记》"天降时雨、山川出云"一章，守道起曰："长沙自有仲齐，吾何为至此。"仲齐，新之字也。逾年，新卒，守道哭之恸，自铭其墓，又荐其子必泰於当道。子良代，守道复还吉州。

里有张某丧其父，小祥，而舅氏讼以事，系之狱，使不得祭，邀其售己地以葬。守道闻之，叹曰："吾维痛斯子之不得一哭其父也，且其痛奈何？"明日告之邑令曰："此非人心，滨祭而薄之，挠葬而夺之，舅如此，是自食其肉也。请任斯子出，祭而复狱。"令亟出之。其舅丑诬守道，守道亦不自辨。转运使包恢为请祠于朝。万里入为国子祭酒，荐为史馆检阅，召试馆职，授秘书省正字。

安南国王陈日照传位其子，求封太上国王，下省官议。守道谓："太上者，汉高帝以尊其父，累朝未之有改，若赐诏书称太上国王，非便。南越尉佗尝自称'蛮夷大长老'，正南夷事也。《礼》，方伯自称曰'天子之老'，大夫致仕曰'老'，自称亦曰'老'。自蛮夷言之则有尉佗之故事；自中国言之，亦方伯致仕者之常称。汉亦有老上单于之号，易'太'以'老'无损。或去'上'字存其'太'字，太王则有古公，三太、三少，太宰、少宰，'太'所以别於'少'也。谓父为太，则子为少矣。太以尊言,则太后、太妃、太子、太孙;以卑言,则太史、太卜、太祝、太乐、太师,固上下所通用也。"时病足,不及与议。

迁校书郎兼景宪府教授,迁秘书郎,转对,言:"欲家给人足,必使中外臣庶无复前日言利之风而後可。风化惟反诸身。化之以俭,而彼不为俭,吾惟有卑宫室、菲饮食;化之以廉,而彼不兴廉,吾惟有不贵难得之货、不厚无益之藏。"以言罢。守道徒步出钱塘门,唯书两箧而已。理宗遗诏闻,守道与其徒相向哭踊,僮奴孺子各为悲哀。咸淳三年,特旨与祠。诏大臣举贤才,少傅吕文德举九十六人,守道预焉。添差通判建昌军,以书谢庙堂曰:"史赞大将军不荐士,今大将军荐士矣,而某何以得此于大将军哉。幸尝蒙召,擢备数三馆,异时或者谓其放废无聊,托身诸贵人,亏伤国体,则宁得而解,愿仍赋祠禄足矣。"迁著作佐郎兼崇政殿说书兼权都官郎官。经筵所进,皆切於当世务,上为动色。迁著作郎,卒,家无一钱。

守道之兄之妻早丧,其子演五岁余,且多病,浚生甫数月,守道三十未有室,顾无能乳哺者,日夜抱二子泣,里巷怜之。演既长,出莫知所之,守道哭而求诸野,终不能得,三年不食肉,憔悴不释者终身。吉有贤守而大家怨之厚诬以赃者,下其事常平使者。会旱甚,祷云腾,守道曰:"无以祷也,云胜之神,唐郡守吴侯也。冤莫甚于前守,冤不直而吴侯於祷,侯有辞矣。匹妇藏冤,旱或三年,冤在民牧,害岂其小。"反覆千余言,或迁笑之,守道不改,告来者不倦,守卒以得直。所著有《易故》、文集。

论曰:汤璹立朝謇谔。蒋重珍自擢魁科,既居盛名之下,而能树立於当世,可谓难矣。牟子才、朱貔孙,直声著于中外。欧阳守道,庐陵之醇儒也。

宋史卷四一二
列传第一七一

# 孟珙　杜杲 <sub>子庶</sub>　王登　杨掞
# 张惟孝　陈咸

　　孟珙字璞玉,随州枣阳人。四世祖安,尝从岳飞军中有功。嘉定十年,金人犯襄阳,驻团山,父宗政时为赵方将,以兵御之。珙料其必窥樊城,献策宗政由罗家渡济河,宗政然之。越翼日,诸军临渡布阵,金人果至,半渡伏发,歼其半。宗政被檄援枣阳,临阵尝父子相失,珙望敌骑中有素袍白马者,曰:“吾父也。”急麾骑军突阵,遂脱宗政。以功补进勇副尉。

　　十二年,完颜讹可步骑二十万分两路攻枣阳,环集城下,珙登城射之,将士惊服。宗政命珙取它道劫金人,破砦十有八,斩首千余级,大俘军器以归,金人遁,以功升下班祗应。

　　十四年,入谒制置使赵方,一见奇之,辟光化尉,转进武校尉。十六年,以功特授承信郎。丁父忧,制置使起复之,珙辞,讫葬趣就职,又辞,转成忠郎。理宗即位,特授忠翊郎,寻差峡州兵马监押兼在城巡检,京湖制置司差提督虎翼突骑军马,又辟京西第五副将,权管神劲左右统制。

　　初,宗政招唐、邓、蔡壮士二万余人,号“忠顺军”,命江海总之,众不安,制置司以珙代海,珙分其军为三,众乃帖然。绍定元年,珙白制置司创平堰于枣阳,自城至军西十八里,由八叠河经渐水侧,水跨九阜,建通天槽八十有三丈,溉田十万顷,立十庄三辖,使军民分屯,是年收十五万石。又命忠顺军家自畜马,官给刍粟,马益蕃息。二年,升京西第五正将、枣阳军总辖,本军屯驻忠顺三军。明年,差京西兵马都临。丁母忧。又明年,起复京西兵马钤辖、枣阳军驻札,乃总三军。

六年,大元将那颜奔盏追金主完颜守绪,逼蔡,檄珙戍鄂声,讨金唐、邓行省武仙。仙时与武天锡及郑守移刺瑗相掎角,为金尽力,欲迎守绪入蜀,犯光化,锋剿甚。天锡者,邓之农夫,乘乱聚众二十万为边患。珙逼其垒,一鼓拔之,壮士张子良斩天锡首以献。是役获首五千级,俘其将士四百余人,户十二万二十有奇,乃授江陵府副都统制,赐金带。

制置司檄珙问边事,珙曰:“金人若向吕堰,则八千人不为少,然须木查、腾云、吕堰等砦受节制乃可济。”已而刘全、雷去危两与金人战于夏家桥,小捷。有顷,金人犯吕堰,珙喜曰:“吾计得矣。”亟命诸军追击吕堰,进逼大河,退逼山险,砦军四合,金人弃辎重走,获甲士五十有二,斩首三千,马牛橐驼以万计,归其民三万二千有奇。瑗遣其部曲马天章奉书请降,得县五,镇二十二,官吏一百九十三,马军千五百,步军万四千,户三万五千三百,口十二万五千五百五十三。珙入城,瑗伏阶下请死,珙为之易衣冠,以宾礼见。

初,仙屯顺阳,为宋军所挠,退屯马蹬。金顺阳令李英以县降,申州安抚张林以州降,珙言:“归附之人,宜因其乡土而使之耕,因其人民而立之长,少壮籍为军,俾自耕自守,才能者分以土地,任以职使,各招其从以杀其势。”制置司是之。七月己酉,仙爱将刘仪领壮士二百降,珙问仙虚实,仪陈:“仙所据九砦,其大砦石穴山,以马蹬、沙窝、岵山三砦蔽其前;三砦不破,石穴未易图也。若先破离金砦,则王子山砦亦破,岵山、沙窝孤立,三帅成禽矣。”珙翼日遣兵向离金,庐秀执黑旗帅众人砦,金人不疑为宋军,乃分据巷道,大呼纵火,掩杀几尽。是夜,壮士杨青等捣王子山砦,护帐军酣寝,王建入帐中,斩金将首橐佩之,平明视之,金小元帅也。

丙辰,出师马蹬,遣樊文彬攻其前门,成明等截西路,一军围讫石烈,一军围小总帅砦,火烛天,杀僇山积,馀逸去者复为成明伏军所得,壮士老少万二千三百来归。师还,至沙窝西,与金人遇,大捷。是日,三战三克。未几,丁顺等又破默候里砦。珙召仪曰:"此砦既破,板桥、石穴必震,汝能为我招之乎?"仪曰:"晋德与花腿王显、金镇抚安威故旧,招之必来。"乃遣德行,仪又请选妇人三百伪逃归,怀招军榜以向,珙从之。威见德,叙情好甚欢,介德往见显,显即日以书乞降。德复请珙遣刘仪候之。显军约五千,犹未解甲,珙令作栲栳阵,入阵,周视良久,乃去,如素所抚循;飨以牛酒,皆醉饱歌舞。珙料武仙将上岵山绝顶窥伺,令樊文彬诘旦夺岵山,驻军其下,前当设伏,后遮归路。已而仙众果登山,及半,文彬麾旗,伏兵四起,仙众失措,枕藉厓谷,山为之赪,杀其将兀沙惹,擒七百三十人,弃铠甲如山。薄暮,珙进军至小水河,仪还,具言仙不欲降,谋往商州依险以守,然老稚不愿北去,珙曰:"进兵不可缓。"夜漏十刻,召文彬等受方略,明日攻石穴九砦。丙辰,蓐食启行,晨至石穴。时积雨未霁,文彬患之,珙曰:"此雪夜擒吴元济之时也。"策马直至石穴,分兵进攻,而以文彬往来给事。自寅至巳力战,九砦一时俱破,武仙走,追及於鲇鱼砦,仙望见,易服而遁。复战于银葫芦山,军又败,仙与五六骑奔。追之,隐不见,降其众七万人,获甲兵无算。还军襄阳,转修武郎、鄂州江陵府副都统制。

大元兵遣宣抚王戢约共攻蔡,制置使谋于珙,珙请以二万人行,因命珙尽护诸将。金兵二万骑縣真阳横山南来,珙鼓行而前,金人战败,却走,追至高黄陂,斩首千二百级。僯盏遣兔花忒、没荷过出,阿悉三人来迓,珙与射猎,割鲜而饮,驰入其帐。僯盏喜,约为兄弟,酌马湩饮之。金兵万人自东门出战,珙遮其归路,掩入汝河,擒其偏裨八十有七人。得蔡降人,言城中饥,珙曰:"山窘矣,当尽死而守,以防突。"珙与僯盏约,南北军毋相犯。决堰水,布虎落,僯盏遣万户张柔帅精兵五千人入城,金人钩二卒以往,柔中流矢如蝟,珙麾先锋救之,挟柔以出。拨发官宋荣不肃,将斩之,众下马罗拜以请,犹杖之。黎明,珙进逼石桥,钩致生俘郭山,战少却。金人突至,珙跃马入阵,斩山以徇,军气复张,殊死战,进逼柴潭立栅,俘金人百有二,斩首三百馀级。翼日,命诸将夺柴潭楼。金人争楼,诸军鱼贯而上。金人又饰美妇人以相蛊,麾下张禧等杀之,遂拔柴潭楼,俘其将士五百三十有七人。蔡人恃潭为固,外即汝河,潭高于河五六丈,城上金字号楼伏巨弩,相传下有龙,人不敢近,将士疑畏。珙召麾下饮,再行,曰:"柴潭非天造地设,楼伏弩能及远而不可射近,彼所恃此水耳,决而注之,涸可立待。"皆曰:"堤坚未易凿。"珙曰:"所谓坚者,止筑两堤首耳,凿其两翼可也。"潭果决,实以薪苇,遂济师攻城,擒其两将斩之,获其殿前右副点检温端,磔之城下,进逼土门。金人驱其老稚熬为油,号"人油砲",人不堪其楚,珙遣道士说止之。

端平元年正月章丑,黑气压城上,日无光,降者言:"城中绝粮已三月,鞍靴败鼓皆糜煮,且听以老弱互食,诸军日以人畜骨和芹泥食之,又往往斩败军全队,拘其肉以食,故欲降者众。"珙下令诸军衔枚,分运云梯布城下。己酉,珙帅师向南门,至金字楼,列云梯,令诸将闻鼓则进,马义先登,赵荣继之,万众竞登,大战城上,降其丞相乌古论栲栳,杀其元师兀林达及偏裨二百人。门西开,招俦瓮入,江海执其参政张天纲以归。珙问守绪所在,天纲曰:"城危时即取宝玉置小室,环以草,号泣自经,曰'死便火我',烟焰未绝。"珙与俦瓮分守绪骨,得金谥宝、玉带、金银印牌有差。还军襄阳,特授武功郎、主管侍卫马军行司公事。擢建康府都统制兼权侍卫马军行司职事。

太常寺簿朱杨祖、看班祗候林拓朝入陵,谍云大元兵傅宋来争河南府,哨已及盟津,陕府、潼关、河南皆增屯设伏,又闻淮阃刻日进师,众畏不前,珙曰:"淮东之师,由淮、泗逆汴,非旬馀不达,吾选精骑疾驰,不十日可竣事;逮师至东京,吾已归矣。"於是昼夜兼行,与二使至陵下,奉宣御表,成礼而归。制置司奏留珙襄阳兼镇北军都统制。镇北军者,珙所招中原精锐百战之士万五千馀人,分屯溧北、樊城、新野、唐、邓间。俄令赴枢密院廪议,授带御器械。二年,授主管侍卫马军司公事，时暂黄州驻札，朝辞，上曰："卿名将之子，忠勤体国，破蔡灭金，功绩昭著。"珙对曰："此宗社威灵，陛下圣德，与三军将士之劳，臣何力之有？"帝问恢复，对曰："愿陛下宽民力，蓄人材，以俟机会。"帝问和议，对曰："臣介胄之士，当言战，不当言和。"赐赉甚厚。兼知光州，又兼知黄州。

三年，珙至黄，增埤浚隍，搜访军实，边民来归者日以千数，为屋三万间居之，厚加赈贷。又虑兵民杂处，因高阜为齐安、镇淮二砦，以居诸军。创章家山、毋家山两堡为先锋、虎翼、飞虎营。兼主管管内安抚司公事，节制黄、蕲、光、信阳四郡军马。

大元兵攻蕲州，珙遣兵解其围；又攻襄阳，隋守张龟寿、荆门守朱杨祖、郢守乔士安皆委郡去，复州施子仁死之，江陵危急。诏沿江、淮西遣援，众谓无逾珙者，乃先遣张顺渡江，珙以全师继之。大元兵分两路：一攻复州，一在枝江监利县编筏窥江。珙变易旌旗服色，循环往来，夜则列炬照江，数十里相接。又遣外弟赵武等共战，躬往节度，破砦二十有四，还民二万。嘉熙元年，封隋县男，擢高州刺史、忠州团练使兼知江陵府、京西湖北安抚副使。未几，授鄂州诸军都统制。

大元大将忒没觯入汉阳境，大将口温不花入淮甸，蕲守张可大、舒州李士达委郡去，光守董尧臣以州降。合三郡人马粮械攻黄守王鉴，江帅万文胜战不利。珙入城，军民喜曰："吾父来矣。"驻帐城楼，指画战守，卒全其城，斩逗留者四十有九人以徇。御笔以战功赏将士，特赐珙金碗，珙益以白金五十两赐之诸将。将士弥月苦战，病伤者相属，珙遣医视疗，士皆感泣。

二年春，授宁远军承宣使、带御器械、鄂州江陵府诸军都统制。珙以三军赏典未颁，表辞。诏曰："有功不赏，人谓朕何？三军动劳，趣其来上。封爵之序，自将帅始，卿奚辞焉？"未几，授枢密副都承旨、京西湖北路安抚制置副使兼督视行府参谋官。未几，升制置使兼知岳州。乃檄江陵节制司捣襄、郢，于是张俊复郢州，贺顺复荆门军。十二月壬子，刘全战于冢头，战于樊城，战于郎神山，屡以捷闻。

三年春正月,曹文镛复信阳军,刘全复樊城,遂复襄阳。授枢密都承旨、制置使兼知鄂州。全遣谭深复光化军,息、蔡降,珙命以兵逆之,得壮士百馀,籍为忠卫军。

初,诏珙收复京、襄,珙谓必得郢然後可以通馈饷,得荆门然後可以出奇兵,由是指授方略,发兵深入,所至以捷闻。珙奏略曰:"取襄不难而守为难,非将士不勇也,非车马器械不精也,实在乎事力之不给尔。襄、樊为朝廷根本,今百战而得之,当加经理,如护元气,非甲兵十万,不足分守。与其抽兵于敌来之後,孰若保此全胜?上兵伐谋,此不争之争也。"乃置先锋军,以襄、郢归顺人隶焉。

庚寅,谍报大元兵欲大举临江,珙策必道施、黔以透湖湘,请粟十万石以给军饷,以二千人屯峡州,千人屯归州。忠卫旧将晋德自光化来归,珙奖用之。珙弟瑛以精兵五千驻松滋为夔声援,遣于德兴增兵守归州隘口万户谷。大元兵自随窥江,珙密遣刘全拒敌,遣伍思智以千人屯施卅。大元大将塔海并秃雪帅师入蜀,号八十万,珙增置营砦,分布战舰,遣张举提兵间道抵均州防遏。大元兵渡万州湖滩,施、夔震动,珙兄璟时为湖北安抚副使、知峡州,急以书谋备御。珙请于督府,帅师西上。景调金铎一军迎拒于归州大班觜。刘义捷于巴东县之清平村。珙弟璋选精兵二千驻澧州防施、黔路。四年,进封子。

珙条上流备御宜为藩篱三层:乞创制副司及移关外都统一军於夔,任涪南以下江面之责,为第一层;备鼎、沣为第二层;备辰、沅、靖、桂为第三层。峡州、松滋须各屯万人,舟师隶焉,归州屯三千人,鼎、沣、辰、沅、靖各五千人,郴、桂各千人,如是则江西可保。又遣杨鼎、张谦往辰、沅、靖三州,同守卒晓谕熟蛮,讲求思、播、施、黔支径,以图来上。

会谍知大元兵于襄、樊、随、信阳招集军民布种,积船材于邓之顺阳,乃遣张汉英出随,任义出信阳,焦进出襄,分路挠其势。遣王坚潜兵烧所积船材,又度师必因粮于蔡,遣张德、刘整分兵入蔡,火其积聚。制拜宁武军节度使、四川宣抚使兼知夔州。招集麻城县、巴河、安乐矶、管公店淮民三百五十有九人，皆沿边经战之士，号"宁武军"，令璋领之。进封汉东郡侯兼京湖安抚制置使。

回鹘爱里八都鲁帅壮士百余、老稚百一十五人、马二百六十匹来降，创"飞鹘军"，改爱里名艾忠孝，充总辖，乞补以官。四川制置使陈隆之与副使彭大雅不协，交章于朝。珙曰："国事如此，合智并谋，犹惧弗克，而两司方勇於私斗，岂不愧廉、蔺之风乎。"驰书责之，隆之、大雅得书大惭。

厘蜀政之弊，为条班诸郡县，曰差除计属，曰功赏不明，曰减克军粮，曰官吏贪黩，曰上下欺罔。又曰："不择险要立砦栅，则难责兵以卫民；不集流离安耕种，则难责民以养兵。"乃立赏罚以课殿最，俾诸司奉行之。黎守阁师古言大理国请道黎、雅人贡，珙报大理自通邕、广，不宜取道川蜀，却之。兼夔路制置大使兼屯田大使。军无宿储，珙大兴屯田，调夫筑堰，募农给种，首秭归，尾汉口，为屯二十，为庄百七十，为顷十八万八千二百八十，上屯田始末与所减券食之数，降诏奖谕。靖州徭林赛良为乱，遣王玙平之。

淳祐二年，珙以京、襄死节死事之臣请于朝，建祠岳阳，岁时致祭，有旨赐名闵忠庙。淮东受兵，枢密俾珙应援，遣李得帅精兵四千赴之，珙子之经监军。谍知京兆府也可那延以骑兵三千经商州取鹘岭关，出房州竹山，遣王令屯江陵，寻进屯郢州，刘全屯沙市，焦进提千人自江陵、荆门出襄。檄刘全赍十日粮，取道南漳入襄，与诸军合。

大元兵至三川，珙下令应出戍主兵官，不许失弃寸土。权开州梁栋乏粮，请还司，珙曰："是弃城也。"栋至夔州，使高达斩其首以徇。由是诸将禀令惟谨。大元兵至泸，珙命重庆分司发兵应援，遣张祥屯涪州。拜检校少保，进封汉东郡公。珙言："沅之险不如辰，靖之险不如沅，三州皆当措置而靖尤急。今三州粒米寸兵无所从出，此京湖之忧一。江防上自秭归，下至寿昌，亘二千里，自公安至峡州滩碛凡十馀处，隆冬水涸，节节当防，兵讳备多，此京湖之忧二。今尺籍数亏，既守滩碛，又守关隘，此京湖之忧三。陆抗有言：

'荆州国之藩表,如其有虞,非但失一郡,当倾国争之。若非增兵八万并力备御,虽韩、白复生,无所展巧。'今日事势大略相似,利害至重。"余介宣谕四川,道过珙,珙以重庆积粟少,饷屯田米十万石,遣晋德帅师六千援蜀,之经为策应司都统制。四年,兼知江陵府。珙谓其佐曰:"政府未之思耳,彼若以兵缀我,上下流急,将若之何?珙往则彼捣吾虚,不往则谁实捍患。"识者是之。

诏京湖调兵五千戍安丰,援寿春。珙遣刘全将以往。继有命分兵三千备齐安,珙言:"黄州与寿昌三江口隔一水耳,须兵即度,何必预遣?先一日则有一日之费,无益有损,万一上游有警,我军已疲,非计之得也。"不从。五年,御笔以职事修举,转行两官,许令回授。珙至洪陵,登城叹曰:"江陵所恃三海,不知沮洳有变为桑田者,敌一鸣鞭,即至城外。盖自城以东,古岑先锋直至三汊,无所限隔。"乃修复内隘十有一,别作十隘于外,有距城数十里者。沮、漳之水,旧自城西入江,因障而东之,俾绕城北入于汉,而三海遂通为一。随其高下,为匮蓄泄,三百里间,渺然巨浸。土木之工百七十万,民不知役,绘图上之。

珙以身镇江陵,而兄琼帅武昌,故事,无兄弟同处一路者,乞归田,不允。诏以兵五千援淮,珙使张汉英帅之。枢密调兵五千赴广西,珙移书执政曰:"大理至邕,数千里部落隔绝,今当择人分布数郡,使之分治生夷,险要形势,随宜措置,创关屯兵,积粮聚刍于何地,声势既张,国威自振。计不出此而闻风调遣,空费钱粮,无补于事。"不听。大元大将大纳至江陵,遣杨全伏兵荆门以战,珙先期谍知,达于枢密,檄两淮为备,两淮不知也,後果如所报。珙奏:"襄、蜀荡析,士无所归,蜀士聚于公安,襄士聚於郢渚。臣作公安、南阳两书院,以没入田庐隶之,使有所教养。"请帝题其榜赐焉。

初,珙招镇北军驻襄阳,李虎、王旻军乱,镇北亦溃,乃厚招之,降者不绝。行省范用吾密通降款,以所受告为质,珙白于朝,不从。珙叹曰:"三十年收拾中原人,今志不克伸矣。"病遂革,乞休致,授检校少师、宁武军节度使致仕,终于江陵府治,时九月戊午也。是月

朔，大星陨于境内，声如雷。薨之夕，大风发屋折木。讣至，帝震悼
辍朝，赙银绢各千，特赠少师，三赠至太师，封吉国公，谥忠襄，庙曰
威爱。

珙忠君体国之念，可贯金石。在军中与参佐部曲论事，言人人
异，珙徐以片语折衷，众志皆惬。谒士游客，老校退卒，壹以恩意抚
接。名位虽重，惟建鼓旗、临将吏而色凛然，无敢涕唾者。退则焚香
扫地，隐几危坐，若萧然事外。远货色，绝滋味。其学邃於《易》，六
十四卦各系四句，名《警心易赞》。亦通佛学，自号"无庵居士"。

杜杲字子昕，邵武人。父颖，仕至江西提点刑狱，故杲以任授海
门买纳盐场，未上，福建提点刑狱陈彭寿檄摄闽尉。民有甲之子死，
诬乙杀之，验发中得沙，而甲舍旁有池沙类发中者，鞫问，子果溺
死。

江、淮制置使李玉罗致幕下。滁州受兵，檄杲提偏师往援，甫
至，民蔽野求入避，滁守固拒，杲启钥纳之。金人围城数重，杲登陴
中矢，益自奋厉，卒全其城。

调江山丞，两浙转运使朱在辟监崇明镇，崇明改隶淮东总领，
与总领岳珂议不合，慨然引去。珂出文书一卷，曰："举状也。"杲曰：
"比而得禽默，虽若丘陵，弗为。"珂怒，杲曰："可劾者文林，不可强
者杜杲。"珂竟以负芦钱劾，朝廷察芦无亏，三劾皆寝。

淮西制置曾式中辟庐州节度推官。浮光兵变，杲单骑往诛其渠
魁，守将争饷金币，悉封贮一室，将行，属通判郑准反之。安丰守告
戍将煽摇军情，且为变，帅欲讨之，杲曰："是激使叛也。"请与两卒
往，呼将谕之曰："而果无他，可持吾书诣制府。"将即日行，一军帖
然。

知六安县，民有壁其妾者，治命与二子均分。二子谓妾无分法，
杲书其牍云："传云'子从父令'，律曰'违父教令'，是父之言为令
也，父令子违，不可以训。然妾守志则可，或去或终，当归二子。"部
使者季衍览之，击节曰："九州三十三县令之最也。"

知定远县,会李全犯边,衍时为淮帅,辟通判濠州,朝廷以杲久习边事,擢知濠州。制置大使赵善湘谋复盱眙,密访杲,杲曰:"贼恃外援,当断盱眙桥梁以困之。"卒用其策成功。金众数万驻榆林皁请降,辎重甚富,或请诱而图之。杲曰:"杀降不仁,夺货不义,纳之则後患。"谕而遣之。召奏事,差主管官告院,知安丰军。善湘与赵范、范弟葵出师,迁淮西转运判官。诏问守御策,杲上封曰:"沿淮旱蝗,不任征役;中原赤立,无粮可因,若虚内事外,移南实北,腹心之地,必有可虑。"时在外谏出师者惟杲一人。及兵败洛阳,人始服其先见。奉崇道祠,再知濠州,未行,改安丰。大元兵围城,与杲大战。明年,大兵复大至,又大战。擢将作监,御书慰谕之。丞相李宗勉、参知政事徐荣叟曰:"帅淮西无逾杜杲者。"诏以安抚兼庐州,进太府卿、淮西制置副使兼转运使。复与大元兵战。累疏请老,不许。权刑部尚书。

淳祐元年,乞去愈力,擢工部尚书,遂以直学士奉祠。帝欲起之帅广西,以言者罢。帝曰:"杜杲两有守功,若脱兵权,使有後祸,朕何以使人?"乃起知太平州。俄擢华文阁学士、沿江制置使、知建康府、行宫留守,节制安庆、和、无为三郡。

杲罢杨林堡,以其费备历阳,淮民寓沙上者护以师。首谒程颢祠。总领所即张栻宦游处,陈像设祀焉。置贡士庄,蠲民租二万八千石。复与大元兵战于真州。进敷文阁学士,迁刑部尚书,引见,帝加奖劳。乞归不许,兼吏部尚书。杲随资格通其碍,铨综为精。梁成大子赂当国者求铨试,杲曰:"昔沈继祖论朱文公,成大亦论真文忠公,皆得罪名教者,子孙宜废锢,安得仕?"进徽猷阁,奉祀。请老,升宝文阁致仕。帝思前功,进龙图阁而杲卒,遗表上,赠开府。

杲淹贯多能,为文丽密清严,善行草急就章。晚岁专意理学,尝言吾兵间无悖谋左画,得于《四书》。子庶。

庶字康侯,幼倜傥有大志,性刚劲,通宋典故,善为文。从父兵间,习边事,未入仕已立战功,明堂恩补官。大元兵围安丰,兵将不相下,庶调护咸得其欢心,卒协力捍御。杲帅淮西,辟书写机宜文字。庐州围解,庶白事庙堂,诸将馈金助上功费,皆受之,赏典行,归悉反所馈。迁籍田令兼制机督干。监吕文德、聂斌军,与大元兵战朱皋、白冢,迁将作监簿。

杲在建康,庶通判和州,权知真州。郡素缺备,庶大修守御,具积排杉木殆十万株。差知兴化军,奉祠鸿禧观。起知邕州,改潮州,以言者寝命。赴淮东制司议幕,过阙,迁将作监丞,迁司农丞、知和州,陛辞,言:"今天时不可幸,地利不可恃,人和不可保,苟恃天幸,恃长江,恃清野,而付边事于素不谙历之人,未见其可。"帝嘉纳。

寻兼淮西提点刑狱,浚城濠,增守备,修学宫。知真州兼淮东提點刑狱,逾年,进直秘阁,移淮西兼庐州安抚副使,人欢迎如见慈父,治绩甚多。就任加刑部郎中,升宝文阁,与大元兵战于望仙、白沙城。升华文阁。开庆元年冬,进大理少卿、淮东转运副使、两淮制置司参谋官,特授两淮制置使、知扬州。射阳湖饥民啸聚,庶曰:"吾赤子也。"遣将招刺,得丁壮万馀,戮止首恶数人。明年四月,火,抗章自劾,召赴行在。寻直宝文阁、知隆兴府、江西运副使,卒。

王登字景宋,德安人。少读书,喜古兵法,慷慨有大志,不事生产。出制置使孟珙幕府,久之,权知巴东县。献俘制置司,登念奋自书生,不拜,吏曰:"不拜则不敢上。"难之,竟弃功去。淳祐四年,举进士,调兴山主簿。总领贾似道檄修江陵城,条画有法。明年,制置使李会伯经理襄阳,登在行,以积功升,寻以母忧去。

及吴渊为制置使,边事甚亟,因忆弟潜盛言王登才略,具书币招之。登方与客奕,发书,衣冠拜家庙,长揖出门,问牛几何,可尽发犒师。渊慨然曰:"事亟矣,奈何?"登曰:"亟呼诸将共议。"众至,欢跃曰:"景宋在此。"渊曰:"汝辈欲西门出,景宋欲从方城,如何?"众曰:"惟命!"登曰:"用兵患不一,登书生,不过冯轼观战,请五大帅中择一人为节制。"渊曰:"请监丞出,正谓此也。"即书银牌曰:"监丞代某亲行,将士用命不用命,赏罚毕具申。"登至沙市,椎牛酾酒,得七千人，誓曰："登与诸将义同骨肉，今日之事，登不用命，诸将杀登以献主师；诸将有一不用命，登有制札在，不敢私也。"众股栗听命，竟立奇功於沮河。赵葵为制置使，见登握手曰："景宋一身胆，惜相见晚也。"俾参宣抚司兼京西两节。马光祖为制置使，辟充参谋官，迁军器少监、京西提点刑狱。

登威声日振。有余思忠及徐制几谗於光祖曰："京湖知有王景宋，不知有焉制置，非久易位矣。"光祖疑马，出登屯鄂州，後以干办锺蜚英调护，情好如初。侍御史戴庆炯劾思忠，其党过元龙、沈赘在幕中，又倾之，以是议论不合，才略不能施，识者惜焉。

开庆元年，登提兵援蜀，约日合战，夜分，登经理军事，忽绝倒，五藏出血。幕客唐舜申至，登尚瞪目视几上文书，俄而卒。它日，舜申舟经汉阳，有蜀声呼唐舜申者三，左右曰："景宋声也。"是夕，舜申暴卒。


杨揆字纯父，抚州临川人。少能词赋，里陈氏馆之教子，数月拂衣去。游襄、汉，既而代陈中选，陈谢之万缗，辇以入倡楼，箧垂尽，夜忽自呼曰："纯父来此何为？"明日遂行。用故人荐，出淮阃杜杲幕，杲曰："风神如许，它日不在我下。"由是治法征谋多咨于揆。逾年，安丰被兵，揆慨然曰："事丞矣，揆请行。"乃以奇策解围，奏补七官。

揆念置身行伍间，骑射所当工，夜以青布籍地，乘生马以跃，初过三尺，次五尺至一丈，数闪跌不顾。制置使孟珙辟于幕，尝用其策为"小子房"，与之茶局，周其资用。揆以本领钱数万费之，总领贾似道稽数责偿，珙以白金六百令揆偿之，揆又散之宾客，酣歌不顾。似道欲杀之，揆曰："汉高祖以黄金四万斤付陈平，不问出入，公乃顾此区区，不以结豪杰之心邪？"似道始置之。珙尝燕客，有将校语不逊，命斩之，揆从容曰："斩之诚是，第方会客广谋议，非其时非其地也。"珙大服。未几，有大将立功，珙坐受其拜，揆为动色，因叹曰："大将立功，庭参纳拜，信兜鍪不如毛锥子也。"于是谢绝宾客，治进士业,遂登第,调麻城尉。

向士璧守黄州,檄入幕,寻以战功升三官。无何,得心疾,曰:"我不可用矣。"遂调潭州节度推官。赵葵为京湖制置使,揆与偕行,王登迓于沙市,极谈至夜分,揆退曰:"王景宋满身是胆,惜欠沉细者,如揆副之,何事不可为也,但恐终以勇败。"後登死,人以为知言。逾时,士璧守峡州,招之,病不果行而卒,赠架阁。

张惟孝字仲友,襄阳人。长六尺,通《春秋》,下第,乃工骑射。城中乱,争出关,惟孝拔剑杀数人,趋白河,见一舟壮钜甚,急登之,舟人不可,惟孝曰:"今日之事,非汝即我,能杀我者得此舟。"众披靡,遂以舟达郢州。兵乱,奔沙洋,别之杰为帅,尽隑诸湖不汇水,惟孝令二人贾服前行,密窥隑兵,曰:"易与耳。"乃与十骑,衣黑袍,假为敌兵,曰:"后队亟至。"守隑四五百人悉溃,舟趋藕池。

开庆元年,卜居江陵,至沙市,众舟大集,不可涉。顷有峨冠张盖,从者数十,则宣抚姚希得之弟也,令曰:"敢有争岸者投水中。"惟孝睥睨良久,提剑驱左右而出,举白旗以麾,令众船登岸,毋敢乱次。干官锺蜚英见而异之,以告唐舜申,舜申曰:"吾故人也。"具言惟孝平生。蜚英谓曰:"今日正我辈趋事赴功之秋。"惟孝不答;又叩之,则曰:"朝廷负人。"明日,蜚英导希得罗致之,宴仲宣楼,蜚英酒酣曰:"有国而後有家,天下如此,将安归乎?"惟孝跃然曰:"从公所命。"乃请空名帖三十以还。逾旬,与三十骑俱拥甲士五千至,旗帜鲜明,部伍严肃,上至公安,下及墨山,游踏相继。希得大喜,请所统姓名,惟孝曰:"朝廷负人,福难祸易,聊为君侯纾一时之难耳,姓名不可得也。"时鼎、澧五州危甚,於是击鼓耀兵,不数日,众至万人,数战俱捷,江上平。制使品文德招之,不就而遁,物色之不可得,或云已趋淮甸,后不知所终。

陈咸字逢儒,监察御史升卿次子,为叔父巨卿後。登淳熙二年进士第,调内江县尉。县吏受贿,赋民不均,咸以闻于部使者,为下令听民自陈利病，而委咸均其赋。改知果州南充县，转运司辟主管文字。岁旱，税司免下户两税，转运使安节以为亏漕计，咸白安节曰："苟利于民，违之不可。"因言："今楮币行于四川者几亏三百万，苟增印百万，足以补放免之数。"安节从之。军多滥请，咸每裁损，帅属以为言，咸曰："咸首可断，滥请不可行。"蜀岁收激赏权输绢钱，民以为病，咸白安节，核入节出，奏岁减二十馀万缗。擢知资州，时久旱，咸被命即请帅臣发粟二千馀石以振。明年，东、西川皆旱，总制二司议蠲民赋而虑亏国课，咸请增印未补发引百有九万以偿所蠲，议遂决。大修学宫，政以最闻，改知普州。

开禧元年，边事兴，四川宣抚使程松奇其才，辟主管机宜文字。咸首贻书论兵不可轻动，劝松搜人才，练军实；考图籍以疏财用之源，视险要以决攻守之计；约大将面会，以免疑忌之嫌、捐金帛募死士，以明间探之远；出虚捣奇之策，审於当用，幸胜趋利之谋，寝而勿行。松复书深纳，然实不能用。副使吴曦蔑视松，易置将兵，不关白正使，松务为简贵，咸忧之，复说松收梁、洋以北义士为缓急用；据险阨，立关堡，杜支径以备不虞。松又不能用。迁利路转运判官。

曦叛臣於金，关外四州继没，人情大骇。咸留大安军督军粮，檄其守杨震仲振流民，备奸盗，众稍安。安丙密以曦反谋告咸，咸即遣人告松，松不之察。曦以咸蜀名士，欲首胁之以令其馀，檄咸议事。咸不往，遂之利州。抵城外，伪都运使徐景望已挟兵入居台治。英宗讳日，景望大合乐以享，咸力拒之。

初，咸自大安东下，遇伪将褚青与语，青有悔意。至是，以主管文字王釡、福艾可与共事，欲结二人诛景望，烧栈阁，绝曦援兵。既而釡弃官归，咸以青不可保，谋遂沮。李道传问咸："计将安出？"咸曰："事极不过一死耳，必不为吾蜀累也。"语家子钦曰："咸受国厚恩，义当击贼，恨无兵权，独有下策，削发以全臣节。"会曦以书招之急，咸答书劝其禀命，既而欲亲谕之，遂行，遇伪统领孟可道，知曦已僭乱，曰："吾书不可用矣。"还至后镟，入帐中以刀自断其结，披缁而出。景望遣兵拘咸于岸，曦闻怒甚。吴睹劝曦召咸主武兴寺，因杀之，安丙力为救解，乃得释归。曦既诛，咸语诸子曰：“吾不能讨贼而弃官守，罪也。”上表自劾，安丙、杨辅等皆勉其出。丙寻奏以咸总蜀赋，从之。

时僭乱后，帑藏赤立。咸至武兴，兴丙商榷利病，兵政财计，合为一家，请丙奏于朝。核诸司羡馀，移支常平广惠米，铸当五钱，榜卖官，并权截四路上供，汰弱兵二万余，规画备至，故军兴增支之数八千七百五十余万，皆不取于民。咸总赋之始，赡军帑廪缗不过一千四十五万余，粮不过九十一万余，料不过二万余。咸昼夜精动，调度有方，不二岁，益昌大军库有楮引百八十万，成都免引场桩拨二百一十余万，城下三仓军粮四十余万石，预借米本一百二十余万，又别贮军粮百四十九万石，料七万余，而布帛丝绵、铜铁钱与祠牒不预焉。

剑外民久苦役调，或建议调东、西两路及夔路丁壮共其劳。令始下，民惮行，驰诉于安丙，乞计直输钱以免行，久而不克输者十五余万，咸蠲之。蜀钱引旧约两界五千余万，半藏於官，自军兴引皆散於民，宣、总二司增创三界通行八千余万，价日益落。咸捐一千二百余万缗以收十九界之半，又与丙议合茶马司之力，再收九十一界，续造九十三界以兑之，於是引价复昂，籴价顿减。

嘉陵江流忽浅，或云金人截上流，咸不动，疏而导之，自益昌至于鱼梁，馈运无阻。金州地险，咸增馈米以实之，人皆曰：“金州之险，金人不可向，何益之为？”咸曰：“敌至而虑，无及矣。”未几，金人犯上津，守赖以固。召为司农少卿，卒。丙列奏其功，赐谥勤节。初，宣谕使吴猎尝表其节，诏进二秩，咸乞回赠所生父母焉。

论曰：宋之辱于金久矣，值我国家兴师讨罪，声震河朔，乃遣孟珙帅师夹攻，遂灭其国，以雪百年之耻。而珙说礼乐、敦诗书，诚寡与二。杜杲、王登、杨揆、张惟孝，思以功名自见，虽所立有小大，皆奇才也。陈咸不从逆曦，虽不能死，然理财于丧乱之余，蜀赖以固守，岂不贤于匹夫之自经沟渎者哉！

宋史卷四一三
列传第一七二

# 赵汝谈　赵汝谠　赵希馆
# 赵彦呐　赵善湘　赵与欢
# 赵必愿

　　赵汝谈字履常,生而颖悟,年十五,以大父恩补将仕郎。登淳熙十一年进士第。丞相周必大得其文异之,语参知政事施师点曰:"是子他日有大名于世。"调汀州教授,改广德军,添差江西安抚司干办公事。尝从朱熹订疑义十数条,熹嗟异之。

　　佐丞相赵汝愚定大策,汝愚欲骤以词掖处之,力辞去。持祖母服。汝愚去国,其弟汝谠力上疏乞留汝愚、斩侂胄,闻者吐舌。兄弟罹尝祸斥去。寻调安庆府教授,添差浙东安抚司干办公事。丁母忧,免丧,召为太社令。

　　时侂胄用事炽甚,汝谈痛愤,登坛读祝,大呼宅侂胄及陈自强名。自强不能堪,它日指汝谈曰:"末坐白皙者何人?"汝谈不为动。以参知政事李壁荐,召试馆职,擢正字。是时吴曦叛,上下束手,或请就以曦为王,其人造汝谈,汝谈诘之曰:"孰欲王曦者,可斩!"其人面发赤不能对,遂以言去,主管崇道观,添差通判嘉兴府,与郡守王介志合。改知无为军,与光州守柴中行、安丰守陆峻俱称循吏。

　　时金人内变,有旨令献料敌、备边二策。其料敌之策曰:"祸乱犹在河北,未遽至河南,盖豪雄择形势,大盗窥货宝,金帛重器俱聚河北,河南无大川为之险,欲起安所凭?且金素以河南近我,置守多完颜氏亲党,其下亦令蕃汉错居,所以防虑备尽。纵彼丧乱,守将欲畔则自畔,何至相率尽反。然有天下者,自不容易一日废备,岂以金人存亡之候为吾缓急哉!"其备边之策曰:"今边州大抵无城,缺兵少粮,铠仗不足。若使自办,何所取资? 丐诸朝廷,安得力给? 若仿古藩封,拔用英杰守郡,则并租税市榷之利尽与之,免其共贡,上不置坚临,下悉听选辟,民得自赋,兵得自募,凡百悉听所为。其有功者亦不遽徙,就峻爵秩,增异车服,给美田宅,官其子孙,凡可优宠,无不极至,使内为公卿,虽贵曾不如守边之乐。如此则有才者争自奋励,缓急必能出死力报上。"于后河南二十馀年犹为金守,宋沿边诸郡权大削,兵事无肯任责者,汝谈之言若蓍龟然。

改湖北提举常平,振饥尽力。知温州,改知外宗正,作诗勉其族蜀,皆望风而化。迁江西提举常平。宁宗崩,以哀痛得疾。贺理宗表,力寓劝戒,陈硕曰:"此谏书也。"数丐祠,授江西转运判官,辞不获命,之官一月,以言者罢。

先是,汝谈因疾去官,言者谓其傲睨轩冕,不乐为世用。至是弥远不与祠,乃杜门著述。端平初,以礼部郎官召,入对,言:"倚用老成,广集忠智,访求众敝之原,辟取可行之策,以饬积蠹之蛊,而成终泰之功者,愿加圣心焉。"又言:"大佞似忠,大奸似圣,未免信向而擢任之。始未见甚失,久乃寝至差讹,则纲维之臣将不能不执,议论之士将不得不言。执之坚,宁不疑其侵权? 言之数,宁不意其卖直?至是则不特是非邪正易位,而黜陟予夺失中多矣。"又曰:"外之得以窒吾听、杂吾目、扰吾天君者,以吾未得虚一而静之理也。苟得之,导我声色而不能入,投我宝货而不能中,扇我以功名而不能动,凝然湛然,孰得干之哉。"改秘书少监兼权直学士院。时集议出师,汝谈反覆言不可轻战,而和尤非计。既而三京收复,虽前言用兵不便者亦喜,汝谈独有忧色。未几,洛师败,朝论始服其先见。

迁宗正少卿,兼权直,兼编修国史、检讨实录,兼崇政殿说书。因讲《论语》而言元帝恭俭无过,惟以刚不克改,明不能绎,优柔不断,而汉业遂衰。权吏部侍郎,升侍读,兼直学士院,兼同修国史院同修撰,以所注《易》进讲。时朝议履亩称楮,汝谈言非便,迕时宰意。京师军变,宰相乞贬秩,上已允,汝谈奏恐失体,持不可。草答诏,以为贬秩易,审举措难,宰相滋不悦。以言去国,提举崇禧观。起知婺州,四辞不允。至郡,力丐祠。召赴行在,四辞。

权礼部侍郎兼学士院,力辞兼直。时金兵新破,三阃增秩,称提官楮,四郡获赏。汝谈独蹙頞,登对,首疏言:"边面无可倚仗,乞超越拘挛,简拔俊杰,如吴用周瑜、鲁肃,晋任祖逖、陶侃故事,使之各分方面,连数十城,推毂授权,尽归赐履。巴蜀一人,荆襄一人,两淮各一人,一切更宜行事,不复便从中御,庶几伸缩由己,机用出心。"盖推广乡者备边之策。且曰:"臣之此策,行于开禧未用兵之前,决不至耀今日之患。"其论楮法,尤中时敝,上称叹久之,且谓:"卿文学高世,宜代予言,力辞何为?"卒以老祈免,章四上,免兼直,改侍讲。数日,仍兼直学士院,五辞,权给事中,权刑部尚书,及卒,转两官。遗表上,又转四官。

汝谈天资绝人,沈思高识,自少至老,无一日去书册。其论《易》,以为为占者作;《书》《尧、舜》二典宜合为一,禹功只施于河洛,《洪范》非箕子之作,《诗》不以《小序》为信;《礼记》杂出诸生之手;《周礼》宜傅会女主之书。要亦卓绝特立之见。为文章有天巧。笃於伦谊而忘仇怨,御史王益祥尝劾之,后汝谈官其乡,益祥愧不敢见,汝谈乃数过之,相得欢甚。尝论议韩非、李斯皆有荀卿之才,惟其富贵利欲之心重,故世得而贱之,惟卿独能守其身,不苟希合,士何可不自重哉。所著有《易》、《书》、《诗》、《论语》、《孟子》、《周礼》、《礼记》、《荀子》、《庄子》、《通鉴》、《杜诗》注。

赵汝谠字蹈中,少俶傥有轶材,智略出人上,龙泉叶适尝过其家,汝谠年少,衣短後衣,不得避。适劝之曰:"名门子安可不学。"汝谠惭,自是终身不衣短後衣。折节读书,与兄汝谈齐名,天下称为"二赵"。以祖遗恩补承务郎,历泉州市舶务、利州大军仓属。从臣荐宗室之贤者，监行在右藏西库。

韩侂胄谋逐赵汝愚，汝谠兄弟昌言非是，且上言讼汝愚冤。侂胄惧其词直，使其党胡纮再攻汝愚，以汝谠兄弟受汝愚厚恩，私属为之画策，惑乱天听为言，斥使去国。坐废十年，调华亭浦东盐场，弃职去。辟浙西安抚司幕官，调签书昭庆军节度判官，皆不赴。以前官改镇东军。登嘉定元年进士第，为太社令，迁将作监薄、大理司农丞。与史弥远不合，请外，改湖南提举常平，易江西，寻提点刑狱。瑞州大姓幸氏贪徐氏田不可得，强取其禾，终不与，诬以杀婢，置徐狱。徐诉其冤，汝谠以反从法黥窜幸氏，籍其家。幸氏走，告急于中宫，徙汝谠湖南。既至，则表直臣龚夬墓。浏阳有豪民罗氏夺民田，汝谠复徵以法。迁知温州，卒。

汝谠常言："宗子不忘君。孝子不辱身，临难则功业当如朱虚，立身当如子政。"

赵希馆字君锡，旧名希，登庆元二年进士第，改赐今名。少扶父丧归，道遇寇，左右骇散，希馆拊棺恸哭不慑，寇义而去。学于陈傅良、徐谊，既举进士，调汀州司户。峒寇李元砺方起，汀人震惧，郡会僚佐议守城，希馆下坐无一语，守异之曰："不言得无有所见乎？"希馆曰："守城非策也，距城三十里有关曰古城，若悉精锐以扼其冲，贼不足虑矣。"守以付希馆，人为危之。希馆至关，审形明间，申令谨候，分昼粗定，贼已遣谍窥关。希馆得谍诘之，纵其举火相示，而赢师以误之。夜半，贼数百衔枚突至，希馆严兵以待。贼且至，始命矢石俱下，贼无一免，馀党闻风而遁。希馆引还，老稚罗拜相属，希馆由他道以避之。事闻，诏升州推官。治疑狱，决滞讼，摄下邑，弭乱卒。去之日，军民遮道泣送者数十里。

调主管夔州路转运司帐司，疏大宁盐井利病，使者上诸朝，民便之。改知玉山县，未行。召对，希馆首言民力困于贪吏，军力困於债帅，国家之力则外困於归附之卒，内困於浮冗之费；次论四蜀铨科举之弊；论大宁盐井本末。宁宗嘉纳之。

授大理寺丞，迁大宗正丞，权工部郎官。宗姓多贫，而始生有训名，为人後有过礼，吏受赇亡艺，莫敢自陈，希锦白其长推行之。会朝议，燕邸近属赴朝参者少，命希锦易班，希锦力辞，弗克。特换授吉州刺史、提举佑神观。未几，廷臣言宗姓换班人尝举进士，请视朝士，听轮对。于是希锦次对时首论："今日多事之际，而未有办事之人。朝绅，清选也，以缄默为清重，以刻薄为举职，以无所可否为识体。阃寄，重任也，以大言为有志，以使过为知恩。臣非敢厚诬天下以为无人，患在选择未得其道、器使未当其才尔。"授成州团练使，赐金带，令服系。以宝玺推恩，进和州防御使。

理宗即位，进潭州观察使，以公族近邸，恩特加厚。又进安德军承宣使。希锦引对，言："初政急务，莫先於明道，总治统，收人心。"上为动容。越明年，论祠祭不虔，禁卫不肃。慈明宫上寿，升节度，封信安郡公。卒，遗奏闻，上震悼辍视朝，赐含敛，赠以金币。

希锦风资凝重，胸抱魁垒，扬人之善，不记人之过，急人之难，不忘人之恩。居官，祁寒盛暑未尝谒告，衣食取裁足而已。追封信安郡王。


赵彦呐字敏若，彭州人。登四川类试第。少以材称。吴曦叛，以禄禧伪守夔，彦呐结义士杀之，遂显名。

嘉定十二年，关外西和州新被兵，制使安丙檄使经理，金人再至，战却之。因请修州北永关，募民耕战以守；又劝丙尽捐关外四州租，结民兵使各自为守。皆不行。在州五年，得军民心，转提点刑狱，寻帅沔，时誉甚都。及崔与之代丙，始察其大言无实，谓他日误事者必此人，请庙堂毋付以边藩。寻夺其节制。

宝庆元年，乃移帅兴元。三年，会郑损弃四州，退保三关，彦呐力争不胜，罢归家者五年。绍定四年，桂如渊代损，起彦呐於副使，更李植、黄伯固，皆彦呐副之。端平元年，遂升正使，丞相郑清之趣其出兵，以应入洛之役，不从。秦、巩之豪汪世显久求内附，至是彦呐为力请数四，清之亦讫不从。三年，金人大入至三泉，彦呐大败，贬衡州,其子洗夫用事亦窜岭南,史嵩之留之江陵两年,卒。

赵善湘字清臣,濮安懿王五世孙。父武翼郎不陋,从高宗渡江,闻明州多名儒善湘以恩补保义郎,转成忠郎、监潭州南岳庙,转忠翊郎,又转忠训郎。庆元二年举进士,以近属转秉义郎,换承事郎,调金坛县丞。五年,知馀姚县。

开禧元年,添差通判婺州。嘉定元年,以招茶寇功,赴都堂审察,提辖文思院。出判无为军兼淮南转运判官、淮西提点刑狱。四年,改知常州。八年,主管武夷山冲佑观。十年,知湖州。十一年,丁内艰,明年起复,知和州,三辞不获命。迁知大宗正丞兼权户部郎官,改知秘阁、淮南转运判官,兼淮西提举常平,兼知无为军。进直徽猷阁、主管淮南制置司公事,兼知庐州,兼本路安抚,仍兼转运判官、提举常平。

十三年,进直宝文阁。以平固始寇功,赐金带,许令服系。十四年,进直龙图阁、知镇江府。十七年,拜大理少卿,进右文殿修撰、知镇江府,封祥符县男,赐食邑。宝庆二年,进集英殿修撰,拜大理卿兼权刑部侍郎,进宝章阁侍制、沿海制置使兼知建康府、江东安抚使兼主管行宫留守司公事。赐御仙花金带,进封子,加食邑。

绍定元年,以创防江军、宁淮军及平楚州畔寇刘庆福等功,皆升其官,进龙图阁待制,仍任,兼江东转运副使。三年,进焕章阁直学士,江淮制置使,乃命专讨,许便宜从事。四年,进封侯,加食邑。及戮全,善湘遣使以露布上,乃进兵部尚书,仍兼任。

时善湘见范、葵进取,慰藉殷勤,馈问接踵,有请必应。遣诸子屯宝应以从,范、葵亦让功督府,凡得捷,皆汝楪等握笔草报。善湘季子汝楳,丞相史弥远婿也,故奏报无不达。以平闽寇功,转江淮安抚制置使。五年,复泰州淮安州、盐城、淮阴县四城,及策应京湖功,进端明殿学士,与执政恩例,仍任,升留守,加食邑。以受金枢密副使纳合买住降,复盱眙军、泗寿二州功,进资政殿学士,加食邑,遣使赐手诏、金器等物。九疏匄归,皆不许。请愈力,进大学士、提举洞霄宫,封天水郡公,加食邑。监察御史劾奏善湘,御笔以善湘有讨逆复城之功,寝其奏。

嘉熙二年,授四川宣抚使兼知成都府,未拜,改沿海制置使兼知庆元府。即丐祠,改知绍兴府兼浙东安抚使。三年,两请休致,四乞归田,复提举洞霄宫。淳祐二年,帝手诏求所解《春秋》,进观文殿学士,守本官致仕,卒。遗表闻,帝震悼辍视朝,赠少师,赙赠加等。

所著有《周易约说》八卷,《周易或问》四卷,《周易续问》八卷,《周易指要》四卷,《学易补过》六卷,《洪范统论》一卷,《中庸约说》一卷,《大学解》十卷,《论语大意》十卷,《孟子解》十四卷,《老子解》十卷,《春秋三传通议》三十卷,《诗词杂著》三十五卷。

赵与欢字悦道,燕懿王八世孙。嘉定七年进士,调会稽尉,改建宁司户参军。中明法科,摄浦城县。丁父忧,作《善庆五规》示子孙。免丧,授大理评事。转对,言天变、民情、国威三事,又言:"死囚以取会驳勘,动涉岁时,类瘐死,而干证者多毙逆旅,宜精择宪臣,悉使详覆,果可疑则亲往鞫正,必情法轻重可闵,始许审奏。"

迁籍田令。久之,拜宗正寺簿,历军器监、司农寺丞,迁宗正丞兼权都官郎官,改仓部,权度支,以直宝章阁知安吉州。郡计仰榷醋,禁网峻密,与欢首捐以予民。设铜钲县门,欲诉者击之,冤无不直。有富民诉幼子,察之非其本心,姑逮其子付狱,徐廉之,乃二兄强其父析业。与欢晓以法,开以天理,皆忻然感悟。又骜妪仅一子,亦以不孝告,留之郡听,日给馔,俾亲馈,晨昏以礼,未周月,母子如初。二家皆画像事之。丧母,朝廷屡起之,不可,议使守边,授淮西提点刑狱,弗能夺。再期,以刑部郎官召,乞终禫,奉祠,复半载,乃趋朝。

自恢复退师,又议纳使,与欢言:"在朝迎合,政出多门,必得智识气节之士,布列中外可也。"兼权检正,迁宗正少卿兼权户部侍郎,寻兼知临安府、浙西安抚使,同详定,剖决明畅,罪者咸服。郊祀之夕,大风雷,与欢言国本未定,又陈弭盗固本之策。有以刑罚术数言于帝者，与欢言："导民有本。如臣待罪天府，岂遽能及民，惟其真实相孚，待以不扰，数月而庭讼弥寡。人心本善，有感必从。或谓厉以威、待以术者，非知本之论。"且言："朝令夕改，非以示作新；旁蹊曲径，非以肃纪纲。"帝为悚然。又建言："秦刻颂有'端平法度'语。"

明年改元嘉熙，襄、蜀残破，或望风弃地，召见便殿，言："韩琦当仁宗朝，犹昼夜泣血。今主忧臣辱矣。"因具言防边之道，其后多见施行。与欢招刺三千人为忠毅军，又言："禁卫虚籍及京口诸郡，悉宜募兵，统以郡将，财先赡军，馀始上供，乞少不急之费。"荐文武士四十人。迁户部侍郎兼权兵部尚书，论边事至为深切。

星变，上章请罢，大火，力言灾变之烈，谓："臣罪擢发莫数，犹欲以去国为言，少悟上听。愿祗畏天威，思以实德及民，始自上躬，痛加节约，广推振恤。"五请寝。于是中书方大琮言："与欢素自洁修，疏财轻爵，人所共知，不幸遇此，观其待罪之章，垦切至到，未尝不叹其知义也。乞俞所请，使小大之臣，皆知引咎。"乃收一阶。寻复之。与欢请先叙复同降官属，又言："艰难不可为之时，当慷慨厉志，深为人才兵力思。"迁户部尚书兼权吏部，累丐祠，不许。

论楮币自嘉定以一易二，失信天下，尝出内帑收换，屡称提而折阅益甚。尝请两界并展十年勿议造新，贵州县毋以损污抑沮，至是遂请不立界限以绝其疑，所以区画者甚备。其后诏宰相遍询侍从，与欢又以前说陈之。有欲以端平钱当五行使，与欢谓："开禧尝以二当三，何救於楮。"且曰："士大夫不清白奉法，恪意扶持，虽日易一法，无救於楮，而国非其国矣。法削国弱，能独享富贵乎？"每言"端平以来，窜贼吏，禁包苴，戒奔竞，戢横敛，而风俗沈痼自若。或口仁义而身市井，率以欺君为常，肥家为乐，遂临事乏使，而小人得从旁乘间窃取官爵矣。"疏乞："别邪正，警偷惰，奖用恬退质直之士，以绝躁竞浮靡之习。内廷有关于除授者必斥，暗室有涉于谤议者必思，清心寡欲，以革酣歌黩货之风，其机皆自陛下始。"又言："军政弛而尺籍不明，总兵者或缘功赏开嫌隙，内则班行惟求速化，守牧类多贪庸，楮事日非，浮冗不节，指陈无虚日。

大风震雷数见，因具陈边事，且言："人才国用，民力兵威，愿乘此机，加意根本，勿徒困精神于除授，老岁月于行移，委公道于私情，付事功于无可奈何也。"迁吏部尚书。讲筵言："膏雨不降，星变频仍。在京物价腾踊，民讹士噪；在外兵权涣散，流民充斥。登崇元老，并建宰辅，谓宜风采振扬，而事势犹若此，士大夫未必任天下之责，天下未必知陛下之志。"力求归田，会潮汐啮堤，执政道帝意留治之，手诏云："忠正廉勤，无如卿者。"授端明殿学士、知临安府、浙西安抚使。江堤竣事，狱空，力丐罢。依旧端明殿学士，提举万寿观。提领户部财用兼侍读兼修国史、实录院修撰。奉朝请，出关，遣使趣还。

会饥民相摧溺死，帝仍付临安府事，恩例视执政。与欢涕泣奉诏，亟榜谕曰："今申奏振救，宜忍死须臾，各全性命，伫沐圣恩。"都人相谓毋死。与欢上则祈哀公朝，下则推诚劝分，甘雨随至，米商来集，流移至者有以济之。力求纳禄，授资政殿学士、提举万寿观兼侍读、监修国史、实录院修撰。奉朝请，与欢至浙江，上召还，即日绝江去，帝为怅然。与欢三为府尹，尽力民事，都人称"赵端明"，必以手加额曰"赵佛子"也。

久之，以旧职知温州，政事必亲，吏不敢欺，创水砦，修贡院。以侍读召，辞，不许。入对，言爵禄之滥，因及国本事。五丐归，又不许。进《春秋解》，升大学士，荐士六十人。史嵩之将复入相，而人言不已，帝以问与欢，言："嵩之老师费财，私暱贪富，过立名誉，必不宜复用。"时嵩之犹子景卿诵言其过忽毙，而杜范、刘汉弼、徐元杰三贤暴死，人皆疑嵩之致毒。与欢请优恤汉弼、元杰家，帝从之，而优恤手诏，则与欢所拟入也。

又请以兵财分任辅臣。在讲筵言："以坏证付庸医，仅支残息，徒运巧心，天下事尚堪再误耶？"时相忌之。寻授安德军节度使、开府仪同三司、万寿观使。日食，应诏言事益切。月赐内帑，与欢辞不取。帝书"安贫乐道，植节秉忠"字赐之。建储未定，乃申言之，又言："人才乏使，贼吏不悛，民昔流而南，今流而北，盗昔伏于远，今伏于近,体认不真,贤否无别,国将谁与立邪?愿富一代之储,使小人无间可投,以绝隐伏之祸。"帝为改容。

袁士宋斌少从黄榦、李燔登朱熹之门,学禁方严,羁旅困沮,年且八十,与欢延之,事以父行,奏乞用旌礼布衣故事,死葬西湖上,岁一祭焉。帝逐二谏臣,与欢力争之。五乞免朝请,三乞致仕,俱不允,赐《泰卦诗》、《忠邪辨》。自是,国事皆缕缕言之,有不胜书,盖其爱君忧国,本诸天性。拜少傅,卒,遗表犹不忘规正。帝震悼辍朝,赙赠有加,诏有司治葬,赠少师,追封奉化郡王,谥清敏,累赠太师。

手注《六经》及《仁皇训典详释》,又有《高宗宝训要释》、奏议、诗文百卷。与欢尝谓:"士大夫有贪声,则虽奇才奥学,徒以蠹国害民尔。"故敛之夕,而金带犹质钱民家云。

赵必愿字立夫,广西经略安抚崇宪之子也。未弱冠,丁大母忧,哀毁骨立。服阕,以大父汝愚遗表,补承务郎。

开禧元年,铨盐平江府粮料院,调常熟丞。嘉定七年举进士,知崇安县,剖判如流,吏不能困。修学政,立催科法,列户名为三等,以三期为约,足者旌之,未足者宽以趣之,逾期不纳者里胥程督之,民皆感怿愿输。革胥吏鬻监之敝。擅发光化社仓活饥民,帅怒,逮吏欲惩之,必愿曰:"刍牧职也。吏何罪?"束檐俟遣,帅无以诘而止。旧有均惠仓,无所储,必愿捐缗钱增籴,至二千石。力主义役之法,乡选善士,任以推排,入资买田助役,则勉有产之家,有感化者,出己田以倡,遂遍行一邑,上下便。台府以闻,下其式八郡四十八邑。秩满,民共立祠刻石。

授湖、广总所干办公事。丁父忧,居丧尽礼,贻书问学于黄干服除,差充两浙运司主管文字。再考,特差充提领安边所主管文字。差知全州,陛辞,奏乞下道、江二州访周敦颐之后。知常州,改知处州,陈折帛纳银之害,皆得请。移泉州,罢白土课及免差吏榷铁,讽诸邑行义役。秋旱,力讲行荒政,乞拨永储、广储二仓米振救。差主管告院。越五日,诏依旧主管官告院兼知台州,一循大父之政,察民疾苦,抚摩凋瘵,修养济院,建陈瑾祠,政教兼举。

端平元年,以直秘阁知婺州。至郡,免催绍定六年分小户绫罗钱三万缗有奇。立淳良、顽慢二籍,劝惩人户。措置广惠仓及诸仓积谷。奏乞宽减内帑绫罗,申省免用旧例,预解诸色寨名钱,罢开化税场。迁太府寺丞,寻迁度支郎中。诏以当汝愚配享宁宗,从必愿请也。兼右司郎中,引见,疏言:

> 陛下英明密运,断出于独,固欲一切转移之。然而大权若在我,或者犹有下移之疑;众正若已开,或者犹有旁径之疑。策免二相,销天变也,去者固难以复留,留者恐终于引去。虚鼎席以待故老,疑者或意其未必来,而况在数千里之外;责次补以任大政,疑者或意其不敢专,而况于不安其位。中书,政之本也,今果何时,尚可含糊意向以启天下之疑乎?亲擢台谏,开言路也,用之未久者,何为轻于易去? 去之未几,何为使之复来?召於外服者,不知果能用之而必坚;除目周行者,不知果能听之而无讳乎?

> 朝廷除授,军国赏罚,本至公也,今有姓名未达於庙堂,而迁擢忽由于中出,斥逐三衙,竟不指名罪状,而人始得以疑陛下矣。一除目之颁,一号令之出,虽未必由于阉宦,而人或疑于阉宦;虽未必由于私谒,而人或疑于私谒;虽未必由於戚畹宗邸,而人或疑於戚畹宗邸。夫天下者,祖宗之天下也,非陛下所私有也,陛下虽有去敝之心,而动涉可疑之迹,陛下亦何乐於此。

时论伟之。

三京兵败,边事甚亟,诏条上守御计,必愿言十事:下哀痛之诏,合江淮之兵,求江陵之急,节财用之宜,廉议和之使,抚无归之民,处北来之众,置镇抚之使,择帅阃之代,拔未用之将,皆切於边要。政府议楮币日轻,欲令诸州再用印及他为称提之法,必愿力争不可。嘉熙元年,贻书政府,论边防事宜,授右司郎中。

火灾,必愿应诏上封事,曰:"开边稔祸之刑,牵制而未行;激变弃城之戮；姑息而未举。京、襄沦没，祖宗之基业莫能保；淮、蜀蹂躏，赤子之冤魂无所依。履亩之令下而加以抑配，称提之法严而重以告讦。民无盖藏，每有转壑之忧，士不宿饱，常有思乱之志。"又曰："台谏、给舍骨鲠之论莫容，左右便嬖浸润之言易入。春夏常享，阔略于原庙之尊；节钺隆恩，殷勤于邸第之贵。"又曰："必也正故相专国之罪，严贪夫徇国之诛，思室鬼高明之瞰。先编氓，后亲贵，去木妖竞治之衅；尚坚固，革奢华，戒宴殿无度之宴醑，节内庭不急之营缮。"又论济王及国本事。

迁左司郎中，又迁司农少卿兼左司。转对，言："正气日消月沮，驯至今日，非惟缙绅不肯论事，下至草茅之士，皆结舌矣。端平初年，沉疴方去，新病未作，陛下犹勤於咨访，如恐不及。今疾攻心腹，决裂将溃，乃不求瞑眩之剂以起其殆，甚可惑也。"又曰："毋使人臣以指斥怀疑，毋致陛下以庄言得谤。"时直士相继去，故必愿及之。兼敕令所删修官，拜司农卿，兼职如故。翼日，改宗正少卿，仍兼删修敕令兼国史编修实录检讨，寻兼左司，迁太府卿，仍兼编修、检讨，迁宗正少卿。诏依旧太府卿，仍兼职，且兼中书门下检正诸房公事。转对，言："中才庸主，惟其无所知觉，故言不可入，而败亡随之。陛下作敬天之图，朝夕对越，谓宜天意可回，而荧惑失度，郁攸扇炎，迫近禁门，几毁左藏。烟埃方息，白昼陨星，贯日之虹，胁阳之雹，叠见层出。陛下观时察变，何由致此？今日之事，动无良策，惟在侧身修行，祈天永命而已。"迁起居舍人，兼职仍旧。

大水，上封事曰："海潮毁隄，侵迫禁城，灾异之来，理不虚发，必上畏天戒，下修人事，易沴召和，转移于陛下方寸间耳。"又曰："《周官》国有大事，则举大询之理。今日之事迫矣，谓宜合众谋，屈群策，上而缙绅，下而刍荛，各陈所见，择其可用之策，以授任事之臣，庶几千虑一得，以成天下人不因之意。"暂兼权右郎官。言："财非天雨鬼输，岂可轻施妄用。长此不已，必至颠覆，异时或得罪。今之大夫不能为国生财，程异、皇甫缚之徒乘间捷出，推敲克剥，以术相胜，凿空取办，以计巧取，事掊敛，献羡馀，间架缗钱之令下，而唐祚愈促矣。愿陛下精思熟虑，约己爱民，必如勾践之卧薪尝胆，必如卫文公之帛衣布冠，可也。"权吏部右侍郎，乞免兼检正，从之。兼国史修撰。

时边事急，必愿应诏言："宜敕彭大雅自重庆领王青之兵东下复夔，责李安民及归、峡二守以自效，调一将督中流之师，以伐其顺流之谋，调一将自间道出鼎、沣之後，以折其捣虚之锋，调一将助芮兴之势，以备江之急。又宜下湖南遣飞军及团结民兵之类守沅江、益阳江，以防冲突长沙，尽收江上民船，毋资敌用。"区画皆中事机。暂兼权侍左侍郎。李宗勉每称其平允。暂兼权户部侍郎，兼同详定救令。请立国本，请亲祷雨。迁户部侍郎，暂兼给事中。

先是，钱相尝缴陈洄益赠节使不行，必愿复缴奏曰："李韶向为殿中侍御史，疏论洄益，乞予外祠，以绝窥伺，陛下不行其言，复夺其职，韶不能自安，径求外补。今召之不至，正以此故。若超赠洄益，又缴驳不行，韶愈无来期矣。陛下忍于去一贤从官，而不忍于沮一已死之内侍，则何以兴起治功，振扬国势？欲望寝洄益节钺，趣韶供职。"于是必愿三以疾乞祠，不许。

权户部尚书，疏言："端平元年，洛师轻出。明年，德安失，襄阳失。又明年，固始失，定远失，六安失，郢、复、刑门失，蜀道蹂，成都破。又明年，夔、峡徙，浮光降。又明年，滁阳歼。越二年，寿春弃。明年，真阳扰，安丰危，成都遗烬，靡有孑遗。又曰："去冬安丰危而复安，特天幸尔。君臣动色，太平自贺。雷作于雪宴之先期，蜀警於大宴之颁命，戒心一弛，赫鉴已随之矣。"又乞"喻太府丞，核户部收支数目，庶见多寡盈虚之实，有余则储之以待朝廷之取拨，阙则助之以示宫府之一礼"。二疏迕丞相史嵩之，乞免官、乞祠，皆不许。以司谏郑起潜论列，以宝谟阁直学士奉祠；辞职名，不许。淳祐五年，以华文阁直学士知福州、福建安抚使，三辞，不许。闽人闻必愿至，欣然叹羡。

必愿平易以近民，忠信以厚俗，恻怛以勤政，行乡饮酒，旌退士，奖高年，裁僧寺实封之数。尤留意武事，甫入境，即以军礼见戎帅,申明左翼军节制事宜,措置海道修水,教士卒知劝。居官四年,累乞归,及命召,又三辞,皆不许。卒,遗表上,赠银青光禄大夫。

必愿才周器博,心平量广,而又早闻家庭忠孝之训、师友正大之言,故所立卓然可称云。

论曰:宋之公族,往往亦由科第显用,各能以术业自见,汝谈、汝谠、希馆是已。彦呐帅边而堕功,亦由庙算之短。善湘父子克平大盗。与欢以长者称。必愿世济其美,可谓信厚之公子矣。

宋史卷四一四
列传第一七三

# 史弥远　郑清之　史嵩之
# 董槐　叶梦鼎　马廷鸾

　　史弥远字同叔,浩之子也。淳熙六年,补承事郎。八年,转宣义郎,铨试第一,调建康府粮料院,改沿海制置司干办公事。十四年,举进士。

　　绍熙元年,授大理司直。二年,迁太社令。三年,迁太常寺主簿,以亲老请祠,主管冲佑观。丁父忧。庆元二年,复为大理司直,寻改诸王宫大小学教授。轮对,乞旌廉洁之士,推举荐之赏;浚沟洫,固堤防,实仓廪,均赋役,课农桑,禁末作,为水旱之备;葺城郭,修器械,选将帅,练士卒,储粟谷,明烽燧,为边鄙之防。丞相京镗屏左右曰:“君他日功名事业过镗远甚,愿以子孙为托。”四年,授枢密院编修官,迁太常丞,寻兼工部郎官,改刑部。六年,改宗正丞。丐外,知池州。嘉泰四年,提举浙西常平。开禧元年,授司封郎官兼国史编修、实录检讨,迁秘书少监,迁起居郎。二年,兼资善堂直讲。

　　韩侂胄建开边之议,以坚宠固位,已而边兵大衄,诏在位者言事,弥远上疏曰:“今之议者,以为先发者制人,后发者制于人,此为将之事,施于一胜一负之间,则可以争雄而捷出。若夫事关国体、宗庙社稷,所系甚重,讵可举数千万人之命轻于一掷乎?京师根本之地,今出戍既多,留卫者寡,万一盗贼窃发,谁其御之?若夫沿江屯驻之兵,各当一面,皆所以拱护行都,尤当整备,继今勿轻调发,则内外表里有足恃,而无可伺之隙矣。所遣抚谕之臣,止令按历边陲,招集逋寇,戒饬将士,固守封圻。毋惑浮言以挠吾之规,毋贪小利以滋敌之衅,使民力愈宽,国势愈壮,迟之岁月,以俟大举,实宗社无疆之福。”

奏方具,客曰:“侂胄必以奏议占人情,太夫人年高,能无贻亲忧乎?”弥远曰:“时事如此,言入而益于国,利于人,吾得罪甘心焉。”封鄞县男兼权刑部侍郎。三年,改礼部兼同修国史、实录院同修撰,仍兼刑部。

兵端既开,败衅相属,累使求和,金人不听。都城震摇,宫闱疑惧,常若祸在朝暮,然皆畏侂胄莫敢言。弥远力陈危迫之势,皇子询闻之,亟具奏,乃罢侂胄并陈自强右丞相。既而台谏、给舍交章论驳,侂胄乃就诛,召弥远对延和殿,帝欲命为签书枢密院事,力辞,乃迁礼部尚书兼国史实录院修撰。

询立为太子,兼詹事,遣使诣金求和,金人以大散、隔牙二关、濠州来归,疏奏:“今两淮、襄、汉沿边之地,疮痍未瘳,军实未充。当勉厉将帅,尽吾委寄之诚;简阅士卒,核其尺籍之阙。缮城堡,葺器械,储糗粮。当聘使既通之后,常如干戈未定之日,推择帅守以壮藩屏之势,奖拔智勇以备缓急之求。”拜同知枢密院事兼太子宾客,进封伯。

嘉定元年,迁知枢密院事,进奉化郡侯兼参知政事,拜右丞相兼枢密使兼太子少傅,进开国公。丁母忧,归治葬,太子请赐第行在,令就第持服,以便咨访。二年,以使者趣行急,乃就道,起复右丞相兼枢密使兼太子少师。四年,落起复。雪赵汝愚之冤,乞褒赠赐谥,厘正诬史,一时伪学党人朱熹、彭龟年、杨万里、吕祖俭虽已殁,或褒赠易名,或录用其後,召还正人故老于外。十四年,赐家庙祭器。

宁宗崩,拥立理宗,于是拜太师,依前右丞相兼枢密使,进封魏国公,六辞不拜,因乞解机政,归田里,丞出关,帝从之。宝庆二年,拜少师,赐玉带。劝上倾心顺承以事太后,力学修德以答皇天眷祐,以副四海归戴。绍定元年,上太后尊号,拜太傅,八辞不拜。夏,得疾,累疏丐归,不许。都城灾,五疏乞罢斥,乃降封奉化郡公。五年春,复爵。六年,将拜太师,三具奏辞,乞免出命,不许。乃拜太师,依前右丞相兼枢密使、鲁国公,又三具奏辞。绍定五年,上疏乞谢事,拜太傅。未几,拜太师、左丞相兼枢密使。上疏乞解机政,依前太师特授保宁,昭信军节度使,充醴泉观使,进封会稽郡王。卒,遗表闻,帝震悼,辍朝三日,特赠中书令,追封卫王,谥忠献。户部支赙赠银绢以千计,内帑特颁五千匹两,遣使祭奠。及其丧还,遣礼官致路祭于都门外,赐襚、佩玉、黝缯。

初,诛李全,复淮安,克盱眙,第功行赏,诸将皆望不次拔擢。或言於弥远,弥远曰:"御将之道,譬如养鹰,饥则依人,饱则飏去。曹彬下江南,太祖未肯以使相与之。况今边戍未撤,敬报时闻,若诸将一一遂其所求,志得意满,猝有缓急,孰肯效死?"赵善湘以从官开阃,指授之功居多,日夜望执政。弥远曰:"天族于国有嫌,高宗有诏止许任从官,不许为执政。绍熙末,庆元初,因汝愚,彦逾有定策功,是以权宜行之。某与善湘姻家,则又岂敢?"弥远亲密友周铸、兄弥茂、甥夏周篆皆寄以腹心,人皆谓三人者必显贵,然铸老於布衣,弥茂以执政恩入流,周篆以捧香恩补官,俱止训武郎而已。

初,弥远既诛韩侂胄,相宁宗十有七年。迨宁宗崩,废济王,非宁宗意。立理宗,又独相九年,擅权用事,专任憸壬。理宗德其立己之功,不思社稷大计,虽台谏言其奸恶,弗恤也。弥远死,宠渥犹优其子孙,厥後为制碑铭,以"公忠翊运,定策元勋"题其首。济王不得其死,识者群起而论之,而弥远反用李知孝、梁成大等以为鹰犬,於是一时之君子贬窜斥逐,不遗馀力云。

郑清之字德源,庆元之鄞人。初名燮,字文叔。少从楼昉学,能文,楼钥亟加称赏。嘉泰二年,入太学。十年,登进士第,调峡州教授。帅赵方严重,靳许可,清之往白事,为置酒,命其子范、葵出拜,方掖清之无答拜,且曰:"他日愿以二子相累。"湖北茶商群聚暴横,清之白总领何炳曰："此辈精悍，宜籍为兵，缓急可用。"炳亟下召募之令，趋者云集，号曰"茶商军"，后多赖其用。调湖、广总所准备差遣、国子监书库官。十六年，迁国子学录。丞相史弥远与清之谋废济国公，事见《皇子竑传》。俄以清之兼魏惠宪王府教授，迁宗学谕，迁太学博士，皆仍兼教授。宁宗崩，丞相入定策，诏旨皆清之所定。

理宗即帝位，授诸王宫大小学教授，迁宗学博士、宗正寺丞兼权工部郎、兼崇政殿说书。帝问外人因阁子库进丝履有谤议，清之言："禁中服用颇事新洁者。"帝曰："故事，月进鞓数两，朕非敝不易，何由致谤？"清之奏："孝宗继高宗，故俭德易章，陛下继宁考，故俭德难著。宁考自奉如寒士，衣领重汗，革舄屡补，今欲俭德著闻，须过于宁考方可。"帝嘉纳。

宝庆元年，改兼兵部兼国史院编官、实录院检讨官，迁起居郎，仍兼史官、说书、枢密院编修官。二年，权工部侍郎，暂权给事中，进给事中，升兼同修国史、实录院同修撰。绍定元年，迁翰林学士、知制诰兼侍读，升兼修国史实录院修撰、端明殿学士、签书枢密院事。三年，授参知政事兼签书枢密院事。四年，兼同知枢密院事。六年，弥远卒，命清之为右丞相兼枢密使。

端平元年，上既亲总庶政，赫然独断，而清之亦慨然以天下为己任，召还真德秀、魏了翁、崔与之、李垕、徐侨、赵汝谈、尤焴、游似、洪咨夔、王遂、李宗勉、杜范、徐清叟、袁甫韶，时号"小元祐"。大者相继为宰辅，惟与之终始辞不至，遗逸如刘宰、赵蕃皆见旌异。是时金虽亡而入洛之师大溃。二年，上疏乞罢，不可，拜特进、左丞相兼枢密使。三年八月，霖雨大风，四疏丐去。九月，禋祀雷变，请益力。乃授观文殿大学士、醴泉观使兼侍读，四疏控辞，依旧大学士、提举洞霄宫。及闻边警，密疏："恐陛下忧悔过，以汩清明之躬，累刚大之志。"嘉熙三年，封申国公。四年，遣中使赐御书"辅德明谟之阁"，赐楮十万缗为筑室，乃日与宾客门生相羊山水间。

淳祐四年，依前观文殿大学士、醴泉观使兼侍读，屡辞不允，拜少保、观文殿大学士、醴泉观使兼侍读，进封卫国公。趣入见，有旨赐第。五年正月，上寿毕，亦疏乞归，不允。拜少傅，依前观文殿大学士、醴泉观使兼侍读，进封越国公。居无何，丧其子士昌，决意东还，又不许。拜少师、奉国军节度使，依前醴泉观使兼侍读、越国公，赐玉带，更赐第于西湖之渔庄。进读《仁皇训典》，谓："仁祖之仁厚，发为英明，故能修明纪纲，而无宽弛不振之患；孝宗之英明，本于仁厚，故能涵养士气，而无矫励峭刻之习。盖仁厚、英明二者相须，此仁祖、孝宗所以为盛也。"帝褒谕之。

六年，拜太保，力辞。故事，许回授子孙，清之请追封高祖洽，帝从之，盖异恩也。七年，拜太傅、右丞相兼枢密使、越国公。中使及门，清之方放浪湖山，寓僧刹，竟夕不归。诘旦内引，叩头辞免，帝勉谕有外间所不及知者。甫退，则中使接踵而至。或请更化改元，清之曰："改元，天子之始事，更化，朝廷之大端，汉事已非古，然不因易相而为之。"

帝以边事为忧，诏赵葵以枢使视师，陈韡以知枢密院事帅湖、广，二人方辞逊，会清之再相，力主之，科降辟置无所留难，葵、韡遂往。於是战于泗水、涡口、木库，皆以捷闻。九年，拜太师、左丞相兼枢密使，辞太师不拜，依前太傅。每谓天下之财困於养兵，兵费困於生券，思所以变通之，遇调戍防边，命枢属量远近以便其道途，时缓急以次其遣发。又议移岁调兵屯以戍淮面，拼军分头目以节廪稍，先移镇江策胜一军屯泗水，公私便之。

诸路亏盐，执其事者破家以偿，清之核其犯科者追理，罣误者悉蠲之，全活甚众。沿江算舟之赋素重，清之次第停罢，如池之雁汊有大法场之目，其钱分隶诸司，清之奏罢其并缘渔取者，盖数倍公家之入，合分隶者从朝廷偿之。报下，清之方与客饮，举杯曰："今日饮此酒殊快！"四上谢事之章。

十年，进《十龟元吉箴》，一持敬，二典学，三崇俭，四力行，五能定，六明善，七谨微，八察言，九惜时，十务实。疏奏："敬天之怒易，敬天之休难，天怒可忧而以为易，天休可喜而以为难，何哉？盖忧则惧心生，惧则怒可转而为休；喜则玩心生，玩则休或转而为怒。"帝大喜，命史官书之，赐诏奖谕。十一年，十疏乞罢政，皆不许。拜太师，力辞。有事于明堂，有旨阁门给扶掖二人，再赐玉带，令服以朝。十一月丁酉，退朝感寒疾，危甚，犹以未得雪为忧。俄大雪，起曰："百官贺雪，上必甚喜。"命掬雪床前观之。累奏乞罢政，不允，奏不已，拜太傅，保宁军节度使充醴泉观使，进封齐国公致仕。卒，遗表闻，帝震悼，辍朝三日，特赠尚书令，追封魏郡王，赐谥忠定。

清之不好立异，汤巾尝论事侵清之，及清之再相，巾求去，清之曰："己欲作君子，使谁为小人。"力挽留之。徐清叟尝论列清之，乃引之共政。赵葵视师年余，乞罢，上未有以处之，清之曰："非使作相不足以酬劳，陛下岂以臣故耶？臣必不因葵来遽引退，臣愿为左，使葵居右。"上乞之，然葵竟不果来。

清之代言奏对，多不存稿，有《安晚集》六十卷。清之自与弥远议废济王竑，立理宗，驯驯至宰辅，然端平之间召用正人，清之之力也。至再相，则年齿衰暮，政归妻子，而闲废之人或因缘以贿进，为世所少云。

史嵩之字子由，庆元府鄞人。嘉定十三年进士，调光化军司户参军。十六年，差充京西、湖北路制置司准备差遣。十七年，升干办公事。宝庆三年，主管机宜文字，通判襄阳府。绍定元年，以经理屯田，襄阳积谷六十八万，加其官，权知枣阳军。二年，迁军器监丞兼权知枣阳军，寻兼制置司参议官。三年，枣阳屯田成，转两官。以明堂恩，封鄞县男，赐食邑。以直秘阁、京西转运判官兼提举常平兼安抚制置司参议官。四年，迁大理少卿兼京西、湖北制置副使。五年，加大理卿兼权刑部侍郎，升制置使兼知襄阳府。赐便宜指挥。六年，迁刑部侍郎，仍旧职。

端平元年，破蔡灭金，献俘上露布，降诏奖谕，进封子，加食邑。移书庙堂，乞经理三边，不合，丐祠归侍，手诏勉留之。会出师，与淮阃协谋掎角，嵩之力陈非计，疏为六条上之。诏令嵩之筹画粮饷，嵩之奏言：

　　臣熟虑根本,周思利害,甘受迟钝之讥,思出万全之计。荆襄连年水潦螟蝗之灾,饥馑流亡之患,极力振生,尚不聊救,征调既繁,夫岂堪命?其势必至于主户弃业以逃亡,役夫中道而窜逸,无归之民,聚而为盗,饥馑之卒,未战先溃。当此之际,正恐重贻宵旰之虑矣。兵民,陛下之兵民也,片纸调发,东西惟命。然事关根本,愿计其成,必计其败,既虑其始,必虑其终,谨而审之,与二三大臣深计而熟图之。

　　若夫和好之与进取,决不两立。臣受任守边,这当事会交至之冲,议论纷纭之际。雷同和附,以致误国,其罪当诛;确守不移之愚,上迕丁宁之旨,罪亦当诛。迕旨则止於一身,误国则及天下。

丞相郑清之亦以书言勿为异同,嵩之力求去。

朝陵之使未还,而诸军数道并进,复上疏乞黜罢,权兵部尚书,不拜。乞祠,进宝章阁直学士,提举太平宫,归养田里。寻以华文阁直学士知隆兴府兼江西安抚使。帝自师溃,始悔不用嵩之言,召见,力辞,权刑部尚书。引见,疏言结人心、作士气、核实理财等事。且言:"今日之事,当先自治,不可专恃和议。"乞祠,以前职知平江府,以母病乞侍医药,不俟报可而归。进宝章阁学士、淮西制置使兼沿江制置副使兼知鄂州。既内引,赐便宜指挥,兼湖、广总领兼淮西安抚使。嘉熙元年,进华文阁学士、京西荆湖安抚制置使,依旧沿江制置副使兼节制光、黄、蕲、舒。乞免兼总领,从之。

庐州围解,诏奖谕之。以明堂恩,进封伯,加食邑。条奏江、淮各三事,又陈十难,又言江陵非孟珙不可守,乞勉谕之。汉阳受攻,嵩之帅师发江陵,奏诛张可大,窜卢普、李士达,以其弃城也。二年,黄州围解,降诏奖谕,拜端明殿学士,职任依旧,恩数视执政,进封奉化郡侯,加食邑。诏入觐,拜参知政事,督视京西、荆湖南北、江西路军马,鄂州置司,兼督视淮南西军马兼督视光、蕲、黄、夔、施州军马,加食邑。城黄州。十一月,复光州。十二月,复滁州。三年,授宣奉大夫、右丞相兼枢密、都督两淮四川京西湖北军马,进封公,加食邑，兼督江西、湖南军马，改都督江、淮、京、湖、四川军马。荐士三十有二人，其后董槐、吴潜皆号贤相。

复信阳，以督府米拯淮民之饥。六月，复襄阳，嵩之言："襄阳虽复，未易守。"自是边境多以捷闻。降诏奖谕。四年，乞祠，趣召奏事。转三官，依前右丞相兼枢密使，眷顾特隆，赐赍无虚日。久旱，乞解机政。地震，屡疏乞罢免，皆不许。淳祐元年，进《玉斧箴》。安南入贡，不用正朔，嵩之议用范仲淹却西夏书例，以不敢闻于朝还之。二年，进高、孝、光宁帝纪，《孝宗经武要略》，宁宗实录、日历、会要、玉牒，进金紫光禄大夫，加食邑。是冬，封永国公，加食邑。四年，遭父丧，起复右丞相兼枢密使。累赐手诏，遣中使趣行。于是太学生黄恺伯、金九万、孙翼凤等百四十四人，武学生翁日善等六十七人，京学生刘时举、王元野、黄道等九十四人，学生与裹等三十四人，建昌军学教授卢钺，皆上书论嵩之不当起复，不报。将作监徐元杰奏对及刘镇上封事，帝意颇悟。

初，嵩之从子景卿尝以书谏曰：

> 伯父秉天下之大政，必办天下之大事；膺天下之大任，必能成天下之大功。比所行浸不克终，用人之法，不待举削而改官者有之，谴责未几而旋蒙叙理者有之，丁难未几而遽被起复者有之。借曰有非常之才，有不次之除，酬恩异赏，所以收拾人才，而不知斯人者果能运筹帷幄、献六奇之策而得之乎？抑亦献赂幕宾而得之乎？果能驰身鞍马，效一战之勇而得之乎？抑亦效鞮奴仆而得之乎？徒闻包苴公行，政出多门，便嬖私昵，狼狈万状，祖宗格法，坏于今日也。

> 自开督府，东南民力，困于供需，州县仓卒，匮于应办。辇金帛，挽刍粟，络绎道路，曰一则督府，二则督府，不知所干者何事，所成者何功！近闻蜀川不守，议者多归退师于鄂之失。何者？分成列屯，备边御戎，首尾相援，如常山之蛇。维扬则有赵葵，庐江则有杜伯虎，金陵则有别之杰。为督府者，宜据鄂渚形势之地，西可以援蜀，东可以援淮，北可以镇荆湖。不此之图，

尽损藩离,深入堂奥,伯父谋身自固之计则安,其如天下苍生何!

是以饥民叛将,乘虚捣危,侵轶於沅、湘,摇荡於鼎、沣。为江陵之势苟孤,则武昌之势未易守,荆湖之路稍警,则江、浙之诸郡焉得高枕而卧?况杀降失信,则前日彻疆之计不可复用矣;内地失护,则前日清野之策不可复施矣。此隙一开,东南生灵特几上之肉耳。则宋室南渡之疆土,恶能保其金瓯之无阙也。盍早为之图,以上宽九重宵旰之忧,下以慰双亲朝夕之望。不然,师老财殚,绩用不成,主忧臣辱,公论不容。万一不畏强御之士,绳以《春秋》之法,声其讨罪不效之咎,当此之时,虽优游菽水之养,其可得乎?异日国史载之,不得齿于赵普开国勋臣之列,而乃厕于蔡京误国乱臣之后,遗臭万年,果何面目见我祖於地下乎?人谓祸起萧墙,危如朝露,此愚所痛心疾首为伯父苦口极言。

为今之计,莫若尽去在幕之群小,悉召在野之君子,相与改弦易辙,戮力王事,庶几失之东隅,收之桑榆矣。如其视失而不知救,视非而不知革,薰莸同器,骀骥同枥,天下大势,骎骎日趋于危亡之域矣,伯父与璟卿,亲犹父子也,伯父无以少年而忽之,则吾族幸甚!天下生灵幸甚!我祖宗社稷幸甚!

居无何,景卿暴卒,相传嵩之致毒云。嵩之为公论所不容,居闲十有三年。宝祐四年春,授观文殿大学士,加食邑。八月癸巳卒,遗表上,帝辍朝,赠少师、安德军节度使,进封鲁国公,谥忠简,以家讳改谥庄肃。德祐初,以右正言徐直方言夺谥。

董槐字庭植,濠州定远人。少喜言兵,阴读孙武、曹操之书,而曰:"使吾得用,将汛扫中土以还天子。"槐貌甚伟,广颡而丰颐,又美髯,论事慷慨,自方诸葛亮、周瑜。父永,遇槐严,闻其自方,怒而嘻曰:"不力学,又自喜大言,此狂生耳,吾弗愿也。"槐心愧。乃益自摧折,学於永嘉叶师雍。闻辅广者,朱熹之门人,复往从广,广叹其善学。嘉定六年，登进士第，调靖安主簿。丁父忧去官。

十四年，起为广德军录事参军，民有诬富人李桷私铸兵结豪杰以应李全者，郡捕系之狱，槐察其枉，以白守，守曰："为反者解说，族矣。"槐曰："吏明知狱有枉，而挤诸死地以傅於法，顾法岂谓诸被告者无论枉不枉，皆可杀乎？"不听。顷之，守以忧去，槐摄通判州事，叹曰："桷诚枉，今不为出之，生无繇矣。"乃为翻其辞，明其不反，书上，卒脱桷狱。绍定二年，迁镇江观察推官。明年春，入为主管刑部架阁文字。秋，兼权礼、兵部架阁，迁籍田令，特差权通判镇江府。至州，会全叛，涉淮临大江，大府急发州兵。槐即日将兵济江而西，全遁去，乃还。五年，丁母忧。端平三年，差通判蕲州，辞。

嘉熙元年，召赴都堂，迁宗正寺簿、出知常州。后三日，提点湖北刑狱。常德军乱，夜纵火而噪，守尉闭不出。槐骑从数人於火所，且问乱故。乱者曰："将军马彦直夺吾岁请，吾属将责之偿，不为乱也。"槐坐马上，召彦直斩马前，乱者还入伍中，明日，乃捕首乱者七人戮诸市，而赈彦直之家。差充归、峡、岳察访使。二年，兼权知常德府，寻兼军器少监，依旧提点刑狱。

三年，以直宝谟阁知江州兼都督府参谋。秋，流民渡江而来归者十馀万，议者皆谓："方军兴，郡国急储粟，不暇食民也。"槐曰："民，吾民也，发吾粟振之，胡不可？"至者如归焉。当是时，宋与金为邻国，而襄、汉、杨、楚之间，豪桀皆自相结以保其族，无赖者往往去为群盗。浮光人翟全寓黄陂，有众三千馀，稍出卤掠。

槐令客说下全，徙之阳乌洲，使杂耕蕲春间，又享赐之，用为裨将。于是曹聪、刘清之属皆来自归。

四年，进直华文阁、知潭州、主管湖南安抚司公事。方三边急於守御，督府日夜徵发，民且困，槐为画策应之，令民不伤而军须亦不匮。淳祐二年，迁左司郎官，进直龙图阁、沿江制置副使兼知江州、主管江西安抚司公事。视其赋则吏侵甚，下教曰："吾莅州而吏犹为盗不自悔，吾且诛之！"吏乃震恐，愿自新。槐因除民患害，凡利有宜，弛以利民，惟恐不尽弛。大计军实，常若敌且至。裨将庐渊凶猾不受命。斩以徇师，军中肃然。

三年，进秘阁修撰。四年，召入奏事，迁权户部侍郎，赐紫，进集英殿修撰、沿江制置使、江东安抚使兼知建康府兼行宫留守。军政弛弗治，乃为赏三等以教射，春秋教肄士卒坐作进退击刺之技，岁馀尽为精兵。六年，召至阙，辞。出知静江府兼广西经略安抚使，又辞。权广西运判兼提点刑狱。宰相移书槐曰："国家方用兵，人臣不辞急难，公幸毋固辞。"槐即日就道，至邕州，上守御七策。邕州之地西通诸蛮夷，南引交耻及符奴、月乌、流鳞之属，数寇边，槐与约无相侵，推赤心遇之，皆伏不动。又与交耻约五事：一无犯边，二归我侵地，三还卤掠生口，四奉正朔，五通贸易。於是遣使来献方物、大象，南方悉定。

七年，进宝章阁待制。八年，迁工部侍郎，职事依旧，兼转运使。九年，召赴阙，封定远县男。迁兵部侍郎兼权给事中兼侍读，升给事中，上疏请抑损戚里恩泽以慰天下士大夫。群臣奏事少与法违，惮槐不敢上。兼侍读，进宝章阁直学士、知福州福建安抚使，辞。进封子。是年冬，拜端明殿学士、签书枢密院事，进封侯。十二年，为同知枢密院事。宝祐元年，权参知政事。二年，进参知政事。四川制置使余晦以战败夺官，诏荆襄制置使李曾伯往视师，曾伯辞，槐曰："事如此，尚可坐而睨乎？"上疏请行，顿重兵夔门以固荆、蜀辅车之势，诏报曰："腹心之臣，所与共理天下者也，宜在朝廷，不宜在四方。"复上疏曰："天下之事，不进则退，人臣无敢为岐意者，苟以臣为可任，宜少听臣自效，即臣不足与军旅之事，愿上官爵。"不许，进封濠梁郡公。

帝日乡用槐，槐言事无所隐，意在於格君心之非而不为容悦。帝问籴民粟积边，则对曰："吴民困甚，有司急籴不复省。夫民惟邦本，愿先垂意根本。"帝问修太乙祠，则对曰："土工洊起，民罢於徵发，非所以事天也。"帝问边事，对曰："外有敌国，则其计先自强。自强者人畏我，我不畏人。"又言："敌国在前，宜拔材能用之。士大夫有过失，为执法吏所刺劾，终身摈弗用，深为朝廷惜此，苟非奸邪，皆愿为昭洗,勿废其他善。又迁谪之臣,久堕遐方,稍稍内徙,今得生还,顾弗用可矣。"槐每奏,帝辄称善。

三年,拜右丞相兼枢密使。槐自以为人主所振拔,苟可以利安国家无不为,然务先大体,任人先取故旧之在疏远者,在官者率满岁而迁。嗜进者始不说矣。槐又言于帝曰:"臣为政而有害政者三。"帝曰:"胡为害政者三?"对曰:"戚里不奉法,一矣;执法大吏久于其官而擅威福,二矣;皇城司不检士,三矣。将率不检下故士卒横,士卒横则变生于无时;执法威福擅故贤不肖混淆,贤不肖混淆则奸邪肆,贤人伏而不出;亲戚不奉法故法令轻,法令轻故朝廷卑。三者弗去,政且废,愿自上除之。"於是嫉之者滋甚。

帝年浸高,操柄独断,群臣无当意者,渐喜狎佞人。丁大全善为佞,帝躐贵之,于弄威权而帝弗觉悟。大全已为侍御史,遣客私自结於槐,槐曰:"吾闻人臣无私交,吾惟事上,不敢私结约,幸为谢丁君。"大全度槐弗善己,衔甚,乃日夜刻求槐短。槐入见,极言大全邪佞不可近。帝曰:"大全未尝短卿,卿勿疑。"槐曰:"臣与大全何怨?顾陛下拔臣至此,臣知大全奸邪而噤不言,是负陛下也。且陛下谓大全忠而臣以为奸,不可与俱事陛下矣。"既罢出,即上书乞骸骨,不报。四年,策免丞相,以观文殿大学士提举洞霄宫。时大全亦论劾槐。书未下,自发省兵迫遣之。於是太学诸生陈宜中等上书争之,语见《大全传》。

五年及景定元年,俱用祀明堂恩加食邑。二年,特授判福州、福建路安抚大使,固辞。进封吉国,又进封许国公。三年五月二十八日既夕,天大雨,烈风雷电,槐起衣冠而坐,麾妇人出,为诸生说《兑》、《谦》二卦,问夜如何?诸生以夜中对,遂薨。遗表上,赠太子少师,谥文清。帝使使致金六十斤、帛千匹以赙。

叶梦鼎字镇之,台之宁海人。本陈待聘之子,七岁后于母族。少从直龙图阁郑霖、宗正少卿赵逢龙学,以太学上舍试入优等,两优释褐出身,授信州军事推官,摄教事,讲荒政。迁太学录。

　　淳祐二年，雷变，上封事，言召人才，戒媒近。明年，轮对，言君子、直言、军制、楮币、任官、分阃六事。同番阳汤巾召试馆职，授秘书省正字。四年，升校书郎兼庄文府教授。五年，迁秘书郎，转对，言定国本，求哲辅，专阃帅，奖用介直。雷变上言，援唐康澄"五可畏"之说，迁著作佐郎。六年，拜军器少监兼兵部郎官，转对，言国计、边事、国体三事。又言："外有窥边之大敌，内有伺隙之巨奸；奇邪蛊媚於宫闱，熏腐依凭於城社；强藩悍将，牙蘖易摇，草窃奸宄，肘腋阶变。"

　　权知袁州，转运司和籴米三万斛，梦鼎言："袁山多而田少，朝廷免和籴已百年，自今开之，百姓子孙受无穷之害，则无穷之怨从之。"民汤颀献田学官，妻子离散，梦鼎遂还之。毁万载旗箭村淫祠，塞其妖井。召赴行在。丁本生母忧。十一年，免丧，拜司封员外郎。轮对，言："陛下惑於左右之谗说，例视言者为好名，中伤既深，胶固莫解。近岁以来，言稍犯人主之所难者，不显罢则阴黜，不久外则设间，去者屡而不还，来者一鸣而辄斥。"兼玉牒检讨官，以直秘阁、江西提举常平兼知吉州。节制悍将，置社仓、义仓，平反李义山受赃之冤，以国子司业召。

　　宝祐元年陛对，言国论主平江西义仓，不可待申省而後发。考试集英殿，授崇政殿说书，进讲《尚书》。兼国史编修、实录检讨，迁国子祭酒。二年，妆权礼部侍郎，谏幸西太乙宫。三年，权礼部侍郎，仍兼祭酒，升兼同修国史、实录院同修撰，寻兼侍讲。丁母忧。五年，以集英殿修撰差知赣州。丁大全柄国，欲挽梦鼎登朝，卒辞谢之。六年，改知建宁府，又改知隆兴府。开庆元年，复知建宁府，作桥梁，置驿舍，建大安关，决疑狱。

　　景定元年，召为太子詹事，上疏以"法天"为言。迁吏部侍郎，赐宁海县食邑。二年，权兵部尚书兼权吏部尚书。三年，迁兵部尚书兼修国史兼实录修撰。迁吏部尚书，五辞免，请祠，不允。拜端明殿学士、同签书枢密院事，屡辞不许。同提举编修《经武要略》兼太子宾客，进封宁海伯。七年，签书枢密院事，进封临海郡侯，以明堂恩进封临海郡公。丞相贾似道欲造关子,罢十七、十八两界会子,梦鼎以为厉民,乃止罢十七界。公田法行,梦鼎又以为厉民,故行之浙右而止。五年,三辞,不许,进同知枢密院事、权参知政事,以彗星出,梦鼎言政上下恐惧交修之日,乞解机政,又不许。奏免浙西经界。

理宗崩,议太子即位,太后垂帘听政,梦鼎曰:"母后垂帘,岂是美事!"进参知政事,加食邑。梦鼎力辞,似道恳留之,不可。帝勉谕再三,诏阁门封还奏疏。似道奏:"参政去则江万里、王爚必不来。"理宗复土,摄少傅,竣事,引疾归里,累诏,力辞,授资政殿学士、知庆元府、沿海制置使。肃清海寇,罪止首恶,羡余之费,悉却不受。建济民仓以备饥岁,造驿舍以待宾旅。

咸淳三年,再召为参知政事,加食邑,六辞,不许。诏著作佐郎卢钺与台州守项公采趣行,拜特进、右丞相兼枢密使,累辞,不许,乃与似道分任。利州转运使王价尝以言去官,非其罪也,四川制置司已辟参议,及死,其子诉求遗泽。至是,梦鼎明其无罪,似道以为恩不己出,罢省部吏数人,榜其姓名于朝。梦鼎怒曰:"我断不为陈自强。"即求去。似道之母让似道曰:"弃丞相安於家食,未尝希进,汝强与以相印,今乃牵制至此,若不从吾言,吾不食矣。"似道曰:"为官不得不如此。"会太学诸生亦上书言似道专权固位,乃悔悟,属府尹洪焘求解,而梦鼎屡上章乞闲。冬雷,引咎求去愈力。

四年,策杨妃,宰相无拜礼,吏赞拜,梦鼎以笏挥之,趋出。明日,乞还田里,诏勉留之。诏免诸州守臣上殿奏事,梦鼎言:"祖宗谨重牧守之寄,将赴官,必令奏事,盖欲察其人品,及面谕以廉律己,爱育百姓。其至郡延见吏民,具宣上意,庶几求无负临遣之意。今不远数千里而来,咫尺天颜而不得见,甚非立法之本意。"又乞容受直言。进少保。五年,引杜衍致仕单车宵遁故事累辞,乃授观文殿学士、判福州、福建安抚大使,进封信国公,不拜;充醴泉观使,又不拜。七年,再充醴泉使。

九年,授少傅、右丞相兼枢密使,引疾力辞。宰、掾、郎、曹沓至趣行,扶病至嵊县,请辞不获,乞还山林。疏奏:"愿上厉精寡欲,规当国者收人心，固邦本，励将帅，饬州县，重振恤。"扁舟径归。使者以祸福告，梦鼎语之曰："廉耻事大，死生事小，万无可回之理。"似道大怒，台臣奏从归田之请，诏仍少保、观文殿大学士、醴泉观使，不请祠禄。

瀛国公初即位，咨访故老，梦鼎上封事，曰：敦教道，训廉德，厉臣节，拯民瘼，重士选，劝吏廉，惩吏奸，补军籍。授判庆元府、沿海制置大使，力辞，依前醴泉观使兼侍读，不拜。二年，益王即位于闽，召为少师、太乙宫使。航海遂行，道梗不能进，南向恸哭失声而还。后二年卒。

子应及，太府寺丞、知建德府军器少监、驻戍军马；应有，朝请郎、太社令。

马廷鸾字翔仲，饶州乐平人。本灼之子，继灼兄光后。甘贫力学，既冠，里人聘为童子师，遇有酒食馔，则念母藜藿不给，为之食不下咽。登淳祐七年进士第，调池州教授，需次六年。

宝祐元年，召赴都堂审察，辞。至池以礼帅诸生。二年，调主管户部架阁。三年，迁太学录，召试馆职。时外戚谢堂、厉文翁、内侍庐允升、董宋臣用事，廷鸾试策言强君德，重相权，收直臣，防近习。大与时迕，迁秘书省正字。四年，尤焴提举史事，辟为史馆校勘。

初，丁大全令浮梁，雅慕廷鸾，弥欲钩致之，廷鸾不为动。试策稍及大全，及廷鸾当轮对，大全私谓王持垕往觇焉。廷鸾素厚持垕，且同馆，不虞其谍也，密露大意。持垕绐曰："君犹未改秩，姑托疾为后图乎？"廷鸾曰："此微臣千一之遭，其何敢不力。"持垕以告大全，及候对殿门，格不得见。翼日，以监察御史朱熠劾罢。宋臣遣八厢猥士索奏稿，稿虽焚，闻者浸广，忌者愈深，而廷鸾之名重天下。开庆元年，吴潜入相，召为校书郎。

景定元年，兼沂靖惠王府教授。时大全党多斥，宋臣尚居中，言路无肯言者，诸学官抗疏，疏上即行。会日食，与秘书省同守局，因相与草疏。潜以书告廷鸾曰："诸公言事纷纷，皆疑潜所嗾，闻馆中又将论列,校书宜无与,以重吾过。"廷鸾对曰:"公论也,不敢避私嫌。"越数日,宋臣竟坐谪,徙安吉州。兼权枢密院编修官。时贾似道自江上还,位望赫奕,廷鸾未尝亲之。轮对,言:"国于东南者,楚、越霸而有馀,东晋王而不足。乞遏恶扬善以顺天,举直错枉以服民。"迁枢密院编修官兼权仓部郎官。

二年,进著作佐郎兼右司,迁将作少监。三年,一再乞外补,不许。廷鸾论贡举三事:严乡里之举,重台省之覆试,访山林之遗逸。又言荒政,宜蠲除被灾州县租赋之不可得者。擢军器监兼左司,兼太子右谕德,升左谕德,行国子司业,乞免兼左司。轮对,言:"集和平之福者自陛下之身始,养和平之德者自陛下之心始。"兼翰林权直,擢秘书少监,升权直学士院。四年,擢起居舍人兼太子右庶子兼国史院编修官、实录院检讨官。入奏言:"太史必当谨书灾异。愿陛下翕受敷施,以壮人才之精神;虚心容纳,以植人言之骨干。念邦本而以公灭私,严边备而思患豫防。"时再召用宋臣,廷鸾引何郯之说进,极言宋臣不可用,帝从之。荐士二十人,进中书舍人。程奎污秽诡秘,不当补将仕郎;王之渊为大全党,不当通判江州;朱熠不当知庆元府及为制置使;林奭、赵必遇、张称孙不当与郡:皆缴还词头。兼国史实录院。五年,彗出,上疏极言天人之际。迁礼部侍郎。理宗遗诏、度宗登极诏,皆廷鸾所草。兼侍读,辞,不许。疏列孝宗之政以告。升直学士院。

咸淳元年,进端明殿学士、签书枢密院事兼同提举编修《经武要略》。丁母忧。三年,同知枢密院事兼同提举编修《经武要略》。入奏言培命脉,植根本,崇宽大,行仁厚。又言:"恢大度以优容,虚圣心而延伫,推内恕以假借,忍难行而听纳,则情无不达,理无不尽,奸人破胆,直士吐气,天下事尚可为也。"兼权参知政事。五年,进参知政事兼同知枢密院事,进右丞相兼枢密使。八年,九疏乞罢政。九年,依旧观文殿大学士、知绍兴府、浙东安抚大使上疏辞免,依旧职提举临安府洞霄宫。

度宗初年,诏询故老,专以修攘大计叩之赵葵。葵极意指曰:

“老臣出入兵间，备谙此事，愿朝廷谨之重之。”似道作色曰：“此三京败事者，祠臣失言。”廷鸾每见文法密，功赏稽迟，将校不出死力，于边阃升辟，稍越拘挛。似道颇疑异己，黜堂吏以泄其愤。及辞相位，帝恻怛久之曰：“丞相勉为朕留。”廷鸾言：“臣死亡无日，恐不得再见君父。然国事方殷，疆圉孔棘。天下安危，人主不知；国家利害，群臣不知；军前胜负，列阃不知。陛下与元老大臣惟怀永图，臣死且瞑目。”顿首涕泣而退。

瀛国公即位，召不至。自罢相归，又十七年而薨。所著《六经集传》、《语孟会编》、《楚辞补记》、《洙泗裔编》、《读庄笔记》、《张氏祝氏皇极观物外篇》诸书。

论曰：史弥远废亲立疏，讳闻直言。郑清之堕名于再相之日。弥远之罪既著，故当时不乐嵩之继也，因丧起复，群起攻之，然固将才也。董槐毋得而议之矣。叶梦鼎、马廷鸾之所遭逢，其不幸也夫。

宋史卷四一五
列传第一七四

# 傅伯成　葛洪　曾三复
# 黄畴若　袁韶　危稹
# 程公许　罗必元　王遂

　　傅伯成字景初,吏部员外郎察之孙,少从朱熹学。登隆兴元年进士第,调连江尉。试中教官科,授明州教授。以年少,嫌以师自居,日与诸生论质往复,后多成才。改知闽清县,丁父艰,服除,知连江县。东湖溉田余二千顷,堤坏。即下流南港为石堤三百尺,民蒙其利。

　　庆元初,召为将作监,进太府寺丞。言吕祖俭不当以上书贬。又言于御史,朱熹大儒,不可以伪学目之。又言朋党之敝,起于人主好恶之偏。坐是不合,出知漳州,以律已爱民为本,推熹遗意而遵行之,创惠民局,济民病,以革机鬼之俗。由郡南门至漳浦,为桥三十五,治道千二百丈。

　　两为部使者,适工部侍郎。时权臣方开边,语尚秘。伯成言:"天下之势,譬如乘舟,中兴且八十年矣,外而望之,舟若坚致,岁月既久,罅漏浸多,苟安旦夕,犹惧覆败,乃欲微幸图古人之所难,臣则未之知也。"相府灾,同列相率唁丞相,或以为偶然者,伯成正色谓:"天意如此,官帅相规时也,以为偶然乎?"丞相色动。遂陈三事:"一曰失民心,二曰隳军政,三曰启边衅。进右司郎官,权幸有私谒者，皆峻拒之。出为湖、广部领。朝议欲纳金人之叛降者，伯成言不宜轻弃信誓，乞戒将帅毋生事。御史中丞邓友龙遂劾伯成，罢之。

嘉定元年，召对，面论："前日失于战，今日失之和。小使虽返，要求尚多。陛下不获已，悉从之。使和议成，犹可以纾一时之急；否则虚帑藏以资敌人，驱降附以绝来者，非计也。今之策虽以和为主，宜惜日为战守之备。"权户部侍郎史弥远初拜相，麻词有"昆命元龟"之语，闽帅倪思以为不当用，御史劾罢思。伯成因对及其事，帝曰"过当"者再。对曰："思固过当，但恐摧抑太过，遂塞言路，乞明诏台谏侍从，竭尽底蕴，无以思为戒。"李壁谪居抚州伯成言："侂胄之诛，壁与有功，不酬近功，乃追前罪，他日负罪之臣，不容以功赎过矣。"

伯成未为谏官也，尝言："弥远谋诛侂胄，事不遂则其家先破，侂胄诛而史代之，劳也。诸公要相协和。共议国事；若立党相挤，必有胜负，非国之福。"又劝丞相钱名胜祖："安危大事，以死争之；差除小者，何必乖异？"拜左谏议大夫，抗疏十有三，皆军国大义。或致弥远意，欲使有所弹劾，谓将引以共政，谢之曰："吾岂倾人以为利哉。"疏乞诏大臣以公灭私。

左迁权吏部侍郎。以集英殿修撰知建宁府。蔡元定谪死道州，归葬建阳，乃雪其冤于朝。进宝谟阁待制、知镇江府。全活饥民，瘗藏殍，不可胜数。制置司欲移焦山防江军于圌山石牌，伯成谓："虚此宝彼，利害等耳。包港在焦、圌之中，不若两寨之后迭戍焉。"圌山砦兵，素与海盗为地，伯成廉知姓名，曾郡都试捕而鞫之，无一逸去。狱具，请贷其死，黥诸军。

嘉定八年，召赴阙，辞不获，各至莆，拜疏曰："臣病不能进矣。"除宝谟阁直学士、通奉大夫，致仕。理宗即位，升直学士，落致仕，予祠，锡金带。伯成辞免。乃进"昭明天常、扶持人极"之说，诏进一官。

宝庆元年，与杨简同召，寻加宝文阁学士，提举佑神观，奉朝请。虽力以老病辞，而爱君忧国之念不少衰。闻大理评事胡梦昱坐论事贬，蹙然语所亲曰："向吕祖俭之谪，吾为小臣，犹常抗论。今蒙国恩。叨窃至此而不言,谁当言者。"遂抗疏曰:"臣恐陛下不复闻天下事矣。方今内无良吏。田里怨咨,外无名将,边陲危急,而廉耻道丧,风俗益媮,贿赂流行,公私俱困。谓宜君臣上下,优边恤民,以弭祸乱。奈何今日某人言某事,未几而斥,明日某人言某事,未几而斥,则是上疏者以共工、驩兜之刑加之矣,昔韩愈论后世人主奉佛,运祚短促,唐宪宗大怒,将抵以死,自崔群、裴度戚里诸贤皆为愈言,止贬潮州,寻复内徙。今上疏者非可愈比,然在列之臣,无一为言者,万一死于瘴疠,陛下与大臣有杀谏者之谤,史册书之,有累圣治。臣垂尽之年,与斯人相去,风马牛之不相及,独以受恩优异,效其瞽言。"不报。明年,加龙图阁学士,转一官,提举鸿庆宫,复辞。

伯成纯实无妄,表里洞达,每称人善,不啻如已出,语及奸人误国,邪人害正,词色俱厉,不少假借。常慕尸谏,疏草毕,亟命缮写,朝服而逝,年八十有四。赠开府仪同三司。端平三年,赐谥忠简。

葛洪字容父,婺州东阳人。从吕祖谦学,登淳熙十一年进士第。嘉定间,为枢密院编修官兼国史院编修官、实录院检讨官。迁守尚书工部员外郎兼权枢密院检详诸房文字。上疏言:

今之将帅,其才与否,臣不得而尽知。惟忠诚所在,凡为人臣者斯须所不可离,则不可不以是责之耳。今安居无事,非必奋不顾死,冒水火,蹈白刃,而后谓之忠也。第职思其忧谓之忠,公尔忘私谓之忠,纯实不欺谓之忠。

且拊循士卒,帅之职也,朝廷每严掊克之禁,蠲营运之逋,其徼之者至矣。今乃有别为名色,益肆贪黩,视生理之稍丰者而诬以非辜,动辄估籍,择廪给之稍优者而强以库务,取办刍粟,抑配军需,于拊循何有哉!训齐戒旅,亦帅之职也,朝廷每严点试之法,申阶级之令,其徼之亦切矣。今顾有教阅视为具文,坐作仅同儿戏,技勇者不与旌赏,拙懦者未常劝惩,士日横骄,类难役使,于训齐何有哉!

况乃有沉酣声色之奉,溺意田宅之图,而不恤国事者矣。

又有营营终日，专务纳交，书币往来，道路旁午，而妄希升进者矣。自谓缮治器甲，修造战舰，究其实，则饰旧为新而已尔。自谓撙节财用，声称羡余，原其自，则剥下罔上而已尔，乞严饬将帅，上下振厉，申致军实，常若有寇至之忧。磨厉振刷，以求更新，亦庶乎其有用矣。帝嘉纳之。

进直焕章阁，为国子祭酒，仍兼国史编修、实录检讨。迁工部侍郎，仍兼祭酒兼同修国史实录院同修撰。拜工部尚书，亦兼祭酒侍读。进端明殿学士、同签书枢密院事，拜参知政事，封东阳郡公。赞讨平李全，援王素谏仁宗却王德用进女事，以止备嫔御，世多称之。以资政殿学士、提举洞霄宫，进大学士。召赴行在，仍旧职充万寿观使兼侍读，寻提举万寿观兼侍读，守本官致仕，卒。帝辍视朝一日，谥端献。杜范称其侃侃守正，有大臣风。有奏议、杂著文二十四卷。

曾三复字无玷，临江人。乾道六年进士。淳熙末，为主管官告院，迁太府寺簿，历将作、太府丞。登朝数年，安于平进，搢绅称之。绍熙初，出知池州，改常州，召为御史检法，拜监察御史，转太常少卿，进起居舍人，迁起居郎兼权刑部侍郎，以疾告老。诏守本官职致仕。三复性耿介，耻奔竞，故位不速进。在台余两年，持论正平，不随不激。其没也，士论惜之。

黄畴若字伯庸，隆兴丰城人。一岁而孤，外大母杜教之。淳熙五年，举进士，授祁阳县主簿。邑民有诉僧为盗且杀人，移鞫治，畴若疑其无证，以白提点刑狱马大同，且争之甚力，已而得真盗。大同荐之，调柳州教授，又调灵川令。会万安军黎蛮窃发，经略司选畴若条画招捕事宜。畴若谓须稽原始乱，为区处之方。再任岭外，用举考改知庐陵县。州常以六月督畴零税，畴若念民方艰食，取任内县用钱三十余缗为民代输两年。诸司举为邑最官，召赴都堂审察，差监行在都进奏院。

开禧元年，都城火。畴若应诏上言曰："当今之急务有三：一曰赋敛征求之无艺,二曰都鄙军民之无法,三曰守令牧养之无状。"迁太府寺主簿,又迁将作监丞兼皇弟吴兴郡王府教授。迁太府寺丞,又迁秘书丞兼权礼部郎官,兼资善堂说书。迁著作郎,拜监察御史。首章乞天子择宰相,宰相择监司。又言:"善为国者必以恐惧修省之训陈于前,善为相者必以亡危灾异之事告于上。"

韩侂胄败,畴若上章丐去,帝批其奏曰:"卿怀忠荩,朕固知之。"畴若遂疏邓友龙、陈景俊之恶。先是,江、淮督府既罔功,罢不更置。畴若奏,以为和战未决,不遣近臣置幕府,无以统诸将。乞检会前奏,亟诏大臣科条人才为宣抚使。帝即日以丘崇为江、淮制置使。寻迁畴若殿中侍御史兼侍讲。朝廷与金人约和,金人约函致侂胄首。诏令台谏、侍众、两省杂议。畴若与章燮等奏:"乞枭首,然后函送敌国。"人讥其有失国体。

畴若奏:"今帑藏无余,岁币若必睥睨于百姓,愿自宫禁以及宰执百官共为撙节,逐年桩积。"遂置安边所。户部侍郎沈诜条具合节省拘催者,畴若复乞:"依仁宗、孝宗两朝成训,凡节省事:在内诸司选内侍长一员,令自行搜访,条具来上;在外廷三省则委宰掾、枢属,六曹则委长贰,事干浮费者闻奏。"又乞:"以官司房廊及激赏库四季所献并侂胄万亩庄等,一并拘桩。"既而内廷乃酒所减省,议多格,独得估籍奸赃及房廊非泛供须五项,总缗钱九百一十三万有奇,外桩留产业,每岁又可得七十一万五千三百余缗。畴若乞:"令后省类聚更化以来臣下章奏,察其可行者以闻,付之中书。"

都城谷踊贵,诏减价粜桩管米十万石,于是淮、浙流民交集。监安府按籍振济,仅不满五千人,以三月后麦熟罢振济,各给粮遣归。畴若谓:"此实驱之使去耳。"遂奏:"乞令核实,近甸之人,愿归就田者勿问,其有未能归者,更振济两月。淮民见在都城者,其家既破,又无赢赏,必难遽去,仍与振恤,俟早熟乃罢。"于是诏振济至六月乃止。

帝以蝗灾,令刺举监司不才者,畴若同台监考察上之。又言:"湖、广盗贼,固迫于饥寒,然亦有激而成之者。黑风峒寇,实由官不为决讼所致。宜戒湖、广诸司，申明法禁为贼，关防以时，平心决讼，勿令砦官巡尉侵渔。"权户部侍郎，金使告主亡，差充馆伴。

自军兴费广，朝廷给会子数多，至是折阅日甚。朝论颇严称提，民愈不售，郡县科配，民皆闭门牢避。行旅持券，终日有不获一钱一物者。诏令侍从、台省，条上所见。畴若奏曰："物少则贵，多则贱，理之常也。曷若令郡县姑以渐称提，先收十一界者消毁，勿复支出。上下流通，则不待称提矣。"由是峻急之令少宽。又疏奏："乞崇忠存，延质朴，屏绝浮薄之论。乞拨买官田充籴本，以广常平之储。乞令户察一员，专监安边所。"帝皆是之。

因面求补外，退上章，降诏不允。又连疏丐去。会旱蝗复炽，御笔令在朝百执事条上封事，畴若奏"官吏苛刻、科役频并、赋敛繁重、刑法淹延"四事。册皇太子，差充引见礼仪使。进华文阁待制、知成都府。蜀自吴曦畔后，制置使移司兴元，朝论有偏重之嫌。朝廷择人，故辍畴若以往。三辞不允。避讳，改宝谟阁待制。诏："凡属军民利病，吏治臧否，并许谘访以闻。"当徵积欠十余万。畴若亟命榜九邑尽蠲之。考官吏冗员，非敕命差注者悉罢之。为民代输六年布估钱，计二十万二千四百缗；又别立库储二十五万三千缗，期于异日接续代输；又籴米十五万石有奇，足广惠仓之储；又减他赋之重者，民力遂宽。

初，沈黎蛮屡犯边，畴若至，则镂榜晓以祸福，青、弥两羌遂乞降。四年，董蛮合其部族入寇犍为利店。畴若亟调兵，且设方略捕之，皆遁去。先是，畴若廉知嘉定边备废弛，而平戎庄子弟可用，遂檄嘉定府权免平戎庄是年炭估、麻租，令庄子第即日上边为守备。会嘉定阙守，变窥利店无备，遂入寇。畴若复选西军，欲且往防拓，牒转运司折支，不报。蛮再犯龙鸠堡，转运司始颇从所请。蛮复到龙门隘，知有备乃退。进龙图阁待制，依旧知成都府。

大使司之师出，东路提刑亦征兵，三垂告警，叙南之报复急，两路震动。畴若亟移书两军，俾速还师守险为后图，西师遂退守沐川。既而畴若兼制叙州兵甲公事，既得专行，益严守备，蛮首昔丑竟降。

朝廷赏平蛮功,进畴若一秩。

畴若留蜀四年,弊根蠹穴,苗蘖发栉。如乞捡留移屯西兵义勇,以防窃发,以救偏重;更用东南贤士使蜀四路,而拔蜀守之有治功者为东南监司,庶杜州县姻娅之私;轻取钱引贴期之费,以纾民力。皆抗疏请于朝,乞力行之。复念大玄城乃张仪所筑,高骈所修,圮坏岁久,复修费重,乃以节缩余钱四十万贯为修城备。畴若以制置使留汉中,则护诸将为得宜。召赴行在,入封延和殿,迁权兵部尚书、太子右庶子。

八年,四月不雨,诏求直言。畴若条具三事,首言:"比称提楮币,州县奉行切迫,故因坐减陌被估籍者众,乞与给还;乞蠲阁下户畸零税赋;乞振赡雄淮军之乏。"寻皆行之。落权,升左庶子,仍兼修史,擢太子詹事。畴若引范镇故事,乞归田里。

十年春,差知贡举,试礼部尚书,以足疾乞归。进焕章阁学士、知福州,力辞,乃改提举鸿庆宫。关外军溃,言者论及畴若,落职罢祠,后以焕章阁学士致仕。所著有《竹坡集》、奏议、讲议、《经筵故事》。

袁韶字彦淳,庆元府人。淳熙十三年进士。嘉泰中,为吴江丞。苏师旦恃韩侂胄威福挠役法,提举常平黄荣檄韶核田以定役。师旦密谕意言:"吴江多姻党。傥相容,当荐为京朝官。"韶不听。是岁更定户籍,承徭赋,皆师旦党,师量讽言者将论去。荣亟以是事白于朝,且荐之。未几,师旦败。改知桐庐县。桐庐多宗室,持县事无有善去者。韶始至,绝私谒,莫敢挠。钱塘岸岁为潮啮,率取石桐庐,韶言:"庙子山有石,不必旁取邻郡。"遂得求免。嘉定四年,召为太常寺主簿,父老旗鼓蔽江以饯,至于富阳,泣谢曰:"吾曹不复输石矣。"

后为右司郎官、接伴金使。使者索岁币,语慢甚。韶曰:"昔两国誓约,止令输燕,不闻在汴。"使者诏塞。十三年,为临安府尹,几十年,理讼精简,道不拾遗,里巷争呼为"佛子",平反冤狱甚多。

　　绍定元年，拜参知政事。胡梦昱论济王事，当远窜，韶独以梦昱无罪，不肯署文书。李全叛，扬州告急，飞檄载道，都城争有逃避者。乃拜韶浙西制置使，仍治临安镇遏之。丞相史弥远惩韩侂胄用兵事，不欲声讨。韶与范楷言于弥远曰：“扬失守则京口不可保，淮将如卞整、崔福皆可用。”适福至，韶夜与同见弥远，言福实可用。弥远从之，遂讨全。韶卒以言罢。端平初，奉祠，卒年七十有七，赠少傅。后以郊恩，累赠太帅、越国公。

　　韶之父为郡小吏，给事通判厅，勤谨无失，岁满当代，不听去。后通判至，复留用之，因致丰饶。夫妻俱近五十，无子，其妻资遣之往临安置妾。既得妾，察之有忧色，且以麻束发，外以采饰之。问之，泣曰：“妾故赵知府女也，家四川，父殁家贫，故鬻妾以为归葬计耳。”即送还之。其母泣曰：“计女聘财犹未足以给归费，且用破矣，将何以酬汝？”徐曰：“贱吏不敢辱娘子，聘财尽以相奉。”且闻其家尚不给，尽以囊中赍与之，遂独归。妻迎问之曰：“妾安在？”告以其故，且曰：“吾思之，无子命也。我与汝周旋久，若有子，汝岂不育，必待他妇人乃育哉？”妻亦喜曰：“君设心如此，行当有子矣。”明年生韶。


　　危稹字逢吉，抚州临川人。旧名科，淳熙十四年举进士，孝宗更名稹。时洪迈得稹文，为之赏激。调南康军教授。转运使杨万里按部，骤见叹奖，偕游庐山，相与酬倡。调广东帐司，未上，服父丧，免，调临安府教授。倪思荐之，且语人曰：“吾得此一士，可以报国矣。”丁母忧，免，干办京西安抚司公事。入为武学谕，改太学录。

　　明年，迁武学博士，又迁诸王宫教授。稹谓以教名官，而实未尝教，请改创宗子学，立课试法如两学，从之。嘉定九年，新学成，改充博士，其教养之规，稹所论建。迁秘书郎、著作佐郎，兼吴益王府教授。升著作郎兼屯田郎官。

　　稹始进封，请叙复军功之赏以立大信，甄拭功臣之罪以厉忠节，置局以立武事，遣使以省边防，厚赏以精间谍。次论和、战、守利害,而请颛意于守。是岁春至夏不雨,稹应诏言:"安边所征敛之害,与无罪而籍没之害;楮币之改,以一夺二;盐钞之更,以新废旧;至于沮格军赏,放散死士,皆足以召怨而致旱。"

明年又论:"谋国者欲以安靖为安靖,忧国者欲以振厉为安靖,自二议不合,是以国无成谋,人无定志。愿诏大臣合二议共图之,且欲下两淮帅臣,讲明守御之备。"最后言:"事无成规者,皆不可为。意向不明,无以一众听;信誓不立,无以结人心;报应不亟,无以趋事机;赏罚不果,无以作士气。"

番阳柴中行去国,稹赋诗送之,迕宰相,出知潮州。寻以通金华徐侨书论罢,提举千秋鸿禧观。久之,知漳州。漳俗视不葬亲为常,往往栖寄僧刹,稹命营高燥地为义冢三,约期责之葬,其无主名、若有主名而力弗给者,官为葬之,凡二千三百有奇,刻石以识。郡有临漳台,据溪山最胜处,作龙江书院其上。既成,横经自讲,人用歆动。邑令有贿闻者,劾去之,籍其财以还民。郡有经、总制无名钱岁五千缗,厉民为甚,前守赵汝谠奏蠲五之二,稹疏于朝,悉罢之。会常平使有言,稹不欲辩,即自请以归。久之,提举崇禧观,与乡里耆艾七人为真率会。卒,年七十四。

稹性至孝,父疾,愿损己算益亲年,疾寻愈。真德秀登从班,举稹自代,没,又为铭其墓。所著有《巽斋集》,诸经有讲义、集解,诸魏、晋、唐诗文皆有编,辑先贤奏议曰《玉府》、曰《药山》。

弟和,字祥仲。开禧元年进士,为上元主簿,大辟祠宇祀程颢,真德秀为记之。知德兴,振荒有惠政。有《蟾塘文集》。

程公许字季与,一字希颖,叙州宣化人。少知孝敬,大母侯疾,公许不交睫者数月,病革,常其痰沫,既卒,哀毁逾制。嘉定四年举进士,调温江尉,未上,丁母忧。服除,授华阳尉,再调绵州教授。制置使崔与之大加器赏,改秩知崇宁县,蠲预借,免抑配,人甚德之。

差通判简州。改隆州,未上。会金人犯阆中,制置使桂如渊遁,三川震动,朝廷擢李㙉代之,辟公许通判施州,行户房公事。当兵将奔溃之后，公许尽力佐之，节浮费，疏利原，民不增赋而用自足。时诸将乘乱抄劫，事定自危，以重赂结幕府。大将和彦威怀金宝以献，公许正色却之，彦威惭而退。吴彦者，缄僧牒于书尾以进，公许卷还之而责其使，闻者畏服。有献议招秦、巩大姓于蜀者，众多从臾，独公许谓山东覆辙未远，反覆论难，蜀从之。其后赵彦呐开阃，复行其策。未几，金人捣成都，大姓者实导之，始服公许先见。

端平初，授大理司直，迁太常博士。秋祀明堂，雷雨，应诏言事。嘉熙元年，御史杜范论执政李鸣复，不行，徙右史，竟拂衣东归，鸣复坐政府自若。公许轮对，言："志士仁人，婴逆鳞，贾众怒，不过为陛下通耳目，为朝廷立纲纪而已。今也假以职而弃其谏，幸其退而优其迁，则是自裂其纲纪，自蔽其耳目，遂使居是职者虽被亲擢，言不得行，始焉固辞而弗从，终焉强留而饮愧。臣恐自此同类沮失。各起遐心，来者相戒，以为容默，陛下愈孤立无助矣。"

夏，行都大火，殿中侍御史蒋岘逢君希宠，创为邪说，禁锢言者。公许应诏曰："群臣忠告者众，而圣意确不可回。圣意不可回，而言者不免于激。陛下宜以大舜无藏怒宿怨为心，而参酌于汉文帝之待淮南厉王、我太宗侍秦邸之故事，以召和气，弭眚灾，特在一念转移之顷耳。"迁秘书丞兼考功郎官，竟为岘劾去，差主管云台观、知衢州，未上。改江东宣抚司参议官，不赴。

李宗勉入相，以著作佐郎召，兼权尚左郎官兼直舍人院，迁著作郎。时谏官郭磊卿以论事不报出关，徐荣叟亦抗章引去，公许奏："乞还言官，俾安厥位。"既而史嵩之自江上入相，台谏谢方叔、王万及磊卿相继他徙，公许又奏："外难凭陵，国势岌若缀旒，朝廷上自为弗靖，阳为迁除，阴夺言职，此中外所以怏怏。"

迁将作少监。大旱，应诏疏时事四条。又言："储极虚位，天下寒心。"时朝廷令侍从、台谏条具易楮利害，寻降旨以新造十八界折五行使。公许缴申省，谓："庙堂决意更革，本欲重十八界，亦当令十六界、十七界稍有分别，若一时皆以五折一，安保将来十七界与十八界并行而不折阅乎。曷若将十七界且以三兑一，使民间尚知宝此一界，不至一旦贸易不行，令三界各有等第，庶几公私两便。"嵩之格不行，径揭黄榜。公许谓："不经凤阁鸾台，不得为敕。朝廷出令而宰相擅行如此，则掖垣可废。"累上奏牍，径欲引去，宗勉及参知政事游似面奏留之，兼国史编修、实录检讨。

淳祐元年，迁秘书少监，轮对，言蜀事十条。兼直学士院，拜太常少卿，力请外，为右正言濮斗南之所论罢。寻以直宝谟阁知袁州，请蠲和籴之半。改命郡吏部总所纲运，而厚其赏，免募平民，民甚便之。新周敦颐祠，葺张栻书院，聘宿儒胡安之为诸生讲说。杜范荐于上，召拜宗正少卿，再迁起居舍人。濮斗南缴还，疏有"臣等耻与为伍"之语，遂以旧职提举玉局观。范见疏曰："程季与肯与汝为伍耶？"

退处二年，召赴行在。属嵩之以父忧去位，经营起复，益惮公许，密柬韩祥嗾殿中侍御史王赟奏寝召命。帝虽曲从而意不悦。及逐不才台谏，擢公许起居郎兼直学士院。公许入奏不可不坚凝者七。帝语之曰："卿一去三年，今用卿，出自朕意。"是日晚命下，嵩之罢起复，相范锺及范，三制皆公许为之。兼权中书舍人。

时二相尚逊，机务多壅。公许奏："辅臣崇执谦逊，避远形迹，相示以色而不明言，事几无穷，日月易失。今最急莫若疆场之事，帅才不蓄，一旦欲议易置，茫然莫知所付。九江择守，至以近所废斥朋附为欺之台察充其选。同时任言责者，虽心迹有显晦，过恶有重轻，而获罪于清议则同。一人扶拭之骤若是，三人者宁不引领以望玷缺之复。况近者言官方以刘晋之、郑起潜、濮斗南三人乞明正其罪，以示警戒，而忽闻龚基先之用，议者咸谓改纪之初，所为错缪，邪枉窥伺善类，何可高枕而卧。"帝见公许疏称善，且言基先之用太早。

右史徐元杰暴亡，司谏谢方叔、御史刘应起言，不报。公许亟奏曰："正月，侍御史刘汉弼死。四月，右丞相杜范死。六月，右史徐元杰死。汉弼之死固可疑，范之死人言已籍籍，然汉弼类风淫末疾，范亦尫弱多病，诿曰天命，犹可也。元杰气体魁硕，神采严毅，议论英发，甫闻谒告，奄至暴亡，口鼻四体变异之状，使人为之雪涕不已。

六馆诸生叩阍吁告，陛下始命有司置狱鞫勘，谓当于朝绅中选公正明决无所顾忌者专莅其事，尽情研究，务使得实。集议朝堂，分列首从，必诛无赦。"疏入，不报。物论沸腾，临安尹赵与篲奏乞置狱天府，帝从之。公许缴奏："与篲乃嵩之死党，乞改送大理寺，命台臣董之。"诏殿中侍御史郑寀，寀回懦首鼠，事竟不白，然公论莫不伟公许。

权礼部侍郎，差充执绥官。郑起潜、刘晋之及陈一荐以台臣论劾迁谪，公许疏其附下罔上之罪，乞下各州军严行押发。郑清之以少保奉祠，侍讲崿中，批复其子士昌官职，与内祠，且许侍养行在所。盖士昌常以诏狱追逮，或云诈以死闻，清之造阙，泣请于帝，故有是命。公许缴奏："士昌罪重，京都浩穰，奸宄杂糅，恐其积习沉痼，重为清之累。莫若且与甄复，少慰清之，内祠侍养之命宜与收寝。"帝密遣中贵人以公许疏示清之。项容孙以罪遣还家，道死，时叙官复职，公许驳奏，命遂格。

迁中书舍人，进礼部侍郎。嵩之免丧，以观文殿大学士提举洞霄宫，台谏、给舍交章论奏，公许疏："乞睿断亟下明诏，正邦典。"殿中侍御史章琰、正言李昂英以论执政及府尹，帝怒，出二人，公许力争之。公许自缴士昌之命，清之日夜于经筵短公许。周坦妻与清之妻善，因拜坦殿中侍御史。坦首疏劾公许，以宝章阁侍制知建宁府。谏议大夫郑寀又劾之，命遂寝。

清之再相，公许屏居湖州者四年，再提举玉隆观、差知婺州，未上。帝欲召为文字官，清之奏已令守婺，帝曰："朕欲其来。"乃授权刑部尚书，屡辞弗获。入对，上疏货财、兴缮、逐谏臣、开边衅时弊七事，荐知名士二十九人。

时罢京学类申，散遣生徒，公许奏："京学养士，其法本与三学不侔。往者立类申之法，重轻得宜，人情便安，近一旦忽以乡庠教选而更张之，为士亦当自反，未可尽归咎朝廷也。今行之始，臣方还朝，未敢强聒以挠既出之令。今士子扰扰道途，经营朝夕，今既未能尽复旧数，莫若权宜以五百为额，仍用类申之法，使远方游学者，得以肆习其间。京邑四方之极,而庠序一空,弦诵寂寥,遂使逢掖皇皇,市廛敢怨而不敢议,非所以作成士气、尊崇教化也。"清之益不乐。授稿殿中侍御史陈垓以劾公许,参知政事吴潜奏留之,帝夜半遣小黄门取垓疏入。后二日,二府奏公许不宜去,同知枢密院徐清叟上疏论垓。太学生刘黻等百余人、布衣方和卿伏阙上书论垓。朝廷寻授宝章阁学士、知隆兴府,而公许已死矣。遗表上,帝嗟悼,进龙图阁学士致仕,赠宣奉大夫,官其后,赐赙如令式。

公许冲澹寡欲,晚年惟一僮侍,食无重味,一裘至十数年不易。家无羡储,敬爱亲戚备至。蜀有兵难,族姻奔东南者多依公许以居。所著有《尘缶文集》、内外制、奏议、《奉常拟谥》、《掖垣缴奏》、《金革讲义》、《进故事》行世。

罗必元字亨父,隆兴进贤人。嘉定十年进士。调咸宁尉,抚州司法参军,崇仁丞,复摄司法。郡士曾极题金陵行宫龙屏,忤丞相史弥远,谪道州,解史胥极甚。必元释其缚,使之善达。真德秀入参大政,必元移书曰:"老医常云,伤寒坏证,惟独参汤可救之,然其活者十无二三。先生其今之独参汤乎?"调福州观察推官。有势家李遇夺民荔支园。必元直之,遇为言官,以私憾罢之。知余干县。赵福王府骄横,前后宰贰多为挤陷,至是以汝愚墓占四周民山,亦为直之,言于州曰:"区区小官,罢去何害?"人益壮其风力。

淳祐中,通判赣州。贾似道总领京湖,克剥至甚。必元上疏,以为蠹国脉、伤民命,似道衔之。改知汀州,为御史丁大全按去,后起干行在粮料院。钱塘有海鳅为患,漂民居,诏方士治之,都人鼓扇成风。必元上疏力止之。帝召见曰:"见卿《梅花诗》,足知卿志。"度宗即位,以直宝章阁兼宗学博士致仕。卒,年九十一。必元常从危稹、包逊学,最为有渊源,见理甚明,风节甚高,至今乡人犹尊慕之去。

王遂字去非,一字颖叔,枢密副使韶之玄孙,后为镇江府金坛人。嘉泰二年进士,调富阳主簿,历官差干办诸司审计司。绍定三年，福建寇扰甫定，朝廷选贤能吏，劳来安集，以遂知邵武军兼福建招捕司参议官。遂过江山、浦城道中，遇邵武避地之人，即遗金为归资从者如市。至郡，抚摩创痍，鞫平凶孽，民恃以安。未几，言者以遂妄自标致，邀誉沽名，罢。

改知安丰军，迁国子监主簿，又迁太常寺主簿，拜监察御史。疏奏极论进君子，退小人。又言正风俗，息奔竞。又言："朝廷谓史嵩之小黠为大智，近功为远略。忽臣之言，必欲侥幸嵩之于不败，非为国至计也。欺君误国，天下知之，而朝廷犹且惑焉。势甚凛凛也。"入对，言帝知、仁勇，学有未至。

迁右正言，寻拜殿中侍御史。疏言："三十年来凶德参会，未有如李知孝、梁成大、莫泽肆无忌惮者。三凶之罪，上通于天，乞重其刑。"又取刘光祖为殿中侍御史时奏格，择其关于风化切于时宜者，请颁示中外。皆众之。又请于并淮置屯田。且条上边事曰："当今之急务：在朝廷者五，定规摹，明意向，一心力，谨事权，审号令；在边阃者六，恤归附，精间谍，节财用，练土兵，择将才，计军实。"又言："群德必纯乎刚。"帝皆善之。

迁户部侍郎兼同修国史实录院同修撰。时暂兼权侍左侍郎。以宝章阁侍制差知遂宁府。进焕章阁待制、四川安抚制置副使兼知成都府。差知平江府。进敷文阁待制、知庆元府，改知太平府，以论罢。进显谟阁待制、知泉州。改温州、宁国府。以宝章阁直学士知建宁府。以华文阁直学士差知隆兴府兼江西转运副使。改知太平州，复知隆兴兼江西安抚使。召赴阙，授权工部尚书。

遂与同里刘宰素同志，宰常称遂为文雅健，无世俗浮靡之气，足以名世。遂守平江，宰赠之言曰："士友当亲，而贤否不可不辨；财利当远，而会计不可不明。折狱以情，毋为私意所牵；荐士以才，毋为权要所夺。当言则言，不视时而退缩；可去则去，不计利而迟回。庶几名节之全，不愧简册所载。"盖格言也。

论曰：傅伯成晚与杨简为时蓍龟。葛洪守正不阿。曾三复澹然无躁竞之心。黄畴若优于政治。袁韶力请讨李全，盖丞相史弥远腹心也。危稹以通问徐侨获罪，其人可知，刘治州之政，有循吏之风焉。罗必元受学于稹者也。程公许、王遂谠论叠见岂不伟哉。

宋史卷四一六
列传第一七五


# 吴渊　余玠　汪立信
# 向士璧　胡颖　冷应澂
# 曹叔远 从子豳　王万　马光祖

　　吴渊字道父，秘阁修撰柔胜之第三子也。幼端重寡言，苦志力学。五岁丧母，哭泣哀慕如成人。

　　嘉定七年，举进士，调建德县主簿，丞相史弥远馆留之，语竟日，大悦，谓渊曰："君，国器也，今开化新置尉，即日可上，欲以此处君。渊对曰："甫得一官，何敢躁进，况家有严君，所当禀命。"弥远为之改容，不复强。至官，就辟令。江东九郡之冤，讼于诸使者，皆乞送渊。改差浙东制置使司干办公事。

　　丁父忧，诏以前职起复，力辞，弗许，再辞，且贻书政府曰："人道莫大于事亲，事亲莫大于送死，苟冒哀求荣，则平生大节已扫地矣，他日何以事君？"时丞相史嵩之方起复，或曰："得无疑时宰乎？"渊弗顾，诏从之。服除，差浙东提举茶盐司干办公事，寻改镇江府节制司、沿江制置使司干办公事。皆不就。知武陵县，改扬子县兼淮东转运司干办公事，添差通判真州。入为将作监丞，迁枢密院编修官兼刑部郎官，再迁秘书丞仍兼刑部郎官。以直焕章阁知平江府兼节制许浦水军，提点浙西刑狱。

　　会衢、严盗起，警报至，调遣将士招捕之，歼其渠魁，散其支党，以功为枢密院检详诸房文字兼国史院编修官、实录院检讨官兼左司。进右文殿修撰、枢密副都承旨兼右司兼检正。适政府欲用兵中原、以据关守河为说，渊力陈其不可，大要谓"国家力决不能取，纵取之决不能守"，丞相郑清之不乐而罢。出知江州，改江、淮、荆、浙、福建、广南都大提点坑冶，都司袁商令御史王定劾渊，罢。侍御史洪咨夔不直之，劾定左迁。未几，边事果如渊言，清之致书引咎巽谢。差知镇江府，定防江军之扰，兼淮东总领，以功迁太府少卿，复以总领兼知镇江，加集英殿修撰、知镇江兼总领。进权工部侍郎，职任如旧。权兵部侍郎，权户部侍郎，再为总领兼知镇江。

时渊造阙下入对，历陈九事，甫下殿，御史唐璘击之，璘盖渊所荐者也。遂仍前职，提举太平兴国宫。久之，加宝章阁待制，再起知镇江兼总领。未几，以户部侍郎兼知镇江府，召赴行在。以宝章阁直学士知太平州，寻兼江东转运使。

时两淮民流徙入境者四十余万，渊亟加慰抚而周济之，使之什伍，令土著人无相犯。旁郡流民焚劫无虚日，独太平境内肃然无敢哗者。以功加华文阁直学士、沿海制置使、知庆元府，不赴。以工部尚书、沿海制置副使知江州，亦不赴。升华文阁学士、知隆兴府、江西安抚使兼转运副使。会岁大侵，讲行荒政，全活者七十八万九千余人。徙知潭州、湖南安抚使，不赴，加敷文阁学士，仍知隆兴府，安抚、转运副使如故。改知镇江府兼都大提举浙西沿海诸州军、许浦、澉浦等处兵船，岁亦大侵，因渊全活者六十五万八千余人。右正言三疏劾渊，夺职。寻复职，提举太平兴国宫。未几，改鸿庆宫。

丁母忧，服除，进龙图阁学士、江西安抚使兼知江州，寻为沿江制置副使兼提举南康军兵甲公事，节制蕲、黄州、安庆府屯田使。湖南峒寇蔓入江右之境，破数县，袁、洪大震，渊命将调兵，生禽其渠魁，乱遂平。迁兵部尚书、知平江府兼浙西、两淮发运使。寻兼知平江府，岁亦大侵，因渊全活者四十二万三千五百余人。兼浙西提点刑狱、知太平州兼提领两淮茶盐所，以功进端明殿学士、沿江制置使、江东安抚使兼知建康府、兼行宫留守、节制和州、无为军、安庆府兼三郡屯田使。

朝廷付渊以光、丰、蕲、黄之事，凡创司空山、燕家山、金刚台三大砦，嵯峨山、鹰山、什子山等二十二小砦，团丁壮置军，分立队伍，星联棋布，脉络贯通，无事则耕，有警则御。诏以渊兴利除害所列二十有五事。究心军民，拜资政殿大学士，职任如旧，与执政恩例，封金陵侯，复赐"锦绣堂"、"忠勤楼"大字。进爵为公，徙知福州、福建安抚使。改知平江府兼发运使。

御史刘元龙劾渊，帝寝其奏，改知宁国府。累具辞免，且丐祠，以本官提举洞霄宫。起知潭州、湖南安抚使，不赴。改知太平兼提领江、淮茶盐所，转荆湖制置大使、知江陵府兼夔路策应大使，兼京湖屯田大使，带行京湖安抚制置大使。拜观文殿学士，职任如旧，兼总领湖广、江西、京西财赋，湖北、京西军马钱粮。渊调兵二万往援川蜀，其后力战于白河、沮河、玉泉。宝祐五年正月朔，以功拜参知政事。越七日，卒，赠少师，赙银绢以五百计。

渊有材略，迄济事功，所至兴学养士，然政尚严酷，好兴罗织之狱，籍入豪横，故时有"蜈蚣"之谣。其弟潜亦数谏止之。所著《易解》及《退庵文集》、奏议。


余玠字义夫，蕲州人。家贫落魄无行，喜功名，好大言。少为白鹿洞诸生，常携客入茶肆，殴卖茶翁死，脱身走襄淮。时赵葵为淮东制置使，玠作长短句上谒，葵壮之，留之幕中。未几，以功补进义副尉，擢将作监主簿、权发遣招进军，充制置司参议官，进工部郎官。

嘉熙三年，与大元兵战于汴城、河阴有功，授直华文阁、淮东提点刑狱兼知淮安州兼淮东制置司参谋官。淳祐元年，玠提兵应援安丰，拜大理少卿，升制置副使。进对："必使国人上下事无不确实，然后华夏率孚，天人感格。"又言："今世胄之彦，场屋之士，田里之豪，一或即戎，即指之为粗人，斥之为哙伍。愿陛下视文武之士为一，勿令偏有所重，偏必至于激，文武交激，非国之福。"帝曰："卿人物议论皆不常，可独当一面，卿宜少留，当有擢用。"乃授权兵部侍郎、四川宣谕使,帝从容慰遣之。玠亦自许当手挈全蜀还本朝,其功日月可冀。

寻授兵部侍郎、四川安抚制置使兼知重庆府兼四川总领兼夔路转运使。自宝庆三年至淳祐二年,十六年间,凡授宣抚三人,制置使九人,副四人,或老或暂,或庸或贪,或惨或缪,或遥领而不至,或开隙而各谋,终无成绩。于是东、西川无复统律,遗民咸不聊生,监司、戎帅各专号令,擅辟守宰,荡无纪纲,蜀日益坏。及闻玠入蜀,人心粗定,始有安土之志。

玠大更敝政,遴选守宰,筑招贤之馆于府之左,供张一如帅所居,下令曰“集众思,广忠益,诸葛孔明所以用蜀也。欲有谋以告我者,近则径诣公府,远则自言于郡,所在以礼遣之,高爵重赏,朝廷不吝以报功,豪杰之士趋期立事,今其时矣。”士之至者,玠不厌礼接,咸得其欢心,言有可用,随其才而任之,苟不可用,亦厚遗谢之。

播州冉氏兄弟琎、璞,有文武才,隐居蛮中,前后阃帅辟召,坚不肯起,闻玠贤,相谓曰:“是可与语矣。”遂诣府上谒,玠素闻冉氏兄弟,刺入即出见之,与分廷抗礼,宾馆之奉,冉安之若素有,居数月,无所言。玠将谢之,乃为设宴,玠亲主之。酒酣,坐客方纷纷竞言所长,玠兄弟饮食而已。玠以微言挑之,卒默然。玠曰:“是观我待士之礼何如耳。”明日更辟别馆以处之,且日使人窥其所为。兄弟终日不言,惟对踞,以垩画地为山川城池之形,起则漫去,如是又旬日,请见玠,“屏人曰:“某兄弟辱明公礼遇,思有以少裨益,非敢同众人也。为今日西蜀之计,其在徙合州城乎?”玠不觉跃起,执其手曰:“此玠志也。但未得其所耳。”曰:“蜀口形胜之地莫若钓鱼山,请徙诸此,若任得其人,积粟以守之,贤于十万师远矣,巴蜀不足守也。”玠大喜曰:“玠固疑先生非浅士,先生之谋,玠不敢掠以归己。”遂不谋于众,密以其谋闻于朝,请不次官之。诏以琎为承事郎、权发遣合州,璞为承务郎、权通判州事。徙城之事,悉以任之。命下,一府皆喧然同辞以为不可。玠怒曰:城成则蜀赖以安,不成,玠独坐之,请君无预也。”卒筑青居、大获、钓鱼、云顶、天生凡十余城,皆因山为垒，棋布星分，为戎诸郡治所，屯兵聚粮为必守计。且诛溃将以肃军令。又移金戎于大获，以护蜀口。移沔戎于青居，兴戎先驻合州旧城，移守钓鱼，共备内水。移利戎于云顶，以备外水。于是如臂使指，气势联络。又属嘉定俞兴开屯田于成都，蜀以富实。

十年冬，玠率诸将巡边，直捣兴元，大元兵与之大战。十二年，又大战于嘉定。初，利司都统王夔素残悍，号"王夜叉"，恃功骄恣，桀骜不受节度，所至劫掠，每得富家，穴箕加颈，四面然箕，谓之"蜚蚀月"，以弓弦系鼻下，高悬于格，谓之"错系喉"，缚人两股，以木交厌，谓之"乾榨油"，以至用醋灌鼻、恶水灌耳口等，毒虐非一，以胁取金帛，稍不遂意，即死其手，蜀人患苦之。且悉敛部将倅马以自入，将战，乃高其估卖与之。朝廷虽知其不法，在远不能诘也。大帅处分，少不嗛其意，则百计挠之，使不得有所为。玠至嘉定，夔帅所部兵迎谒，才赢弱二百人，玠曰："久闻都统兵精，今疲敝若此，殊不称所望。"夔对曰："夔兵非不精，所以不敢即见者，恐惊从人耳。"顷之，班声如雷，江水如沸，声止，圆阵即合，旗帜精明，器械森然，沙上之人弥望若林立，无一人敢乱行者。舟中皆战掉失色，而玠自若也。徐命吏班赏有差。夔退谓人曰："儒者中乃有此人！"

玠久欲诛夔，独患其握重兵居外，恐轻动危蜀，谋于亲将杨成，成曰："夔在蜀久，所部兵精，前时大帅，夔皆势出其右，意不止此也。视侍郎为文臣，必不肯甘心从令，今纵弗诛，养成其势，后一举足，西蜀危矣。"玠曰："我欲诛之久矣，独患其党与众，未发耳。"成曰："侍郎以夔在蜀久，有威名，孰与吴氏？夔固弗若也。夫吴氏当中兴危难之时，能百战以保蜀，传之四世，恩威益张，根本益固，蜀人知有吴氏而不知有朝廷。一旦曦为畔逆，诸将诛之如取孤豚。况夔无吴氏之功，而有曦之逆心，恃狶突之勇，敢慢法度，纵兵残民，奴视同列，非有吴氏得人之固也。今诛之，一夫力耳，待其发而取之，难矣。"玠意遂决，夜召夔计事，潜以成代领其众，夔才离营，而新将已单骑入矣，将士皆愕眙相顾，不知所为。成以帅指臂晓之，遂相率拜贺，夔至，斩之。成因察其所与为恶者数人，稍稍以法诛之。

乃荐成为文州刺史。

戎帅欲举统制姚世安为代，玠素欲革军中举代之敝，以三千骑至云顶山下，遣都统金基往代世安，世安闭关不纳，且有危言，然常疑玠图己。属丞相谢方叔家子侄自永康避地云顶，世安厚结之，求方叔为援。方叔因倡言玠失利戎之心，非我调停，且旦夕有变，又阴嗾世安密求玠之短，陈于帝前。于是世安与玠抗，玠郁郁不乐。宝祐元年，闻有召命，愈不自安，一夕暴下卒，或谓仰药死。蜀之人莫不悲慕如失父母。

玠自入蜀，进华文阁待制，赐金带，权兵部尚书，进徽猷阁学士，升大使，又进龙图阁学士、端明殿学士，及召，拜资政殿学士，恩例视执政。其卒也，帝辍朝，特赠五官。以监察御史陈大方言夺职。六年，复之。

玠之治蜀也，任都统张实治军旅，安抚王惟忠治财赋，监簿朱文炳接宾客，皆有常度。至于修学养士，轻徭以宽民力，薄征以通商贾。蜀既富实，乃罢京湖之饷；边关无警，又撤东南之戍。自宝庆以来，蜀阃未有能及之者。惜其遽以太平自诒，进蜀锦蜀笺，过于文饰。久假便宜之权，不顾嫌疑，昧于勇退，遂来谗贼之口。而又置机捕官，虽足以廉得事情，然寄耳目于群小，虚实相半，故人多怀疑惧。至于世安拒命，玠威名顿挫，赍志以没。有子曰如孙，取“当如孙仲谋”之义，遭论改师忠，历大理寺丞，为贾似道所杀。

汪立信，澈从孙也。立信曾大父智从澈宣谕湖北，道六安，爱其山水，因居焉。

淳祐元年，立信献策招安庆剧贼胡兴、刘文亮等，借补承信郎。六年，登进士第，理宗见立信状貌雄伟，顾侍臣曰：“此阃帅才也。”授乌江主簿，辟沿江制幕。知桐城县，未上，辟刑湖制司干办、通判建康府。荆湖制置赵葵辟充策应使司及本司参议官。葵去而马光祖代之，立信是时犹在府也。

鄂州围解，贾似道既罔上要功，恶阃外之臣与己分功，乃行打算法于诸路，欲以军兴时支散官物为罪，击去之。光祖与葵素有隙，且欲迎合似道，被旨即召吏稽勾簿书，卒不能得其庇。乃以开庆二年正月望夕，张灯宴设钱三万缗为葵放散官物闻于朝。立信力争之，谓不可，且曰："方艰难时，赵公莅事勤劳，而公以非理捃拾之，公一旦去此，后来者复效公所为，可乎？"光祖怒曰："吾不才不能为度外事，知奉朝命而已。君他日处此，勉为之。"立位曰："使某不为则已，果为之，必不效公所为也。"光祖益怒，议不行，立信遂投劾去。初，立信通判江陵府，葵制置荆湖，常以公事劾立信，及在沿江府，亦谋议寡谐，立信于葵盖未常有一日之欢也。

擢京西提举常平，改知昭信军、权淮东提刑。景定元年，差知池州、提举江东常平、权知常州、浙西提点刑狱。明年冬，即嘉兴治所讲行荒政。寻改知江州，充沿江制置副使，节制蕲、黄、兴国军马、提举饶州、南康兵甲，升江西安抚使。乞祠禄，差知镇江，寻充湖南安抚使、知潭州。至官，供帐之物悉置官库，所积钱连岁代纳潭民夏税，贫无告者予钱粟，病者加药饵，雨雪旱潦军民皆有给。兴学校，士习为变。以潭为湖湘重镇，创威敌军，所募精锐数千人，后来者果赖其用。权兵部尚书、荆湖安抚制置、知江陵府。

时襄阳被围危急，立信上疏"请益安陆府屯兵，凡边戍皆不宜抽减，黄州守臣陈奕素蓄异志，朝廷宜防之"。乃移书似道，谓："今天下之势十去八九，而君臣宴安不以为虞。夫天之不假易也，从古以然。此诚上下交修以迓续天命之几，重惜分阴以趋事赴工之日也。而乃酣歌深宫，啸傲湖山，玩岁愒日，缓急倒施，卿士师师非度，百姓郁怨非上，以求当天心，俯遂民物，拱揖指挥而折冲万里者，不亦难乎！为今日之计者，其策有三。夫内郡何事乎多兵，宜尽出之江干，以实外御。算兵帐见兵可七十余万人，老弱柔脆，十分汰二，为选兵五十余万人。而沿江之守，则不过七千里，若距百里而屯，屯有守将，十屯为府，府有总督，其尤要害处，辄参倍其兵。无事则泛舟长淮，往来游徼，有事则东西齐奋，战守并用。刁斗相闻，馈饷不绝，互相应援，以为联络之固，选宗室亲王、忠良有干用大臣，立为统制,分东西二府,以莅任得其人,率然之势,此上策也。久拘聘使,无益于我,徒使敌得以为辞,请礼而归之,许输岁币以缓师期,不二三年,边遽稍休,藩垣稍固,生兵日增,可战可守,此中策也。二策果不得行,则天改我也,若衔璧舆榇之礼,则请备以俟。"似道得书大怒,抵之地,诟曰:"瞎贼狂言敢尔。"盖以立信目微眇云。寻中以危法废斥之。

咸淳十年,大元兵大举伐宋,似道督诸军出次江上,以立信为端明殿学士、沿江制置使、江淮招讨使,俾就建康府库募兵以援江上诸郡。立信受诏不辞,即日上道,以妻子托爱将金明,执其手曰:"我不负国家,尔亦必不负我。"遂行。与似道遇芜湖,似道拊立信背哭曰:"不用公言,以至于此。"立信曰:"平章、平章,瞎贼今日更说一句不得。"似道问立信何向?曰:"今江南无一寸乾净地,某去寻一片赵家地上死,第要死得分明尔。"既至,则建康守兵悉溃,而四面皆北军。立信知事不可成,叹曰:"吾生为宋臣,死为宋鬼,终为国一死,但徒死无益耳,以此负国。"率所部数千人至高邮,欲控引淮汉以为后图。

已而闻似道师溃芜湖,江汉守臣皆望风降遁。立信叹曰:"吾今日犹得死于宋土也。"乃置酒召宾佐与诀,手为表起居三宫,与从子书,属以家事。夜分起步庭中,慷慨悲歌,握拳抚案者三,以是失声,三日扼吭而卒。以光禄大夫致仕,遗表闻,赠太傅。

大元丞相伯颜入建康,金明以其家人免,或恶立信于伯颜,以其二策及其死告,且请戮其孥,伯颜叹息久之,曰:"宋有是人,有是言哉!使果用,我安得至此。"命求其家厚恤之,曰:"忠臣之家也。"金明以立信之丧归葬丹阳。

立信子麟,内书写机宜文字,在建康不肯从众降,崎岖走闽以死。初,立信之未仕也,家婆甚。会岁大侵,吴渊守镇江,命为粥以食流民,使其客黄应炎主之。应炎一见立信,与语,心知其非常人,言于渊,渊大奇之,礼以上客,凡共张服御视应炎为有加,应炎甚怏怏。渊解之曰:"此君,吾地位人也,但遭时不同耳。君之识度志业,皆非其伦也,盍少下之。"是年,试江东转运司,明年登第,后其践历略如渊而卒死于难,人谓渊能知人云。

向士璧字君玉,常州人。负才气,精悍甚自好,绍定五年进士,累通判平江府,以臣僚言罢。起为淮西堤制置司参议官,又以监察御史胡泓言罢。起知高邮军,制置使丘崇又论罢。起知安庆府、知黄州,迁淮西提点刑狱兼知黄州,加直宝章阁,仍旧职,奉鸿禧祠。特授将作监、京湖制置参议官,进直焕章阁、湖北安抚副使兼知峡州,兼归、峡、施、黔、南平军、绍庆府镇抚使,迁太府少卿、大理卿,进直龙图阁。合州告急,制置使马光祖命士璧赴援,数立奇功。帝亦语群臣曰:"士璧不待朝命,进师归州,且捐家赀百万以供军费,其志足嘉。"进秘阁修撰、枢密副都承旨,仍旧职。

开庆元年,涪州危,又命士璧往援,北兵夹江为营,长数十里,阻舟师不能进至浮桥。时朝廷自扬州移贾似道以枢密使宣抚六路,进驻峡州,檄士璧不从,以计断桥奏捷,具言方略。未几,文德亦以捷闻。士璧以军事付吕文德,士璧还峡州,方怀倾夺之疑,寻辟为宣抚司参议官,迁湖南安抚副使兼知潭州,兼京西、湖南北路宣抚司参议官,加右文殿修撰,寻授权兵部侍郎、湖南安抚使兼知潭州。顷之,升湖南制置副使。大元将兀良哈䚟兵自交阯北还,前锋至城下,攻围急,士璧极力守御,闻后队且至,遣王辅佑率五百人往觇之,以易正大监其军,遇于南岳市,一战有功,潭州围遂解。事闻,赐金带,令服系,进兵部侍郎兼转运使,余依旧职。

似道入相,疾其功,非独不加赏,反讽监察御史陈寅、侍御史孙附凤一再劾罢之,送漳州居住。又稽守城时所用金谷,逮至行部责偿。幕属方元善者,极意逢迎似道意,士璧坐是死,复拘其妻妾而徵之。其后元善改知吉水县,俄归得狂疾,常呼士璧。时辅佑亦远谪,及文天祥起兵召辅佑于谪所,则死矣。

德祐元年三月,诏追复元官,仍还从官恩数,立庙潭州。明年正月,太府卿柳岳乞录用其子孙,诏从之。

胡颖字叔献，潭州湘潭人。父璵，娶赵方弟雍之女，二子，长曰显，有拳勇，以材武入官，数有战功，事见《赵范传》。颖自幼风神秀异，机警不常，赵氏诸舅以其类己，每加赏鉴。成童即能倍诵诸经，中童子科，复从兄学弓马，母不许，曰："汝家世儒业，不可复尔也。"遂感励苦学，尤长于《春秋》。

绍定三年，范讨李全，檄颖入幕，颖常微服行诸营，察众志向，归必三鼓。后全败，遣颖献俘于朝，以赏补官。五年，登进士第，即授京秩。历官知平江府兼浙西提点刑狱，移湖南兼提举常平，即家置司。性不喜邪佞，尤恶言神异，所至毁淫祠数千区，以正风俗。衡州有灵祠，吏民夙所畏事，颖彻之，作来谂堂奉母居之，常语道州教授杨允恭曰："吾夜必瞑坐此室，察影响，咸无有。"允恭对曰："以为无则无矣，从而察之，则是又疑其有也。"颖甚善其言。

以枢密都承旨为广东经略安抚使。潮州僧寺有大蛇能惊动人，前后仕于潮者皆信奉之。前守去，州人心疑焉，以为未尝诣也。已而旱，咸咎守不敬蛇神故致此，后守不得已诣焉，已而蛇蜿蜒而出，守大惊得疾，旋卒。颖至广州，闻其事，檄潮州令僧舁蛇至，至则其大如柱而黑色，载以阑槛，颖令之曰："尔有神灵当三日见变怪，过三日则汝无神矣。"既及期，蠢然犹众蛇耳，遂杀之，毁其寺，并罪僧，移节广西，寻迁京湖总领财赋。咸淳间卒，赠四官。

颖为人正直刚果，博学强记，吐辞成文，书判下笔千言，援据经史，切当事情，仓卒之际，对偶皆精，读者惊叹。临政善断，不畏强御。在浙西，荣王府十二人行劫，颖悉斩之。一日轮对，理宗曰："闻卿好杀。"意在浙狱，颖曰："臣不敢屈太祖之法以负陛下，非嗜杀也。"帝为之默然。

冷应澂字公定，隆兴分宁人。宝庆元年进士，调庐陵主簿，即以廉能著。有诉事台府者，必曰："愿下庐陵清主簿。"尤为杨长孺所识拔。调静江府司录参军，治狱平恕，转运使范应铃列荐于朝。

知万载县，大修学舍，招俊秀治其业，旌其通经饬行者以劝。岁歉，弃孩满道，乃下令恣民收养，所弃父母不得复问，全活甚众。叶梦得列其行事，风厉余邑。通判道州。入监行在榷货务，迁登闻鼓检院。

景定元年，奉使督饷江上，还，知德庆府。前守政不立，纵豪吏渔猎，峒獠遂大为变，逼城六十里而营，应㴋未入境，驰檄谕之曰："汝等不获已至此，新太守且上，转祸为福，一机也。胁从影附，亦宜早计去就，不然不免矣。"獠感悟欲自归，惑谋主不果，众稍引去。应㴋知其势解，即厉士马，出不意一鼓擒之，纵遣归农，犹千余人，乃请诸监司，归郡之避难留幕府者，诛豪吏之激祸者。初经略雷宜中意应㴋必以济师来请，及是叹服，亟上其事，荐应㴋可大用。

属县租赋，逶道阻久不至郡，应㴋为之期曰："首输者与减分，末至则赏所减。"民惟恐后，不一月讫事。凡诸纲官廪稍军券，前政积不得者悉补还之，上下欣附。应㴋亦极力摩抚，与为简便。期年报政，奏罢抑配盐法及乞用楮券折银纲等五事，以纾民力，诏就升本道提举常平兼转运使，俾行其说。首劾守令贪横不法十余人，列郡肃然。最闻，加直秘阁。时经略使陈宗礼入为参知政事，帝问谁可代卿者，宗礼以应㴋对，旋召为都官郎官，未行，就升直宝章阁、知广州，主管广南东路经略安抚司公事、马步军都总管，领漕、庾如故。

五司丛剧，应㴋即分时理务，不扰不倦，常曰："治官事当如家事，惜官物当如己物。方今国计内虚，边声外震，吾等受上厚恩，安得清谈自高以误世。陶士行、卞望之吾帅也。"自闻襄、樊受围，日缮器械，裕财粟，以备仓卒，后卒赖其用。屡平大寇，未常轻杀，笞杖以降，亦加审慎，至其临事辄断，虽势要不为挠夺。后卒于家。

曹叔远字器远，温州瑞安人。少学于陈傅良。登绍熙元年进士第。久之，李壁荐为国子学录，迕韩侂胄，罢。通判涪州，后守遂宁，营卒莫简苦总领所侵刻，相率称乱，势张甚，入遂宁境，辄戢其徒无肆暴,曰:"此江南好官员也。"入朝,为工部郎,出知袁州。以太常少卿召,权礼部侍郎,遇事献替,多所裨益。终徽猷阁待制,谥文肃。常编《永嘉谱》,识者谓其有史才。子籥,孙郘,皆登进士第。族子豳。

豳字西士,少从钱文子学,登嘉泰二年进士第,授安吉州教授。调重庆府司法参军,郡守度正欲荐之,豳辞曰:"章司录母老,请先之。"正敬叹。改知建昌县,复故尚书李常山房,建斋舍以处诸生。擢秘书丞兼仓部郎官。出为浙西提举常平,面陈和籴折纳之敝,建虎丘书院以祀尹焞。移浙东提点刑狱,寒食放囚归祀其先,囚感泣如期至。召为左司谏,与王万、郭磊卿、徐清叟俱负直声,当时号"嘉熙四谏"。上疏言:"立太子、厚伦纪,以弭火灾。"又论余天锡、李鸣复之过,迕旨,迁起居郎。进礼部侍郎,不拜,疏七上,进古诗以寓规正。久之,起知福州,再以侍郎召,为台臣所沮而止。遂守宝章阁待制致仕,卒谥文恭。子愉老,亦登进士第。

王万字处一,家世婺州,父游淮间,万因生长濠州。少忠忧有大志,究心当世急务,尤精于边防要害。登嘉定十六年进士第,调和州教授。端平元年,主管尚书吏部架阁文字,迁国子学录。明年,添差通判镇江府。

时金初灭,当路多知其人豪也,咨问者旁午。郑清之初谋乘虚取河洛,万谓当急为自治之规。已而大元兵压境,三边震动,理宗下罪己诏,吴沫起草,又以咨万,万谓:"兵固失矣,言之甚,恐亦不可。今边民生意如发,宜以振厉奋发,兴感人心。"为条具沿边事宜,遍告大臣要官,谓:"长淮千里,中间无大山泽为限,击首尾应,正如常山蛇势,首当并两淮为一制阃之命是听。两淮惟濠州居中。濠之东为盱眙,为楚,以达盐城,淮流深广,敌所难度。濠之西为安丰,为光,以达信阳,淮流浅涩,敌每揭厉以涉之。法当调扬州北军三千人,自淮东捣虚,常往来宿、亳间,使敌无意于东,而我并力淮西。淮西则又惟合肥居江、淮南北之中,法当建制置司合肥,而以濠梁、安丰、光州为臂，以黄冈为肘后缓急之助。又必令荆、襄每候西兵东来，辄尾之，使淮、襄之势亦合，而后大规模可立。”

论用兵，则谓：“当以五千人为屯，每屯一将、二长，一大将一路，又合一大将而并合于制置为总统。淮东可精兵三万，光、黄可二万，东西夹击，而沿江制司会合肥兵共二万，以牵制其中。行则给营阵，止则依城垒；行则赍乾粮，止则就食州县。”论屯田，则谓：“当于新复州军，东则海、邳，所依者水之险，西则唐、邓，所依者山之险，画此无地无田不耕，则归附新军流落余民亦有固志。”

又谓：“戎司旧分地戍守，殿步兵戍真、扬、六合，镇江兵戍扬、楚、盱眙，建康马司兵戍滁、濠、定远，都统司兵戍庐、和、安丰，以至池司兵戍舒、蕲、巢县，江司兵戍蕲、黄、浮光，地势皆顺，皆以统制部之出外，而皆常有帅臣居内，以本军财赋葺营栅，抚士卒，备器械，以故军事常整办。遇警急则帅臣亲统重兵以行。比乃有以建康马帅而知黄州者，都统而知光州者，以池司都统而在楚州，以镇江都统而在应天者，将不知兵，兵不属将，往往以本军之财，资他处之用，以致营栅坏而莫修，士卒贫而莫给，器械钝而莫缮，宜与尽还旧制。”及请宽边民，请团民兵，请援浮光，请边民之能捍边者，常厚其赏而小其官，使常得其力。其后兵兴用窘，履亩之令行，则又言之庙堂曰：“今名更化，可反为故相之所不为乎？”其他敷陈，往往累数万言，其自任之笃，切于当世如此。三年，授枢密院编修官。

嘉熙六年，兼权屯田郎中。因转对，言：“天命去留原于君心，陛下一一而思之，凡恻然有触于心而未能安者，皆心之未能同乎天者也。天不在天，而在陛下之心，苟能天人合一，永永勿替，天命在我矣。”差知台州，至郡日，惟蔬饭，终日坐厅事，事至立断，吏无所售，往往改业散去，民亦化之不复讼，上下肃然，郡以大治。才五月，乞祠去。三年，迁屯田员外郎兼编修，转对，言：“君臣上下尽克私心，以服人心，以回天心。”迁尚右郎官，寻兼崇政殿说书。

四年，擢监察御史。首论史宅之，故相之子，暴者弄权，不当复玷从班。上命丞相再三谕旨，迄不奉诏。上不得已，出宅之知平江

府。又论之,疏凡五上,史嵩之自江上董帅入相,万又首论之,谓其
"事体迫遽,气象倾摇,太学生欲趣其归,则贿赂之迹已形。近或谓
有族人发其私事。肆为丑诋者,以相国大臣而若此,非书之所谓大
臣矣"。然当时论相之事已决,疏入,迁大理少卿。万即日还常熟寓
舍。迁太常少卿,辞。差知宁国府,辞。召赴行在奏事,出为福建提
点刑狱,加直焕章阁、四川宣谕司参议官,皆力辞,乞休致。诏特转
朝奉郎。守太常少卿致仕,卒。嵩之罢相,众方交论其非,上思万先
见,亲赐御札,谓万"立朝謇谔,古之遗直,为郡廉平,古之遗爱。闻
其母老家贫,朕甚念之,赐新会五千贯,田五百亩,以赡给其家"。

初,万之学专有得于"时习"之语。谓学莫先于言顾行,言然而
行,未然者非言之伪也,习未熟也,熟则言行一矣。故终其身,行无
不顾其言。发于设施论谏,皆根于中心。遗文有《时习编》及其他奏
札及论天下事者凡十卷。

马光祖字华父,婺州金华人。宝庆二年进士,调新喻主簿,已有
能名。从真德秀学。改知余干县,差知高邮军,迁军器监主簿,差充
督视行府参议官。奉去台祠。差知处州,监登闻鼓院,进太府寺丞
兼庄文府教授。右曹郎官。出知处州,乞降僧道牒振济,诏从之。加
直秘阁、浙东提举常平。移浙西提点刑狱,时暂兼权浙西提举常平。
起复军器监、总领淮东军马钱粮兼知镇江。进直徽猷阁、江西转运
副使兼知隆兴府。以右正言刘汉弼言罢。后九年,起直徽猷阁、知
太平州、提领江西茶盐所。进直宝文阁,迁太府少卿,仍知太平州、
提领江、淮茶盐所。迁司农卿、淮西总领兼权江东转运使。

拜户部尚书兼知临安府、浙西安抚使。帝谕丞相谢方叔趣入
觐,乞严下海米禁,历陈京帅艰食、和籴增价、海道致寇三害。加宝
章阁直学士、沿江制置使、江东安抚使、知建康府兼行宫留守兼节
制和州、无为军、安庆府三郡屯田使,加焕章阁,寻加宝章阁学士。
始至官,即以常例公用器皿钱二十万缗支犒军民,减租税,养鳏寡
孤疾无告之人,招兵置砦,给钱助诸军昏嫁。属县税折收丝绵绢帛,

倚阁除免以数万计。兴学校，礼贤才，辟召僚属，皆极一时之选。

拜端明殿学士、荆湖制置、知江陵府，去而建康之民思之不已。帝闻，命以资政殿学士、沿江制置大使、江东安抚使再知建康，士女相庆。光祖益思宽养民力，兴废起坏，知无不为，蠲除前政逋负钱百余万缗，鱼利税课悉罢减予民，修建明道、南轩书院及上元县学。才善节费用，建平籴仓，贮米十五万石，又为库贮籴本二百余万缗，补其折阅，发籴常咸于市价，以利小民。修饬武备，防拓要害，边赖以安。其为政宽猛适宜，事存大体。

公田法行，光祖移书贾似道言公田法非便，乞不以及江东，必欲行之，罢光祖乃可。进大学士兼淮西总领。召赴行在，迁提领户部财用兼知临安府、浙西安抚使。会岁饥，荣王府积粟不发廪，光祖谒王，辞以故，明日往，亦如之，又明日又往，卧客次，王不得已见焉。光祖厉声曰："天下孰不知大王子为储君，大王不于此时收人心乎？"王以无粟辞；光祖探怀中文书曰："某庄某仓若干。"王无以辞，得粟活民甚多。进同知枢密院事，寻差知福州、福建安抚使，以侍御史陈尧道言罢，以前职提举洞霄宫。再以沿江制置、江东安抚使知建康，郡民为建祠六所，乞致仕，不许。咸淳三年，拜参知政事。五年，拜知枢密院事兼参知政事，以监察御史曾渊子言罢。给事中卢钺复缴奏新命，以金紫光禄大夫致仕，卒，谥庄敏。

光祖之在外，练兵丰财。朝廷以之为京尹，则划治浩穰，风绩凛然。三至建康，终始一纪，威惠并行，百废无不修举云。

论曰：吴渊才具优长，而严酷累之。余玠意气豪雄，而志不克信。贾似道不用汪立信之策，殆天夺其魄矣。向仕璧卒厄于似道，宋之不足图存，盖可知也。胡颖好毁淫祠，非其中之无慊，不能尔也。冷应澂安边之才。曹叔远、王万皆正人端士。马光祖治建康，逮今遗爱犹在民心，可谓能臣已。

宋史卷四一七
列传第一七六

# 乔行简　范锺　游似
# 赵葵 兄范　谢方叔

　　乔行简字寿朋，婺州东阳人。学于吕祖谦之门。登绍熙四年进士第。历官知通州，条上便民事。主管户部架阁，召试馆职，为秘书省正字兼枢密院编修官。升秘书郎，为淮西转运判官，知嘉兴府。改淮南转运判官兼淮西提点刑狱、提举常平。言金有必亡之形，中国宜静以观变。因列上备边四事。会近臣有主战者，师遂出，金人因破蕲、黄。移浙西提点刑狱兼知镇江府。迁起居郎兼国子司业，兼国史编修、实录检讨，兼侍讲。寻迁宗正少卿、秘书监，权工部侍郎，皆任兼职。

　　理宗即位，行简贻书丞相史弥远，请帝法孝宗行三年丧。应诏上疏曰：

　　　　求贤、求言二诏之颁，果能确守初意，深求实益，则人才振而治本立，国威张而奸宄销。臣窃观近事似或不然。夫自侍从至郎官凡几人，自监司至郡守凡几人，今其所举贤能才识之士又不知其几人也，陛下盖尝摭其一二欲召用之矣。凡内外小大之臣囊封来上，或直或巽，或切或泛，无所不有，陛下亦尝摭其一二见之施行且褒赏之矣。而天下终疑陛下之为具文。

　　　　盖以所召者，非久无宦情决不肯来之人，则年已衰暮决不可来之人耳。彼风节素赏者，往往皆末节细故，无关于理乱，粗述古今，不至于抵触，然后取之以示吾有听受之意，其间亦岂无深忧远识高出众见之表，忠言至计有补圣听之聪者，固未闻采纳而用之也。

自陛下临御至今，班行之彦，麾节之臣，有因论列而去，有因自请而归。其人或以职业有闻，或以言语自见，天下未知其得罪之由，徒见其置散投闲，倏来骤去，甚至废罢而镌褫，削夺而流窜，皆以为陛下黜远善士，厌恶直言。去者遂以此而得名，朝廷乃因是而致谤，其亦何便于此。夫贤路当广而不当狭，言路当开而不当塞，治乱安危，莫不由此。

又言：“敬天命，伸士气。”时帝移御清燕殿，行简奏“愿加畏谨”，且言：“群贤方集，愿勿因济王议异同，致有涣散。”升兼侍读，兼国子祭酒、吏部侍郎，权礼部尚书。权刑部尚书，拜端明殿学士、同签书枢密院事，进签书枢密院事。

太后崩，疏言：

向者，陛下内廷举动，皆有禀承。小人纵有蛊惑干求之心，犹有所忌惮而不敢发。今者，安能保小人之不萌是心？陛下又安能保圣心之不无少肆？陛下为天下君，当懋建皇极，一循大公，不应私徇小人为其所误。

凡为此者，皆戚畹肺肝之亲，近习贵幸之臣，奔走使令之辈。外取货财，内坏纲纪。上以罔人君之聪明，来天下之怨谤；下以挠官府之公道，乱民间之曲直。纵而不已，其势必至于假采听之言而伤动善类，设众人之誉而进拔憸人，借纳忠效勤之意而售其阴险巧佞之奸。日积月累，气势益张，人主之威权，将为所窃弄而不自知矣。

陛下衰绖在身，愈当警戒，宫庭之间既无所严惮，嫔御之人又视昔众多，以春秋方富之年，居声色易纵之地，万一于此不能自制，必于盛德大有亏损。愿陛下常加警省。

又论火灾求言，乞取其切者付外行之。又论许国不当换文资，其当虑者有五；郑损不当帅蜀。又言：“时青者，以官则国家之节度，以人则边陲之大将，一旦遽为李全所戕，是必疑其终为我用，虑变生肘腋，故先其未发驱除之。窃意军中必有愤激思奋之人，莫若乘势就淮阴一军拔其尤者以护其师，然后明指杀青者之姓名，俾之诛戮，加赠恤之典于青，则其势自分，而吾得藉此以制之，则可折其奸心而存吾之大体。不然，跋扈者专杀而不敢诛，有功者见杀而不敢诉，彼知朝廷一用柔道而威断不施，乌保其不递相视效？则其所当虑者，不独李全一人而已。”

又言：“山阳民散财殚，非凶贼久安之地，当日夜为鸱张之计。扬州城坚势壮，足以坐制全淮，此曹未必无窥伺之心，或为所入，则淮东俱非我有，不可不先为之虑也。”又请屯驻重兵海道，内为吴、越之捍蔽，外为南北之限制。

又论：“李全攻围泰州，剿除之兵今不可已。此贼气貌无以逾人，未必有长算深谋，直剽捍勇决，能长雄于其党耳。况其守泗之西城则失西城，守下邳则失下邳，守青社则失青社，既又降北，此特败军之将。十年之内，自白丁至三孤，功薄报丰，反背义忘恩，此天理人情之所共愤，惟决意行之。”后皆如行简所料。拜参知政事兼知枢密院事。时议收复三京，行简在告，上疏曰：

八陵有可朝之路，中原有可复之机，以大有为之资，当有可为之会，则事之有成，固可坐而策也。臣不忧出师之无功，而忧事力之不可继。有功而至于不可继，则其忧始深矣。夫自古英君，必先治内而后治外。陛下视今日之内治，其已举乎，其未举乎？向未揽权之前，其敝凡几？今既亲政之后，其已更新者凡几？欲用君子，则其志未尽伸；欲去小人，则其心未尽革。上有厉精更始之意，而士大夫之苟且不务任责者自若。朝廷有禁包苴、戒贪墨之令，而州县之黩货不知盈厌者自如。欲行楮令，则外郡之新券虽低价而莫售；欲平物价，则京师之百货视旧直而不殊。纪纲法度，多颓弛而未张；赏刑号令，皆玩视而不肃。此皆陛下国内之臣子，犹令之而未从，作之而未应，乃欲阖辟乾坤，混一区宇，制奸雄而折戎狄，其能尽如吾意乎？此臣之所忧者一也。

自古帝王,欲用其民者,必先得其心以为根本。数十年来,上下皆怀利以相接,而不知有所谓义。民方憾于守令,缓急岂有效死勿去之人,卒不爱其将校,临阵岂有奋勇直前之士。蓄怨含愤,积于平日,见难则避,遇敌则奔,惟利是顾,皇恤其他。人心如此,陛下曾未有以转移固结之,遽欲驱之北乡,从事于锋镝,忠义之心何由而发?况乎境内之民,困于州县之贪刻,厄于势家之兼并,饥寒之氓常欲乘时而报怨,茶盐之寇常欲伺间而窃发,萧墙之忧凛未可保。万一兵兴于外,缀于强敌而不得休,潢池赤子,复有如江、闽、东浙之事,其将奈何?夫民至愚而不可忽,内郡武备单弱,民之所素易也。往时江、闽、东浙之寇,皆藉边兵以制之。今此曹犹多窜伏山谷,窥伺田里,彼知朝廷方有事于北方,其势不能以相及,宁不又动其奸心?此臣之所忧者二也。

自古英君,规恢进取,必须选将练兵,丰财足食,然后举事。今边面辽阔,出师非止一涂,陛下之将,足当一面者几人?勇而能斗者几人?智而善谋者几人?非屈指得二三十辈,恐不足以备驱驰。陛下之兵,能战者几万?分道而趣京、洛者几万?留屯而守淮、襄者几万?非按籍得二三十万众,恐不足以事进取。借曰师臣威望素著,以意气招徕,以功赏激劝,推择行伍即可为将,接纳降附即可为兵,臣实未知钱粮之所从出也。兴师十万,日费千金,千里馈粮,士有饥色。今之馈饷,累日不已,至于累月,累月不已,至于累岁,不知累几千金而后可以供其费也。今百姓多垂罄之室,州县多赤立之帑,大军一动,厥费多端,其将何以给之?今陛下不爱金币以应边臣之求,可一而不可再,可再而不可三。再三之后,兵事未已,欲中辍则废前功,欲勉强则无事力。国既不足,民亦不堪。臣恐北方未可图,而南方已先骚动矣。中原蹂践之余,所在空旷,纵使东南有米可运,然道里辽远,宁免乏绝,由淮而进,纵有河渠可通,宁无盗贼邀取之患？由襄而进，必须负载二十钟而致一石，亦恐未必能达。若顿师千里之外，粮道不继，当此之时，孙、吴为谋主，韩、彭为兵帅，亦恐无以为策。他日粮运不继，进退不能，必劳圣虑，此臣之所忧者三也。愿陛下坚持圣意，定为国论，以绝纷纷之说。

不果从。进知枢密院事。

时议御阅不果，反骤汰之，殿司军哄，为之黜主帅，罢都司官，给黄榜抚存，军愈呼噪。行简以闻，戮为首者二十余人，众乃帖息。寻拜右丞相，言“三京挠败之余，事与前异，但当益修战守之备。襄阳失守，请急收复。”或又陈进取之计，行简奏：“今内外事势可忧而不可恃者七。”言甚垦切，师得不出。

端平三年九月，有事于明堂，大雷雨。行简与郑清之并策免。既去，而独趣召行简还京，留之，拜左丞相。援韩琦故事，乞以边防、财用分委三执政，请修中兴五朝国事。十上章请谢事。嘉熙三年，拜平章军国重事，封肃国公。每以上游重地为念，请建节度宣抚使，提兵戍蘷。边事稍宁，复告老，章十八上。四年，加少师、保宁军节度使、醴泉观使，封鲁国公。淳祐元年二月，薨于家，年八十六。赠太师，谥文惠。

行简历练老成，识量弘远，居官无所不言。好荐士，多至显达，至于举钱时、吴如愚，又皆当时隐逸之贤者。所著有《周礼总说》、《孔山文集》。


范锺字仲和，婺州兰溪人。嘉定二年，举进士。历官调武学博士，添差通判太平州，知徽州。召赴阙，迁刑部郎官，又迁尚右郎官兼崇政殿说书。进对，帝曰：“仁宗时甚多事。”锺对曰：“仁宗始虽多事，乃以忧勤致治。徽宗始虽无事，余患至于今日。”帝悦。寻迁吏部郎中兼说书，又迁秘书少监、国子司业兼国史编修、实录检讨。拜起居郎兼祭酒，权兵部侍郎兼同修国史、实录同修撰。迁兵部侍郎兼给事中，权兵部尚书兼侍讲，寻兼侍读。

嘉熙三年，拜端明殿学士、签书枢密院事。四年，授参知政事。淳祐元年，乞归田里，不许。四年，知枢密院事，乞归田里。五年，特拜左丞相兼枢密使，封东阳郡公，再乞归田里，不许。六年，复请，许之。加观文殿大学士、醴泉观使兼侍读，辞不拜，以保晚节，乃提举洞霄宫。九年正月，薨。

鍾为相，直清守法，重惜名器，虽无赫赫可称，而清德雅量，与杜范、李宗勉齐名。赠少师，谥文肃。所著书有《礼记解》。

游似字景仁，利路提点刑狱仲鸿之子。嘉定十四年进士，历官为大理司直，升大理寺丞，迁太常丞兼权兵部郎官。迁秘书丞兼权考功郎中、直秘阁、夔路转运判官，移潼川提点刑狱兼提举常平。请封谥田锡，从之。迁军器监、宗正少卿兼权枢密都承旨。

时暂兼权礼部侍郎兼侍讲、权礼部侍郎。有事于明堂，似上疏言："欲尽事天之礼，当尽敬天之心。心存则政事必适其宜，言动必当其理，雨旸必循其序，夷夏必安其生。"兼同修国史、实录院同修撰，权礼部尚书兼侍读。言："军赏冒滥，请给告之制，奏功者书填真命付之，俟从军十年，别能立功，升至统领已上，方许从所属保明申朝廷，立名给告，则冒滥者革，功劳者劝。"

迁礼部尚书兼给事中兼修国史、实录院修撰，权工部侍郎，充四川宣抚司参赞军事兼给事中。迁吏部尚书，入侍经幄。帝问："唐太宗贞观治效何速如是？"似封曰："人主一念之烈，足以旋乾转坤。或谓霸图速而王道迟，不知一日归仁，期月而可，王道曷尝不速。一念有时间断，则无以挽回天下之大势。至于忧勤，既切宸念，而佐理非人，亦何以布宣九重之实。"乃摭太宗事以陈，且谓："太宗矜心易启，渐弗克终，仅止贞观之治。陛下嗣服十有五年，艰危之势滋甚，回视太宗治效敏速、相越乃尔。意者亲儒而从谏，敬畏以检身，未若贞观之超卓乎？节用以致爱，选廉以共理，未若贞观之切至乎？愿陛下益加圣心。"

嘉熙三年正月，拜端明殿学士、同签书枢密院事，封南充县伯。

八月,拜参知政事。四年闰月,知枢密院事兼参知政事。淳祐四年,提举万寿观兼侍读,仍奉朝请,授知枢密院事兼参知政事,进爵郡公。五年,拜右丞相兼枢密使。十上章,乞归田里,帝不许。七年,特授观文殿大学士、醴泉观使兼侍读,进爵国公。十一年,转两官致仕,薨。特赠少师。

赵葵字南仲,京湖制置使方之子。初生时,或梦南岳神降其家。方在襄阳,命葵专督饮食共养之事。与兄范俱有志事功,方器之,聘郑清之、全子才为之师。又遣从南康李燔为有用之学。每闻警报,与诸将偕出,遇敌则深入死战,诸将惟恐失制置子,尽死救之,屡以此获捷。一日,方赏将士,恩不偿劳,军欲为变。葵时十二三,觉之,亟呼曰:"此朝廷赐也,本司别有赏赍。"军心赖一言而定,人服其机警。

嘉定十年,金将高琪、乌古论庆寿犯襄阳,围枣阳。时边烽久熄,金兵猝至,人情震惧。方帅范、葵往战,败走之。十三年,方遣葵及都统扈再兴攻金人至高头。高头,金人必守之处也,出劲兵拒战,葵率先锋奋击,再兴继进歼之。翼日,进次邓州,金人阻沘河以拒,葵麾军进击,杨义诸将继至,金兵亦大出合战,大破之,俘斩及降者几二万,获万户而下十数人,夺马八百,逐北直傅城下而还。

十四年,金人犯蕲州,葵与范攻唐、邓。方命之曰:"不克敌,毋相见也。"三月丁亥,至唐州,薄城而陈。金大将阿海引兵出战,葵帅精骑赴乱,再兴从之,大捷,斩馘万余。金人闭门不出。时金人陷蕲州者至久长,数十骑出山椒,葵帅杨大成以十四骑逐之。金骑渐益至数百,葵力战连破之,而金步骑大集。会范、再兴军合战,至夜分始解。庚寅,官军分二阵,范将左,再兴将右,葵帅突骑左右策应。金人背山亦分为二以相当,而不先动。范曰:"金人必复谋夜战以幸胜,乃预备大鼓,令军中闻叠鼓声始动,若彼未至五十步内而辄动者斩。未几,金兵稍下山,再兴遽冲之,果为敌所乘,遂逼范军,范叠鼓麾军突斗,葵继进,歼金兵数千。敌并力向再兴,葵率土豪祝文蔚等以精骑横冲之，金人僵死相属。复相持至夜分，金人虽敛，而阵如故。范葵急会将校，选死士数千。黎明四面奋击，唤声撼山谷。金人走，乘胜逐北，斩首数千级，副统军投戈降，拔所掠子女万余，得辎重器械山积。补葵承务郎、知枣阳军，范授安抚司内械。

方卒，十五年，起复直秘阁、通判庐州，进大理司直、淮西安抚参议官。十七年，李全往青州，淮东制置使许国檄葵议兵。葵至曰："君侯欲图贼，而坐贼阱中，悔已无及，惟有重帐前兵，犹足制之尔。"国曰："兵不能集，集不能精，奈何？"曰："葵请视两路之兵，别其精锐，君侯留三万帐前，贼不敢动矣。"国曰："不若集淮兵来阅，而君董之，既足示众，亦可选锐。"葵曰："有兵之郡，必当冲要，守将岂可空壁以从制使命耶？必将力争于朝，分留自卫。一得朝命，必匿其强壮，遣老弱以备数。本欲选锐，适得其钝，本欲示众，适示单弱，徒启戎心。"国不听，卒败。

宝庆元年，范知扬州，乞调葵以强勇、雄边军五千屯宝应备贼。葵在庐州，数费私钱会诸将球射与制置使曾式中不合，葵去之。言者以为擅，遂奉祠。三年，起为将作监丞。

绍定元年，出知滁州。二年，全将入浙西告籴，实俗觇畿甸也。初，全之献俘也，朝廷授以节钺，葵策其必叛，乃上书丞相史弥远曰："此贼若止于得粟，尚不宜使轻至内地，况包藏祸心，不止告籴。若不痛抑其萌，则自此肆行无惮，所谓延盗入室，恐畿内有不可胜讳之忧。"至滁，以其地当贼冲，又与金人对境，实两淮门户，修城浚隍，经武不少暇。命秦喜守青平，赵必胜守万山，以壮形势。葵母疾。谒告省侍不得，刲股杂药以寄之。母卒，葵求解官，不许，不得已，卒哭复视事。

全造舟益急，葵复致书史弥远曰："李全既破盐城，反称陈知县自弃城，盖欲欺朝廷以款讨罪之师，彼得一意修舟楫，造器械，窥伺城邑，或直浮海以捣腹心，此其奸谋，明若观火。蔡自闻盐城失守，日夕延颈以俟制帅之设施，今乃闻遣王节入盐城祈哀于逆。葵又闻遣二吏入山阳，请命于贼妇。堂堂制阃，如此举措，岂不堕贼计，贻笑天下、贻笑外夷乎？又闻张国明前此出山阳，已知贼将举盐城之兵，今若听国明言，更从阔略，则自此人心解体，万事涣散，社稷之忧有不可胜讳者。葵非欲张皇生事启衅，李全决非忠臣，非孝子。丞相苟听葵之言，翻然改图，发兵讨叛，则岂独可以强国势安社稷，葵父子世受国恩，亦庶几万一之报。使丞相不听葵言，不发兵讨贼，则岂特不可以强国势安社稷，而葵亦不知死所，不复可报君相之恩矣。一安一危，一治一乱，系朝廷之讨叛与不讨尔。淮东安则江南安，江南安则社稷安，社稷安则丞相安，丞相安则凡为国之臣子、为丞相之门人弟子莫不安矣。”

又言于朝曰：“葵父子兄弟，世受国恩，每见外夷、盗贼侵侮国家，未尝不为忠愤所激。今大逆不道，遐视朝廷，负君相卵翼之恩，无如李全。前此畔逆未彰，犹可言也，今已破荡城邑，略无忌惮，若朝廷更从隐忍，则将何以为国？欲望特发刚断，名其为贼，即日命将遣师，水陆并进，诛锄此逆，以安社稷，以保生灵。葵虽不才，愿身许朝廷，如或不然，乞将葵早赐处分，以安边鄙，以便国事。”

弥远犹未欲兴讨，参知政事郑清之赞决之。乃加葵直宝章阁、淮东提点刑狱兼知滁州。范刻日约葵，葵帅雄胜、宁淮、武定、强勇步骑万四千，命王鉴、扈斌、胡显等将之，以葵兼参议官。显，颍之兄也，拳力绝人，方在襄阳，每出师必使显及葵各领精锐分道赴战，摧坚陷阵，聚散离合，前无劲敌，以功至检校太尉。

已而，全攻扬州东门，葵亲出搏战。贼将张友呼城门请葵出，及出，全在隔壕立马相劳苦，左右欲射全，葵止之，问全来何为？全曰：“朝廷动见猜疑，今复绝我粮饷，我非背叛，索钱粮耳。”葵曰：“朝廷资汝钱粮，宠汝官职，盖不赀矣。待汝以忠臣孝子，而乃反戈攻陷城邑，朝廷安得不绝汝钱粮。汝云非叛，欺人乎？欺天乎？”切责之言甚多，全无以对，弯弓抽矢向葵而去。于是数战皆捷。四年正月壬寅，遂杀全。事见全传。进葵福州观察使、左骁卫上将军，葵辞不受。八月，召封枢密院禀议，受宝章阁待制、枢密副都承旨，依旧职仍落起复，寻进兵部侍郎。

　　六年十一月，诏授淮东制置使兼知扬州，入对，帝曰："卿父子兄弟，宣力甚多，卿在行阵又能率先士卒，捐身报国，此尤儒臣之所难，朕甚嘉之。"葵顿首谢曰："臣不佞，忠孝之义，尝奉教于君子，世受国恩，当捐躯以报陛下。"

　　端平元年，朝议收复三京，葵上疏请出战，乃授权兵部尚书、京河制置使，知应天府、南京留守兼淮东制置使。时盛者行师，汴堤破决，水潦泛溢，粮运不继，所复州郡，皆空城，无兵食可因。未几，北兵南下，渡河，发水闸，兵多溺死，遂溃而归，范上表劾葵，诏与全子才各降一秩，授兵部侍郎、淮东制置使，移司泗州。

　　嘉熙元年，以宝章阁学士知扬州，依旧制置使。二年，以应援定丰捷，奏拜刑部尚书，进端明殿学士，特予执政恩例，复兼本路屯田使。葵前后留扬八年，垦田治兵，边备益饬。淳祐二年进大学士、知潭州、湖南安抚使，改福州。

　　三年，葬其母，乞追服终制，不允。葵上书曰："移忠为孝，臣子之通谊；教孝求忠，君父之至仁。忠孝一原，并行不悖。故曰忠臣以事其君，孝子以事其亲，其本一也。臣不佞，戒谨持循，惟恐先坠。往岁叨当事任，服在戎行，偕同气以率先，冒万死而不顾，捐躯戡难，效命守封，是以孝事君之充也。陛下昭示显扬，优崇宠数，使为人子者感恩，为人亲者知劝矣。臣昨于草土，被命起家，勉从权制，先国家之急而后亲丧也。今释位去官，已追服居庐，乞从彝制。"又不许。再上疏曰："臣昔者奉诏讨逆，适丁家难，闵然哀疚之中，命以驱驰之事，移孝为忠，所不敢辞。是臣尝先国家之急，而效臣子之义矣。亲恩未报，寝逾一纪，食稻衣锦，俯仰增愧。且臣业已追衰麻之制，伸苦块之哀，负土成愤，倚庐待尽，丧事有进而无退，固不应数月而除也。"乃命提举洞霄宫，不拜。

　　淳祐四年，授同知枢密院事。疏奏："今天下之事，其大者有几？天下之才，其可用者有几？吾从其大者而讲明之，疏其可用者而任使之。有勇略者治兵，有心计者治财，宽厚者任牧养，刚正者持风宪。为官择人，不为人而择官。用之既当，任之既久，然后可以责其成效。"又乞"亟与宰臣讲求规画,凡有关于宗社安危治乱之大计者条具以闻,审其所先后缓急以图筹策,则治功可成,外患不足畏"。又乞"创游击军三万人以防江。"诏从之。十二月,拜知枢密院事兼参知政事,又特授枢密使兼参知政事、督视江、淮、京西、湖北军马,封长沙郡公。寻知建康府、行宫留守、江东安抚使。

九年,特授光禄大夫、右丞相兼枢密使,封信国公。四上表力辞,言者以宰相须用读书人,罢为观文殿学士,充醴泉观使兼侍读,仍奉朝请。寻判潭州、湖南安抚使,加特进。宝祐二年,宣抚广西。三年,改镇刑湖,城荆门及郢州。改授湖南路安抚使、判潭州,再辞,依旧职醴泉观使。五年,进少保、宁远军节度使,进封魏国公、醴泉观使兼侍读。四辞,免。开庆元年,判庆元府、沿海制置使,寻授沿江、江东宣抚使,置司建康府,任责隆兴府、饶州、江州、徽州两界防拓调遣,时暂兼判建康府、行宫留守,寻授江东西宣抚使,节制调遣饶、信、袁、临江、抚、吉、降兴官军民兵。访问百姓疾苦,罢行黜陟,并许便宜从事。

景定元年,授两淮宣抚使、判扬州,进封鲁国公,寻奉祠。咸淳元年,加少傅。二年,乞致仕,特授少师、武安军节度使,进封冀国公。舟次小孤山,薨,年八十一。是夕,五洲星陨如箕。赠太傅,谥忠靖。

范字武仲,少从父军中。嘉定十三年,尝与弟葵歼金人于高头。十四年,出师唐、邓,范与葵监军。孟宗政时知枣阳,惮于供亿,使人问曰:"金人在蕲、黄,而君攻唐、邓,何也?"范曰:"不然,撤襄阳之备以救蕲、黄,则唐、邓必将蹑吾后。且蕲、黄之寇正锐,曷若先捣唐、邓以示有余,唐、邓应我之不暇,则吾圉不守而自固。寇在蕲、黄师日以老,然后回师蹙之,可胜敌而无后患。又败金人于久长,与弟葵俱授制置安抚司内机,事具《葵传》。

十五年,丁父忧,起复直秘阁、通判扬州。十六年,为军器监丞,以直秘阁知光州。十七年,入为知大宗正丞、刑部侍郎、试将作监兼权知镇江府。进直徽猷阁、知扬州、淮东安抚副使。刘全、王文信二军老幼留扬州,范欲修军政,惧其徒漏泄兵机,乃时馈劳。二家既大喜,范即遗徐晞稷书,令教二人挈家归楚,二人从之,范厚赍以遗。有孙海者,其众亦八百。范并请抽还楚州,又请创马军三千,招游手之强壮者及籍牢城重役人充之。别籍民为半年兵,春夏在田,秋冬教阅。官免建砦而私不废农。

彭义斌使统领张士显见范,请合谋讨李全。范告于制置使赵善湘曰:“以义斌蹙全,如山压卵,然必请而后讨者,知有朝廷也。失此不右,而右凶徒,则权纲解纽矣。万一义斌无朝命而成大勋,是又唐藩镇之事,非计之得也。莫若移扬州增戍之后往盱眙,而四总管兵各留半以备金人,余皆起发,择一能将统之,命葵摘淮西精锐万人与会于楚州,出许浦海道,五十艘入淮,以断贼归路,密约义斌自北攻之,事无不济。四总管权位相侔,刘琸虽能得其欢心,而不能制其死命。如用琸,须令亲履行阵,指踪四人,不可止坐筹帷幄也。”不报。

范又曰:“国家讨贼则自此中兴,否则自此不振。若朝廷不欲张皇,则范乃提刑,职在捕盗,但令范以本路兵措置楚州盐贼,范当调时青、张惠两军之半,及其船数百,径薄楚城,以遏贼路,调夏全、范成进之半,据涟、海而守之,又移扬州之戍以戍盱眙。然得亲提精锐雄胜、强勇等就时青于城外,示贼以形势,谕贼以祸福,贼必自降。若犹拒守,则南北军民杂处,必有内应者矣。别约义斌攻之于北,山阳下则进驻涟、海以应之,抚归附家属以离其党,不出半月,此贼必亡。若是,则不调许浦水军,但得赵葵三千人亦足矣。若朝廷惮费,则全有豫买军需钱二十万在真州。且涟、楚积聚,多自足用。”

丞相史弥远报范书,令谕四总管各享安靖之福。范所遣计议官闻之,曰:“但恐祸根转深,不得安靖尔。”各挥涕而归。会全且至,范又献计曰:“抚机不发,事已无及。侯景困丧河南,致毒萧氏;今逆全不得志于义斌,而复虑四总管应之,归据旧巢,其谋必急。然蹙之于丧败之余者易,图之于休息之后者难。钤四总管合谋章露,必难遂已。但事机既变,局面不同。若庙算果定,不欲出教令,但得密赐指授,范一切伏藏不动,只约义斌,使自彼攻其所必救,则机会在我,而前日之策可用矣。"还报,戒范无出位专兵。

范乃为书谢庙堂,且决之曰:"今上自一人,下至公卿百执事,又下至士民军吏,无不知祸贼之必反。虽先生之心,亦自知其必反也。众人知之则言之,先生知而独不言,不言诚是也。内无卧薪尝胆之志,外无战胜攻取之备,先生隐忍不言而徐思所以制之,此庙谟所以为高也。然以抚定责之晞稷,而以镇守责之范。责晞稷者函人之事也,责范者矢人之事也。既责范以惟恐不伤人之事,又禁其为伤人之痛,恶其为伤人之言,何哉?其祸贼见范为备,则必忌而不得以肆其奸,他日必将指范为首祸激变之人,劫朝廷以去范。先生始未之信也,左右曰可,卿大夫曰可,先生必将曰:'是何惜一赵范而不以纾祸哉?'必将缚范以授贼,而范遂为宋晁错。虽然,使以范授贼而果足以纾国祸,范死何害哉?谚曰:'护家之狗,盗贼所恶。'故盗贼见有护家之狗,必将指斥于主人,使先去之,然后肆穿窬之奸而无所忌。然则杀犬固无益于弭盗也。欲望矜怜,别与闲慢差遣。"弥远得书,为之动心。

二年春,奉祠。三年,知安庆府,未行,改知池州,继兼江东提举常平。弥远访将材于葵,葵以范对。进范直敷文阁、淮东提点刑狱兼知滁州。范曰:"弟而荐兄,不顺。"以母老辞。乃上书弥远曰:"淮东之事,日异日新。然有淮则有江,无淮则长江以北,港汊芦苇之处,敌人皆可潜师以济,江面数千里,何从而防哉。今或谓异辞厚惠可以啖贼,而不知陷彼款兵之计。或谓敛兵退屯可以缓贼,而不知成彼深入之谋。或欲行青野以婴城,或欲聚乌合而浪战,或以贼词之乍顺乍逆而为喜惧,或以贼兵之乍进乍退而为宽紧,皆失策也。失策则失淮,失淮则失江,而其失有不可胜讳者矣。夫有遏寇之兵,有游击之兵,有讨贼之兵。今宝应之逼山阳,天长之逼盱眙,须各增戍兵万人,遣良将统之,贼来则坚壁以挫其锋,不来则耀武以压其境。而又观衅伺隙,时遣偏师掩其不备,以示敢战,使虽欲深入而畏吾之捣其虚,此遏寇之兵也。盱眙之寇,素无储蓄,金人亦无以养之,不过分兵掳掠而食,当量出精兵,授以勇校,募土豪,出奇设伏以剿杀之,此游击之兵也。惟扬、金陵、合肥,各聚二三万人,人物必精,将校必勇,器械必利,教阅必熟,纪律必严,赏罚必公,其心术念虑必人人思亲其上而死其长。信能行此,半年而可以强国,一年而可讨贼矣。贼既不能深入,掳掠复无所获,而又怀见讨之恐,则必反而求赂于金,金无余力及此,则必怨之怒之,吾于是可以嫁祸于金人矣。或谓扬州不可屯重兵,恐连贼祸,是不然。扬州者,国之北门,一以统淮,一以蔽江,一以守运河,岂可无备哉。善守者,敌不知所攻。今若设宝应、天长二屯以扼其冲,复重二三帅阃以张吾势,贼将不知所攻,而也敢犯我扬州哉?设使贼不知兵势而犯扬州,是送死矣。"朝廷乃召范禀议,复令知池州。

绍定元年,试将作监、知镇江府。三年,丁母忧,求解官,不许。起复直徽猷阁、淮东安抚副使。寻转右文殿修撰,赐章服金带,不得已,卒哭复视事。又为书告庙堂:"请罢调停之议,一请檄沿江制置司,调王明本军驻泰兴港以扼泰州下江之捷径;一请檄射阳湖人为兵,屯其半高邮以制贼后,屯其半瓜州以扼贼前;一请速调淮西兵合滁阳、六合诸军图救江面。不然,范虽死江皋无益也。"朝旨乃许范刺射阳湖兵毋过二万人,就听节制。

范又遗善湘书,曰:"今日与宗社同休戚者,在内惟丞相,在外惟制使与范及范弟葵耳。贼若得志,此四家必无存理。"于是讨贼之谋遂决,遂戮全。进范兵部侍郎、淮东安抚史兼知扬州兼江淮制置司参谋官,以次复淮东。加吏部侍郎,进工部尚书、沿江制置副使,权移司兼知黄州,寻兼淮西制置副使。未几,为两淮制置使、节制巡边军马,仍兼沿江制置副使。

又进端明殿学士,京、河、关、陕宣抚使、知开封府、东京留守兼江、淮制置使。入洛之师大溃,乃授京湖安抚制置使兼知襄阳府。范至,则倚王旻、樊文彬、李柏渊、黄国弼数人为腹心,朝夕酬狎,了无上下之序。民讼边防,一切废弛。属南北军将交争,范失于抚御。于是北军王旻内叛,李伯渊继之,焚襄阳北去,南军大将李虎不救焚,不定变,乃因之劫掠。城中官民尚四万七千有奇,钱粮在仓库者无虑三十万,弓矢器械二十有四库,皆为敌有。盖自岳飞收复百三十年,生聚繁庶,城高池深,甲于西陲,一旦灰烬,祸至惨也。言者劾范,降三官落职,依旧制置使。寻奉祠,以言罢。论者未已,再降两官。送建宁府居住。嘉熙三年,叙复官职,与宫观。四年,知静江府,后卒于家。

谢方叔字德方,威州人。嘉定十六年进士,历官监察御史。疏奏:"秉刚德以回上帝之心,奋威断以回天下之势,或者犹恐前习便嬖之人,有以私陛下之听而悦陛下之心,则前日之畏者怠,忧者喜,虑者玩矣。左右前后之人,进忧危恐惧之言者,是纳忠于上也;进燕安逸乐之言者,是不忠于上也。凡有水旱盗贼之奏者,必忠臣也;有谄谀蒙蔽之言者,必佞臣也。陛下享玉食珍美之奉,当思两淮流莩转壑之可矜;闻管弦钟鼓之声,当思西蜀白骨如山之可念。"又言:"崇俭德以契天理,储人才以供天职,恢远略以需天讨,行仁政以答天意。"帝悦,差知衡州、除宗正少卿,又除太常少卿兼国史编修、实录检讨。

时刘汉弼、杜范、徐元杰相继死,方叔言:"元杰之死,陛下既为命官鞠狱,立赏捕奸,罪人未得,忠冤未伸。陛下苟不始终主持,将恐纪纲扫地,而国无以为国矣。"迁殿中侍御史,进对,言:"操存本于方寸,治乱系于天下。人主宅如法宫蠖蠖之邃,朝夕亲近者左右近习承意伺旨之徒,往往觇上之所好,不过保恩宠、希货利而已。而冥冥之中,或有游扬之说,潜伏而莫之觉。防微杜渐,实以是心主之。"又言:"今日为两淮谋者有五:一曰明间谍,二曰修马政,三曰营山水砦,四曰经理近城之方田,五曰加重遏绝游骑及救夺掳掠之赏罚。"请行限田,请录朱熹门人胡安定、吕焘、蔡模,诏皆从之。

权刑部侍郎兼权给事中,升兼侍讲,正授刑部侍郎,权国史编修、实录检讨。拜端明殿学士、签书枢密院事、参知政事。淳祐九年,拜参知政事,封永康郡侯。十一年,特授知枢密院事兼参知政事。寻拜左丞相兼枢密使,进封惠国公。劝帝以爱身育德。

属监察御史洪天锡论宦者卢允升、董宋臣,疏留中不下,大宗正寺丞赵崇璠移书方叔云:"阉寺骄恣特甚,宰执不闻正救,台谏不敢谁何,一新入孤立之察官,乃锐意出身攻之,此岂易得哉?侧耳数日,寂无所闻,公议不责备他人,而责备于宰相。不然,仓卒出御笔,某人授少卿,亦必无可遏之理矣,丞相不可谓非我责也。丞相得君最深,名位已极,傥言之胜,宗社赖之;言之不胜,则去。去则诸君必不容不争,是胜亦胜,负亦胜,况未必去耶。"方叔得书,有赧色。

翼日,果得御笔授天锡大理少卿,而天锡去国。于是太学生池元坚、太常寺丞赵崇洁、左史李昴英皆论击允升、宋臣。而谗者又曰:"天锡之论,方叔意也。"及天锡之去,亦曰:"方叔意也。"方叔上疏自解,于是监察御史朱应元论方叔,罢相。既罢,允升、宋臣犹以为未快,厚赂太学生林自养,上书力诋天锡、方叔,且曰:"乞诛方叔,使天下明知宰相台谏之去,出自独断,于内侍初无预焉。"书既上,学舍恶自养党奸,相与鸣鼓攻之,上书以声其罪。乃授方叔观文殿大学士、提举洞霄宫。复以监察御史李衢两劾,褫职罢祠。后依旧职,与祠,起居郎召泽、中书舍人林存劾罢,监宗御史章士元请更与降削,窜广南。景定二年,请致仕,乃叙复官职。

度宗即位,方叔以一琴、一鹤、金丹一粒来进。丞相贾似道恐其希望,讽权右司郎官卢越、右司谏赵顺孙、给事中冯梦得、右正言黄镛相继请夺方叔官职封爵,制置使吕文德愿以己官赎其罪,咸淳七年,诏叙复致仕。八年卒。特赠少师。方叔在相位,子弟干政,若谗余玠之类是也。

论曰:乔行简弘深好贤,论事通谏。范锺、游似同在相位,皆谨饬自将,而意见不侔。赵方豫计二子后当若何,而葵、范所立,皆如所言,所谓知子莫若父也。然宋自端平以来,捍御淮、蜀两边者,非葵材馆之士,即其偏裨之将。朝廷倚之,如长城之势。及其筋力既老,而卫国之志不衰,亦曰壮哉! 谢方叔相业无过人者,晚困于权臣,至以玩好丹剂为人主寿,坐是贬削,有愧金镜多矣!

宋史卷四一八
列传第一七七

# 吴潜　程元凤　江万里
# 王爚　章鉴　陈宜中
# 文天祥

吴潜字毅夫，宣州宁国人。秘阁修撰柔胜之季子。嘉定十年进士第一，授承事郎、签镇东军节度判官。改签广德军判官。丁父忧，服除，授秘书省正字，迁校书郎、添差通判嘉兴府，权发遣嘉兴府事。转朝散郎、尚书金部员外郎。

绍定四年，迁尚右郎官。都城大火，潜上疏论致灾之由："愿陛下斋戒修省，恐惧对越，菲衣恶食，必使国人信之，毋徒减膳而已。疏损声色，必使天下孚之，毋徒撤乐而已。阉官之窃弄威福者勿亲，女宠之根萌祸患者勿昵。以暗室屋漏为尊严之区，而必敬必戒，以恒舞酣歌为乱亡之宅，而不淫不泆。使皇天后土知陛下有畏之之心，使三军百姓知陛下有忧之之心。然后，明诏二三大臣，和衷竭虑。力改弦辙，收召贤哲，选用忠良。贪残者屏，回邪者斥，怀奸党贼者诛，贾怨误国者黜。毋并进君子、小人以为包荒，毋兼容邪说、正论以为皇极，以培国家一线之脉，以救生民一旦之命。庶几天意可回，天灾可息，弭灾为祥，易乱为治。"

又言："重地要区，当豫畜人才以备患。论大顺之理，贯通天人，当以此为致治之本。"又贻书丞相史弥远论事：一曰格君心，二曰节奉给,三曰振恤都民。四曰用老成廉洁之人,五曰用良将以御外患,六曰革吏弊以新治道。授直宝章阁、浙东提举常平,辞不赴。改吏部员外郎兼国史编修、实录检讨,迁太府少卿、淮西总领。

又告执政,论用兵复河南不可轻易,以为:“金人既灭,与北为邻,法当以和为形,以守为实,以战为应。自荆襄首纳空城,合兵攻蔡,兵事一开,调度浸广,百姓狼狈,死者枕藉,使生灵肝脑涂地,得城不过荆榛之区,获俘不过暧昧之骨,而吾之内地荼毒如此,边臣误国之罪,不待言矣。闻有进恢复之画者,其算可谓俊杰,然取之若易,守之实难。征行之具,何所取资,民穷不堪,激而为变,内郡率为盗贼矣。今日之事,岂容轻议。”自后,兴师入洛,溃败失亡不赀,潜之言率验。迁太府卿兼权沿江制置、知建康府、江东安抚留守。上疏论保蜀之方,护襄之策,防江之算,备海之宜,进取有甚难者三事。

端平元年,诏求直言,潜所陈九事:一曰顾天命以新立国之意,二曰植国本以广传家之庆,三曰笃人伦以为纲常之宗主,四曰正学术以还斯文之气脉,五曰广畜人才以待乏绝,六曰实恤民力以致宽舒,七曰边事当鉴前辙以图新功,八曰楮币当权新制以解后忧,九曰盗贼当探祸端而图长策。以直论忤时相,罢奉千秋鸿禧祠。改秘阁修撰、权江西转运副使兼知隆兴府,主管江西安抚司。擢太常少卿,奏造斛头输诸郡租,宽恤人户,培植根本,凡十五事。

进右文殿修撰、集英殿修撰、枢密都承旨、督府参谋官兼知太平州,五辞不允。又言和战成败大计,宜急救襄阳等事。贻书执政,论京西既失,当招收京淮丁壮为精兵,以保江西。权工部侍郎、知江州,辞不赴。请养宗子以系国本,以镇人心。改权兵部侍郎兼检正。论士大夫私意之敝,以为:“襄、汉溃决,兴、沔破亡,两淮俶扰,三川陷没,欲望陛下念大业将倾,士习已坏,以静专察群情,以刚明消众慝,警于有位,各励至公,毋以术数相高,而以事功相勉;毋以阴谋相讦,而以识见相先。协谋并智,戮力一心,则危者尚可安,而衰证尚可起也。”又请分路取士,以收淮、襄之人物。

　　试工部侍郎、知庆元府兼沿海制置使，改知平江府，条具财计凋敝本末，以宽郡民，与转运使王埜争论利害。授宝谟阁待制，提举太平兴国宫，改玉隆万寿宫。试户部侍郎、淮东总领兼知镇江府。言边储防御等十有五事。改宝谟阁直学士，兼浙西都大提点坑冶，权兵部尚书、浙西制置使。申论防拓江海，团结措置等事。

　　进工部尚书，改吏部尚书兼知临安府，乃论艰屯蹇困之时，非反身修德，无以求亨通之理。乞遴选近族以系人望，而俟太子之生。帝嘉纳。兼侍读经筵，以台臣徐荣叟论列，授宝谟阁学士、知绍兴府、浙东安抚使，辞，提举南京鸿庆宫。遂请致仕，授华文阁学士知建宁府，辞。

　　丁母忧，服除，转中大夫、试兵部尚书兼侍读，转翰林学士、知制诰兼侍读，改端明殿学士、签书枢密院事，进封金陵郡候。以亢旱乞罢，免，改资政殿学士、提举洞霄宫，改知福州兼本路安抚使。徙知绍兴府、浙东安抚使。

　　召同知枢密院兼参知政事。入对，言："国家之不能无敝，犹人之不能无病。今日之病，不但仓、扁望之而惊，庸医亦望而惊矣。愿陛下笃任元老，以为医师，博采众益，以为医工。使臣辈得以效牛溲马勃之助，以不辱陛下知人之明。"

　　淳祐十一年，入为参知政事，拜右丞相兼枢密使。明年，以水灾乞解机政，以观文殿大学士、提举洞霄宫。又四年，授沿海制置大使。判庆元府。至官，条具军民久远之计，告于政府，奏皆行之。又积钱百四十七万三千八百有奇，代民输帛，前后所蠲五百四十九万一千七百有奇。以久任丐祠，且累章乞归田里，进封崇国公，判宁国府。还家，以醴泉观使兼侍读，召人对，论畏天命，结民心，进贤才，通下情。帝嘉纳。拜特进、左丞相，进封庆国公。奏："乞令在朝之臣各陈所见，以决处置之宜。"改封许国公。

　　大元兵渡江攻鄂州，别将由大理下交阯，破广西、湖南诸郡。潜奏："今鄂渚被兵，湖南扰动，推原祸根，良由近年奸臣恬士设为虚议，迷国误军，其祸一二年而愈酷。附和逢迎，婾阿谄媚，积至于大不靖。臣年将七十，捐躯致命，所不敢辞。所深痛者，臣交任之日，上流之兵已逾黄、汉，广右之兵已蹈宾、柳，谓臣坏天下之事，亦可哀已。”

又论国家安危治乱之原："盖自近年公道晦蚀，私意横流，仁贤空虚，名节丧败，忠嘉绝响，谀佞成风，天怒而陛下不知，人怨而陛下不察，稔成兵戈之祸，积为宗社之忧。章鉴、高铸尝与丁大全同官，倾心附丽，躐跻要途。萧泰来等群小噂沓，国事日非，浸淫至于今日。陛下稍垂日月之明，毋使小人翕聚，以贻善类之祸。沈炎实赵与𥱼之腹心爪牙，而任台臣，甘为之搏击，奸党盘据，血脉贯穿，以欺陛下。致危乱者，皆此等小人为之。"又乞令大全致仕，炎等与祠，高铸羁管州军。不报。

属将立度宗为太子，潜密奏云："臣无弥远之材，忠王无陛下之福。"帝怒潜，卒以炎论劾落职。命下，中书舍人洪芹缴还词头，不报，谪建昌军，寻徙潮州，责授化州团练使、循州安置。潜预知死日，语人曰："吾将逝矣，夜必雷风大作。"已而果然，四鼓开霁，撰遗表，作诗颂，端坐而逝。时景定三年五月也。循人闻之，咨嗟悲恸。德祐元年，追复元官，仍还执政恩数。明年，以太府卿柳岳请赠谥，特赠少师。

程元凤字申甫，徽州人。绍定元年进士，调江陵府教授。端平元年，差江西转运司干办公事。丁母忧。淳祐元年，迁礼、兵二部架阁；以父老不忍去侧，迁太学正，以祖讳辞，改国子录，父忧，服阕，迁太学博士，改宗学博士。以《诗》、《礼》讲荣王府。旁讽曲谕，随事规正，多所裨益，王亦倾心敬听。轮对。极论世运剥复之机及人主所当法天者。理宗览之曰："有古遗直风。"

六年，进秘书丞兼权刑部郎官。七年，兼权右司司郎官，迁著作郎，仍权右司郎官。轮对，指陈时病尤激切，当国者以为厉己。丐外，知饶州。郡初罹水灾，元凤访民疾苦，夙夜究心，修城堞，岁有冬夏帐银，悉举以补郡积年诸税敛之不足者。芝生治所，众以治行之致，元凤曰:"五谷熟则民蒙惠,此不足异也。"

召奏事。辞不允,迁右曹郎官,疏言实学、实政、国本、人才、吏治、生民、财计、兵威八事。寻兼右司郎官。拜监察御史兼崇政殿说书。丞相郑清之久专国柄,老不任事,台官潘凯、吴燧合章论列,清之不悦,改迁之,二人不拜命去。元凤上疏斥清之罪,其言明白正大,凯、燧得召还。有事于明堂,元凤疏言"祈天以实不以文。"又言边备,谓"当申儆军实,以起积玩之势"。及言滥刑之敝。十二年,拜右正言兼侍讲,以祖讳辞。诏权以右补阙系衔。上疏论格心之学,谓"革士大夫之风俗,当革士大夫之心术。"至于文敝、边储、人才、民心、储将帅、救灾异,莫不尽言。

余晦以从父天锡恃恩妄作,三学诸生伏阙上书白其罪状,司业蔡抗又力言之,元凤数其罪劾之。奏上,以晦为大理少卿,抗为宗正少卿。元凤又上疏留抗而黜晦,以安士心。乃命抗仍兼司业。晦予郡。

升殿中侍御史,仍兼侍讲。京城灾,疏言:"辍土木无益之役,以济暴露之民;移缁流泛滥之恩,以给颠沛之众。务行宽大之政,固结亿兆之心。旁招俊乂,而私昵无滥及之恩;屏去奸私,而贪黩无覆出之患。谨便嬖之防,而不使之弄权;抑恩泽之请,而不至于无节。"言多剀切。

宝祐元年,兼侍读,迁侍御史,言法孝宗八事。荐名士二十余人,进尚书,吏部侍即兼中书舍人,兼同修国史、实录院同修撰,仍兼侍读。亟辞,出关,不允。有事于南郊,元凤为执绥官,答问多所开陈。帝因欲幸西太乙宫,力谏止之。三年,迁权工部尚书,力求补外,特授端明殿学士、同签书枢密院事。

蜀境与沅、靖交急,朝廷欲择重臣出镇上流,用徐敏子易蜀帅及用向士璧为镇抚。元凤请下荆南,调兵援蜀,移吕文德上沅、靖。进依前职,签书枢密院事兼权参知改事,进参知政事,寻进拜右丞相兼枢密使,进封新安郡公。力辞,御笔勉谕,犹周回累日而后治事。疏奏正心、待臣、进贤、爱民、备边、守法、谨微、审令八事。高、孝、光、宁四朝国史未就，奏转任尤焴领其事，纂修成之。会丁大全谋夺相位，元凤力辞，授观文殿大学士判福州、福建安抚使。又力辞，依前职，提举洞霄宫。

开庆兵兴，上手疏收人心、重赏罚、团结民兵数事。俄起判平江府兼淮、浙发运使。四上章乞免。三年，御笔趣行，奏免修明局米五万石。拜特进，依前职。充醴泉观兼侍读。度宗即位，进少保。三年，拜少传、右丞相兼枢密使，进封吉国公，以言罢，依旧少保、观文殿大学士、醴泉观使。乞致仕，不许。四年，罢观使，以守少保、观文殿大学士致仕。卒，遗表闻，帝震悼辍朝，特赠少师。

元凤之在政府也，一契家子求贰令，元凤谢之曰："除授须由资。"其人累请不许，乃以先世为言。元凤曰："先公畴昔相荐者，以某粗知恬退故也。今子所求躐次，岂先大夫意哉？矧以国家官爵报私恩，某所不敢。"有尝现遭元凤论列者，其后见其可用，更荐拔之，每曰："前日之弹劾，成其才也；今日之擢用，尽其才也。"所著《讷斋文集》若干卷。

江万里字子远，都昌人。自其父烨始业儒。大父璘，乡称善人，其邻史知县者夸其能杖哗健士，璘俯首不答，归语烨曰："史祖父故寒士，今居官以杖士人自喜，于我心有不释然。审尔，史氏且不昌，汝其戒之。"是夕烨妻陈梦一贵人入其家，曰："以汝家长有善言，故来。"已而有娠，生万里。少神隽，有锋颖，连举于乡。入太学，有文声。理宗在潜邸，尝书其姓名几研间。以舍选出身，历池州教授、沿江制置准备差遣、两浙安抚司干办公事。召试馆职，累迁著作佐郎、权尚左郎官兼枢密院检详文字。知吉州，创白鹭洲书院，兼提举江西常平茶盐。召为屯田郎官，未行，迁直秘阁、江西转运判官兼权知隆兴府。创宗濂书院。迁考功郎官，命旋寝。久之，以驾部郎官召，迁尚右兼侍讲。

史嵩之罢相，拜监察御史，仍兼侍讲。未几，迁右正言、殿中侍御史，又迁侍御史，未及拜。万里器望清峻，论议风采倾动一时，帝眷注尤厚。常丐祠、省母疾,不许。属弟万顷奉母归南康,旋以母病闻,万里不俟报驰归,至祁门得讣。而议者谓万里母死,秘不奔丧,反挟滕自随,于是侧目万里者,相与腾谤。万里无以自解,坐是闲废者十有二年,后陆德舆尝辨其非辜于帝前。

贾似道宣抚两浙,辟参谋官。及似道同知枢密院,为京湖宣抚大使,以万里带行宝章阁待制,为参谋官。大元兵围鄂,似道以右丞兼枢密使移军汉阳,万里迁刑部侍郎。似道入相,万里兼国子祭酒、侍读。入对,迁权吏部尚书,又拜端明殿学士、同签书枢密院事兼太子宾客。随以言者去官。后以愿职知建宁府兼权福建转运使。已而,加资政殿学士,依旧职,知福州兼福建安抚使。

度宗即位,召同知枢密院事,又兼权参知政事,迁参知政事。万里始虽俯仰容默,为似道用,然性峭直,监事不能无言。似道常恶其轻发,故每入不能久在位。似道以去要君,帝初即位,呼为师相,至涕泣拜留之。万里以身披帝云:“自古无此君臣礼,陛下不可拜,似道不可复言去。”似道不知所为,下殿举笏谢万里曰:“微公,似道几为千古罪人。”然以此益忌之。

帝在讲筵,每问经史疑义及古人姓名,似道不能对,万里常从旁代对。时王夫人颇知书,帝语夫人以为笑,似道闻之,积惭怒,谋逐之,万里四丐祠,不俟报出关。加资政殿大学士、知庆元府兼沿海制置使,不拜,予祠。后二年,知太平州兼提领江淮茶盐兼江东转运使,召拜参知政事,进封南康郡公。既至,拜左丞相兼枢密使。丐祠,加观文殿大学士知福州,辞,依旧职,提举洞霄宫。又授知潭州、湖南安抚大使,加特进,寻予祠。时咸淳九年,万里年七十有六矣。

明年,大元兵渡江,万里隐草野间,为游骑所执,大诟,欲自戕,既而脱归。先是,万里闻襄樊失守,凿池芝山后圃,扁其亭曰“止水”,人莫谕其意,及闻警,执门人陈伟器手,曰:“大势不可支,余虽不在位,当与国为存亡。”及饶州城破,军士执万顷,索金银不得,支解之。万里竟赴止水死。左右及子镐相继投沼中,积尸如叠。翼日,万里尸独浮出水上,从者草敛之。万里无子,以蜀人王橚子为后,即镐也。事闻。赠太傅、益国公,后加赠太师,谥文忠。万顷历守大郡,为提举江西常平茶盐,官至正郎。城破时,郴州守赵崇槹寓居城中,亦死之。

王爚字仲潜,一字伯晦,绍兴新昌人。登嘉定十三年进士第,知常熟县。绍定四年,江淮制置司辟通判泰州。五年,差知滁州。端平元年,知瑞州。嘉熙元年,提辖左藏东西库兼提辖封桩下库。二年,迁籍田令兼督视干办公事。淳祐二年,改监三省枢密院门,乞免所居官,诏从之。四年,再任。五年,迁太府寺丞、秘书丞、户部郎官、淮西总领,主管右曹。六年,为尚书左司员郎。赐对,乞祠,不许。七年,迁秘书少监,以侍御史周坦言,罢为福建提点刑狱,差知温州。十年,差知宁国府,迁太府卿。

宝祐元年,兼国史编修、实录检讨兼权兵部侍郎,试司农卿兼中书门下省检正诸房公事。疏奏:"愿诏大臣相与忧乱而思治,惧危而图安,哀恫警省,修德行政,摧抑群阴之气焰,保护微阳之根本,批札毕杜于私蹊,官赏宏辟于正路。使内治明如天日,外治劲如风霆。则精神运动,阳汇昭苏,世道昌明,物情熙洽,上以迓续天命于谴告之余,下以固结人心于解纽之际。其孰能御之。"以右文殿修撰提举太平兴国宫。五年,京湖宣抚大使赵葵辟为判官。

开庆元年,召赴行在,授集英殿修撰、枢密都承旨、权吏部侍郎。景定元年,兼同修国史、实录院同修撰兼侍读,为真侍郎兼太子左庶子。极言正论,太子听而说之,帝闻之甚喜。二年,迁礼部尚书,权吏部尚书,加龙图阁学士、知平江府、淮浙发运使。五年,召赴行在,进端明殿学士,提举佑神观兼侍读。召赴行在。

咸淳元年二月,拜签书枢密院事。闰月,同知枢密院事兼权参知政事。二年,以疾乞祠,不许。乞放归田里。帝遣尚医视之,且赐食,复两乞归,皆不许。二年,拜参知政事。三年,知枢密院事兼参知政事。立皇太子,加食邑,三辞免官,不许。乞奉祠、休假,皆不许。最后乞祠禄,乃授资政殿学士知庆元府兼沿海制置使。四辞免,不许。七年，台州言："乞差爚充上蔡书院山主，"诏从之。八年，加观文殿学士提举万寿宫兼侍读，诏遣刑部郎官董朴起之，四上疏辞免，始从之。十年，乞致仕，不许。十一月，以爚为左丞相，章鉴为右丞相，并兼枢密使。寻授爚特进，加食邑。乞致仕，两乞辞免，皆不许。

德祐元年，两乞改命经筵庶可优闲，再乞以旧职奉京祠侍读，皆不许。右丞相章鉴、参知政事陈宜中奏"谕留爚以镇人心，以康世道。"从之。爚两请毋署省院公椟，不许。又奏："乞将臣先赐罢斥，臣本志誓死报国，愿假臣以宣抚招讨等职，臣当招募忠义，共图兴复。"鉴、宜中又奏"爚单车绝江，已至萧山，乞遣中使趣还治事"。乃授观文殿大学士、浙西、江东路宣抚招讨大使，置司在京，以备咨访。乞解大使职名，不许。进少保、左丞相兼枢密使。寻加都督诸路军马。累辞，皆不许。

奏言："今天下所以大坏至此者，正以一私蟠塞，赏罚无章故也。救之之策，在反其所以坏之之由。大明赏罚，动合乎天，庶几人心兴起，天下事尚可为也。"因言贾似道误国丧师之罪，于是始降诏切责似道不忠不孝。六月庚子朔，日食，爚奏："日食不尽仅一分，白书晦冥者数刻。阴盛阳微，灾异未有大于此者。臣待罪首相，上佐天子理阴阳，下遂万物，外镇诸侯，皆其职也。氛祲充塞而未能消，生民涂炭而未能拯，反复思之，咎实在臣，乞罢黜以答天谴。"答诏不许，第降授金紫光禄大夫而已。辞降官，乞罢斥，又不许。

寻进平章军国重事，辞，不许。或请："出宜中或梦炎出督吴门，否则臣虽老无能为，若效死封疆，亦不敢辞。"诏三省集议。乞罢平章事，不许。京学生上书诋宜中，宜中亦上疏乞骸骨。初，宜中在相位，政事多不关白爚，或谓京学之论，实爚嗾之。

七月壬辰，诏："给、舍之奏三入，爚与宜中必难共处，兼爚近奏乞免平章侍经筵，辞气不平，诚有如人言者矣。"遂罢爚平章，依前少保、特授观文殿大学士充醴泉观使。爚为人清修刚劲，似道归天台葬母，过新昌，爚独不见之。后以元老入相位，值国势危亡之际，

天下所属望也,而卒与宜中不协而去云

　　章鉴字公秉,分宁人。以别院省试及第,累官中书舍人、侍左郎官、崇政殿说书,进签书枢密院事兼权参知政事,迁同知枢密院事。

　　咸淳十年,王爚拜左丞相,鉴拜右丞相,并兼枢密使。明年,大元兵逼临安,鉴托故径去。遣使亟召还朝,既至,罢相予祠。殿帅韩震之死,鉴与曾渊子明震无他。至是,御史王应麟缴其录黄,谓震有逆谋,鉴与渊子曲庀之。坐是削一官,放归田里。

　　后有告鉴家匿宝玺者,霜晨,鉴方拥败衾卧,兵士至,大索其室,惟敝箧贮一玉杯,余无一物,人颇叹其清约。鉴在朝日,号宽厚,然与人多许可,士大夫目为“满朝欢”云。

　　陈宜中字与权,永嘉人也。少甚贫,而性特俊拔。有贾人推其生时,以为当大贵,以女妻之。既入太学,有文誉。宝祐中,丁大全以戚里婢婿事权幸卢允升、董宋臣,因得宠于理宗,擢为殿中侍御史,在台横甚。宜中与黄镛、刘黻、林测祖、陈宗、曾唯六人上书攻之。大全怒,使监察御史吴衍劾宜中,削其籍,拘管他州。司业率十二斋生,冠带送之桥门之外,大全益怒,立碑学中,戒诸生亡妄议国政,且令自后有上书者,前廊生看详以牒报检院。由是,士论翕然称之,号为“六君子”。宜中谪建昌军。

　　大全既窜,丞相吴潜奏还之。贾似道入相,复为之请,有诏六人皆免省试令赴。景定三年,廷试,而宜中中第二人。六人之中,宜中尤达时务。由绍兴府推官、户部架阁、秘书省正字、校书郎,数年迁监察御史。

　　程元凤再相,似道恐其侵权,欲去之。宜中首劾元凤纵丁大全肆恶,基宗社之祸。命格,除太府卿。宜中亦自请外,为江东提举茶盐常平公事。四年,改浙西提刑。五年,召为崇政殿说书,累迁礼部侍郎兼中书舍人。七年,闽阙帅,以显文阁待制、知福州。在官得民心,岁余人为刑部尚书。十年,拜签书枢密院事兼权参知政事。

德祐元年，升同知枢密院事。二月，似道丧师芜湖，乃以宜中知枢密院兼参知政事。已而翁应龙自军中归，宜中问似道所在，应龙以不知对。宜中以为似道已死，即上疏乞正似道误国之罪。似道行时，以所亲信韩震总禁兵，人有言震欲以兵劫迁者，宜中召震计事，伏壮士袖铁椎击杀之，以示不党于似道。

时右丞相章鉴宵遁，曾渊子等请命宜中摄丞相事。诏以王爚为左丞相，拜宜中特进、右丞相。四月，爚还朝论事，即与宜中不合。台臣孙嵘叟请审籍潜说友、吴益、李珏，宜中以为"簿录非盛世事，祖宗忠厚，未尝轻用之。珏方召入朝，遽加重刑，恐后无以示信"。爚力争，以为当如嵘叟议。会留梦炎自湖南入朝，爚与宜中俱乞罢政，请以梦炎为相。太皇太后乃以宜中为左丞相，梦炎为右丞相，爚进平章军国重事。爚拜命，即日儗民居，以丞相府让宜中，宜中上疏，以为"一辞一受，何以解天下之讥。"亦去。遣使数辈遮留之，始至。

时命张世杰等四道进师，二丞相都督军马而不出督。爚请以一丞相建阃吴门，以护诸将，不然，则已请行。宜中愧，始与梦炎上疏乞行边。事下公卿议不决。七月，世杰等兵果败于焦山。爚奏言："事无重于兵，今二相并建都督，庙算指授，臣不得而知。比者，六月出师，诸将无统。臣岂不知吴门距京不远，而必为此请者，盖大敌在境，非陛下自将则大臣开督。今世杰以诸将心力不一而败，不知国家尚堪几败邪？臣既不得其职，又不得其言，乞罢免。"不允。

爚子□乃嗾京学生伏阙上书，数宜中过失数十事，其略以为："赵溍、赵与鉴皆弃城遁，宜中乃借使过之说，以报私恩。令狐概、潜说友皆以城降，乃受其包苴而为之羽翼。文天祥率兵勤王，信谗而沮挠之。似道丧师误国，阳请致罚而阴佑之。大兵薄国门，勤王之师乃留之京城而不遣。宰相当出督，而畏缩犹豫，第令集议而不行。吕师夔狼子野心，而使之通好乞盟。张世杰步兵而用之于水，刘师勇水兵而用之于步，指授失宜，因以败事。臣恐误国将不止于一似道也。"

书上，宜中竟去，遣使召之，不至。其后，罢爚，命临安府捕逮京学生。召之亦不至。太皇太后自为书遗其母杨，使勉谕之，宜中始乞以祠官入侍，乃拜醴泉观使。十月壬寅，始造朝，寻为右丞相，然事已去矣。宜中仓皇发京城民为兵，民年十五以上者皆籍之，人皆以为笑。十一月，遣张全合尹玉、麻士龙兵援常州，玉与士龙皆战死，全不发一矢，奔还。文天祥请诛全，宜中释不问。已而，常州破，兵薄独松关，邻邑望风皆遁。

宜中遣使如军中请和不得，即率群臣入宫请迁都，太皇太后不可。宜中痛哭请之，太皇太后乃命装俟升车，给百官路费银。及暮，宜中不入，太皇太后怒曰："吾初不欲迁，而大臣数以为请，顾欺我邪？"脱簪珥掷之地，遂闭阁，群臣求内引，皆不纳。盖宜中实以明日迁，仓卒奏陈失审耳。

宜中初与大元丞相伯颜期会军中，既而悔之，不果往。伯颜将兵至皋亭山，宜中宵遁，陆秀夫奉二王入温州，遣人召宜中。宜中至温州，而其母死。张世杰昇其棺舟中，遂与俱入闽中。益王立，复以为左丞相。井澳之败，宜中欲奉王走占城，乃先如占城谕意，度事不可为，遂不反。二王累使召之，终不至。至元十九年，大军伐占城，宜中走暹，后没于暹。

宜中为人多术数，少为县学生，其父为吏受赇当黥，宜中上书温守魏克愚请贷之。克愚以为黠吏，卒置之法。其后宜中为浙西提刑，克愚郊迎，宜中报礼不书衔，亦云"部下民陈某"，克愚皇恐不敢受，袖而谢之。宜中阳礼之，而阴摭其过，无所得。其后，克愚发贾德生冒借官木事，忤似道，废罢家居。宜中入，乃极言克愚居乡不法事，似道令章鉴劾之，贬严州。克愚之死，宜中挤之为多。

论曰：孔子曰："才难，不其然乎？"理宗在位长久，命相实多其人，若吴潜之忠亮刚直，财数人焉。潜论事虽近于讦，度宗之立，谋议及之，潜以正对，人臣怀顾望为子孙地者能为斯言哉？程元凤谨饬有余而乏风节，尚为贾似道所薄。江万里问学德望优于诸臣，不免为似道笼络，晚年微露锋颖，辄见摈斥。士大夫不幸与权奸同朝，自处难矣。似道督视江上之师，以国事付王爚、章鉴、陈宜中，盖取其平时素与已者。爚、宜中于其既出，稍欲处异，及闻其败，乘势蹙之。既而二人自为矛盾，宋事至此，危急存亡之秋也。当国者交欢戮力，犹惧不逮，所为若是，何望其能匡济乎。似道诛，爚死，鉴遁，宜中走海岛，宋亡。

　　文天祥字宋瑞，又字履善，吉之吉水人也。体貌丰伟，美皙如玉，秀眉而长目，顾盼烨然。自为童子时，见学宫所祠乡先生欧阳修、杨邦乂、胡铨像，皆谥“忠”，即欣然慕之。曰：“没不俎豆其间，非夫也。”年二十举进士，对策集英殿。时理宗在位久，政理浸怠，天祥以法天不息为对，其言万余，不为稿，一挥而成。帝亲拔为第一。考官王应麟奏曰：“是卷古谊若龟鉴，忠肝如铁石，臣敢为得人贺。”寻丁父忧，归。

　　开庆初，大元兵伐宋，宦官董宋臣说上迁都，人莫敢议其非者。天祥时入为宁海军节度判官，上书“乞斩宋臣，以一人心”。不报，即自免归。后稍迁至刑部郎官，宋臣复入为都知，天祥又上书极言其罪，亦不报。出守瑞州，改江西提刑，迁尚书左司郎官。累为台臣论罢。除军器监兼权直学士院。贾似道称病，乞致仕，以要君，有诏不允。天祥当制，语皆讽似道。时内制相承皆呈稿，天祥不呈稿，似道不乐，使台臣张志立劾罢之。天祥既数斥，援钱若水例致仕，时年三十七。

　　咸淳九年，起为湖南提刑，因见故相江万里。万里素奇天祥志节，语及国事，愀然曰：“吾老矣，观天时人事当有变，吾阅人多矣，世道之责，其在君乎？君其勉之。”十年，改知赣州。

　　德祐初，江上报急，诏天下勤王。天祥捧诏涕泣，使陈继周发郡中豪杰，并结溪峒蛮，使方兴召吉州兵，诸豪杰皆应，有众万人。事闻，以江西提刑安抚使召入卫。其友止之，曰：“今大兵三道鼓行，破郊畿，薄内地，君以乌合万余赴之，是何异驱群羊而搏猛虎。”天祥曰：“吾亦知其然也。第国家养育臣庶三百余年，一旦有急，微天下兵，无一人一骑入关者，吾深恨于此。故不自量力，而以身徇之，庶天下忠臣义士将有闻风而起者。义胜者谋立，人众者功济，如此则社稷犹可保也。"

天祥性豪华，平生自奉甚厚，声伎满前。至是，痛自贬损，尽以家赀为军费。每与宾佐语及时事，辄流涕，抚几言曰："乐人之乐者忧人之忧，食人之食者死人之事。"八月，天祥提兵至临安，除知平江府。时以丞相宜中未还朝，不遣。十月，宜中至，始遣之。朝议方擢吕师孟为兵部尚书，封吕文德和义郡王，欲赖以求好。师孟益偃蹇自肆。

天祥陛辞，上疏言："朝廷姑息牵制之意多，奋发刚断之义少，乞斩师孟衅鼓，以作将士之气。"且言："宋惩五季之乱，削藩镇，建郡邑，一时虽足以矫尾大之弊，然国亦以浸弱。故敌至一州则破一州，至一县则破一县，中愿陆沈，痛悔何及。今宜分天下为四镇，建都督统御于其中。以广西益湖南而建阃于长沙，以广东益江西而建阃于隆兴，以福建益江东而建阃于番阳，以淮西益淮东而建阃于扬州。责长沙取鄂，隆兴取蕲、黄，番阳取江东，扬州取两淮，使其地大力众，足以抗敌。约日齐奋。有进无退，日夜以图之，彼备多力分，疲于奔命，而吾民之豪杰者又伺间出于其中。如此则敌不难却也。"时议以天祥论阔远，书奏不报。

十月，天祥入平江，大元兵已发金陵入常州矣。天祥遣其将朱华、尹玉、麻士龙与张全援常，至虞桥，士龙战死，朱华以广军战五牧，败绩，玉军亦败，争渡水，挽全军舟，全军断其指，皆溺死，玉以残兵五百人夜战，比旦皆没。全不发一矢，走归。大元兵破常州，入独松关。宜中、梦炎召天祥，弃平江，守余杭。

明年正月，除知临安府。未几，宋降，宜中、世杰皆去。仍除天祥枢密使。寻除右丞相兼枢密使，使如军中请和，与大元丞相伯颜抗论皋亭山。丞相怒拘之，偕左丞相吴坚、右丞相贾余庆、知枢密院事谢堂、签书枢密院事家铉翁、同签书枢密院事刘岊，北至镇江。天祥与其客杜浒十二人，夜亡入真州。苗再成出迎，喜且泣曰："两淮兵足以兴复，特二阃小隙，不能合从耳。"天祥问："计将安出？"再成曰："今先约淮西兵趋建康，彼必悉力以捍吾西兵。指挥东诸将，以通、泰兵攻湾头，以高邮、宝应、淮安兵攻杨子桥，以扬兵攻瓜步，吾以舟师直捣镇江，同日大举。湾头、杨子桥皆沿江脆兵，且日夜望我帅之至，攻之即下。合攻瓜步之三面，吾自江中一面薄之，虽有智者不能为之谋矣。瓜步既举，以东兵入京口，西兵入金陵，要浙归路，其大帅可坐致也。"天祥大称善，即以书遗二制置，遣使四出约结。

天祥未至时，扬有脱归兵言："密遣一丞相入真州说降矣。"庭芝信之，以为天祥来说降也。使再成亟杀之。再成不忍，给天祥出相城垒，以制司文示之，闭之门外。久之，复遣二路分觇天祥，果说降者即杀之。二路分与天祥语，见其忠义，亦不忍杀，以兵二十人道之扬，四鼓抵城下，闻候门者谈，制置司下令备文丞相甚急，众相顾吐舌，乃东入海道，遇兵，伏环堵中得免。然亦饥莫能起，从樵者乞得余糁羹。行入板桥，兵又至，众走伏丛筱中，兵入索之，执杜浒、金应而去。虞侯张庆矢中目，身被二创，天祥偶不见获。浒、应解所怀金与卒，获免，募二樵者以篑荷天祥至高邮，泛海至温州。

闻益王未立，乃上表劝进，以观文殿学士、侍读召至福，拜右丞相。寻与宜中等议不合。七月，乃以同都督出江西，遂行，收兵入汀州。十月，遣参谋赵时赏、谘议赵孟溁将一军取宁都，参赞吴浚将一军取雩都，刘洙、萧明哲、陈子敬皆自江西起兵来会。邹凤以招谕副使聚兵宁都，大元兵攻之，凤兵败，同起事者刘钦、鞠华叔、颜斯立、颜起严皆死。武冈教授罗开礼，起兵复永丰县，已而兵败被执，死于狱。天祥闻开礼死，制服哭之哀。

至元十四年正月，大元兵入汀州，天祥遂移漳州，乞入卫。时赏、孟溁亦提兵归，独浚兵不至。未几，浚降，来说天祥。天祥缚浚，缢杀之。四月，入梅州，都统王福、钱汉英跋扈，斩以徇。五月，出江西，入会昌。六月，入兴国县。七月，遣参谋张汴、监军赵时赏、赵孟溁等盛兵薄赣城，邹凤以赣诸县兵捣永丰，其副黎贵达以吉诸县兵攻泰和。吉八县复其半，惟赣不下。临洪诸郡，皆送款。潭赵璠、张虎、张唐、熊桂、刘斗元、吴希奭、陈子全、王梦应起兵邵、永间，复数县，抚州何时等皆起兵应天祥。发宁、武军、建昌三县豪杰，皆遣人如军中受约束。

江西宣慰使李恒遣兵援赣州，而自将兵攻天祥于兴国。天祥不意恒兵猝至，乃引兵走，即邹㵏于永丰。㵏兵先溃，恒穷追天祥方石岭。巩信拒战，箭被体，死之。至空坑，军士皆溃，天祥妻妾子女皆见执。时赏坐肩舆，后兵问谓谁，时赏曰"我姓文"，众以为天祥，禽之而归，天祥以此得逸去。

孙㮊、彭震龙、张汴死于兵，缪朝宗自缢死。吴文炳、林栋、刘洙皆被执归隆兴。时赏奋骂不屈，有系累至者，辄麾去，云："小小签厅官耳，执此何为？"由是得脱者甚众。临刑，洙颇自辩，时赏叱曰："死耳，何必然？"于是栋、文炳、萧敬夫、萧焘夫皆不免。

天祥收残兵奔循州，驻南岭。黎贵达潜谋降，执而杀之。至元十五年三月，进屯丽江浦。六月，入船澳。益王殂，卫王继立。天祥上表自劾，乞入朝，不许。八月，加天祥少保、信国公。军中疫且起，兵士死者数百人。天祥惟一子，与其母皆死。十一月，进屯潮阳县。潮州盗陈懿、刘兴数叛附，为潮人害。天祥攻走懿，执兴诛之。十二月，趋南岭，邹㵏、刘子俊又自江西起兵来，再攻懿党，懿乃潜道元帅张弘范兵济潮阳。天祥方饭五坡岭，张弘范兵突至，众不及战，皆顿首伏草莽。天祥仓皇出走，千户王惟义前执之。天祥吞脑子，不死。邹㵏自颈，众扶入南岭死。官属士卒得脱空坑者，至是刘子俊、陈龙复、萧明哲、萧资皆死，杜浒被执，以忧死。惟赵孟溁遁，张唐、熊桂、吴希奭、陈子全兵败被获，俱死焉。唐，广汉张栻后也。

天祥至潮阳，见弘范，左右命之拜，不拜，弘范遂以客礼见之，与俱入厓山，使为书招张世杰。天祥曰："吾不能捍父母，乃教人叛父母。可乎？"索之固，乃书所过《零丁洋诗》与之。其末有云："人生自古谁无死，留取丹心照汗青。"弘范笑而置之。厓山破，军中置酒大会，弘范曰："国亡，丞相忠孝尽矣，能改心以事宋者事皇上，将不失为宰相也。"天祥泫然出涕，曰："国亡不能救，为人臣者死有余罪，况敢逃其死而二其心乎。"弘范义之，遣使护送天祥至京师。

天祥在道，不食八日，不死，即复食。至燕，馆人供张甚盛，天祥不寝处，坐达旦。遂移兵马司，设卒以守之。时世祖皇帝多求才南官，王积翁言："南人无如天祥者。"遂遣积翁谕旨，天祥曰："国亡，吾分一死矣。傥缘宽假，得以黄冠归故乡，他日以方外备顾问，可也。若遽官之，非直亡国之大夫不可与图存，举其平生而尽弃之，将焉用我？"积翁欲合宋官谢昌元等十人请释天祥为道士，留梦炎不可，曰："天祥出，复号召江南，置吾十人于何地！"事遂已。天祥在燕凡三年，上知天祥终不屈也，与宰相议释之，有以天祥起兵江西事为言者，不果释。

至元十九年，有闽僧言土星犯帝坐，疑有变。未几，中山有狂人自称"宋主，有兵千人，欲取文丞相。京城亦有匿名书，言某日烧蓑城苇，率两翼兵为乱，丞相可无忧者。时盗新杀左丞相阿合马，命撤城苇，迁瀛国公及宋宗室开平，疑丞相者天祥也。召入谕之曰："汝何愿？"天祥对曰："天祥受宋恩，为宰相，安事二姓？愿赐之一死足矣。"然犹不忍，遽麾之退。言者力赞从天祥之请，从之。俄有诏使止之，天祥死矣。天祥临刑殊从容，谓吏卒曰："吾事毕矣。"南乡拜而死。数日，其妻欧阳氏收其尸，面如生，年四十七。其衣带中有赞曰："孔曰成仁，孟曰取义，惟其义尽，所以仁至。读圣贤书，所学何事，而今而后，庶几无愧。"

论曰：自古志士，欲信大义于天下者，不以成败利钝动其心，君子命之曰"仁"，以其合天理之正，既人心之安尔。商之衰，周有代德，盟津之师不期而会者八百国。伯夷、叔齐以两男子欲扣马而止之。三尺童子知其不可。他日，孔子贤之，则曰："求仁而得仁。"宋至德祐亡矣，文天祥往来兵间，初欲以口舌存之，事既无成，奉两屏王崎岖岭海，以图兴复，兵败身执。我世祖皇帝以天地有容之量，既壮其节，又惜其才，留之数年，如虎兕在柙，百计驯之，终不可得。观其从容伏质，就死如归，是其所欲有甚于生者，可不谓之"仁"哉。宋三百余年,取士之科,莫盛于进士,进士莫盛于伦魁。自天祥死,世之好为高论者,谓科目不足以得伟人,岂其然乎!

# 宋史卷四一九

## 列传第一七八

宣缯　薛极　陈贵谊
曾从龙　郑性之　李鸣复
邹应龙　余天锡　许应龙
林略　徐荣叟　别之杰
刘伯正　金渊　李性传
陈韡　崔福附

宣缯，庆元府人。嘉泰三年，太学两优释褐。历官以太学博士召试，为秘书省校书郎，升著作佐郎兼权考功郎官、知吉州、福建提总刑狱。迁考功员外郎，又迁秘书少监。时暂兼权侍立修注官、守起居舍人，为起居郎兼权侍左侍郎，编《孝宗宝训》。试吏部侍郎，权兵部尚书。嘉定十四年，同知枢密院事兼参知政事。明年，拜参知政事。以资政殿学士奉祠。端平三年，召赴阙，升大学士、提举洞霄宫，以观文殿大学士致仕。卒，赠少师。诏缯尝预定策，以王尧臣故事赠太师，谥忠靖。

薛极字会之，常州武进人。以父任调上元主簿。中祠科，为大理评事、通判温州，知广德军。以参知政事楼钥荐，迁大理正、刑部郎官,司封郎中、权右司郎中,迁右司郎中兼提领杂卖场、寄桩库,兼敕令所删修官,中书门下省检正诸房公事,兼删修敕令官。拜司农卿兼权兵部侍郎,寻为真。

嘉定八年,疏奏:"愿陛下深思顾諟之难,益怀兢业之念。勿谓帝德罔愆而息于进修,勿以天灾代有而应不以实。政纲虽举,必求益其所未至;德泽虽布,必思及其所未周。誓以今日遇灾警惧之心,永为异时暇逸之戒。将见天心昭格,沛然之泽响应于不崇朝之间。"迁权刑部尚书,寻试户部尚书兼权吏部尚书,遂为真,时暂兼权户部尚书。十五年,特赐同进士出身,拜端明殿学士、签书枢密院事。

绍定元年,拜参知政事兼同知枢密院事。寻知枢密院事兼参知政事,封毗陵郡公。以观文殿大学士知绍兴府兼浙东安抚使。端平元年,加少保、和国公,致仕,卒。

陈贵谊字正甫,福州福清人。庆元五年进士,授瑞州观察推官。丁内外艰,服除,调安远军节度掌书记,辟差四川制置司书写机宜文字。中博学宏词科,授江南东路安抚司机宜文字。迁太社令,改武学谕、国子录,迁太学博士。

时议更楮币法,贵谊转对言:"人主令行禁止者,以同民之所好恶。楮券之令,乃使奸恶获逞,道路咨怨,非所以祈天永命、固结人心。"因援熙宁新法为辞。又言:"明锐果敢之才,足以集事而失于剽轻;老成宽博之士,足以厚俗而失于循理。孰若举之以众,取之以公。"主更币之法者,乃摘新法等语激怒时相,且谓"贵谊引类植党",人为危之。

迁太常博士。以兄贵谦兼礼部郎官,引嫌,迁将作监丞兼魏惠宪王府小学教授。转对,谓:"言路虽开,触犯忌讳者指为好名。切劘时政者指为玩令。利害关于天下,是非公于人心。一人言之未已,或至累十数人言之,则又指为朋党。是非易位,忠妄不分。"史弥远益不乐,迁秘书郎,出知江阴军,提举江西常平。召赴行在,未至,授礼部郎官。

属金人大扰淮、蜀，贵谊言："人才所以立国，今旁蹊曲径，幸门四辟。言路所以通下情，今婾阿循默，橐括不言。民力已竭，而科敛之外，馈遗以谋进者未已。军中耻言败北，则阵亡者不恤，耻言弃溃，则逃窜者复招。"又言："婉顺巽从者，是灾疢也，非爱我也，宜屏之外之；矫拂救正者，是药石也，爱我也，宜用之听之。"弥远滋不乐，讽言者论罢，主管崇禧观。

起知徽州，召授司封郎官兼翰林权直，兼玉牒所检讨。会有事明堂，首引包拯皇祐中乞因肆赦除聚敛掊克之敝，当察州县府库致羡之由，仿成周飨必及死王事者之子与汉置羽林孤儿，专取从军死事之后，教以五兵。

理宗即位，以为宗正少卿兼侍讲，兼权直学士院。寻迁起居舍人。宝庆初，诏举贤能才识之士。贵谊乃言曰："世以容嘿滞固为贤，以苛刻生事为能，以褊狭趣办为才，以轻疏尝试为识。及兹初政，当求忠实正直、奉公爱民、知礼义廉耻而不越防范者，以充中外之选。"又言："成王之初，元臣故老警以《无逸》者，欲其克寿；勉以敬德者，欲其永命；期以岂弟者，欲其受命之长。则可谓爱君切而虑患深矣。"

迁中书舍人，升兼直学士院。内侍滥受恩赏，辄封还诏书。将郊，贵谊以："民生实艰，吏员尚众，征敛几于夺取，公费掩为私藏。宜大明黜陟，庶有以见帝于郊。"迁礼部侍郎，仍兼中书舍人、权刑部尚书。升修玉牒官兼侍读。为礼部尚书兼给事中、端明殿学士、签书枢密院事。

绍定六年冬，上始亲政，进参知政事。上面谕之曰："顷闻忧国之言，朕所不忘。"兼同知枢密院事。出师汴、洛时，贵谊已移疾，犹上疏力争。五上章乞归，转四官，加邑封，致仕。卒，赠少保、资政殿大学士。

曾从龙字君锡，左仆射公亮四世从孙。初名一龙，庆元五年，擢进士第一，始赐今名。授签书奉国军节度判官厅公事。迁兵部员外郎、左司郎中、起居舍人兼太子右谕德。

使金还，转官。疏言："州郡累月阙守，而以次官权摄者，彼惟其摄事也，自知非久，何暇尽心于民事？狱讼淹延，政令玩弛，举一郡之事付之胥吏。幸而除授一人，民望其至如渴望饮，足未及境而复以他故罢去矣。且每易一守，供帐借请少不下万缗。郡帑所入，岁有常数，而频年将迎，所费不可胜计。然则轻于易置，公私俱受其病。欲望明诏二三大臣，郡守有阙，即时进拟。其有求避惮行者，悉杜绝其请；其缴劾弹拄者，疾速行之。盖郡计宽则民力裕，利害常相关故也。"又请已振济者免其后。

开禧间丐外，知信州。戍卒行掠境内，从龙置于法，索得妇人衣，命枭于市。召权礼部侍郎兼中书舍人兼太子左谕德。缴还张镃复官词头，以镃抑令侄女竭资财结姻苏师旦之子故也。寻兼太子谕德。兼同修国史、实录院同修撰，兼国子祭酒。为吏部侍郎，仍兼职兼太子右庶子，兼给事中，兼直学士院，权刑部尚书。

嘉定六年秋，阴雨，乞放系囚。进对，言"修德政，蓄人材，饬边备"。帝善其言。七年，知贡举。疏奏："国家以科目网罗天下之英隽，义以观其通经，赋以观其博古，论以观其识，策以观其才。异时谋王断国，皆由此其选。比来循习成风，文气不振，学不务根柢，辞不尚体要，涉猎未精，议论疏陋，缀缉虽繁，气象萎苶。愿下臣此章，风厉中外，澄源正本，莫甚于斯。"诏从之。

进端明殿学士、签书枢密院、太子宾客，改参知政事。疾胡榘憸壬，排沮正论，陈其罪。榘嗾言者劾罢，以前职提举洞霄宫。起知建宁府。丁内艰，服除，为湖南安抚使。抚安峒獠，威惠并行，兴学养士，湘人纪之石。改知隆兴府，复提举洞霄宫，改万寿观兼侍读，奉朝请。

端平元年，授资政殿大学士、沿江制置使兼知建康府兼行宫留守。拜参知政事兼同知枢密院事。时有三京之役，极论南兵轻进易退。未几言验。进知枢密院事兼参知政事，以枢密院使督视江、淮、荆、襄军马。疏言："边面辽远，声援不接，请并建二阃。"诏许之，专畀江淮,以荆襄属魏了翁。朝论边用不给,诏从龙、了翁并领督府。及从龙卒,赠少师。弟用虎、天麟、治凤,皆历显任。

郑性之字信之,初名自诚,后改今名,福州人。嘉定元年,进士第一,历官知赣州,改知隆兴府。后以宝章阁待制提举玉隆万寿宫,进华文阁待制、提举上清太平宫,进敷文阁待制、知建宁府。

端平元年,召为吏部侍郎。入对,言:"陛下大开言路,以通壅蔽,心苟爱君,谁不欲言,言不切直,何能感动?譬如积水,久壅一决,其势必盛,其声必激。故言者多则易于取厌,言之激则难于乐受。若少有厌倦,动于词色,则谗谄乘间,或不自知矣。"又言:"愿陛下明诏百辟,涤去旧污,一以清白相师。权之所在,势所必趋,恐惧戒谨,尤防其微,以保终誉,毋如谤议。则朝纲肃而国体尊矣。"又曰:"为君者不以尧、舜自期,则无善治,告君者不陈尧、舜之道,则无远猷。"

擢左谏议大夫,言:"台臣交章互诋,愿陛下监古今天下安危之变,君子小人消长之机,公以处之,乃得其当。况夫听言之道,宜以事观,若言果有关国体,有补治道,有益主德,则言之过激,夫亦何伤。彼虽采名,我实有益。惟虚心纳善,若决江河,则激者自平矣。"

拜端明殿学士、签书枢密院事,进同知枢密院事兼权参知政事。寻拜参知政事兼同知枢密院事。寻知枢密院事兼参知政事,加观文殿学士,致仕。宝祐二年卒。

李鸣复字成叔,泸州人。嘉定二年进士。历官权发遣金州兼干办安抚司公事。制置使郑损荐于朝,乞召审察。授司农寺丞,迁驾部员外郎,迁兵部郎中。面对,迁军器少监、大理少卿,拜侍御史兼侍讲。进对,言:"荆襄制臣有当戒者三:曰去私、禁暴、惩怒。"权工部尚书兼权吏部尚书。又权刑部尚书兼给事中、签书枢密院事。

端平三年,拜参知政事。以资政殿学士知绍兴府。嘉熙元年,复为参知政事。明年,知枢密院事兼参知政事。加资政殿大学士,赐衣带、鞍马。淳祐四年,复为参知政事。未几,出知福州、福建安抚使,寻予祠。监察御史蔡次传按劾落职,罢宫观,后卒于嘉兴。

邹应龙字景初。庆元二年进士。历官为起居舍人,以直龙图阁权知赣州,迁江西提点刑狱。寻迁中书舍人兼太子右谕德,复兼太子左庶子、试户部尚书。

使金还,为太子詹事兼中书舍人。迁给事中兼太子詹事。权礼部侍郎兼侍讲。权工部尚书兼同修国史、实录院同修撰。迁刑部尚书。乞祠,以敷文阁学士提举安庆府真原万寿宫,以徽猷阁学士起知太平州,以臣僚论罢。以敷文阁学士提举玉隆万寿宫,拜礼部尚书兼侍读。

嘉熙元年,拜端明殿学士、签书枢密院事。进资政殿学士、知庆元府兼沿海制置使,依旧职提举洞霄宫。淳祐四年卒,赠少保。

余天锡字纯父,庆元府昌国人。丞相史弥远延为弟子师,性谨愿,绝不预外事,弥远器重之。是时弥远在相位久,皇子竑深恶之,念欲有废置。会沂王宫无后,丞相欲借是阴立为后备。天锡秋告归试于乡,弥远曰:“今沂王无后,宗子贤厚者幸具以来。”

天锡绝江与越僧同舟,舟抵西门,天大雨,僧言门左有全保长者,可避雨,如其言过之。保长知为丞相馆客,具鸡黍甚肃。须臾有二子侍立,全曰:“此吾外孙也。日者常言二儿后极贵。”问其姓,长曰赵与莒,次曰与芮。天锡忆弥远所属,其行亦良是,告于弥远,命二子来。保长大喜,鬻田治衣冠,心以为沂邸后可冀也,集姻党且诧其遇以行。

天锡引见,弥远善相,大奇之。计事泄不便,遽复使归。保长大惭,其乡人亦窃笑之。逾年,弥远忽谓天锡曰:“二子可复来乎?”保长谢不遣。弥远密谕曰:“二子长最贵,宜抚于父家。”遂载与归。天锡母朱为沐浴、教字,礼度益闲习。未几,召入嗣沂王,迄即帝位,是为理宗。

天锡,嘉定十六年举进士,历监慈利县税,籍田令,超授起居舍人。迁权吏部侍郎兼玉牒所检讨官,兼崇政殿说书。迁户部侍郎兼知临安府、浙西安抚使。试户部侍郎,权户部尚书,皆兼知临安府。升兼详定敕令官,以宝文阁学士知婺州,仍旧职奉祠。起知宁国府,进华文阁学士、知福州。

召为吏部尚书兼给事中兼侍读。疏奏:“臣荷国恩,起家分闱,旋蒙趣觐,躐玷迩联。时权礼部侍郎曹豳实在谏省,盖尝抗疏谓用臣大骤。臣与豳交最久,相知最深,今观其所论,于君父有陈善之敬,友朋有责善之道。而豳遂迁官,臣竟污要路。豳以不得其言,累疏丐去。夫亟用旧人而遂退二庄士,则将谓之何哉!豳老成之望,直谅多益,置之近班,可以正乃辟,可以仪有位。欲望委曲留行,使之释然无疑,安于就职,则陛下既昭好贤之美,而微臣亦免妨贤之愧。”帝从之。

嘉熙二年,拜端明殿学士、同签书枢密院事。寻拜参知政事兼同知枢密院事。封奉化郡公。授资政殿学士、知绍兴府、浙东安抚使。以观文殿学士致仕。朱氏亦封周、楚国夫人,寿过九十。将以生日拜天锡为相,而天锡卒。赠少师,寻加太师,谥忠惠。

弟天任为兵部尚书。兄弟友爱,方贫时,率更衣以出,终岁同衾。从子晦,历官尚书,出帅全蜀,尝置义庄,以赡宗族,然在蜀以违言论知阆州王惟忠死,士论少之。

许应龙字恭甫,福州闽县人。五岁通经旨,坐客曰“小儿气食牛”,应龙应声“丈夫才吐凤”为对,四坐嘉叹。入太学,嘉定元年举进士。调汀州教授,差浙东宣抚司掾,差户部架阁。迁籍田令、太学博士。时李全、时青辈归附,应龙入对,有“莽蜂是惩,养虎遗患”之说,后皆如所言。迁国子博士、国子丞、宗学博士。

理宗即位,应龙首陈:“正心为治国平天下之纲领。”迁秘书郎兼权尚右郎官,迁著作郎。丐外,知潮州。盗陈三枪起赣州,出没江、闽、广间,势识甚。而盗锺全相挺为乱,枢密陈韡帅江西任拓捕,三路调军,分道追剿。盗逼境上,应龙亟调水军、禁卒、土兵、弓级,分扼要害。明间谍,守关隘,断桥开堑,斩木塞涂。点集民兵。激劝隅总,谕以保乡井、守室庐、全妻子,搜补亲兵,日加训阅。既而横冈、桂屿相继以捷闻。

招捕司遣统领官齐敏率师由漳趋潮,截赣寇余党。应龙谕敏曰:“兵法攻瑕,今锺寇将穷,陈寇猖獗,若先破锺,则陈不战禽矣。”敏惟命,于是诸寇皆平。方未解严时,有行旅数人,隅总搜其橐中金银,指为贼党,应龙辨其非盗,释之,皆罗拜感泣。始,人疑应龙儒者不闲戎事,及见其区画事宜,分别齐民,静练雍容,莫不叹服。僚属请上功,应龙曰:“守职捍城保民,何功之云?”距州六七十里曰山斜,峒獠所聚,丐耕土田不输赋。禁兵与阗,应龙平决之,其首感悦,率父老鸣缶击筒,踊跃诣郡谢。去之日,阖郡遮道攀送。

端平初,召为礼部郎官。入对,帝谓应龙曰:“卿治潮有声,与李宗勉治台齐名。”应龙顿首曰:“民无不可化,顾牧民者如何耳。臣治州幸免旷瘝,皆陛下德化所暨,臣非曰能之。”兼荣文恭王府教授,力辞,迁国子司业。祭酒徐侨议学校差职,欲先誉望。应龙以为不若差以资格,资格一定,则侥幸之门杜而造请之风息。侨以为然。时有凭势干职者,力却之。

兼权直舍人院,迁国子祭酒。摄侍右侍郎兼学士院权直。是日,罢郑清之、乔行简制,应龙所草也。翼日文德殿宣布毕,帝遣中使召应龙谕之曰:“草制甚善。”应龙复谢曰:“臣闻昔人有言,进人若将加诸膝,退人若将坠诸渊。今二相乞罢机政,与陛下体貌大臣之意,两尽其美可也。”帝善之,就令草敕书戒谕诸阃。权吏部侍郎兼侍讲,兼权直学士院。试吏部侍郎,升侍读,权兵部尚书。

时楮币亏甚,行简主行称提之说,州县希旨奉承,贫富猜惧。应龙奏从民便、节用二说,行简然之。兼吏部尚书,迁兵部兼中书舍人。三上章丐外,不允。兼给事中,兼吏部尚书。请外,诏免兼中书,拜端明殿学士、签书枢密院事。累辞,会正言郭磊卿有论疏,以端明殿学士提举洞霄宫。卒年八十有一。赠资政殿学士、银青光禄大夫。

应龙不躁不竞,不激不随,不妄荐士,而亦无伤人害物之事。潮州之治,最可纪也。

林略字孔英,温州永嘉人。庆元五年,举进士。历饶州大宁监教授,辟干办四川茶马司公事。崔与之帅蜀,目之曰"此台阁之瑞也",荐之。迁武学博士、国子监丞、太常寺丞。奉祠,拜宗正少卿兼崇政殿说书。迁右司谏,寻迁左司谏兼侍讲。告于帝曰:"虚心以为从谏之本,从谏以为求治之本。"拜殿中侍御史,升侍御史,试右谏议大夫。嘉熙三年,以端明殿学士同签书枢密院事,以言罢,提举洞霄宫。以资政殿学士致仕。淳祐三年八月卒,特赠宣奉大夫。

徐荣叟字茂翁,焕章阁学士应龙之子。嘉定七年,举进士。历官通判临安府,迁太学博士兼崇政殿说书,迁秘书郎,升著作佐郎兼侍左郎官。出为江东提点刑狱,直秘阁、知婺州。迁著作郎兼礼部郎官,以集英殿修撰知静江府兼广西经略安抚使。召为行在司谏,复兼说书兼侍讲。

嘉熙四年,拜右谏议大夫。入对,言:"自楮币不通,物价倍长,而民始怨;自米运多阻,粒食孔艰,而民益怨。此见之京师者然也。外而郡邑,苛征横敛,无所不有,严刑峻罚,靡所不施。和籴则科抑以取赢,军需则并缘而规利,逃亡强令代纳,蠲放忍至重催。犯私贩者不问多寡,概遭黥徒;逋官课者不恤有无,动辄监系。囹圄充斥,率是干连;词讼追呼,莫非枝蔓。如此则民安得而不怨?甚者富家巨室,武断乡间,贵族豪宗,侵牟民庶。茹冤者不敢告,负抑者不得伸,怨气薰蒸,天示之应。此亢阳之所以为沴也。"

迁权礼部尚书兼权吏部尚书,拜端明殿学士、签书枢密院事。淳祐二年乞归田里,以资政殿大学士提举洞霄宫。六年,转一官致仕。卒。

别之杰字宋才,郢州人。嘉定二年进士。历官差充京西安抚司参议官,迁太府寺主簿,又迁将作监丞,差知沣州、知德安府。亲丧,起复,知德安府。加直宝谟阁、知江陵府、湖北安抚副使。进直焕章阁,言亲年八十,乞祠归养,庶几君亲之义两全。从之。以京湖安抚制置使陈晐论罢,以前职主管崇禧观。进直敷文阁、知江陵府、湖北安抚使。

起复,知真州,改知江宁府、湖北抚副使。加兵部郎官,差充督视行府参谋官。迁军器监,加直宝文阁、京西转运判官兼提点刑狱。加秘阁修撰、知江陵兼京湖制置副使。进宝章阁待制、知太平州。又进宝谟阁学士,依旧沿江制置使兼知建康府、江东安抚使。加兵部尚书兼淮西制置使,边事听便行之。加端明殿学士。

淳祐二年,授同知枢密院事兼权参知政事,进资政殿学士、湖南安抚使兼知潭州。监察御史蔡次传论罢。七年。拜参知政事,乞归田里,依前职知绍兴府,复以两浙转运判官翁甫论罢。宝祐元年卒,特赠少师。

刘伯正字直卿,饶州余干人。父简,为丞相赵汝愚客,尝书庆历四谏奏议授伯正,而伯正以开禧元年举进士。调太平主簿,通判枣阳军,辟荆湖制置司机宜、两浙转运司主管公事。历军器、将作、太府三监主簿,枢密院编修官,兵部郎官,监察御史。有事于明堂,雷电忽至,执事者鲜不离次,伯正立殿下,绅笏俨然,声色不动。帝遂以大任期之。

迁左司谏,疏言:“兵籍浸广,粮饷益艰,请豫备军食。”又言铨选、财计、刑狱之积敝,“乞以愿治之心而急董正治官之图,以勤政之思而严察计吏之法。又言:“所忧非一,而急务之当虑者有三:曰申饬边备,区处流民,堤防奸盗。”帝皆善其言。升右正言。以华文阁待制知广州兼广东经略安抚使。召见,赐金带鞍马。改转运使,以宝章阁直学士知太平州。召为礼部侍郎兼中书舍人,迁吏部侍郎兼侍讲、同修国史、实录院同修撰。兼给事中,权刑部尚书兼侍读。

淳祐四年,拜端明殿学士、签书枢密院事兼权参知政事。真拜参知政事。以监宗御史孙起予言罢,授资政殿学士、提举洞霄宫,监察御史蔡次传言之,降一官,寻复旧官致仕。卒,赠正奉大夫,加少保。时论谓伯正立朝,以静重镇浮,不求名誉,善藏其用云。

金渊字渊叔,临安府人。嘉定七年进士。历官为太学博士,迁太府寺丞、秘书郎,升著作佐郎兼权司封郎官。迁秘书丞,拜右正言兼工部侍郎。迁将作少监兼侍右郎官,兼国子司业,兼国史编修、实录检讨,兼崇政殿说书。拜监察御史,论曹豳、项寅孙。兼侍讲,迁礼部侍郎,寻兼国子祭酒。迁吏部侍郎。拜右谏议大夫,改左谏议大夫。迁礼部尚书兼给事中。

淳祐四年,知贡举,拜端明殿学士、同签书枢密院事。侍御史刘汉弼论渊尸位妨贤,罢政予祠。监察御史刘应起言,落职罢祠。十一年,妻盛氏诉于朝,乞曲加贷宥,少叙官职。诏止量移平江府居住。卒。

李性传字成之,宗正寺主簿舜臣之子也。嘉定四年举进士。历干办行在诸军审计司。进对:"有崇尚道学之名,未遇其实。"帝曰:"实者何在?"性传对曰:"在陛下格物致知,以为出治之本。"迁武学博士。寻为太常博士兼诸王官大小学教授。升太常寺丞兼权工部郎中,兼权都官郎官,迁起居舍人兼侍讲。

疏言:"东周以后,诸侯卿大夫皆以既葬而除服,秦、汉之际,尤为浅促,孝文定为三十六日之制,则视孝惠以前已有加矣。东汉以后又损之为二十七日,谓之以日易月,则薄之至也,千数百年,惟晋武帝、魏孝文为能复古之制,而群臣沮格,未克尽行。惟孝宗通丧三年,近古所独。陛下继之,至性克尽,前烈有光。乞以此疏付之史官,庶几四海闻风,民德归厚。"

迁起居郎,兼国史编修、实录检讨。权刑部侍郎,进礼部侍郎。以臣僚言罢。寻以宝章阁待制知饶州,改知宁国府,再知饶州,复以言罢。召为兵部侍郎兼侍讲,兼同修国史,兼实录院同修撰。升兼侍读,权兵部尚书。进读《仁皇训典》,乞读《帝学》,从之。权吏部尚书。臣僚论舜臣立庙封爵事。落职,提举太平兴国宫。

淳祐四年,权礼部尚书兼给事中,兼同修国史、实录院同修撰,兼侍读。五年,拜端明殿学士、签书枢密院事兼权参知政事。寻同知枢密院事。未几,落职与郡。十二年,以资政殿大学士提举洞霄宫。宝祐二年,依旧职提举万寿观兼侍读。以观文殿学士致仕。卒,特赠少保。

陈韡字子华,福州候官人。父孔硕,为朱熹、吕祖谦门人。韡让父郊恩与弟帐,登开禧元年进士第,从叶适学。嘉定十四年,贾涉开淮阃,辟京东、河北干官。韡谓:“山东、河北遗民,宜使归耕其土,给耕牛农具,分配以内郡之贷死者。然后三分齐地,张林、孝全各处其一,其一以待有功者。河南首领以三两州来归者,与节度使,一州者守其土,忠义人尽还北。然后括淮甸闲田,仿韩琦河北义勇法,募民为兵,给田而薄征之,择土豪统率;盐丁又别廪为一军,此第二重藩篱也。”

十五年,淮西告捷,韡策金人必专向安丰而分兵缀诸郡,使卞整、张惠、李汝舟、范成进各以其兵屯庐州以待之。金将庐鼓搥新胜于潼关,乘锐急战,当持久困之,不过十日必遁,设伏邀击,必可胜。又使时青、夏全候金人深入,以轻兵捣其巢穴,第一策也。其后金人果犯安丰,韡如盱眙犒师。改淮东制置司干办公事。再如盱眙见刘琸,调卞整、张惠、范成进、夏全诸军应援捣虚,皆行韡之策,遂有堂门之捷,俘其四驸马者。

迁将作监丞,又迁太府寺丞,差知真州、淮东提点刑狱。加直宝章阁,依旧提点刑狱兼知宝应州。迁宗正寺丞、权工部郎中,改仓部员外郎。入对,言:“臣所陈夏、周、汉、唐数君之事,如布德兆谋、任贤使能、信赏必罚、区处藩镇、不事姑息,规摹莫大于此。”又言:“人主所以御天下者,赏罚而已。”

绍定二年冬,盗起闽中,帅王居安属韡提举四隅保甲,韡有亲丧,辞之。转运使陈汶、提举常平史弥忠告急于朝,谓非铧莫可平。明年,以宝章阁直学士起复,知南剑州,提举汀州、邵武军兵甲公事,福建路兵马钤辖,同共措置招捕盗贼兼福建路招捕使。未几,加提点刑狱。铧籍土民丁壮为一军。沙县紫云台基急。沙县破,贼由间道趋城,忠勇军破之于高桥,贼乃趋邵武,势益炽。时有议当招不当捕者,铧言:"始者贼仅百计,招而不捕,养之至千,又养之至万,今复养之,将至于无算。求淮西兵五千人可图万全。"诏铧兼福建路招捕使。

贼急攻汀州,淮西帅曾式中调精兵三千五百人由泉、漳间道人汀,击贼于顺昌,胜之。六月,兵大合,加福建提点刑狱。七月,铧亲提兵至沙县、顺昌、将乐、清流、宣化督捕,所至克捷。九月,分兵进讨。十月,进攻五贼营寨,平之。十一月,破潭瓦督贼起之地,夷其巢穴。十二月,诛汀州叛卒,谕降连城七十有二寨,汀境皆平。四年正月,遣将破下瞿张原寨。二月,躬往邵武督捕余寇,贼首晏彪迎降,铧以其力屈乃降,卒诛之。进右文殿修撰,依旧提点刑狱、招捕使兼知建宁府。衢州寇汪徐、来二破常山、开化,势张甚。铧命淮将李大声提兵七百,出贼不意,夜薄其寨,贼出迎战,见算子旗,惊曰:"此陈招捕军也!"皆大哭,急击之。衢寇悉平。

六年,进宝章阁待制、知隆兴府。赣寇陈三枪据松梓山砦,出没江西、广东,所至屠残。铧遣官吏谕降,贼辄杀之。乃谓资贼起于贪吏。劾其尤者二人。又谓"寇盗稽诛,以臣下欺诞、事权涣散所致,若决计荡除,数月可毕。"十一月,诏节制江西、广东、福建三路捕寇军马。铧奏遣将刘师直扼梅州、齐敏扼循州,自提淮西兵及亲兵捣贼巢穴。十二月,兼知赣州。

端平元年正月,进华文阁待制、江西安抚使。二月至赣,斩将士张皇贼势及掠子女货财者。齐敏、李大声所至克捷。三月,分兵守大石堡,截贼粮道,遂破松梓山。三枪与余党缒崖而遁。铧亲督诸将,乘春瘴未生,薄松梓山。贼悉精锐下山迎敌,旗帜服色甚盛。铧军步骑夹击,又纵火焚之,士皆攀崖上,贼巢荡为烟埃,贼首张魔王自焚。斩千五百级,禽贼将十二,得所掠妇女、牛马及僭伪服物各数百计。三枪中箭,与敏军遇,击败之,贼遁。翼日,追及下黄,又败之。余众尚千余,薙狝略尽。三枪仅以数十人遁至兴宁就禽,槛车载三枪等六人。斩隆兴市。

初,贼跨三路数州六十寨,至是悉平。诏曰:"铧忠勤体国,计虑精审,身任讨捕之责,江、闽、广东,讫底宁辑。"乃进权工部侍郎,仍知隆兴兼江西安抚使。未几,为工部侍郎,改江东安抚使、知建康府,兼行宫留守。二年,入奏事。帝称其平寇功。铧顿首言曰:"臣不佞,徒有孤忠,仗陛下威灵,苟逃旷败耳,何功之有。"迁权工部尚书,又权刑部尚书、沿江制置大,依旧江东安抚使、知建康府。往来巡视鄂州江面,措置捍御。三年,加宝谟阁学士。十月,诏选猛将精兵,相视缓急,据地利,遏要冲,以伐奸谋。嘉熙元年,进焕章阁学士。四年,拜刑部尚书,辞免,加徽猷阁学士、知潭州、荆湖南路安抚使。

淳祐四年,召为兵部尚书,迁礼部尚书兼侍读,兼同修国史、实录院同修撰。拜端明殿学士、同签书枢密院事兼参知政事。寻拜参知政事兼同知枢密院事。七年,知枢密院事、湖南安抚大使兼知潭州。九年,以观文殿学士、福建安抚大使知福州,五上章辞,以旧职提举洞霄宫。开庆元年,召赴阙,落致仕,充醴泉观使兼侍读。景定元年,授福建安抚大使兼知福州。久之,提举佑神观,力请致仕。明年卒,年八十有三,赠少师,谥忠肃。

崔福者,故群盗,尝为官军所捕,会夜大雪,方与婴儿同榻,儿寒啼不止,福不得寐,觉捕者至,因以故衣拥儿口,遂逸去。因隶军籍。初从赵葵,收李全有功,名重江、淮,又累从铧捕贼,积功至刺史、大将军。

后从铧留隆兴。既而铧移金陵,而福犹在隆兴,属通判与郡僚燕滕王阁,福恚其不见招,道遇民诉冤者,福携其人直至饮所,责以郡官不理民事,麾诸卒尽碎饮具,官吏皆惴恐窜去,莫敢婴其锋。铧知之,遂檄建康,署为钤辖。福又夺统制官王明鞍马,及迫逐总领所监酒官亲属。韡戒谕之，不听。

会淮兵有警，步帅王鉴出师，鉴请福行，韡因厚遣之。福不乐为鉴用，遇敌不击，托以葬女擅归，亦不闻于制置司。鉴怒，遂白其前后过恶，请必正其慢令之罪。会韡亦厌忌之，遂坐以军法，然后声其罪于朝，且自劾专杀之罪。下诏奖谕，免其罪。

福勇悍善战，颇著威声，其死也，军中惜之。时论以为良将难得，而韡以私忿杀之。然福跋扈之迹已不可掩，杀身之祸，亦有以自取之也。

论曰：宋自嘉定以来，居相位者贤否不同，故执政者各以其气类而用之，因其所就而后世得以考其人焉。宣缯、薛极者，史弥远之腹心也。陈贵谊、曾从龙、郑性之、李性传、刘伯正，皆无所附丽。李鸣复、金渊者，史嵩之之羽翼也。邹应龙无所考见，许应龙治郡见称循良，林略所谓虚心从谏者，有益于人主矣。徐荣叟父子兄弟皆为名臣，陈韡将帅才也，优于别之杰多矣。

宋史卷四二〇
列传第一七九

# 王伯大　郑寀　应㒳
# 徐清叟　李曾伯　王埜
# 蔡抗　张磻　马天骥
# 朱熠　饶虎臣　戴庆炣
# 皮龙荣　沈炎

　　王伯大字幼学,福州人。嘉定七年进士。历官主管户部架阁,迁国子正、知临江军,岁饥,振荒有法。迁国子监丞、知信阳军,改知池州兼权江东提举。久之,依旧直秘阁、江东提举常平,仍兼知池州。端平三年,召至阙下,迁尚右郎官,寻兼权左司郎官,迁右司郎官、试将作监兼右司郎中,兼提领镇江、建宁府转般仓,兼提领平江府百万仓,兼提领措置官田。进直宝谟阁、枢密副都承旨兼左司郎中。进对,言:

　　　　今天下大势如江河之决,日趋日下而不可挽。其始也,搢绅之论,莫不交口诵咏,谓太平之期可矫足而待也;未几,则以治乱安危之制为言矣;又未几,则置治安不言而直以危乱言矣;又未几,则置危乱不言而直以亡言矣。呜呼,以亡为言,犹知有亡矣,今也置亡而不言矣。人主之患,莫大乎处危亡而不知;人臣之罪,莫大乎知危亡而不言。

陛下亲政,五年于兹,盛德大业未能著见于天下,而招天下之谤议者何其籍籍而未已也?议逸欲之害德,则天下将以陛下为商纣、周幽之人主;议戚宦近习之挠政,则天下将以朝廷为恭、显、许、史、武、韦、仇、鱼之朝廷;议奸俦佞朋之误国,则天下又将为汉党锢、元祐党籍之君子。数者皆犯前古危亡之辙迹,忠臣恳恻而言之,志士愤激而和之。陛下虽日御治朝,日亲儒者,日修辞饰色,而终莫能弭天下之议。言者执之而不肯置。听者厌之而不惮烦,于是厌转而为疑,疑增而为忿,忿极而为憝,则罪言黜谏之意藏伏于陛下之胸中,而凡迕已者皆可逐之人矣。彼中人之性,利害不出于一身,莫不破崖绝角以阿陛下之所好。其稍畏名义者,则包羞闵默而有跋前疐后之忧;若其无所顾者,则皆攘袂远引,不愿立于王之朝矣。

陛下试反于身而自省曰:吾之制行,得无有屋漏在上、知之在下者乎? 徒见嬖昵之多,选择未已,排当之声,时有流闻,则谓精神之内守,血气之顺轨,未可也。陛下又试于宫闱之内而加省曰:凡吾之左右近属,得无有因微而入,缘形而出,意所狎信不复猜觉者乎?徒见内降干请,数至有司,裹言降臣,每实人口,则谓浸润之不行,邪迳之已塞,未可也。陛下又试于朝廷政事之间而三省曰:凡吾之诸臣,得无有谀说殄行,震惊朕师,恶直丑正,侧言改度者乎?徒见刚方峭直之士,昔者所进,今不知其亡,柔佞阘茸之徒,适从何来,而遽集于斯也,则谓举国皆忠臣,圣朝无阙事。未可也。

夫以陛下之好恶用舍,无非有招致人言之道,及人言之来,又复推而不受。不知平日之际遇信任者,肯为陛下分此谤乎? 无也。陛下诚能布所失于天下,而不必曲为之回护,凡人言之所不贷者,一朝赫然而尽去之,务使蠹根悉拔,孽种不留,如日月之更,如风雷之迅,则天下之谤,不改而自息矣。陛下何惮何疑而不为此哉!

又极言边事,曲尽事情。

以直宝谟阁知婺州。迁秘书少监,拜司农卿,复为秘书少监,进太常少卿兼中书门下检正诸房公事。迁起居舍人,升起居郎兼权刑部侍郎。臣僚论罢,以集英殿修撰提举太平兴国宫。起,再知婺州,辞免,复旧祠。

淳祐四年,召至阙,授权吏部侍即兼权中书舍人。寻为吏部侍郎仍兼权中书舍人、兼侍读。时暂兼权侍右侍郎,兼同修国史、实录院同修撰。权刑部尚书,寻为真。七年,拜端明殿学士、签书枢密院事兼权参知政事。八年,拜参知政事。以监察御史陈垓论罢,以资政殿学士知建宁府。宝祐元年,卒。

郑寀,不详何郡人。初历官为秘书省校书郎兼国史编修、实录检讨。迁著作佐郎兼权侍右郎官,升著作郎兼侍讲。拜右正言,言:“丞相史嵩之以父忧去,遽欲起之,意甚厚也。奈何谤议未息,事关名教,有尼其行。”帝答曰:“卿言虽切事理,进退大臣岂易事也!”

擢殿中侍御史。疏言:“台谏以纠察官邪为职,国之纪纲系焉。比刘汉弼劾奏司农卿谢逵,陛下已行其言矣,未及两月,忽复又用,何其速也!汉弼虽亡,官不可废。臣非为汉弼惜,为朝廷惜也。”又奏劾王瓒、龚基先、胡清献,镌秩罢祠,皆从之。三人者,不才台谏也。

迁侍御史。疏言:“比年以来,旧章寝废。外而诸阃,不问勋劳之有无,而爵秩皆得以例迁;内而侍从,不问才业之优劣,而职位皆可以例进。执政之归休田里者,与之贴职可也,而凡补外者,皆授之矣。故自公侯以至节度,有同序补,自书殿以至秘阁,错立周行。名器之轻,莫此为甚。无功者受赏,则何以旌有功之士;有罪者假宠,则何以服无罪之人。矧事变无穷,而名器有限,使名器常重于上,则人心不敢轻视于下,非才而冒功者不得觊幸于其间,则负慷慨之气、怀功名之愿者,陛下始可得而鼓舞之矣。”迁左谏议大夫。

淳祐七年,拜端明殿学士、同签书枢密院。以监察御史陈求鲁论罢。淳祐九年五月,卒。寀之居言路,尝按工部侍郎曹豳、主管吏部架阁文字洪芹,则大伤公论云。

应繇字之道,庆元府昌国人。刻志于学。嘉定十六年,试南省
第一,遂举进士,为临江军教授。入为国子学录兼庄文府教授。迁
太学博士,又迁秘书郎,请蚤建太子。入对。帝问星变,繇请"修实
德以答天戒"。帝问州县贪风,繇曰:"贪黩由殉色而起。成汤制官
刑,儆有位,首及于巫风淫风者,有以也。"帝问藏书,繇请"访先儒
解经注史",因及程迥、张根所著书皆有益世教。帝善之。迁秘书省
著作佐郎兼权尚左郎官、兼翰林权直。又迁著作郎,仍兼职,以言
罢。

淳祐二年,叙复奉祠。迁宗正寺丞兼权礼部郎官,兼国史编修、
实录检讨,以言罢。差知台州,召兼礼部郎官、崇政殿说书。迁秘书
少监,仍兼职,兼权直学士院。又迁起居舍人、权兵部侍郎,时暂兼
权吏部侍郎兼直学士院,帝一夕召繇草麻,夜四鼓,五制皆就,帝奇
其才。迁吏部侍郎仍兼职。进翰林学士兼中书舍人。

八年,授同知枢密院事兼参知政事。九年,拜参知政事,封临海
郡侯,乞归田里。以资政殿学士知平江府,提举洞霄宫。宝祐三年,
殿中侍御史丁大全论罢,寻卒。德祐元年,诏复元职致仕。

徐清叟字直翁,焕章阁学士应龙之子。嘉定七年进士。历主管
户部架阁,迁籍田令。疏言:"迩者江右、闽峤,盗贼窃发,监司帅守,
未免少立威名,专行诛戮,此特以权济事而已。而偏州僻垒,习熟见
闻,转相仿效,亦皆不俟论报,辄行专杀。欲望明行禁止,一变臣下
嗜杀希进之心,以无坠祖宗立国仁厚之意。"迁军器监主簿。入对,
言:"太后举哀之日,陛下以后服下同媵妾,令别置大袖一袭。文思
院观望,欲如后饰,再造其一以进,诏却之。此真知嫡庶之辨者。请
宣付史馆,以垂法后世。"

迁太常博士。入对,疏言:"陛下亲政以来,精神少振而脉未复,
条目毕举而纲纪未张,公道若伸而私意之未尽克者,则亦风化之先

务,劝戒之大权,与夫选用之要术,犹有阙略而未之讲明者尔。何谓风化之先务?曰原人伦以释群惑者是已。何谓劝戒之大权?曰惜名器以示正义者是已。何谓选用之要术?曰因物望而进人才者是已。"盖欲请复皇子竑王爵,裁抑史弥远恤典,召用真德秀、魏了翁也。

兼崇政殿说书。迁秘书郎,升著作佐郎兼权司封郎官,迁军器少监,皆兼职依旧。迁将作监,拜殿中侍御史兼侍讲。迁太常少卿兼权户部侍郎兼侍讲。三疏丐外,给事中洪咨夔、起居舍人吴泳皆抗疏留之。寻权工部侍郎。以右文殿修撰知泉州,集英殿修撰知静江府、广西经略安抚使。迁侍右侍郎、主管云台观。召赴阙,迁户部侍郎,再为侍右侍郎。以宝章阁直学士知温州,改知福建安抚使,改知婺州。以焕章阁直学士差知泉州,辞免。改知袁州,又改知绍兴府、两浙东路安抚使,辞免。改知潭州,寻知广州兼广东经略安抚使。

召赴阙,权兵部尚书兼侍读。淳祐九年,兼同修国史、实录院同修撰,权吏部尚书,迁礼部尚书。拜端明殿学士、签书枢密院事,进同知枢密院事,封晋宁郡公。奏修《四朝国史》志传,五上章乞改机政,帝不许。十二年,拜参知政事。寻知枢密院事兼参知政事,监察御史朱应元论罢,以资政殿大学士提举玉隆万寿宫,改洞霄宫,复以监察御史朱熠论罢。久之,以旧职提举洞霄宫。

开庆元年,召赴阙,以旧职提举佑神观兼侍读。出知泉州,复提举佑神观。景定三年,转两官致仕。卒,赠少师,谥忠简。

清叟父子兄弟皆以风节相尚,而清叟劾罢袁甫,于公论少贬云。

李曾伯字长孺,覃怀人,后居嘉兴。历官通判濠州,迁军器监主簿,添差通判鄂州兼沿江制置副使司主管机宜文字。迁度支郎官,授左司郎官、淮西总领。寻迁右司郎官,太府少卿兼左司郎官,兼敕令所删修官。迁太府卿、淮东制置使兼淮西制置使,诏军事便宜行之。曾伯疏奏三事：答天心，重地势，协人谋。又言："边饷贵于广积，将材贵于素储，赏与不可以不精，战士不可以不恤。"又条上淮面舟师之所当戒，湖面险阻之所当治。加华文阁待制，又加宝章阁直学士。进权兵部尚书。

淳祐六年正月朔，日食。曾伯应诏，历陈先朝因天象以谨边备、图帅材，乞早易阃寄，放归田里。又请修浚泗州西城。加焕章阁学士，言者相继论罢。

九年，以旧职知静江府、广西经略安抚使，兼广西转运使。陈守边之宜五事。进徽猷阁学士、京湖安抚制置使、知江陵府，兼湖广总领，兼京湖屯田使，进龙图阁学士。疏言："襄阳新复之地，城池虽修浚，田野未加辟，室庐虽草创，市井未阜通。请蠲租三年。"诏从之。加端明殿学士兼夔路策应大使。进资政殿学士，制置四川边面，与执政恩例。寻授四川宣抚使，特赐同进士出身。召赴阙，加大学士，知福州兼福建安抚使，辞免，以大学士提举洞霄宫。

起为湖南安抚大使兼知潭州，兼节制广南，移治静江。开庆元年，进观文殿学士，以谏议大夫沈炎等论罢。景定五年，起知庆元府兼沿海制置使。咸淳元年，殿中侍御史陈宗礼论劾，褫职。德祐元年，追复元官。

曾伯初与贾似道俱为阃帅，边境之事，知无不言。似道卒嫉之，使不竟其用云。


王埜字子文，宝章阁待制介之子也。以父荫补官，登嘉定十二年进士第。仕潭时，帅真德秀一见异之，延致幕下，遂执弟子礼。德秀欲授以词学，埜曰："所以求学者，义理之奥也。词科惟强记者能之。"德秀益器重之。

绍定初，汀、邵盗作，辟议幕参赞，摄邵武县，后复摄军事。盗起唐石，亲勒兵讨之。后为枢密院编修兼检讨。襄、蜀事急，议遣使讲和，时相依违不决。史嵩之帅武昌，首进和议。埜言："今日之事宜先定规模，并力攻守。"上疏言八事。继为副都承旨，奏请"出师，绝和使,命淮东、西夹攻。不然,利害将深。"理宗深然之,令枢密院下三阃谕旨。嘉熙元年,轮对,采事系安危者四端,而专以司马光仁、明、武推说。复推广前所言八事,以孝宗讲军实激发帝意。

淳祐初,自江西赴阙,奏祈天永命十事。嵩之起复,倾国争之,埜上疏乞听终丧,后又言嵩之当显绝而终斥,益严君子小人之限。拜礼部尚书,奏十事,终之曰:"陛下一心,十事之纲领也。"前后奏陈,皆明正剀切,凿凿可行。其为两浙转运判官,以察访使出视江防,首嘉兴至京口增修官民兵船守险备具。为江西转运副使、知隆兴府,继有它命。时以米纲不便,就湖口造转般仓,请事毕受代。

知镇江府,兼都大提举浙西兵船。江面几千里,调兵捍御,以守江尤重于淮,瓜洲一渡甚狭,请免镇江水军调发,专一守江,置游兵如吕蒙所言"蒋钦将万人巡江上",增创水舰,就扬子江习水战,登金山指麾之。是冬,扬子桥有警,急调汤孝信所领游兵救之而退。

淳祐末,迁沿江制置使,江东安抚使、节制和州、无为军、安庆府兼三郡屯田、行宫留守。巡江,引水军大阅,舳舻相衔几三十里。凭高望远,考求山川险厄,谓要务莫如屯田。讲行事宜,修饬行宫诸殿室,推京口法,创游击军万二千,蒙冲万艘,江上晏然。宝祐二年,拜端明殿学士、签书枢密院事,封吴郡侯。与宰相不合,言者攻之,以前职主管洞霄宫。卒,赠七官,位特进。

埜因德秀知朱熹之学,凡熹门人高弟,必加敬礼。知建宁府,创建安书院,祠熹,以德秀配。有奏议、文集若干卷。埜工于诗,书法祖唐欧阳询,署书尤清劲。


蔡抗字仲节,处士元定之孙。绍定二年进士。其后差主管尚书刑、工部架阁文字。召试馆职,迁秘书省正字。升校书郎兼枢密院编修官,迁诸王宫大小学教授,疏奏:"权奸不可复用,国本不可不早定。"帝善其言。迁枢密院编修官兼权屯田郎官。迁著作佐郎兼侍右郎官。兼枢密院编修官。寻兼国史院编修官、实录检讨官。江东提点刑狱,加直秘阁,特授尚书司封员外郎,进直宝章阁,寻加宝谟阁,移浙东。召为国子司业兼资善堂赞读,兼玉牒所检讨官。时暂兼侍立修注官。拜宗正少卿兼国子司业。进直龙图阁、知隆兴府。试国子祭酒兼侍立修注官。拜太常少卿,仍兼资善堂翊善。权工部侍郎兼国史院编修官、实录院检讨官。

迁工部侍郎,时暂兼礼部侍郎,兼权吏部尚书。加端明殿学士、同签书枢密院事,差兼同提举编修《经武要略》。同知枢密院事,拜参知政事。落职予祠,起居郎林存请加审削,从之。未逾年,复端明殿学士、提举洞霄宫。乞致仕。转一官,守本官职致仕。卒,谥文简,以犯祖讳,更谥文肃。

张磻字渭老,福州人。嘉定四年进士。历官辟点检赡军激赏酒库所主管文字,差主管尚书吏部架阁。迁太常博士、宗正丞兼权兵部郎官。迁国子祭酒,时暂兼权礼部侍郎,寻为真,兼国史编修、实录检讨。加集英殿修撰,差知婺州。复为礼部侍郎、权兵部尚书,时暂兼权吏部尚书。以右补阙程元凤论罢。宝祐三年,复权刑部尚书兼侍读,拜端明殿学士、签书枢密院事,升同知枢密院事兼参知政事。五年,拜参知政事。进对长乐郡公。转三官,守参知政事致仕。九月,卒。遗表上,赠少师。

马天骥字德夫,衢州人。绍定二年进士,补签书领南判官厅公事。迁秘书省正字兼沂靖惠王府教授,迁秘书省校书郎,升著作佐郎。轮对,假司马光五规之名,条上时敝,词旨切直。迁考功郎官,入对,言:“周世宗当天下四分五裂之余,一念振刷,犹能转弱为强。陛下有能致之资,乘可为之势,一转移间耳。”

迁秘书监、直秘阁、知吉州。迁宗正少卿,以秘阁修撰知绍兴府,主管浙东安抚司公事兼提举常平。权兵部侍郎,授沿海制置使,差知庆元府。改知池州兼江东提举常平。改知广州兼广东经略安抚使。

宝祐四年,迁礼部侍郎,兼直学士院,兼侍读,兼国子祭酒。拜端明殿学士、同签书枢密院事,封信安郡侯。五年,以殿中侍御史朱熠、右正言戴庆炯、监察御史吴衍、翁应弼等论罢,依旧职提举洞霄宫。

景定元年,知衢州,以兵部侍郎章鉴论罢。有旨,依旧职予祠。起知福州、福建安抚使,以职事修举,升大学士。改知平江府。又改知庆元府兼沿海制置使,提举洞霄宫。褫职罢祠。咸淳三年,追夺执政恩数,送信州居住。四年,改令自便。后卒于家。

朱熠,温州平阳人。端平二年,武举第一。迁阁门舍人,差知沅州,改横州,复为阁门舍人、知雷州。入对,为监察御史陈垓论罢,臣僚复论,降一官。久之,授带御器械兼干办皇城司,差知兴国军。迁度支郎官,拜监察御史兼崇政殿说书。擢右正言,殿中侍御史兼侍讲,迁侍御史。宝祐六年,迁左谏议大夫。拜端明殿学士、签书枢密院事,同知枢密院事。开庆元年,拜参知政事兼权知枢密院事。

景定元年,知枢密院事兼参知政事,兼太子宾客。以旧职知庆元府、沿海制置使。奉祠。为监察御史胡用虎论罢。久之,监察御史张桂、常楙相继纠劾,送处州居住。咸淳四年,诏令自便。五年,侍御史章鉴复以为言,驱之还乡,寻卒。熠居言路弹劾最多,一时名士若徐清叟、吕中、尤焴、马廷鸾,亦皆不免去。

饶虎臣字宗召,宁国人。嘉定七年进士。历官迁将作监主簿,差知徽州。迁秘书郎,升著作郎兼权右司郎官。迁兵部郎官兼权左司郎官,特授左司郎中。迁司农少卿兼左司,兼国史编修、实录检讨。迁司农卿、直龙图阁、福建转运着官,浙东提点刑狱。拜太府卿兼中书门下检正诸房公事。以秘阁修撰、两浙转运使权礼部侍郎,寻为真。时暂兼权侍右侍郎。宝祐六年,兼同修国史、实录院同修撰,暂通摄吏部尚书。拜端明殿学士、同签书枢密院事。开庆元年,同知枢密院事,兼权参知政事。

景定元年,拜参知政事。殿中侍御史何梦然论罢,以资政殿学士提举洞霄宫。梦然再劾之,褫职罢祠。四年,叙复元官,提举太平兴国宫。卒。德祐元年,礼部侍郎王应麟、右史徐宗仁乞追复元官,守资政殿学士致仕。

戴庆炣字彦可,温州永嘉人。淳祐十年进士。历官差主管户部架阁文字。召试馆职,迁秘书省正字兼史馆校勘。升校书郎,迁右正言、左司谏、殿中侍御史。升侍御史。开庆元年,拜右谏议大夫。寻加端明殿学士、签书枢密院事兼权参知政事,同知枢密院事兼参知政事。未几,守本官致仕。卒,赠特进、资政殿大学士。

皮龙荣字起霖,一字季远,潭州醴陵人。淳祐四年进士。历官主管吏部架阁文字,迁宗学谕,授诸王宫大小学教授兼资善堂直讲。入对,请“以改过之实,易运化之名,一过改而一善著,百过改而百善融。”迁秘书郎,升著作郎。入对,因及真德秀、崔与之廉,龙荣曰:“今天下岂无廉者,愿陛下崇奖之以风天下,执赏罚之公以示劝惩。”帝以为然。兼兵部郎官、差知嘉兴府。

召赴阙,迁侍右郎官兼资善堂赞读。又迁吏部员外郎兼直讲。入对,言:“忠王之学,愿陛下身教之于内。”帝嘉纳。迁将作监兼尚右郎官,秘书少监兼吏部郎中,宗正少卿、起居郎兼权侍左侍郎,兼给事中,吏部侍郎兼赞读,封醴陵县男。迁集贤殿修撰、提举太平兴国宫。召见,进刑部侍郎,加宝章阁待制、荆湖南路转运使,权刑部尚书兼翊善。景定元年四月,拜端明殿学士、签书枢密院,进封伯。权参知政事兼太子宾客。二年,拜参知政事,仍兼太子宾客,封寿沙郡公。三年,罢为湖南安抚使,判潭州。四年,以资政殿大学士提举洞霄宫。以右正言曹孝庆论罢。

咸淳元年,以旧职奉祠。殿中侍御史陈宗礼、监察御史林拾先后论劾,削一官。它日,帝偶问龙荣安在,贾似道恐其召用,阴讽湖南提点刑狱李雷应劾之。雷应至官,谒龙荣,龙荣托故不出,既退,又斥骂之。或以语雷应,不能平,遂疏其罪,又谓“每对人言,有‘吾拥至尊于膝上'之语。"诏徙衡州居住。湖南提刑治衡州，龙荣恐不为雷应所容，未至而殁。

龙荣少有志略，精于《春秋》学，有文集三十卷。性伉直，似道当国，不肯降志。又以度宗旧学，卒为似道所摈。德祐元年，复其官致仕。二年，太府卿柳岳乞加赠谥，未及行而宋亡。

沈炎字若晦，嘉兴人。宝庆二年进士。调嵊县主簿，广西经略司准备差遣，湖南安抚司干办公事。讨郴寇有功，改知金华县，沿江制置司干官。通判和州，沿江制置主管机宜文字。监三省、枢密院门，枢密院编修官。为监察御史、右正言、左司谏、殿中侍御史、侍御史。

景定元年，拜右谏议大夫。加端明殿学士、同签书枢密院事兼太子宾客。二年，拜同知枢密院事，兼权参知政事，以资政殿学士提举沿霄宫。三年，进大学士，致仕。卒，赠少保。炎居言路，尝按劾福建转运使高斯得、观文殿学士李曾伯、沿江制置司参谋官刘子澄、左丞相吴潜。然论罢右丞相丁大全及其党与，则为公论也。

论曰：王伯大立朝直谅。郑寀、沈炎居言路，不辨君子小人，皆弹拄之，吾不知其何说也。应㒓清慎没世，徐清叟风采凛乎班行之间。李曾伯之治边，短于才者也。王埜得名父师，而其学问益光。蔡抗号为君子，史阙其事。若张磻、马天骥、饶虎臣未见卓然有可称道者。戴庆炜、皮龙荣登第皆未久而位至执政，龙荣不附权臣，为所摈斥而死，犹为可取，庆炜无所称述焉。朱熠在台察如狂猘，遇人辄噬之云。

宋史卷四二一
列传第一八〇

# 杨栋　姚希得　包恢　常挺
# 陈宗礼　常楙　家铉翁
# 李庭芝

　　杨栋字元极，眉州青城人。绍定二年进士第二。授签书剑南西川节度判官厅公事。未上，丁母忧。服阕，迁荆南制置司。改辟西川，入为太学正。丁父忧，服除，召试授秘书省正字兼吴益王府教授，迁校书郎、枢密院编修官。入对，言"飞蝗蔽天，愿陛下始终一德，庶几感格天心，消弭灾咎。"又言："迩来中外之臣，如主兵理财，听其言无非可用，迹其实类皆欺诬，上下相蒙，无一可信。陛下先之以至诚，而后天下之事可为也。"又言："祖宗立国，不恃兵财法，惟恃民心固结而已。愿陛下常存忠厚之意，勿用峻急之人。"理宗悦，以臣僚言奉祠。

　　起知兴化军。孔子之裔有居涵头镇者，栋为建庙辟田，训其子弟。迁福建提点刑狱，寻加直秘阁兼权知福州，兼本路安抚使，迁都官郎官，又迁左司郎官，寻为右司郎官兼玉牒所检讨官，除宗正少卿。进对，帝曰："止是正心修身之说乎？"栋对曰："臣所学三十年，止此一说。用之事亲取友，用之治调郡、察冤狱，至为简易。"时有女冠出入宫禁，颇通请谒，外廷多有以为言者。栋上疏曰："陛下何惜一女冠，天下所侧目而不亟去之乎？"帝不谓然。栋曰："此人密交小人,甚可虑也。"又言:"京、襄、两淮、四川残破郡县之吏,多是兵将权摄,科取无艺,其民可矜,非陛下哀之,谁实哀之。"帝从之。

迁太常少卿、起居郎,差知滁州,以殿中侍御史周坦论罢。起直龙图阁、知建宁府,不拜。提举千秋鸿禧观,迁起居郎兼权侍左侍郎、崇政殿说书,继迁吏部侍郎兼同修国史、实录院同修撰兼侍读,以集英殿修撰兼中书舍人兼侍讲,出知太平州,以右补阙萧泰来论罢,依旧职提举太平兴国宫。起知婺州。召奏事,以旧职奉祠。度宗立为太子,帝亲擢栋太子詹事。迁工部侍郎,仍为詹事兼同修国史、实录院同修撰兼中书舍人,兼直学士院,权刑部尚书兼国子祭酒,迁礼部尚书,加端明殿学士、同签书枢密院事兼太子宾客,进同知枢密院事兼权参知政事,拜参知政事。

台州守王华甫建上蔡书院,言于朝,乞栋为山主,诏从之。因卜居于台。寻授资政殿学士、知建宁府,不拜。以旧职提举洞霄宫,复依旧职知庆元府、沿海制置使。以监察御史胡用虎言罢,仍奉祠。加观文殿学士知庆元府、沿海制置使,又不拜,仍奉祠。乃以资政殿大学士充万寿观使。卒,遗表上,帝辍朝,特赠少保。

栋之学本诸周、程氏,负海内重望。方贾似道入相,登用故老,列之从官,栋亦预焉。及彗星见,栋乃言蚩尤旗,非彗也,故为世所少云。或谓栋姑为是言,阴告于帝,谋逐似道,似道觉之,遂蒙疑而去。所著有《崇道集》、《平舟文集》。

姚希得字逢原,一字叔刚,潼川人。嘉定十六年进士。授小溪主簿,待次三年,朝夕讨论六经、诸子百家之言。调盘石令。会蜀有兵难,军需调度不扰而集,更调嘉定府司理参军。改知蒲江县。巨室挟势,邑号难治。希得绥强扶弱,声闻著闻。同知枢密院事游似以希得名闻,召审察,迁行在都进奏院,通判太平州,改福州,徒步至候官,吏不知为通判也。

召为国子监丞,迁太府寺丞,时暂书拟金部文字兼沂靖王府教授。时帝斥逐权奸,收召名德,举朝相庆。希得以为外观形状,似若

清明之朝,内察脉息,有类危亡之证。乃上疏言:"尧、舜、三代之时,
无危亡之事,而常喜危亡之言;秦、汉以来,多危亡之事,而常讳危
亡之言。夫危亡之事不可有,而危亡之言不可亡。后世人主乃履危
如履坦,讳言如讳病。"又言:"君子非不收召,而意向犹未调一;小
人非不斥逐,而根株犹未痛断。大权若操握,而不能无旁蹊曲迳之
疑;大势若更张,而未见有长治久安之道。廷臣之所讽谏,封囊之所
奏陈,非不激切,而陛下固不之罪,亦不之行。自古甘蹈危亡之机,
非独暗主,而明君亦有焉,此臣之所甚惧。朝廷者,万化之所自出
也,实根于人君之一心。夫何大明当天,犹有可议者?内小学之建,
人皆知陛下有意建储也。然岁月逾迈,未睹施行,人心危疑,无所系
属。秦、汉而下,嗣不蚤定,事出仓卒,或宫闱出令,或宦寺主谋,或
奸臣首议,此皆足以危人之国也。陛下何惮而不蚤定大计?邸第之
盛,人皆知笃于亲爱也。然依冯者众,轻视王法,请托之行,捷于影
响。杨干,晋侯弟也,乱行于曲梁,而魏绛戮其仆,晋侯始怒而终悔,
晋卒以霸。平原君,赵王弟也,不出租税,而赵奢刑其用事者,赵王
贤而用之,赵卒以强。皆足以兴人之国也。陛下何为而不少伸国法?
今女冠者流,众所指目,近珰小臣,时窃威福。此皆陛下之心乍明乍
晦之所致,岂不谓之危乎?国有善类,犹人有元气,善类一败一消,
元气一病一衰。善类能几,岂堪数消,消极则国随之矣。陛下明于
知人,公于用人,固无权奸再用之意。然道路之人往往窃议,此元
祐、绍圣将分之机也。祸根犹伏而未去,不几于安其危乎?"帝改容
曰:"朕决不用史嵩之。"

　　迁知大宗正丞兼权金部郎官。李韶以病告,十上疏欲去。希得
言:"韶有德望,虽以病告,曷若留奉内祠,侍经幄,亦足为朝廷重。"
又言:"财用困竭,民生憔悴,移此不急之费,以实军储,以厚民生,
敬天莫大于此,岂在崇大宫宇,庄严设像哉!"又条救钱楮三策,请
置惠民局,帝皆以为可行。

　　进秘书丞,寻迁著作郎,授江西提举常平。役法久坏,临川富室
有赂吏求免者,希得竟罪之。遂提点刑狱,加直秘阁。未几,加度支

员外郎,寻直宝章阁,移治赣州。盗有伪号"崔太尉"者,据石壁,连结数郡;刘老龙待聚众焚掠,一方绎骚。希得指授方略,不五旬平之。以直宝谟阁、广西转运判官兼权静江府。寻授直徽猷阁、知静江府、主管广西经略安抚司公事兼转运判官。母丧,免。召为秘书少监兼中书门下省检正诸房公事。入对,言君子小人邪正之辩,且曰:"君子犯颜敢谏,拂陛下之意,退甘家食,此乃为国计,非为身计也。小人自植朋党,挤排正人,甘言佞语,一切顺陛下之意,遂取陛下官爵,此乃为身计,非为国计也。"迁宗正少卿兼国史编修、实录检讨兼权给事中、兼权刑部侍郎、同修国史、实录院同修撰。时西方用兵,有为嵩之复出计者,谓非此人不能办。帝有意再用,知希得必执之,出旨谕意,希得毅然具疏密奏,不报。又缴邓泳予祠之命。右正言邵泽、监察御史吴衍、殿中侍御史朱熠相继论罢。

久之,以集英殿修撰提点千秋鸿禧观。未几,依旧职两淮宣抚使司判官,俄加宝谟阁待制,移京西、湖南北、四川。诏叙复元官。护江陵有功,召为户部侍郎。帝曰:"姚希得才望可为阃帅。"乃进焕章阁待制、知庆元府、沿海制置使,继升敷文阁待制。诏增沿海舟师,希得为之广募水军,造战舰,蓄粮食,糴米一万二千石、旧逋一百万。去官,库余羡悉以代民输。召为工部尚书兼侍读。入侍经筵,帝问庆元之政甚悉。以华文阁直学士、沿江制置使知建康府、江东安抚使、行宫留守。希得按行江上,慰劳士卒,众皆欢说。溧阳饥,发廪劝分,全活者众。创宁江军,自建康、太平至池州列寨置屋二万余间,屯戍七千余人。帝闻之,一再降诏奖谕。加宝章阁学士。寻加刑部尚书,依旧任兼淮西总领。

景定五年,召为兵部尚书兼侍读。乃言用人才、修政事、治兵甲、惜财用四事。拜端明殿学士、签书枢密院事兼太子宾客。会星变,上疏引咎,乞解机务。兼权参知政事。度宗即位,授同知枢密院事兼权参知政事,寻授参知政事。以言罢,授资政殿学士、提举洞霄宫,起知潭州、湖南安抚使,以疾甚,辞,乃仍旧职奉祠。请致仕,诏不许,力请,以资政殿大学士、金紫光禄大夫、依旧潼川郡公致仕,咸淳五年，卒。遗表闻，帝辍朝，赠少保。

希得忠亮平实，清俭自将，好引善类，不要虚誉，盖有诵荐于上而其人莫之知者。广西官署以锦为帝幕，希得曰："吾起身书生，安用此！"命以缯缬易之。蜀之亲族姻旧相依者数十家，希得廪之终身，昏丧悉损己力，晚年计口授田，各有差。所著有《续言行录》、《奏稿》、《橘州文集》。

包恢字宏父，建昌人。自其父扬、世父约、叔父逊从朱熹、陆九渊学。恢少为诸父门人讲《大学》，其言高明，诸父惊焉。嘉定十三年，举进士。调金溪主簿。邵武守王遂辟光泽主簿，平寇乱。建宁守袁甫荐为府学教授，监虎翼军，募土豪讨唐石之寇。授掌故，改沿海制置司干官。会岁饥，盗起金坛、溧阳之间，恢部诸将为十诛夷之。沿江制置使陈韡辟为机宜，复有平寇功，改知吉州永丰县，未行，差发运干官。福建安抚使陈垲檄平寇，迁武学谕、宗正寺主簿，添差通判台州。徐鹿卿讨温寇，辟兼提点刑狱司主管文字。议收捕。改通判临安府，迁宗正寺主簿、知台州。有妖僧居山中，号"活佛"，男女争事之，因为奸利，豪贵风靡，恢诛其僧。

进左郎官，未行，改湖北提点刑狱，未行，移福建兼知建宁。闽俗以九月祠"五王"生日，靡金帛，倾市奉之。恢曰："彼非犬豕，安得一日而五子同生，非不祥者乎？而尊畏之若是。"众感悟，为之衰止。兼转运判官，以侍御史周坦论罢。光州布衣陈景夏上书云："包恢刚正不屈之臣，言者污蔑之耳。"又四年，起为广东转运判官，权经略使，迁侍右郎官，寻为大理少卿，即日除直显文阁、浙西提点刑狱。是时海寇为乱，恢单车就道，调许、澉浦分屯建寨，一旦集诸军讨平之。嘉兴吏因和籴受赇百万，恢被旨虑囚，曰："吾用此消渗气。"乃减死，断其手。

进直龙图阁、权发运，升秘阁修撰，知隆兴府兼江西转运。沈妖妓于水，化为狐，人皆神之。有母诉子者，年月后状作"疏"字，恢疑之，呼其子至，泣不言。及得其情，母孀居，与僧通，恶其子谏，以不

孝坐之,状则僧为之也。因责子侍养跬步不离,僧无由至。母乃托
夫讳日,入寺作佛事,以笼盛衣帛,因纳僧于内以归。恢知之,使人
要之。置笼公库,逾旬,吏报笼中臭达于外,恢命沉于江,语其子曰:
"为汝除此害矣。"又姑死者假子妇棺以敛,家贫不能偿,妇诉于恢,
恢怒,买一棺,给其妇卧棺中以试,就掩而葬之。改湖南转运使,罢。

景定初,拜大理卿、枢密都承旨兼侍讲,权礼部侍郎,寻为中书
舍人。林希逸奏恢守法奉公,其心如水。权刑部侍郎,进华文阁直
学士、知平江府兼发运。豪有夺民仓举田寄公租诬上者,恢上疏,指
为以小民祈天永命之一事,帝览奏恻然,罪任事者,即归民田。召赴
阙,辞,改知绍兴,又辞。度宗即位,召为刑部尚书,进端明殿学士,
签书枢密院事,封南城县侯。郊礼礼成,还,以资政殿学士致仕。

恢历仕所至,破豪猾,去奸吏,治蛊狱,课盆盐,理银欠,政声赫
然。尝因轮对曰:"此臣心恻隐所以深切为陛下告者,陛下恻隐之心
如天地日月,其闭而食之者曰近习、曰外戚耳。"参知政事董槐见而
叹曰:"吾等有惭色矣。"他日讲官因称恢疏剀切,愿容纳。理宗欣然
曰:"其言甚直,朕何尝怒直言!"经筵奏对,诚实恳恻,至身心之要,
未尝不从容谆至。度宗至比恢为程颢、程颐。恢侍其父疾,涤濯拚
除之役不命僮仆。年八十有七,临终,举庐怀慎卧簀穷约事戒诸子
敛以深衣,作书别亲戚而后卒,有光陨其地。遗表闻,帝辍朝,赠少
保,谥文肃,赙银绢五百。

常挺字方叔,福州人。嘉熙二年进士。历官为太学录,召试馆
职,迁秘书省正字兼庄文府教授,升校书郎。轮对,乞以李若水配享
高宗。改秘书郎兼考功郎官,出知衢州,拜监察御史兼崇政殿说书。
疏言边阃三事:曰辟实才,曰奏实功,曰招实兵。朝廷二事:曰选良
吏,曰擢正人。又言:"愿陛下深思宏远之规模,奋发清明之志气,立
纲陈纪必为万世之法程,昭德塞违以示百官之宪度。"迁太常少卿
兼国子司业,兼国史编修、实录检讨兼直舍人院。迁起居郎,权工部
侍郎兼直学士院。迁工部侍郎、给事中。右谏议大夫陈尧道论罢。

以宝章阁直学士知漳州，改知泉州，权兵部尚书兼侍读，权礼部尚书兼同修国史、实录院同修撰。进《帝学发题》，迁吏部尚书。咸淳三年，授同知枢密院事兼权参知政事，封合沙郡公，拜参知政事。四年，致仕，寻卒，赠少保。

　　陈宗礼字立之。少贫力学，袁甫为江东提点刑狱，宗礼往问学焉。淳祐四年，举进士。调邵武军判官，入为国子正，迁太学博士、国子监丞，转秘书省著作佐郎。入对，言火不循轨。帝以星变为忧，宗礼曰："上天示戒，在陛下修德布政以回天意。"又曰："天下方事于利欲之中，士大夫奔竞趋利，惟至公可以遏之。"兼考功郎官，兼国史实录院校勘，兼景献府教授，升著作郎，迁尚左郎官兼右司。时丁大全擅国柄，以言为讳。宗礼叹曰："此可一日居乎！"陛对，言："愿为宗社大计，毋但为仓廪府库之小计；愿得天下四海之心，毋但得左右便嬖戚畹之心；愿寄腹心于忠良，毋但寄耳目于卑近；愿四通八达以来正人。毋但旁蹊曲迳类引贪浊。"拜太常少卿，以直宝谟谟阁、广东提点刑狱进直焕章阁，迁秘书监。以监察御史虞虑言追两官，送永州居住。

　　景定四年，拜侍御史，直龙图阁、淮西转运判官，迁刑部尚书。以起居舍人曹孝庆言罢。度宗即位，兼侍讲，拜殿中侍御史。疏言："恭俭之德自上躬始，清白之规自宫禁始，左右之言利者必斥，蹊隧之私献者必诛。"以《诗》进讲，因奏："帝王举动，无微不显，古人所以贵于慎独也。"权礼部侍郎兼给事中。进读《孝宗圣训》。因奏："安危治乱，常起于一念虑之间，念虑少差，祸乱随见。天下之乱未有不起于微而成于著。"又言："不以私意害公法，乃国家之福。"帝曰："孝宗家法，惟赏善罚恶为尤谨。"宗礼言："有功不赏，有罪不罚，虽尧舜不能治天下，信不可不谨也。"

　　迁礼部侍郎，寻权礼部尚书，乞奉祠，帝曰："岂朕不足与有为耶？"以华文阁直学士知隆兴府，再辞，依旧职与待次差遣。逾年，依旧职广东经略安抚使兼知广州，加端明殿学士、签书枢密院事，寻兼权参知政事。疏奏："国所以立，曰天命人心。因其警而加敬畏，天命未有不可回也；因其未坠而加绥定，人心未尝不可回也。"卒官，遗表上，赠开府仪同三司、盱江郡侯，谥文定。所著有《寄怀斐稿》、《曲辕散木集》、《两朝奏议》、《经筵讲义》、《经史明辨》、《经史管见》、《人物论》。

常楙字长孺，显谟阁直学士同之曾孙。入太学。淳祐七年，举进士。调常熟尉。公廉自持，不畏强御，部使者交荐之。调婺州推官。疏决滞讼，以刬繁裁剧称。临安府尹马光祖又荐于朝，辟差平江府百万仓检察，不受和籴事例，戢吏卒苛取。发运使赵与簒兼提点刑狱，属楙检覆，雪无锡翟氏冤狱。监江淮茶盐所芜湖局，不受商税赢，光祖益敬之。改知嘉定县。岁大水，劝分和籴，按籍均敷。发运使王爚、提点刑狱孙子秀俱特荐于朝，签书临安府判官，不为权势挠。有为淮东提举常平，辟楙提管，楙知其不可与共事，笑而却之。未几，政府强楙行，遂拂衣去，朝野高之。主管城南厢，听讼严明，豪右益惮之。都城火后，瓦砾充斥，差民船徙运，在籍者百五十家，惟二十有五家应役，余率为势要宦官所庇。楙悉追之，不服者杖其人，械于他所，无不听命。又力拒户部科买。叶梦鼎、陈昉深期奖焉。添差临安通判。朝命鞫封桩库吏范成狱，不肯承庙堂风旨，无辜者悉出之。

知广德军。郡有水灾，发社仓粟以活饥民，官吏难之，楙先发而后请专命之罪。置慈幼局，立先贤祠。故事，郡守秋苗例可得米千石，乃以代属县赏大农纲欠。拜监察御史，知无不言，尝论天变及贾似道家争田事，论继皇子竑嗣，触度宗怒，迁司农卿，寻为两浙转运使。禁戢吏奸，不以急符督常赋。海盐岁为咸潮害稼，楙请于朝，捐金发粟，复辍已帑，大加修筑新塘三千六百二十五丈，名曰海晏塘。是秋，风涛大作，塘不浸者尺许，民得奠居，岁复告稔，邑人德之。

迁户部侍郎。受四方民词，务通下情。兼中书门下省检正诸房公事，兼刑部侍郎。极论检覆之敝。上进故事，首论雷雪非时之变，帝意不悦。丐祠，不许，以集英殿修撰知平江。值旱。故事，郡守合得缗钱十五万，悉以为民食、军饷助。蠲新苗二万八千，大宽公私之力。飞蝗几及境，疾风飘入太湖。节浮费，修府库。既代，有送还事例，自给吏卒外，余金万楮，楏悉不受。吏惊曰："人言常侍郎不爱钱，果然。"改浙东安抚使。值水灾，捐万楮以振之，复请籴于朝，得米万石，蠲新苗三万八千。又以诸暨被水尤甚，给二万楮付县折运，民食不至乏绝。民各祀于家。两浙及会稽、山阴死者暴露与贫而无以为殓者，乃以十万楮置普惠库，取息造棺以给之。寻以刑部侍郎召。申明期赦叙改法，与庙堂争可否，辨伪关狱，救八仓亏欠免死罪，平反天井巷杀人狱，全活者甚众。兼给事中，封还隆国夫人从子黄进观察使录黄。帝怒，似道以御书今委曲书行，楏迄不奉命。以宝章阁待制提举太平兴国宫。

德祐元年，拜吏部尚书，以老病辞，累诏不许，专官趣行甚峻。楏入见，首言"霅川之变，非其本心。置之死，过矣，不与立后，又过矣。巴陵帝王之胄，生不得正命，死不得血食，沉冤幽愤，郁结四五十年之久，不为妖为札于冥冥中者几希。愿陛下勿摇浮议，特发神断，宗社幸甚"。于是诏国史院讨论典故以闻。明堂礼成，进端明殿学士、提领户部财用，特与执政恩数。楏以国步方艰，非臣子贪荣之时，力辞恩数。与庙堂议事不合，以疾谒告。二年春，拜参知政事，为夏士林缴驳，拜疏出关，后六年卒。


家铉翁，眉州人。以荫补官。累官知常州，政誉翕然。迁浙东提点刑狱，入为大理少卿，直华文阁，以秘阁修撰充绍兴府长史，迁枢密都丞旨，知建宁府兼福建转运副使，权户部侍郎兼知临安府、浙西安抚使，迁户部侍郎。权侍右侍郎。仍兼枢密都丞旨。赐进士出身，拜端明殿学士、签书枢密院事。

大元兵次近郊，丞相吴坚、贾余庆檄告天下守令以城降，铉翁独不署。元帅遣使至，欲加缚，铉翁曰："中书省无缚执政之理。"坚奉表祈请于大元，以铉翁介之，礼成不得命，留馆中。闻宋亡，旦夕哭泣不食饮者数月。大克以其节高欲尊官之,以示南服。铉翁义不二君,辞无诡对。宋三宫北还,铉翁再率故臣迎谒,伏地流涕,顿首谢奉使无状,不能感动上衷,无以保存其国。见者莫不叹息。文天祥女弟坐兄故,系奚宫,铉翁倾橐中装赎出之。以归其兄璧。

铉翁状貌奇伟,身长七尺,被服俨雅。其学邃于《春秋》,自号则堂。改馆河间,乃以《春秋》教授弟子,数为诸生谈宋故事及宋兴亡之故,或流涕太息。大元成宗皇帝即位,放还,赐号"处士",锡赉金币,皆辞不受。又数年,以寿终。

李庭芝字祥甫。其先汴人,十二世同居,号"义门李氏"。后徙随之应山县。金亡,襄、汉被兵,又徙随。然特以武显。

庭芝生时,有芝产屋栋,乡人聚观,以为生男祥也,遂以名之。少颖异,日能诵数千言,而智识恒出长老之上。王旻守随,庭芝年十八,告其诸父曰:"王公贪而不恤下,下多怨之,随必乱,请徙家德安以避。"诸父勉强从之,未浃旬,旻果为部曲挟之以叛,随民死者甚众。嘉熙末,江防甚急,庭芝得乡举不行,以策干荆帅孟珙请自效。珙善相人,且夜梦车骑称李尚书谒已,明日庭芝至。珙见其魁伟,顾诸子曰:"吾相人多,无如李生者,其名位当过我。"时四川有警,即以庭芝权施之建始县。庭芝至,训农治兵,选壮士杂官军教之。期年,民皆知战守,善驰逐,无事则植戈而耕,兵至则悉出而战。夔帅下其法于所部行之。淳祐初始去,举进士,中第。辟珙幕中,主管机宜文字。珙卒,遗表举贾似道自代,而荐庭芝于似道。庭芝感珙知己,扶其柩葬之兴国,即弃官归,为珙行三年丧。

似道镇京湖,起为制置司参议,移镇两淮,与似道议栅清河五河口,增淮南烽百二十。继知濠州,复城刑山以备淮南。皆切中机会。开庆元年,似道宣抚京湖,留庭芝权扬州。寻以大兵在蜀,奏知峡州,以防蜀江口。朝廷以赵与𥲅为淮南制置,李应庚为参议官。应庚发两路兵筑南城,大暑中渴死者数万。李璮窥其无谋,夺涟水三城,渡淮夺南城。鄂兵解,庭芝丁母忧去。朝议择守扬者,帝曰:"无如李庭芝。"乃夺情主管两淮制置司事。庭芝再破璮兵，杀璮将厉元帅，夷南城而归。明年，复改璮于乔村，破东海、石圃等城。又明年，璮降，徙三城民于通、泰之间。又破蕲县，杀守将。

庭芝初至扬时，扬新遭火，庐舍尽毁。州赖盐为利，而亭户多亡去，公私萧然。庭芝悉贷民负逋，假钱使为屋，屋成又免其假钱，凡一岁，官民居皆具。凿河四十里入金沙余庆场，以省车运。兼浚他运河，放亭户负盐二百余万。亭民无车运之劳，又得免所负，逃者皆来归，盐利大兴。始，平山堂瞰扬城，大元兵至，则构望楼其上，张车弩以射城中。庭芝乃筑大城包之，城中募汴南流民二万人以实之，有诏命为武锐军。又大修学，为诗书、俎豆，与士行习射礼。郡中有水旱，即命发廪，不足则以私财振之。扬民德之如父母。刘槃自淮南入朝，帝问淮事，槃对曰："李庭芝老成谨重，军民安之。今边尘不惊，百度具举，皆陛下委任得人之效也。"

咸淳五年，北兵围襄阳急，夏贵入援，大败虎尾州。范文虎总诸兵再入，又败，文虎以轻舸遁，兵乱，士卒溺汉水死者甚众。冬，命庭芝以京湖制置大使督师援襄阳。文虎闻庭芝至，贻书似道曰："吾将兵数万入襄阳，一战可平，但无使听命于京阃，事则功归恩相矣。"似道喜，即除文虎福州观察使，其兵从中制之。文虎日携美姜，走马击球军中为乐。庭芝屡欲进兵，曰："吾取旨未至也。"明年六月，汉水溢，文虎不得已始一出师，未至鹿门，中道遁去。庭芝数自劾请代，不允，竟失襄阳。陈宜中请诛文虎，似道芘之，止降一官知安庆府，而贬庭芝及部将苏刘义、范友信广南。庭芝罢居京口。

未几，大元兵围扬州，制置印应雷暴死，即起庭芝制置两淮。庭芝请分淮西夏贵，而已得专力淮东，从之。十年，筑清河口，诏以为清河军。十二月，大元兵破鄂，诏天下勤王，庭芝首遣兵为诸道倡。德祐元年春，似道兵溃芜湖，沿江诸郡或降或遁，无一人能守者。庭芝率所部郡县城守。有李虎者持招降榜入扬州，庭芝诛虎，焚其榜。总制张俊出战，持孟之缙书来招降，庭芝焚书，枭俊五人于市。而日调苗再成战其南，许文德战其北，姜才、施忠战其中。时出金帛牛酒燕辖将士，人人为之死斗。朝廷亦以督府金劳之，加庭芝参知政事。七月，以知枢密院事征入朝，徙夏贵知扬州，贵不至，事遂已。

十月，大元丞相伯颜入临安，留元帅阿术军镇江以遏淮兵。阿术攻扬久不拔，乃筑长围困之。冬，城中食尽，死者满道。明年二月，饥益甚，赴濠水死者日数百，道有死者，众争割啖之立尽。宋亡，谢太后及瀛国公为诏谕之降，庭芝登城曰："奉诏守城，未闻有诏谕降也。"已而两宫入朝，至瓜洲，复诏庭芝曰："比诏卿纳款，日久未报，岂未悉吾意，尚欲固围邪？今吾与嗣君既已臣伏，卿尚为谁守之？"庭芝不答，命发弩射使者，毙一人，余皆退去。姜才出兵夺两宫，不克，复闭城守。三月，夏贵以淮西降，阿术驱降兵至城下以示之，旌旗蔽野，幕客有以言觇庭芝者，庭芝曰："吾惟一死而已。"阿术使者持诏来招降，庭芝开壁纳使者，斩之，焚诏陴上。已而知淮安州许文德、知盱眙军张思聪、知泗州刘兴祖皆以粮尽降。庭芝犹括民间粟以给兵，粟尽，令官人出粟，粟又尽，令将校出粟，杂牛皮、曲蘖以给之。兵有烹子而食者，犹日出苦战。七月，阿术请赦庭芝焚诏之罪，使之降，有诏从之。庭芝亦不纳。是月，益王遣使以少保、左丞相召庭芝，庭芝以朱焕守扬，与姜才将兵七千人东入海，至泰州，阿术将兵追围之。朱焕既以城降，驱庭芝将士妻子至泰州城下，陴将孙贵、胡惟孝等开门降。庭芝闻变，赴莲池，水浅不得死。被执至扬州，朱焕请曰："扬自用兵以来，积骸满野，皆庭芝与才所为，不杀之何俟？"于是斩之。死之日，扬之民皆泣下。

有宋应龙者为泰州谘议官，泰守孙良臣之弟舜臣自军中来说降，良臣召应龙与计，应龙极陈国家恩泽，君臣大义，请杀舜臣以戒持二心者，良臣不得已杀之。及泰州降，应龙夫妇自经死。提刑司谘议褚一正置司高邮，督战被创，没水死。知兴化县胡拱辰，城破亦死。

论曰：杨栋学本伊、洛，而尼于权臣，速谤召尤，谁之过欤？姚希得蔼然君子。包恢以严为治，抑以衰世之民非可以纵弛待之耶？常挺、陈宗礼咸通济,著声望。常楙晚讼皇子竑事,光明正大,公义炳然。家铉翁义不二君,足为臣轨。李庭芝死于国难,其可悯哉!

宋史卷四二二
列传第一八一

# 林勋　刘才邵　许忻
# 应孟明　曾三聘　徐侨
# 度正　程珌　牛大年
# 陈仲微　梁成大　李知孝

林勋，贺州人。政和五年进士，为广州教授。建炎三年八月，献《本政书》十三篇，言："国家兵农之政，率因唐末之故。今农贫而多失职，兵骄而不可用，是以饥民窜卒，类为盗贼。宜假古井田之制，使民一夫占田五十亩，其有羡田之家，毋得市田。其无田与游惰末作者，皆驱之使为隶农，以耕田之羡者，而杂纽钱谷，以为十一之税。宋二税之数，视唐增至七倍。今本政之制，每十六夫为一井，提封百里，为三千四百井，率税米五万一千斛、钱万二千缗，每井赋二兵、马一匹，率为兵六千四百人、马三千四百匹，岁取五之一以为上番之额，以给征役。无事则又分为四番，以直官卫，以给守卫。是民凡三十五年而役使一遍也。悉上则岁食米万九千余斛，钱三千六百余缗，无事则减四分之三，皆以一同之租税供之。匹妇之贡，绢三尺，绵一两。百里之县，岁收绢四千余疋，绵三千四百斤。非蚕乡则布六尺、麻二两，所收视绢绵率倍之。行之十年，则民之口算，官之酒酤，与凡茶、盐、香、矾之榷，皆可弛以予民。"其说甚备。书奏，以勋为桂州节度掌书记。

其后,勋又献《比校书》二篇,大略谓:"桂州地东西六百里,南北五百里,以古尺计之,为方百里之国四十,当垦田二百二十五万二千八百顷,有田夫二百四万八千,出米二十四万八千斛,禄卿大夫以下四千人,禄兵三十万人。今桂州垦田约万四十二顷,丁二十一万六千六百一十五,税钱万五千余缗,苗米五万二百斛有奇,州县官不满百员,官兵五千一百人。盖土地荒芜而游手末作之人众,是以地利多遗,财用不足,皆本政不修之故。"朱熹甚爱其书。东阳陈亮曰:"勋为此书,考古验今,思虑周密,可谓勤矣。世之为井地之学者,孰有加于勋者乎?要必有英雄特起之君,用于一变之后,成顺致利,则民不骇而可以善其后矣。"

刘才邵字美中,吉州庐陵人。其上世鄂,太宗召见,未及用而卒。尝愤五季文辞卑弱,信杨雄《法言》,著《法语》八十一篇行于世。才邵以大观二上舍释褐,为赣、汝二州教授,复为湖北提举学事管干文字。宣和二年,中宏词科,迁司农寺丞。靖康元年,迁校书郎。

高宗即位,以亲老归侍,居闲十年。御史中丞廖刚荐之,召见,迁秘书丞,历驾部员外郎,迁吏部员外郎,典侍右选事。先是,宗室注宫观、岳庙,例须赴部,远者或难于行。才邵言许经所属以闻于部,依条注拟,行之而便。迁军器监,既而迁起居舍人,未几,为中书舍人兼权直学士院。帝称其能文,时宰忌之,出知漳州,即城东开渠十有四,为闸与斗门以潴汇决,溉田数千亩,民甚德之。两奉祠。绍兴二十五年,召拜工部侍郎兼直学士院,寻权吏部尚书。以疾请祠,加显谟阁直学士。卒,赠通奉大夫。才邵气和貌恭,方权臣用事之时,雍容逊避,以保名节。所著《杉溪居士集》行世。

许忻,拱州人。宣和三年进士。高宗时,为吏部员外郎,有旨引见。是时,金国使人张通古在馆,忻上疏极论和议不便,曰:

臣两蒙召见,擢置文馆,今兹复降睿旨引对。今见陛下于多故之时，欲采千虑一得之说以广聪明，是臣图报万分之秋也，故敢竭愚而效忠。臣闻金使之来，陛下以祖宗陵寝废祀，徽宗皇帝、显肃皇后梓宫在远，母后春秋已高，久阙晨昏之奉，渊圣皇帝与天族还归无期，欲屈己以就和，遣使报聘。兹事体大，固已诏侍从、台谏各具所见闻矣，不知侍从、台谏皆以为可乎？抑亦可否杂进，而陛下未有所择乎？抑亦金已恭顺，不复邀我以难行之礼乎？是数者，臣所不得而闻也。请试别白利害，为陛下详陈之。

夫金人始入寇也。固尝云讲和矣。靖康之初，约肃王至大河而返，已而挟之北行，迄无音耗。河朔千里，焚掠无遗，老稚系垒而死者亿万计，复破威胜、隆德等州。渊圣皇帝尝降诏书，谓金人渝盟，必不可守。是岁又复深入，朝廷制置失宜，都城遂陷。敌情狡甚，惧我百万之众必以死争也，止我诸道勤王之师，则又曰讲和矣。乃邀渊圣出郊，次邀徽宗继往，追取宗族，殆无虚日，倾竭府库，靡有孑遗，公卿大臣类皆拘执，然后伪立张邦昌而去。则是金人所谓"讲和"者，果可信乎？

此已然之祸，陛下所亲见。今徒以王伦缪悠之说，遂诱致金人责我以必不可行之礼，而陛下遂已屈己从之，臣是以不觉涕泗之横流也。而彼以"诏谕江南"为名而来，则是飞尺书而下本朝，岂讲和之谓哉？我躬受之，真为臣妾矣。陛下方寝苦枕块，其忍下穹庐之拜乎？臣窃料陛下必不忍为也。万一奉其诏令，则将变置吾之大臣，分部吾之诸将，邀求无厌，靡有穷极。当此之时，陛下欲从之则无以立国，不从之则复责我以违令，其何以自处乎？况犬羊之群，惊动我陵寝，戕毁我宗庙，劫迁我二帝，据守我祖宗之地，涂炭我祖宗之民，而又徽宗皇帝、显肃皇后銮舆不返，遂致万国痛心，是谓不共戴天之仇。彼意我之必复此仇也，未尝顷刻而忘图我，岂一王伦能平哉？方王伦之为此行也，虽闾巷之人，亦知其取笑外夷，为国生事。今无故诱狂敌悖慢如此，若犹倚信其说而不寤，诚可恸哭，使贾谊复生，谓国有人乎哉，无人乎哉？

古之外夷，固有不得已而事之以皮币、事之以珠玉、事之以犬马者，曷尝有受其诏，惟外夷之欲是从，如今日事哉！脱或包羞忍耻，受其诏谕，而彼所以许我者不复如约，则徒受莫大之辱，贻万世之讥。纵使如约，则是我今日所有土地，先拱手而奉外夷矣，祖宗在天之灵，以谓如何？徽宗皇帝、显肃皇后不共戴天之仇，遂不可复也，岂不痛哉！陛下其审思之，断非圣心所能安也。自金使入境以来，内外惶惑，傥或陛下终以王伦之说为不亡，金人之诏为可从，臣恐不惟堕外夷之奸计，而意外之虞，将有不可胜言者矣。此众所共晓，陛下亦尝虑及于此乎？

国家两尝败外夷于淮甸，虽未能克复中原之地，而大江之南亦足支吾。军声粗震，国势粗定，故金人因王伦之往复，遣使来尝试朝廷。我若从其所请，正堕计中；不从其欲，且厚携我之金币而去，亦何适而非彼之利哉！为今之计，独有陛下幡然改虑，布告中外，以收人心，谓祖宗陵寝废祀，徽宗皇帝、显肃皇后梓宫在远，母后、渊圣、宗枝族属未还，故遣使迎请，冀遂南归。今敌之来，邀朝廷以必不可从之礼，实王伦卖国之罪，当行诛责，以释天下之疑。然后激厉诸将，谨捍边陲，无堕敌计，进用忠正，黜远奸邪，以振纪纲，以修政事，务为实效，不事虚名，夕虑朝谋，以图兴复，庶乎可矣。

今金使虽已就馆，谓当别议区处之宜。臣闻万人所聚，必有公言。今在廷百执事之臣，与中外一心，皆以金人之诏为不可从，公言如此，陛下独不察乎？若夫谓粘罕之已死，外夷内乱，契丹林牙复立，故今金主复与我平等语，是皆行诈款我师之计，非臣所敢知也。或者又谓金使在馆，今稍恭顺。如臣之所闻，又何其悖慢于前，而遽设恭顺于后？敌情变诈百出，岂宜惟听其甘言，遂忘备豫之深计，待其祸乱之已至，又无所及？此诚切于事情。今日之举，存亡所系，愚衷感发，不能自已，望鉴其惓惓之忠，特垂采纳，更与三二大臣熟议其便，无贻异时之悔，社稷天下幸甚。

疏入，不省。后忻托故乞从外补，乃授荆湖南路转运判官。谪居抚州，起知邵阳。卒。

应孟明字仲实，婺州永康人。少入太学，登隆兴元年进士第。试中教官，调临安府教授，继为浙东安抚司干官、乐平县丞。侍御史葛邲、监察御史王蔺荐为详定一司敕令所删定官。

轮对，首论："南北通好，疆场无虞，当选将练兵，常如大敌之在境，而可以一日忽乎？贪残苛酷之吏未去，吾民得无不安其生者乎？贤士若于下僚，忠言壅于上闻，无乃众正之门未尽开，而兼听之意未尽孚乎？君臣之间，戒惧而不自持，勤劳而不自宁，进君子，退小人，以民隐为忧，以边陲为警，则政治自修，纪纲自张矣。"孝宗曰："朕早夜戒惧，无顷刻忘，退朝之暇，亦无它好，正恐临朝或稍晏，则万几之旷自此始矣。"次乞申严监司庇贪吏之禁，荐举徇私情之禁，帝嘉奖久之。它日，宰相进拟，帝出片纸于掌中，书二人姓名，曰："卿何故不及此？"其一则孟明也。乃拜大理寺丞。

故大将李显忠之子家僮溺死，有司诬以杀人，逮系几三百家。孟明察其冤，白于长官，释之。出为福建提举常平，陛辞，帝曰："朕知卿爱百姓，恶赃吏，事有不便于民，宜悉意以闻。"因问当世人才，孟明对曰："有才而不学，则流为刻薄，惟上之教化明，取舍正，使回心向道，则成就必倍于人。"帝曰："诚为人上者之贵。"孟明至部，具以临遣之意咨访之。帝一日御经筵，因论监司按察，顾谓讲读官曰："朕近日得数人，应孟明其最也。"寻除浙东提点刑狱，以乡部引嫌，改使江东。

会广西谋帅，帝谓辅臣曰："朕熟思之，无易应孟明者。"即以手笔赐孟明曰："朕闻广西盐法利害相半，卿到任，自可详究事实。"进直秘阁、知静江府兼广西经略安抚。初，广西盐易官般为客钞，客户无多，折阅逃避，遂抑配于民。行之六年，公私交病，追逮禁锢，民不聊生。孟明条具驿奏除其弊，诏从之。禁卒朱兴结集党侣，弄兵雷、化间，声势渐长，孟明遣将缚致辕门斩之。

光宗即位,迁浙西提点刑狱,寻召为吏部员外郎,改左司,迁右司,再迁中书门下省检正诸房公事。宁宗即位,拜太府卿兼吏部侍郎。庆元初,权吏部侍郎,卒。

孟明以儒学奋身受知人主,官职未尝幸迁,韩侂胄尝遣其密客诱以谏官,俾诬赵汝愚,孟明不答,士论以此重之。

曾三聘字无逸,临江新淦人。乾道二年进士。调赣州司户参军,累迁军器监主簿。有旨造划车弩,三聘谓:“划车弩六人挽之,而箭之所及止二百六十步。今所用克敌弓较之,工费不及十之三,一人挽之而射可及三百六十步,利害晓然。”乃不果造。

光宗不朝重华宫,中外疑惧,三聘以书抵丞相留正。正未及言,会以它事不合求去。三聘谓:“丞相今泯默而退耶,亦将取今日所难言者别白言之而后退?凡今阙庭之内,闺门衽席之间,父子夫妇之际,群臣莫敢深言者,避嫌远罪耳。丞相身退计决,言之何嫌乎?”迁秘书郎。帝欲幸玉津园,三聘上疏言:“今人心既离,大乱将作,小大之臣震怖请命,而陛下安意肆志而弗闻知,万一敌人谍知。驰一介之使,问安北宫,不知何以答之?奸宄窥间,传一纸之檄,指斥乘舆,不知何以御之? 望亟备法驾朝谒,不然,臣实未知死所也。”孝忠病革,复上疏言:“道路流言,汹汹日甚,臣恐不幸而有狂夫奸人,托忠愤以行诈,假曲直以动众,至此而后悔之,则恐无及矣。”帝意为动。及孝宗崩,帝疾不能执丧,朝论益震汹。三聘谓今日事势,莫若建储。或戒之曰:“前日台谏诸公谓汝夺其职,今复有疏耶?”三聘曰:“此何时而可避烦言也。”

宁宗立,兼考功郎,后知郢州。会韩侂胄为相,指三聘为故相赵汝愚腹心,坐追两官。久之,复元官与祠。差知郴州,改提点广西、湖北刑狱,皆辞不赴。侂胄诛,诸贤遭窜斥者相继召用,三聘禄不及,终不自言。嘉熙闻,三聘已卒,有旨特赠三官,直龙图阁,赐谥忠节。

徐侨字崇甫,婺州义乌人。蚤从学于吕祖谦门人叶邽。淳熙十四年,举进士。调上饶主簿,始登朱熹之门,熹称其明白刚直,命以"毅"名斋。入为秘书省正字、校书郎兼吴、益王府教授。直宝谟阁、江东提点刑狱,以迕丞相史弥远劾罢。宝庆初,葛洪、乔行简代为请祠,迄不受禄。绍定中,告老,得请。

端平初,与诸贤俱被召,迁秘书少监、太常少卿。趣入觐,手疏数千言,皆感愤剀切,上劘主阙,下逮群臣,分别黑白,无所回隐。帝数慰谕之,顾见其衣履垢敝,恻然谓曰:"卿可谓清贫。"侨对曰:"臣不贫,陛下乃贫耳。"帝曰:"朕何为贫?"侨曰:"陛下国本未建,疆宇日蹙;权幸用事,将帅非材;旱蝗相仍,盗贼并起;经用无艺,帑藏空虚;民困于横敛,军怨于掊克,群臣养交而于子孤立,国势阽危而陛下不悟:臣不贫,陛下乃贫耳。"又言:"今女谒、阉宦相为囊橐,诞为二竖,以处国膏肓,而执政大臣又无和、缓之术,陛下此之不虑而耽乐是从,世有扁鹊,将望见而却走矣。"时贵妃阎氏方有宠,而内侍董宋臣表里用事,故侨论及之。帝为之感动改容,咨嗟太息。明日,手诏罢边帅之尤无状者,申儆群臣以朋党为之戒,命有司裁节中外浮费,而赐侨金帛甚厚。侨固辞不受。

侍讲,开陈友爱大义,用是复皇子竑爵,请从祀周敦颐、程颢、程颐、张载、朱熹,以赵汝愚侑食宁宗,帝皆如其请。金使至,侨以无国书宜馆之于外,如叔向辞郑故事,迕丞相意,力丐休致,帝谕留甚勤。迁工部侍郎,辞益坚,遂命以内祠侍读,不得已就职。遇事尽言。以疾申前请,乃以宝谟阁待制奉祠。卒,谥文清。

侨尝言:"比年熹之书满天下,不过割裂掇拾,以为进取之资,求其专精笃实,能得其所言者盖鲜。"故其学一以真践实履为尚。奏对之言。剖析理欲,因致劝惩,弘益为多。若其守官居家,清苦刻厉之操,人所难能也。

度正字周卿,合州人。绍熙元年进士。历官为国子监丞。时士大夫无贤愚,皆策李全必反而不敢言,正独上疏极言之,且献毙全之策有三,其言鲠亮激切。

迁军器少临监。轮对,言:"陛下推行圣学,当自正家始。"进太常少卿。适太庙灾,为二说以献,其一则用朱熹之议,其一则因宋朝庙制而参以熹之议:"自西徂东为一列,每室之后为一室,以藏祧庙之主。如僖祖庙以次祧主则藏之,昭居左,穆居右,后世穆之祧主藏太祖庙,昭之祧主藏太宗庙。仁宗为百世不迁之宗,后世昭之祧主则藏之。高宗为百世不迁之宗,后世穆之祧主则藏之。室之前为两室,三年祫享,则帷帐幕之通为一室,尽出诸庙主及祧庙主并为一列,合食其上。往者此庙为一室,凡遇祫享合祭于室,名为合享,而实未尝合享。合增此三室,后有藏祧主之所,前有祖宗合食之地,于本朝之制初无更革,而颇已得三年大祫之义。"

迁权礼部侍郎兼侍右郎官,兼同修国史、实录院同修撰。迁礼部侍郎,转一官,守礼部侍郎致仕。卒,赠四官,赙银绢三百。所著有《性善堂文集》。


程珌字怀古,徽州休宁人。绍熙四年进士。授昌化主簿,调建康府教授,改知富阳县,迁主管官告院。历宗正寺主簿、枢密院编修官,权左司郎官、秘书监丞,江东转运判官。陛辞,宁宗谓宰臣曰:"程珌岂可容其补外?"遂复旧职。

迁浙西提举常平,又迁秘书丞,升秘书省著作郎,寻为军器少监兼权左司郎官。迁国子司业兼国史编修、实录检讨,兼权直舍人院,迁起居舍人,兼职依旧。权吏部侍郎,直学士院兼同修国史、实录院同修撰,兼权中书舍人,迁礼部侍郎仍兼侍读,权刑部尚书,封休宁县男。授礼部尚书兼同修国史、实录院同修撰,兼权吏部尚书,拜翰林学士、知制诰,兼修玉牒官,进封子。五上疏丐祠,以焕章阁学士、知建宁府,授福建路招捕使。以旧职提举玉隆万寿宫,进封伯。进敷文阁学士、知宁国府,改知赣州,皆不赴。进封新安郡侯,加宝文阁学士、知福州兼福建安抚使。再奉祠,又加龙图阁学士。以端明殿学士致仕,卒,年七十有九,赠特进、少师。

珌十岁咏冰，语出惊人。直学士院时，宁宗崩，丞相史弥远夜召珌，举家大惊。珌妻丞相王淮女也，泣涕，疑有不测，使人瞯之，知弥远与珌出迎，而后收涕。弥远与珌同入禁中草矫诏，一夕为制诰二十有五。初许珌政府，杨皇后缄金一囊赐珌，珌受之不辞，归视之，其直不赀。弥远以是衔之，卒不与共政云。

牛大年字隆叟，扬州人。庆元二年进士。历官将作监主簿。入对，言：“人主所当先者，要以天命人心之所系致念焉。夫以人主居富贵崇高之位，重而承宗社之托，尊而为臣辟之戴，一指意而众莫敢违，一动作而人孰敢议，然而天心靡常，则可畏也。”又言：“今日士气亦久靡矣，宜体立国之意以振起之。夫有扶持作兴之意，而后缙绅无贪名嗜利之习；无贪名嗜利之习，而后有持正秉义之操。国家之休戚，在士大夫之风俗，而风俗之善恶在朝廷。惟陛下为之振起，机括一运，天下转移，而风俗易矣。”

迁军器监主簿、大宗正丞、四川提举茶马兼权总领、知黎州兼管内安抚司公事、节制黎雅州屯戍军马，加直宝章阁，为工部郎官。入对，请惩贪吏。迁侍左郎中，进直华文阁、浙东提点刑狱，迁守秘书少监、宗正少卿，升秘书监，迁起居舍人，升起居郎兼崇政殿说书。以宝章阁待制提举太平兴国宫，卒，特赠四官。大年清操凛然，所至以廉洁自将。

陈仲微字致广，瑞州高安人。其先居江州，旌表义门。嘉泰二年，举进士。高莆田尉，会守令阙，通判又罢软不任，台阃委以县事。时岁凶，部卒并饥民作乱，仲微立召首乱者戮之。籍闭籴，抑强籴，一境以肃。襄山浮屠与郡学争水利，久不决，仲微按法曰：“曲在浮屠。”它日沿檄过寺，其徒久揭其事钟上以为冤，且幕祝诅。然莫省为仲微也。仲微见之曰：“吾何心哉？吾何心哉？”质明，首僧无疾而死。寓公有诵仲微于当路而密授以荐牍者，仲微受而藏之。逾年，其家负县租，竟逮其奴。寓公有怨言，仲微还其牍，缄封如故，其人惭谢，终其任不敢挠以私。

迁海盐丞。始邑有疑狱十年，郡命仲微按之，一问立决。改知崇阳县，寝食公署旁，日与父老樵竖相尔汝，下情毕达，吏无所措手。通判黄州，职兼饷馈，以身律下，随事检柅，军兴赖以不乏。制置使上其最，辞曰："职分也。何最之有？"复通判江州，迁干办诸司审计事，知赣州、江西提点刑狱，坐丞相贾似道，监察御史舒有开言罢。久之，起知惠州，迁太府寺丞兼权侍右郎官。轮对，言："禄饵可以钓天下之中才，而不可咮尝天下之豪杰；名航可以载天下之猥士，而不可以陆沉天下之英雄。"似道怒，又讽言者罢夺其官。久之，叙复。

时国势危甚，仲微上封事，其略曰："误襄者，老将也。夫襄之罪不专在于庸阃、疲将、孩兵也，君相当分受其责，以谢先皇帝在天之灵。天子若曰罪在朕躬，大臣宜言咎在臣等，宣布十年养安之往缪，深惩六年玩寇之昨非，救过未形，固已无极，追悔既往，尚愈于迷。或谓覆护之意多，克责之辞少；或谓陛下乏哭师之誓，师相饰分过之言，甚非所以慰恤死义，祈天悔祸之道也。往往代言乏知体之士，翘馆鲜有识之人，吮旨茹柔，积习成痼，君道相业，两有所亏。方今何时，而在廷无谋国之臣，在边无折冲之帅。监之先朝宣和未乱之前、靖康既败之后，凡前日之日近冕旒，朱轮华毂，俯首吐心，奴颜婢膝，即今日奉贼称臣之人也；强力敏事，捷疾快意，即今日畔君卖国之人也。为国者亦何便于若人哉！迷国者进慆忧之欺以逢其君，托国者护耻败之局而莫敢议，当国者昧安危之机而莫之悔。臣尝思之，今之所少不止于兵。阃外之事，将军制之，而一级半阶，率从中出，斗粟尺布，退有后忧，平素无权，缓急有责，或请建督，或请行边，或请京城，创闻骇听。因诸阃有辞于缓急之时，故庙堂不得不掩恶于败阙之后，有谋莫展，有败无诛，上下包羞，噤无敢议。是以下至器仗甲马，衰飒厖凉，不足以肃军容；壁垒堡栅，折樊驾漏，不足以当冲突之骑。号为帅阃，名存实亡也。城而无兵，以城与敌；兵不知战，以将与敌；将不知兵，以国与敌。光景蹙近目睫矣！惟君相幡然改悟，天下事尚可为也。转改为成，在君相一念间耳。"乃出仲微江东提点刑狱。

德祐元年，迁秘书监，寻拜右正言、左司谏、殿中侍御史。益王即位海上，拜吏部尚书、给事中。崖山兵败，走安南。越四年卒，年七十有二。

其子文孙与安南王族人益稷出降，乡导我师南征。安南王愤，伐仲微墓，斧其棺。

仲微天禀笃实，虽生长富贵，而恶衣菲食，自同窭人。故能涵饫《六经》，精研理致，于诸子百家、天文、地理、医药、卜筮、释老之学，靡不搜猎去。

梁成大字谦之，福州人。开禧元年进士。素苟贱亡耻，作县满秩，谄事史弥远家干万昕，昕言真德秀当击，成大曰："某若入台，必能办此事。"昕为达其语。通判扬州，寻迁宗正寺簿。

宝庆元年冬，转对，首言："大佞似忠，大辨若讷，或好名以自鬻，或立异以自诡，或假高尚之节以要君，或饰矫伪之学以欺世。言若忠鲠，心实回邪，一不察焉，薰莸同器，泾渭杂流矣。言不达变，谋不中机，或巧辨以为能，或诡讦以市直，或设奇险之说以骇众听，或肆妄诞之论以惑士心。所行非所言，所守非所学，一不辨焉，枘凿不侔，矛盾相激矣。"

越六日，拜监察御史。寻奏："魏了翁已从追窜，人犹以为罪大罚轻。真德秀狂僭悖缪，不减了翁，相羊家食，宜削秩贬窜，一等施行。"章既上，不下者两月，或传德秀有衡阳之命，时宰于帝前及之。帝曰："仲尼不为已甚。"遂止镌三秩。明年三月，又奏杨长孺寝新命，徐瑄追三秩移象州居住，胡梦昱移钦州编管。是冬，拜右正言。绍定元年，进左司谏。四年正月，迁宗正少卿。五年二月，权刑部侍郎。明年十月，帝夜降旨黜之，提举千秋鸿禧观。莫泽时兼给事中，急于别异，上疏驳之，遂寝祠命。端平初，洪咨夔、吴泳交章论驳，镌两秩。泳复上疏，送泉州居住。会王遂论亦上，再镌秩，徙潮州。

成大天资暴狠，心术崄巇，凡可贼忠害良者，率多攘臂为之。四方赂遗，列置堂庑，宾至则导之使观，欲其效尤也。尤嗜豪夺，冒占宇文氏赐第。既摈归，讼之者不下百数。窜之日，朝命毁其庐，虽小人如李知孝亦曰：“所不堪者，他日与成大同传耳。”

李知孝字孝章，参知政事光之孙。嘉定四年进士。尝为右丞相府主管文字，不以为耻。差充干办诸司审计司，拜监察御史。

宝庆元年八月，上疏：“士大夫汲汲好名，正救之力少而附和沽激之意多，扶持之意微而诋訾扇摇之意胜。既虑君上之或不能用，又恐朝廷之或不能容，姑为激怒之辞，退俟斥逐之命。始则慷慨而激烈。终则恳切而求去，将以树奇节而求令名，此臣之所未解。”盖阴诋真德秀等。又奏洪咨夔镌三秩、放罢。胡梦昱追毁、除名、勒停，羁管象州。知孝犹诏魏了翁曰：“此所论咨夔等，乃府第付出全文。”其情状变诈如此。

越月，复言：“近年以来，诸老凋零，后学晚出，不见前辈，不闻义理，不讲纲常，识见卑陋，议论偏波，更唱迭和，蛊惑人心，此风披扇，为害实深。乞下臣章，风厉内外，各务靖共，以杜乱萌。”拜右正言。又言：“德秀节改圣语，缪腾牒示，导信邪说，簧鼓同流，其或再有妄言，当追削流窜，以正典刑。”疏既上，遂镂榜播告天下。又言：“趣召之人，率皆迟回，久而不至，以要君为高致，以共命为常流，可行而固不行，不疾而称有疾，比比皆是，相扇成风，欲求难进易退之名，殊失尊君亲上之义。愿将趣召之人计其程途，限以时日，使之造朝，其有衰病者，早与改命。”时召傅伯成、杨简、刘宰等皆不至，故知孝诋之。又奏张忠恕落职、镌秩、罢郡。

知孝拜殿中侍御史，升侍御史。绍定元年，迁右司谏，进右谏议大夫。五年，迁工部尚书兼侍读。越月，进兵部。明年，理宗亲政，以宝谟阁直学士出知宁国，后省驳之，令提举嵩山崇福宫，端平初，监察御史洪咨夔、权直舍人院吴泳交章论驳，镌秩罢祠。泳复封驳，继送婺州居住。殿中侍御史王遂且论之，再镌秩，徙瑞州。

知孝起自名家，苟于仕进，领袖庶顽，怀谖迷国，排斥诸贤殆尽。时乘小舆，谒醉从官之家，侵欲敛积，不知纪极。绍定末，犹自乞为中丞。世指知孝及梁成大、莫泽为三凶。卒以贬死，天下快之。

论曰：读《本政书》，然后知林勋之于井地，可谓密矣。刘才邵能全名节于权奸之时。许忻之论和议，最为忠恳，卒以是去国，尤足悲夫。应孟明、曾三聘之不污韩侂胄，孔子所谓"岁寒然后知松柏之后凋也"。徐侨之清节，度正之淳敏，牛大年之廉正，陈仲微之忠实，然皆不至于大用，非可惜哉！若乃程珌之窃取富贵，梁成大、李知孝甘为史弥远鹰犬，遗臭万年者也。

宋史卷四二三
列传第一八二

# 吴泳　徐范　李韶　王迈
# 史弥巩　陈埙　赵与𥲅
# 李大同　黄畴　杨大异

吴泳字叔永，潼川人。嘉定二年进士。历官为军器少监，行太府寺丞，行校书郎，升秘书丞兼权司封郎官，兼枢密院编修官，升著作郎。时暂兼权直舍人院。

轮对，言："愿陛下养心，以清明约己，以恭俭进德，以刚毅发强，毋以旨酒违善言，毋以嬖御嫉庄士，毋以靡曼之色伐天性。杜渐防微，澄原正本，使君身之所自立者先有其地。夫然后移所留之聪明以经世务，移所舍之精神以强国政，移所用之心力以恤罢民，移所当省之浮费以犒边上久戍之士，则不惟可以消弭灭变，攘除奸凶，殄灭寇贼，虽以是建久安长治之策可也。"

他日入对，又言："诵往哲之遗言，进谋国之上策，实不过曰内修政事而已。然所谓内修者，非但车马器械之谓也。衮职之阙，所当修也；官师之旷，所当修也。出令之所弗清，所当修也；本兵之地弗严，所当修也；直言敢谏之未得其职，所当修也；折冲御侮之弗堪其任，所当修也。陛下退修于其上，百官有司交修于其下，朝廷既正，人心既附，然后申警国人，精讨军实，合内修外攘为一事，神州赤县，皆在吾指顾中矣。"

火灾,应诏上封曰:"京城之灾,京城之所见也。四方有败,陛下亦得而见之乎?夫惨莫惨于兵也,而连年不载,则甚于火矣。酷莫酷于吏也,而频岁横征,则猛于火矣。闽之民困于盗,浙之民困于水,蜀之民困于兵。横敛之原既不澄于上,包苴之根又不绝于下。譬彼坏木,疾用无枝,而内涸之形见矣。"

迁秘书少监,兼权中书舍人,寻迁起居舍人兼权吏部侍郎,兼直学士院。疏言:"世之识治体而忧时几者,以为天运将变矣,世道将降矣。国论将更矣,正人将引去而旧人将登用矣。执持初意,封植正论,兹非砥柱倾颓之时乎?若使廉通敏慧者专治财赋,淑慎晓畅者专御军旅,明清敬谨者专典刑狱,经术通明使道训典,文雅丽则使作训辞,秉节坚厉使备风宪,奉法循理使居牧守,刚直有守者不听其引去,恬退无竞者不听其里居,功名慷慨者不佚之以祠庭,言论闿爽者不置之于外服,随才器使,各尽其分,则短长小大,安有不适用者哉!"又言谨政体、正道揆、厉臣节、综军务四事。

权刑部尚书兼修玉牒,以宝章阁直学士知宁国府,提举太平兴国宫,进宝章阁学士,差知温州。赴官,道间闻温州饥,至处州,乞蠲租科降,救饿者四万八千有奇,放夏税一十二万有奇,秋苗二万八千有奇,病者复与之药。事闻,赐衣带鞍马。改知泉州,以言罢。所著有《鹤林集》。

徐范字彝父,福州候官人。少孤,刻苦授徒以养母。与兄同举于乡,入太学,未尝以疾言遽色先人。

丞相赵汝愚去位,祭酒李祥、博士杨简论救之,俱被斥逐。同舍生议叩阍上书,书已具,有闽士亦署名,忽夜传韩侂胄将置言者重辟,闽士怖,请削名,范之友亦劝止之。范慨然曰:"业已书名矣,尚何变?"书奏,侂胄果大怒,谓其扇摇国是,各送五百里编管。范谪临海,与兄归同往,禁锢十余年。

登嘉定元年进士第。授清江县尉,辟江、淮制置司准备差遣。属边事纷纠,营寨子弟募隶军籍者未及涅,汹汹相惊。一夕,秉烛招刺千余人，踊跃争奋。差主管户部架阁，改太学录，迁国子监主簿。入对，言："时平，不急之务、无用之官，犹当痛加裁节，矧多事之秋，所贵全万民之命，纾一时之急，独奈何坐视其无救而以虚文自蔽哉！愿惩既往之失，废无用之文，一意养民，以培国本。"

丐外，添差通判泽州。湖湘大旱，振救多所裨益。知邵武军，寻召赴行在，言："功利不若道德，刑罚不若恩厚，杂伯不若纯王，异端不若儒术，谀佞不若直谏，便嬖不若正人，奢侈不若诗书，盘游不若节俭，玩好不若宵衣旰食，穷黩不若偃兵息民。是非两立，明白易见。几微之际，大体所关。积习不移，治道舛矣。"迁国子监丞，徙太常丞，权都官郎官，改秘书丞、著作郎、起居郎、兼国史编修、实录检讨。以朝奉大夫致仕。卒，赠朝请大夫、集英殿修撰。

李韶字元善，弥逊之曾孙也。父文饶，为台州司理参军，每谓人曰："吾司臬多阴德，后有兴者。"韶五岁，能赋梅花。嘉定四年，与其兄宁同举进士。调南雄州教授。校文广州，时有当国之亲故私报所业，韶却之。调庆元。丞相史弥远荐士充学职，韶不与。袁燮求学官射圃益其居，亦不与，燮以此更敬韶。

以廉勤荐，迁主管三省架阁文字，迁太学正，改太学博士。上封事谏济王竑狱，且以书晓弥远，言甚恳到。又救太学生宁式，迁学官。丐外，添差通判泉州。郡守游九功素清严，独异顾韶。改知道州。葺周惇颐故居，录其子孙于学官，且周其家。绍定四年，行都灾，韶应诏言事。提举福建市舶。会星变，又应诏言事。入为国子监丞，改知泉州兼市舶。

端平元年，召。明年，转太府寺丞，迁都官郎官，迁尚左郎官。未几，拜右正言。奏乞以国事、边防二事专委丞相郑清之、乔行简各任责。论汰兵、节财及襄、蜀边防。又论史嵩之、王遂和战异议，迄无成功，请出遂于要藩，易嵩之于边面，使各尽其才。史宅之将守袁州，韶率同列一再劾之。俱不报。乞解言职，拜殿中侍御史，辞，不允。奏曰："顷同臣居言职者四人，未逾月徐清叟去，未三月杜范、吴昌裔免,独臣尚就列。清叟昨言'三渐',臣继其说,李宗勉又继之,陛下初不加怒,而清叟竟去,犹曰清叟倡之也。今臣与范、昌裔言,未尝不相表里,二臣出台,臣独留,岂臣言不加切于二臣邪?抑先去二臣以警臣,使知择而后言邪?清叟所言'三渐',臣犹以为未甚切。今国柄有陵夷之渐,士气有委靡之渐,主势有孤立之渐,宗社有阽危之渐,上下偷安,以人言为讳,此意不改,其祸岂直三渐而已。"

时魏了翁罢督予祠,韶讼曰:"了翁刻志问学,几四十年,忠言谠论,载在国史,去就出处,具有本末,端平收召,论事益切。去年督府之遣,体统不一,识者逆知其无功。了翁迫于君命,黾勉驱驰,未有大阙。襄州变出肘腋,未可以为了翁罪。枢庭之召,未几改镇,改镇未久,有旨予祠。不知国家四十年来收拾人才,烨然有称如了翁者几人?愿亟召还,处以台辅。"又劾奏陈洵益刑余腐夫,粗通文墨,扫除贱隶,窃弄威权,乞予洵益外祠。劾女冠吴知古在宫掖招权纳贿,宜出之禁庭。帝怒,韶还笏殿陛乞归。会祀明堂,雷电,免二相,韶权工部侍郎、正言,迁起居舍人。复疏洵益、知古,不报。辞新命,不许。应诏上封事,几数千言。帝谕左右曰:"李韶真有爱朕忧国之心。"凡心三辞不获,以生死祈哀乞去。帝蹙额谓韶曰:"曲为朕留。"退,复累疏乞补外,以集英殿修撰知漳州,号称廉平。朝廷分遣部使者诸路称提官楮,韶疏极言其敝。

嘉熙二年,召。明年,上疏乞寝召命云:

端平以来,天下之患,莫大于敌兵岁至,和不可,战不能,楮券日轻,民生流离,物价踊贵,遂至事无可为。臣窃论以为必自上始,九重菲衣恶食,卧薪尝胆,使上下改虑易听,然后可图。今二患益深,虽欲效忠,他莫有以为说。此其不敢进者一。

史宅之,故相子,予郡,外议皆谓扳援之徒将自是复用,故尝论列至再。今圣断赫然,用舍由己,人才一变矣。环视前日在廷之臣,流落摈弃,臣虽欲贪进,未知所以处其身。此其不敢进者二。

始臣为郎,蜀受兵方亟,庙堂已遣小使至,特起嵩之于家,而言者攻击不已。臣妄论以为讲和固非策,而首兵亦岂能无罪。故居言路,首乞出高论者付以兵事,使稍知敌情者尝试其说于阃外。不知事势推移,遂竟罢废,而款敌无功者,白麻扬廷矣。或者将议臣前日有所附会。此臣重不敢进者三。

又臣昨弹内侍女冠,不行,退惟圣主高明,必不容其干政。然未几首相去位,臣亦出台,传闻其人谓臣受庙堂风旨,故决意丐外。今臣言迄不行,苟贪君命,窃恐或者讥臣向何所闻而去,今何所见而来。此臣重不敢进者四。

四年,诏趣赴阙,辞,迁户部侍郎,再辞,不许。五年,改礼部侍郎,辞,诏不允,令所在州军护遣至阙。嵩之遣人谓韶曰:"毋言济邸、宫嫔、国本。"韶不答。上疏曰:"臣生长淳熙初,犹及见度江盛时民生富乐,吏治修举。事变少异,政归私门,绍定之末,元气索矣。端平更化,陛下初意岂不甚美。国事日坏,其人或罢或死,莫有为陛下任其责者。考论至是,天下事岂非陛下所当自任而力为乎?《左氏》载史墨言'鲁公世从其失,季氏世修其勤。'盖言所由来者渐矣。陛下临御日久,宜深思熟念,威福自己,谁得而盗之哉?舍此不为,悠悠玩愒,乃几于《左氏》所谓'世从其失者'。"盖以世卿风嵩之也。疏出,嵩之不悦,曰:"治《春秋》人下语毒。"当是时,杜范亦在列,二人廉直,中外称为"李、杜"。

兼侍讲,累辞,兼国史编修、实录检讨,辞,迁吏部侍郎兼中书舍人,三辞,不许。淳祐二年,疏言:"道揆之地,爱善类不胜于爱爵禄,畏公议不胜于畏权势,陛下以腹心寄之大臣,大臣以腹心寄之一二都司,恐不能周天下之虑。故以之用人,则能用其所知,岂能用其所不知;以之守法,则能守其所不与,必不能守于其所欲与。"又及济王、国本、宫嫔。三上疏乞归,以宝章阁直学士知泉州,辞,乞畀祠,不许。既归,三辞,仍旧职提举鸿庆宫。

淳祐五年,诏被召,再辞,诏本州通判劝勉赴阙。迁礼部侍郎,三辞,迁权礼部尚书,复三辞,不许。入见疏曰:"陛下改畀正权,并进时望,天下孰不延颈以觊大治。臣窃窥之,恐犹前日也。君子小人,伦类不同。惟不计近功,不急小利,然后君子有以自见;不恶闻过,不讳尽言,然后小人无以自托。不然,治乱安危,反覆手尔。"

又曰:"陛下谋者嫔妃近习,所信者贵戚近亲。按《政和令》:'诸国戚、命妇若女冠、尼,不因大礼等辄求入内者,许台谏觉察弹奏。'乞申严禁廷之籍,以绝天下之谤。世臣贵戚,牵联并进,何示人以不广也。借曰以才选,他时万一有非才者援是以求进,将何以抑之耶!"

又曰:"今土地日蹙者未反,人民丧败者未复,兵财止有此数,旦旦而理之,不过椎剥州县,朘削里闾。就使韩、丏复生,桑、孔继出,能为陛下强兵理财,何补治乱安危之数,徒使国家负不赀之名,况议论纷然,贤者不过苟容而去,不肖者反因是以媒其身,忠言至计之不行,浅功末利之是计,此君子小人进退机括所系,何不思之甚也!"

又曰:"闻之道路,德音每下,昆虫草木咸被润泽,恩独不及于一枯胔。威断出,自公卿大夫莫敢后先,令独不行于一老媪。小大之臣积劳受爵,皆得以延于世,而国储君副,社稷所赖以灵长,独不蚤计而豫定。"又疏乞还,不许。兼侍读,三辞,不许。又三疏乞归。

时游似以人望用,然有牵制之者,韶奏云:"人主职论一相而已,非其人不以轻授。始而授之,如不得已,既乃疑之,反使不得有所为,是岂专任责成之体哉!所言之事不必听,所用之人不必从,疑畏忧沮,而权去之矣。"擢翰林学士兼知制诰、兼侍读,不拜,诏不许,又三辞,不许。

嵩之服除,有乡用之意,殿中侍御史章琰、正言李昂英、监察御史黄师雍论列嵩之甚峻,诏落职予祠。韶同从官抗疏曰:"臣等谨按《春秋》桓公五年书:'蔡人、卫人、陈人从王伐郑。'《春秋》之初,无君无亲者莫甚于郑庄。二百四十二年之经,未有云'王伐国'者,而书'王'书'伐',以见郑之无王,而天王所当声罪以致讨。未有书诸侯从王以伐者,而书三国从王伐郑,又见诸侯莫从王以伐罪,而三国之微者独至,不足伸天王之义,初不闻以其尝为王卿士而薄其

伐。今陛下不能正奸臣之罪,其过不专在上,盖大臣百执事不能辅
天子以讨有罪,皆《春秋》所不赦。乞断以《春秋》之义,亟赐裁处。"
诏嵩之勒令致仕。既而嵩之进观文殿大学士,韶上疏争之甚力。未
几,琰、昂英他有所论列,并罢言职。韶复上疏留之。

　　七年,韶十上疏丐去,以端明殿学士提举玉隆宫。时直学士院
应𬗚、中书舍人赵汝腾拜疏留韶内祠,未报。韶陛辞,疏甚剀切,其
略曰:"彼此相视,莫行其志,而刬裁庶政,品量人物,相与运于冥冥
之中者,不得不他有人焉。是中书之手可束,而台谏之口可钤,朝廷
之事所当力为,不可枚举,皆莫有任其责者,甚非所以示四方、一体
统。"改提举万寿观兼侍读,即出国门,力辞,道次三衢,诏趣受命,
再辞,仍奉祠玉隆。

　　八年,被召,辞,不许。再辞,仍旧职奉祠万寿兼侍读,令守臣以
礼趣行。又辞,不许。九年,仍奉祠玉隆。十一年,祠满再任。卒,
年七十五。韶忠厚纯实,平粹简澹,不溺于声色货利,默坐一室,门
无杂宾云。


　　王迈字贯之,兴化军仙游人。嘉定十年进士,为潭州观察推官。
丁内艰,调浙西安无司干官。考廷试,详定官王元春欲私所亲置高
第,迈显挺其缪,元春怒,嗾谏官李知孝诬迈在殿庐语声高,免官。
　　调南外睦宗院教授。真德秀方守福州,迈竭忠以裨郡政。赴都
堂审察,丞相郑清之曰:"学官掌故,不足浼吾贯之。"俄召试学士
院,策以楮弊,迈援据古今,考究本末,谓:"国贫楮多,弊始于兵。
乾、淳初行楮币,止二千万,时南北方休息也。开禧兵兴,增至一亿
四千万矣。绍定有事山东,增至二亿九千万矣。议者徒患楮穷,而
弗惩兵祸。姑以今之尺籍校之,嘉定增至二十八万八千有奇。用寡
谋之人,试直突之说,能发而不能收,能取而不能守。今无他策,核
军实,窒边衅,救楮币第一义也。"又言:"修内司营缮广,内帑宣索
多,厚施缁黄,滥予嫔御,若此未尝裁撙,徒闻有括田、榷盐之议乾。
向使二事可行,故相行之久矣。更化伊始,奈何取前日所不屑行者

而行之乎?"又因楮以及时事,言:"君子之类虽进,而其道未行;小人之迹虽屏,而其心未服。"真德秀病危,闻迈所封,善之。

帝再相乔行简,或传史嵩之复用,迈上封事曰:"天下之相,不与天下共谋之,是必冥冥之中有为之地者,且旧相奸恲刻薄,天下所知,复用,则君子空于一网矣。"又言吴知古、陈洵益挠政。轮对,言:"君不可欺天,臣不可欺君,厚权臣而薄同气,为欺天之著。"迈由疏远见帝,空臆无隐,帝为改容。言者劾迈论边事过实,魏了翁侍经筵,为帝言惜其去,改通判漳州。禋祀雷雨,迈应诏言:"天与宁考之怒久矣。曲蘖致疾,妖冶伐性,初秋逾旬,旷不视事,道路忧疑,此天与宁考之所以怒也。隐、刺覆绝,攸、熺尊宠,纲沦法致,上行下效,京率外兵,狂悖迭起,此天与宁考之所以怒也。陛下不是之思,方用汉灾异免三公故事,环顾在廷,莫知所付。遥相崔与之,臣恐与之不至,政柄他有所属,此世道否泰,君子小人进退之机也。"于是台官李大同言迈交结德秀、了翁及洪咨夔以收虚誉,削一秩免。蒋岘劾迈前疏妄论伦纪,请坐以非所宜言之罪,削二秩。久之,复通判赣州,改福州、建康府、信州,皆不行。淳祐改元,通判吉州。右正言江万里袖疏榻前曰:"迈之才可惜,不即召,将有老不及之叹。"帝以为然。有尼之者,遂止。

知邵武军。在郡,诏以亢旱求言,迈驿奏七事,而以彻龙翔宫、立济王后为先。时郑清之再相,以左司郎官召,力辞。以直秘阁提点广东刑狱,亦辞。改侍右郎官,谏官焦炳炎论罢。予祠,卒,赠司农少卿。

迈以学问词章发身,尤练世务,易被戒潭人曰:"此君不可犯。"夺势家冒占田数百亩以还民。李宗勉尝论迈,然迈评近世宰辅,至宗勉,必曰"贤相"。徐清叟与迈有违言,迈晚应诏,谓清叟有人望可用。世服其公云。

史弥巩字南叔,弥远从弟也。好学强记。绍熙四年,入太学,升上舍。时弥远柄国,忌理不获试,淹抑十载。嘉定十年,始登进士第。

时李埴开鄂阃，知弥巩持论不阿，避谄幕府事。寿昌戍卒失律，欲尽诛其乱者，乃请诛倡者一人，军心感服。改知溧水县，首严庠序之教。端平初，入监都进奏院。转对，有君子小人才不才之奏，护蜀保江之奏。嘉熙元年，都城火，弥巩应诏上书，谓修省之未至者有五。又曰："天伦之变，世埶无之。陛下友爱之心亦每发见，洪咨夔所以蒙陛下殊知者，谓霅川之变非济邸之本心，济邸之死非陛下之本心，其言深有以契圣心耳。斁以先帝之子，陛下之兄，乃使不能安其体魄于地下，岂不干和气，召灾异乎？蒙蔽把握，良有以也。"

出提点江东刑狱。岁大旱，饶、信、南康三郡大侵，谓振荒在得人，俾厘户为五，甲乙以等第振粜，丙为自给，丁籴而戊济，全活为口一百一十四万有奇。徽之休宁有淮民三十余辈，操戈劫人财，逮捕，法曹以不伤人论罪。弥巩曰："持兵为盗，贷之，是滋盗也。"推情重者僇数人，一道以宁。饶州兵籍溢数，供亿不继，请汰冗兵。令下，营门大噪。乃呼诸校谓曰："汰不当，许自陈，敢哗者斩。"咸叩头请罪，诸营帖然，廪给亦大省。召为司封郎中，以兄子嵩之入相，引嫌丐祠，遂以直华文阁知婺州。时年已七十，丐祠，提举崇禧观。里居绝口不道时事，卒，年八十。真德秀尝曰：史南叔不登宗衮之门者三十年，未仕则为其寄理，已仕则为其排摈，矍然不污有如此。

五子。长冑之，终刑部郎官，能之、有之、胄之俱进士。冑之子蒙卿，咸淳元年进士，调江阴军教授，蚤受业色川阳恪，为学淹博，著书立言，一以朱熹为法。


陈埙字和仲，庆元府鄞人。大父叔平与同郡楼钥友善，死，钥哭之。埙才四岁，出揖如成人。钥指盘中银杏使属对，埙应声曰："金桃。"问何所据？对以杜诗"鹦鹉啄金桃。"钥𬊤然曰："亡友不死矣。"长受《周官》于刘著，顷刻数千百言辄就。试江东转运司第一，试礼部复为第一。

嘉定十年，登进士第。调黄州教授。丧父毁瘠，考古礼制时祭、仪制、祭器行之。忽叹曰："俗学不足学。"乃师事杨简，攻苦食淡，昼夜不息。免丧，史弥远当国，谓之曰："省元魁数千人，状元魁百人，而恩数逾等，盍令省元初授堂除教授，当自君始。"埙谢曰："庙堂之议甚盛，举自埙始，得无嫌乎？"径部注处州教授以去，士论高之。

理宗即位，诏求言，埙上对事曰："上有忧危之心，下有安泰之象，世道之所由隆。上有安泰之心，下有忧危之象，世道之所由污。故为天下而忧，则乐随之。以天下为乐，则忧随之。有天下者，在乎善审忧乐之机而已。今日之敝，莫大于人心之不合，纪纲之不振，风俗之不淳，国敝人偷而不可救。愿陛下养之以正，励之以实，莅之以明，断之以武。"而埙直声始著于天下。与郡守高似孙不合，去，归奉其母。召为太学录，逾年始至。转对，言："天道无亲，民心难保。日月逾迈，事会莫留。始之锐，久则昏。始之明，久则昏。垂拱仰成，盛心也，不可因以负有为之志。遵养时晦，至德也，不可因以失乘时之机。"上嘉纲之。迁太学博士，主宗正寺簿。都城火，埙步往玉牒所，尽藏玉牒于石室。诏迁官，不受。应诏言应上天非常之怒者，当有非常之举动，历陈致灾之由。又有吴潜、汪泰亨上弥远书，乞正冯榯、王虎不尽力救火之罪，及行知临安府林介、两浙转运使赵汝惮之罚。人皆壮之。

迁太常博士，独为袁燮议谥，余皆阁笔，因叹曰："幽、厉虽百世不改。谥有美恶，岂谀墓比哉？"会朱端常子乞谥，埙曰："端常居台谏则逐善类，为藩牧则务刻剥，宜得恶谥，以戒后来。"乃谥曰荣愿。议出，宰相而下皆肃然改容。考功郎陈耆覆议，合宫者陈洵益欲改，埙终不答。

李全在楚州有异志，埙以书告弥远："痛加警悔，以回群心。蚤正典刑，以肃权纲。大明黜陟，以饬政体。"不纳。未几，贾贵妃入内，埙又言："乞去君侧之蛊媚，以正主德；从天下之公论，以新庶政。"弥远召埙问之曰："吾甥殆好名邪？"埙曰："好名，孟子所不取也。夫求士于三代之上，惟恐其好名；求士于三代之下，惟恐其不好名耳。"力丐去，添差通判嘉兴府。弥远卒，召为枢密院编修官。入对，首言："天下之安危在宰相，南渡以来，屡失机会。秦桧死，所任不过万俟离、沈该耳。佗胄死，所任史弥远耳。此今日所当谨也。"次言：
"内廷当严宦官之禁，外廷当严台谏之选。"于是洵益阴中之，监察
御史王定劾埙，出知常州，改衢州。

　　寇卜日发漈坑，遵江山县而东。埙获谍者，即遣人致牛酒谕之
曰：汝不为良民而为劫盗，不事末耜而弄甲兵，今享汝牛酒，冀汝改
业，否则杀无赦。"于是自首者日以百数，献器械者重酬之，遂以溃
散。改提点都大坑治。徙福建转运判官。侍御史蒋岘常与论《中
庸》，不合，又劾之。主管崇道观。逾年，迁浙西提点刑狱。岁旱，盗
起，捕斩之。盗惧徙去。安吉州俞垓与丞相李宗勉连姻，恃势黩货，
埙亲按临之。弓手戴福以获潘丙功为副尉，宗勉倚之为腹心，盗横
贪害，埙至，福闻风而去，贻书宗勉曰："埙治福，所以报丞相也。传
间实走丞相，贤辅弼不宜有此。"宗勉答书曰："福罪恶贯盈，非君不
能治。宗勉虽不才，不敢庇奸凶。惟君留意。"及获福豫章，众皆欲
杀之，埙曰："若是则刑滥矣。"乃加墨徇于市，囚之圜土。以吏部侍
郎召，及为国子司业，诸生咸相庆，以为得师。

　　未几，兼玉牒检讨、国史编修、实录修撰，乃辞兼史馆。历陈境
土之蹙，民生之艰，国计之匮，"既无经理图回之素，惟有感动转移
之策，必有为之本者，本者何？复此心之妙耳"。又言："履泰安而逸
乐者，有习安致危之理。因艰危而兢惧者，有虑危图安之机。明用
舍以振纪纲，躬节俭以汰冗滥，屏奸妄以厉将士，抑贵近以宽杲籴，
结乡社以防窃发，黜增创以培根本。今任用混肴，薰莸同器，遂使贤
者耻与同群。"谏议大夫金渊见之，怒。埙乞补外，不许，又辞免和籴
转官赏，亦不许。知温州，未上，以言罢。

　　埙家居，时自娱于泉石，四方学者踵至。轻财急义，明白洞达，
一言之出，终身可复。忽卧疾，戒其子抽架上书占之，得《吕祖谦文
集》。其《墓志》曰："祖谦生于丁巳岁，没于辛丑岁。"埙曰："异哉！我
生于庆元丁巳，今岁在辛丑，于是一甲矣。吾死矣夫！"

　　子蒙，年十八，上书万言论国事。吴子良奇之，妻以女。为太府
寺主簿。入对，极言贾似道为相时国政阙失。文多不录。为淮东总

领，似道诬以贪污，贬建昌军簿，录其家，惟青毡耳。德祐初，礼部侍郎李珏乞放便，以刑部侍郎召，不赴，卒。

赵与懽字德渊，太祖十世孙。居湖州。嘉定十三年进士。历官差主管官告院，迁将作监主簿，差知嘉兴府，迁知大宗正兼权枢密院检详诸房文字，寻为都官郎官，加直宝章阁、两浙转运判官。进焕章阁、知庆元府，主管沿海制置司公事，拜司农少卿，仍兼知庆元府兼沿海制置副使。迁浙西提点刑狱，授中书门下省检正诸房公事，拜司农卿兼知临安府，主管浙西安抚司公事，权刑部侍郎兼详定敕令官，权兵部侍郎，迁户部侍郎，权户部尚书，时暂兼吏部尚书，寻为真，兼户部尚书，时暂兼浙西提举常平，加端明殿学士、提领户部财用，皆依旧兼知临安府。与执政恩泽，加资政殿大学士。以观文殿学士知绍兴府、浙东安抚使。知平江府兼淮、浙发运使，时暂兼权浙西提点刑狱。授沿江制置使，知建康府、江东安抚使、马步军都总管兼行宫留守，节制和州、无为军、安庆府三郡屯田使，时暂兼权扬州、两淮安抚制置使，改兼知扬州，寻兼知镇江府，兼淮东总领，提举洞霄宫。复为淮、浙发运使，差知平江府，特转两官致仕。景定元年八月，卒，特赠少师。与懽所至急于财利，几于聚敛之臣矣。

李大同字从仲，婺州东阳人。嘉定十六年进士。历官为秘书丞兼崇政殿说书，拜右正言兼侍讲。疏言："赵、冀分野，乃有荧惑犯填星之变，则我师之出，岂无当长虑而却顾者。故臣愿陛下勿以星文为小异而或加忽。一话一语，一政一事，必求有以格天心而弭灾变。至于进兵攻讨，尤切谨重。"迁太常少卿兼国史编修、实录检讨，兼侍讲，兼权侍立修注官，迁起居郎，拜殿中侍御史，权刑部侍郎兼同修国史、实录院同修撰，选吏部侍郎，进工部尚书，以宝谟阁直学士知平江府，提举江州太平兴国宫。乞致仕，不许，后卒于家。

黄甴字子耕，隆兴分宁人。尝从郭雍、朱熹学，熹深期之，而甴

亦以道自任,反复论辨,必无所疑然后止。举太学进士,为瑞昌主
簿,监文思院,知卢阳县。五溪獠犷悍,苗为诗谕之,獠感悦,有公事
莫敢违。

通判处州,经、总制有额无钱,俗号殿最纲,苗会十年中成赋酌
取之,阁免逋负,钱额钧等,独以最闻。主管官告院、大理寺簿、军器
监丞,岁余三迁,苗乃不乐。间行西湖,慨然曰:"我昔在南、北山,一
水一石,无不自题品,今无复情味,何邪?"

丐外,知台州。谢良佐子孙居台者既播越流落,苗求之民间,收
而教之。勤苦夙夜,先劝后禁,讼牒销缩,郡称平治,为济粜仓,为抵
当库,葬民之栖寄暴露者为棺千五百,置养济院,又创安济坊以居
病囚,皆自有子本钱,使不废。故叶适谓苗条目建置,忧民如家。迁
袁州,哭从弟哀甚,得疾卒。所著有《复斋集》。

杨大异字同伯,唐天平节度使汉公之后,十世祖祥避地醴陵,
因家焉。详事亲孝,亲亡哀毁,泣尽继以血,庐墓终身,有白芝、白
鸟、白兔之瑞。事闻于朝,褒封至孝公,赐名木植墓道,以旌其孝。

大异从胡宏受《春秋》大义,登嘉定十三年进士第。授衡阳主
簿,有惠政。调龙泉尉,摄邑令。适岁饥,提刑司遣吏和籴米二万石
于邑。米价顿增,民乏食,大异即以提刑司所籴者如价发粜,民甚德
之。提刑赵与篡大怒,捃其罪弗得,坐以方命,移安远尉。

邑有峒寇扰民,官兵致讨,积年弗获,檄大异往治之。大异以一
仆负告身自随,肩舆入贼峒,传呼尉至,贼露刃成列以待,徐谕以祸
福,皆伏地叩头,愿改过自新。留告身为质,偕其渠魁数辈出降。以
常迁吉州户曹,改广西经干,复以弭盗赏,除四川制置司参议官。北
兵入成都,大异从制置使丁黼巷战,兵败,身被数创死,阖门皆遇
难。诘旦,其部曲窃往瘗之,大异复苏,负以逃,获免。进朝奉郎,宰
石门县,就除通判溧阳,摄州事,皆有惠政。去官之日,老弱攀号留
之,大异易服潜去。擢知登闻鼓院,适大理寺丞,平反冤狱者七。召
对,极言时政得失,迕宰相意,出知沣州。理宗曰:"是四川死节更生

者杨大异耶？论事剀切，有用之材也。何遽出之？"对曰："是人尤长于治民。"命予节兼庾事，进直秘阁、提点广东刑狱兼庾事。

时常平司逋负山积，械系追索，奸蠹百出。大异与之约，悉纵遣之，负者如期毕输，吏无所容其奸。访张九龄曲江故宅，建相江书院，以祀九龄。改提点广西刑狱兼漕、庾二司，所至奸吏屏息，寇盗绝迹。凡可以为民兴利除害者，必奏行之。复建宣成书院祀张栻、吕祖谦。广海幅员数千里。道不拾遗，报政为最。未六十即丏致仕，不允，章四上，除秘阁修撰、太中大夫，提举崇禧观、醴陵县开国男，食邑三百户，赐紫金鱼袋。归里第，与居民无异，学者从之，讲肄谆谆，相与发明经旨，条折理学。食祠录者二十四年，卒，年八十二。

子霆、霖。霆在《忠义传》。

论曰：正论之在天下，未尝亡也。徐范之于韩侂胄，吴泳、李韶、王迈之于史氏，皆能无所回挠，正色直言。至于史弥巩则弥远之弟，陈埙其甥也，不以私亲而废天下之公论。抑孟子所谓"寡助之至"者欤？赵与𥿄扬历最久，甘为聚敛之臣。李大同以乡人乔行简为相，荐起之。黄畴出仕，以恤民尊贤为急，可谓知本。大异节义如此，宜其善政之著称于世也。

宋史卷四二四
列传第一八三

陆持之　　徐鹿卿　　赵逢龙
赵汝腾　　孙梦观　　洪天锡
黄师雍　　徐元杰　　孙子秀
李伯玉

　　陆持之字伯微，知荆门军九渊之子也。七岁能为文。九渊授徒象山之上，学者数百人，有未达，持之为敷绎之。荆门郡治火，持之仓卒指授中程，九渊器之。

　　韩侂胄将作兵，持之忧时不怿，乃历聘时贤，将有以告。见徐谊于九江，时议防江，持之请择僚吏察地形，执险而守，执易而战，执隘而伏，毋专为江守。具言："自古兴事造业，非有学以辅之，往往皆以血气盛衰为锐惰。故三国、两晋诸贤，多以盛年成功名。公更天下事变多矣，未举一事，而朝思夕惟，利害先入于中，愚恐其为之难也。"谊抚然。又之鄂谒薛叔似、项安世，之荆谒吴猎，争欲留之，寻皆谢归。著书十篇，名《戆说》。

　　嘉定三年，试江西转运司预选，常平使袁燮荐于朝，谓持之议论不为空言，缓急有可倚仗。不报。豫章建东湖书院，连帅以书币强起持之长之。嘉定十六年，宁宗特诏持之秘书省读书，固辞，不获。既至，又诏以迪功郎入省，乞归，不许。理宗即位，转修职郎，差干办浙西安抚司,以疾请致仕,特命改通直郎。所著有《易提纲》、《诸经杂说》。

徐鹿卿字德夫,隆兴丰城人。博通经史,以文学名于乡,后进争师宗之。嘉定十六年,廷试进士,有司第其对居二,详定官以其直抑之,犹置第十。

调南安军学教授。张九成尝以直道谪居,鹿卿摭其言行,刻诸学以训。先是周惇颐、程璟与其弟颐皆讲学是邦,鹿卿申其教,由于理义之学复明。立养士纲条,学田在溪峒,异时征之无艺,农病之,鹿卿抚恤,无逋租者。其后盗作,环城皆毁,惟学宫免,曰:"是无挠我者。"

辟福建安抚司干办公事。会汀、邵寇作,鹿卿赞画备御,动中机会。避寇者入城,多方振济,全活甚众。郡多火灾,救护有方。会都城火,鹿卿应诏上封事,言积阴之极,其徵为火,指言惑嬖宠、溺燕私、用小人三事尤切。真德秀称其气平论正,有忧爱之诚心。改知尤溪县。德秀守泉,辟宰南安,鹿卿以不便养辞。德秀曰:"道同志合,可以拯民,何惮不来?"鹿卿入白其母,欣然许之。既至,首罢科敛之无名者,明版籍,革预借,决壅滞,达冤抑,邑以大治。德秀寻帅闽,疏其政以劝列邑。岁饥,处之有法,富者乐分,民无死徙,最闻,令赴都堂审察。以母丧去。

诏服阕赴枢密禀议,首言边事、楮币。主管官告院,干办诸司审计司。故相子以集英殿修撰食祠禄,又帮司农少卿米麦,鹿卿曰:"奈何为一人坏成法。"持不可。迁国子监主簿。入对,陈六事,曰:"洗凡陋以起事功,昭劝惩以收主柄,清班著以储实才,重藩辅以蔽都邑,用闽、越舟师以防海,合东南全力以守江。"上皆嘉纳。改枢密院编修官。权右司,赞画二府,通而守法。会右史方大琮、编修刘克庄、正字王迈以言事黜,鹿卿赠以诗,言者并劾之,太学诸生作《四贤诗》。知建昌军,未上,而崇教、龙会两保与建黎原、铁城之民修怨交兵,鹿卿驰书谕之,敛手听命。既至,则宽赋敛,禁掊克,汰赃滥,抑强御，恤寡弱，黥黜吏，训戍兵，创百丈寨，择兵官，城属县，治行大孚，田里歌诵。

督府横取秋苗斛面，建昌为米五千斛。鹿卿争之曰："守可去，米不可得。"民恐失鹿卿，请输之以共命。鹿卿曰："民为守计则善矣。守独不为民计乎？"卒争以免。召赴行在，将行，盗发南丰，捕斩渠首二十人，余不问。擢度支郎官兼右司。入对，极陈时敝。改侍右郎官兼敕令删修官，兼右司。鹿卿又言当时并相之敝。宰相以甘言诱鹿卿，退语人曰："是牢笼也，吾不能为宰相私人。"言者以他事诋鹿卿，主管云台观。越月，起为江东转运判官。岁大饥，人相食，留守别之杰讳不诘，鹿卿命掩捕食人者，尸诸市。又奏授真德秀为漕时拨钱以助振给，不报。遂出本司积米三千余石减半贾以粜，及减抵当库息，出缗钱万有七千以予贫民，劝居民收字遗孩，日给钱米，所活数百人。宴集不用乐。

会岳珂守当涂，制置茶盐，自诡兴利，横敛百出，商旅不行，国计反屈于初。命鹿卿核之，吏争窜匿。鹿卿宽其期限，躬自钩考，尽得其实。珂辟置贪刻吏，开告讦以罔民，没其财，民李士贤有稻二千石，囚之半岁。鹿卿悉纵舍而劝以其余分，皆感泣奉命。珂罢，以鹿卿兼领太平，仍暂提举茶盐事。弛苛征，蠲米石、芜湖两务芦税。江东诸郡飞蝗蔽天，入当涂境，鹿卿露香默祷，忽飘风大起，蝗悉度淮。之杰密请移鹿卿浙东提点刑狱，加直秘阁兼提举常平。鹿卿言罢浮盐经界碙地，先撤相家所筑，就捕者自言："我相府人。"鹿卿曰："行法必自贵近始。"卒论如法。丞相史弥远之弟通判温州，利韩世忠家宝玩，籍之，鹿卿奏削其官。

初，鹿卿檄衢州推官冯惟说决婺狱，惟说素廉平，至则辨曲直，出淹禁。大家不快其为，会乡人居言路，乃属劾惟说。州索印纸，惟说笑曰："是犹可以仕乎？"自题诗印纸而去。衢州郑逢辰以缪举，鹿卿以委使不当，相继自劾，且共和其诗。御史兼二人劾罢之。及知泉州，改赣州，皆辞。迁浙西提点刑狱、江淮都大坑冶，皆以病固辞，遂主管玉局观。及召还，又辞，改直宝章阁知宁国府，提举江东常平,又辞。

淳祐三年,以右司召,犹辞。丞相杜范遗书曰:"直道不容,使人击节。君不出,岂以冯惟说故耶?惟说行将有命矣。"鹿卿乃出。擢太府少卿兼右司。入对,请定国本、正纪纲、立规模,"时事多艰,人心易摇,无独力任重之臣,无守节伏义之士,愿蚤决大计"。上嘉纳之。兼中书门下省检正诸房公事,兼崇政殿说书。逾年,兼权吏部侍郎。时议使执政分治兵财,鹿卿执议不可。以疾丐祠,迁右文殿修撰、知平江府兼发运副使。力丐祠,上谕丞相挽留之。召权兵部侍郎,固辞,上令丞相以书招之,鹿卿至,又极言君子小人,切于当世之务。兼国子祭酒,权礼部侍郎,兼同修国史,兼实录院同修撰,兼侍讲,兼权给事中。鹿卿言"琐闼之职无所不当问,比年命下而给舍不得知。请复旧制"。从之。

上眷遇弥笃而忌者浸多,有撰伪疏托鹿卿以传播,历诋宰相至百执事,鹿卿初不知也,遂力辨上前,因乞去,上曰:"去,则中奸人之计矣。"令临安府根捕,事连势要,狱不及竟。迁礼部侍郎。累疏告老,授宝章税待制、知宁国府,而引年之疏五上,不允,提举鸿禧观,遂致仕,进华文阁待制。卒,遗表闻,赠四官。

鹿卿居家孝友,喜怒不形,恩怨俱泯,宗族乡党,各得欢心。居官廉约清峻,豪发不妄取,一庐仅庇风雨。所著有《泉谷文集》、奏议、讲义、《盐楮议政稿》、《历官对越集》,手编《汉唐文类》、《文苑菁华》,谥清正。

赵逢龙字应甫,庆元之鄞人。刻苦自修,为学淹博纯实,登嘉定十六年进士第。授国子正、太学博士,历知兴国、信、衢、衡、袁五州,提举广东、湖南、福建常平。每至官,有司例设供张,悉命撤去,日具蔬饭,坐公署,事至即面问决遣。为政务宽恕,抚谕恻怛,一以天理民彝为言,民是以不忍欺。居官自常奉外,一介不取。民赋有逋负,悉为代输。尤究心荒政,以羡余为平籴本。迁将作监,拜宗正少卿兼侍讲。凡道德性命之蕴,礼乐刑政之事,缕缕为上开陈。疏奏甚众，稿焚弃。年八十有八终于家。

逢龙家居讲道，四方从游者皆为钜公名士。丞相叶梦鼎出判庆元。修弟子礼，常谓师门庳陋，欲市其邻居充拓之。逢龙曰："邻里粗安，一旦惊扰，彼虽勉从，我能无愧于心！"逢龙寡嗜欲，不好名，扬历日久，泊然不知富贵之味。或问何以裕后，逢龙笑曰："吾忧子孙学行不进，不患其饥寒也。"

赵汝腾字茂实，宗室子也。居福州。宝庆二年进士。历官差主管礼、兵部架阁，迁籍田令，召试馆职，授秘书省正字，升校书郎，寻升秘书郎兼史馆校勘。轮对，言节用先自乘舆宫掖始，兼玉牒所检讨官，以直焕章阁知温州，进直徽猷阁、江东提点刑狱，又进直宝文阁，差知婺州。召赴阙，迁起居舍人，兼权中书舍人，升居郎，时暂兼权吏部侍即，兼国史编修、实录检讨，兼同修国史、实录院同修撰，兼侍讲，迁吏部侍郎兼侍讲，权工部尚书兼权中书舍人，皆兼同修撰，以左谏陈垓论罢。召为礼部尚书兼给事中，兼修国史、实录院修撰。入奏，言："前后奸谀之臣，伤善害贤，自取穹官要职，何益于陛下，而深损于圣德。兴利之臣，移东就西，顺适宫禁，自遂溪壑无厌之欲，何益于陛下，而深戕于国脉。则陛下私惠群小之心，可以息矣。"又言："陛下有用君子之名，无用君子之实。"

兼直学士院，拜翰林学士兼知制诰，兼侍读。辞归故里，累召，力辞，以龙图阁学士知绍兴府、浙东安抚使。召至阙，以端明殿学士提举佑神观，兼翰林学士承旨，知泉州、知州南外宗正事，复提举佑神观兼侍读，兼翰林学士承旨。景定二年，卒，遗表上，特赠四官。

孙梦观字守叔，庆元府慈溪人。宝庆二年进士。调桂阳军教授、浙西提举司干办公事，差主管吏部架阁文字，为武学谕。轮对，言："人主不容有所惮，尤不容有所玩，惮则有言而不能容，玩则虽容其言而不能用。"力请外，添差通判严州，主管崇道观，召为武学博士、太常寺丞兼诸王宫大小学教授，大宗正丞兼屯田郎官、将作少监。

知嘉兴府,仍旧班兼右司郎官、将作监。转对,极言:"风宪之地,未闻有十八疏攻一竦者。封驳之司,未闻有三舍人不肯草制者。道揆不明,法守滋乱,天下之权将有所寄,而倒持之患作。"当路者滋不悦。出知泉州兼提举市舶,改知宁国府。蠲逋减赋,无算泛入者尽籍于公帑。户部遣官督赋,急若星火,阖郡皇骇,莫知为计。梦观曰:"吾宁委官以去,毋宁病民以留。"力丐祠,且将以府印牒所遣官,所遣官闻之夜遁。他日梦观去宁国,人言之为之流涕。

丞相董槐召还,帝问江东廉吏,槐首以梦观对,帝说,乃迁司农少卿兼资善堂赞读。轮对,谓:"今内外之臣,恃陛下以各遂其私,而陛下独一无可恃,可为寒心!"次论:"郡国当为斯民计,朝廷当为郡国计。乞命大臣应自前主计之臣夺州县之利而归版曹者,复归所属,庶几郡国蒙一分之宽,则斯民亦受一分之赐。"帝善其言。迁太府卿、宗正少卿,兼给事中、起居舍人、起居郎。八上章辞免,以监察御史吴燧论罢,直龙图阁与祠,授秘阁修撰、江淮等路提点铸钱司公事。甫至官,即复召为起居郎兼侍右侍郎、给事中兼赞读,兼国子祭酒,权吏部侍郎。奏事抗论益切,以宠赂彰、会贤逝、货财偏聚为言,且谓"未易相之前,敝政固不少;既易相之后,敝政亦自若。"在廷之士皆危之。梦观曰:"吾以一布衣蒙上恩至此,虽捐躯无以报,利钝非所计也。"

力求补外,以集英殿修撰知建宁府。蠲租税,省刑罚,郡人徐清叟、蔡抗以为有古循吏风。民有梦从者甚都,迎祠山神,出视之则梦观也。俄而梦观得疾,口授遗表,不忘规谏,遂卒。帝悼惜久之,赙银帛三百,梦观退然若不胜衣,然义所当为,奋往直前。其居败屋数间,布衣蔬食,而重名节去。

洪天锡字君畴,泉州晋江人。宝庆二年进士。授广州司法。长吏盛气待僚属,天锡纠正为多。丁内艰,免丧,调潮州司理。势家夺民田。天锡言于守,还之。

帅方大琮辟真州判官,留置幕府。改秩知古田县。行乡饮酒礼。

邑剧，牒诉猥多，天锡剖决无留难。有倚王邸势杀人者，诛之不少贷。调通判建宁府。大水，擅发常平仓振之。擢诸司粮料院，拜监察御史兼说书。累疏言："天下之患三：宦官也，外戚也，小人也。"劾董宋臣、谢堂、厉文翁，理宗力护文翁，天锡又言："不斥文翁，必为王府累。"上令吴燧宣谕再三，天锡力争，谓："贵幸作奸犯科，根柢蟠固，乃迟回护惜，不欲绳以法。势焰愈张，纪纲愈坏，异时祸成，虽欲治之不可得矣。"上又出御札，俾天锡易疏，欲自戒饬之。天锡又言："自古奸人虽凭怙，其心未尝不畏人主之知，苟知之而止于戒饬，则凭怙愈张，反不若未知之为愈也。"章五上，出关待罪。诏二人已改命，宋臣续处之。天锡言："臣留则宋臣去，宋臣留则臣当斥，愿早赐裁断。"越月，天雨土，天锡以其异为蒙，力言阴阳君子小人之所以辨，又言修内司之为民害者。

蜀中地震，浙、闽大水，又言："上下穷空。远近怨疾，独贵戚巨阉享富贵耳。举天下穷且怨，陛下能独与数十人者共天下乎？"会吴民仲大论等列诉宋臣夺其田，天锡下其事有司，而御前提举所移文谓田属御庄，不当白台，仪鸾司亦牒常平。天锡谓："御史所以雪冤，常平所以均役，若中贵人得以控之，则内外台可废，犹为国有纪纲乎？"乃申劾宋臣并卢允升而枚数其恶，上犹力护之。天锡又言："修内司供缮修而已，比年动曰'御前'，奸赃之老吏，迹捕之凶渠，一窜名其间，则有司不得举手，狡者献谋，暴者助虐，其展转受害者皆良民也。愿毋使史臣书之曰：'内之横自今始。'"疏上至六七，最后请还御史印，谓："明君当为后人除害，不当留患以遗后人。今朝廷轻给舍台谏，轻百司庶府，而北司独重，仓卒之际，臣实惧焉。"言虽不果行，然终宋世阉人不能窃弄主威者，皆天锡之力，而天锡亦自是去朝廷矣。改大理少卿，再迁太常，皆不拜。

改广东提点刑狱，五辞。明年，起知潭州，久之始至官。戢盗贼，尊先贤，逾年大治。直宝谟阁，迁广东转运判官，决疑狱，劾贪吏，治财赋，皆有法。召为秘书监兼侍讲，以疄辞，升秘阁修撰、福建转运副使，又辞。度宗即位，以侍御史兼侍读召，累辞，不许，在道间，监察御史张桂劾罢之。乃疏所欲对病民五事:曰公田,曰关子,曰银纲,曰盐钞,曰赋役。又言:"在廷无严惮之士,何以寝奸谋?遇事无敢诤之臣,何以临大节?人物稀疏,精采销铄,隐惰惜己者多,忘身徇国者少。"进工部侍郎兼直学士院,加显文阁待制、湖南安抚使、知潭州,改漳州,皆力辞。

又明年,改福建安抚使,力辞,不许。亭户买盐至破家陨身者,天锡首罢之,民作佛事以报。罢荔枝贡。召为刑部尚书,诏宪守之臣趣行无虚日,不起。久之,进显文阁直学士,提举太平兴国宫,三降御札趣之,又力辞。逾年,进华文阁直学士,仍旧宫观,寻致仕,加端明殿学士,转一官。疾革,草遗表以规君相。上震悼,特赠正议大夫,谥文毅。

天锡言动有准绳,居官清介,临事是非不可回折。所著奏议、《经筵讲义》、《进故事》、《通祀辑略》、《味言发墨》、《阳岩文集》。

黄师雍字子敬,福州人。少从黄榦学。入太学。宝庆二年,举进士。诏为楚州宫属。出盗贼白刃之冲,不畏不慑。李全反状已露,师雍密结忠义军别部都统时青图之,谋泄,全杀青,师雍不为动,全亦不加害。秩满,朝议褒异,师雍耻出史弥远门,不往见之。调婺州教授,学政一以吕祖谦为法。李宗勉、赵必愿、赵汝谈皆荐之。

师雍慕徐侨有清望,欲谒之,会其有召命,师雍曰:"今不可往也。"侨闻而贤之,至阙,以其学最闻。宗勉在政府,力言于丞相乔行简,行简已许以朝除。师雍以书见行简,劝其归老,行简不悦,宗勉之请遂格。

知遂之龙溪,转运使王伯大上其邑最。行简罢,宗勉与史嵩之入相,召师雍审察,将至而宗勉卒。嵩之延师雍,密示相亲意,师雍不领,迁粮料院,又曰:"料院与相府密迩,所以相处。"师雍不领。嵩之独相,权势浸盛,上下惧祸,未有发其奸者。博士刘应起首疏论嵩之,帝感悟,思逐嵩之。师雍与应起相善,故嵩之疑师雍左右之,讽御史梅杞击师雍,差知兴化军,旋夺之,改知邵武军。及应起为监察御史，师雍迁宗正寺簿，寻亦拜监察御史。首疏削金渊秩，送外居住。再疏斥赵纶、项容孙、史宅之。嵩之终丧，正言李昴英、殿中侍御史章琰共疏乞窜斥之，师雍亦上疏论列，帝感悟，即其日诏勒令致仕。权直舍人院刘克庄封还词头，乞畀嵩之以贴职如宰臣去国故事，遂得守金紫光禄大夫、观文殿学士致仕。议者曰："大夫，官也。观文，职也。元降御笔但云'守官'，无'本官职'之辞。观文之命，自克庄启之。朋邪顾望，不可赦。"师雍遂劾克庄临事失身犯义，免所居官，琰亦继劾克庄，师雍又乞籍嵩之家隶张叔仪，皆从之。

未几，昴英劾临安尹赵与𥲅及执政，琰亦劾执政，帝怒昴英并及琰。郑寀乘间劾琰、昴英，又嗾同列再疏，以昴英属某人，琰属师雍，师雍毅然不从，独击叶闿乃与𥲅腹心。琰、昴英去国，寀于是荐周坦、叶大有入台，首劾程公许、江万里，善类日危矣。未逾月，坦攻参政吴潜去，陈垓为监察御史，时寀、与𥲅、坦、垓、大有合为一，师雍独立。寀恶之尤甚，思所以去师雍，未得，招四人共谋之。会大旱求言，应诏者多指寀、坦等为起灾之由，牟子才、李伯玉、卢钺语尤峻。坦等伪撰匿名书，诬三士，师雍榻前辨，谓："匿名书条令所禁，非公论也，不知何为至前。"因发其伪撰之迹。适钺疏誉师雍，寀乃以钺附师雍，帝不听，擢师雍左司谏。

未几，寀入政府，谢方叔、赵汝腾疏其奸，寀遂罢去。师雍与丞相郑清之故同舍，然以劾刘用行、魏岘皆清之亲故，清之不乐。坦喜曰："吾得所以去之矣。"遣其妇日造清之妻。潜曰："彼去用行、岘，乃去丞相之渐也。"帝将以师雍为侍御史，清之曰："如此，则臣不可留。"迁起居舍人兼侍讲，即力丐去。清之犹冀师雍少贬，师雍曰："吾欲为全人。"终不屈。数月，坦卒劾师雍及高斯得俱罢。久之，以直宝文阁奉祠，陈垓又嗾同列寝之。清之卒，起师雍为左史，既而改江西转运使，迁礼部侍郎，命下而卒于江西官舍。

师雍简淡寡欲，靖厚有守，言若不出口，而于邪正之辨甚明，视外物轻甚，故博采公论，当官而行，爱护名节，无愧师友云。

徐元杰字仁伯,信州上饶人。幼颖悟,诵书日数千言,每冥思精索。闻陈文蔚讲书铅山,实朱熹门人,往师之。后师事真德秀。绍定五年,进士及第。签书镇东军节度判官厅公事。

嘉熙二年,召为秘书省正字,迁校书郎。奏否泰、剥复之理,因及右辖久虚,非骨鲠耆艾,身足负荷斯世者,不可轻畀,又言皇子竑当置后及蚤立太子,乞蚤定大计。时谏官蒋岘方力排竑置后之说,遂力请外,不许,即谒告归,丐祠,章十二上。三年,迁著作佐郎兼兵部郎官,以疾辞。差知安吉州,辞。召赴行在奏事,辞益坚。

淳祐元年,差知南剑州。会峡阳寇作,擒渠魁八人斩之,余释不问。父老或相语曰:“侯不来,我辈鱼肉矣。”郡有延平书院,率郡博士会诸生亲为讲说。民讼,率呼至以理化诲,多感悦而去。输苗听其自概,阖郡德之。丁母忧去官,众遮道跪留。既免丧,授侍左郎官。言敌国外患,乞以宗社为心。言钱塘驻跸,骄奢莫尚,宜抑文尚质。兼崇教殿说书,每入讲,必先期斋戒。尝进仁宗诏内降旨挥许执奏及台谏察举故事为戒,语多切宫壸。拜将作监,进杨雄《大匠箴》,陈古节俭。时天久不雨,转对,极论《洪范》天人感应之理及古今遇灾修省之实,辞益忠恳。

丞相史嵩之丁父忧,有诏起复,中外莫敢言,惟学校叩阍力争。元杰时适轮对,言:“臣前日晋侍经筵,亲承圣问以大臣史嵩之起复,臣奏陛下出命太轻,人言不可沮抑。陛下自尽陛下之礼,大臣自尽大臣之礼,玉音赐俞,臣又何所容喙。今观学校之书,使人感叹。且大臣身读圣贤之书,畏天命,畏人言。家庭之变,哀戚终事,礼制有常。臣窃料其何至于忽送死之大事,轻出以犯清议哉!前日昕庭出命之易,士论所以凛凛者,实以陛下为四海纲常之主,大臣身任道揆,扶翊纲常者也。自闻大臣有起复之命,虽未知其避就若何,凡有父母之心者莫不失声涕零,是果何为而然?人心天理,谁实无之,兴言及此,非可使闻于邻国也。陛下乌得而不悔悟,大臣乌得而不坚忍?臣恳恳纳忠,何敢诋讦,特为陛下爱惜民彝,为大臣爱惜名节而已。”疏出,朝野传诵。帝亦察其忠亮,每从容访天下事,经筵益申前议。未几，夜降御笔黜四不才台谏，起复之命遂寝。

元老旧德次第收召，元杰亦兼右司郎官，拜太常少卿。兼给事中、国子祭酒，权中书舍人。杜范入相，复延议军国事。为书无虑数十，所言皆朝廷大政，边鄙远虑。每裁书至宗社隐忧处，辄阁笔挥涕，书就随削稿，虽子弟无有知者。六月朔，轮当侍立，以暴疾谒告。特拜工部侍郎，随乞纳禄，诏转一官致仕。夜四鼓，遂卒。

先，元杰未死之一日，方谒左丞相范锺归，又折简察院刘应起，将以翼日奏事。是夕，俄热大作，诘朝不能造朝，夜烦愈甚，指爪忽裂，以死。朝绅及三学诸生往吊，相顾骇泣。讣闻，帝震悼曰：“徐元杰前日方侍立，不闻有疾，何死之遽耶？”亟遣中使问状，赙赠银绢二百计。已而太学诸生伏阙诉其为中毒，且曰：“昔小人有倾君子者，不过使之自死于蛮烟瘴雨之乡，今蛮烟瘴雨不在岭海，而在陛下之朝廷。望奋发睿断，大明典刑。”于是三学诸生相继叩阍讼冤，台谏交疏论奏，监学官亦合辞闻于朝。二子直谅、直方乞以恤典充赏格。有旨付临安府逮医者孙志宁及常所给使鞫治。既又改理寺，诏殿中侍御史郑寀董之，且募告者赏缗钱十万、官初品。大理寺正黄涛谓伏暑证。二子乞斩涛谢先臣。然狱迄无成，海内人士伤之，帝悼念不已，赐官田五百亩、缗钱五千给其家。赐谥忠愍。

孙子秀字元实，越州余姚人。绍定五年进士。调吴县主簿。有妖人称“水仙太保”，郡守王遂将使治之，莫敢行，子秀奋然请往，焚其庐，碎其像，沈其人于太湖，曰：“实汝水仙之名矣。”妖遂绝。日诣学宫与诸生讨论义理。辟淮东总领所中酒库，檄督宜兴县围田租。既还，白水灾，总领恚曰：“军饷所关，而敢若此，独不为身计乎？”子秀曰：“何敢为身计，宁罪去尔。”力争之，遂免。

调滁州教授，至官，改知金坛县。严保伍，厘经界，结义役，一切与民休息。讼者使赍牒自诣里正，并邻证来然后行，不实者往往自匿其牒，惟豪黠者有犯，则痛绳不少贷。淮民流入以万计，振给抚恤，树庐舍，括田使耕，拔其能者分治之。崇学校，明教化，行乡饮酒礼。访国初茅山书院故址,新之,以待远方游学之士。

通判庆元府,主管浙东盐事。先是,诸场盐百袋附五袋,名"五厘盐",未几,提举官以为正数,民困甚,子秀奏蠲之。辟干办行在诸司粮料院。衢州寇作,水冒城郭,朝廷择守,属子秀行。子秀谓捕贼之责,虽在有司,亦必习土俗之人,乃能覼其凭依,截其奔突。乃立保伍,选用土豪,首旌常山县令陈谦亨、寓士周还淳等捍御之劳,且表于朝,乞加优赏,人心由是竞劝,未几,盗复起江山、玉山间,甫七日,而众禽四十八人以来。终子秀之任,贼不复动。水潦所及,则为治侨梁,修堰闸,补城壁,浚水原,助葺民庐,振以钱米,诏通邻籴。奏蠲秋苗万五千石有奇,尽代纳其夏税,并除公私一切之负。坍溪沙壅之田,请于朝,永蠲其税,民用复苏。

南渡后,孔子裔孙寓衢州,诏权以衢学奉祀,因循逾年,无专飨之庙。子秀撤废佛寺,奏立家庙如阙里。既成,行释菜礼,以政最迁太常丞,以言罢。未几,迁大宗正丞,迁金部郎官。金部旧责州郡以必不可辨之泛数,吏颠倒为奸欺。子秀日夜讨论,给册转递以均其输,人人如债切身,不遣一字而输足。迁将作监、淮东总领辞,改知宁国府,辞为左司兼右司,再兼金部。与丞相丁大全议不合,去国。差知吉州,寻镌罢。

时嬖幸朱熠凡三劾子秀。开庆元年,为浙西提举常平。先是,大全以私人为之,尽夺亭民盐本钱,充献羡之数,不足则估籍虚摊。一路骚动,亭民多流亡。子秀还前政盐本钱五十余万贯,奏省华亭茶盐分司官,定衡量之非法多取者,于是流徙复业。徙浙西提点刑狱兼知常州。淮兵数百人浮寓贡院,给饷不时,死者相继,子秀请于朝,创名忠卫军,置寨以居,截拨上供赡之。盗劫吴大椿,前使者讳其事,诬大椿与兄子焴争财,自劫其家,追毁大椿官,编置千里外,徙黥其臧获。子秀廉得实,乃悉平反之。寻以兼郡则行部非便,得请专臬事。击贪举廉,风采凛然,犴狱为清。

进大理少卿,直华文阁、浙东提点刑狱兼知婺州。婺多势家,有田连阡陌而无赋税者,子秀悉核其田,书诸版,势家以为厉己,喋言者罢之。寻迁湖南转运副使，以迎养非便辞，移浙西提点刑狱。子秀冒暑周行八郡三十九县，狱为之清。安吉州有妇人诉人杀其夫与二仆，郡守捐赏万缗，逮系考掠十余人，终莫得其实。子秀密访之，乃妇人赂宗室子杀其夫，仆救之，并杀以灭口。一问即伏诛，又释伪会之连逮者，远近称为神明。

初，狱讼之滞，皆由期限之不应。使者下车，或亲书戒州县勿违，而违如故，则怒之。怒之，改匣，又违则又重怒之，至再三。而专卒四出，巡尉等司缴限抱匣费不赀，则其势必违。子秀与州县约，到限者径诣庭下，吏不得要索，亦无违者。其后创循环总匣属各州主管官，凡管内诸司报应皆并人匣，一日一遣，公移则又总实于匣以往。于是事无小大，纤悉毕具，而风闻者反谓专卒凌州县，劾罢之，子秀笑而已。移江东提点刑狱。度宗即位，进太常少卿兼右司，寻兼知临安府，以言罢。起知婺州，卒。

子秀少从上虞刘汉弼游，磊落英发，抵掌极谈，神采飞动。与人交久而益亲，死生患难，营救不遗力。闻一善则手录之。


李伯玉字纯甫，饶州余干人。端平二年，进士第二。初名诚，以犯理宗潜讳更今名。授观察推官、太学正兼庄文府教授、太学博士。召试馆职，历诋贵戚大臣，直声暴起。改校书郎，奏言："台评迎合上意，论罢尤焴、杨栋、卢钺三人，忠邪不辨，乞同罢。"帝不允。监察御史陈垓连劾罢之。

奉云台祠，差知南康军，迁著作佐郎兼沂靖惠王府教授，兼考功郎官，兼尚书右司员外郎。引故事弹台臣萧泰来，迁著作郎。帝怒，降两官罢叙。复知邵武军，改湖北提点刑狱，移福建，迁尚右郎官。侍御史何梦然论伯玉乃吴潜之死党，奉祀，迁福建提举常平、淮西转运判官。召赴经筵，迁考功郎兼太子侍读，拜太府少卿、秘书少监、起居郎、工部侍郎。

度宗即位，兼侍讲，权礼部侍郎，升兼同修国史、实录院同修撰。贾似道尝集百官议事，忽厉声曰："诸君非似道拔擢，安得至此!"众默然莫敢应者,伯玉答曰:"伯玉殿试第二名,平章不拔擢,伯玉地步亦可以至此。"似道虽改容而有怒色。既退,即治归。以显文阁待制知隆兴府,右正言黄万石论罢。召入觐,擢权礼部尚书兼侍读。似道益专国柄,帝以伯玉旧学,进之卧内,相对泣下,欲用以参大政,似道益忌之,而伯玉寻病卒。

伯玉尝请罢童子科,以为非所以成人材,厚风俗。赵汝腾尝荐八士,各有品目,于伯玉曰:"铜山铁壁"。立朝风节,大较似之。所著有《斛峰集》。

论曰:陆持之学足以承其家,而不幸蚤丧,徐鹿卿论议明达,克施有政,赵逢龙之清操,汝腾之不挠,孙梦观之平直,洪天锡、黄师雍、徐元杰、李伯玉皆悉心直言,不避权势,孙子秀政绩著见,皆当时之杰出云。

宋史卷四二五
列传第一八四

刘应龙　　潘牥　　洪芹
赵景纬　　冯去非　　徐霖
徐宗仁　　危昭德　　陈垲
杨文仲　　谢枋得

　　刘应龙字汉臣，瑞州高安人。嘉熙二年进士。授零陵主簿，饶州录事参军。有毛隆者，务剽掠杀人，州民被盗，遥呼盗曰："汝毛隆也？"盗亦曰："我毛隆也。"既，讼于官，捕隆置狱，应龙曰："盗诚毛隆，其肯自谓？"因言于州，州不可，乃委它官，隆诬伏抵死，未几盗败，应龙由是著名。改知崇仁县。淮西失守，江西诸州有残破者，县佐贰闻变先遁，应龙固守不去。

　　先是，理宗久未有子，以弟福王与芮之子为皇子，丞相吴潜有异论，帝已不乐。大元兵度江，朝野震动，逐丞相丁大全，复起潜为相，帝问潜策安出，潜对曰："当迁幸。"又问卿如何，潜曰："臣当死守于此。"帝泣下曰："卿欲为张邦昌乎？"潜不敢复言。未几兵退，帝语群臣曰："吴潜几误朕。"遂罢潜相。帝怒潜不已，应龙朝受命，帝夜出象简书疏稿授应龙。使劾潜，应龙谓："潜本有贤誉，独论事失当，临变寡断。祖宗以来，大臣有罪未尝轻肆诛戮。欲望姑从宽典，以全体貌。"帝大怒。乃按劾丁大全，请加窜斥，疏言："内莫急于苏民瘼以固国本,外莫急于讨军实以振国威。"又言时政四事,广发廪以振民饥,通商贩以助民食,以分富室以助官籴,严等第以核民数,稽检放以苏民穷,严戢盗以除民害。贾似道素忌潜,会京师米贵。应龙为《劝粜歌》,宦者取以上闻,帝问知应龙所作,问似道米价高,当亟处之,似道访其由,亦怒应龙。迁司农少卿,寻以右谏议大夫孙附凤言,遂去国。

景定三年,湖南饥,起提举常平。以救荒功,迁直宝章阁、广南东路转运判官。迁秘书监兼国史编修、实录检讨。知隆兴府兼江西转运副使,奏免和籴二十万石。擢权户部侍郎兼侍讲。时似道当国,百官奏对稍切直者辄黜,应龙言:"臣观今日之事,可言者多矣。迩日以来,靖恭自守者以论事为忌,指陈稍切者联翩引去,岂两省缴驳过甚,重其疑欤?抑廷臣奏对咈意,速其畏欤?朝廷清明之时,而言者已怀疑畏,臣恐正臣夺气,鲠臣吃舌,宜非盛世所有。"遂忤当路,自侍从、两省以下无不切齿。未几,以集英殿修撰知建宁府,亟辞,中书舍人卢钺希指封还录黄。久之,起为江东转运使,辞。

南海寇作,朝廷患之,乃以显谟阁待制知广州、广东经略安抚使。寇闻应龙至,遁去。应龙剿逐之,南海大治。特旨屡召,拜户部侍郎仍兼侍读,七上奏辞免。德祐元年,迁兵部尚书、宝章阁直学士、知赣州,兼江西兵马钤辖、青海军节度使,力辞,隐九峰。

子元高亦举进士,知侯官县。没,洪天锡叹曰:"朝廷失一御史矣。"

潘牥字庭坚,福州闽人。端平二年策进士,牥对曰:"陛下承休上帝,皈德匹夫,何异为人子孙,身荷父母劬劳之赐,乃指豪奴悍婢为恩私之地。欲父母无怒,不可得也。"又曰:"陛下手足之爱,生荣死哀,反不得视士庶人。此如一门之内,骨肉之间未能亲睦,是以僮仆疾视,邻里生侮。宜厚东海之恩,裂淮南之土,以致人和。"时对者数百人,庭坚语最直。

会殿中侍御史蒋岘劾方大琮、刘克庄、王迈前倡异论。并诬牥姓同逆贼,策语不顺,请皆论以汉法。牻调镇南军节度推官、衢州推官,历浙西提举常平司。迁太学正,旬日,出通判潭州。日食,应诏上封事曰:"熙宁初元日食,诏郡县掩骼,著为令。故王一抔浅土,其为暴骸亦大矣。请以王礼改葬。"又移书丞相游侣申言之,似心善其言,方将收用之,而牻卒。

洪芹,尚书右仆射适之曾孙,以大父泽入官,甫更调,登进士第。自南平司法改钦州教授。部使者爱其才,先后并荐之,有旨召审察。丁内外艰。入主省架阁,迁太学博士。轮对,发明絜矩之道。擢国子博士,出通判南剑,入为太常博士,累迁将作少监。属词臣无当上意,慨然思得天下士,丞相程元凤言当今地望无逾洪芹者,进兼翰林,权直秘书少监。

开庆元年,升直学院,继权礼部侍郎、中书舍人。属兵兴,帝悟柄任非人,自贻国祸,诏书所至,闻者奋激,盖芹所草也。丁大全罢相,出典乡郡。芹迁礼部侍郎,缴奏:"大全鬼蜮之资,穿窬之行,暴戾淫黩,引用凶恶,陷害忠良,遏塞言路,浊乱朝纲。乞尽从谏臣所请,追官远窜,以伸国法,以谢天下。"沈炎乘上怒,攻丞相吴潜,芹独缴奏曰:"方国本多虞,潜星驰赴阙,理纷镇浮,陈力为多。一旦视为弁髦,得无如《诗》所谓'将安将乐,女转弃予'乎?"慷慨敢言,天下义之。

迁礼部侍郎,帝锐意乡用而以论去,退寓永嘉,怡然自适。咸淳初,起知宁国府。卒。有文集。

赵景纬字德父,临安府于潜人。少勤学,弱冠得周惇颐、程颢兄弟诸书读之,恨不及登朱熹之门。熹门人叶味道谓之曰:"度正,吾党中第一人。"遂往见,道海以求放心为本。由是往来味道、正之间,研索益精。入太学,登淳祐元年进士第。授江阴军教授,诸生守其矩度。丁母忧,以禄不逮养,服阕不调。作读易菴悬雷山。江东提点刑狱吴势卿辟为干办公事,不就。召为史馆检阅,辞,不许。乞换待次教授,不许。乞岳祠,又不许。乞致仕,不报。有旨特与改合入官,主管崇道观,三辞,不许。景定元年,特授秘书郎,两辞,不许。迁著作郎,辞,不许。以疾丐祠,差主管佑神观兼史馆校勘。史成,两乞外祠,进直秘阁,与在外宫观,辞职名,不许。差主管崇禧观。

台州守王华甫建上蔡书院,礼景纬为堂长,以疾辞。依旧职差知台州,两辞,不许,趣命益严。至郡,以化民成俗为先务,首取陈述古《谕俗文》书示诸邑,且自为之说,使其民更相告谕、讽诵、服行,期无失坠。约束官吏扰民五事,取《孝经·庶人章》为四言咏赞其义,使朝夕歌之,至有为之感涕者。举遗逸车若水、林正心于朝。旌孝行,作《训孝文》以励其俗。平重刑,惩哗讦,治豪横。建黄岩县社仓六十有六。浚河道九十里。筑堤路三十里。节浮费,为下户代输秋苗。奏蠲五邑坊河渡钱。

期年之内,乞归田里者再。进考功郎官。再辞,不许。兼沂靖惠王府教授,辞,不许。是冬,四辞新命,且乞祠,皆不许。乃乞于赤城、桐柏之间采药著书,庶几有补后学,使病废之身不为无用于圣世,不许。御笔兼崇政殿说书,三辞,不许。乃造朝,侍缉熙殿,以《易》进讲,论“圣人体元之妙在惟几,人君得此,则天下有治而无乱,人事有吉而无凶矣。”又曰:“惕厉祗惧,乃天心之所存。圣人先处于忧,故能无忧,先处以危,故能无危。若乃先自处于安乐,则忧危乘之矣。”又论监司守令,其说曰:“知人之难,自古已然。人才乏使,莫今为甚。或观望而挠于势,或阿私而徇于情,或是非不公而以枉为直,或毁誉失实而以污为廉。遂使举刺不当,不足以服天下之心。与其纠劾于有罪之后,而未必尽得其情;孰若精择于未用之先,而使之各称其职。”

彗出于柳,景纬应诏上封事曰:

　　今自求所以解天意者,不过悦人心而已。百姓之心即天心也。锢私藏而专天下之同欲,则人不悦。保私人而违天下之公议,则人不悦。闾阎之糟糠不厌,而燕私之供奉自如,则人不悦。百姓之膏血日朘,而符移之星火愈急,则人不悦。不公于已而欲绝天下之私，则人不悦。不澄其源而欲止天下之贪，则人不悦。夫必有是数者，斯足以召怨而致灾。

愿陛下捐内帑以绝壅利之谤，出嫔嫱以节用度之奢。弄权之貂寺素为天下之所共恶者，屏之绝之；毒民之恩泽侯尝为百姓之所愤者，黜之弃之。择忠鲠敢言之士置之台谏，以通关隔之壅；选慈惠忠信之使为守宰，以保元气之残。又必稽乾、淳以来，凡利源窠名之在百司庶府者，悉隶其旧，以济经用之急；公田派买不均之敝，听民自陈，随宜通变，以安田里之生。则人心悦、天意解矣。人之常情，惧心每发于灾异初见之时，不能不潜移于谄谀交至之后。万一过听左右宽譬之言，曲为它说以自解，毛举细故以塞责，而恐惧之初心弛，则下拂人心，上违天意，国之安危或未可知。

又曰："损玉食，不若损内帑、却贡奉之为实。避正朝，不若塞幸门、广忠谏之为实。肆大眚固所以广仁恩，又不若择循良、黜贪暴之为实。盖天意方回而未豫，人心乍悦而旋疑，此正阴阳胜复之会，眷命隆替之机也。"兼国史院编修官、实录院检讨官，辞，不许。转对，言："愿明辨义利之限，力破系吝之私，以天自处而绝内外之分，以道制欲而黜耳目之累。毋以闱闼之贱干公议，毋以戚畹之私紊国常。"乞归田里，不许。拜太府少卿，兼职仍旧，再辞，不许。复上疏乞归，不许。

以直敷文阁知嘉兴府，辞，仍乞奉祠，皆不许。咸淳元年至郡，首以护根本、正风俗为先务。三乞辞，不许。拜宗正少卿，御笔兼侍讲，辞，不许。乃还家，三乞祠，御笔趣行，犹乞宽告，不许。至国门，御笔兼权工部侍郎，时暂兼权中书舍人，三辞，不许。以《礼记》进讲，开陈敬恕之义。封还滥恩词头，帝从之。又言："损德害身之大莫过于嗜欲，而窒嗜欲之要莫切于思。居处则思敬，动作则思礼，祭祀则思诚，事亲则思孝。每御一食，则思天下之饥者，每服一衣，则思天下之寒者。嫔嫱在列，必思夏桀以嬖色亡其国。饮燕方欢，必思商纣以沈湎丧其身。念起而思随之，则念必息。欲萌而思制之，则欲必消。志气日以刚健，德性日以充实，岂不盛哉。”

又曰："雷发非时，窃迹今日之事而有疑焉。内批叠降而名器轻，宫阃不严而主威亵，横恩之滥已收而复出，戢贪之诏方严而随弛。宫正什伍之令所以防奇邪，而或纵于乞怜之卑词。缇黄出入之禁所以严宸居，而间惑于袨襮之小数。以至弹墨未乾，而拟拭之旨已下；驳奏未几，而捷出之径已开。命令不疑，则阳纵而不收。主意不坚，则阴闭而不密。陛下可不思致灾之由，而亟求所以正之哉？愿清其天君，以端出治之源；谨其号令，以肃纪纲之本。毋牵于私恩而挠公法，毋迁于迩言而乱旧章，去谗而远色，贱货而贵德，则人心悦而天意得，可以开太平而兆中兴也。”

进权礼部侍郎兼修玉牒，再辞，不许。升兼侍读，辞，不许。进《圣学四箴》：一曰惜日力以致其勤，二曰精体认以充其知，三曰屏嗜好以专其业，四曰谨行事以验其用。五乞归田里，帝勉留之，请益力。特授集英殿修撰、知建宁府，辞，不许，乃还家。召为中书舍人，三辞，不许，请益力。进显文阁待制，依所乞予祠，辞职名，不许，遂差提举玉隆万寿宫。有疾，谢医却药，曰："使我清心以顺天命，毋重恼我怀。"拱手三揖乃卒。诏特赠四官至中奉大夫，谥文安。

景纬天性孝友，雅志冲澹，亲没无意仕进，故其立朝之日不久云。

冯去非字可迁，南康都昌人。父椅字仪之，家居授徒，所注《易》、《书》、《诗》、《语》、《孟》、《太极图》，《西铭辑说》，《孝经章句》，《丧礼小学》，《孔子弟子传》，《读史记》及诗文、志录，合二百余卷。

去非，淳祐元年进士。尝干办淮东转运司，治仪真，欧阳修东园在焉，使者黄涛欲以为佛寺，时已许荐，去非力争不得，宁不受使者荐，谒告而去。宝祐四年，召为宗学谕。丁大全为左谏议大夫，三学诸生叩阍言不可，帝为下诏禁戒，诏立石三学，去非独不肯书名碑之下方。监察御史吴衍、翁应弼劾诸生下狱，去非复调护宗学生之就逮者。未几，大全签书枢密院事、参知政事，蔡抗去国，去非亦以言罢。归舟泊金、焦山，有僧上谒，去非不虞其为大全之人也，周旋甚款。僧乘间致大全意，愿毋遽归，少俟收召，诚得尺书以往，成命即下。去非奋然正色曰："程丞相、蔡参政牵率老夫至此，今归吾庐山，不复仕矣，斯言何为至我！"绝之，不复与言。

徐霖字景说，衢州西安人。年十三，有志圣人之道，取所作文焚之，研精《六经》之奥，控颐先儒心传之要。淳祐四年，试礼部第一。知贡举官入见，理宗曰："第一名得人。"嘉奖再三。登第，授沅州教授。

时宰相史嵩之挟边功要君，植党颛国。霖上疏历言其奸深之状，以为："其先也夺陛下之心，其次夺士大夫之心，而其甚也夺豪杰之心。今日之士大夫，嵩之皆变化其心而收摄之矣。且其变化之术甚深，非章章然号于人使之为小人也。常于善类择其质柔气弱易以夺之者，亲任一二，其或稍有异己，则潜弃而摈远之，以风其余。彼以名节之尊不足以易富贵之愿，义利之辨亦终暗于妻妾宫室之私，则亦从之而已。"疏奏，见者吐舌，为霖危之。未几，嵩之匿父丧求起复，君子并起而攻之，上大感悟。

丞相范锺进所召试馆职二人，上思霖之忠，亲去其一，易霖名。及试，则曰："人主无自强之志，大臣有患失之心，故元良未建，凶奸未窜。"是时，丞相杜范已薨，而锺虽得位，畏奸人覆出为己祸故也。擢秘书省正字，霖辞不获命，遂就职。会日食，霖应诏上封事曰："日，阳类也，天理也，君子也。吾心之天理不能胜乎人欲，朝廷之君子不能胜乎小人。宫闱之私暱未屏，琐闼之奸邪未辨，台臣之讨贼不决，精禭感浃，日为之食。"又数言建立太子。迁校书郎。七年夏，大旱，霖应诏言："谏议大夫不易则不雨，京兆尹不易则不雨。"不报，去国。上遣著作郎姚希得留之，不还。御笔改合入官，乃改宣教郎。霖屡辞，曰："向为身死而不敢欺其君父，今以官高而自眩于平生，失其本心，何以暴其忠志？"又曰："志贵乎洁，忠尚乎精，即有取，则自蹈于垢污矣。"

八年夏，添差通判信州，霖皆力辞，竟未拜，改秩之命故也。寻令守臣勉谕之，特改宣教郎、主管云台观，霖乃拜受。十二年，迁秘书省著作郎，累辞，不计。兼国史编修、实录检讨，上曰："今日所当言者，当备陈之。"霖复以正太子名为言，又奏："万化之本在心，存心之法在敬。"兼权尚左郎官，兼崇政殿说书。乃上疏言："叶大有阴柔奸黠，为群黠冠，不宜久长台谏，乞斥去。"不报。兼权左司。霖知无不言，于是谗嫉者思以中伤，而上亦不说。乞补外，知抚州。祠先贤，宽租赋，振饥穷，诛悍将，建营寨，几一月而政举化行。以言去，士民遮道，不得行，及暝，始由径以出。

宝祐元年，差知衡州。三年，当之官，遂辞，差知袁州。五年，丁外艰，哀毁号绝，水浆不入口七日。明年开庆元年，差主管崇禧观。景定二年，知汀州。明年，卒。将终，语其长子心亨曰："有生必有死，自古圣贤皆然，吾复何憾。"尚书省请加优异，诏与一子恩泽。度宗赐祭田百亩，以旌直臣。霖间居衢，守游钧筑精舍，聘霖为学者讲道，是日听者三千余人。

徐宗仁字求心，信之永丰人。淳祐十年进士，历官为国子监主簿。开庆元年，伏阙上书曰：

赏罚者，军国之纲纪。赏罚不明，则纲纪不立。今天下如器之攲而未坠于地，存亡之机，固不容发。兵虚将惰，而力匮财殚，环视四境，类不足恃，而所恃以维持人心、奔走豪杰者，惟陛下赏罚之微权在耳。权在陛下，而陛下不知所以用之，则未坠者安保其终不坠乎？臣为此惧久矣。

陛下当危急之时，出金币，赐土田，授节钺，分爵秩，尺寸之功，在所必赏。故当悉心效力，图报万分可也。而自干腹之兵越江逾广以来，凡阅数月，尚未闻有死战阵、死封疆、死城郭者，岂赏罚不足以劝惩之耶？今通国之所谓佚罚者，不过丁大全、袁玠、沈炎、张镇、吴衍、翁应弼、石正则、王立爱、高铸之徒，而首恶则董宋臣也。是以廷绅抗疏，学校叩阍，至有欲借尚方剑为陛下除恶。而陛下乃释而不问,岂真欲爱护此数人而重咈千万人之心?天下之事势急矣,朝廷之纪纲坏矣。若误国之罪不诛,则用兵之士不勇。今东南一隅天下,已半坏于此数人之手,而罚不损其豪毛。彼方拥厚赏,挟声色,高卧华屋,而使陛下与二三大臣焦心劳思,可乎?三军之在行者,岂不愤然不平曰:"稔祸者谁欤,而使我捐躯兵革之间?"百姓之罹难者,岂不群然胥怨曰:"召乱者谁欤,而使流血锋镝之下?"陛下亦尝一念及此乎?

又极论边事,谓惠亵而威不振。论董宋臣盘固日久,蒙蔽日久。又请"使有言责者皆得以尽其言,则国论伸而国威振,臣虽屏处山林,亦有生气"。迁国子监丞、秘书省著作佐郎,主管崇禧观。迁考功郎官兼崇政殿说书,进读《敬天图》。迁太府少卿兼侍讲、兼侍立修注官,迁太常少卿兼国史编修、实录检讨。知宁国府。监察御史郭阘论罢。

德祐元年,起授吏部侍郎兼中书门下检正诸房公事,兼提领丰储仓所,兼同修国史、实录院同修撰,侍左侍郎。乞假督府名称往本州同守臣防拓,不允。权礼部尚书兼益王府赞读。卫益王走海上,崖山兵败,死焉。


危昭德,邵武人。宝祐元年进士。历官为史馆检阅校勘、武学谕、宗正寺簿兼崇政殿说书,迁秘书郎。疏言:"国之命在民,民之命在士大夫。士大夫不廉,朘民膏血,为己甘腴,民不堪命矣。"又言:"愿陛下与二三大臣察利害之实,究安危之本,明诏郡国,申严号令,俾急其所急,凡荒政之当举者,不可一日而置念;缓其可缓,凡苛赋之肆扰者,易为此时之宽征。固结人心,乃所以延天命也。"又言:"愿陛下举考课之事,内以责诸弹纠之职,外以责诸监司、郡守之计。贪浊昏庸,固在必惩。廉能正直,尤当示劝。察之清则黜陟之咸服,行之力则观听之具孚,而课吏之实得矣。"

进兼侍讲。又言:"民者,邦之命脉,欲寿国脉,必厚民生,欲厚民生，必宽民力。"且条上厉民四敝。又言："愿陛下为万世根本之虑，为一时仓卒之防，必求安节之亨，毋招不节之咎，节之又节，则宫闱之费差省，帑藏之积自充，上用足而下不匮矣。"又乞"察欣瘁休戚之故，酌利害损益之宜，孰为当因，孰为当革，孰为可罢，孰为可行，则折衷泉货而远近便，开通关梁而商贾行。下修身奉法之诏，而吏得自新；出输仓助贷之令，而民免贵籴；窒墨敕之门，而无官府黜陟之异；止轮台之议，而无疆界彼此之分，则气脉苏醒、意向翕合矣"。

迁起居舍人兼国史编修、实录检讨，寻迁殿中侍御史、侍御史。谏作宗阳宫。权工部侍郎兼同修国史实录院，乞致仕，特转一官。昭德在经筵，以《易》、《春秋》、《大学衍义》进讲，反覆规正者甚多。所著《春山文集》。

子彻孙，咸淳元年进士。

陈垲字子爽，嘉兴人。历京湖制置使司主管机宜文字，差知德安府，加直宝谟阁、江西提点刑狱，改直敷文阁、提举千秋鸿禧观，转司农寺丞、主管崇道观、知安庆府。召赴阙，加直显谟阁、湖南提点刑狱。再召为右司郎官，加直宝文阁知隆兴府、江西安抚使，改知江州，主管江西安抚司事。召为右司郎官，进直龙图阁、浙西提点刑狱，迁司农少卿，以秘阁修撰知庆元府兼沿海制置副使，迁大理卿，进右文殿修撰、知平江府兼淮、浙发运使。

户部侍郎赵必愿举垲最，诏特转一官，迁太府卿、司农卿，权工部侍郎兼同详定敕令官，兼中书门下省检正诸房公事。入奏，言："愿陛下转移世道之枢机，砥砺士大夫之廉耻，使知名义为重，利禄为轻。久去国以恬退闻者召之，久立朝以更迭请者从之，甘言容悦者必斥，真情丐闲者勿留。如此，则君臣上下皆以真实相与。四维既张，士大夫难进易退之风，当见于圣世，人才幸甚！"又言："请以从官仿古昔入从出藩之意，其从臣为诸路宪漕，则以提点刑狱使、转运使系衔，假之使名，示与庶官别，仍乞除授自臣始。"自是屡言于帝前,不许。以言罢。

未几,进集英殿修撰、知婺州,改知太平州兼江东转运副使。请蠲放诸郡灾伤。加户部侍郎、淮东总领,寻提领江、淮茶盐所兼知太平州。发公帑代三县输折丝帛钱五十万九千三百六十余贯。又作浮淮书堂以处两淮之民而教之。进显谟阁待制、知广州,权兵部尚书,又进宝章阁直学士、知婺州,迁权户部尚书,寻为真,时暂兼吏部尚书,以宝文阁学士知潭州兼湖南安抚使。召赴阙,以旧职提举太平兴国宫,加龙图阁学士,依旧宫观。久之,加端明殿学士。咸淳四年,卒,谥请毅。

垲屡历麾节,军民爱戴,幕客盛多,而垲又乐荐士。所著《可斋瓶稿》二十卷。


杨文仲字时发,眉州彭山人。七岁而孤。母胡,年二十有八,守节自誓,教养诸子。文仲既冠,以《春秋》贡,其母喜曰:"汝家至汝,三世以是经收效矣。"

淳祐七年,文仲以胄试第一入太学。九年,又以公试第一升内舍。时言路颇壅,因季冬雷震,首帅同舍叩阍极言时事,有曰:"天本不怒,人激之使怒。人本无言,雷激之使言。"一时争传诵之。升上舍,为西廊学录。丞相谢方叔尝问文仲曰:"今日何事最急?"对曰:"国本未建,莫大于此。上意未喻,当以死请可也。"宝祐元年,登进士第。丁母忧,释服,属从叔父栋守婺州罢归,寓余杭,文仲往问伊、洛之学。

调复州学教授。转运使印应飞辟入幕。明婺妇冤狱,应飞悉从文仲议,且荐之。荆湖宣抚使赵葵署文仲佐分司幕。姚希得、江万里合荐文仲学为有用。辟四川宣抚司准备差遣,添差沿海制置司干办公事,召为户部架阁,迁太学正,升博士。时栋为祭酒,讲学益诣精邃。迁国子博士。丐外,添差通判台州。故事,守贰尚华侈,正月望,取灯民间,吏以白,文仲曰:"为吾然一灯足矣。"劝农东郊,守因欲泛湖,文仲即先驰归。添差通判扬州。牙契旧额岁为钱四万民缗,累政增至十六万,开告讦以求羡。文仲曰:"希赏以扰民,吾不为也。"卒增十八界一而已。制置使李庭芝檄主管机宜文字。时有沙田,使者欲举行之,文仲力争,以为:"事不可妄兴,盖与民之惠有限,不扰之惠无穷。江北风寒之地,民力竭矣,为利几何,安忍重扰吾民乎!"事遂不行。

召为宗学博士。郊祀,摄圜坛子阶监察御史。近辅兵变水患,轮对,言:"皇天眷命,垂四百年,天命久熟之余,国脉癃老之候,此岂非一大喜惧之交乎?愿陛下一初清明,自作主宰。"又曰:"春多沈阴,岂但麦秋之忧。于时为《夬》,尤轸觉陆之虑。天目则洪水发焉,苏、湖则弄兵兴焉。峨冠于于,而每见大夫之乏使;佩印累累,而常虑贪渎之无厌。将习黄金横带之娱,兵疲赤籍挂虚之冗。蚩蚩编氓,得以轻统府;琐琐警逻,辄以忧朝廷。设不幸事有大于此者,国何赖焉?"帝辣听,顾问甚至。迁太常丞,会兼权仓部郎官,兼崇政殿说书,迁将作少监,又迁将作监。

文仲在讲筵,每以积诚感动,尝进读《春秋》,帝问五霸何以为三王罪人,文仲奏云:"齐桓公当王霸升降之会,而不能为向上事业,独能开世变厉阶。臣考诸《春秋》,桓公初年多书'人',越二十年,伐楚定世子之功既成,然后书'侯'之辞迭见,此所以为尊王抑伯之大法。然王岂徒尊哉?盖欲周王子孙率修文、武、成、康之法度,以扶持文、武、成、康之德泽,则王迹不熄,西周之美可寻,如此方副《春秋》尊王之意。"帝曰:"先帝圣训有曰:'丝竹之乱耳。红紫之眩目,良心善性,皆本有之。"又曰:'得圣贤心学之指要,本领端正,家传世守,以是而君国子民,以是而祈天永命,以是而贻谋燕翼。'大哉先训,朕朝夕服膺。"时帝以疾连不视朝,文仲奏:"声色之事,若识得破,元无可好。"帝敛容端拱久之。

盛夏,建宗阳宫,坏徙民居,畿甸骚然。文仲疏谏:"移闾阎之聚,为香火之庭,不得为善计矣。陛下绍祖宗之位,岂以黄、老之居为轻重哉。"翼日面奏,益恳至,丞相贾似道怒曰:"杨文仲多言!"诏卿监以上荐人才,文仲荐陈存、吕折、鍾季玉等十有八人,名士二人,金华王柏、天台车若水也。兼国子司业,兼侍立修注官。又以救太学教谕彭成大迂似道,主管崇禧观,出知衡州。运饷有法而民不扰,以所当得米八千石立思济仓。召为秘书少监,寻兼崇政殿说书。以疾乞致仕,不许。兼国史院编修官、实录院检讨官,迁太常少卿兼国子司业,迁起居舍人。

瀛国公即位,授权工部侍郎兼权侍右郎官,寻兼给事中。有事明堂,议以上公摄行,文仲议曰:"今祗见天地之始,虽在幼冲,比即丧次,已胜拜跪,执礼无违,所当亲飨。"时丞相王爚、陈宜中不协,文仲上疏言:"事危且急矣。祖宗所深赖,亿兆所寄命,在乎二相,苟以不协之故,今日不战,明日不征,时不再来,后悔何及!"寻兼国子祭酒。请谥金华何基及柏。时大元兵度江,畿甸震动,朝士多弃去者,侍从班惟文仲一人,诏旌在列不去进二阶。文仲疾益甚,丐祠,以集英殿修撰知漳州,三上章乞致仕,改知泉州。因将家逾岭南待次,卒,而宋亡矣。有《见山文集》焉。

谢枋得字君直,信州弋阳人也。为人豪爽。每观书,五行俱下,一览终身不忘。性好直言,一与人论古今治乱国家事,必掀髯抵几,跳跃自奋,以忠义自任。徐霖称其"如惊鹤摩霄,不可笼絷"。

宝祐中,举进士,对策极攻丞相董槐与宦官董宋臣,意擢高第矣,及奏名,中乙科,除抚州司户参军,即弃去。明年复出,试教官,中兼经科,除教授建宁府。未上,吴潜宣抚江东、西,辟差干办公事。团结民兵,以捍饶、信、抚,科降钱米以给之。枋得说邓、傅二社诸大家,得民兵万余人,守信州,暨兵退,朝廷核诸军费,几至不免。

五年,彗星出东方,枋得考试建康,揷似道政事为问目,言:"兵必至,国必亡。"漕使陆景思衔之,上其稿于似道,坐居乡不法,起兵时冒破科降钱,且讪谤,追两官,谪居兴国军。咸淳三年,赦,放归。德祐元年,吕文焕导大元兵东下鄂、黄、蕲、安庆、九江,凡其亲友部曲皆诱下之,遂屯建康。枋得与吕师夔善,乃应诏上书,以一族保师夔可信,乞分沿江诸屯兵,以之为镇抚使,使之行成,且愿身至江州见文焕与议。从之,使以沿江察访使行,会文焕北归,不及而反。

以江东提刑、江西招谕使知信州。明年正月,师夔与武万户分定江东地,枋得以兵逆之,使前锋呼曰:"谢提刑来。"吕军驰至,射之,矢及马前。枋得走入安仁,调淮士张孝忠逆战团湖坪,矢尽,孝中挥双刀击杀百余人。前军稍却,后军绕出孝忠后,众惊溃,孝忠中流矢死。马奔归,枋得坐敌楼见之,曰:"马归,孝忠败矣。"遂奔信州。师夔下安仁,进攻信州,不守。枋得乃变姓名,入建宁唐石山,转茶坂,寓逆旅中,日麻衣蹑屦,东乡而哭,人不识之,以为被病也。已而去,卖卜建阳市中,有来卜者,惟取米屦而已,委以钱,率谢不取。其后人稍稍识之,多延至其家,使为弟子论学。天下既定,遂居闽中。

至元二十三年,集贤学士程文海荐宋臣二十二人,以枋得为首,辞不起。又明年,行省丞相忙兀台将旨诏之,执手相勉劳。枋得曰:"上有尧、舜,下有巢、由,枋得名姓不祥,不敢赴诏。"丞相义之,不强也。二十五年,福建行省参政管如德将旨如江南求人材,尚书留梦炎以枋得荐,枋得遗书梦炎曰:"江南无人材,求一瑕吕饴甥、程婴、杵臼厮养卒,不可得也。纣之亡也,以八百国之精兵,而不敢抗二子之正论,武王、太公凛凛无所容,急以兴灭继绝谢天下。殷之后遂与周并立。使三监、淮夷不叛,武庚必不死,殷命必不黜。夫女真之待二帝亦惨矣。而我宋今年遣使祈请,明年遣使问安。王伦一市井无赖、狎邪小人,谓梓宫可还,太后可归。终则二事皆符其言。今一王伦且无之,则江南无人材可见也。今吾年六十余矣,所欠一死耳,岂复有它志哉!"终不行。郭少师从瀛国公入朝,既而南归,与枋得道时事,曰:"大元本无意江南,屡遣使使顿兵,令毋深入,待还岁币即议和,无枉害生灵也。张宴然上书乞敛兵从和,上即可之。兵交二年,无一介行李之事,乃挈数百年宗社而降。"因相与痛哭。

福建行省参政魏天祐见时方以求材为急,欲荐枋得为功,使其友赵孟迺来言,枋得骂曰:"天祐仕闽,无毫发推广德意,反起银冶病民,顾以我辈饰好邪。"及见天祐,又傲岸不为礼,与之言,坐而不对。天祐怒，强之而北。枋得即日食菜果。

二十六年四月，至京师，问谢太后攒所及瀛国所在，再拜恸哭。已而病，迁悯忠寺，见壁间《曹娥碑》，泣曰："小女子犹尔，吾岂不汝若哉！"留梦炎使医持药杂米饮进之，枋得怒曰："吾欲死，汝乃欲生我邪？"弃之于地，终不食而死，伯父徽明以特奏恩为当阳尉，摄县事，时天基节上寿，大元兵奄至，徽明出兵战死。二子趋进抱父尸，亦死。

论曰：刘应龙不附贾似道，冯去非不附丁大全，潘牥论皇子竑事，坎壈以终。洪芹讼吴潜，伟哉。赵景纬，醇儒也，而无躁竞之心，徐霖进则直言于朝，退则讲道于里。徐宗仁国亡与亡，异乎怀二心以事其君者也。危昭德经筵进对之言，悉载诸故史。陈埙能以意气感人，杨文仲当抢攘之时，犹能荐士，谢枋得嵚崎以全臣节，皆宋末之卓然者也。

宋史卷四二六
列传第一八五

# 循　吏

**陈靖　张纶　邵晔　崔立　鲁有开**
**张逸　吴遵路　赵尚宽　高赋**
**程师孟　韩晋卿　叶康直**

　　宋法有可以得循吏者三：太祖之世，牧守令录，躬自召见，问以政事，然后遣行，简择之道精矣。监司察郡守，郡守察县令，各以时上其殿最，又命朝臣专督治之，考课之方密矣。吏犯赃遇赦不原，防闲之令严矣。

　　承平之世，州县吏谨守法度以修其职业者，实多其人。其间必有绝异之绩，然后别于赏令，或自州县善最，他日遂为名臣，则抚字之长又不足以尽其平生，故始终三百余年，循吏载诸简策者十二人。作《循吏传》。

　　陈靖字道卿，兴化军莆田人。好学，颇通古今。父仁壁，仕陈洪进为泉州别驾。洪进称臣，豪猾有负险为乱者，靖徒步谒转运使杨克巽，陈讨贼策。召还，授阳翟县主簿。契丹犯边，王师数不利，靖遣从子上书，求入奏机略。诏就问之，上五策，曰：明赏罚；抚士众；持重示弱，待利而举；帅府许自辟士；而将帅得专制境外。太宗异之，改将作监丞，未几，为御史台推勘官。

时御试进士，多擢文先就者为高等，士皆习浮华，尚敏速。靖请以文付考官第甲乙，俟唱名，或果知名士，即置上科。丧父，起复秘书丞，直史馆，判三司开拆司。淳化四年，使高丽还，提点在京百司，迁太常博士。

太宗务兴农事，诏有司议均田法，靖议曰："法未易遽行也。宜先命大臣或三司使为租庸使，或兼屯田制置，仍择三司判官选通知民事者二人为之贰。两京东西千里，检责荒地及逃民产籍之，募耕作，赐耕者室庐、牛犁、种食，不足则给以库钱。别其课为十分，贵州县劝课，给印纸书之。分殿最为三等：凡县管垦田，一岁得课三分，二岁六分，三岁九分，为下最；一岁四分，二岁七分，三岁至十分，为中最；一岁五分，未及三岁盈十分者，为上最。其最者，令佐免选或超资；殿者，即增选降资。每州通以诸县田为十分，视殿最行赏罚。候数岁，尽罢官屯田，悉用赋民，然后量人授田，度地均税，约井田之制，为定以法，颁行四方，不过如此矣。"太宗谓吕端曰："朕欲复井田，顾未能也。靖此策合朕意。"乃召见，赐食遣之。

他日，帝又语端。曰："靖说虽是，第田未必垦，课未必入，请下三司杂议。"于是诏盐铁使陈恕等各选判官二人与靖议。以靖为京西劝农使，命大理寺丞皇甫选、光禄寺丞何亮副之。选等言其功难成，帝犹谓不然。既而靖欲假缗钱二万试行之，陈恕等言："钱一出，后不能偿，则民受害矣。"帝以群议终不同，始罢之，出靖知婺州，再迁尚书刑部员外郎。

真宗即位，复列前所论劝农事，又言："国家御戎西北，而仰东南，东南食不足，则误国大计。请自东、西及河北诸州大行劝农之法，以殿最州县官吏，岁可省江、淮漕百余万。"复诏请条上之，靖请刺史行春，县令劝耕，孝悌力田者赐爵，置五保以检察奸盗，籍游惰之民以供役作。又下三司议，皆不果行。

历度支判官，为京畿均田使，出为淮南转运副使兼发运司公事，徙江南转运使。极论前李氏横赋于民凡十七事，诏为罢其尤甚者。徙知潭州，历度支、盐铁判官。祀汾阴，为行在三司判官。又历京西、京东转运使，知泉、苏、越三州，累迁太常少卿，进太仆卿、集贤院学士，知建州，徙泉州，拜左谏议大夫。初，靖与丁谓善，谓贬，党人皆逐去，提点刑狱、侍御史王耿乃言靖老疾，不宜久为乡里官，于是以秘书监致仕，卒。

靖平生多建画，而于农事尤详，常取淳化、咸平以来所陈表章，目曰《劝农奏议》，录上之，然其说泥古，多不可行。

张纶字公信，颍州汝阴人。少倜傥任气。举进士不中，补三班奉职，迁右班殿直。从雷有终讨王均于蜀，有降寇数在据险叛，使纶击之，纶驰报曰："此穷寇，急之则生患，不如谕以向背。"有终用其说，贼果弃兵来降。以功迁右侍禁、庆州兵马监押，擢阁门祗候，益、彭、简等州都巡检使。所部卒纵酒掠居民，纶斩首恶数人，众乃定。徙荆州提点刑狱，迁东头供奉官、提点开封府界县镇公事。

奉使灵夏还，会辰州溪峒彭氏蛮内寇，以知辰州。纶至，筑蓬山驿路，贼不得通，乃遁去。徙知渭州。改内殿崇班、知镇戎军。奉使契丹，安抚使曹玮表留之，不可。蛮复入寇，为辰州、沣、鼎等州缘边五溪十峒巡检安抚使，谕蛮酋祸福，购还所掠民，遣官与盟，刻石于境上。

久之，除江、淮制置发运副使。时盐课大亏，乃奏除通、泰、楚三州盐户宿负，官助其器用，盐入优与之直，由是岁增课数十万石。复置盐场于杭、秀、海三州，岁入课又百五十万。居二岁，增上供米八十万。疏五渠，导太湖入于海，复租米六十万。开长芦西河以避覆舟之患，又筑漕河堤二百里于高邮北，帝锢巨石为十磻，以泄横流。泰州有捍海堰，延袤百五十里，久废不治，岁患海涛冒民田。纶方议修复，论者难之，以为涛患息而畜潦之患兴矣。纶曰："涛之患十九，而潦之患十一，获多而亡少，岂不可邪？"表三请，愿身自临役。命兼权知泰州，卒成堰，复通户二千六百，州民利之，为立生祠。

居淮南六年，累迁文思使、昭州刺史。契丹隆绪死，为吊慰副使。历知秦、瀛二州，两知沧州，再迁东上阁门使，真拜乾州刺史，徙知颍州，卒。

纶有材略，所至兴利除害。为人恕，喜施予，在江、淮，见漕卒冻馁道死乾众，叹曰："此有司之过，非所以体上仁也。"推奉钱市絮襦千数，衣其不能自存者。

邵晔字日华，其先京兆人。唐末丧乱，曾祖岳挈族之刑南谒高季兴，不见礼，遂之湖南。彭玕刺全州，辟为判官。会贼鲁仁恭寇连州，即署岳国子司业、知州事，遂家桂阳。祖崇德，道州录事参军。父简，连山令。

晔幼嗜学，耻从辟署，太平兴国八年，擢进士第，解褐，授邵阳主簿，改大理评事、知蓬州录事参军。时太子中舍杨全知州，性悍率蒙昧，部民张道丰等三人被诬为劫盗，悉置于死，狱已具，晔察其枉，不署牍，白全当核其实，全不听，引道丰等抵法，号呼不服，再系狱按验。既而捕获正盗，道丰等遂得释，全坐削籍为民。晔代还引对，太宗谓曰："尔能活吾平民，深可嘉也。"赐钱五万，下诏以全事戒谕天下。授晔光禄寺丞，使广南采访刑狱。俄通判荆南，赐绯鱼。迁著作佐郎、知忠州。历太常丞、江南转运副使，改监察御史。以母老乞就养，得知朗州。入判三司磨勘司，迁工部员外郎、淮南转运使。

景德中，假光禄卿，充交阯安抚国信使。会黎桓死，其子龙钺嗣立，兄龙全率兵劫库财而去，其弟龙廷杀钺自立，龙廷兄明护率扶兰寨兵攻战。晔驻岭表，以事上闻，改命为缘海安抚使，许以便宜设方略。晔贻书安南，谕朝廷威德，俾速定位。明护等即时听命，奉龙廷主军事。初，诏晔俟其事定，即以黎桓礼物改赐新帅。晔上言："怀抚外夷，当示诚信，不若俟龙廷贡奉，别加封爵而宠赐之。"真宗甚嘉纳。使还，改兵部员外郎，赐金紫。初受使，假官钱八十万，市私觌物，及为安抚，已赏其半，余皆诏除之。尝上《邕州至交州水陆路》及《宜州山川》等四图，颇详控制之要。

俄判三司三勾院，坐所举季随犯赃，晔当削一官，上以其远使之勤，止令停任。大中祥符初，起知兖州，表请东封，优诏答之。及遣王钦若、赵安仁经度封禅，仍判州事，就命晔为京东转运使。封禅礼毕，超拜刑部郎中，复判三勾院，出为淮南、江、浙、荆湖制置发运使。四年，改右谏议大夫、知广州。州城濒海，每蕃舶至岸，常苦飓风，晔凿内濠通舟，飓不能害，俄遘疾卒，年六十三。

崔立字本之，开封鄢陵人。祖周度，仕周为泰宁军节度判官。慕容彦超叛，周度以大义责之，遂见杀。

立中进士第。为果州团练推官，役兵辇官物，道险，乃率众钱，佣舟载归，知州姜从革论如率敛法，当斩三人，立曰："此非私已，罪杖尔。"从革出不听，卒论奏，诏如立议。真宗记之，特改大理寺丞，知安丰县。大水坏期斯塘，立躬督缮治，逾月而成。进殿中丞，历通判广州、许州。

会滑州塞决河，调民出刍楗，命立提举受纳。立计其用有余，而下户未输者尚二百万，悉奏弛之。知江阴军，属县有利港久废，立教民浚治，既成，溉田数千顷，及开横河六十里，通运漕。累迁太常少卿，历知棣、汉、相、潞、兖、郓、泾七州。兖州岁大饥，募富人出谷十万余石振饿者，所全活者甚众。

立性淳谨，尤喜论事。大中祥符间，帝既封禅，士大夫争奏上符瑞，献赞颂，立独言："水发徐州，旱连江、淮，无为烈风，金陵火，天所以警骄惰、戒淫泆也，区区符瑞，尚何足为治道言哉？"前后上四十余事。以右谏议大夫知耀州，改知濠州，迁给事中。告老，进尚书工部侍郎致仕，卒。识韩琦于布衣，以女妻之，人尝服其鉴云。

鲁有开字元翰，参知政事宗道从子也。好《礼》学，通《左氏春秋》。用宗道荫，知韦城县。曹、濮剧盗横行旁县间，闻其名不敢入境。知确山县，大姓把持官政，有开治其最甚者，遂以无事，兴废陂，溉民田数千顷。富弼守蔡，荐之，以为有古循吏风。

　　知金州，有蛊狱，当死者数十人，有开曰："欲杀人，衷谋之足矣，安得若是众邪？"讯之则诬。天方旱，狱白而雨。知南康军，代还。熙宁行新法，王安石问江南如何，曰："法新行，未见其患，当在异日也。"以所对乖异，出通判杭州。

　　知卫州，水灾，人乏食，擅贷常平钱粟与之，且奏乞蠲其息。徙冀州，增堤，或谓："郡无水患，何以役为？"有开曰："豫备不虞，古之善计也。"卒成之。明年河决，水果至，不能冒堤而止。朝廷遣使河北，民遮诵有开功状，召为膳部郎中。元祐中，历知信阳军、洺、滑州，复守冀，官至中大夫，卒。

　　张逸字大隐，郑州荥阳人。进士及第，为试秘书省校书郎。知襄州邓城县，有能名。知州谢泌将荐逸，先设几案，置章其上，望阙再拜曰："老臣为朝廷得一良吏。"乃奏之。他日引对，真宗问所欲何官，逸对曰："母老在家，愿得近乡一幕职官，归奉甘旨足矣。"授澶州观察推官，数日，以母丧去。服除，引对，帝又固问之，对曰："愿得京官。"特改大理寺丞。帝雅贤泌，再召问逸者，用泌荐也。

　　知长水县，时王嗣宗留守西京，厚遇之，及徙青神县，贫不自给，嗣宗假奉半年使办装。既至县，兴学校，教生徒。后邑人陈希亮、杨异相继登科，逸改其居曰桂枝里。县东南有松柏滩，夏秋暴涨多覆舟，逸祷江神，不逾月，滩为徙五里，时人异之。再迁太常博士、知尉氏县，擢监察御史，提点益州路刑狱，开封府判官。使契丹，为两浙转运使。徙陕西，未赴，又徙河东，居数月，复徙陕西。以龙图阁待制知梓州。

　　累迁尚书兵部郎中，知开封府。有僧求内降免田税，而逸固执不许。仁宗曰："有司能守法，朕何忧也。"又言："顷禁命妇干禁中恩，比来稍通女谒，愿令官司纠劾。"从之。

　　以枢密直学士知益州。逸凡四至蜀，谙其民风。华阳驺长杀人，诬道旁行者，县吏受财，狱既具，乃使杀人者守囚。逸曰："囚色冤，守者气不直，岂守者杀人乎？"囚始敢言，而守者果服，立诛之，蜀人以为神。会岁旱，逸使作堰壅江水，溉民田，自出公租减价以振民。初，民饥多杀耕牛食之，犯者皆配关中。逸奏："民杀牛以活将死之命，与盗杀者异，若不禁之，又将废稼事。今岁少稔，请一切放还，复其业。"报可，未几，卒于官。

吴遵路字安道。父淑，见《文苑传》。第进士，累官至殿中丞，为秘阁校理。章献太后称制，政事得失，下莫敢言。遵路条奏十余事，语皆切直，忤太后意，出知常州。尝预市米吴中，以备岁俭，已而果大乏食，民赖以济，自他州流至者亦全十八九。累迁尚书司封员外郎，权开封府推官，改三司盐铁判官，加直史馆，为淮南转运副使。会罢江、淮发运使，遂兼发运司事。尝于真、楚、泰州、高邮军置斗门十九，以畜泄水利。又广属郡常平仓储畜至二百万，以待凶岁。凡所规画，后皆便之。

迁工部郎中，坐失按蕲州王蒙正故入部吏死罪，降知洪州。徙广州，辞，不行。是时发运司既复置使，乃以为发运使，未至，召修起居注。元昊反，建请复民兵。除天章阁待制、河东路计置粮草。受诏料拣河东乡民可为兵者，诸路视以为法。进兵部郎中、权知开封府，驭吏严肃，属县无追逮。

时宋庠、郑戬、叶清臣皆宰相吕夷简所不悦，遵路与三人雅相厚善。夷简忌之，出知宣州。上《御戎要略》、《边防杂事》二十篇。徙陕西都转运使，迁龙图阁直学士、知永兴军，被病犹决事不辍，手自作奏。及卒，仁宗闻而悼之，诏遣官护丧还京师，

遵路幼聪敏，既长，博学知大体。母丧，庐墓蔬食终制。性夷雅慎重，寡言笑，善笔札。其为政简易不为声威，立朝敢言，无所阿倚。平居廉俭无他好，既没，室无长物，其友范仲淹分奉赒其家。

子瑛，为尚书比部员外郎，不待老而归。

赵尚宽字济之，河南人，参知政事安仁子也。知平阳县。邻邑有大囚十数，破械夜逸，杀居民，将犯境，尚宽趣尉出捕，曰："盗谓

我不能来,方怠惰,易取也。宜亟往。毋使得散漫。且为害。"尉既出,又遣徽巡兵蹑其后,悉获之。

知忠州,俗畜蛊杀人,尚宽揭方书市中,教人服药。募索为蛊者穷治,置于理,大化其俗。转运使持盐数十万斤,课民易白金,期会促,尚宽发官帑所储副其须,徐与民为市,不扰而集。

嘉祐中,以考课第一知唐州。唐素沃壤,经五代乱,田不耕,土旷民稀,赋不足以充役,议者欲废为邑。尚宽曰:"土旷可益垦辟,民稀可益招徕,何废郡之有?"乃按视图记,得汉召信臣陂渠故迹,益发卒复疏三陂一渠,溉田万余顷。又教民自为支渠数十,转相浸灌。而四方之民来者云布,尚宽复请以荒田计口授之,及贷民官钱买耕牛。比三年,榛莽复为膏腴,增户积万余。尚宽勤于农政,治有异等之效,三司使包拯与部使者交上其事,仁宗闻而嘉之,下诏褒焉,仍进秩赐金。留于唐凡五年,民像以祠,而王安石、苏轼作《新田》、《新渠》诗以美之。

徙同、宿二州,河中府神勇卒苦大校贪虐,刊匿名书告变,尚宽命焚之,曰:"妄言耳。"众乃安。已而奏黜校,分士卒隶他营。又徙梓州。尚宽去唐数岁,田日加辟,户日益众,朝廷推功,自少府监以直龙图阁知梓州。积官至司农卿,卒,诏赐钱五十万。

高赋字正臣,中山人。以父任为右班殿直。复举进士,改奉礼郎。四迁太常博士。历知真定县,通判剑、邢、石州、成德军。知衢州,俗尚巫鬼,民毛氏、柴氏二十余家世蓄蛊毒,值闰岁,害人尤多,与人忿争辄毒之。赋悉擒治伏辜,蛊患遂绝。

徙唐州,州田经百年旷不耕,前守赵尚宽蓄垦不遗力,而榛莽者尚多。赋继其后,益募两河流民,计口给田使耕,作陂堰四十四。再满再留,比其去,田增辟三万一千三百余顷,户增万一千三百八十,岁益税二万二千二百五十七。玺书褒谕,宣布治状以劝天下,两州为生立祠,擢提点河东刑狱,又加直龙图阁、知沧州。程昉欲于境内开西流河,绕州城而北注三塘泊。赋曰:"沧城近河,岁增堤防,犹惧奔溢,刿妄有开凿乎?"眆执不从,后功竟不成。

历蔡、潞二州,入同判太常寺,进集贤院学士。在朝多所建明,尝言:"二府大臣或僦舍委巷,散处京城,公私非便。宜仿前代丞相府,于端门前列置大第,俾居之。"又言:"仁宗朝为兖国公主治第。用钱数十万缗。今有五大长公主,若悉如前比,其费无艺。愿讲求中制,裁为定式。"请诸道提点刑狱司置检法官,庶专平谳,使民不冤。乞于禁中建阁,绘功臣像,如汉云台、唐凌烟之制。言多施行。以通议大夫致仕,退居襄阳,卒年八十四。

程师孟字公辟,吴人。进士甲科。累知南康军、楚州,提点夔路刑狱。泸戎数犯渝州边,使者治所在万州,相去远,有警,率浃日乃至。师孟奏徙于渝。夔部无常平粟,建请置仓,适凶岁,振民不足,即矫发他储,不俟报。吏惧,白不可,师孟曰:"必俟报,饿者尽死矣。"竟发之。

徙河东路。晋地多土山,旁接川谷,春夏大雨,水浊如黄河,俗谓之"天河",可溉灌。师孟劝民出钱开渠筑堰,淤良田万八千顷,衷其事为《水利图经》,颁之州县。为度支判官。知洪州,积石为江堤,浚章沟,揭北闸,以节水升降,后无水患。

判三司都磨勘司,接伴契丹使,萧惟辅曰:"白沟之地当两属,今南朝植柳数里,而以北人渔界河为罪,岂理也哉?"师孟曰:"两朝当守誓约,涿郡有案牍可覆视,君舍文书,腾口说,讵欲生事耶?"惟辅愧谢。

出为江西转运使。盗发袁州,州吏为耳目,久不获,师孟械吏数辈送狱,盗即成擒。加直昭文馆,知福州,筑子城,建学舍,治行最东南。徙广州,州城为侬寇所毁,他日有警,民骇窜,方伯相踵至,皆言土疏恶不可筑。师孟在广六年,作西城,及交阯陷邕管,闻广守备固,不敢东。时师孟已召还,朝廷念前功,以为给事中、集贤殿修撰,判都水监。

贺契丹主生辰,至涿州,契丹命度,迎者正南向,涿州官西向,宋使价东向。师孟曰："是卑我也。"不就列，自日昃争至暮，从者失色，师孟辞气益厉，叱候者易之，于是更与迎者东西向。明日，涿人饯于郊，疾驰过不顾，涿人移雄州以为言，坐罢归班。复起知越州、青州，遂致仕，以光禄大夫卒，年七十八。

师孟累领剧镇，为政简而严，罪非死者不以属吏。发隐擿伏如神，得豪恶不逞跌宕者必痛惩艾之，至剿绝乃已，所部肃然。洪、福、广、越为立生祠。

韩晋卿字伯修，密州安丘人。为童子时，日诵书数千言。长以《五经》中第，历肥乡嘉兴主簿、安肃军司法参军、平城令、大理详断、审刑详议官，通判应天府，知同州、寿州，奏课第一，擢刑部郎中。

元祐初，知明州，两浙转运使差役法复行，诸道处画多仓卒失叙，独晋卿视民所宜而不戾法指。入为大理少卿，迁卿。

晋卿自仁宗朝已典讼桌，时朝廷有疑议，辄下公卿杂议。开封民争鹑杀人，王安石以为盗拒捕斗而死，杀之无罪，晋卿曰："是斗杀也。"登州妇人谋杀夫，郡守许遵执为按问，安石复主之，晋卿曰："当死。"事久不决，争论盈庭，终持之不肯变，用是知名。

元丰置大理狱，多内庭所付，晋卿持平考核，无所上下。神宗称其才，每谳狱虽明，若事运贵要、屡鞫弗成者，必以委之。尝被诏按治宁州狱，循故事当人对，晋卿曰："奉使有指，三尺法具在，岂应刺候主意，轻重其心乎？"受命即行。

诸州请谳大辟，执政恶其多，将劾不应谳者。晋卿曰："听断求所以生之，仁恩之至也。苟谳而获谴，后不来矣。"议者又欲引唐日覆奏，令天下庶戮悉奏决。晋卿言："可疑可矜者许上请，祖宗之制也。四海万里，必须系以听朝命，恐自今瘐死者多于伏辜者矣。"朝廷皆行其说，故士大夫间推其忠厚，不以法家名之。卒于官。

叶康直字景温，建州人。擢进士第，知光化县。县多竹，民皆编为屋，康直教用陶瓦，以宁火患。凡政皆务以利民。时丰稷为谷城令，亦以治绩显，人歌之曰：“叶光化，丰谷城，清如水，平如衡。”

曾布行新法，以为司农属。历永兴、秦凤转运判官，徙陕西，进提点刑狱、转运副使。五路兵西征，康直领泾原粮道，承受内侍梁同以饷恶妄奏，神宗怒，械康直，将诛之，王安礼力救，得归故官。

元祐初，加直龙图阁，知秦州。中书舍人曾肇、苏辙劾康直谄事李宪，免官，究实无状，改知河中府，复为秦州。夏人侵甘谷，康直戒诸将设伏以待，歼其二酋，自是不敢犯境。进宝文阁待制、陕西都运使。以疾请知亳州，通浚积潦，民获田数十万亩。召为兵部侍郎。卒，年六十四。

宋史卷四二七
列传第一八六

# 道学一

## 周敦颐　程颢　程颐　张载 第戬
## 邵雍

道学之名，古无是也。三代盛时，天子以是道为政教，大臣百官有司以是道为职业，党、庠、术、序师弟子以是道为讲习，四方百姓日用是道而不知。是故盈覆载之间，无一民一物不被是道之泽，以遂其性。于斯时也，道学之名，何自而立哉。

文王、周公既没，孔子有德无位，既不能使是道之用渐被斯世。退而与其徒定礼乐，明宪章，删《诗》修《春秋》，赞《易象》，讨论《坟》、《典》，期使五三圣人之道昭明于无穷。故曰："夫子贤于尧、舜远矣。"孔子没，曾子独得其传。传之子思，以及孟子，孟子没而无传。两汉而下，儒者之论大道，察焉而弗精，语焉而弗详，异端邪说起而乘之，几至大坏。

千有余载，至宋中叶，周敦颐出于舂陵，乃得圣贤不传之学，作《太极图说》《通书》，推明阴阳五行之理，命于天而性于人者，了若指掌。张载作《西铭》，又极言理一分殊之旨，然后道之大原出于天者，灼然而无疑焉。仁宗明道初年，程颢及弟颐实生，及长，受业周氏，已乃扩大其所闻。表章《大学》、《中庸》二篇，与《语》、《孟》并行，于是上自帝王传心之奥，下至初学入德之门，融会贯通，无复余蕴。

迄宋南渡，新安朱熹得程氏正传，其学加亲切焉。大抵以格物致知为先，明善诚身为要，凡《诗》、《书》六艺之文，与夫孔、孟之遗言，颠错于秦火，支离于汉儒，幽沉于魏、晋、六朝者，至是皆焕然而大明，秩然而各得其所。此宋儒之学所以度越诸子，而上接孟氏者欤。其于世代之污隆，气化之荣悴，有所关系也甚大。道学盛于宋，宋弗竟于用，甚至有厉禁焉。后之时君世主，欲复天德王道之治，必来此取法矣。

邵雍高明英悟，程氏实推重之，旧史列之隐逸，未当，今置张载后。张栻之学，亦出程氏，既见朱熹，相与博约，又大进焉。其他程、朱门人，考其源委，各以类从，作《道学传》。

周敦颐字茂叔，道州营道人。元名敦实，避英宗旧讳改焉。以舅龙图阁学士郑向任，为分宁主簿。有狱久不决，敦颐至，一讯立辨。邑人惊曰：“老吏不如也。”部使者荐之，调南安军司理参军。有囚法不当死，转运使王逵欲深治之。逵，酷悍吏也。众莫敢争，敦颐独与之辨，不听，乃委手版归，将弃官去，曰：“如此尚可仕乎！杀人以媚人，吾不为也。”逵悟，囚得免。

移郴之桂阳令，治绩尤著。郡守李初平贤之，语之曰：“吾欲读书，何如？”敦颐曰：“公老无及矣，请为公言之。”二年果有得。徙知南昌，南昌人皆曰：“是能辨分宁狱者，吾属得所诉矣。”富家大姓、黠吏恶少，惴惴焉不独以得罪于令为忧，而又以污秽善政为耻。历合州判官，事不经手吏不敢决，虽下之，民不肯从。部使者赵抃惑于谮口，临之甚威，敦颐处之超然。通判虔州，抃守虔，熟视其所为，乃大悟，执其手曰：“吾几失君矣，今而后乃知周茂叔也。”

熙宁初，知郴州。用抃及吕公著荐，为广东转运判官，提点刑狱，以洗冤泽物为己任。行部不惮劳苦，虽瘴疠险远，亦缓视徐按。以疾求知南康军。因家庐山莲花峰下，前有溪，合于湓江，取营道所居濂溪以名之。抃再镇蜀，将奏用之，未及而卒，年五十七。

黄庭坚称其“人品甚高，胸怀洒落，如光风霁月。廉于取名而锐于求志,薄于徼福而厚于得民,菲于奉身而燕及茕嫠,陋于希世而尚友千古"。

博学力行,著《太极图》,明天理之根源,究万物之终始。其说曰:

无极而太极。太极动而生阳,动极而静,静而生阴,静极复动,一动一静,互为其根,分阴分阳,两仪立焉。阳变阴合,而生水、火、木、金、土,五气顺布,四时行焉。五行一阴阳也,阴阳一太极也。太极本无极也。五行之生也,各一其性。无极之真,二五之精,妙合而凝,乾道成男,坤道成女。二气交感,化生万物,万物生生,而变化无穷焉。

惟人也得其秀而最灵,形既生矣,神发知矣,五性感动而善恶分,万事出矣。圣人定之以中正仁义而主静,立人极焉。故圣人与天地合其德,日月合其明,四时合其序,鬼神合其吉凶。君子修之吉,小人悖之凶。故曰:"立天之道,曰阴与阳。立地之道,曰柔与刚。立人之道,曰仁与义。"又曰:"原始反终,故知死生之说。"大哉《易》也,斯其至矣。

又著《通书》四十篇,发明太极之蕴,序者谓"其言约而道大,文质而义精,得孔、孟之本源,大有功于学者也。"

掾南安时,程珦通判军事,视其气貌非常人,与语,知其为学知道,因与为友,使二子颢、颐往受业焉。敦颐每令寻孔、颜乐处。所乐何事,二程之学源流乎此矣。故颢之言曰:"自再见周茂叔后,吟风弄月以归,有'吾与点也'之意。"侯师圣学于程颐,未悟,访敦颐,敦颐曰:"吾老矣,说不可不详。"留对榻夜谈,越三日乃还。颐惊异之,曰:"非从周茂叔来耶?"其善开发人类此。

嘉定十三年,赐谥曰元公,淳祐元年,封汝南伯,从祀孔子庙庭。

二子寿、焘,焘官至宝文阁待制。

程颢字伯淳,世居中山,后从开封徙河南。

高祖羽，太宗朝三司使。父珦，仁宗录旧臣后，以为黄陂尉。久之，知龚州。时宜獠区希范既诛，乡人忽传其神降，言"当为我南海立祠"，于是迎其神以往，至龚，珦使诘之，曰："比过浔，浔守以为妖，投祠具江中，逆流而上，守惧，乃更致礼。"珦使复投之，顺流去，其妄乃息。徙知磁州，又徙汉州。尝宴客开元僧舍，酒方行，人喧言佛光见，观者相腾践，不可禁，珦安坐不动，顷之遂定。熙宁法行，为守令者奉命唯恐后，珦独抗议，指其未便。使者李元瑜怒，即移病归，旋致仕，累转太中大夫。元祐五年，卒，年八十五。

珦慈恕而刚断，平居与幼贱处，唯恐有伤其意，至于犯义理，则不假也。左右使令之人，无日不察其饥饱寒燠。前后五得任子，以均诸父之子孙。嫁遣孤女，必尽其力。所得奉禄，分赡亲戚之贫者。伯母寡居，奉养甚至。从女兄既适人而丧其夫，珦迎以归，教养其子，均于子侄。时官小禄薄，克己为义，人以为难。文彦博、苏颂等九人表其清节，诏赐帛二百，官给其葬。

颢举进士，调鄠、上元主簿。鄠民有借兄宅居者，发地得瘗钱，兄之子诉曰："父所藏。"颢问："几何年？"曰："四十年。""彼借居几时？"曰："二十年矣。"遣吏取十千视之，谓诉者曰："今官所铸钱，不五六年即遍天下，此皆未藏前数十年所铸，何也？"其人不能答。茅山有池，产龙如蜥蜴而五色。祥符中尝取二龙入都，半途失其一，中使云飞空而逝。民俗严奉不懈，颢捕而脯之。

为晋城令，富人张氏父死，旦有老叟踵门曰："我，汝父也。"子惊疑莫测，相与诣县。叟曰："身为医，远出治疾，而妻生子，贫不能养，以与张。"颢质其验。取怀中一书进，其所记曰："某年月日，抱儿与张三翁家。"颢问："张是时才四十，安得有翁称？"叟骇谢。

民税粟多移近边，载往则道远，就籴则价高。颢择富而可任者，预使籴粟以待，费大省。民以事至县者，必告以孝弟忠信，入所以事其父兄，出所以事其长上。度乡村远近为伍保，使之力役相助，患难相恤，而奸伪无所容。凡孤茕残废者，责之亲戚乡党，使无失所。行旅出于其途者，疾病皆有所养。乡必有校，暇时亲至，召父老与之语。儿童所读书，亲为正句读，教者不善，则为易置。择子弟之秀者，聚而教之。乡民为社会，为立科条，旌别善恶，使有劝有耻。在县三岁，民爱之如父母。

熙宁初，用吕公著荐，为太子中允、监察御史里行。神宗素知其名，数召见，每退，必曰："频求对，欲常常见卿。"一日，从容咨访，报正午，始趋出，庭中人曰："御史不知上未食乎？"前后进说甚多，大要以正心窒欲、求贤育材为言，务以诚意感悟主上。尝劝帝防未萌之欲，及勿轻天下士，帝俯躬曰："当为卿戒之。"

王安石执政，议更法令，中外皆不以为便，言者攻之甚力。颢被旨赴中堂议事，安石方怒言者，厉色待之。颢徐曰："天下事非一家私议，愿平气以听。"安石为之愧屈。自安石用事，颢未尝一语及于功利。居职八九月，数论时政，最后言曰："智者若禹之行水，行其所无事也。舍而之险阻，不足以言智。自古兴治立事，未有中外人情交谓不可而能有成者，况于排斥忠良，沮废公议，用贱陵贵，以邪干正者乎？正使侥幸有小成，而兴利之臣日进，尚德之风浸衰，尤非朝廷之福。"遂乞去言职。安石本与之善，及是虽不合，犹敬其忠信，不深怒，但出提点京西刑狱。颢固辞，改签书镇宁军判官。司马光在长安，上疏求退，称颢公直，以为己所不如。

程昉治河，取澶卒八百而虐用之，众逃归，群僚畏昉，欲勿纳。颢曰："彼逃死自归，弗纳必乱。若昉怒，吾自任之。"即亲往启门抚劳，约少休三日复役，众欢踊而入。具以事上，得不遣。昉后过州，扬言曰："澶卒之溃，盖程中允诱之，吾且诉于上。"颢闻之，曰："彼方惮我，何能为。"果不敢言。

曹村埽决，颢谓郡守刘涣曰："曹村决，京师可虞。臣子之分，身可塞亦所当为，盍尽遣厢卒见付。"涣以镇印付颢，立走决所，激谕士卒。议者以为势不可塞，徒劳人尔。颢命善泅者度决口，引巨索济众，两岸并进，数日而合。

求监洛河竹木务，历年不叙伐阅，特迁太常丞。帝又欲使修《三经义》，执政不可，命知扶沟县。广济、蔡河在县境，濒河恶子无生

理,专协取行舟财货。岁必焚舟十数以立威。颢捕得一人,使引其
类,贯宿恶,分地处之,令以挽纤为业,且察为奸者,自是境无焚剽
患。内侍王中正按阅保甲,权焰章震,诸邑竞侈供张悦之,主吏来
请,颢曰:"吾邑贫,安能效他邑。取于民,法所禁也。独有令故青帐
可有尔。"除判武学,李定劾其新法之初首为异论,罢归故官。又坐
狱逸囚,责监汝州盐税。哲宗立,召为宗正丞,未行而卒,年五十四。

颢资性过人,充养有道,和粹之气,盎于面背,门人交友从之数
十年,亦未尝见其忿厉之容。遇事优为,虽当仓卒,不动声色。自十
五六时,与弟颐闻汝南周敦颐论学,遂厌科举之习,慨然有求道之
志。泛滥于诸家,出入于老、释者几十年,返求诸《六经》而后得之。
秦、汉以来,未有臻斯理者。

教人自致知至于知止,诚意至于平天下,洒扫应对至于穷理尽
性,循循有序。病学者厌卑近而骛高远,卒无成焉,故其言曰:"道之
不明,异端害之也。昔之害近而易知,今之害深而难辨。昔之惑人
也乘其迷暗,今之惑人也因其高明。自谓之穷神知化,而不足以开
物成务,言为无不周遍,实则外于伦理,穷深极微,而不可以入尧、
舜之道。天下之学,非浅陋固滞,则必入于此。自道之不明也,邪诞
妖妄之说竞起,涂生民之耳目,溺天下于污浊,虽高才明智,胶于见
闻,醉生梦死,不自觉也。是皆正路之蓁芜,圣门之蔽塞,辟之而后
可以入道。"

颢之死,士大夫识与不识,莫不哀伤焉。文彦博采众论,题其墓
曰明道先生。其弟颐序之曰:"周公没,圣人之道不行;孟轲死,圣人
之学不传。道不行,百世无善治;学不传,千载无真儒。无善治,士
犹得以明夫善治之道,以淑诸人,以传诸后;无真儒,则贸贸焉莫知
所之,人欲肆而天理灭矣。先生生于千四百年之后,得不传之学于
遗经,以兴起斯文为已任,辨异端,辟邪说,使圣人之道焕然复明于
世,盖自孟子之后,一人而已。然学者于道不知所向,则孰知斯人之
为功;不知所至,则孰知斯名之称情也哉。"

嘉定十三年,赐谥曰纯公。淳祐元年封河南伯,从祀孔子庙庭。

程颐字正叔。年十八，上书阙下，欲天子黜世俗之论，以王道为心。游太学，见胡瑗问诸生以颜子所好何学，颐因答曰：

学以至圣人之道也。圣人可学而至欤？曰：然。学之道如何？曰：天地储精，得五行之秀者为人，其本也真而静，其未发也，五性具焉，曰仁、义、礼、智、信。形既生矣，外物触其形而动其中矣，其中动而七情出焉，曰喜、怒、哀、乐、爱、恶、欲。情既炽而益荡，其性凿矣。是故觉者约其情使合于中，正其心，养其性；愚者则不知制之，纵其情而至于邪僻，梏其性而亡之。

然学之道，必先明诸心，知所养，然后力行以求至，所谓"自明而诚"也，诚之之道，在乎信道笃，信道笃则行之果，行之果则守之固，仁义忠信不离乎心，造次必于是，颠沛必于是，出处语默必于是，久而弗失，则居之安，动容周旋中礼，而邪僻之心无自生矣。

故颜子所事，则曰："非礼勿视，非礼勿听，非礼勿言，非礼勿动。"仲尼称之，则曰："得一善则拳拳服膺而弗失之矣。"又曰："不迁怒，不贰过。""有不善未尝不知，知之未尝复行。"此其好之笃，学之得其道也。然圣人则不思而得，不勉而中；颜子则必思而后得，必勉而后中。其与圣人相去一息，所未至者守之也，非化之也。以其好学之心，假之以年，则不日而化矣。

后人不达，以谓圣本生知，非学可至，而为学之道遂失。不求诸己，而求诸外，以博闻强记、巧文丽辞为工，荣毕其言，鲜有至于道者。则今之学，与颜子所好异矣。

瑗得其文，大惊异之，即延见，处以学职。吕希哲首以师礼事颐。

治平、元丰间，大臣屡荐，皆不起。哲宗初，司马光、吕公著共疏其行义曰："伏见河南府处士程颐，力学好古，安贫守节，言必忠信，动遵礼法。年逾五十，不求仕进，真儒者之高蹈，圣世之逸民。望擢以不次，使士类有所矜式。"诏以为西京国子监教授，力辞。

　　寻召为秘书省校书郎，既入见，擢崇政殿说书，即上疏言："习与智长，化与心成。今夫人民善教其子弟者，亦必延名德之士，使与之处，以薰陶成性，况陛下春秋之富，虽睿圣得于天资，而辅养之道不可不至。大率一日之中，接贤士大夫之时多，亲寺人宫女之时少，则气质变化，自然而成。愿选名儒入侍劝讲，讲罢留之分直，以备访问，或有小失，随事献规，岁月积久，必能养成圣德。"颐每进讲，色甚庄，继以讽谏。闻帝在宫中盥而避蚁，问："有是乎？"曰："然，诚恐伤之尔。"颐曰："推此心以及四海，帝王之要道也。"

　　神宗丧未除，冬至，百官表贺，颐言："节序变迁，时思方切，乞改贺为慰。"既除丧，有司请开乐置宴，颐又言："除丧而用吉礼，尚当因事张乐，今特设宴，是喜之也。"皆从之。帝尝以疮疹不御迩英累日，颐诣宰相问安否，且曰："上不御殿，太后不当独坐。且人主有疾，大臣可不知乎？"翌日，宰相以下始奏请问疾。

　　苏轼不悦于颐，颐门人贾易、朱光庭不能平，合攻轼。胡宗愈、顾临诋颐不宜用，孔文仲极论之，遂出管勾西京国子监。久之，加直秘阁，再上表辞。董敦逸复摭其有怨望语，去官。绍圣中，削籍窜涪州。李清臣尹洛，即日迫遣之，欲入别叔母亦不许，明日赆以银百两，颐不受。徽宗即位，徙峡州，俄复其官，又夺于崇宁。卒年七十五。

　　颐于书无所不读。其学本于诚，以《大学》、《语》、《孟》、《中庸》为标指，而达于六经。动止语默，一以圣人为师，其不至乎圣人不止也。张载称其兄弟从十四五时，便脱然欲学圣人，故卒得孔、孟不传之学，以为诸儒倡。其言之旨，若布帛菽粟然，知德者尤尊崇之。尝言："今农夫祁寒暑雨，深耕易耨。播种五谷，吾得而食之。百工技艺，作为器物，吾得而用之。介胄之士，被坚执锐，以守土宇，吾得而安之。无功泽及人，而浪度岁月，晏然为天地间一蠹，唯缀缉圣人遗书，庶几有补尔。"于是著《易》、《春秋传》以传于世。易传序曰：

　　易，变易也，随时变易以从道也。其为书也，广大悉备，将以顺性命之理，通幽明之故，尽事物之情，而示开物成务之道也。圣人之忧患后世，可谓至矣。去古虽远，遗经尚存，然而前儒失意以传言，后学诵言而忘味，自秦而下，盖无传矣。予生千载之后，悼斯文之湮晦，将俾后人沿流而求源，此《传》所以作也。

易有圣人之道四焉：以言者尚其辞，以动者尚其变，以制器者尚其象，以卜筮者尚其占。吉凶消长之理、进退存亡之道备于辞，推辞考卦可以知变，象与占在其中矣。君子居则观其象而玩其辞，动则观其变而玩其占，得于辞不达其意者有矣，未有不得于辞而能通其意者也。至微者理也，至著者象也。体用一源，显微无间，观会通以行其典礼，则辞无所不备。故善学者，求言必自近，易于近者，非知言者也。予所传者辞也，由辞以得意，则在乎人焉。

《春秋传》序曰：

天之生民，必有出类之才起而君长之，治之而争夺息，导之而生养遂，教之而伦理明，然后人道立，天道成，地道平。二帝而上，圣贤世出，随时有作，顺乎风气之宜，不先天以开人，各因时而立政。暨乎三王迭兴，三重既备，子、丑、寅之建正，忠、质、文之更尚，人道备矣，天运周矣。圣王既不复作，有天下者虽欲仿古之迹，亦私意妄为而已。事之缪，秦至以建亥为正；道之悖，汉专以智力持世，岂复知先王之道也。

夫子当周之末，以圣人不复作也，顺天应时之治不复有也，于是作《春秋》，为百王不易之大法。所谓"考诸三王而不缪，建诸天地击不悖，持诸鬼神而无疑，百世以俟圣人而不惑"者也。先儒之传，游、夏不能赞一辞，辞不待赞者也，言不能与于斯尔。斯道也，唯颜子尝闻之矣。"行夏之时，乘殷之辂，服周之冕，乐则《韶舞》"，此其准的也。后世以史视《春秋》，谓褒善贬恶而已，至于经世之大法，则不知也。

《春秋》大义数十，其义虽大，炳如日星，乃易见也。惟其微辞隐义、时措从宜者，为难知也。或抑或纵，或予或夺，或进或退，或微或显，而得乎义理之安，文质之中，宽猛之宜，是非之公，乃制事之权衡，揆道之模范也。夫观百物然后识化工之神，聚众材然后知作室之用，于一事一义而欲窥圣人之用心，非上智不能也。故学《春秋》者，必优游涵泳，默识心通，然后能造其微也。后王知《春秋》之义，则虽德非禹、汤，尚可以法三代之治。

自秦而下，其学不传，予悼夫圣人之志不明于后世也，故用《作》以明之，俾后之人通其文而求其义，得其意而法其用，则三代可复也。是《传》也。虽未能极圣人之蕴奥，庶几学者得其门而入矣。

平生诲人不倦，故学者出其门最多，渊源所渐，皆为名士。涪人祠颐于北岩，世称为伊川先生。嘉定十三年，赐谥曰正公。淳祐元年，封伊阳伯，从祀孔子庙庭。

门人刘绚、李吁、谢良佐、游酢、张绎、苏昞皆班班可书，附于左。吕大钧、大临见《大防传》。

张载字子厚，长安人。少喜谈兵，至欲结客取洮西之地。年二十一，以书谒范仲淹，一见知其远器，乃警之曰："儒者自有名教可乐，何事于兵。"因劝读《中庸》。载读其书，犹以为未足，又访诸释、老，累年究极其说，知无所得，反而求之《六经》。尝坐虎皮讲《易》京师，听从者甚众。一夕，二程至，与论《易》，次日语人曰："比见二程，深明《易》道，吾所弗及，汝辈可师之。"撤坐辍讲。与二程语道学之要，涣然自信曰："吾道自足，何事旁求。"于是尽弃异学，淳如也。

举进士，为祁州司法参军，云岩令。政事以敦本善俗为先，每月吉，具酒食，召乡人高年会县庭，亲为劝酬，使人知养老事长之义，因问民疾苦，及告所以训戒子弟之意。

熙宁初，御史中丞吕公著言其有古学，神宗方一新百度，思得才哲士谋之，召见问治道，对曰："为政不法三代者，终苟道也。"帝悦，以为崇文院校书。他日见王安石，安石问以新政，载曰："公与人为善,则人以善归公;如教玉人琢玉,则宜有不受命者矣。"明州苗振狱起,往治之,末杀其罪。

还朝,即移疾屏居南山下,终日危坐一室,左右简编,俯而读,仰而思,有得则识之,或中夜起坐,取烛以书。其志道精思,未始须臾息,亦未尝须臾忘也。敝衣蔬食,与诸生讲学,每告以知礼成性、变化气质之道,学必如圣人而后已。以为知人而不知天,求为贤人而不求为圣人,此秦、汉以来学者大蔽也。故其学尊礼贵德、乐天安命,以《易》为宗,以《中庸》为体,以《孔》、《孟》为法,黜怪妄,辨鬼神。其家昏丧葬祭,率用先王之意,而傅以今礼。又论定井田、宅里、发敛、学校之法,皆欲条理成书,使可举而措诸事业。

吕大防荐之曰:"载之始终,善发明圣人之遗旨,其论政治略可复古。宜还其旧职,以备谘访。"乃诏知太常礼院。与有司议礼不合,复以疾归,中道疾甚,沐浴更衣而寝,旦而卒。贫无以敛,门人共买棺奉其丧还。翰林学士许将等言其恬于进取,乞加赠恤,诏赐馆职半赙。

载学古力行,为关中士人宗师,世称为横渠先生。著书号《正蒙》,又作《西铭》曰:

乾称父而坤母,予兹藐焉,乃混然中处。故天地之塞吾其体,天地之帅吾其性,民吾同胞,物吾与也。

大君者,吾父母宗子;其大臣,宗子之家相也。尊高年所以长其长,慈孤幼所以幼其幼,圣其合德,贤其秀也。凡天下疲癃残疾、茕独鳏寡,皆吾兄弟之颠连而无告者也。"于时保之",子之翼也。"乐且不忧",纯乎孝者也。违曰悖德,害仁曰贼,济恶者不才,其践形惟肖者也。

知化则善述其事,穷神则善继其志,不愧屋漏为无忝,存心养性为匪懈。恶旨酒,崇伯子之顾养;育英材,颖封人之锡类。不弛劳而底豫,舜其功也;无所逃而待烹,申生其恭也。体其受而归全者,参乎;勇于从而顺令者,伯奇也。富贵福泽,将厚吾之生也;贫贱忧戚,庸玉女于成也。存,吾顺事;殁,吾宁也。

程颐尝言:"《西铭》明理一而分殊,扩前圣所未发,与孟子性善养气之论同功,自孟子后盖未之见。"学者至今尊其书。

嘉定十三年,赐谥曰明公。淳祐元年封郿伯,从礼孔子庙庭。弟戬。

戬,字天祺。起进士,调阌乡主簿,知金堂县。诚心爱人,养老恤穷,间召父老使教督子弟。民有小善,皆籍记之。以奉钱为酒食,月吉,召老者饮劳,使其子孙侍,劝以孝弟。民化其德,所至狱讼日少。

熙宁初,为监察御史里行。累章论王安石乱法,乞罢条例司及追还常平使者。劾曾公亮、陈升之、赵抃依违不能救正,韩绛左右徇从,与为死党,李定以邪谄窃台谏。且安石擅国,辅以绛之诡随,台臣又用定辈,继续而来,芽蘖渐盛。吕惠卿刻薄辩给,假经术以文奸言,岂宜劝讲君侧。书数十上,又诣中书争之,安石举扇掩面而笑,戬曰:"戬之狂直宜为公笑,然天下之笑公者不少矣。"赵抃从旁解之,戬曰:"公亦不得为无罪。"抃有愧色,遂称病待罪。

出知公安县,徙监司竹监,至举家不食笋。常爱用一卒,及将代,自见其人盗笋箨,治之无少贷;罪已正,待之复如初,略不介意,其德量如此。卒于官,年四十七。

邵雍字尧夫。其先范阳人,父古徙衡漳,又徙共城。雍年三十,游河南,葬其亲伊水上,遂为河南人。

雍少时,自雄其才,慷慨欲树功名。于书无所不读,始为学,即坚苦刻厉,寒不炉,暑不扇,夜不就席者数年。已而叹曰:"昔人尚友于古,而吾独未及四方。"于是逾河、汾,涉淮、汉,周流齐、鲁、宋、郑之墟,久之,幡然来归,曰:"道在是矣。"遂不复出。

北海李之才摄共城令,闻雍好学,尝造其庐,谓曰:"子亦闻物理性命之学乎?"雍对曰:"幸受教。"乃事之才,受《河图》、《洛书》、伏羲八卦六十四卦图像。之才之传,远有端绪,而雍探赜索隐,妙悟神契，洞彻蕴奥，汪洋浩博，多其所自得者。及其学益老，德益邵，玩心高明，以观夫天地之运化，阴阳之消长，远而古今世变，微而走飞草木之性情，深造曲畅，庶几所谓不惑，而非依仿象类、亿则屡中者。遂衍伏羲先天之旨，著书十余万言行于世，然世之知其道者鲜矣。

初至洛，蓬荜环堵，不芘风雨，躬樵爨以事父母，虽平居屡空，而怡然有所甚乐，人莫能窥也。及执亲丧，哀毁尽礼。富弼、司马光、吕公著诸贤退居洛中，雅敬雍，恒相从游，为市园宅。雍岁时耕稼，仅给衣食。名其居曰"安乐窝"，因自号安乐先生。旦则焚香燕坐，晡时酌酒三四瓯，微醺即止，常不及醉也。兴至辄哦诗自咏。春秋时出游城中，风雨常不出，出则乘小车，一人挽之，惟意所适。士大夫家识其车音，争相迎候，童孺厮隶皆欢相谓曰："吾家先生至也。"不复称其姓字。或留信宿乃去。好事者别作屋如雍所居，以候其至，名曰"行窝"。

司马光兄事雍，而二人纯德尤乡里所慕向，父子昆弟每相饬曰："毋为不善，恐司马端明、邵先生知。"士之道洛者，有不之公府，必之雍。雍德气粹然，望之知其贤，然不事表露，不设防畛，群居燕笑终日，不为甚异。与人言，乐道其善而隐其恶。有就问学则答之，未尝强以语人。人无贵贱少长，一接以诚，故贤者悦其德，不贤者服其化。一时洛中人才特盛，而忠厚之风闻天下。

熙宁行新法，吏牵迫不可为，或投劾去。雍门生故友居州县者，皆贻书访雍，雍曰："此贤者所当尽力之时，新法固严，能宽一分，则民受一分赐矣。投劾何益耶？"

嘉祐诏求遗逸，留守王拱辰以雍应诏，授将作监主簿，复举逸士，补颍州团练推官，皆固辞乃受命，竟称疾不之官。熙宁十年，卒，年六十七，赠秘书省著作郎。元祐中赐谥康节。

雍高明英迈，迥出千古，而坦夷浑厚，不见圭角，是以清而不激，和而不流，人与交久，益尊信之。河南程颢初侍其父识雍，论议终日，退而叹曰："尧夫，内圣外王之学也。"

雍知虑绝人,遇事能前知。程颐尝曰:"其心虚明,自能知之。"当时学者因雍超诣之识,务高雍所为,至谓雍有玩世之意;又因雍之前知,谓雍于凡物声气之所感触,辄以其动而推其变焉。于是摭世事之已然者,皆以雍言先之,雍盖未必然也。

雍疾病,司马光、张载、程颢、程颐晨夕候之,将终,共议丧葬事外庭,雍皆能闻众人所言,召子伯温谓曰:"诸君欲葬我近城地,当从先茔尔。"既葬,颢为铭墓,称雍之道纯一不杂,就其所至,可谓安且成矣。所著书曰《皇极经世》、《观物内外篇》、《渔樵问对》,诗曰《伊川击壤集》。

子伯温,别有传。

# 宋史卷四二八
# 列传第一八七

# 道学二　程氏门人

> 刘绚　李吁　　谢良佐　　游酢　　张绎
> 苏昞　尹焞　杨时　罗从彦　李侗

刘绚字质夫，常山人。以荫为寿安主簿、长子令，督公家逋赋，不假鞭朴而集。岁大旱，府遣吏视伤所，蠲财什二，绚力争不得，封还其楬，请易之，富弼叹曰："真县令也。"元祐初，韩维荐其经明行修，为京兆府教授。王岩叟、朱光庭又荐为太学博士，卒于官。绚力学不倦，最明于《春秋》。程颢每为人言："他人之学，敏则有矣，未易保也，若绚者，吾无疑焉。"

李吁字端伯，洛阳人。登进士第。元祐中为秘书省校书郎，卒。程颐谓其才器可以大受，及亡也，祭之以文曰："自予兄弟倡明道学，能使学者视仿而信从者，吁与刘绚有焉。"

谢良佐字显道，寿春上蔡人。与游酢、吕大临、杨时在程门，号"四先生"。登进士第。建中靖国初，官京师，召对，忤旨去。监西京竹木场，坐口语系诏狱，废为民。良佐记问该赡，对人称引前史，至不差一字。事有未彻，则颡有泚。与程颐别一年，复来见，问其所进，曰："但去得一'矜'字尔。"颐喜，谓朱光庭曰："是子力学，切问而近思者也。"所著《论语说》行于世。

游酢字定夫,建州建阳人。与兄醇以文行知名,所交皆天下士。程颐见之京师,谓其资可以进道。程颢兴扶沟学,招使肄业,尽弃其学而学焉。弟进士,调萧山尉。近臣荐其贤,召为太学录。迁博士,以奉亲不便,求知河阳县。范纯仁守颍昌府,辟府教授,纯仁入相,复为博士,金书齐州、泉州判官。晚得监察御史,历知汉阳军、和舒濠三州而卒。

张绎字思叔,河南寿安人。家甚微,年长未知学,佣力于市,出闻邑官传呼声,心慕之,问人曰:"何以得此?"人曰:"此读书所致尔。"即发愤力学,遂以文名。预乡里计偕,谓科举之习不足为,尝游僧舍,见僧道楷,将祝发从之。时周行已官河南,警之曰:"何为舍圣人之学而学佛?异日程先生归,可师也。会程颐还自涪,乃往受业,颐赏其颖悟。读《孟子》"志士不忘在沟壑,勇士不忘丧其元",慨然若有得。未及仕而卒。颐尝言"吾晚得二士",谓绎与尹焞也。

苏昞字季明,武初人。始学于张载,而事二程卒业。元祐末吕大中荐之,起布衣为太常博士。坐元符上书入邪籍,编管饶州,卒。

尹焞字彦明,一字德充,世为洛人。曾祖仲宣七子,而二子有名:长子源字子渐,是谓河内先生;次子洙字师鲁,是谓河南先生。源生林,官至虞部员外郎。林生焞。

少师事程颐,尝应举,发策有诛元祐诸臣议,焞曰:"噫,尚可以干禄乎哉!"不对而出,告颐曰:"焞不复应进士举矣。"颐曰:"子有母在。"焞归告其母陈,母曰:"吾知汝以善养,不知汝以禄养。"颐闻之曰:"贤哉母也!"于是终身不就举。焞之从师,与河南张绎同时,绎以高识,焞以笃行。颐既没,焞聚徒洛中,非吊丧问疾不出户,士大夫宗仰之。

　　靖康初，种师道荐焞德行可备劝讲，召至京师，不欲留，赐号和靖处士。户部尚书梅执礼、御史中丞吕好问、户部侍郎邵溥、中书舍人胡安国合奏："河南布衣尹焞学穷根本，德备中和，言动可以师法，器识可以任大，近世招延之士无出其右者。朝廷特召，而命处士以归，使韬藏国器，不为时用，未副陛下侧席求贤之意。望特加识擢，以慰士大夫之望。"不报。

　　次年，金人陷洛，焞阖门被害，焞死复苏，门人舁置山谷中而免。刘豫命伪帅赵斌以礼聘焞，不从则以兵恐之。焞自商州奔蜀，至阆，得程颐《易传》十卦于其门人吕稽中，又得全本于其婿邢纯，拜而受之。绍兴四年，止于涪。颐读《易》地也。辟三畏斋以居，邦人不识其面。侍读范冲举焞自代，授左宣教郎，充崇政殿说书，以疾辞。范冲奏给五百金为行资，遣漕臣奉诏至涪亲遣。六年，始就道，作文祭颐而后行。

　　先是，崇宁以来，禁锢元祐学术，高宗渡江，始召杨时置从班，召胡安国居给舍，范冲、朱震俱在讲席，荐焞甚力。既召，而左司谏陈公辅上疏攻程氏之学，乞加屏绝。焞至九江，上奏曰："臣僚上言，程颐之学惑乱天下。焞实师颐垂二十年，学之既专，自信甚笃。使焞滥列经筵，其所敷绎，不过闻于师者。舍其所学，是欺君父，加以疾病衰耗，不能支持。"遂留不进。胡安国奉祠居衡阳，上书言："欲使学者蹈中庸，师孔、孟，而禁不从程颐之学，是入室而不由户。"

　　朱震引疾告去，时赵鼎去位，张浚独相，于是召安国，俾以内祠兼侍读，而上章荐焞，言其拒刘豫之节，且谓其所学所养有大过人者，乞令江州守臣疾速津送至国门。复以疾辞，上曰："焞可谓恬退矣。"诏以秘书郎兼说书，趣起之。焞始入见就职。八年，除秘书少监，未几，力辞求去。上语参知政事刘大中曰："焞未论所学渊源，足为后进矜式，班列得老成人，亦是朝廷气象。"乃以焞直微猷阁，主管万寿观，留侍经筵。资善堂诩善朱震疾亟，荐焞自代。辅臣入奏，上惨然曰："杨时物故，胡安国与震又亡，朕痛惜之。"赵鼎曰："尹焞学问渊源，可以继震。"上指奏牍曰："震亦荐焞代资善之职，但焞微聩,恐教儿费力尔。"除太常少卿,仍兼说书。未几,称疾在告,除权礼部侍即兼侍讲。

时金人遣张通古、萧哲来议和,焞上疏曰:

臣伏见本朝有辽、金之祸,亘古未闻,中国无人,致其猾乱。昨者城下之战,诡诈百出,二帝北狩,皇族播迁,宗社之危,已绝而续。陛下即位以来十有二年,虽中原未复,雠敌未殄,然而赖祖宗德泽之厚,陛下勤苦之至,亿兆之心无有离异,前年徽宗皇帝、宁德皇后崩问遽来,莫究不豫之状,天下之人痛心疾首,而陛下方且屈意降志,以迎奉梓宫、请问讳日为事。今又为此议,则人心日去,祖宗积累之业,陛下十二年勤抚之功,当决于此矣。不识陛下亦尝深谋而熟虑乎,抑在廷之臣不以告也?

礼曰:"父母之雠不共戴天,兄弟之雠不反兵。"今陛下信雠敌之谲诈,而觊其肯和以纾目前之急,岂不失不共戴天、不反兵之义乎?又况使人之来,以诏谕为名,以割地为要,今以不戴天之雠与之和,臣切为陛下痛惜之。或以金国内乱,惧我袭己,故为甘言以缓王师,倘或果然,尤当鼓士卒之心,雪社稷之耻,尚何和之为务?

又移书秦桧言:

今北使在廷,天下忧愤,若和议一成,彼日益强,我日益怠,侵寻朘削,天下有被发左衽之忧。比者,窃闻主上以父兄未返,降志辱身于九重之中有年矣,然亦自是未闻金人悔过,还二帝于沙漠。继之梓宫崩问不详,天下之人痛恨切骨,金人狼虎贪噬之性,不言可见。天下方将以此望于相公,觊有以革其已然,岂意为之已甚乎。

今之上策,莫如自治。自治之要,内则进君子而远小人,外则赏当功而罚当罪,使主上孝弟通于神明,道德成于安强,勿以小智子义而图大功,不胜幸甚。

疏及书皆不报,于是焞固辞新命。

九年，以徽猷阁待制提举万寿观兼侍讲，又辞，且奏言：

　　臣职在劝讲，蔑有发明，期月之间，病告相继，坐窃厚禄，无补圣聪。先圣有言："陈力就列，不能者止。"此当去者一也。臣起自草茅，误膺召用，守道之语。形于训词，而臣贪恋宠荣，遂移素守，使朝廷非尝不次之举，获怀利苟得之人。此当去者二也。比常不量分守，言及国事，识见迂陋，已验于今，迹其庸愚，岂堪时用。此当去者三也。臣自擢春官，未尝供职，以疾乞去，更获超迁，有何功劳，得以祗受。此当去者四也。国朝典法，揆之礼经，年至七十，皆当致仕。今臣年齿已及，加以疾病，血气既衰，戒之在得。此当去者五也。臣闻圣君有从欲之仁，匹夫有莫夺之志，今臣有五当去之义，无一可留之理，乞检会累，放归田里。

疏上，以焞提举江州太平观。引年告老，转一官致仕。

　　焞自入经筵，即乞休致，朝廷以礼留之；浚、鼎既去，秦桧当国，见焞议和疏及与桧书已不乐，至是，得求去之疏，遂不复留。十二年，卒。

　　当是时，学于程颐之门者固多君子，然求质直弘毅、实体力行若焞者盖鲜。颐尝以"鲁"许之，且曰："我死，而不失其正者尹氏子也。"其言行见于《涪陵记善录》为详，有《论语解》及《门人问答》传于世。

　　杨时字中立，南剑将乐人。幼颖异，能属文，稍长，潜心经史。熙宁九年，中进士第。时河南程颢与弟颐讲孔、孟绝学于熙、丰之际，河、洛之士翕然师之。时调官不赴，以师礼见颢于颍昌，相得甚欢。其归也，颢目送之曰："吾道南矣。"四年而颢死，时闻之，设位哭寝门而以书赴告同学者。至是，又见程颐于洛，时盖年四十矣。一日见颐，颐偶瞑坐，时与游酢侍立不去，颐既觉，则门外雪深一尺矣。关西张载尝著《西铭》，二程深推服之，时疑其近于兼爱，与其师颐辨论往复，闻理一分殊之说，始豁然无疑。

　　杜门不仕者十年,久之,历知浏阳、余杭、萧山三县,皆有惠政,民思之不忘。张舜民在谏垣,荐之,得荆州教授。时安于州县,未尝求闻达,而德望日重,四方之士不远千里从之游,号曰龟山先生。

　　时天下多故,有言于蔡京者,以为事至此必败,宜引旧德老成置诸左右,庶几犹可及,时宰是之。会有使高丽者,国主问龟山安在,使回以闻。召为秘书郎,迁著作郎。及面对,奏曰:

　　尧、舜曰"允执厥中",孟子曰:"汤执中",洪范曰:"皇建其有极",历世圣人由斯道也。熙宁之初,大臣文六艺之言以行其私,祖宗之法纷更殆尽。元祐继之,尽复祖宗之旧,熙宁之法一切废革。至绍圣、崇宁抑又甚焉,凡元祐之政事著在令甲,皆焚之以灭其迹。自是分为二党,缙绅之祸至今未殄。臣愿明诏有司,条具祖宗之法,著为纲目,有宜于今者举而行之,当损益者损益之,元祐、熙、丰姑置勿问,一趋于中而已。

　　朝廷方图燕云,虚内事外,时遂陈时政之弊,且谓:"燕云之师宜退守内地,以省转输之劳,募边民为弓弩手,以杀常胜军之势。"又言:"都城居四达之衢,无高山巨浸以为阻卫,士人怀异心,缓急不可倚仗。"执政不能用。登对,力陈君臣警戒,正在无虞之时,乞为《宣和会计录》,以周知天下财出入之数。徽宗首肯之。

　　除迩英殿说书。闻金人入攻,谓执政曰:"今日事势如积薪已然,当自奋励,以竦动观听。若示以怯懦之形,委靡不振,则事去矣。昔汲黯在朝,淮南寝谋。论黯之才,未必能过公孙弘辈也,特其直气可以镇压奸雄之心尔。朝廷威望弗振,使奸雄一以弘辈视之,则无复可为也。要害之地,当严为守备,比至都城,尚何及哉?近边州军宜坚壁清野,勿与之战,使之自困。若攻战略地,当遣援兵追袭,使之腹背受敌,则可以制胜矣。"且谓:"今日之事,当以收人心为先。人心不附,虽有高城深池、坚甲利兵,不足恃也。免夫之役,毒被海内,西城聚敛,东南花石,其害尤甚。前此盖尝罢之,诏墨未乾,而花石供奉之舟已衔尾矣今虽复申前令,而祸根不除,人谁信之欲致人和,去此三者,正今日之先务也。"

　　金人围京城，勤王之兵四集，而莫相统一。时言："唐九节度之师不立统帅，虽李、郭之善用兵，犹不免败衂。今诸路乌合之众，臣谓当立统帅，一号令，示纪律，而后士卒始用命。"又言："童贯为三路大帅，敌人侵疆，弃军而归，孥戮之有余罪，朝廷置之不问，故梁方平、何灌皆相继而遁。当正典刑，以为臣子不忠之戒。童贯握兵二十余年，覆军杀将，驯至今日，比闻防城仍用阉人，覆车之辙，不可复蹈。"疏上，除右谏议大夫兼侍讲。

　　敌兵初退，议者欲割三镇以讲和，时极言其不可，曰："河朔为朝廷重地，而三镇又河朔之要藩也。自周世宗迄太祖、太宗，百战而后得之，一旦弃之北庭，使敌骑疾驱，贯吾腹心，不数日可至京城。今闻三镇之民以死拒之，三镇拒其前，吾以重兵蹑其后，尚可为也。若种师道、刘光世皆一时名将，始至而未用，乞召问方略。"疏上，钦宗诏出师，而议者多持两端，时抗疏曰："闻金人驻磁、相，破大名，劫虏驱掠，无有纪极，誓墨未干，而背不旋踵，吾虽欲专守和议，不可得也。夫越数千里之远，犯人国都，危道也。彼见勤王之师四面而集，亦惧而归，非爱我而不攻。朝廷割三镇三十州之地与之，是欲助寇而自攻也。闻肃王初与之约，及河而返，今挟之以往，此败盟之大者。臣窃谓朝廷宜以肃王为问，责其败盟，必得肃王而后已。时太原围闭数月，而姚古拥兵逗留不进，时上疏乞诛古以肃军政，拔偏神之可将者代之。不报。

　　李纲之罢，太学生伏阙上书，乞留纲与种师道，军民集者数十万，朝廷欲防禁之。吴敏乞用时以靖太学，时得召对，言："诸生伏阙纷纷，忠于朝廷，非有他意，但择老成有行谊者为之长贰，则将自定。"钦宗曰："无逾于卿。"遂以时兼国子祭酒。首言："三省政事所出，六曹分治，各有攸司。今乃别辟官属。新进少年，未必贤于六曹长贰。"又言：

　　　　蔡京用事二十余年，蠹国害民，几危宗社，人所切齿，而论其罪者，莫知其所本也。盖京以继述神宗为名，实挟王安石以图身利，故推尊安石，加以王爵，配飨孔子庙庭。今日之祸，实安石有以启之。

　　谨按安石挟管、商之术，饬六艺以文奸言，变乱祖宗法度。当时司马光已言其为害当见于数十年之后，今日之事，若合符契。其著为邪说以涂学者耳目，而败坏其心术者，不可缕数，姑即一二事明之。

　　昔神宗尝称美汉文惜百金以罢露台，安石乃言："陛下若能以尧、舜之道治天下，虽竭天下以自奉不为过，守财之言非正理。"曾不知尧、舜茅茨土阶，禹曰"克俭于家"，则竭天下以自奉者，必非尧、舜之道。其后王黼以应奉花石之事，竭天下之力，号为享上，实安石有以倡之也。其释《凫鹥》守成之诗，于末章则谓："以道守成者，役使群众，泰而不为骄，宰制万物，费而不为侈，孰弊弊然以爱为事。"《诗》之所言，正谓能持盈则神祇祖考安乐之，而无后艰尔。自古释之者，未有泰而不为骄、费而不为侈之说也。安石独倡为此说，以启人主之侈心。后蔡京辈轻费妄用，以侈靡为事。安石邪说之害如此。

　　伏望追夺王爵，明诏中外，毁去配享之像，使邪说淫辞不为学者之惑。

疏上，安石遂降从祀之列。士之习王氏学取科第者，已数十年，不复知其非，忽闻以为邪说，议论纷然。谏官冯澥力主王氏，上疏诋时。会学官中有纷争者，有旨学官并罢，时亦罢祭酒。

　　时又言："元祐党籍中，惟司马光一人独褒显，而未及吕公著、韩维、范纯仁、吕大防、安焘辈。建中初言官陈瓘已褒赠，而未及邹浩。"于是元祐诸臣皆次第牵复。

　　寻四上章乞罢谏省，除给事中，辞，乞致仕，除徽猷阁直学士、提举嵩山崇福宫。时力辞直学士之命，改除徽猷阁待制、提举崇福宫。陛对，犹上书乞选将练兵，为战守之备。

　　高宗即位，除工部侍郎。陛对言："自古圣贤之君，未有不以典学为务。"除兼侍读。乞修《建炎会计录》，乞恤勤王之兵，乞宽假言者。连章丐外，以龙图阁直学士提举杭州洞霄宫。已而告老，以本官致仕，优游林泉，以著书讲学为事。卒年八十三，谥文靖。

时在东郡，所交皆天下士，先达陈瓘、邹浩皆以师礼事时。暨渡江，东南学者推时为程氏正宗。与胡安国往来讲论尤多。时浮沉州县四十有七年，晚居谏省，仅九十日，凡所论列皆切于世道，而其大者，则辟王氏经学，排靖康和议，使邪说不作。凡绍兴初崇尚元祐学术，而朱熹、张栻之学得程氏之正，其源委脉络皆出于时。

子迪，力学通经，亦尝师程颐云。

罗从彦字仲素，南剑人。以累举恩为惠州博罗县主簿。闻同郡杨时得河南程氏学，慨然慕之，及时为萧山令，遂徒步往学焉。时熟察之，乃喜曰："惟从彦可与言道。"于是日益以亲，时弟子千余人，无及从彦者。从彦初见时三日，即惊汗浃背，曰："不至是，几虚过一生矣。"尝与时讲《易》，至《乾》九四爻，云："伊川说甚善。"从彦即鬻田走洛，见颐问之，颐反覆以告，从彦谢曰："闻之龟山具是矣。"乃归卒业。

沙县陈渊，杨时之婿也，尝诣从彦，必竟日乃返，谓人曰："自吾交仲素，日闻所不闻，奥学清节，真南州之冠冕也。"既而筑室山中，绝意仕进，终日端坐，间谒时将溪上，吟咏而归，恒充然自得焉。

尝采祖宗故事为《遵尧录》，靖康中，拟献阙下，会国难不果。尝与学者论治曰："祖宗法度不可废，德泽不可恃。废法度则变乱之事起，恃德泽则骄佚之心生。自古德泽最厚莫若尧、舜，向使子孙可恃，则尧、舜必传其子。法度之明莫如周，向使子孙世守文、武、成、康之遗绪，虽至今存可也。"又曰："君子在朝则天下必治，盖君子进则常有乱世之言，使人主多忧而善心生，故治。小人在朝则天下乱，盖小人进则常有治世之言，使人主多乐而怠心生，故乱。"又曰："天下之变不起于四方，而起于朝廷。譬如人之伤气，则寒暑易侵；木之伤心，则风雨易折。故内有林甫之奸，则外必有禄山之乱；内有卢杞之奸，则外必有朱泚之叛。"

其论士行曰："周、孔之心使人明道，学者果能明道，则周、孔之心,深自得之。三代人才得周、孔之心,而明道者多,故视死生去就如寒暑昼夜之移,而忠义行之者易。至汉、唐以经术古文相尚,而失周、孔之心,故经术自董生、公孙弘倡之,古文自韩愈柳宗元启之,于是明道者寡,故视死生去就如万钧九鼎之重,而忠义行之者难。呜呼,学者所见自汉、唐丧矣。"又曰:"士之立朝,要以正直忠厚为本。正直则朝廷无过失,忠厚则天下无嗟怨。一于正直而不忠厚,则渐入于刻;一于忠厚而不正直,则流入于懦。"其议论醇正类此。

朱熹谓:"龟山倡道东南,士之游其门者甚众,然潜思力行、任重诣极如仲素,一人而已。"绍兴中卒,学者称之曰豫章先生,淳祐间谥文质。

李侗字愿中,南剑州剑浦人。年二十四,闻郡人罗从彦得河、洛之学,遂以书谒之,其略曰:

侗闻之,天下有三本焉,父生之,师教之,君治之,阙其一则本不立。古之圣贤莫不有师,其肄业之勤惰,涉道之浅深,求益之先后,若存若亡,其详不可得而考。惟洙、泗之间,七十二弟子之徒,议论问答,具在方册,有足稽焉,是得夫子而益明矣。孟氏之后,道失其传,枝分派别,自立门户。天下真儒不复见于世。其聚徒成群,所以相传授者,句读文义而已尔,谓之熄焉可也。

其惟先生服膺龟山先生之讲席有年矣,况尝及伊川先生之门,得不传之道于千五百年之后,性明而修,行完而洁,扩之以广大,体之以仁恕,精深微妙,各极其至,汉、唐诸儒无近似者。至于不言而饮人以和。与人并立而使人化,如春风发物,盖亦莫知其所以然也。凡读圣贤之书,粗有识见者,孰不愿得授经门下,以质所疑,至于异论之人,固当置而勿论也。

侗之愚鄙,徒以习举子业,不得服役于门下,而今日拳拳欲求教者,以谓所求有大于利禄也。抑尝闻之,道可以治心,犹食之充饱,衣之御寒也。人有迫于饥寒之患者,皇皇焉为衣食之谋，造次颠沛，未始忘也。至于心之不治，有没世不知虑，岂爱心不若口体哉，弗思甚矣。

侗不量资质之陋，徒以祖父以儒学起家，不忍坠箕裘之业，孜孜矻矻为利禄之学，虽知真儒有作，闻风而起，固不若先生亲炙之得于动静语默之间，目击而意全也。今生二十有四岁，茫乎未有所止，烛理未明而是非无以辨，宅心不广而喜怒易以摇，操履不完而悔吝多，精神不充而智巧袭，拣焉而不净，守焉而不敷，朝夕恐惧，不啻如饥寒切身者求充饥御寒之具也。不然，安敢以不肖之身为先生之累哉。

从之累年，授《春秋》、《中庸》、《语》、《孟》之说。从彦好静坐，侗退入室中，亦静坐。从彦令静中看喜怒哀乐未发前气象，而求所谓"中"者，久之，而于天下之理该摄洞贯，以次融释，各有条序，从彦亟称许焉。

既而退居山田，谢绝世故余四十年，食饮或不充，而怡然自适。事亲孝谨，仲兄性刚多忤，侗事之得其欢心。闺门内外，夷愉肃穆，若无人声，而众事自理。亲戚有贫不能婚嫁者，则为经理振助之。与乡人处，饮食言笑，终日油油如也。

其接后学，答问不倦，虽随人浅深施教，而必自反身自得始。故其言曰："学问之道不在多言，但默坐澄心，体认天理。若是，虽一毫私欲之发，亦退听矣。"又曰："学者之病，在于未有洒然冰解冻释处。如孔门诸子，群居终日，交相切磨，又得夫子为之依归，日用之间观感而化者多矣。恐于融释而不脱落处，非言说所及也。"又曰："读书者知其所言莫非吾事，而即吾身以求之，则凡圣贤所至而吾所未至者，皆可勉而进矣。若直求之文字，以资诵说，其不为玩物丧志者几希。"又曰："讲学切在深潜缜密，然后气味深长，蹊径不差。若概以理一，而不察其分之殊，此学者所以流于疑似乱真之说而不自知也。"常以黄庭坚之称濂溪周茂叔"胸中洒落，如光风霁月"，为善形容有道者气象，尝讽诵之，而顾谓学者存此于胸中，庶几遇事廓然，而义理少进矣。

　　其语《中庸》曰:"圣门之传是书,其所以开悟后学无遗策矣。然所谓'喜怒哀乐未发谓之中'者,又一篇之指要也。若徒记诵而已,则亦奚以为哉?必也体之于身,实见是理,若颜子之叹,卓然若有所见,而不违乎心目之间,然后扩充而往,无所不通,则庶乎其可以言《中庸》矣。"其语《春秋》曰:"《春秋》一事各是发明一例,如观山水,徙步而形势不同,不可拘以一法。然所以难言者,盖以常人之心推测圣人,未到圣人洒然处,岂能无失耶?"

　　侗既闲居,若无意当世,而伤时忧国,论事感激动人。尝曰:"今日三纲不振,义利不分。三纲不振,故人心邪僻,不堪任用,是致上下之气间隔,而中国日衰。义利不分,故自王安石用事,陷溺人心,至今不自知觉。人趋利而不知义,则主势日孤,人主当于此留意,不然,则是所谓'虽有粟,吾得而食诸'也。"

　　是时吏部员外郎朱松与侗为同门友,雅重侗,遣子熹从学,熹卒得其传。沙县邓迪尝谓松曰:"愿中如冰壶秋月,莹彻无瑕,非吾曹所及。"松以谓知言。而熹亦称侗:"姿禀劲特,气节豪迈,而充养完粹,无复圭角,精纯之气达于面目,色温言厉,神定气和,语默动静,端详闲泰,自然之中若有成法。平日恂恂,于事若无甚可否,及其酬酢事变,断以义理,则有截然不可犯者。"又谓自从侗学,辞去复来,则所闻益超绝。其上达不已如此。

　　侗子友直、信甫皆举进士,试吏旁郡,更请迎养。归道武夷,会闽帅汪应辰以书币来迎,侗往见之,至之日疾作,遂卒,年七十有一。

　　信甫仕至监察御史,出知衢州,擢广东、江东宪,以特立不容于朝云。

宋史卷四二九

列传第一八八

# 道学三

## 朱熹　张栻

　　朱熹字元晦,一字仲晦,徽州婺源人。父松字乔年,中进士第。胡世将、谢克家荐之,除秘书省正字。赵鼎都督川陕、荆、襄军马,招松为属,辞。鼎再相,除校书郎,迁著作郎。以御史中丞常同荐,除度支员外郎,兼史馆校勘,历司勋、吏部郎。秦桧决策议和,松与同列上章,极言其不可。桧怒,风御史论松怀异自贤,出知饶州,未上,卒。

　　熹幼颖悟,甫能言,父指天示之曰:"天也。"熹问曰:"天之上何物?"松异之。就传,授以《孝经》,一阅,题其上曰:"不若是,非人也。"尝从群儿戏沙,独端坐以指画沙,视之,八卦也。年十八贡于乡,中绍兴十八年进士第。主泉州同安簿,选邑秀民充弟子员,日与讲说圣贤修已治人之道,禁女妇之为僧道者。罢归请祠,监潭州南岳庙。明年,以辅臣荐,与徐度、吕广问、韩元吉同召,以疾辞。

　　孝宗即位,诏求直言,熹上封事言:"圣躬虽未有过失,而帝王之学不可以不熟讲,朝政虽未有阙遗,而修攘之计不可以不早定。利害休戚虽不可遍举,而本原之地不可以不加意。陛下毓德之初,亲御简策,不过风诵文辞,吟咏情性,又颇留意于老子、释氏之书。夫记诵词藻,非所以探渊源而出治道;虚无寂灭,非所以贯本末而立大中。帝王之学,必先格物致知,以极夫事物之变,使义理所存,纤悉毕照,则自然意诚心正,而可以应天下之务。"次言:"修攘之计不时定者,讲和之说误之也。夫金人于我有不共戴天之雠,则不可和也明矣。愿断以义理之公,闭关绝约,任贤使能,立纪纲,厉风俗。数年之后,国富兵强,视吾力之强弱,观彼衅之浅深,徐起而图之。"次言:"四海利病,系斯民之休戚,斯民休戚,系守令之贤否。监司者守令之纲,朝廷者监司之本也。欲斯民之得其所,本原之地亦在朝廷而已。今之监司,奸赃狼籍、肆虐以病民者,莫非宰执、台谏之亲旧宾客。其已失势者,既按见其交私之状而斥去之;尚在势者,岂无其人,顾陛下无自而知之耳。"

隆兴元年,复召。入对,其一言:"大学之道在乎格物以致其知。陛下虽有生知之性,高世之行,而未尝随事以观理,即理以应事。是以举措之间动涉疑贰,听纳之际未免蔽欺,平治之效所以未著。"其二言:"君父之雠不与共戴天。今日所当为者,非战无以复雠,非守无以制胜。"且陈古先圣王所以强本折冲、威制远人之道。时相汤思退方倡和议,除熹武学博士,待次。乾道元年,促就职,既至而洪适为相,复主和,论不合,归。

三年,陈俊卿、刘珙荐为枢密院编修官,待次。五年,丁内艰。六年,工部侍郎胡铨以诗人荐,与王庭圭同召,以未终丧辞。七年,既免丧,复召,以禄不及养辞。九年,梁克家相,申前命,又辞。克家奏熹屡召不起,宜蒙褒录,执政俱称之,上曰:"熹安贫守道,廉退可嘉。"特改合入官,主管台州崇道观。熹以求退得进,于义未安,再辞。淳熙元年,始拜命。二年,上欲奖用廉退,以励风俗,龚茂良行丞要事,以熹名进,除秘书郎,力辞,且以手书遗茂良,言一时权幸。群小乘间谗毁,乃因熹再辞,即从其请,主管武夷山冲佑观。

五年,史浩再相,除知南康军,降旨便道之官,熹再辞,不许。至郡,兴利除害,值岁不雨,讲求荒政,多所全活。讫事,奏乞依格推赏纳粟人。间诣郡学,引进士子与之讲论。访白鹿洞书院遗址,奏复其旧,为《学规》俾守之。明年夏,大旱,诏监司、郡守条其民间利病,遂上疏言：

天下之务莫大于恤民，而恤民之本，在人君正心术以立纪
纲。盖天下之纪纲不能以自立，必人主之心术公平正大，无偏
党反侧之私，然后有所系而立。君心不能以自正，必亲贤臣，远
小人，讲明义理之归，闭塞私邪之路，然后乃可得而正。

今宰相、台省、师傅、宾友、谏诤之臣皆失其职，而陛下所
与亲密谋议者，不过一二近习之臣，上以蛊惑陛下之心志，使
陛下不信先王之大道，而说于功利之卑说，不乐庄士之谠言，
而安于私蓺之鄙态。下则招集天下士大夫之嗜利无耻者，文武
汇分，各入其门。所喜则阴为引援，擢置清显，所恶则密行訾
毁，公肆挤排，交通货赂，所盗者皆陛下之财。命卿置将，所窃
者皆陛下之柄。陛下所谓宰相、师傅、宾友、谏诤之臣，或反出
入其门墙，承望其风旨；其幸能自立者，亦不过龊龊自守，而未
尝敢一言以斥之；其甚畏公论者，乃能略警逐其徒党之一二，
既不能深有所伤，而终亦不敢正言以捣其囊橐窟穴之所在。势
成威立，中外靡然向之，使陛下之号令黜陟不复出于朝廷，而
出于一二人之门，名为陛下独断，而实此一二人者阴执其柄。
且云："莫大之祸，必至之忧，近在朝夕，而陛下独未之知。"上
读之，大怒曰："是以我为亡也。"熹以疾请祠，不报。

陈俊卿以旧相守金陵，过阙入见，荐熹甚力。宰相赵雄言于上
曰："士之好名，陛下疾之愈甚，则人之誉之愈众，无乃适所以高之。
不若因其长而用之，彼渐当事任，能否自见矣。"上以为然，乃除熹
提举江西常平茶盐公事。旋录救荒之劳，除直秘阁，以前所奏纳粟
人未推赏，辞。

会浙东大饥，宰相王淮奏改熹提举东常平茶盐公事，即日单车
就道，复以纳粟人未推赏，辞职名，纳粟赏行，遂受职名。入对，首陈
灾异之由与修德任人之说，次言："陛下即政之初，盖尝选建英豪，
任以政事，不幸其间不能尽得其人，是以不复广求贤哲，而姑取软
熟易制之人以充其位。于是左右私亵使令之贱，始得以奉燕闲，备

驱使,而宰相之权日轻,又虑其势有所偏,而因重以壅已也,则时听外廷之论,将以阴察此辈之负犯而操切之。陛下既未能循天理、公圣心,以正朝廷之大体,则固已失其本矣,而又欲兼听士大夫之言,以为驾驭之术,则士大夫之进见有时,而近习之从容无间。士大夫之礼貌既庄而难亲,其议论又苦而难入,近习便辟侧媚之态既足以蛊心志,其胥史狡狯之术又足以眩聪明。是以虽欲微抑此辈,而此辈之势日重,虽欲兼采公论,而士大夫之势日轻。重者既挟其重,以窃陛下之权,轻者又借力于所重,以为窃位固宠之计,日往月来,浸淫耗蚀,使陛下之德业日隳,纲纪日坏,邪佞充塞,货赂公行,兵愁民怨,盗贼间作,灾异数见,饥馑荐臻。群小相挺,人人皆得满其所欲,惟有陛下了无所得,而顾乃独受其弊。"上为动容。所奏凡七事,其一二事手书以防宣泄。

　　熹始拜命,即移书他郡,募米商,蠲其征,及至,则客舟之米已辐凑。熹日钩访民隐,按行境内,单车屏徒从,所至人不及知。郡县官吏惮其风采,至自引去,所部肃然。凡丁钱、和买、役法、榷酤之政,有不便于民者,悉厘而革之。于救荒之余,随事处画,必为经久之计。有短熹者,谓其疏于为政,上谓王淮曰:"朱熹政事却有可观。"

　　熹以前后奏请多所见抑,幸而从者,率稽缓后时,蝗旱相仍,不胜忧愤,复奏言:"为今之计,独有断自圣心,沛然发号,责躬求言,然后君臣相戒,痛自省改。其次惟有尽出内库之钱,以供大礼之费为收籴之本,诏户部免征旧负,诏漕臣依条检放租税,诏宰臣沙汰被灾路分州军监司、守臣之无状者,遴选贤能,责以荒改,庶几犹足下结人心,消其乘时作乱之意。不然,臣恐所忧者不止于饥殍,而将在于盗贼;蒙其害者不止于官吏,而上及于国家也。"

　　知台州唐仲友与王淮同里为姻家,吏部尚书郑丙、侍御史张大经交荐之,迁江西提刑,未行。熹行部至台,讼仲友者纷然,按得其实,章三上,淮匿不以闻。熹论愈力,仲友亦自辩,淮乃以熹章进呈,上令宰属看详,都司陈庸等乞令浙西提刑委清强官究实,仍令熹速往旱伤州郡相视。熹时留台未行,既奉诏,益上章论,前后六上,淮不得已,夺仲友江西新命以授熹,辞不拜,遂归,且乞奉祠。

时郑丙上疏诋程氏之学以沮熹,淮又擢太府寺丞陈贾为监察御史。贾面对,首论近日搢绅有所谓"道学"者,大率假名以济伪,愿考察其人,摈弃勿用。盖指熹也。十年,诏以熹累乞奉祠,可差主管台州崇道观,既而连奉云台、鸿庆之祠者五年,十四年,周必大相,除熹提点江西刑狱公事,以疾辞,不许,遂行。

十五年,淮罢相,遂入奏,首言近年刑狱失当,狱官当择其人。次言经总制钱之病民,及江西诸州科罚之弊。而其末言:"陛下即位二十七年,因循荏苒,无尺寸之效可以仰酬圣志。尝反覆思之,无乃燕闲蠖获之中,虚明应物之地,天理有所未纯,人欲有所未尽,是以为善不能充其量,除恶不能去其根,一念之顷,公私邪正、是非得失之机,交战于其中。故体貌大臣非不厚,而便嬖侧媚得以深被腹心之寄;𤷓痒英豪非不切,而柔邪庸缪得以久窃廊庙之权。非不乐闻公议正论,而有时不容;非不𡎺谗说殄行,而未免误听;非不欲报复陵庙雠耻,而未免畏怯苟安;非不爱养生灵财力,而未免叹息愁怨。愿陛下自今以往,一念之顷必谨而察之:此为天理耶,人欲耶?果天理也,则敬以充之,而不使其少有壅阏;果人欲也,则敬以克之,而不使其少有凝滞。推而至于言语动作之间,用人处事之际,无不以是裁之,则圣心洞然,中外融澈,无一毫之私俗得以介乎其间,而天下之事将惟陛下所欲为,无不如志矣。"是行也,有要之于路,以为"正心诚意"之论上所厌闻,戒勿以为言,熹曰:"吾平生所学,惟此四字,岂可隐默以欺吾君乎?"及奏,上曰:"久不见卿,浙东之事,朕自知之,今当处卿清要,不复以州县为烦也。"

时曾觌已死,王抃亦逐,独内侍甘升尚在,熹力以为言。上曰:"升乃德寿所荐,谓其有才耳。"熹曰:"小人无才,安能动人主。"翌日,除兵部郎官,以足疾丐祠。本部侍郎林栗尝与熹论《易》、《西铭》不合,劾熹:"本无学术,徒窃张载、程颐绪余,谓之'道学'。所至辄携门生数十人,妄希孔、孟历聘之风,邀索高价,不肯供职,其伪不可掩。"上曰："林栗言似过。"周必大言熹上殿之日，足疾未瘳，勉强登对。上曰："朕亦见其跛曳。"左补阙薛叔似亦奏援熹，乃令依旧职江西提刑。太常博士叶适上疏与栗辨，谓其言无一实者，"谓之道学"一语，无实尤甚，往日王淮表里台谏，阴废正人，盖用比术。诏："熹昨入对，所论皆新任职事，朕谅其诚，复从所请，可疾速之任。"会胡晋臣除侍御史，首论栗执拗不通，喜同恶异，无事而指学者为党，乃黜栗知泉州。熹再辞免，除直宝文阁，主管西京嵩山崇福宫。未逾月再召，熹又辞。

始，熹常以为口陈之说有所未尽，乞具对事以闻，至是投匦进封事曰：

今天下大势，如人有重病，内自心腹，外达四支，无一毛一发不受病者。且以天下之大本与今日之急务，为陛下言之：大本者，陛下之心；急务则辅翼太子，选任大臣，振举纲纪，变化风俗，爱养民力，修明军政，六者是也。

古先圣王兢兢业业，持守此心，是以建师保之官，列谏诤之职，凡饮食、酒浆、衣服、次舍、器用、财贿与夫宦官、宫妾之政，无一不领于冢宰。使其左右前后，一动一静，无不制以有司之法，而无纤芥之隙、瞬息之顷，得以隐其毫发之私，陛下所以精一克复而持守其心，果有如此之功乎？所以修身齐家而正其左右，果有如此之效乎？宫省事禁，臣固不得而知，然爵赏之滥，货赂之流，间巷窃言，久已不胜其籍籍，则陛下所以修之家者，恐其未有以及古之圣王也。

至于左右便嬖之私，恩遇过当，往者渊、觌、说、抃之徒势焰熏灼，倾动一时，今已无可言矣。独有前日臣所面陈者，虽蒙圣慈委曲开譬，然臣之愚，窃以为此辈但当使之守门传命，供扫除之役，不当假借崇长，使得逞邪媚、作淫巧于内，以荡上心，立门庭、招权势于外，以累圣政。臣闻之道路，自王抃既逐之后，诸将差除，多出此人之手。陛下竭生灵膏血以奉军旅，顾乃未尝得一温饱，是皆将帅巧为名色，夺取其粮，肆行货赂于近习，以图进用，出入禁闼腹心之臣，外交将帅，共为欺蔽，以至于此。而陛下不悟，反宠暱之，以是为我之私人，至使宰相不得议其制置之得失，给谏不得论其除授之是非，则陛下所以正其左右者，未能及古之圣王又明矣。

至于辅翼太子，则自王十朋、陈良翰之后，宫僚之选号为得人，而能称其职者，盖已鲜矣。而又时使邪佞儇薄、阘冗庸妄之辈，或得参错于其间，所谓讲读，亦姑以应文备数，而未闻其有箴规之效。至于从容朝夕、陪侍游燕者，又不过使臣宦者数辈而已。师傅、宾客既不复置，而詹事、庶子有名无实，其左右春坊遂直以使臣掌之，既无以发其隆师亲友、尊德乐义之心，又无以防其戏慢媟狎、奇邪杂进之害。宜讨论前典，置师傅、宾客之官，罢去春坊使臣，而使詹事、庶子各得其职。

至于选任大臣，则以陛下之聪明，岂不知天下之事。必得刚明公正之人而后可任哉？其所以常不得如此之人，而反容鄙夫之窃位者，直以一念之间，未能彻其私邪之蔽，而燕私之好，便嬖之流，不能尽由于法度，若用刚明公正之人以为辅相，则恐其有以妨吾之事，害吾之人，而不得肆。是以选择之际，常先排摈此等，而后取凡疲懦软熟、平日不敢直言正色之人而揣摩之，又于其中得其至庸极陋、决可保其不至于有所妨者，然后举而加之于位。是以除书未出，而物色先定，姓名未显，而中外已逆知其决非天下第一流矣。

至于振肃纪纲，变化风俗，则今日宫省之间，禁密之地，而天下不公之道，不正之人，顾乃得以窟穴盘据于其间。而陛下目见耳闻，无非不公不正之事，则其所以熏烝销铄，使陛下好善之心不著，疾恶之意不深，其害已有不可胜言者矣。及其作奸犯法，则陛下又未能深割私爱，而付诸外廷之议，论以有司之法，是以纪纲不正于上，风俗颓弊于下，其为患之日久矣。而浙中为尤甚。大率习为软美之态、依阿之言，以不分是非、不辨曲直为得计，甚者以金珠为脯醢，以契券为诗文，宰相可咳则唉宰相，近习可通则通近习，惟得之求，无复廉耻。一有刚毅正直、守道循理之士出乎其间，则群讥众排，指为“道学”，而加以矫激之罪。十数年来，以此二字禁锢天下之贤人君子，复如昔时所谓元祐学术者，排摈诋辱，必使无所容其身而后已，此岂治世之事哉？

至于爱养民力，修明军政，则自虞允文之为相也，尽取版曹岁入窠名之必可指拟者，号为岁终羡余之数，而输之内帑。顾以其有名无实、积累挂欠、空载簿籍、不可催理者，拨还版曹，以为内帑之积，将以备他日用兵进取不时之须。然自是以来二十余年，内帑岁入不知几何，而认为私贮，典以私人，宰相不得以式贡均节其出入，版曹不得以簿书勾考其在亡，日销月耗，以奉燕私之费者，盖不知其几何矣，而曷尝闻其能用此钱以易敌人之首，如太祖之言哉。徒使版曹经费阙乏日甚，督促日峻，以至废去祖宗以来破分良法，而必以十分登足为限；以为未足，则又造为比较监司、郡守殿最之法，以诱胁之。于是中外承风，竞为苛急，此民力之所以重困也。

诸将之求进也。必先掊剋士卒，以殖私利，然后以此自结于陛下之私人，而蕲以性名达于陛下之贵将。贵将得其姓名，即以付之军中，使自什伍以上节次保明，称其材武，堪任将帅，然后具奏牍而言之陛下之前。陛下但见等级推先，案牍具备，则诚以为公荐而可以得人矣，而岂知其谐价输钱，已若晚唐之债帅哉？夫将者，三军之司命，而其选置之方乖剌如此，则彼智勇材略之人，孰肯抑心下首于宦官、宫妾之门，而陛下之所得以为将帅者，皆庸夫走卒，而犹望其修明军政，激劝士卒，以强国势，岂不误哉！

凡此六事，皆不可缓，而本在于陛下之一心。一心正则六事无不正，一有人心私欲以介乎其间，则虽欲益精劳力，以求正夫六者，亦将徒为文具，而天下之事愈至于不可为矣。疏入，夜漏下七刻，上已就寝，亟起秉烛，读之终篇。明日，除主管太一宫，兼崇政殿说书。熹力辞，除秘阁修撰，奉外祠。

光宗即位，再辞职名，仍旧直宝文阁，降诏奖谕。居数月，除江东转运副使，以疾辞，改知漳州。奏除属县无名之赋七百万，减经总制钱四百万。以习俗未知礼，采古丧葬嫁娶之仪，揭以示之，命父老解说，以教子弟。土俗崇信释氏，男女聚僧庐为传经会，女不嫁者为庵舍以居，熹悉禁之。常病经界不行之害，会朝论欲行泉、汀、漳三州经界，熹乃访事宜，择人物及方量之法上之。而土居豪右侵渔贫弱者以为不便，沮之。宰相留正，泉人也，其里党亦多以为不可行。布衣吴禹圭上书讼其扰人，诏且需后，有旨先行漳州经界。明年，以子丧请祠。

时史浩入见，请收天下人望，乃除熹秘阁修撰，主管南京鸿庆宫。熹再辞，诏："论撰之职，以宠名儒。"乃拜命。除荆湖南路转连副使，辞。漳州经界竟报罢，以言不用自劾。除知静江府，辞，主管南京鸿庆宫。未几，差知潭州，力辞。黄裳为嘉王府翊善，自以学不及熹，乞召为宫僚，王府直讲彭龟年亦为大臣言之。留正曰："正非不知熹，但其性刚，恐到此不合，反为累耳。"熹方再辞，有旨："长沙巨屏，得贤为重。"遂拜命。会洞獠扰属郡，熹遣人谕以祸福，皆降之。申敕令，严武备，戢奸吏，抑豪民。所至兴学校，明教化四方学者毕至。

宁宗即位，赵汝愚首荐熹及陈傅良，有旨赴行在奏事。熹行且辞，除焕章阁待制、侍讲，辞，不许。入对，首言："乃者，太皇太后躬定大策，陛下寅绍丕图，可谓处之以权，而庶几不失其正。自顷至今三月矣，或反不能无疑于逆顺名实之际，窃为陛下忧之。犹有可诿者，亦曰陛下之心，前日未尝有求位之计，今日未尝忘思亲之怀，此则所以行权而不失其正之根本也。充未尝求位之心，以尽负罪引慝之诚，充未尝忘亲之心，以致温清定省之礼，而大伦正，大本立矣。"复面辞待制、侍讲，上手札："卿经术渊源，正资劝讲，次对之职，勿复劳辞，以副朕崇儒重道之意。"遂拜命。

会赵彦逾按视孝宗山陵，以为土肉浅薄，下有水石。孙逢吉覆按,乞别求吉兆。有旨集议,台史惮之,议中辍,熹竟上议状言:"寿皇圣德,衣冠之藏,当博访名山,不宜偏信台史,委之水泉沙砾之中。"不报。时论者以为上未还大内,则名体不正而疑议生;金使且来,或有窥伺。有旨修葺旧东宫,为屋三数百间,欲徙居之。熹奏疏言:

此必左右近习倡为此说以误陛下,而欲因以遂其奸心,臣恐不惟上帝震怒,灾异数出,正当恐惧修省之时,不当兴此大役,以咈谴告警动之意;亦恐畿甸百姓饥饿流离、阽于死亡之际,或能怨望忿切,以生他变。不惟无以感格太上皇帝之心,以致未有进见之期,亦恐寿皇在殡,因山未卜,几筵之奉不容少弛,太皇太后、皇太后皆以尊老之年,茕然在忧苦之中,晨昏之养尤不可阙。而四方之人,但见陛下亟欲大治宫室,速得成就,一旦翩然委而去之,以就安便,六军万民之心将有扼腕不平者矣。前鉴未远,甚可惧也。

又闻太上皇后惧忤太上皇帝圣意,不欲其闻太上之称,又不欲其闻内禅之说,此又虑之过者,殊不知若但如此,而不为宛转方便,则父子之间,上怨怒而下忧恐,将何时而已。父子大伦,三纲所系,久而不图,亦将有借其名以造谤生事者,此又臣之所大惧也。愿陛下明诏大臣,首罢修葺东宫之役,而以其工料回就慈福、重华之间,草创寝殿一二十间,使粗可居。若夫过宫之计,则臣又愿陛下下诏自责,减省舆卫,入宫之后,暂变服色,如唐肃宗之改服紫袍、执控马前者,以伸负罪引慝之诚,则太上皇帝虽有忿怒之情,亦且霍然消散,而欢意浃洽矣。

至若朝廷之纪纲,则臣又愿陛下深诏左右,勿预朝政。其实有勋庸而所得褒赏未惬众论者,亦诏大臣公议其事,稽考令典,厚报其劳。而凡号令之弛张,人才之进退,则一委之二三大臣,使之反覆较量,勿循己见,酌取公论,奏而行之。有不当者,缴驳论难,择其善者称制临决,则不惟近习不得干预朝权,大臣不得专任己私,而陛下亦得以益明习天下之事,而无所疑于得失之算矣。

若夫山陵之卜，则愿黜台史之说，别求草泽，以营新宫，使寿皇之遗体得安于内，而宗社生灵皆蒙福于外矣。

疏入不报，然上亦未有怒熹意也。每以所讲编次成帙以进，上亦开怀容纳。

熹又奏勉上进德云："愿陛下日用之间，以求放心为之本，而于玩经观史，亲近儒学，益用力焉。数召大臣，切劘治道，群臣进对，亦赐温颜，反覆询访，以求政事之得失，民情之休戚，而又因以察其人才之邪正短长，庶于天下之事各者其理。"熹奏："礼经敕令，子为父，嫡孙承重为祖父，皆斩衰三年；嫡子当为其父后，不能袭位执丧，则嫡孙继统而代之执丧。自汉文短丧，历代因之，天子遂无三年之丧。为父且然，则嫡孙承重可知。人纪废坏，三纲不明，千有余年，莫能厘正。寿皇圣帝至性自天，易月之外，犹执通丧，朝衣朝冠皆用大布，所宜著在方册，为万世法程。间者，遗诰初颁，太上皇帝偶违康豫，不能躬就丧次。陛下以世嫡承大统，则承重之服著在礼律，所宜遵寿皇已行之法。一时仓卒，不及详议，遂用漆纱浅黄之服，不惟上违礼律，且使寿皇已行之礼举而复坠，臣窃痛之。然既往之失不及追改，唯有将来启殡发引，礼当复用初丧之服。

会孝宗祔庙，议宗庙迭毁之制，孙逢吉、曾三复首请并祧僖、宣二祖，奉太祖居第一室，祫祭则正东向之位。有旨集议：僖、顺、翼、宣四祖祧主，宜有所归。自太祖皇帝首尊四祖之庙，治平间，议者以世数浸远，请迁僖祖于夹室。后王安石等奏，僖祖有庙，与稷、契无异，请复其旧。时相赵汝愚雅不以复祀僖祖为然，侍从多从其说。吏部尚书郑侨欲且祧宣祖而祔孝宗。熹以为藏之夹室，则是以祖宗之主下藏于子孙之夹室，神宗复奉以为始祖，已为得礼之正，而合于人心，所谓有举之而莫敢废者乎。又拟为《庙制》以辨，以为物岂有无本而生者。庙堂不以闻，即毁撤僖、宣庙室，更创别庙以奉四祖。

始，宁宗之立，韩侂胄自谓有定策功，居中用事。熹忧其害政，数以为言，且约吏部侍郎彭龟年共论之。会龟年出护使客，熹乃上疏斥言左右窃柄之失,在讲筵复申言之。御批云:"悯卿耆艾,恐难立讲,已除卿宫观。"汝愚袖御笔还上,且谏且拜。内侍王德谦径以御笔付熹,台谏急留,不可。楼钥、陈傅良旋封还录黄。修注官刘光祖、邓驲封章交上。熹行,被命除宝文阁待制,与州郡差遣,辞。寻除知江陵府,辞,仍乞追还新旧职名,诏依旧焕章阁待制,提举南京鸿庆宫。庆元元年初,赵汝愚既相,收召四方知名之士,中外引领望治,熹独惕然以驲胄用事为虑。既屡为上言,又数以手书启汝愚,当用厚赏酬其劳,勿使得预朝政,有"防微杜渐,谨不可忽"之语。汝愚方谓其易制,不以为意。及是,汝愚亦以诬逐,而朝廷大权悉归侂胄矣。

熹始以庙议自劾,不许,以疾再乞休致,诏:"辞职谢事,非朕优贤之意,依旧秘阁修撰。"二年,沈继祖为监察御史,诬熹十罪,诏落职罢祠,门人蔡元定亦送道州编管。四年,熹以年近七十,申乞致仕,五年,依所请。明年卒,年七十一。疾且革,手书属其子在及门人范念德、黄榦,拳拳以勉学及修正遗书为言。翌日,正坐整衣冠,就枕而逝。

熹登第五十年,仕于外者仅九考,立朝才四十日,家故贫,少依父友刘子羽,寓建之崇安,后徙建阳之考亭,箪瓢屡空,晏如也。诸生之自远而至者,豆饭藜羹,率与之共。往往称贷于人以给用,而非其道义则一介不取也。

自熹去国,侂胄势益张。何澹为中司,首论专门之学,文诈沽名,乞辨真伪。刘德秀仕长沙,不为张栻之徒所礼,及为谏官,首论留正引伪学之罪。"伪学"之称,盖自此始。太常少卿胡纮言:"比年伪学猖獗,图不轨,望宣谕大臣,权住进拟。"遂召陈贾为兵部侍郎。未几,熹有夺职之命。刘三杰以前御史论熹、汝愚、刘光祖、徐谊之徒,前日之伪党,至此又变而为逆党。即日除三杰右正言。右谏议大夫姚愈论道学权臣结为死党,窥伺神器。乃命直学士院高文虎草诏谕天下,于是攻伪日急,选人余嘉至上书乞斩熹。

方是时,士之绳趋尺步、稍以儒名者,无所容其身。从游之士,特立不顾者，屏伏丘壑；依阿巽懦者，更名他师，过门不入，甚至变易衣冠，狎游市肆，以自别其非党。而熹日与诸生讲学不休，或劝以谢遣生徒者，笑而不答，有籍田令陈景思者，故相康伯之孙也，与侂胄有姻连，劝侂胄勿为已甚，侂胄意亦渐悔。熹既没，将葬，言者谓：四方伪徒期会送伪师之葬，会聚之间，非妄谈时人短长，则缪议时政得失，望令守臣约束，从之。

嘉泰初，学禁稍弛。二年，诏："朱熹已致仕，除华文阁待制，与致仕恩泽。"后侂胄死，诏赐熹遗表恩泽，谥曰文。寻赠中大夫，特赠宝谟阁直学士。理宗宝庆三年，赠太师，追封信国公，改徽国。

始，熹少时，慨然有求道之志。父松病亟，尝属熹曰："籍溪胡原仲、白水刘致中、屏山刘彦冲三人学有渊源，吾所敬畏，吾即死，汝往事之，而惟其言之听。"三人，谓胡宪、刘勉之、刘子翚也。故熹之学既博求之经传，复遍交当世有识之士。延平李侗老矣，尝学于罗从彦，熹归自同安，不远数百里，徒步往从之。

其为学，大抵穷理以致其和，反躬以践其实，而以居敬为主。尝谓圣贤道统之传散在方册，圣经之旨不明，而道统之传始晦。于是竭其精力，以研究圣贤之经训。所著书有：《易本义》、《启蒙》、《蓍卦考误》、《诗集传》、《大学中庸章句》、《或问》、《论语》、《孟子集注》、《太极图》、《通书》、《西铭解》、《楚辞集注》、《辨证》、《韩文考异》，所编次有：《论孟集议》、《孟子指要》、《中庸辑略》、《孝经刊误》、《小学书》、《通鉴纲目》、《宋名臣言行录》、《家礼》、《近思录》、《河南程氏遗书》、《伊洛渊源录》，皆行于世。熹没，朝廷以其《大学》、《语》、《孟》、《中庸》训说立于学官。又有《仪礼经传通解》未脱稿，亦在学官。平生为文凡一百卷，生徒问答凡八十卷，别录十卷。

理宗绍定末，秘书郎李心传乞以司马光、周敦颐、邵雍、张载、程颢、程颐、朱熹七人列于从祀，不报。淳祐元年正月，上视学，手诏以周、张、二程及熹从祀孔子庙。

黄榦曰："道之正统侍人而后传，自周以来，任传道之责者不过数人，而能使斯道章章较著者，一二人而止耳。由孔子而后，曾子、子思继其微，至孟子而始著。由孟子而后，周、程、张子继其绝，至熹而始著。"识者以为知言。

熹子在，绍定中为吏部侍郎。

张栻字敬夫，丞相浚子也。颖悟夙成，浚爱之，自幼学，所教莫非仁义忠孝之实，长师胡宏，宏一见，即以孔门论仁亲切之旨告之。栻退而思，若有得焉，宏称之曰："圣门有人矣。"栻益自奋厉，以古圣贤自期，作《希颜录》。

以荫补官，辟宣抚司都督府书写机宜文字，除直秘阁。时孝宗新即位，浚起谪籍，开府治戎，参佐皆极一时之选。栻时以少年，内赞密谋，外参庶务，其所综画，幕府诸人皆自以为不及也。间以军事入奏，因进言曰："陛下上念宗社之雠耻，下闵中原之途炭，惕然于中，而思有以振之。臣谓此心之发，即天理之所存也。愿益加省察，而稽古亲贤以自辅，无使其或少息，则今日之功可以必成，而因循之弊可革矣。"孝宗异其言，于是遂定君臣之契。

浚去位，汤思退用事，遂罢兵讲和。金人乘间纵兵入淮甸，中外大震，庙堂犹主和议，至敕诸将无得辄称兵。时浚已没，栻营葬甫毕，即拜疏言："吾与金人有不共戴天之仇，异时朝廷虽尝兴缟素之师，然旋遣玉帛之使，是以讲和之念未忘于胸中，而至忱恻怛之心无以感格于天人之际，此所以事屡败而功不成也。今虽重为群邪所误，以蠹国而召寇，然亦安知非天欲以是开圣心哉。谓宜深察此理，使吾胸中了然无纤芥之惑，然后明诏中外，公行赏罚，以快军民之心，则人心悦，士气充，而敌不难却矣。继今以往，益坚此志，誓不言和，专务自强，虽折不挠，使此心纯一，贯彻上下，则迟以岁月，亦何功不之济哉？"疏入，不报。

久之，刘珙荐于上，除知抚州，未上，改严州。时宰相虞允文以恢复自任，然所以求者类非其道，意栻素论当与己合，数遣人致殷勤，栻不答。入奏，首言："先王所以建事立功无不如志者，以其胸之诚有以感格天人之心，而与之无间也。今规画虽劳，而事功不立，陛下诚深察之日用之间,念虑云为之际,亦有私意之发以害吾之诚者乎?有则克而去之,使吾中扃洞然无所间杂,则见义必精,守义必固,而天人之应将不待求而得矣。夫欲复中原之地,先有以得中原之心,欲得中原之心,先有以得吾民之心。求所以得吾民之心者,岂有他哉?不尽其力,不伤其财而已矣。今日之事,固当以明大义、正人心为本。然其所施有先后,则其缓急不可以不详;所务有名实,则其取舍不可以不审,此又明主所宜深察也。"

　　明年,召为吏部侍郎,兼权起居郎侍立官。时宰方谓敌势衰弱可图,建议遣泛使往责陵寝之故,士大夫有忧其无备而召兵者,辄斥远去之。栻见上,上曰:"卿知敌国事乎?"栻对曰::"不知也。"上曰:"金国饥馑连年,盗贼四起。"栻曰:"金人之事,臣虽不知,境中之事,则知之矣。"上曰:"何也?栻曰:"臣切见比年诸道多水旱,民贫日甚,而国家兵弱财匮,官吏诞谩,不足倚赖。正使彼实可图,臣惧我之未足以图彼也。"上为默然久之。栻因出所奏疏读之曰:"臣窃谓陵寝隔绝,诚臣子不忍言之至痛,然今未能奉辞以讨之,又不能正名以绝之,乃欲卑词厚礼以求于彼,则于大义已为未尽。而异论者犹以为忧,则其浅陋畏怯,固益甚矣。然臣窃揆其心意,或者亦有以见我未有必胜之形,而不能不忧也欤。盖必胜之形,当在于早正素定之时,而不在于两阵决机之日。"上为竦听改容。栻复读曰:"今日但当下哀痛之诏,明复仇之义,显绝金人,不与通使。然后修德立政,用贤养民,选将帅,练甲兵,通内修外攘、进战退守以为一事,且必治其实而不为虚文,则必胜之形隐然可见,虽有浅陋畏怯之人,亦且奋跃而争先矣。"上为叹息褒谕,以为前始未闻此论也。其后因赐对反复前说,上益嘉叹,面谕:"当以卿为讲官,冀时得晤语也。"

　　会史正志为发运使,名为均输,实尽夺州县财赋,远近骚然,士大夫争言其害,栻亦以为言。上曰:"正志谓但取之诸郡,非取之于民也。"栻曰:"今日州郡财赋大抵无余,若取之不已,而经用有阙,不过巧为名色以取之于民耳。"上矍然曰:"如卿之言,是朕假手于发运使以病吾民也。"旋阅其实,果如栻言,即诏罢之。

兼侍讲,除左司员外郎。讲《诗葛覃》,进说:"治生于敬畏,乱起于骄淫。使为国者每念稼穑之劳,而其后妃不忘织纴之事,则心不存者寡矣。"因上陈祖宗自家刑国之懿,下斥今日兴利扰民之害。上欢曰:"此王安石所谓'人言不足恤'者,所以为误国也。"

知阁门事张说除签书枢密院事,栻夜草疏极谏其不可,且诣朝堂,质责宰相虞允文曰:"宦官执政,自京、黼始,近习执政,自相公始。"允文惭愤不堪。栻复奏:"文武诚不可偏,然今欲右武以均二柄,而所用乃得如此之人,非惟不足以服文吏之心,正恐反激武臣之怒。"孝宗感悟,命得中寝。然宰相实阴附说,明年出栻知袁州,申说前命,中外喧哗,说竟以谪死。

栻在朝未期岁,而召对至六七,所言大抵皆修身务学,畏天恤民,抑侥幸,屏谗谀,于是宰相益惮之,而近习尤不悦。退而家居累年,孝宗念之,诏除旧职,知静江府,经略安抚广南西路。所部芜残多盗,栻至,简州兵,汰冗补阙,籍诸州黥卒伉健者为效用,日习月按,申严保伍法。谕溪峒酋豪弭怨睦邻,毋相杀掠,于是群蛮帖服,朝廷买马横山,岁久弊滋,边氓告病,而马不时至。栻究其利病六十余条,奏革之,诸蛮感悦,争以善马至。

孝宗闻栻治行,诏特进秩,直宝文阁,因任。寻除秘阁修撰、荆湖北路转运副使。改知江陵府,安抚本路。一日去贪吏十四人。湖北多盗,府县往往纵释以病良民,栻首劾大吏之纵贼者,捕斩奸民之舍贼者,令其党得相捕告以除罪,群盗皆通去。郡濒边屯,主将与帅守每不相下,栻以礼遇诸将,得其欢心,又加恤士伍,勉以忠义,队长有功辄补官,士咸感奋。并淮奸民出塞为盗者,捕得数人,有北方亡奴亦在盗中。栻曰:"朝廷未能正名讨敌,无使疆场之事其曲在我。"命斩之以徇于境,而缚其亡奴归之。北人叹曰:"南朝有人。"

信阳守刘大辩怙势希赏,广招流民,而夺见户熟田以与之。栻劾大辩诈谖,所招流民不满百,而虚增其数十倍,请论其罪,不报。章累上,大辩易他郡,栻自以不得其职求去,诏以右文殿修撰提举武夷山冲佑观。病且死，犹手疏劝上亲君子远小人，信任防一已之偏，好恶公天下之理。天下传诵之。栻有公辅之望，卒时年四十有八。孝宗闻之，深为嗟悼，四方贤士大夫往往出涕相吊，而江陵、静江之民尤哭之哀。嘉定间，赐谥曰宣。淳祐初，诏从祀孔子庙。

栻为人表里洞然，勇于从义，无毫发滞吝。每进对，必自盟于心，不可以人主意悦辄有所随顺。孝宗尝言伏节死义之臣难得，栻对："当于犯颜敢谏中求之。若平时不能犯颜敢谏，他日何望其伏节死义？"孝宗又言难得办事之臣，栻对："陛下当求晓事之臣，不当求办事之臣。若但求办事之臣，则他日败陛下事者，未必非此人也。"栻自言："前后奏对忤上旨虽多，而上每念之，未常加怒者，所谓可以理夺云尔。

其远小人尤严。为都司日，肩舆出，遇曾觌，觌举手欲揖，栻急掩其窗棂，觌惭，手不得下。所至郡，暇日召诸生告语。民以事至庭，必随事开晓。具为条教，大抵以正礼俗、明伦纪为先。斥异端，毁淫祠，而崇社稷山川古先圣贤之祀，旧典所遗，亦以义起也。

栻闻道甚早，朱熹常言："己之学乃铢积寸累而成，如敬夫，则于大本卓然先有见者也。"所著《论语孟子说》、《太极图说》、《洙泗言仁》、《诸葛忠武侯传》、《经世纪年》，皆行于世。栻之言曰："学莫先于义利之辨。义者，本心之当为，非有为而为也。有为而为，则皆人欲，非天理。"此栻讲学之要也。

子焯。

# 宋史卷四三〇
# 列传第一八九

## 道学四 朱氏门人

### 黄榦　李燔　张洽　陈淳　李方子　黄灏

　　黄榦字直卿,福州闽县人。父瑀,在高宗时为监察御史,以笃行直道著闻。瑀没,榦往见清江刘清之,清之奇之,曰:"子乃远器,时学非所以处子也。"因命受业朱熹。榦家法严重,乃以白母,即日行。时大雪,既至而熹它出,榦因留客邸,卧起一榻,不解衣者二月,而熹始归。榦自见熹,夜不设榻,不解带,少倦则微坐,一椅或至达曙,熹语人曰:"直卿志坚思苦,与之处甚有益。"常诣东莱吕祖谦,以所闻于熹者相质正。及广汉张栻亡,熹与榦书曰:"吾道益孤矣,所望于贤者不轻。"后遂以其子妻榦。

　　宁宗即位,熹命榦奉表,补将仕郎,铨中,授迪功郎,监台州酒务。丁母忧,学者从之讲学于墓庐甚众。熹作竹林精舍成,遗榦书,有"它时便可请直卿代即讲席"之语。及编《礼书》,独以丧、祭二编属榦,稿成,喜见而熹曰:"所立规模次第,缜密有条理,它日当取所编家乡、邦国、王朝礼,悉仿此更定之。"病革,以深衣及所著书授榦,手书与决曰:"吾道之托在此,吾无憾矣。"讣闻,榦持心丧三年毕,调监嘉兴府石门酒库。

　　时韩侂胄方谋用兵,吴猎帅湖北,将赴镇,访以兵事。榦曰:"闻

议者谓今天下欲为大举深入之谋，果尔，必败。此何时而可进取
哉？"猎雅敬幹名德，辟为荆湖北路安抚司激赏酒库兼淮备差遣，事
有未当，必输忠款力争。

　　江西提举常平赵希怿、知抚州高商老辟为临川令，岁旱，劝粜
捕蝗极其力。改知新淦县，吏民习知临川之政，皆喜，不令而政行。
以提举常平、郡太守荐，擢监尚书六部门，未上，改差通判安丰军。
淮西帅司檄幹鞠和州狱，狱故以疑未决。幹释囚桎梏饮食之，委曲
审问无所得。一夜，梦井中有人，明日呼囚诘之曰："汝杀人，投之于
井，我悉知之矣，胡得欺我。"囚遂惊服，果于废井得尸。

　　寻知汉阳军。值岁饥，籴客米、发常平以振。制置司下令，欲移
本军之粟而禁其籴，幹报以乞幹罢然后施行，及援鄂州例，十之一
告籴于制司。荒政具举。旁郡饥民辐凑，惠抚均一，春暖愿归者给
之粮，不愿者结庐居之，民大感悦。所至以重庠序，先教养。其在汉
阳，即郡治后凤栖山为屋，馆四方士，立周、程、游、朱四先生祠。以
病乞祠，主管武夷冲祐观。

　　寻起知安庆府，至则金人破光山，而沿边多警。安庆去光山不
远，民情震恐。乃请于朝，城安庆以备战守，不俟报，即日兴工。城
分十二料，先自筑一料，计其工费若干，然后委官吏、寓公、士人分
料主之。役民兵五千人，人役九十日，而计人户产钱起丁夫，通役二
万夫，人十日而罢。役者更番，暑月月休六日，日午休一时，至秋渐
杀其半。幹日以五鼓坐于堂，濠寨官入听命，以一日成算授之：役某
乡民兵若干，某乡人夫若干；分布于某人料分，或搬运某处土木，应
副某料使用；某料民兵人夫合当更代，合散几日钱米。俱受命毕，乃
治府事，理民讼，接宾客，阅士卒，会僚佐讲究边防利病，次则巡城
视役，晚入书院讲论经史。筑城之杵，用钱监未铸之铁，事毕还之。
城成，会上元日张灯，士民扶才携幼，往来不绝。有老妪百岁，二子
舆之，诸孙从，至府致谢。幹礼之，命具酒炙，且劳以金帛。妪曰：
"老妇之来，为一郡生灵谢耳，太守之赐非所冀也。"不受而去。是岁
大旱，幹祈辄雨，或未出，晨兴登郡阁，望幹山再拜，雨即至。后二

年,金人破黄州沙窝诸关,淮东、西皆震,独安庆按堵如故。继而霖潦余月,巨浸暴至,城屹然无虞。舒人德之,相谓曰:"不残于寇,不滔于水,生汝者黄父也。

制置李珏辟为参谍官,再辞不受。既而朝命与徐侨两易和州,且令先赴制府禀议,翰即日解印趋制府。和州人日望其来,曰:"是尝檄至吾郡鞫死囚、感梦于井中者,庶能直吾屈乎。"

先是,翰移书珏曰:"丞相诛韩之后,惩意外之变,专用左右亲信之人,往往得罪于天下公议。世之君子遂从而归咎于丞相,丞相不堪其咎,断然逐去之,而左右亲信者其用愈专矣。平居无吉,纪纲紊乱,不过州县之间,百姓受祸,至于军政不修,边备废弛,皆此曹为之,若今大敌在境,更不改图,大事去矣。今日之急,莫大于此。"又曰:"今日之计,莫若用两淮之人,食两淮之粟,守两淮之地。然其策当先明保伍,保伍既明,则为之立堡寨,蓄马、制军器以资其用,不过累月,军政可成。且淮民遭丙寅之厄,今闻金人迁汴,莫不狼顾胁息,有弃田庐、挈妻子渡江之意,其间勇悍者,且将伺变窃发。向日胡海、张军之变,为害甚于金,今若不早为之图,则两淮日见荒墟,卒有警急,攘臂而起矣。"珏皆不能用。

及至制府,珏往惟扬视师,与侨行,翰言:"敌既退,当思所以赏功罚罪者。崔惟扬能于清平山豫立义寨,断金人右臂,方仪真能措置捍御,不使军民仓皇奔轶,此二人者当荐之。泗上之败,刘倬可斩也。某州官吏三人携家奔窜,追而治之,然后具奏可也。"其时幕府书馆皆轻儇浮靡之士,僚吏士民有献谋画,多为毁抹疏驳。将帅偏裨,人心不附,所向无功。流移满道,而诸司长吏张宴无虚日,翰知不足与共事,归自惟扬,再辞和州之命,仍乞祠,闭阁谢客,宴乐不与。乃复告珏曰:

浮光敌退已两月,安丰已一月,盱眙亦将两旬,不知吾所措置者何事,所施行者何策。边备之弛,又甚于前,日复一日,怡不知惧,恐其祸又不止今春矣。

向者轻信人言,为泗上之役,丧师万人。良将劲卒、精兵利器,不战而沦于泗水,黄团老功,俘虏杀戮五六千人,盱眙东西数百里,莽为丘墟。安丰、浮光之事大率类此。切意千乘言旋,必痛自咎责,出宿于外,大戒于国,曰:"此吾之罪也。有能箴吾失者,疾入谏。"日与僚属及四方贤士讨论条画,以为后图。今归已五日矣,但闻请总领、运使至玉麟堂赏牡丹,用妓乐,又闻总领、运使请宴赏亦然,又闻宴僚属亦然。邦人诸军闻之,岂不痛愤。且视牡丹之红艳,岂不思边庭之流血;视管弦之啁啾,岂不思老幼之哀号;视栋宇之宏丽,岂不思士卒之暴露;视饮馔之丰美,岂不思流民之冻馁。敌国深侵,宇内骚动,主上食不甘味,听朝不怡。大臣忧惧,不知所出。尚书岂得不朝夕忧惧,而乃如是之迂缓暇逸耶!

今浮光之报又至矣,金欲以十六县之众,四月攻浮光,侵五关,且以一县五千人为率,则当有八万人攻浮光,以万人刘吾麦,以五万人攻吾关。吾之守关不过五六百人。岂能当万人之众哉?则关之不可守决矣。五关失守,则蕲、黄决不可保;蕲、黄不保,则江南危。尚书闻此亦已数日,乃不闻有所施行,何耶?

其它言皆激切,同幕忌之尤甚,共诋排之。厥后光、黄、蕲继失,果如其言。遂力辞去,请祠不已。

俄再命知安庆,不就,入庐山访其友李燔、陈宓,相与盘旋玉渊、三峡间,俯仰其师旧迹,讲《乾》、《坤》二卦于白鹿书院,山南北之士皆来集。未几,召赴行在所奏事,除大理丞,不拜,为御史李楠所劾。

初,翰入荆湖幕府,奔走诸关,与江、淮豪杰游,而豪杰往往愿依翰。及倅安丰、武定,诸将皆归心焉。后倅建康。守汉阳,声闻益著。诸豪又深知翰倜傥有谋,及来安庆,且兼制幕,长淮军民之心,翕然相向。此声既苗。在位者益忌,且虑翰入见必直言边事,以悟上意,至是群起挤之。

翰遂归里,弟子日盛,巴蜀、江、湖之士皆来,编礼著书,日不暇给,夜与之讲论经理,亹亹不倦,借邻寺以处之,朝夕往来,质疑请益如熹时。俄命知潮州,辞不行,差主管亳州明道宫,逾月遂乞致仕,诏许之,特授承议郎。既没后数年,以门人请谥,又特赠朝奉郎,与一子下州文学,谥文肃。有《经解》文集行于世。

李燔字敬子,南康建昌人。少孤,依舅氏。中绍熙元年进士第,授岳州教授,未上,往建阳从朱熹学。熹告以曾子弘毅之语,且曰:"致远固以毅,而任重贵乎弘也。"燔退,以"弘"名其斋而自儆焉,至岳州,教士以古文六艺,不因时好,且曰:"古之人皆通材,用则文武兼焉。"即武学诸生文振而识高者拔之,辟射圃,令其习射,廪老将之长于艺者,以率偷惰。以祖母卒,解官承重而归。

改襄阳府教授。复往见熹,熹嘉之,凡诸生未达者先令访燔,俟有所发,乃从熹折衷,诸生畏服。熹谓人曰:"燔交友有益,而进学可畏,且直谅朴实,处事不苟,它日任斯道者必燔也。"熹没,学禁严,燔率同门往会葬,视封窆,不少怵。及诏访遗逸,九江守以燔荐,召赴都堂审察,辞,再召,再辞。郡守请为白鹿书院堂长,学者云集,讲学之盛,它郡无与比。

除大理司直,辞,寻添差江西运司干办公事,江西帅李珏、漕使王补之交荐之。会洞寇作乱,帅漕议平之,而各持其说。燔徐曰:"寇非吾民耶?岂必皆恶。然其如是,诚以吾有司贪刻者激之,及将校之邀功者逼成之耳。反是而行之则皆民矣。"帅、漕曰:"干办议是。谁可行者?"燔请自往,乃驻兵万安,会近洞诸巡尉,察隅保之尤无良者易置之,分兵守险,驰辩士谕贼逆顺祸福,寇皆帖服。

洪州地下,异时赣江涨而堤坏,久雨辄涝,燔白于帅、漕修之,自是田皆沃壤。漕司以十四界会子新行,价日损,乃视民税产物力,各藏会子若干,官为封识,不时点阅,人爱重之,则价可增,慢令者鲸籍,而民诪张,持空券益不售,燔与国子学录李诚之力争不能止。燔又入札争之曰:"钱荒楮涌,子母不足以相权,不能行楮者,由钱不能权之也。楮不行而抑民藏之,是弃物也。诚能节用,先谷粟之实务,而不取必于楮币,则楮币为实用矣。"札入,漕司即弛禁,诣燔谢。燔又念社仓之置,仅贷有田之家,而力田之农不得出沾惠,遂倡议裒谷创社仓,以贷佃人。

有旨改官,通判潭州,辞,不许。真德秀为长沙帅,一府之事咸咨燔。不数月,辞归。当是进,史弥远当国,废皇子竑,燔以三纲所关,自是不复出矣。真德秀及右史魏了翁荐之,差权通判隆兴府,江西帅魏大有辟充参议官,皆辞,乃以直秘阁主管庆元至道宫。燔自惟居闲无以报国,乃荐崔与之、魏了翁、真德秀、陈宓、郑寅、杨长孺、丁黼、叶宰、龚维藩、徐侨、刘宰、洪咨夔于朝。

绍定五年,帝论及当时高士累召不起者,史臣李心传以燔对,且曰:"燔乃朱熹高弟,经术行术亚黄榦,当今海内一人而已。"帝问今安在,心传对曰:"燔,南康人,先帝以大理司直召,不起,比乞致仕。陛下诚能强起之,以置讲筵,其神圣学岂浅浅哉。"帝然其言,终不召也。九江蔡念成称燔心事有如秋月。燔卒,年七十,赠直华文阁,谥文定,补其子挙下州文学。

燔尝曰:"凡人不必待仕宦有位为职事,方为功业,但随力到处有以及物,即功业矣。"又常曰:"仕宦至卿相,不可失寒素体。夫子无不自得者,正以磨挫骄奢,不至居移气、养移体。"因诵古语曰:"分之所在,一毫跻攀不上,善处者退一步耳。"故燔处贫贱患难若平素,不为动,被服布素,虽贵不易。入仕凡四十二年,而历官不过七考。居家讲道,学者宗之,与黄榦并称曰"黄、李"。

孙镢,登进士第。


张洽字无德,临江之清江人。父绂,第进士。洽少颖异,从朱熹学,自《六经》传注而下,皆究其指归,至于诸子百家、山经地志、老子浮屠之说,无所不读。尝取管子所谓"思之思之,又重思之。思之不之通,鬼神将通之"之语,以为穷理之要。熹嘉其笃志,谓黄榦曰:"所望以永斯道之传,如二三君者不数人也。

时行社仓法,洽请于县,贷常平米三百石,建仓里中,六年而归其本于官。乡人利之。嘉定元年中第，授松滋尉。湖右经界不正，弊日甚。洽请行推排法，令以委洽。洽于是令民自实其土地疆界产业之数投于匦，乃筹核而次第之，使奸无所匿。其后十余年，讼者犹援以为证云。

改袁州司理参军。有大囚，讯之则服，寻复变异，且力能动摇官吏，累年不决，而逮系者甚众。洽以白提点刑狱，杀之。有盗黠甚，辞不能折。会狱有兄弟争财者，洽谕之曰："讼于官，只为胥吏之地，且冒法以求胜，敦与各守分以全手足之爱乎？"辞气恳切，讼者感悟。盗闻之，自伏。民有杀人，贿其子焚之，居数年，事败，洽治其狱无状，忧之，县白郡委官体访。俄梦有人拜于庭，示以伤痕在胁。翌日，委官上其事，果然。

郡守以仓廪虚，籍仓吏二十余家，命洽鞫之，洽廉知为都吏所卖。都吏者，州之巨蠹也，尝干于仓不获，故以此中之。洽度守意锐未可婴，姑系之，而密令计仓庾所入以白守曰："君之籍二十余家者，以胥吏也。今校数岁之中所入，已丰于昔，由是观之，胥吏妄矣。君必不忍受胥吏之妄，而籍无罪之家也。若以罪胥吏，过乃可免。"守悟，为罢都吏，而免所籍之家。

知永新县。一日谒告，闻狱中榜笞声，盖狱吏受赇，乘间讯囚使诬服也。洽大怒。亟执付狱，明日以上于郡，黥之。湖南酃寇作乱，与县接壤，民大恐。洽单车以往，邑佐、寓士交谏，弗听。至则寇未尝至，乃延见隅官，访利害而犒之，因行安福境上，结约土豪，得其欢心。未几，南安舒寇将犯境，闻有备，乃去。

以江东提举常平荐，通判池州。狱有张德修者，误踢人以死，狱吏诬以故杀，洽讯而疑之，请再鞫，守不听。会提点常平衰甫至，时方大旱，祷不应，洽言于甫曰："汉、晋以来，滥刑而致旱，伸冤而得雨，载于方册可考也。今天大旱，焉知非由德修事乎？"甫为阅款状于狱，德修遂从徒罪。复白郡请蠲征税，宽催科，以召和气，守为宽税。三日果大雨，民甚悦。洽数以病请祠，至是主管建昌仙都观，以庆寿恩赐绯衣、银鱼。

时袁甫提点江东刑狱，甫以白鹿书院废弛，招洽为长。洽曰："嘻，是先师之迹也，其可辞!"至则选好学之士日与讲说，而汰其不率教者，凡养士之田乾没于豪右者复之。学兴，即谢病去。

端平初，大臣多荐洽，召赴都堂审察，洽以疾不赴，乃除秘书郎，寻迁著作佐郎。度正、叶味道在经幄，帝数问张洽何时可到，将以说书待洽，洽固辞，遂除直秘阁，主管建康崇禧观。嘉熙元年，以疾乞致仕，十月卒，年七十七。

洽自少用力于敬，故以"主一"名斋。平居不异常人，至义所当为，则勇不可夺。居闲不言朝廷事，或因灾异变故，辄颦蹙不乐，及闻一君子进用，士大夫直言朝廷得失，则喜见颜色。所交皆名士，如吕祖俭、黄榦、赵崇宪、蔡渊、吴必大、辅广、李道传、李燔、叶味道、李闳祖、李方子、柴中行、真德秀、魏了翁、李壂、赵汝谠、陈贵谊、杜孝严、度正、张嗣古，皆敬慕之。卒后一日，有旨除直宝章阁。所著书有《春秋集注》、《春秋集传》、《左氏蒙求》、《续通鉴长编事略》、《历代郡县地理沿革表》、文集。

子楷、桱，赐同进士出身。

陈淳字安卿，漳州龙溪人。少习举子业，林宗臣见而奇之，且曰："此非圣贤事业也。"因授以《近思录》，淳退而读之，遂尽弃其业焉。

及朱熹来守其乡，淳请受教，熹曰："凡阅义理，必穷其原，如为人父何故止于慈，为人子何故止于孝，其他可类推也。"淳闻而为学益力，日求其所未至。熹数语人以"南来，吾道喜得陈淳"，门人有疑问不合者，则称淳善问。后十年，淳复往见熹，陈其所得，时熹已寝疾，语之曰："如公所学，已见本原，所阙者下学之功尔。"自是所闻皆要切语，凡三月而熹卒。

淳追思师训，痛自裁抑，无书不读，无物不格，日积月累，义理贯通，洞见条绪。故其言太极曰："太极只是理，理本圆，故太极之体浑沦。以理言，则自末而本，自本而末，一聚一散，而太极无所不极其至。自万古之前与万古之后，无端无始，此浑沦太极之全体也。自其冲漠无朕，而天地万物皆由是出，及天地成物既由是出，又复冲漠无朕，此浑沦无极之妙用也。圣人一心浑沦太极之全体，而酬酢万变，无非太极流行之用。学问工夫，须从万事万物中贯过，凑成一浑沦大本，又于浑沦大本中散为万事万物，使无少窒碍，然后实体得浑沦至极者在我，而大用不差矣。"

其言仁曰："仁只是天理生生之全体，无表里、动静、隐显、精粗之间，惟此心纯是天理之公，而绝无一毫人欲之私，乃可以当其名。若一处有病痛，一事有欠阙，一念有间断，则私意行而生理息，即顽痹不仁矣。"

其语学者曰："道理初无玄妙，只在日用人事间，但循序用功，便自有见。所谓'下学上达'者，须下学工夫到，乃可从事上达，然不可以此而安于小成也。夫盈天地间千条万绪，是多少人事；圣人大成之地，千节万目，是多少功夫。惟当开拓心胸，大作基址。须成万理明彻于胸中，将此心放在天地间一例看，然后可以语孔、孟之乐。须明三代法度，通之于当今而无不宜，然后为全儒，而可以语王佐事业。须运用酬酢，如探诸囊中而不匮，然后为资之深，取之左右逢其原，而真为己物矣。至于以天理人欲分数而验宾主进退之几，如好好色，恶恶臭，而为天理人欲强弱之证，必使之于是是非非如辨黑白，如遇镆铘，不容有骑墙不决之疑，则虽艰难险阻之中，无不从容自适，夫然后为知之至而行之尽。"此语又中学者膏肓，而示以标的也。

淳性孝，母疾亟，号泣于天，乞以身代。弟妹未有室者，皆婚嫁之。葬宗族之丧无归者。居乡不沽名徇俗，恬然退守，若无闻焉。然名播天下，世虽不用，而忧时论事，感慨动人，郡守以下皆礼重之，时造其庐而请焉。

嘉定九年，待试中都，归遇严陵郡守郑之悌，率僚属延讲郡庠。淳叹陆张、王学问无源，全用禅家宗旨，认形气之虚灵知觉为天理之妙，不由穷理格物，而欲径造上达之境，反托圣门以自标榜。遂发明吾道之体统，师友之渊源，用功之节目，读书之次序，为四章以示学者。明年，以特奏恩授迪功郎、泉州安溪主簿，未上而没，年六十五。其所著有《语孟大学中庸口义》、《字义详讲》，《礼》、《诗》、《女学》等书，门人录其语，号《筼谷濑口金山所闻》。

李方子字公晦，昭武人。少博学能文，为人端谨纯笃。初见朱熹，谓曰："观公为人，自是寡过，但宽大中要规矩，和缓中要果决。"遂以"果"名斋。长游太学，学官李道传折官位辈行具刺就谒。

嘉定七年，廷对擢第三，调泉州观察推官。适真德秀来为守，以师友礼之，郡政大小咸咨焉。暇则辨论经训，至夜分不倦。故事，秩满必先通书庙堂乃除，方子曰："以书通，是求也。"时丞相弥远闻之怒，逾年始除国子录。无何，将选入宫僚，而方子不少贬以求合。或告弥远曰："此真德秀党也。"使台臣劾罢之。

方子既归，学者毕集，危坐竟日，未始倾侧，对宾客一语不妄发，虽奴隶亦不加诟詈，然常严惮之。尝语人曰："吾于问学虽未能周尽，然幸于大本有见处，此心常觉泰然，不为物欲所溃尔。"其亡也，天子闵之，与一子恩泽。

黄灏字商伯，南康都昌人。幼敏悟强记，肄业荆山僧舍三年，入太学，擢进士第。教授隆兴府，知德化县，以兴学校、崇政化为本。岁馑，行振给有方。王蔺、刘颖荐于朝，除登闻鼓院。光宗即位，迁太常寺簿，论今礼教废阙，请敕有司取政和冠昏丧葬仪，及司马光、高闶等书参订行之。

除太府寺丞，出知常州，提举本路常平。秀州海盐民伐桑柘，毁屋庐，莩殣盈野，或食其子持一臂行乞，而州县方督促逋欠，灏见之蹙然。时有旨倚阁夏税，遂奏乞并阁秋苗，不俟报行之。言者罪其专，移居筠州，已而寝谪命，止削两秩，而从其蠲阁之请。

灏既归里，幅巾深衣，骑驴匡山间，若素隐者。起知信州，改广西转运判官，移广东提点刑狱，告老不赴，卒。

灏性行端饬，以孝友称。朱熹守南康，灏执弟子礼，质疑问难。熹之没，党禁方厉，灏单车往赴，徘徊不忍去者久之。

宋史卷四三一
列传第一九〇

# 儒林一

聂崇义　邢昺　孙奭　王昭素
孔维　孔宜　崔颂　尹拙　田敏
辛文悦　李觉　崔颐正　李之才

聂崇义，河南洛阳人。少举《三礼》，善《礼》学，通经旨。

汉乾祐中，累官至国子《礼记》博士，校定《公羊春秋》，刊板于国学。

周显德中，累迁国子司业兼太常博士。先是，世宗以郊庙祭器止由有司相承制造，年代浸久，无所规式，乃命崇义检讨摹画以闻。四年，崇义上之，乃命有司别造焉。

五年，将禘于太庙，言事者以宗庙无祧室，不当行禘祫之礼。崇义援引故事上言，其略曰：“魏明帝以景初三年正月上仙，至五年二月祫祭，明年又禘，自兹后以五年为禘。且魏以武帝为太祖，至明帝始三帝，未有毁主而行禘祫。其证一也。宋文帝元嘉六年，祠部定十月三日大祠，其太学博士议云：案禘祫之礼，三年一，五年再。宋高祖至文帝裁亦三帝，未有毁主而行禘祫。其证二也。梁武帝用谢广议，三年一禘，五年一祫，谓之大祭，禘祭以夏，祫祭以冬。且梁武乃受命之君，裁追尊四朝而行禘祫，则知祭者是追养之道，以时移节变,孝子感而思亲,故荐以首时,祭以仲月,间以禘袷,序以昭穆,乃礼之经也,非关宗庙备与未备。其证三也。"终从崇义之议。

未几,世宗诏崇义参定郊庙祭玉,又诏翰林学士窦俨统领之。崇义因取《三礼图》再加考正,建隆三年四月表上之,俨为序。太祖览而嘉之,诏曰:"礼器礼图,相承传用,浸历年祀,宁免差违。聂崇义典事国庠,服膺儒业,讨寻故实,刊正疑讹,奉职效官,有足嘉者。崇义宜量与酬奖,所进《三礼图》,宜令太子詹事尹拙集儒学三五人更同参议,所冀精详,苟有异同,善为商确。"五月,赐崇义紫袍、犀带、银器、缯帛以奖之。拙多所驳正,崇义复引经以释之,悉以下工部尚书窦仪,俾之裁定。仪上奏曰:"伏以圣人制礼,垂之无穷,儒者据经,所传或异,年祀浸远,图绘缺然,踳驳弥深,丹青靡据。聂崇义研求师说,耽味礼经,较于旧图,良有新意。尹拙爰承制旨,能罄所闻。尹拙驳议及聂崇义答义各四卷,臣再加详阅,随而裁置,率用增损,列于注释,共分为十五卷以闻。"诏颁行之。

拙、崇义复陈祭玉鼎釜异同之说,诏下中书省集议。吏部尚书张昭等奏议曰:

按聂崇义称:祭天苍璧九寸圆好,祭地黄琮八寸无好,圭、璋、琥并长九寸。自言周显德三年与田敏等按《周官》玉人之职及阮谌、郑玄旧图,载其制度。

臣等按《周礼》玉人之职,只有"璧琮九寸"、"瑑琮八寸"及"璧羡度尺、好三寸以为度"之文,即无苍璧、黄琮之制。兼引注有《尔雅》"肉倍好"之说,此即是注"璧羡度"之文,又非苍璧之制。又详郑玄自注《周礼》,不载尺寸,岂复别作画图,违经立异?

《四部书目》内有《三礼图》十二卷,是隋开皇中敕礼官修撰,其图第一、第二题云"梁氏",第十后题云"郑氏",又称不知梁氏、郑氏名位所出。今书府有《三礼图》,亦题"梁氏、郑氏",不言名位。厥后有梁正者,集前代图记更加详议,题《三礼图》曰:"陈留阮士信受礼学于颍川綦册君,取其说为图三卷,多不按《礼》文而引汉事，与郑君之文违错。"正删为二卷，其阮士信即谌也。如梁正之言，可知谌之纰缪。兼三卷《礼图》删为二卷，应在今《礼图》之内，亦无改祭玉之说。

臣等参详自周公制礼之后，叔孙通重定以来，礼有纬书，汉代诸儒颇多著述，讨寻祭玉，并无尺寸之说。魏、晋之后，郑玄、王肃之学各有生徒，《三礼》、《六经》无不论说，检其书亦不言祭玉尺寸。臣等参验画图本书，周公所说正经不言尺寸，设使后人谬为之说，安得便入周图？知崇义等以诸侯入朝献天子夫人之琮璧以为祭玉，又配合"羡度"、"肉好"之言，强为尺寸，古今大礼，顺非改非，于理未通。

又据尹拙所述礼神之六玉，称取梁桂州刺史崔灵恩所撰《三礼义宗》内"昊天及五精帝圭、璧琮、璜皆长尺二寸，以法十二时；祭地之琮长十寸，以效地之数"。又引《白虎通》云："方中圆外曰璧，圆中方外曰琮。"崇义非之，以为灵恩非周公之才，无周公之位，一朝撰述，便补六玉阙文，尤不合礼。

臣等窃以刘向之论《洪范》，王通之作《元经》，非必挺圣人之姿，而居上公之位，有益于教，不为斐然。臣等以灵恩所撰之书，聿稽古训，祭玉以十二为数者，盖天有十二次，地有十二辰，日有十二时，封山之玉牒十二寸，圜丘之笾豆十二列，天子以镇圭外守，宗后以大琮内守，皆长尺有二寸。又裸圭尺寸，王者以祀宗庙。若人君亲行之郊祭，登坛酌献，服大裘，搢大圭，行稽奠，而手秉尺二之圭，神献九寸之璧，不及礼宗庙裸圭之数，父天母地，情亦奚安？则灵恩议论，理未为失，所以自《义宗》之出，历梁、陈、隋、唐垂四百年，言礼者引为师法，今《五礼精义》、《开元礼》、《郊礼录》皆引《义宗》为标准。近代晋、汉两朝，仍依旧制。周显德中田敏等妄作穿凿，辄有更改。自唐贞观之后凡三次大修五礼，并因隋朝典故，或节奏繁简之间稍有厘革，亦无改祭玉之说。伏望依《白虎通》、《义宗》、唐礼之制，以为定式。

又尹拙依旧图画釜,聂崇义去釜画镬。臣等参详旧图,皆有釜无镬。按《易·说卦》云"坤为釜",《诗》云"惟锜及釜",又云"溉之釜鬵",《春秋传》云"锜釜之器",《礼记》云"燔黍捭豚",解云"古未有甑釜,所以燔捭而祭"。即釜之为用,其来尚矣,故入于《礼图》。今崇义以《周官》祭礼有省鼎镬,供鼎镬,又以《仪礼》有羊镬、豕镬之文,乃云画釜不如画镬。今诸经皆载釜之用,诚不可去,又《周》、《仪礼》皆有镬之文,请两图之。又若观诸家祭祀之画,今代见行之礼,于大祀前一日,光禄卿省视鼎镬。伏请图镬于鼎下。

诏从之。未几,崇义卒,《三礼图》遂行于世,并画于国子监讲堂之壁。

崇义为学官,兼掌礼,仅二十年,世推其该博。郭忠恕尝以其姓嘲之曰:"近贵全为聩,攀龙即作聋。虽然三个耳,其奈不成聪。"崇义对曰:"仆不能为诗,聊以一联奉答。"即云:"勿笑有三耳,全胜畜二心。"盖因其名以嘲之,忠恕大惭,人许其机捷而不失正,真儒者之戏云。

邢昺字叔明,曹州济阴人。太平兴国初,举《五经》,廷试日,召升殿讲《师》、《比》二卦,又问以群经发题,太宗嘉其精博,擢《九经》及第,授大理评事、知泰州盐城监,赐钱二十万。昺以是监处楚、泰间,泰僻左而楚会要,盐食为急,请改隶楚州,从之。明年,召为国子监丞,专讲学之任。迁尚书博士,出知仪州,就转国子博士。代还,赐绯,选为诸王府侍讲。雍熙中,迁水部员外郎,改司勋。端拱初,赐金紫,累迁金部郎中。

真宗即位,改司勋郎中,俄知审刑院,以昺儒者不达刑章,命刘元吉同领其事。是冬,昺上表自陈凤侍讲讽,迁右谏议大夫。咸平初,改国子祭酒。二年,始置翰林侍讲学士,以昺为之。受诏与杜镐、舒雅、孙奭、李慕清、崔偓佺等校定《周礼》、《仪礼》、《公羊》《谷梁》《春秋传》、《孝经》、《论语》、《尔雅义疏》,及成,并加阶勋。俄为淮

南、两浙巡抚使。初置讲读之职,即于便坐令昺讲《左氏春秋》,侍读
预焉。五年讲毕,宴近臣于崇政殿,赐昺袭衣、金带加器币,仍迁工
部侍郎,兼国子祭酒、学士如故。知审官院陈恕丁内艰,以昺权知院
事。

景德二年,上言:"亡兄素尝举进士,愿沾赠典。"特赠大理评
事。是夏,上幸国子监阅库书,问昺经版几何,昺曰:"国初不及四
千,今十余万,经、传、正义皆具。臣少从师业儒时,经具有疏者百无
一二,盖力不能传写。今板本大备,士庶家皆有之,斯乃儒者逢辰之
幸也。"上喜曰:"国家虽尚儒术,非四方无事何以及此。"上又访以
学馆故事,有未振举者,昺不能有所建明。先是,印书所裁余纸,鬻
以供监中杂用,昺请归之三司,以裨国用。自是监学公费不给,讲官
亦厌其寥落。上方兴起道术,又令昺与张雍、杜镐、孙奭举经术该
博、德行端良者,以广学员。三年,加刑部侍郎。

昺居近职,常多召对,一日从容与上语及宫邸旧僚,叹其沦丧
殆尽,唯昺独存。翌日赐白金千两,且诏其妻至宫庭,赐以冠帔。四
年,昺以羸老艰于趋步上前,自陈曹州故乡,愿给假一年归视田里,
俟明年郊祀还朝。上命坐慰劳之,因谓曰:"便可权本州,何须假
耶?"昺又言杨砺、夏侯峤同为府僚,二臣没皆赠尚书。上悯之,翌日
谓宰相曰:"此可见其志矣。"即超拜工部尚书,知曹州职如故。

入辞日,赐袭衣、金带。是日,特开龙图阁,召近臣宴崇和殿,上
作五、七言诗二首赐之,预宴者皆赋。昺视壁间《尚书》、《礼记图》,
指《中庸篇》曰,凡为天下国家有九经,因陈其大义,上嘉纳之。及
行,又令近臣祖送,设会于宜春苑。大中祥符初,上东封泰山,昺表
曹州民请车驾经由本州,仍令济阴令王范部送父老诣阙,优诏答
之。俄召还。车驾进发,命判留司御史台。礼毕,进位礼部尚书。

上勤政悯农,每雨雪不时,忧形于色,以昺素习田事,多委曲访
之。初,田家察阴晴丰凶,皆有状候,老农之相传者率有验,昺多采
其说为对。又言:"民之灾患大者有四:一曰疫,二曰旱,三曰水,四
曰畜灾。岁必有其一,但或轻或重耳。四事之害,旱暵为甚,盖田无

畎浍,悉不可救,所损必尽。传曰:'天灾流行,国家代有。'此之谓也。"

三年,被病请告,诏太医诊视。六月,上亲临问疾,赐名药一奁、白金器千两、缯采千匹。国朝故事,非宗戚将相,无省疾临丧之礼,特有加于昺与郭赞者,以恩旧故也。未几,有旨命中书召其子太常博士知东明县仲宝、国子博士知信阳军若思还侍疾。逾月卒,年七十九,赠左仆射,三子并进秩。

初,雍熙中,昺撰《礼选》二十卷献之,太宗探其帙,得《文王世子篇》,观之甚悦,因问卫绍钦曰:"昺为诸王讲说,曾及此乎?"绍钦曰:"诸王常时访昺经义,昺每至发明君臣父子之道,必重复陈之。"太宗益喜。上尝因内阁暴书,览而称善,召昺同观,作《礼选赞》赐之。昺言:"家无遗稿,愿得副本。"上许之。缮录未毕而昺卒,亟诏写二本,一本赐其家,一本俾置冢中。

昺在东宫及内庭,侍上讲《孝经》、《礼记》、《论语》、《书》、《易》、《诗》、《左氏传》,据传疏敷引之外,多引时事为喻,深被嘉奖。上尝问:"管仲、召忽皆事公子纠,小白之入,召忽死之,管仲乃归齐相桓公。岂非召忽以忠死,而管仲不能固其节,为臣之道当若是乎? 又郑注《礼记·世子篇》云:'文王以勤忧损寿,武王以安乐延年。'朕以为本经旨意必不然也。且夏禹焦劳,有玄圭之赐,而享国永年。若文王能忧人之心,不自暇逸,纵无感应,岂至亏损寿命耶?"各随其事理以对。

先是,咸平中,王钦若知贡举,有告其受举人贿赂者,下御史台鞫得状,钦若自诉,诏昺与边肃、毋宾古、阎承翰就太常寺覆推。昺力辨钦若,而洪湛抵罪,钦若以是德之。昺之厚被宠顾,钦若与有功焉。

仲宝贪猥不才,举止率易,士大夫多鄙笑之。钦若在中书,用为三司判官,后至祠部郎中,坐赃黜官,卒。若思终于驾部郎中。

孙奭字宗古,博州博平人。幼与诸生师里中王彻,彻死,有从奭问经者,奭为解析微指,人人惊服,于是门人数百皆从奭。后徙居须城。

《九经》及第,为莒县主簿,上书愿试讲说,迁大理评事,为国子监直讲。太宗幸国子监,召讲《书》,至"事不师古,以克永世,匪说攸闻"。帝曰:"此至言也。商宗乃得贤相如此耶!"因咨嗟久之。赐五品服。真宗以为诸王府侍读。会诏百官转对,奭上十事。判太常礼院、国子监、司农寺,累迁工部郎中,擢龙图阁待制。

以经术进,守道自处,即有所言,未尝阿附取悦。大中祥符初,得天书于左承天门,帝将奉迎,召宰相对崇政殿西庑。王旦等曰:"天贶符命,实盛德之应。"皆再拜称万岁。又召问奭,奭对曰:"臣愚,所闻'天何言哉',岂有书也?"帝既奉迎天书,大赦改元,布告其事于天下,筑玉清昭应宫。是岁,天书复降泰山,帝以亲受符命,遂议封禅,作礼乐。王钦若、陈尧叟、丁谓、杜镐、陈彭年皆以经义左右附和,由是天下争言符瑞矣。

四年,又将祀汾阴,是时大旱,京师近郡谷踊贵,奭上疏谏曰:

> 先王卜征,五年岁习其祥,祥习则行,不习则增修德而改卜。陛下始毕东封,更议西幸,殆非先王卜征五年慎重之意,其不可一也。夫汾阴后土,事不经见。昔汉武帝将封禅,故先封中岳,祠汾阴,始巡幸郡县,遂有事于泰山。今陛下既已登封,复欲幸汾阴,其不可二也。古者圜丘方泽,所以郊祀天地,今南北郊是也。汉初承秦,唯立五畤以祀天,而后土无祀,故武帝立祠于汾阴。自元、成以来,从公卿之义,遂徙汾阴后土于北郊,后之王者多不祀汾阴。今陛下已建北郊,乃舍之而远祀汾阴,其不可三也。西汉都雍,去汾阴至近。今陛下经重关,越险阻,轻弃京师根本,而慕西汉之虚名,其不可四也。河东,唐王业之所起也。唐又都雍,故明皇间幸河东,因祠后土。圣朝之兴,事与唐异,而陛下无故欲祀汾阴,其不可五也。昔者周宣王遇灾而惧,故诗人美其中兴,以为贤主。比年以来,水旱相继,陛下宜侧身修德,以答天谴,岂宜下徇奸回,远劳民庶,盘游不已,

忘社稷之大计？其不可六也。夫雷以二月启蛰，八月收声，育养万物，失时则为异。今震雷在冬，为异尤甚。此天意丁宁以戒陛下，而反未悟，殆失天意，其不可七也。夫民，神之主也，是以圣王先成民而后致力于神。今国家土木之功累年未息，水旱沴沴，饥馑居多，乃欲劳民事神，神其享之乎？此其不可八也。陛下必欲为此者，不过效汉武帝、唐明皇，巡幸所至，刻石颂功，以崇虚名，夸示后世尔。陛下天资圣明，当慕二帝、三王，何为下袭汉、唐之虚名，其不可九也。唐明皇以嬖宠奸邪，内外交害，身播国屯，兵交关下，亡乱之迹如此，由狃于承平，肆行非义，稔致祸败。今议者引开元故事以为盛烈，乃欲倡导陛下而为之，臣切为陛下不取，此其不可十也。臣言不逮意，陛下以臣言为可取，愿少赐清问，以毕臣说。

帝遣内侍皇甫继明就问，又上疏曰：

陛下将幸汾阴，而京师民心弗宁，江、淮之众困于调发，理须镇安而矜存之。且土木之功未息，而夺攘之盗公行，外国治兵，不远边境，使者虽至，宁可保其心乎？昔陈胜起于徭戍，黄巢出于凶饥，隋炀帝勤远略而唐高祖兴于晋阳，晋少主惑小人而耶律德光长驱中国。陛下俯从奸佞，远弃京师，涉仍岁荐饥之墟，修违经久废之祠，不念民疲，不恤边患。安知今日戍卒无陈胜，饥民无黄巢，英雄将无窥伺于肘腋，外敌将无观衅于边陲乎？

先帝尝议封禅，寅畏天灾，寻诏停寝。今奸臣乃赞陛下力行东封，以为继成先志。先帝尝欲北平幽朔，西取继迁，大勋未集，用付陛下，则群臣未尝献一谋、画一策，以佐陛下继先帝之志者；反务卑辞重币，求和于契丹，蠹国縻爵，姑息于继迁；曾不思主辱臣死为可戒，诬下罔上为可羞。撰造祥瑞，假托鬼神，才毕东封，便议西幸，轻劳车驾，虐害饥民，冀其无事往还，便谓成大勋绩。是陛下以祖宗艰难之业，为奸邪侥幸之资，臣所以长叹而痛哭也。

　　夫天地神祇,聪明正直,作善降之百祥,作不善降之百殃,未闻专事笾豆簠簋,可邀福祥。《春秋传》曰:"国之将兴听于民,将亡听于神。"愚臣非敢妄议,惟陛下终赐裁择。

　　后天下数有灾变,又言:"古者五载巡守,有国之事尔,非必有紫气黄云,然后登封,嘉禾异草,然后省方也。今野雕山鹿,郡国交奏,秋旱冬雷,群臣率贺,退而腹非窃笑者比比皆是。孰谓上天为可罔,下民为可愚,后世为可欺乎?人情如此,所损不细,惟陛下深鉴其妄。"

　　六年,又上疏曰:"陛下封泰山,祀汾阴,躬谒陵寝,今又将祠于太清宫,外议籍籍,以谓陛下事事慕效唐明皇,岂以明皇为令德之主耶?甚不然也。明皇祸败之迹有足为深戒者,非独臣能知之,近臣不言者,此怀奸以事陛下也。明皇之无道,亦无敢言者,及奔至马嵬,军士已诛杨国忠,请矫诏之罪,乃始谕以识理不明,寄任失所。当时虽有罪己之言,觉寤已晚,何所及也。臣愿陛下早自觉寤,抑损虚华,斥远邪佞,罢兴土木,不袭危乱之迹,无为明皇不及之悔,此天下之幸,社稷之福也。"帝以为"封泰山,祠汾阴,上陵,祀老子,非始于明皇。《开元礼》今世所循用,不可以天宝之乱,举谓为非也。秦为无道甚矣,今官名、诏令、郡县犹袭秦旧,岂以人而废言乎?"作《解疑论》以示群臣。然知奭朴忠,虽其言切直,容之而弗斥。

　　久之,以父老请归田里,不许,以知密州。居二年,迁左谏议大夫,罢待制还,纠察在京刑狱。是时初置天庆、天祺、天贶、先天、降圣节,天下设斋醮张燕,费甚广。奭又请裁省浮用,不报。复出知河阳,又求解官就养,迁给事中,徙兖州。

　　天禧中,朱能献《乾祐天书》。复上疏曰:

　　朱能者,奸憸小人妄言祥瑞,而陛下崇信之,屈至尊以迎拜,归秘殿以奉安,上自朝廷,下及闾巷,靡不痛心疾首,反唇腹非,而无敢言者。

　　昔汉文成将军以帛书饭牛,既而言牛腹中有奇书,杀视得书,天子识其手迹。又有五利将军妄言,方多不雠,二人皆坐诛。先帝时有侯莫陈利用者,以方术暴得宠用,一旦发其奸,诛于郑州。汉武可谓雄材,先帝可谓英断。唐明皇得《灵宝符》、《上清护国经》、《宝券》等,皆王钦、田同秀等所为,明皇不能显戮,怵于邪说,自谓德实动天,神必福我。夫老君,圣人也。傥实降语,固宜不妄,而唐自安、史乱离,乘舆播越,两都荡覆,四海沸腾,岂天下太平乎?明皇虽仅得归阙,复为李辅国劫迁,卒以忧终,岂圣寿无疆、长生久视乎?以明皇之英睿,而祸患猥至曾不知者,良由在位既久,骄亢成性,谓人莫己若,谓谏不足听。心玩居常之安,耳熟导谀之说,内惑宠嬖,外任奸回,曲奉鬼神,过崇妖妄。今日见老君于阁上,明日见老君于山中。大臣尸禄以将迎,端士畏威而缄默。既惑左道,即紊政经,民心用离,变起仓卒。当是之时,老君宁肯御兵,宝符安能排难邪?

　　今朱能所为,或类于此,愿陛下思汉武之雄材,法先帝之英断,鉴明皇之召祸,庶几灾害不生,祸乱不作。

未几,能果败。奭又尝请减修寺度僧,帝虽未用其言,尝令向敏中谕令陈时政得失,奭以纳谏、恕直、轻徭、薄敛四事为言,颇施行焉。

　　仁宗即位,宰相请择名儒以经术侍讲读,乃召为翰林侍讲学士,知审官院,判国子监修《真宗实录》。丁父忧,起复,兼判太常寺及礼院,三迁兵部侍郎、龙图阁学士。每讲论至前世乱君亡国,必反覆规讽。仁宗意或不在书,奭则拱默以俟,帝为竦然改听。尝画《无逸图》上之,帝施于讲读阁。时章献明肃皇后每五日一御殿,与帝同听政,言:"古帝王朝朝暮夕,未有旷日不朝。陛下宜每日御殿,以览万机。"奏留中不报。然帝与皇太后尤爱重之,每进见,未尝不加礼。

　　三请致仕,召对承明殿,敦谕之,以年逾七十固请,泣下,帝亦恻然,诏与冯元讲《老子》三章,各赐帛二百匹。以不得请,求近郡,优拜工部尚书,复知兖州。诏须宴而后行,又留数月,特宴太清楼,近臣皆预,帝作飞白大字以赐二府,而小字赐诸学生,独奭与晁迥兼赐大小字。诏群臣即席赋诗,太后又别出禁中珍器劝酒。翌日奭入谢,又命讲《老子》,赐袭衣、金带、银鞍勒马。及行,赐宴瑞圣园,又赐诗，诏近臣皆赋。以恭谢恩改礼部尚书，既而累表乞归，以太子少傅致仕。疾甚，徙正寝，屏婢妾，谓子瑜曰："无令我死妇人之手。"卒，奏至，帝谓张士逊曰："朕方欲召奭还，而奭遂死矣。"嗟惜者久之，罢朝一日，赠左仆射，谥曰宣。

奭性方重，事亲笃孝，父亡，舐其面以代颏。常掇《五经》切于治道者，为《经典徽言》五十卷。又撰《崇祀录》、《乐记图》、《五经节解》、《五服制度》。尝奉诏与邢昺、杜镐校定诸经正义《庄子》、《尔雅》释文，考正《尚书》、《论语》、《孝经》、《尔雅》谬误及律音义。

初，圜丘无外壝，五郊从祀不设席，尊不施幂；七祠时飨饮福用一尊，不设三登，升歌不以《雍》彻；冬至摄祀昊天上帝，外级止十七位，而不以星辰从；飨先农在祈谷之前；上丁释奠无三献；宗庙不备二舞；诸臣当谥者，或既葬乃请。奭皆援古奏正，遂著于礼。又请冬至罢祀五帝，大雩设五帝而罢祠昊天上帝。事下有司议，不合而止。瑜官至工部侍郎致仕。


王昭素，开封酸枣人。少笃学不仕，有至行，为乡里所称。常聚徒教授以自给，李穆与弟肃及李恽皆常师事焉。乡人争讼，不诣官府，多就昭素决之。

昭素博通《九经》，兼究《庄》、《老》，尤精《诗》、《易》，以为王、韩注《易》及孔、马疏义或未尽是，乃著《易论》二十三篇。

开宝中，穆荐之朝，诏召赴阙，见于便殿，时年七十七，精神不衰。太祖问曰："何以不求仕进，致相见之晚？"对曰："臣草野蠢愚，无以裨圣化。"赐坐，令讲《易·乾卦》，召宰相薛居正等观之，至"飞龙在天"，上曰："此书岂可令常人见？"昭素对曰："此书非圣人出不能合其象。"因访以民间事，昭素所言诚实无隐，上嘉之。以衰老求归乡里，拜国子博士致仕，赐茶药及钱二十万，留月余遣之，年八十九，卒于家。

昭素颇有人伦鉴。初，李穆兄弟从昭素学《易》，常谓穆曰："子所谓精理，往往出吾意表。"又语人曰："穆兄弟皆令器，穆尤沈厚，他日必至廊庙。"后果参知政事。

昭素每市物，随所言而还直，未尝论高下。县人相告曰："王先生市物，无得高取其价也。"治所居室，有椽木积门中，夜有盗者抉门将入，昭素觉之，即自门中潜掷椽于外，盗者惭而去，由是里中无盗。家有一驴，人多来假，将出，先问僮奴曰："外无假驴者乎？"对云"无"，然后出。其为纯质若此。子仁著，亦有隐德。

孔维字为则，开封雍丘人。乾德四年《九经》及第，解褐东明、鄢陵二主簿。开宝中，礼部再奏为考试官，调滁州军事推官。太宗即位，擢授太子左赞善大夫，知河南县，通判滑、梓二州。太平兴国中，就拜国子《周易》博士，代还，迁《礼记》博士。七年，使高丽，王治问礼于维，维对以君父臣子之道，升降等威之序，治悦，称之曰："今日复见中国之夫子也。"九年，判国学事。雍熙初，迁主客员外郎。三年，擢为国子司业，赐金紫。

会将有事于籍田，维起《周礼》至于《唐书》，凡沿革制度并录之以献，观者称其博。又上书请禁原蚕以利国马。直史馆乐史驳之曰：

《管子》云："仓廪实，知礼节；衣食足，知荣辱。"是以古先哲王厚农桑之业，以其为衣食之原耳。一夫不耕，天下有受其饥者；一妇不蚕，天下有受其寒者。故天子亲耕，后妃亲蚕，屈身以化下者，邦国之重务也。《吴都赋》曰："国赋再熟之稻，乡贡八蚕之绵。"则蚕之有原，其来旧矣。今孔维请禁原蚕以利国马，徒引前经物类同气之文，不究时事确实之理。夫所市国马来自外方，涉远驰驱，亏其秣饲，失于善视，遂至玄黄，致毙之由，鲜不以此。今乃欲禁其蚕事，甚无谓也。唐朝畜马，具存监牧之制，详观本书，亦无禁蚕之文。况近降明诏，来年春有事于籍田，是则劝农之典方行，而禁蚕之制又下，事相违戾，恐非所长。

臣尝历职州县，粗知利病，编民之内，贫窭者多，春蚕所成，止充赋调之备，晚蚕薄利，始及卒岁之资。今若禁其后图，必有因缘为弊,滋彰挠乱,民岂皇宁。涣汗丝纶,所宜重慎。
上览之,遂寝晚蚕之禁。维复抗疏曰:

　　按《周礼·夏官司马》职禁原蚕者,为伤马也。原,再也。天
文,辰为马。《蚕书》,蚕为龙精,月直大火,则浴其种。是蚕与
马同气,物莫能两大,故禁再蚕以益马也。又郭璞云:"重蚕为
原,今晚蚕也。"臣少亲耕桑之务,长历州县之职,物之利害,尽
知之矣。蚩蚩之氓知其利而不知其害,故有早蚕之后,重养晚
蚕之茧,出丝甚少,再采之叶来岁不茂,岂止伤及于马,而桑亦
损矣。臣自县历官,路见垌野之地官马多死,若非明援典据,助
其畜牧,安敢妄有举陈哉。

　　按《本草》注:"以僵蚕涂马齿,则不能食草。"物类相感如
此。《月令》仲春祭马祖,季春享先蚕,皆谓天驷房星也,为马祈
福,谓之马祖,为蚕祈福,谓之先蚕,是蚕与马同其类尔。蚕重
则马损,气感之而然也。臣谓依《周礼》禁原蚕为当。

上虽不用维言,而嘉其援引经据,以章付史馆。籍田毕,拜国子祭
酒。淳化初,兼工部侍郎。二年,卒,年六十四。

维通经术。准旧制,举《九经》,一上不中第即改科。开宝中,维
论其事非便,诏礼部,自今《九经》同诸科许再赴举。

太宗尹京日,维为属邑吏,颇以经术受知。即位后,维始升郎
署。自以通经求为司业,即以授之。使外国者皆假服紫,维自高丽
还,会东使至,维自耻衣绯,因求见上,诡言:"高丽使问臣获何罪降
服,臣无以对。"因泣下。上怜之,即赐以金紫。及为祭酒,又奏言:
"朝廷久不置此官,少有知者,臣之亲戚故旧有书信来者,多云祭酒
郎中。田敏晋朝任祭酒,仍兼侍郎,愿循前例,兼领是官,庶获美
称。"上从之。然缙绅恶其儒者躁求,无退让之风。

尝建议乞广太学,上以侵坏民舍不许。受诏与学官校定《五经
疏义》,刻板行用,功未及毕,被病,上遣太医诊视,使者抚问。初,维
私用印书钱三十余万,为掌事黄门所发,维忧惧,遽以家财偿之,疾
遂亟,上赦而不问。维将终,召其婿郑革口授遗表,以《五经疏》未毕

为恨。

景德四年，录其孙禹圭同学究出身。

孔宜字不疑，兖州曲阜人，孔子四十四世孙。

孔子生鲤，字伯鱼。鲤生伋，字子思。及生白，字子上。白生永，字子家。永生箕，字子京。箕生穿，字子高。穿生谦，字子慎。谦生鲋，字子鱼，以弟子腾为嗣。腾字子襄，值秦难，藏其家书于屋壁。腾生正，字季忠。正生武。武生延年及安国。延年生霸，字次孺，汉昭帝时为博士，宣帝时为太中大夫，授皇太子经，元帝即位，赐爵关内侯，号褒成君。霸生福。福生房。房生均，字长平，好学有才，为尚书郎，平帝元始元年，封均为褒成侯，食邑二千户，追谥夫子为褒成宣尼公。王莽以均为太尉，三以疾辞，得还，莽败，失国。后汉世祖建武十四年，复封均子志为褒成侯，谥元成。志生损，袭爵，和帝永元四年，徙封损为褒亭侯。损卒，子曜嗣侯，邑千户。子完嗣，邑百户。完早卒无子，以弟子羡袭爵。

羡仕魏为议郎，黄初二年，封宗圣侯，邑百户。羡生震，晋武帝泰始三年，徙封奉圣亭侯，邑二百户，历太常、黄门侍郎。震生嶷。嶷生抚，举孝廉，辟太尉掾，历豫章太守。抚生懿。懿生鲜，有度量，好学，宋文帝元嘉十九年，袭封奉圣侯。鲜生乘，博学有才艺，后魏孝文延兴初，举孝廉，三年，封乘为崇圣大夫，复十户，以供洒扫。乘生灵珍，袭爵，历秘书郎，太和十九年，改封崇圣侯，邑百户。灵珍生文泰。文泰生渠，北齐文宣帝天保元年，改封恭圣侯。后周宣帝大象二年，追封孔子为邹国公，以渠袭爵，邑百户。

渠生长孙，隋文帝复封长孙为邹国公。长孙生嗣哲，应制举，历泾州司兵参军、太子通事舍人，大业四年，改封绍圣侯，邑百户。嗣哲生德伦，唐太宗贞观十一年，封褒圣侯，邑百户，朝会位同三品，复其子孙。则天天授二年，赐德伦玺书、衣服。德伦生崇基，袭侯，中宗神龙元年，授朝散大夫。崇基生璲之，玄宗开元中，历国子四门博士、邠王府文学、蔡州长史。二十七年，诏追谥孔子为文宣王，改封褒圣侯璲之为袭文宣公,兼兖州长史。璲之生萱,袭封,历兖州泗水令。萱生齐卿,德宗建中三年,诏以齐卿为兖州司马,陷于东平,卒。至宪宗元和十三年,平李师道,其子惟晊归鲁,诏以惟晊为兖州参军,奉夫子祀,复五十户,以供清扫。惟晊生策,会昌元年,历国子监丞、尚书博士。大中元年,宰相白敏中奏岁给封户绢百疋,充春秋奉祀。自璲之至策,五世并袭封文宣公。策生振,懿宗咸通四年,举进士甲科,历兖州观察判官,至刑部员外郎。振生昭俭,历兖州司马、曲阜令。自策至昭俭,三世岁给封绢,以供享祀。昭俭生光嗣,哀帝天祐中,为泗水主簿,奉孔子祀。

光嗣生仁玉,九岁通《春秋》,姿貌雄伟。后唐明宗长兴元年,以为曲阜主簿,三年,迁龚丘令,袭文宣公,晋高祖天福五年,改曲阜令。周高祖广顺二年,平慕容彦超,幸曲阜,拜孔子庙及墓,召仁玉赐五品服,复以为本县令。

仁玉四子,长曰宜,举进士不第,乾德中诣阙上书,述其家世,诏以为曲阜主簿,历黄州军事推官,迁司农寺丞,掌星子镇市征。宜上言:“星子当江湖之会,商贾所集,请建为军。”诏以为县,就命宜知县事,后以为南康军。

宜代还,献文赋数十篇,太宗览而嘉之,召见,问以孔子世嗣,因下诏曰:“素王之道,百代所崇,传祚袭封,抑存典制。文宣王四十四代孙、司农寺丞宜服勤素业,砥励廉隅,亟历官联,洽闻政绩,圣人之后,世德不衰,俾登朝伦,以光儒青。可太子右赞善大夫,袭封文宣公,复其家。”未几,通判密州。太平兴国八年,诏修曲阜孔子庙,宜贡方物为谢,诏褒之,迁殿中丞。雍熙三年,王师北征,受诏督军粮,涉拒马河溺死,年四十六。

子延世字茂先,以父死事赐学究出身,为曲阜主簿,历闽、长葛二令。真宗至道三年十一月,召赴阙,以为曲阜令,袭封文宣公,赐白金束帛及太宗御书印《九经》。咸平三年,诏本道转运使、本州长吏待以宾礼,仍留三年,卒官,年三十八,次曰宪,太平兴国二年进士及第,至工部员外郎,知浚仪县。次曰冕,应城主簿。次曰勖,雍熙中进士及第。

延世子圣祐,景德初始九岁,特赐同学究出身。大中祥符元年,东封泰山,特听圣祐衣绿陪位,缀京官班后。及还至兖州,十一月朔,幸曲阜,谒孔子庙,行酌献之礼,孔氏宗属并令陪位。又幸孔林,观其墓久之。又御北亭,召从臣观古碑。加谥孔子为玄圣文宣王,追封孔子父叔梁纥齐国公,母颜氏鲁国太夫人。擢圣祐为太常寺奉礼郎,又录其近属进士谓同《三传》出身,习进士延祐、习学究延渥延鲁延龄并同学究出身,共赐银二百两、绢三百疋,以充奉祠庙。时勖为殿中丞、通判广州,王钦若言其有声于乡曲,召赴阙,改太常博士,赐绯,令知曲阜县,专主祠庙。二年三月,又遣使赐太宗御书及《九经》书疏、《三史》藏于庙,令本州选儒生讲说。圣祐后改大理评事。天禧五年,授光禄寺丞,袭封文宣公,知仙源县事。后改名佑,迁太子中舍,卒年三十。

勖为司封郎中。延鲁大中祥符五年复举进士及第,后改名道辅,为左司谏、龙图阁待制,自有传。

崔颂字敦美,河南偃师人。父协,后唐门下侍郎、平章事。颂幼丧母,为外祖母所鞠养。以荫补河南府巡官,历开封主簿、郑州录事参军,以疾去官。未几,诣阙上书言事,宰相桑维翰览而奇之,擢为左拾遗,选右补阙。

汉初,加朝散阶,副右散骑常侍张煦册钱俶为吴越王。梁末,协尝使两浙,至是,越人美之,赠赂甚厚。及还,值周祖入京师,为军士剽夺悉尽。世宗镇澶渊,择僚佐,颂与王朴、王敏中皆中其选,以颂为观察判官,赠金紫。世宗尹京,拜司封员外郎,充判官,以断狱误失罢职,守本官。即位,拜驾部郎中,迁吏部,复副尹日就使两浙。世宗读唐元稹《均田疏》,命写为图赐近臣,遣使均诸道租赋,颂使兖州,颇增旧额。恭帝嗣位,改左谏议大夫。

宋初,判国子监。会重修国学及武成王庙,命颂总领其事。建隆三年夏,始会生徒讲说,太祖遣中使以酒果赐之。每临幸国学,召颂与语,因及经义,颂应答无滞。及郊祀,以颂摄太仆,升车执绥,上问以一时典礼,颂占对闲雅,上甚重之。未几,坐请托有司为所亲求便官,出为保大军行军司马。乾德六年,暴得疾卒,年五十。

颂好诙谐,善笔札,受命书世宗谥册文,当时称其遒丽。笃信释氏,睹佛像必拜。性多疑,在郿州官舍,尝召圬墁者治堂室,以帛蒙其目,人皆笑之。

子晓,至太子右赞善大夫。

崔颐字文炳,雍熙二年进士,淹雅有士行,累为屯田员外郎、开封三司户部判官。景德中,雍王元份薨,府官皆坐黜。时戚维为曹国公元俨府翊善,上谓宰相曰:“元俨年少,尤资赞导,维迂懦循默,不能规戒,闻崔颐性纯谨,以之代维,庶有裨益。”因召对,迁都官员外郎,充记室参军,赐金紫,迁兵部郎中,出知河中府,转太常少卿、将作监,卒。

尹拙,颍州汝阴人。梁贞明五年举《三史》,调补下邑主簿,摄本镇馆驿巡官。后唐长兴中,召为著作佐郎、直史馆,迁左拾遗,依前直史馆,加朝散大夫。应顺初,出为宣武军掌书记、检校虞部员外郎兼殿中侍御史。清泰初,加检校驾部员外郎兼御史大夫。二年,改检校虞部郎中、忠武军掌书记。

晋天福四年,入为右补阙。明年,转侍御史。会诏拙与张昭、吕琦等同修《唐史》,改仓部员外郎,赐金紫。八年,迁左司员外郎。契丹入寇,赵延寿镇常山,以拙为掌书记。汉初,召为司马郎中、弘文馆直学士。

周广顺初,迁库部郎中兼太常博士,仍充直学士。奉使荆南还,改兵部郎中。显德初,拜检校右散骑常侍、国子祭酒、通判太常礼院事,与张昭同修唐《应顺》、《清泰》及《周祖实录》,又与昭及田敏同详定《经典释文》。丁忧,免。宋初,改检校工部尚书、太子詹事、判太府寺,迁秘书监、判大理寺。乾德六年,告老,以本官致仕。

拙性纯谨,博通经史。周世宗北征,命翰林学士为文祭白马祠,

学士不知所出，遂访于拙，拙历举郡国祠白马者以十数，当时伏其
该博。开宝四年，卒，年八十一。子季通，至国子博士。

田敏，淄州邹平人。少通《春秋》之学。梁贞明中登科，调补淄
州主簿，不令之任，留为国子四门博士。后唐天成初，改《尚书》博
士，赐绯。满岁，为国子博士。上言请四郊置斋宫，不报。秩满，转
屯田员外郎，以详明典礼兼太常博士。建议请依《春秋》每岁藏冰荐
宗庙，颁公卿，如古礼。奉诏与太常卿刘岳、博士段颙、路航、李居
浣、陈观等删定唐郑余庆《书仪》，又诏与马镐等同校《九经》。改户
部员外郎，赐金紫。清泰初，迁国子司业。

晋天福四年授祭酒，仍检校工部尚书，俄兼户部侍郎。开运初，
迁兵部侍郎，充弘文馆学士、判馆事。议者以敏止可任学官，宰相桑
维翰闻之，即改授检校右仆射，复为祭酒。汉乾祐中，拜尚书右丞，
判国子监。

周广顺初，改左丞，遣使契丹，将岁赂钱十万贯，止其侵剥，契
丹不许。周祖将亲郊，命权判太常卿事。世宗即位，真拜太常卿、检
校左仆射，加司空。显德五年，上章请老，赐诏曰："卿详明礼乐，博
涉典坟，为儒学之宗师，乃荐绅之仪表。腾方资旧德，以访话言，遽
览封章，愿致官政。引年之制虽著旧文，尊贤之心方深虚伫，所请宜
不允。"迁工部尚书。俄再上表愿归故乡，以遂首丘之志，改太子少
保致仕，归淄州别墅。恭帝即位，加少傅。开宝四年，卒，年九十二。

敏解官归乡，有良田数十顷，多酿美酒待宾客。体强少疾，徒步
往来间巷间不以杖。每日亲授诸子经。自作父墓碑，辞甚质。敏尝
使湖南，路出荆渚，以印本经书遗高从诲，从诲谢曰："祭酒所遗经
书，仆但能识《孝经》耳。"敏曰："读书不必多，十八章足矣。如《诸侯
章》云'在上不骄，高而不危，制节谨度，满而不溢'，皆至要之言
也。"时从诲兵败于郢，故敏以此讽之，从诲大惭。

敏虽笃于经学，亦好为穿凿，所校《九经》，颇以独见自任，如改
《尚书·盘庚》"若网在纲"为"若纲在纲"，重言"纲"字。又《尔雅》

"椴，木槿"注曰："日及"，改为"白及"。如此之类甚众，世颇非之。子章，至殿中丞。

辛文悦者，不知何许人。以五经教授，太祖幼时从其肄业。周显德中，太祖历禁卫为殿前都点检，节制方面。文悦久不获接见，一日，梦邀车驾请见，既拜，乃太祖也。太祖亦梦其来谒，因令左右寻访文，悦果自至，太祖异之。及登位，召见，授太子中允，判太府事。开宝三年，出知房州。时周郑王出居是州，上以文悦长者，故命焉。文悦后累迁至员外郎。

又有张遁、张文旦者，尝与太宗同学校，太平兴国中，诣阙自言，各起家为主簿。

李觉字仲明，本京兆长安人。曾祖鼎，唐国子祭酒、苏州刺史，唐末，避乱徙家青州益都。鼎生瑜，本州推官。瑜生成，字咸熙，性旷荡，嗜酒，喜吟诗，善琴奕，画山水尤工，人多传秘其迹。周枢密使王朴将荐其能，会朴卒，郁郁不得志。乾德中，司农卿卫融知陈州，闻其名，召之，成因挈族而往，日以酣饮为事，醉死于客舍。

子觉，太平兴国五年举《九经》，起家将作监丞，通判建州，秩将满，州人借留，有诏褒之，就迁左赞善大夫、知泗州，转秘书丞。太宗以孔颖达《五经正义》刊板诏孔维与觉等校定。王师征燕蓟，命觉部京东诸州刍粮赴幽州。维荐觉有学，迁《礼记》博士，赐绯鱼。

雍熙三年，与右补阙李若拙同使交州，黎桓谓曰："此土山川之险，中朝人乍历之，岂不倦乎？"觉曰："国家提封万里，列郡四百，地有平易，亦有险固，此一方何足云哉！"桓默然色沮。使还久之，迁国子博士。

端拱元年春，初令学官讲说，觉首预焉。太宗幸国子监谒文宣王毕，升辇将出西门，顾见讲坐，左右言觉方聚徒讲书，上即召觉，令对御讲。觉曰："陛下六龙在御，臣何敢辄升高坐。"上因降辇，令有司张帟幕，设别坐，诏觉讲《周易》之《泰卦》，从臣皆列坐。觉因述天地感通、君臣相应之旨,上甚悦,特赐帛百疋。

俄献时务策,上颇嘉奖。是冬,以本官直史馆。右正言王禹偁上言:"觉但能通经,不当辄居史职。"觉仿韩愈《毛颖传》作《竹颖传》以献,太宗嘉之,故寝禹偁之奏。淳化初,上以经书板本有田敏辄删去者数字,命觉与孔维详定。二年,详校《春秋正义》成,改水部员外郎、判国子监。四年,迁司门员外郎。被病假满,诏不绝奉。卒。

觉累上书言时务,述养马、漕运、屯田三事,太宗嘉其详备,令送史馆,语见本志。觉性强毅而聪敏,尝与秘阁校理吴淑等同考试开封府秋赋举人,语及算雉兔首足法,觉曰:"此颇繁,吾能易之。"及成,果精简。淑意其宿制,即试以别法,皆能立就,坐中皆叹伏。

子宥,大中祥符五年进士,为祠部员外郎、集贤校理。

崔颐正开封封丘人。与弟偓佺并举进士,明经术。颐正雍熙中为高密尉,秩满,国子祭酒孔维荐之,以为国学直讲,迁殿中丞。太宗召见,令说《庄子》一篇,赐钱五万。判监李至上言:"本监先校定诸经音疏,其间文字讹谬尚多,深虑未副仁君好古诲人之意也。盖前所遣官多专经之士,或通《春秋》者未习《礼记》,或习《周易》者不通《尚书》,至于旁引经史,皆非素所传习,以是之故,未得周详。伏见国子博士杜镐、直讲崔颐正、孙奭皆苦心疆学,博贯《九经》,问义质疑,有所依据。望令重加刊正,冀除舛谬。"从之。

咸平初,又有学究刘可名言诸经版本多舛误,真宗命择官详正,因访达经义者,至方参知政事,以颐正对。曰:"朕宫中无事,乐闻讲诵。"翌日召颐正于苑中,说《尚书·大禹谟》,赐以牙绯。自是日令赴御书院待对,说《尚书》至十卷。颐正年老步趋艰蹇,表求致仕,上命坐,问恤甚至,赐器币,听以本官致仕,仍充直讲,改国子博士。三年,卒,年七十九。

偓佺淳化中历福州连江尉,判国子监李至奏为直讲,引对便坐,太宗顾谓曰:"李觉尝奏朕云,'四皓'中一先生,或言姓'用'字加撇,或云加点。尔知否? 偓佺曰:"昔秦时程邈撰隶书,训如仆隶之易使也。今字与古或异。臣闻刀用为角,音榷。两点为甪,音鹿。用上一撇一点俱不成字。"

咸平二年,真宗幸国学,召偓佺说《尚书》,即特赐绯。景德后,令讲《道德经》,日于崇文院候对,终篇,赐以白金缯彩。三年,卒,年七十九。尝撰《帝王手鉴》十卷。并注曹唐《大游仙诗》十五卷。其子世安上之,特赐出身。

李之才字挺之,青社人也。天圣八年同进士出身,为人朴且率,自信,无少矫厉。师河南穆修,修性卞严寡合,虽之才亦频在诃怒中,之才事之益谨,卒能受《易》。时苏舜钦辈亦从修学《易》,其专授受者惟之才尔。修之《易》受之种放,放受之陈抟,源流最远,其图书象数变通之妙,秦、汉以来鲜有知者。

之才初为卫州获加主簿、权共城令。时邵雍居母忧于苏门山百源之上,布裘蔬食,躬爨以养父。之才叩门来谒,劳苦之曰:"好学笃志果何似?"雍曰:"简策之外,未有适也。"之才曰:"君非迹简策者,其如物理之学何?"他日则又曰:"物理之学学矣,不有性命之学乎?"雍再拜愿受业,于是先示之以陆淳《春秋》,意欲以春秋表仪《五经》,既可语《五经》大旨,则授《易》而终焉。其后雍卒以《易》名世。

之才器大,难乎识者,栖迟久不调,或惜之,则曰:"宜少贬以图荣进。"石延年独曰:"时不足以容君,盖不弃之隐去。"再调孟州司法参军,时范雍守孟,亦莫之知也。雍初自洛建节守延安,送者皆出境外,之才独别近郊,或病之,谢曰:"故事也。"顷之,雍谪安陆,之才沿檄见之洛阳,前日远送之人无一来者,雍始恨知之之晚。

友人尹洙以书荐于中书舍人叶道卿,因石延年致之,曰:"孟州司法参军李之才,年三十九,能为古文章,语直意遂,不肆不窘,固足以蹈及前辈,非洙所敢品目,而安于卑位,无仕进意,人罕知之。其才又达世务,使少用于世,必过人远甚,恨其贫不能决其归心,知之者当共成之。"延年复书曰:"今业文好古之士至鲜且不张,苟遗若人，其学益衰矣。"延年素不喜谒贵仕，凡四五至道卿门，通其书乃已。道卿荐之，遂得应铨新格，有保任五人，改大理寺丞，为缑氏令。未行，会延年与龙图阁直学士吴遵路调兵河东，辟之才泽州签署判官。泽人刘羲叟从受历法，世称"羲叟历法"，远出古今上，有杨雄、张衡所未喻者，实之才授之。

　　在泽转殿中丞，丁母忧，甫除丧，暴卒于怀州官舍，宝历五年二月也。时尹洙兄渐守怀，哭之才过哀，感疾不逾月亦卒。之才归葬青社，邵雍表其墓，有曰："求于天下，得闻道之君子李公以师焉。"

# 宋史卷四三二
# 列传第一九一

## 儒林二

胡旦　贾同　刘颜　高弁　孙复
石介　胡瑗　刘羲叟　林槩　李觏
何涉　王回 弟向　周尧卿　王当
陈旸

胡旦字周父，滨州渤海人。少有隽才，博学能文辞。举进士第一，为将作监丞，通判升州。时江南初平，汰李氏时所度僧，十减六七。旦曰："彼无田庐可归，将聚而为盗。"悉黥为兵。迁左拾遗、直史馆，数上书言时政利病。出为淮南东路转运副使、知海州，逾年召归。

先是，卢多逊贬，赵普罢相。其夏，河决韩村，寻复塞。旦献《河平颂》曰："天祚我宋，以君兆民。配天成休，惟尧与邻。粤有大水，昏垫下人。非曰圣作，孰究孰度。蔽贤者退，壅泽者罪。我防大患，河岂云败。逆逊远投，奸普屏外。圣道如堤，崇崇海内。帝曰守文，是塞是亲。调尔卫兵，程是烝民。民以尽力，臣以勤职。役云其终，河以之塞。唐尧怀山，实警神德。汉武宣防，实彰令式。我塞长河，融流惠泽。明明圣功，万代成则。"太宗览颂有"逆逊、奸普"之语，召宰相谓曰："胡旦献颂，词意悖戾。朕自擢于甲科，历试外任，所至无善状。知海州日为部下所讼,狱已具,适会大赦,朕录其材而舍其过,尚令在近列,又领史职,乃敢恣胸臆狂躁如此,其亟逐之!”即贬殿中丞、商州团练副使。

上《平燕议》曰:

今幽州在北门之外,东封非国家所急,愿移其资以事北伐。且天时、地利、人事皆有可伐之意。岁之所临,其地受福。今年春末至来年,岁在宋分,今年初秋至六年,镇在燕分。从今年为备,至来春兴师。北兵之遇春夏,则毡裘、皮履、羊弓、塞马不为用,而中原士卒素不能寒,往北逢暄,筋力勇健。以勇健之士驱不用之敌,承福庆之时,讨灾殃之城,成功立事,在于此矣。

长淮以北,太行以东,河水罢灾,土地甚沃。因其丰实,取其谷帛,减价以折纳,见钱以贵籴,官府多积,兵役无虞,用兵丰财,可济大事。

太原克复以来,于今七载,兵甲甚利,士卒甚雄,夜寝晨兴,寒裘饥粟。若以促装之赐,发军而用之,恩赏之贲,成功而赍之,可以齐心平敌,恢拓旧境。

幽州平土而负敌,为势必择四人,分之方面,以刚断勇毅者主之,选和平恭慎者一人部之。幽州之北,皆是山谷,通人马者不过十处,领将士者亦择十人,同行则共议兵机,分出则各司军事,寇来则同战以驱逐,寇归则画疆以捍蔽。苟塞断山路,余寇在燕与大军相持,则迁延其时以度春夏,寇不能热,有退无前。使士之刚勇与才力者各为一将,多则分部捍敌攻城,两尽其力。定其军名,实其军数。我寡彼多则力不胜,我实彼虚则胜有余。力均则较其地形,地均则争其谋略,分明勇怯,各致其用。

以茶盐香药之价十分减二,从新者先卖于边城要路、军马屯所。以刍粟钱帛之价十分增二,纳货以出券者诣本场以交货,得货者缘逐路以纳税。出往来四言之饶,为两地费用之耗,自然商得其利,则买之于人,人得其资,则勤之于穑。故必民效兼倍之力,国贮九年之积,科拨不假于度支,转般何劳于漕挽。刍粟之给,攻具之用,委输发运,以为后继。

今将用二十万之众,役三十州之民,愿陛下明降日月之信,先示雨露之泽。民知信赏则悦而忘死,士得仰给则死而力战。如此则逆垒不足下,猾寇不足殄也。

起为左补阙,复直史馆,迁修撰,预修国史,以尚书户部员外郎知制诰,迁司封员外郎。

有佣书人翟颍者,旦尝与之善,因为改姓名马周,以为唐马周复出,上书诋时政,且自荐可为大臣。又举材任公辅者十人,其辞颇壮。当时皆谓旦所为。马周坐流海岛,旦亦贬坊州团练副使。坐擅离所部谒宋白于鄜州,既被劾,特释之。徙绛州。稍复工部员外郎、直集贤院,迁本曹郎中、知制诰、史馆修撰。

素善中官王继恩,为继恩草制辞过美。继恩败,真宗闻而恶之,贬安远军行军司马,又削籍流浔州。咸平初,移通州团练副使,徙徐州,以祠部员外郎分司西京,又为保信军节度副使。久之,以司封员外郎通判襄州。封泰山,改祠部郎中。服母丧既除,乃言父卒时尝诏夺哀从事,请追行服三年。已而失明,以秘书省少监致仕,居襄州。再迁秘书监,卒。

旦喜读书,既丧明,犹令人诵经史,隐几听之不少辍。著《汉春秋》、《五代史略》、《将帅要略》、《演圣通论》、《唐乘》、《家传》三百余卷。斫大砚,方五六尺,刻而瘗之,曰"胡旦修《汉春秋》砚"。晚尤黩货,干扰州县,持吏短长,为时论所薄。既死,子孙贫甚,寓柩民间。皇祐末,知襄州王田为言于朝,得钱二十万以葬。

贾同字希得,青州临淄人。五代时,杨光远反,同祖崇率乡里四百余家保愚谷山,全活者二千人。同初名罔,字公疏,笃学好古,有时名,著《山东野录》七篇。年四十余,同进士出身,真宗命改今名。王钦若方贵盛,闻同名欲致之,固谢不往。居八九年,始补历城主簿。张知白荐为大理评事,通判兖州。

天圣初,上书言:"自祥符以来,谏诤路塞,丁谓乘间造符瑞以欺先帝。今谓奸既白,宜明告天下,正符瑞之谬,罢宫观崇奉,归不急之卫兵,收无名之宝费,使先帝免后世之议,国家无因循之失。"又言:"寇准忠规亮节,疾恶摈邪。自其贬黜,天下之人弗见其罪,宜还之内地,以明忠邪善恶之分。"时章献太后临朝,而同言如此,人以为难。

再迁殿中丞、知棣州,卒。刘颜、李冠、王无忌及其门人谥同曰存道先生。

刘颜字子望,彭城人。少孤,好古,学不专章句。师事高弁。举进士第,以试秘书省校书郎知龙兴县,坐法免。久之,授徐州文学。居乡里,教授数十百人。采汉、唐奏议为《辅弼名对》。冯元、刘筠、钱易、滕涉、蔡齐上其书,除任城主簿。岁饥,发大姓所积粟,活数千人。李迪知兖州、青州,皆辟为从事。卒。著《儒术通要》、《经济枢言》复数十篇。石介见其书。叹曰:"恨不在弟子之列。"子庠,自有传。

高弁字公仪,濮州雷泽人。弱冠,徒步从种放学于终南山,又学古文于柳开,与张景齐名。至道中,以文谒王禹偁,禹偁奇之。举进士,累官侍御史。谏修玉清昭应宫,降知广济军。寻以户部判官试开封府进士。私发糊名,夺二官。稍复知单州邢州、盐铁判官。河决澶州,请弛堤防,纵水所之,可省民力,且以扼契丹南向。议寝。知陕州,卒。弁性孝友。所为文章多祖《六经》及《孟子》,喜言仁义。有《帝则》三篇,为世所传。与李迪、贾同、陆参、朱颐、伊淳相友善。石延年、刘潜皆其门人也。

孙复字明复,晋州平阳人。举进士不第,退居泰山。学《春秋》,著《尊王发微》十二篇,大约本于陆淳,而增新意。

石介有名山东，自介而下皆以先生事复。年四十不娶，李迪知其贤，以其弟之子妻之。复初犹豫，石介与诸弟子请曰："公卿不下士久矣，今丞相不以先生贫贱，欲托以子，宜因以成丞相之贤名。"复乃听。孔道辅闻复之贤，就见之，介执杖履立侍复左右，升降拜则扶之，其往谢亦然。介既为学官，语人曰："孙先生非隐者也。"于是范仲淹、富弼皆言复有经术，宜在朝廷。除秘书省校书郎、国子监直讲。车驾幸太学，赐绯衣银鱼，召为迩英阁祗候说书。杨安国言其讲说多异先儒，罢之。

孔直温败，得所遗复诗，坐贬虔州监税，徙泗州，又知长水县，签书应天府判官事。通判陵州，未行，翰林学士赵槩等十余人言复经为人师，不宜使左州县。留为直讲，稍迁殿中丞。卒，赐钱十万。

复与胡瑗不合，在太学常相避。瑗治经不如复，而教养诸生过之。复既病，韩琦言于仁宗，选书吏，给纸笔，命其门人祖无择就复家得书十五万言，录藏秘阁。特官其一子。

石介字守道，兖州奉符人。进士及第，历郓州、南京推官。笃学有志尚，乐善疾恶，喜声名，遇事奋然敢为。御史台辟为主簿，未至，以论赦书不当求五代及诸伪国后，罢为镇南掌书记。代父丙远官，为嘉州军事判官。丁父母忧，耕徂徕山下，葬五世之未葬者七十丧。以《易》教授于家，鲁人号介徂徕先生。入为国子监直讲，学者从之甚众，太学繇此益盛。

介为文有气，尝患文章之弊、佛老为蠹，著《怪说》、《中国论》，言去此三者，乃可以有为。又著《唐鉴》以戒奸臣、宦官、宫女，指切当时，无所讳忌。杜衍、韩琦荐擢太子中允，直集贤院。会吕夷简罢相，夏竦既除枢密使，复夺之，以衍代。章得象、晏殊、贾昌朝、范仲淹、富弼及琦同时执政，欧阳修、余靖、王素、蔡襄并为谏官，介喜曰："此盛事也，歌颂吾职，其可已乎！"作《庆历圣德诗》，曰：

于惟庆历，三年三月。皇帝龙兴，徐出闱闼。晨坐太极，书开闿阖。躬览英贤，手锄奸梗。大声汹汹，震摇六合。如乾之动，如雷之发。昆虫蹢躅，怪妖藏灭。同明道初，天地嘉吉。

初闻皇帝，蹙然言曰："予祖予父，付予大业。予恐失坠，实赖辅弼。汝得象、殊，重慎微密。君相予久，予嘉君伐。君仍相予，笙镛斯协。昌朝儒者，学问该洽。与予论政，傅以经术。汝贰二相，庶绩咸秩。

惟汝仲淹，汝诚予察。太后乘势，汤沸火热。汝时小臣，危言业业。为予司谏，正予门阚。为予京兆，圣予谗说。贼叛予夏，往予式遏。六月酷日，大冬积雪。汝寒汝暑，同予士卒。予闻辛酸，汝不告乏。予晚得弼，予心弼悦。弼每见予，无有私谒。以道辅予，弼言深切。予不尧、舜，弼自答罚。谏官一年，疏奏满箧。侍从周岁，忠力麾竭。契丹忘义，椿杌饕餮。敢侮大国，其辞慢悖。弼将予命，不畏不怯。卒复旧好，民得食褐。沙碛万里，死生一节。视弼之肤，霜剥风裂。观弼之心，炼金锻铁。宠名大官，以酬劳渴。弼辞不受，其志莫夺。惟仲淹、弼，一夔一契。天实赍予，予其敢忽。并来弼予，民无瘥札。

曰衍汝来，汝予黄发。事予二纪，毛秃齿豁。心如一分，率履弗越。遂长枢府，兵政无蹶。予早识琦，琦有奇骨。其器魁落，岂视庋楔。其人浑朴，不施剞劂。可属大事，敦厚如勃。琦汝副衍，知人予哲。

惟修惟靖，立朝辐辐。言论累硠砢，忠诚特达。禄微身贱，其志不怯。尝诋大官，亟遭贬黜。万里归来，刚气不折。屡进直言，以补予阙。素相之后，含忠履洁。昔为御史，几叩予榻。襄虽小官，名闻予彻。亦尝献言，箴予粹懿，与修侪匹。并为谏官，正色在列。予过汝言，毋钳汝舌。"

皇帝圣明，忠邪辨别。举擢俊良，扫除妖魁。众贤之进，如茅斯拔。大奸之去，如距斯脱。上倚辅弼，司予调燮。下赖谏净，维予纪法。左右正人，无有邪孽。予望太平，日不逾浃。

皇帝嗣位，二十二年。神武不杀，其默如渊。圣人不测，其动如天。赏罚在予，不失其权。恭己南面，退奸进贤。知贤不易，非明弗得。去邪惟艰，惟断乃克。明则不贰，断则不惑。既明且断，惟皇帝之德。

群臣跋踖，重足屏息，交相教语：曰惟正直，毋作侧僻，皇帝汝殛。诸侯危栗，堕玉失舄，交相告语：皇帝神明，四时朝觐，谨修臣职。四夷走马，坠镫遗策，交相告语：皇帝英武，解兵修贡，永为属国。皇帝一举，群臣慑焉，诸侯畏焉，四夷服焉。

臣愿皇帝，寿万千年。

诗所称多一时名臣，其言大奸盖斥竦也。诗且出，孙复曰："子祸始于此矣。"

介不畜马，借马而乘，出入大臣之门，颇招宾客，预政事，人多指目。不自安，求出，通判濮州，未赴，卒。

会徐狂人孔直温谋反，搜其家得介书；夏竦衔介甚，且欲中伤杜衍等，因言介诈死，北走契丹，请发棺以验。诏下京东访其存亡。衍时在兖州，以验介事语官属，众不敢答，掌书记龚鼎臣愿以盖族保介必死，衍探怀出奏稿示之，曰："老夫已保介矣。君年少，见义必为，岂可量哉。"提点刑狱吕居简亦曰："发棺空，介果走北，孥戮非酷。不然，是国家无故剖人冢墓，何以示后世，且介死必有亲族门生会葬及棺敛之人，苟召问无异，即令具军令状保之，亦足应诏。"于是众数百保介已死，乃免斫棺。子弟羁管他州，久之得还。

介家故贫，妻子几冻馁，富弼、韩琦共分奉买田以赡养之。有《徂徕集》行于世。

胡瑗字翼之，泰州海陵人。以经术教授吴中，年四十余。

景祐初，更定雅乐，诏求知音者，范仲淹荐瑗，白衣对崇政殿。与镇东军节度推官阮逸同较钟律，分造钟磬各一虡。以一黍之广为分，以制尺，律径三分四厘六毫四丝，围十分三厘九毫三丝。又以大黍累尺，小黍实龠。丁度等以为非古制，罢之。授瑗试秘书省校书郎。范仲淹经略陕西，辟丹州推官。以保宁节度推官教授湖州。瑗教人有法，科条纤悉备具，以身先之。虽盛暑必公服坐堂上，严师弟子之礼。视诸生如其子弟，诸生亦信爱如其父兄。从之游者常数百人。庆历中，兴太学，下湖州取其法，著为令。召为诸王宫教授，辞疾不行。为太子中舍，以殿中丞致仕。

皇祐中，更铸太常钟磬，驿召瑗、逸，与近臣、太常官议于秘阁，遂典作乐事。复以大理评事兼太常寺主簿，辞不就。岁余，授光禄寺丞、国子监直讲。乐成，迁大理寺丞，赐绯衣银鱼。瑗既居太学，其徒益众，太学至不能容，取旁官舍处之。礼部所得士，瑗弟子十常居四五，随材高下，喜自修饬，衣服容止，往往相类，人遇之虽不识，皆知其瑗弟子也。嘉祐初，擢太子中允、天章阁侍讲，仍治太学。既而疾不能朝，以太常博士致仕，归老于家。诸生与朝士祖饯东门外，时以为荣。既卒，诏赙其家。

刘羲叟字仲更，泽州晋城人。欧阳修使河东，荐其学术。试大理评事，权赵州军事判官。精算术，兼通《大衍》诸历。及修唐史，令专修《律历》、《天文》、《五行志》。寻为编修官，改秘书省著作佐郎。以母丧去，诏令家居编修。书成，擢崇文院检讨，未入谢，疽发背卒。

羲叟强记多识，尤长于星历、术数。皇祐五年，日食心，时胡瑗铸钟弇而直，声郁不发。又陕西铸大钱，羲叟曰："此所谓害金再兴，与周景王同占，上将感心腹之疾。"其后仁宗果不豫。又月入太微，曰："后宫当有丧。"已而张贵妃薨。至和元年，日食正阳，客星出于昴，曰："契丹宗真其死乎？"事皆验。羲叟未病，尝曰："吾及秋必死。"自择地于父冢旁，占庚穴，以语其妻，如其言葬之。著《十三代史志》、《刘氏辑历》、《春秋灾异》诸书。

林樂字端父，福州福清人。父高，太常博士，有治行。樂幼警悟，举进士，以秘书省校书郎知长兴县。岁大饥，富人闭粜以邀价，樂出奉粟庭下，诱土豪输数千石以饲饥者。

知连州。康定初，上封事曰："古者民为兵，而今兵食民。古马寓于民，而今不习马。此兵与马之大患也。请附唐府兵之法，四敛一民,部以为军,闲耕田里,被甲皆兵。因命其家咸得畜马,私乘休暇,官为调习。则人便干戈,马识行列。又行阵无法,而出于临时;将无素备,而取于仓卒;军不予权,而监以宦侍;若是者,虽得古之材,使循今之法,亦必屡战而屡败。"又请备蛮,籍土民为兵,栅要重,购徭人使守御。徙淮安军。

程琳当禁蜀人不得自为渠堰,棨奏罢之。又言蜀饥,愿罢川峡漕,发常平粟贷民租,募富人轻粟价,除商旅之禁,使通货相资。官至太常博士、集贤校理,卒。著《史论》、《辨国语》。子希,自有传。

李觏字泰伯,建昌军南城人。俊辩能文,举茂才异等不中。亲老,以教授自资,学者常数十百人。皇祐初,范仲淹荐为试太学助教,上《明堂定制图序》曰:

《考工记》"周人明堂,度九尺之筵",是言堂基修广,非谓立室之数。"东西九筵,南北七筵,堂崇一筵",是言堂上,非谓室中。东西之堂各深四筵半,南北之堂各深三筵半。"五室,凡室二筵",是言四堂中央有方十筵之地,自东至西可营五室,自南至北可营五室。十筵中央方二筵之地,既为太室,连作余室,则不能令十二位各直其辰,当于东南西北四面及四角缺处,各虚方二筵之地,周而通之,以为太庙。太室正居中,月令所谓"中央土"、"居太庙太室"者,言此太庙之中有太室也。太庙之外,堂子、午、卯、酉四位上各画方二筵地,二与太庙相通,为青阳、明堂、总章、元堂四太庙;当寅、申、巳、亥、辰、戌、丑、未八位上各画方二筵地,以为左个、右个也。

《大戴礼盛德记》:"明堂凡九室,室四户八牖,共三十六户七十二牖。"八个之室,并太室而九,室四面各有户,户旁夹两牖也。

白虎通:"明堂上圆下方,八窗、四闼、九室、十二坐。"四太庙前各为一门,出于堂上,门旁夹两窗也。左右之个其实皆室,但以分处左右,形如夹户,故有个名。太庙之内以及太室,其实祀文王配上帝之位,谓之庙者义当然矣。土者分王四时,于五行最尊,故天子当其时居太室,用祭天地之位以尊严之也。四仲之月,各得一时之中,与余月有异。故复于子、午、卯、酉之方,取二筵地,假太庙之名以听朔也。

《周礼》言基而不及室,《大戴》言室而不及庙,稽之《月令》则备矣,然非《白虎通》亦无以知窗闼之制也。聂崇义所谓秦人《明堂图》者,其制有十二阶,古之遗法,当亦取之。

《礼记外传》曰"明堂四面各五门",今按《明堂位》:四夷之国,西门之外。九采之国,应门之外。时天子负斧扆南向而立。南门之外者北面东上,应门之外者亦北面东上,是南门之外有应门也。既有应门,则不得不有皋、库、雉门。明堂者四时所居,四面如一,南面既有五门,则余三面皆各有五门。《郑注明堂位》则云"正门谓之应门",其意当谓变南门之文以为应门。又见王宫有路门,其次乃有应门。今明堂无路门之名,而但有应门,便谓更无重门,而南门即是应门。且路寝之前则名路门,其次有应门。明堂非路寝,乃变其内门之名为东门南门,而次有应门,何害于义?四夷之君,既在四门之外,而外无重门,则是列于郊野道路之间,岂朝会之仪乎?王宫常居,犹设五门,以限中外;明堂者效天法地,尊祖配帝,而止一门以表之,岂为称哉!

若其建置之所,则淳于登云"在国之阳,三里之外,七里之内,丙巳之地";《玉藻》"听朔于南门之外",康成之注亦与是合。夫称明也,宜在国之阳;事天神也,宜在城门之外。

今图以九分当九尺之筵,东西之堂共九筵,南北之堂共七筵;中央之地自东至西凡五室,自南至北凡五室,每室二筵,取于《考工记》也。一太室、八左右个,共九室,室有四户、八牖,共三十六户、七十二牖,协于戴德《记》也。九室四庙,共十三位,本于《月令》也。四庙之面,各为一门,门夹两窗,是为八窗四闼,稽于《白虎通》也。十二阶,采于《三礼图》也。四面各五门,酌于《明堂位》、《礼记外传》也。

嘉祐中，用国子监奏，召为海门主簿、太学说书而卒。觊尝著《周礼致太平论》、《平土书》、《礼论》。门人郑润甫，熙宁中，上其《退居类稿》、《皇祐续稿》并《后集》，请官其子参鲁，诏以为郊社斋郎。

何涉字济川，南充人。父祖皆业农。涉始读书，昼夜刻苦，泛览博古。上自《六经》、诸子百家，旁及山经、地志、医卜之术，无所不学，一过目不复再读，而终身不忘。人问书传中事，必指卷第册叶所在，验之果然。

登进士第，调洛交主簿，改中部令。范仲淹一见奇之，辟彰武军节度推官。用庞籍奏，迁著作佐郎，管勾鄜延等路经略安抚招讨司机宜文字。时元昊扰边，军中经画，涉预有力。元昊纳款，籍召为枢密使，欲与之俱，涉曰："亲老矣，非人子自便之时。"拜章愿得归养，特改秘书丞，通判眉州，徙嘉州。用文彦博、庞籍荐，召还，除集贤校理。既又求归蜀，遂得知汉州。岁满，移合州。累官尚书司封员外郎。父丧罢归，卒。诏恤其家，并官其一子。

涉长厚有操行，事亲至孝，平居未尝谈人过恶。所至多建学馆，劝诲诸生，从之游者甚众。虽在军中，亦尝为诸将讲《左氏春秋》，狄青之徒皆横经以听。有《治道中术》、《春秋本旨》、《庐江集》七十卷。

王回字深父，福州候官人。父平言，试御史。回敦行孝友，质直平恕，造次必稽古人所为，而不为小廉曲谨以求名誉。尝举进士中第，为卫真簿，有所不合，称病自免。

作《告友》曰：

　　古之言天下达道者，曰君臣也，父子也，夫妇也，兄弟也，朋友也。五者各以其义行而人伦立，其义废则人伦亦从而亡矣。

　　然而父子兄弟之亲，天性之自然者也；夫妇之合，以人情而然者也；君臣之从，以众心而然者也。是虽欲自废，而理势持之，何能斩也。惟朋友者，举天下之人莫不可同，亦举天下之人莫不可异，同异在我，则义安所卒归乎？是其渐废之所繇也。

君之于臣也，父之于子也，夫之于妇也，兄之于弟也，过且恶，必乱败其国家，国家败而皆受其难，被其名，而终身不可辞也。故其为上者不敢不诲，为下者不敢不谏。世治道行，则人能循义而自得；世衰道微，则人犹顾义而自全。间有不若，则亦无害于众焉耳。此所谓理势持之，虽百代可知也。

亲非天性也，合非人情也，从非众心也，群而同，别而异，有善不足与荣，有恶不足与辱。大道之行，公于义者可至焉，下斯而言，其能及者鲜矣。是以圣人崇之，以列于君臣父子夫妇兄弟而壹为达道也。圣人既没，而其义益废，于今则亡矣。

夫人有四肢，所以成身；一体不备，则谓之废疾。而人伦缺焉，何以为世？呜呼，处今之时而望古之道，难矣。姑求其肯告吾过也，而乐闻其过者，与之友乎！

退居颍州，久之不肯仕，在廷多荐者。治平中，以为忠武军节度推官、知南顿县，命下而卒。回在颍川，与处士常秩友善。熙宁中，秩上其文集，补回子汾为郊社斋郎。弟向。

向字子直，为文长于序事，戏作《公默先生传》曰：

公议先生刚直任气，好议论，取当世是非辨明。游梁、宋间，不得意。去居颍，其徒从者百人。居二年，与其徒谋，又去颍。弟子任意对曰："先生无复念去也，弟子从先生久矣，亦各厌行役。先生舍颍为居庐，少有生计。主人公贤，遇先生不浅薄，今又去之，弟子未见先生止处也。先生岂薄颍邪？"

公议先生曰："来，吾语尔！君子贵行道信于世，不信贵容，不容贵去，古之辟世、辟地、辟色、辟言是也。吾行年三十，立节循名，被服先王，究穷《六经》。顽钝晚成，所得无几；张罗大网，漏略零细。校其所见，未为完人。岂敢自忘，冀用于世？予所厌苦，正谓不容。予行世间，波混流同。予誉不至，予毁日隆。小人凿空，造事形迹；侵排万端，地隘天侧。《诗》不云乎，'谗人罔极'。主人明恕，故未见疑。不幸去我，来者谓谁？谗一日效，我终颠危。智者利身，远害全德，不如亟行，以适异国。"

语已，任意对曰："先生无言也。意辈弟子尝穷论先生乐取怨憎，为人所难，不知不乐也。今定不乐，先生知所以取之乎？先生聪明才能，过人远甚，而刺口论世事，立是立非，其间不容毫发。又以公议名，此人之怨府也。《传》曰：'议人者不得其死'，先生忧之是也，其去未是。意有三事为先生计，先生幸听意，不必行；不听，先生虽去绝海，未见先生安也。"

公议先生强舌不语，下视任意，目不转。移时，卒问任意，对曰："人之肺肝，安得可视，高出重泉，险不足比。闻善于彼，阳誉阴非，反背复憎，诋笑纵横。得其细过，声张口播，缘饰百端，德败行破。自然是人，贱彼善我。意策之三，此为最上者也。先生能用之乎？"公议先生曰："不能，尔试言其次者。"对曰："捐弃骨肉，佯狂而去，令世人不复顾忌。此策之次者，先生能用之乎？"公议先生曰："不能，尔试言其又次者。"对曰："先生之行己，视世人所不逮何等也！曾未得称高世，而诋诃蜂起，几不得与妄庸人伍者，良以口祸也。先生能不好议而好默，是非不及口而心存焉，何疾于不容？此策之最下者也，先生能用之乎？"公议先生喟然叹曰："吁，吾为尔用下策也。"

任意乃大笑，顾其徒曰："宜吾先生之病于世也。吾三策之，卒取其下者矣。"弟子阳思曰："今日非任意，先生不可得留。"与其徒谢意，更因意请去公议为公默先生。

弟同，字容季。性纯笃，亦善序事。皆早卒。仕止于县主簿。

周尧卿字子俞，道州永明人。警悟强记，以学行知名。天圣二年，举进士。历连、衡二州司理参军、桂州司录。知高安、宁化二县，提点刑狱杨纮入境，有被刑而耘苗者，纮就询其故，对曰："贫以利故，为人直其枉，令不我欺而我欺之，我又何怨？"纮至县，以所闻荐之。后通判饶州，积官至太常博士，范仲淹荐经行可为师表，未及用，以庆历五年卒，年五十一。

始，尧卿年十二丧父，忧戚如成人，见母则抑情忍哀，不欲伤其意。母知而异之，谓族人曰："是儿爱我如此，多知孝养矣。"卒能如母之言。及母丧，倚庐三年，席薪枕块，虽疾病不饮酒食肉。既葬，慈乌百数衔土集陇上，人以为孝感所致。其于昆弟尤笃友爱。又为人简重不校，有慢己者，必厚为礼以愧之。居官禄虽薄，必以周宗族朋友，罄而后已。

为学不专于传注，问辨思索，以通为期。长于《毛》、《郑诗》及《左氏春秋》。其学《诗》，以孔子所谓"《诗》三百，一言以蔽之曰：思无邪"，孟子所谓"说《诗》者以意逆志，是为得之"，考经指归，而见毛、郑之得失。曰："毛之传欲简，或寡于义理，非一言以蔽之也。郑之笺欲详，或远于性情，非以意逆志也。是可以无去取乎？"其学《春秋》，由左氏记之详，得经之所以书者，至《三传》之异同，均有所不取。曰："圣人之意岂二致耶？"读庄周、孟子之书，曰："周善言理，未至于穷理。穷理，则好恶不缪于圣人，孟轲是已。孟善言性，未至于尽己之性。能尽己之性，则能尽物之性，而可与天地参，其唯圣人乎。天何言哉？性与天道，子贡所以不可得而闻也。昔宰我、子贡善为说辞，冉牛、闵子、颜渊善言德行，孔子曰：'我于辞命，则不能也。'惟不言，故曰不能而已，盖言生于不足者也。"其讲解议论皆若是。

有《诗》、《春秋说》各三十卷，文集二十卷。七子：谕，鼎州司理参军；诜，湖州归安主簿；谧、讽、諲、说、谊。

王当字子思，眉州眉山人。幼好学，博览古今，所取惟王佐大略。尝谓三公论道经邦，燮理阴阳，填抚四言，亲附百姓，皆出于一道，其言之虽大，其行之甚易。尝举进士不中，退居田野，叹曰："士之居世，苟不见其用，必见其言。"遂著《春秋列国名臣传》五十卷，人竞传之。

元祐中，苏辙以贤良方正荐，廷对慷慨，不避权贵，策入四等。

调龙游县尉。蔡京知成都,举为学官,当不就。其后京相,当遂不复仕。卒,年七十二。当于经学尤邃《易》与《春秋》,皆为之传,得圣人之旨居多。又有《经旨》二卷,《史论》十二卷,《兵书》十二篇。

陈旸字晋之,福州人。中绍圣制科,授顺昌军节度推官。徽宗初,进《迓衡集》以劝导绍述,得太学博士、秘书省正字。礼部侍郎赵挺之言,所著《乐书》二十卷贯穿明备,乞援其兄祥道进《礼书》故事给札。既上,迁太常丞,进驾部员外郎,为讲议司参详礼乐官。

魏汉津议乐,用京房二变四清。旸曰:"五声十二律,乐之正也。二变四清,乐之蠹也。二变以变宫为君四清以黄钟清为君。事以时作,固可变也,而君不可变。太簇、大吕、夹钟,或可分也,而黄钟不可分。岂古人所谓尊无二上之旨哉?"时论方右汉津,绌议。

进鸿胪太常少卿、礼部侍郎,以显谟阁待制提举醴泉观,尝坐事夺,已而复之。卒,年六十八。

祥道字用之。元祐中,为太常博士,终秘书省正字。所著《礼书》一百五十卷,与旸《乐书》并行于世。

宋史卷四三三
列传第一九二

# 儒林三

## 邵伯温　喻樗　洪兴祖　高阅
## 程大昌　林之奇　林光朝　杨万里

　　邵伯温字子文,洛阳人,康节处士雍之子也。雍名重一时,如司马光、韩维、吕公著、程颐兄弟,皆交其门。伯温入闻父教,出则事司马光等,而光等亦屈名位、辈行,与伯温为世交,故所闻日博,而尤熟当世之务。光入相,尝欲荐伯温,未果而薨。后以河南尹与部使者荐,特授大名府助教,调潞州长子县尉。

　　初,蔡确之相也,神宗崩,哲宗立,邢恕自襄州移河阳,诣确谋造定策事。及司马光子康诣阙,恕召康诣河阳,伯温谓康曰:"公休除丧未见君,不宜枉道先见朋友。"康曰:"已诺之。"伯温曰:"恕倾巧,或以事要公休,若从之,必为异日之悔。"康竟往。恕果劝康作书称确,以为他日全身保家计。康、恕同年登科,恕又出光门下,康遂作书如恕言。恕盖以康为光子,言确有定策功,世必见信。既而梁焘以谏议召,恕亦要焘至河阳,连日夜论确功不休,且以康书为证,焘不悦。会吴处厚奏确诗谤朝政,焘与刘安世共请诛确,且论恕罪,亦命康分折,康始悔之。康卒,子植幼。宣仁后悯之。吕大防谓康素以伯温可托,请以伯温为西京教授以教植。伯温既至官,则诲植曰:"温公之孙,大谏之子,贤愚在天下,可畏也。"植闻之,力学不懈,卒有立。

绍圣初,章惇为相。惇尝事康节,欲用伯温,伯温不往。会法当赴吏部铨,程颐为伯温曰:"吾危子之行也。"伯温曰:"岂不欲见先公于地下耶?"至则先就部拟官,而后见宰相。惇论及康节之学,曰:"嗟乎,吾于先生不能卒业也。"伯温曰:"先君先天之学,论天地万物未有不尽者。其信也,则人之仇怨反覆者可忘矣。"时惇方兴党狱,故以是动之。惇悚然。犹荐之于朝,而伯温愿补郡县吏,惇不悦,遂得监永兴军铸钱监。时元祐诸贤方南迁,士鲜访之者。伯温见范祖禹于咸平,见范纯仁于颍昌,或为之恐,不顾也。会西边用兵,复夏人故地,从军者得累数阶,伯温当行,辄推同列。秩满,惇犹在相位。伯温义不至京师,从外台辟环庆路帅幕,实避惇也。

徽宗即位,以日食求言。伯温上书累数千言,大要欲复祖宗制度,辨宣仁诬谤,解元祐党锢,分君子小人,戒劳民用兵,语极恳至。宣仁太后之谤,伯温既辨之,又著书名《辨诬》。后崇宁、大观间,以元符上书人分邪正等,伯温在邪等中,以此书也。

出监华州西岳庙,久之,知陕州灵宝县,徙芮城县。丁母忧,服除,主管永兴军耀州三白渠公事。童贯为宣抚使,士大夫争出其门,伯温闻其来,出他州避之。除知果州,请罢岁输泸南诸州绫绢、丝绵数十万以宽民力。除知兴元府、遂宁府、邠州,皆不赴。擢提点成都路刑狱,贼史斌破武休,入汉、利,窥剑门,伯温与成都帅臣卢法原合谋守剑门,贼竟不能入,蜀人德之。除利路转运副使、提举太平观。绍兴四年,卒,年七十八。初,邵雍尝曰:"世行乱,蜀安,可避居。"及宣和末,伯温载家使蜀,故免于难。

伯温尝论元祐、绍圣之政曰:"公卿大夫,当知国体,以蔡确奸邪,投之死地,何足惜!然尝为宰相,当以宰相待之。范忠宣有文正余风,知国体者也,故欲薄确之罪,言既不用,退而行确词命,然后求去,君子长者仁人用心也。确死南荒,岂独有伤国体哉!刘挚、梁焘、王岩叟、刘安世忠直有余,然疾恶已甚,不知国体,以贻后日缙绅之祸,不能无过也。"

　　赵鼎少从伯温游，及当相，乞行追录，始赠秘阁修撰，尝表伯温之墓曰："以学行起元祐，以名节居绍圣，以言废于崇宁。"世以此三语尽伯温出处云。

　　著书有《河南集》、《闻见录》、《皇极系述》、《辨诬》、《辨惑》、《皇极经世序》、《观物内外篇解》近百卷。三子：溥、博、傅。


　　喻樗字子才，其先南昌人。初，俞药仕梁，位至安州刺史，武帝赐姓喻，后徙严，樗其十六世孙也。少慕伊、洛之学，中建炎三年进士第，为人质直好议论。赵鼎去枢管，居常山，樗往谒，因讽之曰："公之事上，当使启沃多而施行少。启沃之际，当使诚意多而语言少。"鼎奇之，引为上客。鼎都督川陕、荆襄，辟樗为属。

　　绍兴初，高宗亲征，樗见鼎曰："六龙临江，兵气百倍，然公自度此举，果出万全乎？或姑试一掷也？"鼎曰："中国累年退避不振，敌情益骄，义不可更屈，故赞上行耳。若事之济否，则非鼎所知也。"樗曰："然则当思归路，毋以贼遗君父忧。"鼎曰："策安出？"樗曰："张德远有重望，居闽。今莫若使其为江、淮、荆、浙、福建等路宣抚使，俾以诸道兵赴阙，命下之日，府库军旅钱谷皆得专之。宣抚来路，即朝廷归路也。"鼎曰："诺。"于是入奏曰："今沿江经画大计略定，非得大臣相应援不可。如张浚人才，陛下终弃之乎？"帝曰："朕用之。"遂起浚知枢密院事。浚至，执鼎手曰："此行举措皆合人心。"鼎笑曰："子才之功也。"樗于是往来鼎、浚间，多所裨益。顷之，以鼎荐，授秘书省正字兼史馆校勘。

　　初，金既退师，鼎、浚相得欢甚。人知其将并相，樗独言："二人宜且同在枢府，他日赵退则张继之。立事任人，未甚相远，则气脉长。若同处相位，万有一不合，或当去位，则必更张，是贤者自相背戾矣。"后稍如其言。又尝曰："推车者遇难险则相诟病，及车之止也，则欣然如初。士之于国家亦若是而已。"

　　先是，樗与张九成皆言和议非便，秦桧既主和，言者希旨，劾樗与九成谤讪。樗出知舒州怀宁县，通判衡州，已而致仕。桧死，复起

为大宗正丞,转工部员外郎,出知蕲州。孝宗即位,用为提举浙东常平,以治绩闻。淳熙七年,卒,

初,樗善鉴识,宣和间,谓其友人沈晦试进士当第一。建炎初,又谓今岁进士张九成当第一,凌景夏次之。会风折大槐,樗以作二简遗之,后果然。赵鼎尝以樊光远免举事访樗,樗曰:"今年省试不可无此人。"于是光远亦第一。初,樗二女方择配,富人交请婚,不许。及见汪洋、张孝祥,乃曰:"佳婿也。"遂以妻之。

洪兴祖字庆善,镇江丹阳人。少读《礼》至《中庸》,顿悟性命之理,缀文日进。登政和上舍第,为湖州士曹,改宣教郎。高宗时在扬州,庶事草创,选人改秩军头司引见,自兴祖始。召试,授秘书省正字,后为太常博士。

上疏乞收人心,纳谋策,安民情,壮国威。又论国家再造,一宜以艺祖为法。绍兴四年,苏、湖地震。兴祖时为驾部郎官,应诏上疏,具言朝廷纪纲之失,为时宰相恶,主管太平观。

起知广德军,视水原为陂塘六百余所,民无旱忧。一新学舍,因定从祀:自十哲曾子而下七十有一人,又列先儒左丘明而下二十有六人。擢提点江东刑狱。知真州。州当兵冲,疮痍未瘳。兴祖始至,请复一年租,从之。明年再请,又从之。自是流民复业,垦辟荒田至七万余亩。

徙知饶州,先梦持六刀,觉曰:"三刀为益,今倍之,其饶乎?"已而果然。是时秦桧当国,谏官多桧门下,争弹劾以媚桧。兴祖坐尝作故龙图阁学士程瑀《论语解序》,语涉怨望,编管昭州。卒,年六十有六。明年,诏复其官,直敷文阁。

兴祖好古博学,自少至老,未尝一日去书。著《老庄本旨》、《周易通义》、《系辞要旨》、《古文孝经序赞》、《离骚楚词考异》行于世。

高阅字抑崇,明州鄞县人。绍兴元年,以上舍选赐进士第。执政荐之,召为秘书省正字。时将赐新进士《儒行》、《中庸篇》,阅奏

《儒行》词说不醇，请止赐《中庸》，庶几学者得知圣学渊源，而不惑于他说，从之。

权礼部员外郎兼史馆校勘。面对，言："《春秋》之法，莫大于正名，今枢密院号本兵柄，而诸路军马尽属都督，是朝廷兵柄自分为二。又周六卿其大事则从其长，小事官属犹得专达。今一切拘以文法，虽利害灼然可见，官长且不敢自决，必请于朝。故庙堂之事益繁，而省曹官属乃与胥吏无异。又政事之行，给、舍得缴驳，台谏得论列，若给、舍以为然，台谏以为不然，则不容不改。祖宗时有缴驳台谏章疏不以为嫌者，恐其得于风闻，致朝廷之有过举。然此风不见久矣，臣恐朝廷之权反在台谏。且祖宗时，监察御史许言事，靖康中尝行之。今则名为台官，实无言责，此皆名之未正也。"

寻迁著作佐郎，以言者论罢，主管崇道观。召为国子司业。时兴太学，阅奏宜先经术，帝曰："士习诗赋已久，遽能使之通经乎？"阅曰："先王设太学，惟讲经术而已。国初犹循唐制用诗赋，神宗始以经术造士，遂罢诗赋，又虑不足以尽人才，乃设词学一科。今宜以经义为主，而加诗赋。"帝然之。阅于是条具以闻。其法以《六经》、《语》、《孟》义为一场，诗赋次之，子史论义次之，时务策又次之。太学课试及郡国科举，尽以此为法，且立郡国士补国学监生之制。中兴已后学制，多阅所建明。

阅又言建学之始，宜得老成以诱掖后进。乃荐全州文学师维藩，诏除国子录。维藩，眉山人，精《春秋》学，林栗其高第也，故首荐之。新学成，阅奏补试者六千人，且乞临雍，继率诸生上表以请。于是帝幸太学，秦熺执经，讲《易·泰卦》，赐三品服胡，寅闻之，以书责阅曰："阁下为师儒之首，不能建大论，明天人之理，乃阿庚柄臣，希合风旨，求举太平之典，欺天罔人孰甚焉！平生志行扫地矣。"

阅少宗程颐学。宣和末，杨时为祭酒，阅为诸生。胡安国至京师，访士于时，以阅为首称，由是知名。阅除礼部侍郎，帝因问阅张九成安否，明日，复以问秦桧，桧疑阅荐。中丞李文会承桧旨劾阅，出知筠州，不赴，卒。初，秦棣尝使姚孚请婚，阅辞之。其著述有《春秋集传》行于世。

程大昌字泰之,徽州休宁人。十岁能属文,登绍兴二十一年进士第。主吴县簿,未上,丁父忧。服除,著十论言当世事,献于朝,宰相汤思退奇之,擢太平州教授。明年,召为太学正,试馆职,为秘书省正字。

孝宗即位,迁著作佐郎。当是时,帝初政,锐意事功,命令四出,贵近或预密议。会诏百官言事,大昌奏曰:"汉石显知元帝信已,先请夜开宫门之诏。他日,故夜还,称诏启关,或言矫制,帝笑以前诏示之。自是显真矫制,人不复言。国朝命令必由三省,防此弊也。请自今被御前直降文书,皆申省审奏乃得行,以合祖宗之规,以防石显之奸。"又言:"去岁完颜亮入寇,无一士死守,而兵将至今策勋未已。惟李宝捷胶西,虞允文战采石,实屠亮之阶。今宝罢兵,允文守夔,此公论所谓不平也。"帝称善,选为恭王府赞读。迁国子司业兼权礼部侍郎、直学士院。帝问大昌曰:"朕治道不进,奈何?"大昌对曰:"陛下勤俭过古帝王,自女真通和,知尊中国,不可谓无效。但当求贤纳谏,修政事,则大有为之业在其中,不必他求奇策,以幸速成。"又言:"淮上筑城太多,缓急何人可守。设险莫如练卒,练卒莫如择将。"帝称善。

除浙东提点刑狱。会岁丰,酒税逾额,有挟朝命请增额者,大昌力拒之,曰:"大昌宁罪去,不可增也。"徙江西转运副使,大昌曰:"可以兴利去害,行吾志矣。"会岁歉,出钱十余万缗,代输吉、赣、临江、南安夏税折帛。清江县旧有破坑、桐塘二堰,以捍江护田及民居,地几二千顷,后堰坏,岁罹水患且四十年,大昌力复其旧。

进秘阁修撰,召为秘书少监,帝劳之曰:"卿,朕所简记。监司若人人如卿,朕何忧?"兼中书舍人。六和塔寺僧以镇潮为功,求内降给赐所置田产仍免科徭,大昌奏:"僧寺既违法置田,又移科徭于民,奈何许之! 况自修塔之后,潮果不啮岸乎?"寝其命。权刑部侍郎,升侍讲兼国子祭酒。大昌言:"辟以止辟,未闻纵有罪为仁也。今四方谳狱例拟贷死,臣谓有司当守法,人主察其可贷则贷之。如此,则法伸乎下,仁归乎上矣。"帝以为然。兼给事中。江陵都统制率逢原纵部曲殴百姓,守帅辛弃疾以言状徙帅江西。大昌因极论"自此屯戍州郡,不可为矣"! 逢原由是坐削两官,降本军副将。累迁权吏部尚书。言:"今日诸军,西北旧人日少,其子孙伉健者,当教之战阵,不宜轻听离军。且禁卫之士,祖宗非独以备宿卫而已,南征北伐,是尝为先锋。今率三年辄补外,用违其长,即有征行,无人在选。奈何始以材武择之,而终以庸常弃之乎? 愿留三衙勿遣。"

会行中外更迭之制,力请郡,遂出知泉州。汀州贼沈师作乱,戍将萧统领与战死,闽部大震。漕檄统制裴师武讨之。师武以未得帅符不行,大昌手书趣之曰:"事急矣,有如帅责君,可持吾书自解。"当是时,贼谋攻城,而先使谍者衷甲纵火为内应。会师武军至,复得谍者,贼遂散去。迁知建宁府。光宗嗣位,徙知明州,寻奉祠。绍熙五年,请老,以龙图阁学士致仕。庆元元年,卒,年七十三,谥文简。

大昌笃学,于古今事靡不究。有《禹贡论》、《易原》、《雍录》、《易老通言》、《考古编》、《演繁露》、《北边备对》行于世。

林之奇字少颖,福州候官人。紫微舍人吕本中入闽,之奇甫冠,从本中学。时将试礼部,行次衢州,以不得事亲而反。学益力,本中奇之,由是学者踵至。中绍兴二十一年进士第,调莆田簿,改尉长汀,召为秘书省正字,转校书郎。

会朝廷欲令学者参用王安石《三经义》之说,之奇上言:"王氏三经,率为新法地。晋人以王、何清谈之罪,深于桀、纣。本朝靖康祸乱,考其端倪,王氏实负王、何之责。在孔、孟书,正所谓邪说、诐行、淫辞之不可训者。"或传金人欲南侵,之奇作书抵当路,以为"久和畏战,人情之常。金知吾重于和,故常以虚声喝我,而示我以欲战之意,非果欲战,所以坚吾和。欲与之和,宜无惮于战,则其权在我"。又言:"战之所须不一,而人才为先。必求可与共患难者,非得如庞士元所谓俊杰者不可也。"

以痹疾乞外,由宗正丞提举闽舶,参帅议,遂以祠禄家居,自称拙斋,东莱吕祖谦尝受学焉。淳熙三年,卒,年六十有五。

有《书春秋周礼说》、《论孟扬子讲议》、《道山记闻》等书行于世。

林光朝字谦之,兴化军莆田人。再试礼部不第,闻吴中陆子正尝从尹焞学,因往从之游。自是专心圣贤践履之学,通《六经》,贯百氏,言动必以礼,四方来学者无虑数百人。南渡后,以伊、洛之学倡东南者,自光朝始。然未尝著书,惟口授学者,使之心通理解。尝曰:"道之全体,全乎太虚。《六经》既发明之,后世注解固已支离,若复增加,道愈远矣。"

孝宗隆兴元年,光朝年五十,以进士及第调袁州司户参军。乾道三年,龙大渊、曾觌以潜邸恩幸进,台谏、给舍论驳不行。张阐自外召为执政,锐欲去之,觉其不可拙,遂以老疾力辞不拜。而光朝及刘朔方以名儒荐对,颇及二人罪,由是光朝改左承奉郎、知永福县。而大臣论荐不已,召试馆职,为秘书省正字兼国史编修、实录检讨官,历著作佐郎兼礼部郎官。八年,进国子司业兼太子侍读,史职如故。是时,张说再除签书枢密院事,光朝不往贺,遂出为广西提点刑狱,移广东。

茶寇自荆、湘剽江西,薄岭南,其锋锐甚。光朝自将郡兵,檄摧锋统制路海、本路钤辖黄进各以军分控要害。会有诏徙光朝转运副使,光朝谓贼势方张,留屯不去,督二将,遮击,连败之,贼惊惧宵遁。帝闻之喜曰:"林光朝儒生,乃知兵耶。"加直宝谟阁,召拜国子祭酒兼太子左谕德。

四年,帝幸国子监,命讲《中庸》,帝大称善,面赐金紫;不数日,除中书舍人。是时,吏部郎谢廓然由曾觌荐,赐出身,除殿中侍御史,命从中出。光朝愕曰:"是轻台谏、羞科目也。"立封还词头。天子度光朝决不奉诏,改授工部侍郎,不拜,遂以集英殿修撰出知婺州。光朝老儒,素有士望。在后省未有建明,或疑之,及闻缴驳廓然,士论始服。光朝因引疾提举兴国宫，卒，年六十五。

杨万里字廷秀，吉州吉水人。中绍兴二十四年进士第，为赣州司户，调永州零陵丞。时张浚谪永，杜门谢客，万里三往不得见，以书力请始见之。浚勉以正心诚意之学，万里服其教终身，乃名读书之室曰诚斋。

浚入相，荐之朝。除临安府教授，未赴，丁父忧。改知隆兴府奉新县，戢追胥不入乡，民逋赋者揭其名市中，民欢趋之，赋不扰而足，县以大治。会陈俊卿、虞允文为相，交荐之，召为国子博士。侍讲张栻以论张说出守袁，万里抗疏留栻，又遗允文书，以和同之说规之，栻虽不果留，而公论伟之。迁太常博士，寻升丞兼吏部侍右郎官，转将作少监，出知漳州，改常州，寻提举广东常平茶盐。盗沈师犯南粤，帅师往平之。孝宗称之曰"仁者之勇"，遂有大用意，就除提点刑狱。请于潮、惠二州筑外砦，潮以镇贼之巢，惠以扼贼之路。俄以忧去。免丧，召为尚左郎官。

淳熙十二年五月，以地震应诏上书曰：

臣闻言有事于无事之时，不害其为忠；言无事于有事之时，其为奸也大矣。南北和好逾二十年，一旦绝使，敌情不测。而或者曰彼有五单于争立之祸，又曰彼有凶奴困于东胡之祸，既而皆不验。道途相传，缮汴京城池，开海州漕渠，又于河南、北签民兵，增驿骑，制马枥，籍井泉，而吾之间谍不得以入，此何为者耶？臣所谓言有事于无事之时者一也。

或谓金主北归，可为中国之贺。臣以中国之忧，正在乎此。此人北归，盖惩创于逆亮之空国而南侵也。将欲南之，必固北之；或者以身填抚其北，而以其子与婿经营其南也。臣所谓言有事于无事之时者二也。

臣窃闻论者或谓缓急淮不可守，则弃淮而守江，是大不然。昔者吴与魏力争而得合肥，然后吴始安；李煜失滁、扬二州，自此南唐始蹙。今日弃淮而保江，既无淮矣，江可得而保乎？臣所谓言有事于无事之时者三也。

　　今淮东、西凡十五郡，所谓守帅，不知陛下使宰相择之乎，使枢廷择之乎？使宰相择之，宰相未必为枢廷虑也；使枢廷择之，则除授不自己出也。一则不为之虑，一则不自己出，缓急败事，则皆曰非我也。陛下将责之谁乎？臣所谓言有事于无事之时者四也。

　　且南北各有长技，若骑若射，北之长技也；若舟若步，南之长技也。今为北之计者，日缮治其海舟，而南之海舟则不闻缮治焉。或曰吾舟素具也，或曰舟虽未具而惮于扰也。绍兴辛巳之战，山东、采石之功，不以骑也，不以射也，不以步也，舟焉而已。当时之舟，今可复用乎？且夫斯民一日之扰，与社稷百世之安危，孰轻孰重？事固有大于扰者也。臣所谓言有事于无事之时者五也。

　　陛下以今日为何等时耶？金人日逼，疆场日扰，而未闻防金人者何策，保疆场者何道；但闻某日修某礼文也，某日进某书史也，是以乡饮理军，以干羽解围也。臣所谓言有事于无事之时者六也。

　　臣闻古者人君，人不能悟之，则天地能悟之。今也国家之事，敌情不测如此，而君臣上下处之如太平无事之时，是人不能悟之矣。故上天见灾异，异时灾惑犯南斗，迩日镇星犯端门，灾惑守羽林。臣书生，不晓天文，未敢以为必然也。至于春正月日青无光，若有两日相摩者，兹不曰大异乎？然人犹恐陛下不信也，至于春日载阳，复有雨雪杀物，兹不曰大异乎？然天犹恐陛下又不信也，乃五月庚寅，又有地震，兹又不曰大异乎？且夫天变在远，臣子不敢奏也，不信可也；地震在外，州郡不敢闻也，不信可也。今也天变频仍，地震辇毂，而君臣不闻警惧，朝廷不闻咨访，人不能悟之，则天地能悟之。臣不知陛下于此悟乎，否乎？臣所谓言有事于无事之时者七也。

　　自频年以来，两浙最近则先旱，江淮则又旱，湖广则又旱，流徙者相续，道殣相枕。而常平之积，名存而实亡；入粟之令，上行而下慢。静而无事，未知所以振救之；动而有事，将何以仰以为资耶？臣所谓言有事于无事之时者八也。

古者足国裕民，惟食与货。今之所谓钱者，富商、巨贾、阉宦、权贵皆盈室以藏之，至于百姓三军之用，惟破楮券尔。万一如唐泾原之师，因怒粝食，蹴而覆之，出不逊语，遂起朱泚之乱，可不为寒心哉！臣所谓言有事于无事之时者九也。

古者立国必有可畏，非畏其国也，畏其人也。故苻坚欲图晋，而王猛以为不可，谓谢安、桓冲江左之望，是存晋者二人而已。异时名相如赵鼎、张浚，名将如岳飞、韩世忠，此金人所惮也。近时刘珙可用则早死，张栻可用则沮死，万一有缓急，不知可以督诸军者何人，可以当一面者何人，而金人之所素惮者又何人？而或者谓人之有才，用而后见。臣闻之《记》曰："苟有车必见其式，苟有言必闻其声。"今日有其人而未闻其可将可相，是有车而无式，有言而无声也。且夫用而后见，非临之以大安危，试之以大胜负，则莫见其用也。平居无以知其人，必待大安危、大胜负而后见焉。成事幸矣，万一败事，悔何及耶？昔者谢玄之北御苻坚，而郗超知其必胜；桓温之西伐李势，而刘惔知其必取。盖玄于屐屧之间无不当其任，温于蒱博不必得则不为，二子于平居无事之日，盖必有以察其小而后信其大也，岂必大用而后见哉？臣所谓言有事于无事之时者十也。

愿陛下超然远览，昭然远寤。勿矜圣德之崇高，而增其所未能；勿恃中国之生聚，而严其所未备。勿以天地之变异为适然，而法宣王之惧灾；勿以臣下之苦言为逆耳，而体太宗之导谏。勿以女谒近习之害政为细故，而监汉、唐季世致乱之由；勿以仇雠之包藏为无他，而惩宣、政晚年受祸之酷。责大臣以通知边事军务如富弼之请，勿以东西二府异其心；委大臣以荐进谋臣良将如萧何所奇，勿以文武两途而殊其辙。勿使赂宦者而得旄节如唐大历之弊，勿使货近幸而得招讨如梁段凝之败。以重蜀之心而重荆、襄,使东西形势之相接;以保江之心而保两淮,使表里唇齿之相依。勿以海道为无虞,勿以大江为可恃。增屯聚粮,治舰扼险。君臣之所咨访,朝夕之所讲求,姑置不急之务,精专备敌之策。庶几上可消于天变,下不隳于敌奸。

然天下之事有本根,有枝叶。臣前所陈,枝叶而已。所谓本根,则人主不可以自用。人主自用,则人臣不任责,然犹未害也。至于军事,而犹曰"谁当忧此,吾当自忧"。今日之事,将无类此?《传》曰:"水木有本原。"圣学高明,愿益思其所以本原者。

东宫讲官阙,帝亲擢万里为侍读。宫僚以得端人相贺。他日读《陆宣公奏议》等书,皆随事规警,太子深敬之。王淮为相,一日问曰:"宰相先务者何事?"曰:"人才。"又问:"孰为才?"即疏朱熹、袁枢以下六十人以献,淮次第擢用之。历枢密院检详,守右司郎中,迁左司郎中。

十四年夏旱,万里复应诏,言:"旱及两月,然后求言,不曰迟乎?上自侍从,下止馆职,不曰隘乎?今之所以旱者,以上泽不下流,下情不上达,故天地之气隔绝而不通。"因疏四事以献,言皆恳切。迁秘书少监。会高宗崩,孝宗欲行三年丧,创议事堂,命皇太子参决庶务。万里上疏力谏,且上太子书,言:"天无二日,民无二王。一履危机,悔之何及?与其悔之而无及,孰若辞之而不居。愿陛下三辞五辞,而必不居也。"太子悚然。高宗未葬,翰林学士洪迈不俟集议,配飨独以吕颐浩等姓名上。万里上疏诋之,力言张浚当预,且谓迈无异指鹿为马。孝宗览疏不悦,曰:"万里以朕为何如主!"由是以直秘阁出知筠州。

光宗即位,召为秘书监。入对,言:"天下有无形之祸,僭非权臣而僭于权臣,扰非盗贼而扰于盗贼,其惟朋党之论乎!盖欲激人主之怒莫如朋党,空天下人才莫如朋党。党论一兴,其端发于士大夫,其祸及于天下。前事已然,愿陛下建皇极于圣心,公听并观,坏植散群,曰君子从而用之,曰小人从而废之,皆勿问其某党某党也。"又论:"古之帝王,固有以知一己揽其权,不知臣下窃其权。大臣窃之则权在大臣,大将窃之则权在大将,外戚窃之则权在外戚,近习窃之则权在近习。窃权之最难防者,其惟近习乎!非敢公窃也,私窃之也。始始于私窃,其终必至于公窃而后已。可不惧哉!"

绍熙元年,借焕章阁学士为接伴金国贺正旦使兼实录院检讨官。会《孝宗日历》成,参知政事王蔺以故事俾万里序之,而宰臣属之礼部郎官傅伯寿。万里以失职力丐去,帝宣谕勉留。会进《孝宗圣政》,万里当奉进,孝宗犹不悦,遂出为江东转运副使,权总领淮西、江东军马钱粮。朝议欲行铁钱于江南诸郡,万里疏其不便,不奉诏,忤宰相意,改知赣州,不赴。乞祠,除秘阁修撰、提举万寿宫,自是不复出矣。

宁宗嗣位,召赴行在,辞。升焕章阁待制、提举兴国宫。引年乞休致,进实文阁待制,致仕。嘉泰三年,诏进宝谟阁直学士,给赐衣带。开禧元年召,复辞。明年,升宝谟阁学士。卒,年八十三,赠光禄大夫。

万里为人刚而褊。孝宗始爱其才,以问周必大,必大无善语,由此不见用。韩侂胄用事,欲纲罗四方知名士相羽翼,尝筑南园,属万里为之记,许以掖垣。万里曰:"官可弃,记不可作也。"侂胄恚,改命他人。卧家十五年,皆其柄国之日也。侂胄专僭日益甚,万里忧愤,怏怏成疾。家人知其忧国也,凡邸吏之报时政者皆不以告。忽族子自外至,遽言侂胄用兵事。万里恸哭失声,亟呼纸书曰:"韩侂胄奸臣,专权无上,动兵残民,谋危社稷。吾头颅如许,报国无路,惟有孤愤!"又书十四言别妻子,笔落而逝。

万里精于诗,尝著《易传》行于世。光宗尝为书"诚斋"二字,学者称诚斋先生,赐谥文节。子长孺。

宋史卷四三四
列传第一九三

# 儒林四

刘子翚　吕祖谦　蔡元定 <sub>子沉</sub>
陆九龄 <sub>弟九韶</sub>　陆九渊　薛季宣
陈傅良　叶适　戴溪　蔡幼学
杨泰之

　　刘子翚字彦冲，赠太师韐之仲子。以父任。授承务郎，辟真定府幕属。韐死靖康之难，子翚痛愤，几无以为生，庐墓三年。服除，通判兴化军。寇杨就犯闽境，子翚与郡将张当世画计备御，如素服戎事者，贼不敢犯。事闻，诏因任。

　　子翚始执丧致羸疾，至是以不堪吏责，辞归武夷山，不出者凡十七年。间走其父墓下，瞻望徘徊，涕泗呜咽，或累日而返。妻死不再娶，事继母吕氏及兄子羽尽孝友。子羽之子珙，幼英敏嗜学，子翚教之不懈，珙卒有立。

　　与籍溪胡宪、白水刘勉之交相得，每见讲学外。无杂言。它所与游，皆海内知名士，而期以任重致远者，惟新安朱熹而已。初，熹父松且死，以熹托子翚。及熹请益，子翚告以《易》之"不远复"三言，俾佩之终身，熹后卒为儒宗。子翚少喜佛氏说，归而读《易》，即涣然有得。其说以为学《易》当先《复》，故以是告熹焉。

　　一日，感微疾，即谒家庙，泣别母，与亲朋诀，付珙家事，指葬处，处亲戚孤弱之无业者，训学者修身求道数百言。后二日卒，年四十七。学者称屏山先生。珙别有传。

　　吕祖谦字伯恭，尚书右丞好问之孙也。自其祖始居婺州。祖谦之学本之家庭，有中原文献之传。长从林之奇、汪应辰、胡宪游，既又友张栻、朱熹，讲索益精。

　　初，荫补入官，后举进士，复中博学宏词科，调南外宗教。丁内艰，居明招山，四言之士争趋之。除太学博士，时中都官待次者例补外，添差教授严州，寻复召为博士兼国史院编修官、实录院检讨官。轮对，勉孝宗留意圣学。且言："恢复大事也，规模当定，方略当审。陛下方广揽豪杰，共集事功，臣愿精加考察，使之确指经画之实，孰为先后，使尝试侥幸之说，不敢陈于前，然后与一二大臣定成算而次第行之，则大义可伸，大业可复矣。"

　　召试馆职。先是，召试者率前期从学士院求问目，独祖谦不然，而其文特典美。尝读陆九渊文喜之，而未识其人。考试礼部，得一卷。曰："此必江西小陆之文也。"揭示，果九渊，人服其精鉴。父忧免丧，主管台州崇道观。

　　越三年，除秘书郎、国史院编修官、实录院检讨官。以修撰李焘荐，重修《徽宗实录》。书成进秩，面对，言曰："夫治道体统，上下内外不相侵夺而后安。乡者，陛下以大臣不胜任而兼行其事，大臣亦皆亲细务、而行有司之事，外至监司、守令职任，率为其上所侵而不能令其下。故豪猾玩官府，郡县忽省部，掾属凌长吏，贱人轻柄臣。平居未见其患，一旦有急，谁与指麾而伸缩之邪？如曰臣下权任太重，惧其不能无私，则有给、舍以出纳焉，有台谏以救正焉，有待从以询访焉。傥得端方不倚之人分处之，自无专恣之虑，何必屈至尊以代其劳哉？人之关鬲脉络少有壅滞，久则生疾。陛下于左右虽不劳操制，苟玩而弗虑，则声势浸长，趋附浸多，过咎浸积，内则惧为陛下所遣而益思壅蔽，外则惧为公议所疾而益肆诋排。愿陛下虚心以求天下之士,执要以总万事之机。勿以图任或误而谓人多可疑,勿以聪明独高而谓智足遍察,勿详于小而忘远大之计,勿忽于近而忘壅蔽之萌。"

又言:"国朝治体,有远过前代者,有视前代为未备者。夫以宽大忠厚建立规模,以礼逊节义成就风俗,此所谓远过前代者也。故于俶扰艰危之后,驻跸东南逾五十年,无纤毫之虞,则根本之深可知矣。然文治可观而武绩未振,名胜相望而干略未优,故虽昌炽盛大之时,此病已见。是以元昊之难,范、韩皆极一时之选,而莫能平殄,则事功之不竞从可知矣。臣谓今日治体视前代未备者,固当激厉而振起;远过前代者,尤当爱护而扶持。"

迁著作郎,以末疾请祠归。先是,书肆有书曰《圣宋文海》,孝宗命临安府校正刊行。学士周必大言《文海》去取差谬。恐难传后,盍委馆职铨择,以成一代之书。孝宗以命祖谦。遂断自中兴以前,崇雅黜浮,类为百五十卷,上之,赐名《皇朝文鉴》。

诏除直秘阁。时方重职名,非有功不除,中书舍人陈骙之。孝宗批旨云:"馆阁之职,文史为先。祖谦所进,采取精详,有益治道,故以宠之,可即命词。"不得已草制。寻主管冲祐观。明年,除著作郎兼国史院编修官。卒,年四十五。谥曰成。

祖谦学以关、洛为宗,而旁稽载籍,不见涯涘。心平气和,不立崖异,一时英伟卓荦之士皆归心焉。少卞急,一日,诵孔子言"躬自厚而薄责于人",忽觉平时忿懥涣然冰释。朱熹尝言:"学如伯恭方是能变化气质。"其所讲画,将以开物成务,既卧病,而任重道远之意不衰。居家之政,皆可为后世法。修《读诗记》、《大事记》,皆未成书。考定《古周易》、《书说》、《阃范》、《官箴》、《辨志录》、《欧阳公本末》,皆行于世。晚年会友之地曰丽泽书院,在金华城中;既殁,郡人即而祠之。子延年。

蔡元定字季通,建州建阳人。生而颖悟,八岁能诗,日记数千言。父发,博览群书,号牧堂老人,以程氏《语录》、邵氏《经世》、张氏

《正蒙》授元定，曰："此孔、孟正脉也。"元定深涵其义。既长，辨析益精。登西山绝顶，忍饥啖荠读书。

闻朱熹名，往师之。熹扣其学，大惊曰："此吾老友也，不当在弟子列。"。遂与对榻讲论诸经奥义，每至夜分。四方来学者，熹必俾先从元定质正焉。太常少卿尤袤、秘书少监杨万里联疏荐于朝，召之，坚以疾辞。筑室西山，将为终焉之计。

时韩侂胄擅政，设伪学之禁，以空善类。台谏承风，专肆排击，然犹未敢诵言攻朱熹。至沈继祖、刘三杰为言官，始连疏诋熹，并及元定。元定简学者刘砺曰："化性起伪，乌得无罪！"未几，果谪道州。州县捕元定甚急，元定闻命，不辞家即就道。熹与从游者数百人饯别萧寺中，坐客兴叹，有泣下者。熹微视元定，不异平时，因喟然曰："友朋相爱之情，季通不挫之志，可谓两得矣。"元定赋诗曰："执手笑相别，无为儿女悲。"众谓宜缓行，元定曰："获罪于天，天可逃乎？"杖履同其子沉行三千里，脚为流血，无几微见言面。

至春陵，远近来学者日众，州士子莫不趋席下以听讲说。有名士挟才简傲、非笑前修者，亦心服谒拜，执弟子礼甚恭。人为之语曰："初不敬，今纳命。"爱元定者谓宜谢生徒，元定曰："彼以学来，何忍拒之？若有祸患，亦非闭门塞窦所能避也。"贻书训诸子曰："独行不愧影，独寝不愧衾，勿以吾得罪故遂懈。"一日，谓沉曰："可谢客，吾欲安静，以还造化旧物。"阅三日卒。侂胄既诛，赠迪功郎，赐谥文节。

元定于书无所不读，于事无所不究。义理洞见大原，下至图书、礼乐、制度，无不精妙。古书奇辞奥义，人所不能晓者，一过目辄解。熹尝曰："人读易书难，季通读难书易。"熹疏释《四书》及为《易》《诗传》、《通鉴纲目》，皆与元定往复参订；《启蒙》一书，则属元定起稿。尝曰："造化微妙，惟深于理者能识之，吾与季通言而不厌也。"及葬，以文诔之曰："精诣之识，卓绝之才，不可屈之志，不可穷之辩，不复可得而见矣。"学者尊之曰西山先生。

其平生问学，多寓于熹书集中。所著书有《大衍详说》、《律吕新书》、《燕乐》、《原辩》、《皇极经世》、《太玄潜虚指要》、《洪范解》、《八阵图说》，熹为之序。

子渊、沈，皆躬耕不仕。渊有《周易训解》。

沈字仲默，少从朱熹游。熹晚欲著《书传》，未及为，遂以属沈。《洪范》之数，学者久失其传，元定独心得之，然未及论著，曰："成吾书者沈也。"沈受父师之托，沈潜反复者数十年，然后成书，发明先儒之所未及。其于《洪范》数，谓："体天地之撰者《易》之象，纪天地之撰者《范》之数。数始于一奇，象成于二偶。奇者数之所以立，偶者数之所以行。故二四而八，八卦之象也；三三而九，九畴之数也。由是八八而又八八之为四千九十六，而象备矣；九九而又九九之为六千五百六十一，而数周矣。《易》更四圣而象已著，《范》锡神禹而数不传。后之作者，昧象数之原，窒变通之妙，或即象而为数，或反数而拟象，牵合傅会，自然之数益晦焉。"

始，从元定谪道州，跋涉数千里，道楚、粤穷僻处，父子相对，常以理义自怡悦。元定殁，徒步护丧以还。有遗之金而义不可受者，辄谢却之曰："吾不忍累先人也。"年仅三十，屏去举子业，一以圣贤为师。隐居九峰，当世名卿物色将荐用之，沈不屑就。次子抗，别有传。

陆九龄字子寿。八世祖希声，相唐昭宗，孙德迁，五代末避乱居抚州之金溪。父贺以学行为里人所宗，尝采司马氏冠昏丧祭仪行于家，生六子，九龄其第五子也。幼颖悟端重，十岁丧母，哀毁如成人。稍长，补郡学弟子员。

时秦桧当国，无道程氏学者。九龄独尊其说。久之，闻新博士学黄、老，不事礼法，慨然叹曰："此非吾所愿学也。"遂归家，从父兄讲学益力。是时，吏部员外郎许忻有名中朝，退居临川，少所宾接，一见九龄，与语大说，尽以当代文献告之。自是九龄益大肆力于学，翻阅百家，昼夜不倦，悉通阴阳、星历、五行、卜筮之说。

性周谨，不肯苟简涉猎。入太学，司业汪应辰举为学录。登乾道五年进士第。调桂阳军教授，以亲老道远，改兴国军，未上，会湖南茶寇剽庐陵，声摇旁郡，人心震摄。旧有义社以备寇，郡从众请以九龄主之，门人多不悦，九龄曰："文事武备，一也。古者有征讨，公卿即为将帅，比闾之长，则五两之率也。士而耻此，则豪侠武断者专之矣。"遂领其事，调度屯御皆有法。寇虽不至，而郡县倚以为重。暇则与乡之子弟习射，曰："是固男子之事也。"岁恶，有剽劫者过其门，必相戒曰："是家射多命中，无自取死。"

及至兴国，地滨大江，俗俭啬而鲜知学。九龄不以职闲自佚，益严规矩，肃衣冠，如临大众，劝绥引翼，士类兴起。不满岁，以继母忧去。服除，调全州教授。未上，得疾。一日晨兴，坐床上与客语，犹以天下学术人才为念。至夕，整襟正卧而卒，年四十九。宝庆二年，特赠朝奉郎、直秘阁，赐谥文达。

九龄尝继其父志，益修礼学，治家有法。阖门百口，男女以班各供其职，闺门之内严若朝廷。而忠敬乐易，乡人化之，皆逊弟焉。与弟九渊相为师友，和而不同，学者号"二陆"。有来问学者，九龄从容启告，人人自得。或未可与语，则不发。尝曰："人之惑有难以口舌争者，言之激，适固其意；少需，未必不自悟也。"

广汉张栻与九龄不相识，晚岁以书讲学，期以世道之重。吕祖谦常称之曰："所志者大，所据者实。有肯綮之阻，虽积九仞之功不敢遂；有毫厘之偏，虽立万夫之表不敢安。公听并观，却立四顾，弗造于至平至粹之地，弗措也。"弟九韶。

九韶字子美。其学渊粹，隐居山中，昼之言行，夜必书之。其家累世义居，一人最长者为家长，一家之事听命焉。岁迁子弟分任家事，凡田畴、租税、出内、庖爨、宾客之事，各有主者。九韶以训戒之辞为韵语，晨兴，家长率众子弟谒先祠毕，击鼓诵其辞，使列听之。子弟有过，家长会众子弟责而训之；不改，则挞之；终不改，度不可容，则言之官府，屏之远方焉。九韶所著有《梭山文集》、《家制》、《州郡图》。

陆九渊字子静。生三四岁，问其父天地何所穷际，父笑而不答。遂深思，至忘寝食。及总角，举止异凡儿，见者敬之。谓人曰："闻人诵伊川语，自觉若伤我者。"又曰："伊川之言，奚为与孔子、孟子之言不类？近见其间多有不是处。"初读《论语》，即疑有子之言支离。他日读古书，至"宇宙"二字，解者曰"四方上下曰宇，往古来今曰宙"，忽大省曰："宇宙内事乃己分内事，己分内事乃宇宙内事。"又尝曰："东海有圣人出焉，此心同也，此理同也。至西海、南海北海有圣人出，亦莫不然。千百世之上有圣人出焉，此心同也，此理同也。至于千百世之下有圣人出，此心此理，亦无不同也。"

后登乾道八年进士第。至行在，士争从之游。言论感发，闻而兴起者甚众。教人不用学规，有小过，言中其情，或至流汗。有怀于中而不能自晓者，为之条析其故，悉如其心。亦有相去千里，闻其大概而得其为人。尝曰："念虑之不正者，顷刻而知之，即可以正。念虑之正者，顷刻而失之，即为不正。有可以形迹观者，有不可。以形迹观人，则不足以知人。必以形迹绳人，则不足以救之。"初调隆兴靖安县主簿。丁母忧。服阕，改建宁崇安县。以少师史浩荐，召审察，不赴。侍从复荐，除国子正，教诸生无异在家时。除敕令所删定官。

九渊少闻靖康间事，慨然有感于复仇之义。至是，访知勇士，与议恢复大略。因轮对，遂陈五论：一论仇耻未复，愿博求天下之俊杰，相与举论道经邦之职；二论愿致尊德乐道之诚；三论知人之难；四论事当驯致而不可骤；五论人主不当亲细事。帝称善。未几除将作监丞，为给事中王信所驳，诏主管台州崇道观。还乡，学者辐凑，每开讲席，户外履满，耆老扶杖观听。自号象山翁，学者称象山先生。尝谓学者曰："汝耳自聪，目自明，事父自能孝，事兄自能弟，本无欠阙，不必它求，在乎自立而已。"又曰："此道与溺于利欲之人言犹易，与溺于意见之人言却难。"或劝九渊著书，曰："《六经》注我，我注《六经》。"又曰："学苟知道，《六经》皆我注脚。"

光宗即位，差知荆门军，民有诉者，无早暮皆得造于庭，复令其自持状以追,为立期,皆如约而至,即为酌情决之,而多所劝释。其有涉人伦者,使自毁其状,以厚风俗。唯不可训者,始置之法。其境内官吏之贪廉,民俗之习向善恶,皆素知之。有诉人杀其子者,九渊曰:"不至是。"及追究,其子果无恙。有诉窃取而不知其人,九渊出二人姓名,使捕至,讯之伏辜,尽得所窃物还诉者,且宥其罪使自新。因语吏以某所某人为暴,翌日有诉遇夺掠者,即其人也,乃加追治,吏大惊,郡以为神。申严保伍之法,盗贼或发,擒之不逸一人,群盗屏息。

荆门为次边而无城。九渊以为:"郡居江、汉之间,为四集之地,南捍江陵,北援襄阳,东护随、郢之胁,西当光化、夷陵之冲,荆门固则四邻有所恃,否则有背胁腹心之虞。由唐之湖阳以趋山,则其涉汉之处已在荆门之胁;由郑之邓城以涉汉,则其趋山之处已在荆门之腹。自此之外,间道之可驰,汉津之可涉,坡陀不能以限马,滩濑不能以濡轨者,所在尚多。自我出奇制胜,徼敌兵之腹胁者,亦正在此。虽四山环合,易于备御,而城池阙然,将谁与守?"乃请于朝而城之,自是民无边忧。罢关市吏讥察而减民税,商贾毕集,税入日增。旧用铜钱,以其近边,以铁钱易之,而铜有禁,复令贴纳。九渊曰:"既禁之矣,又使之输邪?"尽蠲之。故事,平时教军伍射,郡民得与,中者均赏,荐其属不限流品。尝曰:"古者无流品之令,而贤不肖之辨严;后世有流品之分,而贤不肖之辨略。"每旱,祷即雨,郡人异之。逾年,政行令修,民俗为变,诸司交荐。丞相周必大尝称荆门之政,以为躬行之效。

一日,语所亲曰:"先教授兄有志天下,竟不得施以没。"又谓家人曰:"吾将死矣。"又告僚属曰:"某将告终。"会祷雪,明日,雪。乃沐浴更衣端坐,后二日日中而卒。会葬者以千数,谥文安。

初,九渊尝与朱熹会鹅湖,论辨所学多不合。及熹守南康,九渊访之,熹与至白鹿洞,九渊为讲君子小人喻义利一章,听者至有泣下。熹以为切中学者隐微深痼之病。至于无极而太极之辨,则贻书往来论难不置焉。门人杨简、袁燮、舒璘、沈焕能传其学云。

薛季宣字士龙，永嘉人。起居舍人徽言之子也。徽言卒时，季宣始六岁，伯父敷文阁待制弼收鞠之。从弼宦游，及见渡江诸老，闻中兴经理大略。喜从老校、退卒语，得岳、韩诸将兵间事甚悉。年十七，起从荆南帅辟书写机宜文字，获事袁溉。溉尝从程颐学，尽以其学授之。季宣既得溉学，于古封建、井田、乡遂、司马法之制，靡不研究讲画，皆可行于时。

金兵之未至也，武昌令刘锜镇鄂渚。季宣白锜，以武昌形势直淮、蔡，而兵寡势弱，宜早为备，锜不听。及兵交，稍稍资季宣计画。未几，汪澈宣谕荆襄，而金兵趋江上，诏成闵还师入援。季宣又说澈以闵既得蔡，有破竹之势，宜守便宜勿遣，而令其乘胜下颍昌，道陈、汝，趋汴都，金内顾且惊溃，可不战而屈其兵矣。澈不听。

时江、淮仕者闻金兵且至，皆预遣其奴而系马于庭以待。季宣独留家，与民期曰："吾家即汝家，即有急，吾与汝偕死。"民亦自奋。县多盗，季宣患之，会有伍民之令，乃行保伍法，五家为保，二保为甲，六甲为队，因地形便合为总，不以乡为限，总首、副总首领之。官族、士族、富族皆附保，蠲其身，俾输财供总之小用。诸总必有圃以习射，禁蒲博杂戏，而许以武事角胜负，五日更至庭阅之，而赏其尤者；不幸死者予棺，复其家三年。乡置楼，盗发，伐鼓举烽，瞬息遍百里。县治、白鹿矶、安乐口皆置戍。复请于宣谕司，得战舰十，甲三百，罗落之。守计定，讫兵退，人心不摇。

枢密使王炎荐于朝，召为大理寺主簿，未至，为书谢炎曰："主上天资英特，群臣无将顺缉熙之具，幸得遭时，不能格心正始，以建中兴之业，徒侥幸功利，夸言以眩俗，虽复中夏，犹无益也。为今之计，莫若以仁义纪纲为本。至于用兵，请俟十年之后可也。"

时江、湖大旱，流民北渡江，边吏复奏淮北民多款塞者，宰相虞允文白遣季宣行淮西，收以实边。季宣为表废田，相原隰，复合肥三十六圩，立二十二庄于黄州故治东北，以户授屋，以丁授田，颁牛及田器谷种各有差，廪其家，至秋乃止。凡为户六百八十有五，分处合肥、黄州间，并边归正者振业之。季宣谓人曰："吾非为今日利也。合肥之圩，边有警，因以断栅江，保巢湖。黄州地直蔡冲，诸庄辑则西道有屏蔽矣。"光州守宋端友招集北归者止五户，而杂旧户为一百七十，奏以幸赏，季宣按得其实而劾之。时端友为环列附托难撼，季宣奏上，孝宗怒，属大理治，端友以忧死。

季宣还，言于孝宗曰："左右之人进言者，其情不可不察也。托正以行邪，伪直以售佞，荐进人物，曾非诵言，游扬中伤，乃自不意。一旦号令虽自中出，而其权已归私门矣。故齐威之霸，不在阿、即墨之诛赏，而在毁誉者之刑。臣观近政，非无阿、即墨之诛赏，奈何毁誉之人自若乎？"帝曰："朕方图之。"

季宣又进言曰："日城淮郡，以臣所见，合肥板干方立，中使督视，卒卒成之。臣行过郡，一夕风雨，堕楼五堵。历阳南壁阙，而居巢库陋如故，乃闻有靡钱钜万而成城四十余丈者。陛下安取此！然外事无足道，咎根未除，臣所深忧。左右近侍，阴挤正士而阳称道之，陛下傥因貌言而听之，臣恐石显、王凤、郑注之智中也。"又言："近或以好名弃士大夫，夫好名特为臣子学问之累。人主为社稷计，唯恐士不好名，诚人人好名畏义，何乡不立？"帝称善，恨得季宣晚，遂进两官，除大理正。

自是，凡奏请论荐皆报可，以虞允文讳阙失，不乐之。居七日，出知湖州。会户部以历付场务，锱铢皆分隶经总制，诸郡束手无策，季宣言于朝曰："自经总制立额，州县凿空以取赢，虽有奉法吏思宽弛而不得骋。若复额外征其强半，郡调度顾安所出？殆复巧取之民，民何以胜！"户部谯责愈急，季宣争之愈强，台谏交疏助之，乃收前令。

改知常州，未上，卒，年四十。季宣于《诗》、《书》、《春秋》、《中庸》、《大学》、《论语》皆有训义，藏于家。其杂著曰《浪语集》。

陈傅良字君举，温州瑞安人。初患科举程文之弊，思出其说为文章，自成一家，人争传诵，从者云合，由是其文擅当世。当是时，永嘉郑伯熊、薛季宣皆以学行闻,而伯熊于古人经制治法,讨论尤精,傅良皆师事之,而得季宣之学为多。及入太学,与广汉张栻、东莱吕祖谦友善。祖谦为言本朝文献相承条序,而主敬集义之功得于栻为多。自是四方受业者愈众。

登进士甲科,教授泰州。参知政事龚茂良才之,荐于朝,改太学录。出通判福州。丞相梁克家领帅事,委成于傅良,傅良平一府曲直,壹以义。强御者不得售其私,阴结言官论罢之。

后五年,起知桂阳军。光宗立,稍迁提举常平茶盐、转运判官。湖湘民无后,以异姓以嗣者,官利其赀,辄没入之。傅良曰:"绝人嗣,非政也。"复之几二千家。转浙西提点刑狱。除吏部员外郎,去朝四十年,至是而归,须鬓无黑者,都人聚观嗟叹,号"老陈郎中"。

傅良为学,自三代、秦、汉以下靡不研究,一事一物必稽于极而后已。而于太祖开创本原,尤为潜心。及是,因轮对,言曰:"太祖皇帝垂裕后人,以爱惜民力为本。熙宁以来,用事者始取太祖约束,一切纷更之。诸路上供岁额,增于祥符一倍;崇宁重修上供格,颁之天下,率增至十数倍。其它杂敛,则熙宁以常平宽剩、禁军阙额之类别项封桩,而无额上供起于元丰,经制起于宣和,总制、月桩起于绍兴,皆迄今为额折帛、和买之类又不与焉。茶引尽归于都茶场,盐钞尽归于榷货务,秋苗斗斛十八九归于纲运,皆不在州县。州县无以供,则豪夺于民,于是取之斛面、折变、科敷、抑配、赃罚,而民困极矣。方今之患,何但四夷?盖天命之永不永,在民力之宽不宽耳,岂不甚可畏哉!陛下宜以救民穷为己任,推行太祖未泯之泽,以为万世无疆之休。"

且言:"今天下之力竭于养兵,而莫甚于江上之军。都统司谓之御前军马,虽朝廷不得知;总领所谓之大军钱粮,虽版曹不得与。于是中外之势分,而事权不一,施行不专,虽欲宽民,其道无由。诚使都统司之兵与向者在制置司时无异,总领所之财与向者在转运司时无异,则内外为一体。内外一体,则宽民力可得而议矣。"帝从容嘉纳,且劳之曰:"卿昔安在?朕不见久矣。其以所著书示朕。"退以

《周礼说》十三篇上之，迁秘书少监兼实录院检讨官、嘉王府赞读。

绍熙三年，除起居舍人。明年，兼权中书舍人。初，光宗之妃黄氏有宠，李皇后妒而杀之。光宗既闻之，而复因郊祀大风雨，遂震惧得心疾，自是视章疏不时。于是傅良奏曰："一国之势犹身也，壅底则致疾。今日迁延某事，明日阻节某人，即有奸险乘时为利，则内外之情不接，威福之柄下移，其极至于天变不告，边警不闻，祸且不测矣！"帝悟，会疾亦稍平，过重华宫。而明年重明节，复以疾不往，丞相以下至于太学诸生皆力谏，不听；而方召内侍陈源为内侍省押班，傅良不草词，且上疏曰："陛下之不过宫者，特误有所疑而积忧成疾，以至此尔。臣尝即陛下之心反覆论之，窃自谓深切，陛下亦既许之矣。未几中变，以误为实，而开无端之衅；以疑为真，而成不疗之疾。是陛下自贻祸也。"书奏，帝将从之。百官班立，以俟帝出。至御屏，皇后挽帝回，傅良遂趋上引裾，后叱之。傅良哭于庭，后益怒，傅良下殿径行。诏改秘阁修撰仍兼赞读，不受。

宁宗即位，召为中书舍人兼侍读、直学士院、同实录院修撰。会诏朱熹与在外宫观，傅良言："熹难进易退，内批之下，举朝惊愕，臣不敢书行。"熹于是进宝文阁待制，与郡。御史中丞谢深甫论傅良言不顾行，出提举兴国宫。明年，察官交疏，削秩罢。嘉泰二年复官。起知泉州，辞。授集英殿修撰，进宝谟阁待制，终于家，年六十七。谥文节。

傅良著述有《诗解诂》、《周礼说》、《春秋后传》、《左氏章指》行于世。

叶适字正则，温州永嘉人。为文藻思英发。擢淳熙五年进士第二人，授平江节度推官。丁母忧。改武昌军节度判官。少保史浩荐于朝，召之不至，改浙西提刑司干办公事，士多从之游。参知政事龚茂良复荐之，召为太学正。

迁博士，因轮对，奏曰："人臣之义，当为陛下建明者，一大事而已。二陵之仇未报，故疆之半未复，而言者以为当乘其机，当待其时。然机自我发，何彼之乘？时自我为，何彼之待？非真难真不可也；正以我自为难，自为不可耳。于是力屈气索，甘为退伏者于此二十六年。积今之所谓难者阴沮之，所谓不可者默制之也。盖其难有四，其不可有五。置不共戴天之仇而广兼爱之义，自为虚弱。此国是之难一也。国之所是既然，干大夫之论亦然。为奇谋秘画者止于乘机待时，忠义决策者止于亲征迁都，深沉虑远者止于固本自治。此议论之难二也。环视诸臣，迭进迭退，其知此事本而可以反覆论议者谁乎？抱此志意而可以策励期望者谁乎？此人才之难三也。论者徒鉴五代之致乱，而不思靖康之得祸。今循守旧模，而欲驱一世之人以报君仇，则形势乖阻，诚无展足之地。若顺时增损，则其所更张动摇，关系至重。此法度之难四也。又有甚不可者，兵以多而至于弱，财以多而至于乏，不信官而信吏，不任人而任法，不用贤能而用资格：此五者举天下以为不可动，岂非今之实患欤！沿习牵制，非一时矣。讲利害，明虚实，断是非，决废置，在陛下所为耳。"读未竟，帝蹙额曰："朕比苦目疾，此志已泯，谁克任此，惟与卿言之耳。"及再读，帝惨然久之。

除太常博士兼实录院检讨官。尝荐陈傅良等三十四人于丞相，后皆召用，时称得人。会朱熹除兵部郎官，未就职，为侍郎林栗所劾。适上疏争曰："栗劾熹罪无一实者，特发其私意而遂忘其欺矣。至于其中'谓之道学'一语，利害所系不独熹。盖自昔小人残害忠良，率有指名，或以为好名，或以为立异，或以为植党。近创为'道学'之目，郑丙倡之，陈贾和之，居要津者密相付授，见士大夫有稍慕洁修者，辄以道学之名归之，以为善为砧斧，以好学为己愆，相与指目，使不得进。于是贤士惴栗，中材解体，销声灭影，秽德垢行，以避此名。栗为侍从，无以达陛下之德意志虑，而更袭用郑丙、陈贾密相付授之说，以道学为大罪，文致语言，逐去一熹，自此善良受祸，何所不有！伏望摧折暴横，以扶善类。"疏入不报。

光宗嗣位，由秘书郎出知蕲州，入为尚书左选郎官。是时，帝以疾不朝重华宫者七月，事无钜细皆废不行。适见上力言："父子亲爱出于自然。浮疑私畏，似是而非，岂有事实？若因是而定省废于上，号令怨于下，人情离阻，其能久乎！"既而帝两诣重华宫，都人悦。适复奏："自今宜于过宫之日，令宰执、侍从先诣起居。异时两宫圣意有难言者，自可因此传致，则责任有归。不可复使近习小人增损语言，以生疑惑。"不报。而事复浸异，中外汹汹。

及孝宗不豫，群臣至号泣攀裾以请，帝竟不往。适责宰相留正曰："上有疾明甚。父子相见，当俟病瘳。公不播告，使臣下轻议君父可乎？"未几，孝宗崩，光宗不能执丧。军士籍籍有语，变且不测。适又告正曰："上疾而不执丧，将何辞以谢天下？今嘉王长，若预建参决，则疑谤释矣。"宰执用其言，同入奏立嘉王为皇太子，帝许之。俄得御批，有"历事岁久，念欲退闲"之语，正惧而去，人心愈摇。知枢密院赵汝愚忧危不知所出，适告知阁门事蔡必胜曰："国事至此，子为近臣，庸坐视乎？"蔡许诺，与宣赞舍人傅昌朝、知内侍省关礼、知阁门事韩侂胄三人定计。侂胄，太皇太后甥也。会慈福宫提点张宗尹过侂胄，侂胄觇其意以告必胜。适得之，即亟白汝愚。汝愚请必胜议事，遂遣侂胄因张宗尹、关礼以内禅议奏太皇太后，且请垂帘，许之，计遂定。翌日禅祭，太皇太后临朝，嘉王即皇帝位，亲行祭礼，百官班贺，中外晏然。凡表奏皆汝愚与适裁定，临期取以授仪曹郎，人始知其预议焉。迁国子司业。

汝愚既相，赏功将及适，适曰："国危效忠，职也。适何功之有？"而侂胄恃功，以迁秩不满望怨汝愚。适以告汝愚曰："侂胄所望不过节钺，宜与之。"汝愚不从。适叹曰："祸自此始矣！"遂力求补外。除太府卿，总领淮东军马钱粮。及汝愚贬衡阳，而适亦为御史胡弦所劾，降两官罢，主管冲佑观，差知衢州，辞。

起为湖南转运判官，迁知泉州。召入对，言于宁宗曰："陛下初嗣大宝，臣尝申绎《卷阿》之义为献。天启圣明，销磨党偏，人才庶几复合。然治国以和为体，处事以平为极。臣欲人臣忘己体国，息心既往，图报方来可也。"帝嘉纳之。初，韩侂胄用事，患人不附，一时小人在言路者，创为"伪学"之名，举海内知名士贬窜殆尽。其后侂

胄亦悔,故适奏及之,且荐楼钥、丘崈、黄度三人,悉与郡。自是禁纲
浙解矣。

　　除权兵部侍郎,以父忧去。服除,召至。时有劝侂胄立盖世功
以固位者,侂胄然之,将启兵端。适因奏曰:"甘弱而幸安者衰,改弱
而就疆者兴。陛下申命大臣,先虑预算,思报积耻,规恢祖业,盖欲
改弱以就强矣。窃谓必先审知强弱之势而定其论,论定然后修实
政,行实德,弱可变而为强,非有难也。今欲改弱以就强,为问罪骤
兴之举,此至大至重事也。故必备成而后动,守定而后战。今或谓
金已衰弱,姑开先衅,不惧后艰,求宣和之所不能,为绍兴之所不
敢,此至险至危事也。且所谓实政者,当经营濒淮沿汉诸郡,各为处
所,牢实自守。敌兵至则阻于坚城,彼此策应,而后进取之计可言。
至于四处御前大军,练之使足以制敌,小大之臣,试之使足以立事,
皆实政也。所谓实德者,当今赋税虽重而国愈贫,如和买、折帛之
类,民间至有用田租一半以上输纳者。况欲规恢,宜有恩泽。乞诏
有司,审度何名之赋害民最甚,何等横费裁节宜先。减所入之额,定
所出之费。既修实政于上,又行实德于下。此其所以能屡战而不屈,
必胜而无败也。"

　　除权工部侍郎。侂胄欲藉其草诏以动中外,改权吏部侍郎兼直
学士院,以疾力辞兼职。会诏诸将四路出师,适又告侂胄宜先防江,
不听。未几,诸军皆败,侂胄惧,以丘崈为江、淮宣抚使;除适宝谟阁
待制、知建康府兼沿江制置使。适谓三国孙氏尝以江北守江,自南
唐以来始失之,建炎、绍兴未暇寻绎。乃请于朝,乞节制江北诸州。

　　及金兵大入,一日,有二骑举旗若将渡者,淮民仓皇争斫舟缆,
覆溺者众,建康震动。适谓人心一摇,不可复制,惟劫砦南人所长,
乃募市井悍少并帐下愿行者,得二百人,使采石将徐纬统以往。夜
过半,遇金人,蔽茅苇中射之,应弦而倒;矢尽,挥刀以前,金人皆错
愕不进。黎明,知我军寡来迫,则已在舟中矣。复命石跋、定山之人
劫敌营,得其俘馘以归。金解和州围,退屯瓜步,城中始安。又遣石
斌贤渡宣化,夏侯成等分道而往,所向皆捷。金自滁州遁去。时羽

檄旁午，而适治事如平时，军须皆从官给，民以不扰。淮民渡江有舟，次止有寺，给钱饷米，其来如归。兵退，进宝文阁待制，兼江、淮制置使，措置屯田，遂上堡坞之议。

初，淮民被兵惊散，日不自保。适遂于墟落数十里内，依山水险要为堡坞，使复业以守，春夏散耕，秋冬入堡，凡四十七处。又度沿江地创三大堡：石跋则屏蔽采石，定山则屏蔽靖安，瓜步则屏蔽东阳、下蜀。西护历阳，东连仪真，缓急应援，首尾联络，东西三百里，南北三四十里。每堡以二千家为率，教之习射。无事则戍，以五百人一将；有警则增募新兵及抽摘诸州禁军二千人，并堡坞内居民，通为四千五百人，共相守戍。而制司于每岁防秋，别募死士千人，以为劫砦焚粮之用。因言堡坞之成有四利，大要谓："敌在北岸，共长江之险，而我有堡坞以为声援，则敌不敢窥江，而士气自倍，战舰亦可以策勋。和、滁、真、六合等城或有退遁，我以堡坞全力助其袭逐，或邀其前，或尾其后，制胜必矣。此所谓用力寡而收功博也。"三堡就，流民渐归。而侂胄适诛，中丞雷孝友劾适附侂胄用兵，遂夺职。自后奉祠者凡十三年，至宝文阁学士、通议大夫。嘉定十六年，卒，年七十四，赠光禄大夫，谥忠定。

适志意慷慨，雅以经济自负。方侂胄之欲开兵端也，以适每有大仇未复之言重之，而适自召还，每奏疏必言当审而后发，且力辞草诏。第出师之时，适能极力谏止，晓以利害祸福，则侂胄必不妄为，可免南北生灵之祸。议者不能不为之叹息焉。


戴溪字肖望，永嘉人也。少有文名。淳熙五年，为别头省试第一，监潭州南岳庙。绍熙初，主管吏部架阁文字，除太学录兼实录院检讨官。正录兼史职自溪始。升博士，奏两淮当立农官，若汉稻田使者，括闲田，谕民主出财，客出力，主客均利，以为救农之策。除庆元府通判，未行，改宗正簿。累官兵部郎官。

开禧时，师溃于符离，溪因奏沿边忠义人、湖南北盐商皆当区画，以销后患。会和议成，知枢密院事张岩督师京口，除授参议军事。数月，召为资善堂说书。

由礼部郎中凡六转为太子詹事兼秘书监。景献太子命溪讲《中庸》、《大学》，溪辞以讲读非詹事职，惧侵官。太子曰："讲退便服说书，非公礼，毋嫌也。"复命类《易》、《诗》、《书》、《春秋》、《论语》、《孟子》、《资治通鉴》，各为说以进。权工部尚书，除华文阁学士。嘉定八年，以宣奉大夫、龙图阁学士致仕。卒，赠特进、端明殿学士。理宗绍定间，赐谥文端。

溪久于宫僚，以微婉受知春官，然立朝建明，多务秘密，或议其殊乏骨鲠云。

蔡幼学字行之，温州瑞安人。年十八，试礼部第一。是时，陈傅良有文名于太学，幼学从之游。月书上祭酒芮烨及吕祖谦，连选拔，辄出傅良右，皆谓幼学之文过其师。

孝宗闻之，因策士将置首列。而是时外戚张说用事，宰相虞允文、梁克家皆阴附之。幼学对策，其略曰："陛下资虽聪明而所存未大，志虽高远而所趋未正，治虽精勤而大原不立。即位之始，冀太平旦暮至。奈何今十年，风俗日坏，将难扶持；纪纲日乱，将难整齐；人心益摇，将难收拾；吏慢兵骄，财匮民困，将难正救。"又曰："陛下耻名相之不正，更制近古，二相并进，以为美谈。然或以虚誉惑听，自许立功；或以缄默容身，不能持正。"盖指虞允文、梁克家也。又曰："汉武帝用兵以来，大司马、大将军之权重而丞相轻。公孙弘为相，卫青用事，弘苟合取容，相业无有。宣、元用许、史，成帝用王氏，哀帝用丁、傅，率为元始之祸。今陛下使姨子预兵柄，其人无一才可取。宰相忍与同列，曾不羞耻。按其罪名，宜在公孙弘上。"盖指张说也。帝览之不怿，虞允文尤恶之。遂得下第，教授广德军。

丁父忧，再调潭州。执政荐于朝，帝许之，且问："年几何矣？何以名幼学？"参政施师点举孟子"幼学壮行"之语以对。上仁思，慨然曰："今壮矣，可行也。"遂除敕令所删定官。首言："大耻未雪，境土未复，陛下睿知神武，可以有为。而苟且之议，委靡之习，顾得以缓陛下欲为之心。”孝宗喜曰：“解卿意，欲令朕立规摹尔。”寻以母忧去。

光宗立，以太学录召，改武学博士。逾年，迁太学，擢秘书省正字兼实录院检讨官，迁校书郎。时光宗以疾不朝重华宫，幼学上封事曰：“陛下自春以来，北宫之朝不讲。比者寿皇愆豫，侍从、台谏叩陛请对，陛下拂衣而起，相臣引裾，群臣随以号泣。陛下退朝，宫门尽闭，大臣累日不获一对清光。望日之朝，都人延颈，迁延至午，禁卫饮恨。市廛军伍，谤诽籍籍，旁郡列屯，传闻疑怪，变起仓卒，陛下实受其祸。诚思身体发肤寿皇所与，宗社人民寿皇所命，则畴昔慈爱有感于心，可不独出圣断，复父子之欢，弭宗社之祸！”疏入不报。

宁宗即位，诏求直言。幼学又奏：“陛下欲尽为君之道，其要有三：事亲、任贤、宽民，而其本莫先于讲学。比年小人谋倾君子，为安靖和平之说以排之。故大臣当兴治而以生事自疑，近臣当效忠而以忤旨摈弃，其极至于九重深拱而群臣尽废，多士盈庭而一筹不吐。自非圣学日新，求贤如不及，何以作天下之才！自熙宁、元丰而始有免役钱，有常平积剩钱，有无额上供钱；自大观、宣和而始有大礼进奉银绢，有赡学籴本钱，有经制钱；自绍兴而始有和买折帛钱，有总制钱，有月桩大军钱；至于茶盐酒榷、税契、头子之属，积累增多，较之祖宗无虑数十倍，民困极矣。”

幼学既论列时政，其极归之圣学。帝称善，将进用之。时韩侂胄方用事，指正人为“伪学”，异论者立黜。幼学遂力求外补，特除提举福建常平。陛辞，言：“今除授命令径从中出，而大臣之责始轻；谏省、经筵无故罢黜，而多士之心始惑。或者有以误陛下至此耶！”侂胄闻之不悦。既至官，日讲荒政。时朱熹居建阳，幼学每事咨访，遂为御史刘德秀劾罢，奉祠者凡八年。

起知黄州，改提点福建路刑狱，未行。有劝侂胄以收召海内名士者，乃召幼学为吏部员外郎。入见，言：“高宗建炎间减婺州和买绢折罗事，因谕辅臣曰：‘一日行得如此一事，一年不过三百六十事而已。’陛下除两浙丁钱，视高宗无间，然而兵事既开，诸路罹锋镝转饷之艰，江、湖以南有调募科需之扰，惟陛下以爱惜邦本为念。"迁国子司业、宗正少卿，皆兼权中书舍人。

侂胄既诛，余党尚塞正路，幼学次第弹缴，窜黜尤众，号称职。迁中书舍人兼侍讲。故事，阁门、宣赞而下，供职十年，始得路都监若钤辖。侂胄坏成法，率五六年七八年即越等除授，有已授外职犹通籍禁闼者，幼学一切厘正。

嘉定初，同楼钥知贡举。时正学久锢，士专于声律度数，其学支离。幼学始取义理之文，士习渐复于正。兼直学士院，内外制皆温醇雅厚得体，人多称之。除刑部侍郎，改吏部，仍兼职。赵师𥾝除知临安府，𥾝辞。故事，当有不允诏。幼学言："师𥾝以媚权臣进官，三尹京兆，狼籍无善状，诏必出褒语，臣何辞以草？"命遂寝。改兼侍读，师𥾝命乃下。

除龙图阁待制、知泉州，徙建康府、福州，进福建路安抚使。政主宽大，惟恐伤民。福建下州，例抑民买盐，以户产高下均卖者曰产盐，以交易契纸钱科敷者曰浮盐，皆出常赋外，久之遂为定赋。幼学力请蠲之，不报。提举司令民以田高下藏新会子，不如令者籍其赀。幼学曰："罔民而可，吾忍之乎！惟有去而已。"因言钱币未均，秤提无术，力求罢去。遂升宝谟阁直学士、提举万寿宫。召权兵部尚书兼修玉牒官，寻兼太子詹事。

先是，朝廷既遣岁币入金境，适值其有难，不果纳，则遽以兵叩边索之。中外汹汹，皆言当亟与。幼学请对，言："玉帛之使未还，而侵轶之师奄至，且肆其侮慢，形之文辞。天怒人愤，可不伸大义以破其谋乎！"于是朝论奋然，始诏与金绝。幼学因请"固本根以弭外虞，示意向以定众志，公汲引以合材谋，审怀附以一南北"。帝称善。一夕感异梦，星陨于屋西南隅，遂卒。年六十四。

幼学早以文鸣于时，而中年述作，益穷根本，非关教化之大、由情性之正者不道也。器质凝重，莫窥其际，终日危坐，一语不妄发。及辨论义理，纵横阖辟，沛然如决江河，虽辩士不及也。尝续司马光《公卿百官表》，《年历》、《大事记》、《备忘》、《辨疑》、《编年政要》、

《列传举要》，凡百余篇，传于世。

杨泰之字叔正，眉州青神人。少刻志于学，卧不设榻几十岁。庆元元年类试，调沪州尉，易什邡，再调绵州学教授、罗江丞，制置司檄置幕府。吴猎谕蜀，泰之贻书曰："使吴曦为乱，而士大夫不从，必有不敢为；既乱，而士大夫能抗，曦犹有所惮。夫乱，曦之为也；乱所以成，士大夫之为也。"

改知严道县，摄通判嘉定。白崖砦将王壎引蛮寇利店，刑狱使者置壎于法，又胃结余人当坐死。泰之访知夷都实迩利店，夷都蛮称乱，不需引导，固请释之，不听，乃去官。宣抚使安丙荐之曰："蜀中名儒杨虞仲之子，当逆臣之变，勉有位者毋动；言不用，拂衣而去。使得尺寸之柄，必能见危致命。"召泰之赴都堂审察，以亲老辞。差知广安军，未上，丁父忧。免丧，知富顺监。去官，以禄禀数千缗予邻里，以千缗为义庄。知普州，以安居、安岳二县受祸尤惨，泰之力白丙尽蠲其赋。丙复荐于朝，召赴行在，固辞。知果州。畸零钱病民，泰之以一年经费储其赢为诸邑对减，上尚书省，按为定式。民歌之曰："前张后杨，惠我无疆。"张谓张义，实自发其端，而泰之踵行之。

理宗即位，趣入对言，："法天行健，奋发英断，总揽威权，无牵于私意，无夺于邪说，以救盅散，以新治功。本朝德泽，迩来听丧无余，民无恒心，何以为国？陛下以直言求人，而以直言罪之，使天下以言为戒。臣恐言路既梗，士气益消，循循默默，浸成衰世之风，为国者何便于此？"上奇其对，以为工部郎中。其后言事者相继，无所避忌，自泰之发之。迁军器少监、大理少卿。

绍定元年入对，谓："风雨为暴，水潦溃溢，此阴盛阳微之证。而台臣诿曰雪川水患之惨，桀之余烈也。"后又言："巴陵追降之命，重于违群臣，轻于绝友爱。陛下居天位之至逸，则思天伦之大痛。秦邸殁于房陵，既行封谥，又录用其子。今乃曰'不当为之后，以贻它日忧'，何示人之不广乎？"又曰："今日不言，后必有言之者。与其追恤于后，固不若举行于今也。"是日，诏直宝谟阁、知重庆府。为书以别丞相曰："宰相职事，无大于用人有道，去自私之心，恢容人之度，审取舍之择而已。"至官，俗用大变。主管千秋鸿禧观，卒。

所著《克斋文集》、《论语解》、《老子辞》、《春秋列国事目》、《公羊谷梁类》、《诗类》、《诗名物编》、《论孟类》、《东汉三国志》《南北史唐五代史类》、《历代通鉴本朝长编类》、《东汉名物编》、《诗事类》、《大易要言》、《杂著》，凡二百九十七卷。

宋史卷四三五
列传第一九四

# 儒林五

## 范冲　朱震　胡安国 子寅　宏　宁

　　范冲字元长,登绍圣进士第。高宗即位,召为虞部员外郎,俄出为两淮转运副使。

　　绍兴中,隆祐皇后诞日,上置酒宫中,从容语及前朝事,后曰:"吾老矣,有所怀为官家言之。吾逮事宣仁圣烈皇后,聪明母仪,古今未见其比。曩因奸臣诬谤,有玷圣德,建炎初虽下诏辨明,而史录未经删定,无以传信后世,而慰在天之灵也。"上悚然,亟诏重修神、哲两朝《实录》,召冲为宗正少卿兼直史馆。冲父祖禹元祐中尝修《神宗实录》,尽书王安石之过,以明神宗之圣。其后安石婿蔡卞恶之,祖禹坐谪死岭表。至是复以命冲,上谓之曰:"两朝大典,皆为奸臣所坏,故以属卿。"冲因论熙宁创置,元祐复古,绍圣以降弛张不一,本末先后,各有所因。又极言王安石变法度之非,蔡京误国之罪。上嘉纳之,迁起居郎。

　　俄开讲筵,升兼侍读。上雅好《左氏春秋》,命冲与朱震专讲。冲敷衍经旨,因以规讽,上未尝不称善。会皇子建国公瑗出就傅,首命冲以徽猷阁待制提举建隆观,为资善堂翊善,而朱震兼赞读。诏曰:"朕为宗庙社稷大计,不敢私于一身,迟于属籍,得艺祖七世孙鞠之宫中。兹择刚辰,出就外傅,宜有端良之士以充辅导之官,博观在廷，无以易汝冲，德行文学，为时正人。乃祖发议嘉祐之初，乃父纳忠元祐之际，敷求是似，尚有典刑。顾资善之开，史馆经筵，姑仍厥旧。朕方求多闻之益，尔实兼数器之长，施及童蒙，绰有余裕。蔽自朕志，宜即安之。"时张浚在长沙，亦荐冲、震可备训导。冲、震皆一时名德老成，极天下之选，上命建国公见翊善、赞读皆纳拜。俄迁翰林学士兼侍读，冲力辞，改翰林侍读学士，用其父故事也。寻以龙图阁直学士奉祠。卒，年七十五。

冲之修《神宗实录》也，为《考异》一书，明示去取，旧文以墨书，删去者以黄书，新修者以朱书，世号"朱墨史"。及修《哲宗实录》，别为一书，名《辨诬录》。冲性好义乐善，司马光家属皆依冲所，冲抚育之；为光编类《记闻》十卷奏御，请以光之族曾孙宗召主光祀。又尝荐尹焞自代云。

朱震字子发，荆门军人。登政和进士第，仕州县以廉称。胡安国一见大器之，荐于高宗，召为司勋员外郎，震称疾不至。会江西制置使赵鼎入为参知政事，上询以当世人才，鼎曰："臣所知朱震，学术深博，廉正守道，士之冠冕，使位讲读，必有益于陛下。"上乃召之。既至，上问以《易》、《春秋》之旨，震具以所学对。上说，擢为祠部员外郎，兼川、陕、荆、襄都督府详议官。震因言："荆、襄之间，沿汉上下，膏腴之田七百余里，若选良将领部曲镇之，招集流亡，务农种谷，寇来则御，寇去则耕，不过三年，兵食自足。又给茶盐钞于军中，募人中籴，可以下江西之舟，通湘中之粟。观衅而动，席卷河南，此以逸待劳，万全计也。"

迁秘书少监兼侍经筵，转起居郎。建国公出就傅，以震为赞读，仍赐五品服。迁中书舍人兼翊善。时郭千里除将作监丞，震言："千里侵夺民田，曾经按治，愿寝新命。"从之。转给事中兼直学士院，迁翰林学士。是时，虔州民为盗，天子以为忧，选良太守往慰抚之。将行，震曰："使居官者廉而不扰，则百姓知安，虽诱之为盗，亦不为矣。愿诏新太守，到官之日，条具本郡及属县官吏有贪墨无状者，一切罢去,听其自择慈祥仁惠之人,有治效者优加奖劝。"上从其言。故事,当丧无享庙之礼。时徽宗未祔庙,太常少卿吴表臣奏行明堂之祭。震因言:"《王制》:'丧三年不祭,惟天地社稷为越绋而行事。'《春秋》书:'夏五月乙酉,吉,禘于庄公',《公羊传》曰:'讥始不三年也。'国朝景德二年,真宗居明德皇后丧,既易月而除服,明年遂享太庙,合祀天地于圜丘。当时未行三年之丧,专行以日易月之制可也,在今日行之则非也。"诏侍从、台谏、礼官参议,卒用御史赵涣、礼部侍陈公辅言,大飨明堂。七年,震谢病丐祠,旋知礼部贡举,会疾卒。

震经学深醇,有《汉上易解》云:"陈搏以《先天图》传种放,放传穆修,穆修传李之才,之才传邵雍。放以《河图》、《洛书》传李溉,溉传许坚,许坚传范谔昌,谔昌传刘牧。穆修以《太极图》传周惇颐,惇颐传程颢、程颐。是时,张载讲学于二程、邵雍之间。故雍著《皇极经世书》,牧陈天地五十有五之数,惇颐作《通书》,程颐著《易传》,载造《太和》、《参两篇》。臣今以《易传》为宗,和会雍、载之论,上采汉、魏、吴、晋,下逮有唐及今,包括异同,庶几道离而复合。"盖其学以王弼尽去旧说,杂以庄、老,专尚文辞为非是,故其于象数加详焉。其论《图书》授受源委如此,盖莫知其所自云。

胡安国字康侯,建宁崇安人。入太学,以程颐之友朱长文及颍川靳裁之为师。裁之与论经史大义,深奇重之。三试于礼部,中绍圣四年进士第。初,廷试考官定其策第一,宰职以无诋元祐语,遂以何昌言冠,方天若次之,又欲以宰相章惇子次天若。时发策大要崇复熙宁、元丰之制,安国推明《大学》,以渐复三代为对。哲宗命再读之,注听称善者数四,亲擢为第三。为太学博士,足不蹑权门。

提举湖南学事,有诏举遗逸,安国以永州布衣王绘、邓璋应诏。二人老不行,安国请命之官,以劝为学者。零陵簿称二人党人范纯仁客,而流人邹浩所请托也。蔡京素恶安国与己异,得簿言大喜,命湖南提刑置狱推治;又移湖北再鞫,卒无验,安国竟除名。未几,簿以他罪抵法，台臣直前事，复安国元官。

政和元年，张商英相，除提举成都学事。二年，丁内艰，移江东。父没终丧，谓子弟曰："吾昔为亲而仕，今虽有禄万锺将何所施？"遂称疾不仕，筑室墓傍，耕种取给，盖将终身焉。宣和末，李弥大、吴敏、谭世勣合荐，除屯田郎，辞。

靖康元年，除太常少卿，辞；除起居郎，又辞。朝旨屡趣行，至京师，以疾在告。一日方午，钦宗亟召见，安国奏曰："明君以务学为急，圣学以正心为要。心者万事之宗，正心者揆事宰物之权。愿擢名儒明于治国平天下之本者，虚怀访问，深发独智。"又言："为天下国家必有一定不可易之计，谋议既定，君臣固守，故有志必成，治功可立。今南向视朝半年矣，而纪纲尚紊，风俗益衰，施置乖方，举动烦扰；大臣争竞，而朋党之患萌；百执窥觎，而浸润之奸作；用人失当，而名器愈轻；出令数更，而士民不信。若不扫除旧迹，乘势更张，窃恐大势一倾，不可复正。乞访大臣，各令展尽底蕴，画一具进。先宣示台谏，使随事疏驳。若大臣议绌，则参用台谏之言；若疏驳不当，则专守大臣之策。仍集议于朝，断自宸衷，按为国论，以次施行。敢有动摇，必罚无赦。庶几新政有经，可冀中兴。"钦宗曰："比留词掖相待，已命召卿试矣。"语未竟，日昃暑甚，汗洽上衣，遂退。

时门下侍郎耿南仲倚攀附恩，凡与己不合者，即指为朋党。见安国论奏，愠曰："中兴如此，而曰绩效未见，是谤圣德也。"乃言安国意窥经筵，不宜召试。钦宗不答。安国屡辞，南仲又言安国不臣，钦宗问其状，南仲曰："往不事上皇，今又不事陛下。"钦宗曰："渠自以病辞，初非有向背也。"每臣僚登对，钦宗即问识胡安国否，中丞许翰曰："自蔡京得政，士大夫无不受其笼络，超然远迹不为所污如安国者实鲜。"钦宗叹息，遣中书舍人晁说之宣旨，令勉受命，且曰："他日欲去，即不强留"既试，除中书舍人，赐三品服。南仲讽台谏论其稽命不恭，宜从黜削。疏奏不下，安国乃就职。

南仲既倾宰相吴敏、枢密使李纲，又谓许景衡、晁说之视大臣为去就，怀奸徇私，并黜之。安国言："二人为去就，必有陈论；怀奸徇私，必有实迹。乞降付本省，载诸词命。"不报。

叶梦得知应天府，坐为蔡京所知，落职奉祠。安国言："京罪已正，子孙编置，家财没入，已无蔡氏矣。则向为京所引者，今皆朝廷之人，若更指为京党，则人才见弃者众，党论何时而弭！"乃除梦得小郡。

中书侍郎何㮚建议分天下为四道，置四都总管，各付一面，以卫王室、捍强敌。安国言："内外之势，适平则安，偏重则危。今州郡太轻，理宜通变。一旦以二十三路之广，分为四道，事得专决，财得专用，官得辟置，兵得诛赏，权恐太重；万一抗衡跋扈，何以待之？乞据见今二十三路帅府，选择重臣，付以都总管之权，专治军旅。或有警急，即各率所属守将应援，则一举两得矣。"寻以赵野总北道，安国言魏都地重，野必误委寄。是冬，金人大入，野遁，为群盗所杀，西道王襄拥众不复北顾，如安国言。

李纲罢，中书舍人刘珏行词，谓纲勇于报国，数至败衂。吏部侍郎冯澥言珏为纲游说，珏坐贬。安国封还词头，以为"侍从虽当献纳，至于弹击官邪必归风宪。今台谏未有缄默不言之咎，而澥越职，此路若开，臣恐立于朝者各以好恶协持倾陷，非所以靖朝著。"南仲大恐，何㮚从而挤之，诏与郡。㮚以安国素苦足疾，而海门地卑湿，乃除安国右文殿修撰、知通州。

安国在省一月，多在告之日，及出必有所论列。或曰："事之小者，盍姑置之。"安国曰："事之大者无不起于细微，今以小事为不必言，至于大事又不敢言，是无时而可言也。"

安国既去，逾旬，金人薄都城。子寅为郎在城中，或忧之，安国愀然曰："主上在重围中，号令不出，卿大夫恨效忠无路，敢念子乎！"敌围益急，钦宗亟召安国及许景衡，诏竟不达。

高宗即位，以给事中召，安国言："昨因缴奏，遍触权贵，今陛下将建中兴，而政事弛张，人才升黜，尚未合宜，臣若一一行其职守，必以妄发，干犯典刑。"黄潜善讽给事中康执权论其托疾，罢之。三年，枢密张浚荐安国可大用，再除给事中。赐其子起居郎寅手札，令以上意催促。既次池州，闻驾幸吴、越，引病还。

绍兴元年，除中舍人兼侍讲，遣使趣召，安国以《时政论》二十一篇先献之。论入，复除给事中。二年七月入对，高宗曰："闻卿大名，渴于相见，何为累诏不至？"安国辞谢，乞以所进二十一篇者施行。其论之目，曰《定计》、《建都》、《设险》、《制国》、《邮民》、《立政》、《核实》、《尚志》、《正心》、《养气》、《宏度》、《宽隐》。论《定计》略曰："陛下履极六年，以建都，则未有必守不移之居；以讨贼，则未有必操不变之术；以立政，则未有必行不反之令；以任官，则未有必信不疑之臣。舍今不图，后悔何及！"论《建都》谓："宜定都建康以比关中、河内，为兴复之基。"论《设险》谓："欲固上流，必保汉、沔；欲固下流，必守淮、泗；欲固中流，必以重兵镇安陆。"论《尚志》谓："当必志于恢复中原，祇奉陵寝；必志于扫平仇敌，迎复两宫。"论《正心》谓："戡定祸乱，虽急于戎务，而裁决戎务，必本于方寸。愿选正臣多闻识、有志虑、敢直言者，置诸左右，日夕讨论，以宅厥心。"论《养气》谓："用兵之胜负，军旅之强弱，将帅之勇怯，系人君所养之气曲直何如。愿强于为善，益新厥德，使信于诸夏、闻于夷狄者，无曲可议，则至刚可以塞两间，一怒可以安天下矣。"安国尝谓："虽诸葛复生，为今日计，不能易此论也。"

居旬日，再见，以疾恳求去。高宗曰："闻卿深于《春秋》，方欲讲论。"遂以《左氏传》付安国点句正音。安国奏："《春秋》经世大典，见诸行事，非空言比。今方思济艰难，《左氏》繁碎，不宜虚费光阴，耽玩文采，莫若潜心圣经。"高宗称善。寻除安国兼侍读，专讲《春秋》。时讲官四人，援例乞各专一经。高宗曰："他人通经，岂胡安国比。"不许。

会除故相朱胜非同都督江、淮、荆、浙诸军事，安国奏："胜非与黄潜善、汪伯彦同在政府，缄默附会，循致渡江；尊用张邦昌结好金国，沦灭三纲，天下愤郁；及正位冢司，苗、刘肆逆，贪坐苟容，辱逮君父。今强敌恁陵，叛臣不忌，用人得失，系国安危，深恐胜非上误大计。"胜非改除侍读，安国持录黄不下，左相吕颐浩特命校正黄龟年书行。安国言："'有官守者,不得其职则去'。臣今待罪无补,既失其职,当去甚明。况胜非系臣论列之人,今朝廷乃称胜非处苗、刘之变,能调护圣躬。昔公羊氏言祭仲废君为行权,先儒力排其说。盖权宜废置非所施于君父《春秋》大法尤谨于此。建炎之失节者,今虽特释而不问,又加选擢,习俗既成,大非君父之利。臣以《春秋》之时,而与胜非为列,有违经训。"遂卧家不出。

初,颐浩都督江上还朝,欲去异己者,未得其策,或教之指为朋党,且曰:"党魁在琐闼,当先去之"。颐浩大喜,即引胜非为助,而降旨曰:"胡安国屡召偃蹇不至,今始造朝,又数有请。初言胜非不可同都督,及改命经筵,又以为非,岂不以时艰不肯尽瘁,乃欲求微罪而去,其自为谋则善,如国计何。"落职提举仙都观。是夕慧出东南。右相秦桧三上章乞留之,不报,即解相印去。侍御史江跻上疏,极言胜非不可用,安国不当责。右司谏吴表臣亦言安国扶病见君,欲行所学,今无故罪去,恐非所以示天下。不报,颐浩即黜给事中程瑀、起居舍人张焘及跻等二十余人,云应天变除旧布新之象,台省一空。胜非遂相,安国竟归。

五年,除徽猷阁待制,知永州,安国辞。诏以经筵旧臣,重闵劳之,特从其请,提举江州太平观,令纂修所著《春秋传》。书成高宗谓深得圣人之旨,除提举万寿观,兼侍读,未行,谏官陈公辅上疏诋假托程颐之学者,安国奏曰:"孔孟之道不传久矣,自颐兄弟始发明之,然后知其可学而至。今使学者师孔孟,而禁不得从颐学,是入室而不由户。本朝自嘉祐以来,西都有邵雍程颢及其弟颐,关中有张载,皆以道德名世,公卿大夫所钦慕而师尊之。会王安石、蔡京等曲加排抑,故其道不行。望下礼官讨论故事,加之封爵,载在祀典,比于荀杨韩氏,仍诏馆阁裒其遗书,校正颁行,使邪说者不得作。"奏入,公辅与中丞周秘、侍御史石公揆承望宰相风旨,交章论安国学术颇僻。除知永州,辞复提举太平观,进宝文阁直学士。卒,年六十五,诏赠四官,又降诏加赗,赐田十顷恤其孤,谥曰文定,盖非常格也。

安国强学力行，以圣人为标的，志于康济时难。见中原沦没，遗黎涂炭，常若痛切于其身。虽数以罪去，其爱君忧国之心远而弥笃，每有君命，即置家事不问。然风度凝远，萧然尘表，视天下万物无一足以婴其心。自登第迄谢事，四十年在官，实历不及六载。

朱震被召，问出处之宜，安国曰："子发学《易》二十年，此事当素定矣。世间惟讲学论政，不可不切切询究，至于行已大致，去就语默之几，如人饮食，其饿饱寒温，必自斟酌，不可决诸人，亦非人所能决也。吾平生出处皆内断于心，浮世利名如蟏蟏过前，何足道哉。"故渡江以来，儒者进退合义，以安国、尹焞为称首。侯仲良言必称二程先生，他无所许可，后见安国，叹曰："吾以为志在天下，视不义富贵真如浮云者，二程先生而已，不意复有斯人也。"

安国所与游者，游酢、谢良左、杨时皆程门高弟。良佐尝语人曰："胡康侯如大冬严雪，百草萎死，而松柏挺然独秀者也。"安国之使湖北也，时方为府教授，良佐为应城宰，安国质疑访道，礼之甚恭，每来谒而去，必端笏正立目送之。

自王安石废《春秋》不列于学官，安国谓："先圣手所笔削之书，乃使人主不得闻讲说，学士不得相传习，乱伦灭理，用夏变夷，殆由乎此。"故潜心是书二十余年，以为天下事物无不备于此。每叹曰："此传心要典也。"安国少欲以文章名世，既学道，乃不复措意。有文集十五卷，《资治通鉴举要补遗》一百卷。三子，寅、宏、宁。

寅字明仲，安国弟之子也。寅将生，弟妇以多男欲不举，安国妻梦大鱼跃盆水中，急往取而子之。少桀黠难制，父闭之空阁，其上有杂木，寅尽刻为人形。安国曰："当有以移其心。"别置书数千卷于其上，年余，寅悉成诵，不遗一卷。游辟雍，中宣和进士甲科。

靖康初，以御史中丞何㮚荐，召除秘书省校书郎。杨时为祭酒，寅从之受学。迁司门员外郎。金人陷京师，议立异姓，寅与张浚、赵鼎逃太学中，不书议状。张邦昌伪立，寅弃官归，言者劾其离次，降一官。

建炎三年，高宗幸金陵，枢密使张浚荐为驾部郎官，寻擢起居郎。金人南侵，诏议移跸之所，寅上书曰：

昨陛下以亲王、介弟出师河北，二圣既迁，则当纠合义师，北向迎请；而遽膺翊戴，亟居尊位，斩戮直臣，以杜言路。南巡淮海，偷安岁月，敌入关陕，漫不捍御。盗贼横溃，莫敢谁何，元元无辜，百万涂地。方且制造文物，讲行郊报，自谓中兴。金人乘虚直捣行在，匹马南渡，淮甸流血。迨及返正宝位，移跸建康，不为久图，一向畏缩远避。此皆失人心之大者也。

自古中兴之主所以能克复旧物者，莫不本于愤耻恨怒，不能报怨，终不苟已。未有乘衰微阙绝之后，固陋以为荣，苟且以为安，而能久长无祸者也。黄潜善与汪伯彦方以乳妪护赤子之术待陛下，曰："上皇之子三十人，今所存惟圣体，不可不自重爱。"曾不思宗庙则草莽湮之，陵阙则畚锸惊之，堂堂中华戎马生之，潜善、伯彦所以误陛下、陷陵庙、蹙土宇、丧生灵者，可胜罪乎！本初嗣服，既不为迎二圣之策；因循远狩，又不为守中国之谋。以致于今德义不孚，号令不行，刑罚不威，爵赏不劝。若不更辙以救垂亡，则陛下永负孝悌之愆，常有父兄之责，人心一去，天命难恃，虽欲羁栖山海，恐非为自全之计。

愿下诏曰："继绍大统，出于臣庶之诌，而不悟其非；巡狩东南，出于侥幸之心，而不虞其祸。金人逆天乱伦，朕义不共天，志思雪耻。父兄旅泊，陵寝荒残，罪乃在予，无所逃责。"以此号召四海，耸动人心，决意讲武，戎衣临阵；按行淮、襄，收其豪英，誓以战伐。天下忠义武勇，必云合响应。陛下凡所欲为，孰不如志？其与退保吴、越，岂可同年而语哉！

自古中国强盛如汉武帝、唐太宗，其得志四夷，必并吞扫灭，极其兵力而后已。中国礼义所自出也，恃强凌弱且如此。今乃以仁慈之道、君子长者之事，望于凶顽之粘罕，岂有是理哉！今日图复中兴之策，莫大于罢绝和议，以使命之币，为养兵之资。不然，则僻处东南万事不竞。纳赂，则孰富于京室？纳质，则孰重于二圣？反复计之，所谓乞和，决无可成之理。

夫大乱之后，风俗靡然，欲丕变之，在于务实效，去虚文。治兵择将，誓戡大憝者，孝弟之实也；遣使乞和，冀幸万一者，虚文也。屈己求贤，信用群策者，求贤之实也；外示礼貌，不用其言者，虚文也。不惟面从，必将心改，苟利于国，即日行之者，纳谏之实也；和颜泛受，内恶切直者，虚文也。擢智勇忠直之人，待御以恩威，结约以诚信者，任将之实也；亲厚庸奴，等威不立者，虚文也。汰疲弱，择壮勇，足其衣食，申明阶级，以变其骄悍之习者，治军之实也；教习儿戏，纪律荡然者，虚文也。遴选守刺，久于其官，痛刈奸赃，广行宽恤者，爱民之实也；军须戎具，征求取办，蠲租赦令，苟以欺之者，虚文也。若夫保宗庙、陵寝、土地、人民，以此六实者行乎其间，则为中兴之实政也。陵庙荒圮，土宇日蹙，衣冠黔首，为血为肉，以此六虚者行乎其间，则为今日虚文。陛下戴黄屋，建幄殿，质明辇出房，雉扇金炉夹侍两陛，仗马卫兵俨分仪式，赞者引百官入奉起居，以此度日。彼粘罕者，昼夜历兵，跨河越岱，电扫中土，遂有吞吸江湖，蹂践衡霍之意。吾方拥虚器，茫然未知所之。

君子小人，势不两立。仁宗皇帝在位，得君子最多。小人亦时见用，然罪著则斥；君子亦或见废，然忠显则收。故其成当世之功，贻后人之辅者，皆君子也。至王安石则不然，斥绝君子，一去而不还；崇信小人，一任则不改。故其败当时之政，为后世之害者，皆小人也。仁宗皇帝所养之君子，既日远而销亡矣。安石所致之小人，方蕃息而未艾也。所以误国破家，至毒至烈，以致二圣屈辱，羿、莽擅朝，伏节死难者不过一二人。此浮华轻薄之害，明主之所畏而深戒者也。

古之称中兴者曰："拨乱世，反之正。"今之乱亦云甚矣，其反正而兴之，在陛下；其遂陵迟而不振，亦在陛下。昔宗泽一老从官耳，犹能推诚感动群贼，北连怀、卫，同迎二圣，克期密应者，无虑数十万人。何况陛下身为子弟，欲北向而有为，将见举四海为陛下用，期以十年，必能扫除妖祲，远迓父兄，称宋中兴。
其与惕息遁藏，蹈危负耻如今日，岂不天地相绝哉！
疏入，宰相吕颐浩恶其切直，除直龙图阁，主管江州太平观。

二年五月，诏内外官各言省费、裕国、强兵、息民之策，寅以十
事应诏，曰修政事、备边陲、治军旅、用人才、除盗贼、信赏罚、理财
用、核名实、屏谀佞、去奸慝。疏上不报。寻命知永州。

绍兴四年十二月，复召为起居郎，迁中书舍人，赐三品服。时议
遣使入云中，寅上疏言：

女真惊动陵寝，残毁宗庙，劫质二圣，乃吾国之大仇也。顷
者，误国之臣遣使求和，以苟岁月，九年于兹，其效如何？幸陛
下灼见邪言，渐图恢复，忠臣义士闻风兴起，各思见效。今无故
蹈庸臣之辙，忘复仇之义，陈自辱之辞，臣切为陛下不取也。

若谓不少贬屈，如二圣何？则自丁未以至甲寅，所为卑辞
厚礼以问安迎请为名而遣使者，不知几人矣，知二圣之所在者
谁欤？闻二圣之声音者谁欤？得女真之要领而息兵者谁欤？臣
但见丙午而后，通和之使归未息肩，而黄河、长淮、大江相继失
险矣。夫女真知中国所重在二圣，所惧在劫质，所畏在用兵，而
中国坐受此饵，既久而不悟也。天下谓自是必改图矣，何为复
出此谬计邪？

当今之事，莫大于金人之怨。欲报此怨，必珍此仇。用复
仇之议，而不用讲和之政，使天下皆知女真为不共戴天之仇，
人人有致死之心，然后二圣之怨可平，陛下人子之职举矣。苟
为不然，彼或愿与陛下歃盟泗水之上，不知何以待之。望圣意
直以世仇无可通之义，寝罢使命。

高宗嘉纳，云"胡寅论使事，词旨剀切，深得献纳论思之体"。召至都
堂谕旨，仍降诏奖谕。

既而右仆射张浚自江上还，奏遣使为兵家机权，竟反前旨。寅
复奏疏言："今日大计，只合明复仇之义，用贤修德，息兵训民，以图
北向。倘或未可，则坚守待时。若夫二三其德，无一定之论，必不能

有所立。"寅既与浚异,遂乞便郡就养。

始,寅上言:"近年书命多出词臣好恶之私,使人主命德讨罪之词,未免玩人丧德之失,乞命词臣以饰情相悦、含怒相訾为戒。"故寅所撰词多诰诫,于是忌嫉者众。朝廷辨宣仁圣烈之诬,行遣章惇、蔡卞,皆宰臣面授上旨,令寅撰进。除徽猷阁待制、知邵州,辞。改集英殿修撰,复以待制改知严州,又改知永州。

徽宗皇帝、宁德皇后讣至,朝廷用故事以日易月,寅上疏言:"礼:仇不复则服不除。愿降诏旨,服丧三年,衣墨临戎,以化天下。"寻除礼部侍郎、兼侍讲兼直学士院。丁父忧,免丧,时秦桧当国,除徽猷阁直学士,提举江州太平观。俄乞致仕,遂归衡州。

桧既忌寅,虽告老犹愤之,坐与李光书讥讪朝政落职,右正言章复劾寅不持本生母服不孝,谏通邻好不忠,责授果州团练副使,新州安置。桧死,诏自便,寻复其官。绍兴二十一年,卒,年五十九。

寅志节豪迈,初擢第,中书侍郎张邦昌欲以女妻之,不许。始安国颇重秦桧之大节,及桧擅国,寅遂与之绝。新州谪命下,即日就道。在谪所著《读史管见》数十万言,及《论语详说》皆行于世。其为文根著义理,有《斐然集》三十卷。

宏字仁仲,幼事杨时、侯仲良,而卒传其父之学。优游衡山下余二十年,玩心神明,不舍昼夜。张栻师事之。

绍兴间上书,其略曰:

> 治天下有本,仁也。何谓仁?心也。心官茫茫,莫知其乡,若为知其体乎?有所不察则不知矣。有所顾虑,有所畏惧,则虽有能知能察之良心,亦浸消亡而不自知,此臣之所大忧也。夫敌国据形胜之地,逆臣僭位于中原,牧马骎骎,欲争天下。臣不是惧,而以良心为大忧者,盖良心充于一身,通于天地,宰制万事,统摄亿兆之本也。察天理莫如屏欲,存良心莫如立志。陛下亦有朝廷政事不干于虑,便嬖智巧不陈于前,妃嫔佳丽不幸于左右时矣。陛下试于此时沉思静虑,方今之世,当陛下之身,

事孰为大乎？孰为急乎？必有歉然而馁，恻然而痛，坐起彷徨不能自安者，则良心可察，而臣言可信矣。

昔舜以匹夫为天子，瞽叟以匹夫为天子父，受天下之养，岂不足于穷约哉？而瞽叟犹不悦。自常情观之，舜可以免矣，而舜戚然有忧之，举天下之大无足以解忧者。徽宗皇帝身享天下之奉几三十年。钦宗皇帝生于深宫，享乘与之次，以至为帝。一旦劫于仇敌，远适穷荒，衣裘失司服之制，钦食失膳夫之味，居处失宫殿之安、妃嫔之好，动无威严，辛苦垫隘。其愿陛下加兵敌国，心目睽睽，犹饥渴之于饮食。庶几一得生还，父子兄弟相持而泣，欢若平生。引领东望，九年于此矣。夫以疏贱，念此痛心，当食则噎，未尝不投箸而起，思欲有为，况陛下当其任乎？而在廷之臣，不能对扬天心，充陛下仁孝之志；反以天子之尊，北面仇敌。陛下自念，以此事亲，于舜何如也？

且群臣智谋浅短，自度不足以任大事，故欲偷安江左，贪图宠荣，皆为身谋尔。陛下乃信之，以为必持是可以进抚中原，展省陵庙，来归两宫，亦何误耶！

万世不磨之辱，臣子必报之仇，子孙之所以寝苦枕戈，弗与共天下者也；而陛下顾虑畏惧，忘之不敢以为仇。臣下僭逆，有明目张胆显为负版者，有协赞乱贼为之羽翰者，有依随两端欲以中立自免者，而陛下顾虑畏惧，宽之不敢以为讨。守此不改，是祖宗之灵，终天暴露，无与复存也；父兄之身，终天困辱，而求归之望绝也；中原士民，没身涂炭，无所赴诉也。陛下念亦及此乎？

王安石轻用己私，纷更法令，弃诚而怀诈，兴利而忘义，尚功而悖道，人皆知安石废祖宗法令，不知其并与祖宗之道废之也。邪说既行，正论屏弃，故奸谀敢挟绍述之义以逞其私，下诬君父，上欺祖宗，诬谤宣仁，废迁隆祐。使我国家君臣父子之间，顿生疵疠，三纲废坏，神化之道泯然将灭。遂使敌国外横，盗贼内讧，王师伤败，中原陷没，二圣远栖于沙漠，皇舆僻寄于东吴,嚣嚣万姓,未知攸底,祸至酷也。

若犹习于因循,惮于更变,亡三纲之本性,昧神化之良能,上以利势诱下,下以智术干上。是非由此不公,名实由此不核,赏罚由此失当,乱臣贼子由此得志,人纪由此不修,天下万事倒行逆施,人欲肆而天理灭矣。将何以异于先朝,求救祸乱而致升平乎?

末言:

陛下即位以来,中正邪佞,更进更退,无坚定不易之诚。然陈东以直谏死于前,马伸以正论死于后,而未闻诛一奸邪,黜一谀佞,何摧中正之力,而去奸邪之难也?此虽当时辅相之罪,然中正之士乃陛下腹心耳目,奈何以天子之威,握亿兆之命,乃不能保全二三腹心耳目之臣以自辅助,而令奸邪得而杀之,于谁责而可乎?臣窃痛心,伤陛下威权之不在己也。

高闶为国子司业,请幸太学,宏见其表,作书责之曰:

太学,明人伦之所在也。昔楚怀王不返,楚人怜之,如悲亲戚。盖忿秦之以强力诈其君,使不得其死,其憯胜于加之以刃也。太上皇帝劫制于强敌,生往死归,此臣子痛心切骨,卧薪尝胆,宜思所以必报也。而柄臣乃敢欺天罔人,以大仇为大恩乎?

昔宋公为楚所执,及楚子释之,孔子笔削《春秋》,乃曰:"诸侯盟于薄,释宋公。"不许楚人制中国之命也。太母天下之母,其纵释乃在金人,此中华之大辱,臣子所不忍言也。而柄臣乃敢欺天罔人,以大辱为大恩乎?

晋朝废太后,董养游太学,升堂叹曰:"天人之理既灭,大乱将作矣。"则引远而去。今阁下目睹忘,仇灭理,北面敌国以苟宴安之事,犹偃然为天下师儒之首,既不能建大论,明天人之理以正君心;乃阿谀柄臣,希合风旨,求举太平之典,又为之词云云,欺天罔人孰甚焉!

宏初以荫补右承务郎,不调。秦桧当国,贻书其兄寅,问二弟何不通书,意欲用之。宁作书止叙契好而已。宏书辞甚厉,人问之,宏曰：“政恐其召，故示之以不可召之端。”桧死，宏被召，竟以疾辞，卒于家。

著书曰《知言》。张栻其言约义精，道学之枢要，制治之蓍龟也。有诗文五卷，《皇王大纪》八十卷。

宁字和仲，以荫补官。秦桧当国，召试馆职，除敕令所删定官。秦熺知枢密院事，桧问宁曰：“熺近除，外议云何？”宁曰：“外议以为相公必不为蔡京之所为也。”迁太常丞、祠部郎官。

初，以宁父兄故召用，及寅与桧忤，乃出宁为夔路安抚司参议官。除知沣州，不赴。主管台州崇道观，卒。安国之传《春秋》也，修纂检讨尽出宁手。宁又著《春秋通旨》，以羽翼其书云。

宋史卷四三六
列传第一九五

# 儒林六

## 陈亮　郑樵　李道传

陈亮字同父,婺州永康人。生而目光有芒,为人才气超迈,喜谈兵,论议风生,下笔数千言立就。尝考古人用兵成败之迹,著《酌古论》,郡守周葵得之,相与论难,奇之,曰:"他日国士也。"请为上客。及葵为执政,朝士白事,必指令揖亮,因得交一时豪俊,尽其议论。因授以《中庸》、《大学》,曰:"读此可精性命之说。"遂受而尽心焉。

隆兴初,与金人约和,天下忻然幸得苏息,独亮持不可。婺州方以解头荐,因上《中兴五论》,奏入不报。已而退修于家,学者多归之,益力学著书者十年。

先是,亮尝圜视钱塘,喟然叹曰:"城可灌尔!"盖以地下于西湖也。至是,当淳熙五年,孝宗即位盖十七年矣。亮更名同,诣阙上书曰:

臣惟中国天地之正气也,天命所锺也,人心所会也,衣冠礼乐所萃也,百代帝王之所相承也。挈中国衣冠礼乐而寓之偏方,虽天命人心犹有所系,然岂以是为可久安而无事也!天地之正气郁遏而久不得骋,必将有所发泄,而天命人心固非偏方所可久系也。

国家二百年太平之基,三代之所无也;二圣北狩之痛,汉、唐之所未有也。方南渡之初，君臣上下痛心疾首，誓不与之俱生，卒能以奔败之余，而胜百战之敌。及秦桧倡邪议以沮之，忠臣义士斥死南方，而天下之气惰矣。三十年之余，虽西北流寓皆抱孙长息于东南，而君父之大仇一切不复关念，自非海陵送死淮南，亦不知兵戈为何事也。况望其愤故国之耻，而相率以发一矢哉！

丙午、丁未之变，距今尚以为远，而海陵之祸，盖陛下即位之前一年也。独陛下奋不自顾，志于殄灭，而天下之人安然如无事。时方口议腹非，以陛下为喜功名而不恤后患，虽陛下亦不能以崇高之势而独胜之，隐忍以至于今，又十有七年矣。

昔春秋时，君臣父子相戕杀之祸，举一世皆安之。而孔子独以为三纲既绝，则人道遂为禽兽，皇皇奔走，义不能以一朝安。然卒于无所遇，而发其志于《春秋》之书，犹能以惧乱臣贼子。今举一世而忘君父之大仇，此岂人道所可安乎？使学者知学孔子之道，当道陛下以有为，决不沮陛下以苟安也。南师之不出，于今几年矣，岂无一豪杰之能自奋哉？其势必有时而发泄矣。苟国家不能起而承之，必将有承之者矣。不可恃衣冠礼乐之旧，祖宗积累之深，以为天命人心可以安坐而久系也。"皇天无亲，惟德是辅；民心无常，惟惠之怀"。自三代圣人皆知其为甚可畏也。

春秋之末，齐、晋、秦、楚皆衰，吴、越起于小邦，遂伯诸侯。黄池之会，孔子所甚痛也，可以明中国之无人矣。此今世儒者之所未讲也。今金源之植根既久，不可以一举而遂灭；国家之大势未张，不可以一朝而大举。而人情皆便于通和者，劝陛下积财养兵，以待时也。臣以为通和者，所以成上下之苟安，而为妄庸两售之地，宜其为人情之所甚便也。自和好之成十有余年，凡今日之指画方略者，他日将用之以坐筹也；今日之击球射雕者，他日将用之以决胜也。府库充满，无非财也；介胄鲜明，无非兵也。使兵端一开，则其迹败矣。何者？人才以用而见其能否,安坐而能者不足恃也。兵食以用而见其盈虚,安坐而盈者不足恃也。而朝廷方幸一旦之无事,诵愚醒醍之人皆得以守格令、行文书,以奉陛下之使令,而陛下亦幸其易制而无他也。徒使度外之士摈弃而不得骋,日月蹉跎而老将至矣。臣故曰,通和者所以成上下之苟安,而为妄庸两售之地也。

东晋百年之间,南北未尝通和也,故其臣东西驰骋,多可用之才。今和好一不通,朝野之论常如敌兵之在境,惟恐其不得和也,虽陛下亦不得而不和矣。昔者金人草居野处,往来无常,能使人不知所备,而兵无日不可出也。今也城郭宫室、政教号令,一切不异于中国,点兵聚粮,文移往反,动涉岁月,一方有警,三边骚动,此岂能岁出师以扰我乎?然使朝野常如敌兵之在境,乃国家之福,而英雄所用以争天下之机也,执事者胡为速和以惰其心乎?

晋、楚之战于鄢也,栾书以为:“楚自克庸以来,其君无日不讨国人而训之:‘于!民生之不易,祸至之无日,戒惧之不可以忽。’在军,无日不讨军实而申儆之:‘于!胜之不可保,纣之百克而卒无后。’”晋、楚之弭兵于宋也,子罕以为:“兵所以威不轨而昭文德也,圣人以兴,乱人以废,废兴存亡昏明之术,皆兵之由也。而求去之,是以诬道蔽诸侯也。”夫人心之不可惰,兵威之不可废,故虽成、康太平,犹有所谓四征不庭、张皇六师者,此李沆所以深不愿真宗皇帝之与辽和亲也。况南北角立之时,而废兵以惰人心,使之安于忘君父之大仇,而置中国于度外,徒以便妄庸之人,则执事者之失策亦甚矣。陛下何不明大义而慨然与金绝也?

贬损乘舆,却御正殿,痛自克责,誓必复仇,以励群臣,以振天下之气,以动中原之心,虽未出兵,而人心不敢惰矣。东西驰骋,而人才出矣。盈虚相补,而兵食见矣。狂妄之辞不攻而自息,懦庸之夫不却而自退缩矣。当有度外之士起,而惟陛下之所欲用矣。是云合响应之势,而非可安坐所致也。臣请为陛下陈国家立国之本末，而开今日大有为之略；论天下形势之消长，而决今日大有为之机，惟陛下幸听之。

唐自肃、代以后，上失其柄，藩镇自相雄长，擅其土地人民，用其甲兵财赋，官爵惟其所命，而人才亦各尽心于其所事，卒以成君弱臣强、正统数易之祸。艺祖皇帝一兴，而四方次第平定，藩镇拱手以趋约束，使列郡各得自达于京师。以京官权知，三年一易，财归于漕司，而兵各归于郡。朝廷以一纸下郡国，如臂之使指，无有留难。自管库微职，必命于朝廷，而天下之势一矣。故京师尝宿重兵以为固，而郡国亦各有禁军，无非天子所以自守其地也。兵皆天子之兵，财皆天子之财，官皆天子之官，民皆天子之民，纪纲总摄，法令明备，郡县不得以一事自专也。士以尺度而取，官以资格而进，不求度外之奇才，不慕绝世之隽功。天子早夜忧勤于其上，以义理廉耻婴士大夫之心，以仁义公恕厚其民之生，举天下皆由于规矩准绳之中，而二百年太平之基从此而立。

然契丹遂得以猖狂恣睢，与中国抗衡，俨然为南北两朝，而头目手足浑然无别，微澶渊一战，则中国之势浸微，根本虽厚而不可立矣。故庆历增币之事，富弼以为朝廷之大耻，而终身不敢自论其劳。盖契丹征令，是主上之操也；天子供贡，是臣下之礼也。契丹之所以卒胜中国者，其积有渐也。立国之初，其势固必至此。故我祖宗常严庙堂而尊大臣，宽郡县而重守令。于文法之内，未尝折困天下之富商巨室；于格律之外，有以容奖天下之英伟奇杰，皆所以助立国之势，而为不虞之备也。

庆历诸臣亦尝愤中国之势不振矣，而其大要，则使群臣争进其说，更法易令，而庙堂轻矣；严按察之权，邀功生事，而郡县又轻矣。岂惟于立国之势无所助，又从而朘削之，虽微章得象、陈执中以排沮其事，亦安得而不自沮哉！独其破去旧例，以不次用人，而劝农桑，务宽大，为有合于因革之宜，而其大要已非矣。此所以不能洗契丹平视中国之耻，而卒发神宗皇帝之大愤也。

王安石以正法度之说，首合圣意，而其实则欲籍天下之兵尽归于朝廷，别行教阅以为强也；括郡县之利尽入于朝廷，别行封桩以为富也。青苗之政，惟恐富民之不困也；均输之法，惟恐商贾之不折也。罪无大小，动辄兴狱，而士大夫缄口畏罪矣。西北两边至使内臣经画，而豪杰耻于为役矣。徒使神宗皇帝见兵财之数既多，锐然南北征伐，卒乖圣意，而天下之势实未尝振也。彼盖不知朝廷立国之势，正患文为之太密，事权之太分，郡县太轻于下而委琐不足恃，兵财太关于上而重迟不易举。祖宗惟用前四者以助其势，而安石竭之不遗余力，不知立国之本末者，真不足以谋国也。元祐、绍圣一反一复，而卒为金人侵侮之资，尚何望其振中国以威四裔哉？

南渡以来，大抵遵祖宗之旧，虽微有因革增损，不足为轻重有无。如赵鼎诸臣固已不究变通之理，况秦桧尽取而沮毁之，忍耻事仇，饰太平于一隅以为欺，其罪可胜诛哉！陛下愤王业之屈于一隅，励志复仇，不免籍天下之兵以为强，括郡县之利以为富。加惠百姓，而富人无五年之积；不重征税，而大商无巨万之藏，国势日以困竭。臣恐尺籍之兵，府库之财，不足以支一旦之用也。陛下早朝晏罢，冀中兴日月之功，而以绳墨取人，以文法莅事；圣断裁制中外，而大臣充位；胥吏坐行条令，而百司逃责，人才日以阘茸。臣恐程文之士，资格之官，不足当度外之用也。艺祖经画天下之大略，太宗已不能尽用，今其遗意，岂无望于陛下也！陛下苟推原其意而行之，可以开社稷数百年之基，而况于复故物乎！不然，维持之具既穷，臣恐祖宗之积累亦不足恃也。陛下试令臣毕陈于前，则今日大有为之略必知所处矣。

夫吴、蜀天地之偏气，钱塘又吴之一隅。当唐之衰，钱镠以闾巷之雄，起王其地，自以不能独立，常朝事中国以为重。及我宋受命，俶以其家入京师，而自献其土。故钱塘终始五代，被兵最少，而二百年之间，人物日以繁盛，遂甲于东南。及建炎、绍兴之间，为六飞所驻之地，当时论者，固已疑其不足以张形势而事恢复矣。秦桧又从而备百司庶府，以讲礼乐于其中，其风俗固已华靡，士大夫又从而治园囿台榭，以乐其生于干戈之余，上下晏安，而钱塘为乐国矣。一隅之地本不足以容万乘，而镇压且五十年，山川之气盖亦发泄而无余矣。故谷粟、桑麻、丝枲之利，岁耗于一岁，禽兽、鱼鳖、草木之生，日微于一日，而上下不以为异也。公卿将相大抵多江、浙、闽、蜀之人，而人才亦日以凡下，场屋之士以十万数，而文墨小异，已足以称雄于其间矣。陛下据钱塘已耗之气，用闽、浙日衰之士，而欲鼓东南习安脆弱之众，北向以争中原，臣是以知其难也。

荆、襄之地，在春秋时，楚用以虎视齐、晋，而齐、晋不能屈也。及战国之际，独能与秦争帝。其后三百余年，而光武起于南阳，同时共事，往往多南阳故人。又二百余年，遂为三国交据之地，诸葛亮由此起辅先主，荆楚之士从之如云，而汉氏赖以复存于蜀；周瑜、鲁肃、吕蒙、陆逊、陆抗、邓艾、羊祜皆以其地显名。又百余年，而晋氏南渡，荆、雍常雄于东南，而东南往往倚以为疆，梁竟以此代齐。及其气发泄无余，而隋、唐以来遂为偏方下州。五代之际，高氏独常臣事诸国。本朝二百年之间，降为荒落之邦，北连许、汝，民居稀少，土产卑薄，人才之能通姓名于上国者，如晨星之相望；况至于建炎、绍兴之际，群盗出没于其间，而被祸尤极，以迄于今，虽南北分画交据，往往又置于不足用，民食无所从出，而兵不可由此而进。议者或以为忧，而不知其势之足用也。其地虽要为偏方，然未有偏方之气五六百年而不发泄者，况其东通吴会，西连巴蜀，南极湖湘，北控关洛，左右伸缩，皆足以为进取之机。今诚能开垦其地，洗濯其人，以发泄其气而用之，使足以接关洛之气，则可以争衡于中国矣，是亦形势消长之常数也。

陛下慨然移都建业，百司庶府皆从草创，军国之仪皆从简略,又作行宫于武昌,以示不敢宁居之意;常以江、淮之师为金人侵轶之备,而精择一人之沈鸷有谋、开豁无他者,委以荆、襄之任,宽其文法,听其废置,抚摩振厉于三数年之间,则国家之势成矣。

石晋失卢龙一道,以成开运之祸,盖丙午、丁未岁也。明年艺祖皇帝始从郭太祖征伐,卒以平定天下。其后契丹以甲辰败于澶渊,而丁未、戊申之间,真宗皇帝东封西祀,以告太平,盖本朝极盛之时也。又六十年,而神宗皇帝实以丁未岁即位,国家之事于此一变矣。又六十年丙午、丁未,遂为靖康之祸。天独启陛下于是年,而又启陛下以北向复仇之志。今者去丙午、丁未,近在十年间矣。天道六十年一变,陛下可不有以应其变乎?此诚今日大有为之机,不可苟安以玩岁月也。

臣不佞,自少有驱驰四方之志,尝数至行都,人物如林,其论皆不足以起人意,臣是以知陛下大有为之志孤矣。辛卯、壬辰之间,始退而穷天地造化之初,考古今沿革之变,以推极皇帝王伯之道,而得汉、魏、晋、唐长短之由,天人之际昭昭然可考而知也。始悟今世之儒士自以为得正心诚意之学者,皆风痹不知痛痒之人也。举一世安于君父之仇,而方低头拱手以谈性命,不知何者谓之性命乎?陛下接之而不任以事,臣于是服陛下之仁。又悟今世之才臣自以为得富国强兵之术者,皆狂惑以肆叫呼之人也。不以暇时讲究立国之本末,而方扬眉伸气以论富强,不知何者谓之富强乎?陛下察之而不敢尽用,臣于是服陛下之明。陛下厉志复仇足以对天命,笃于仁爱足以结民心,而又明足以照临群臣一偏之论,此百代之英主也。今乃委任庸人,笼络小儒,以迁延大有为之岁月,臣不胜愤悱,是以忘其贱而献其愚。陛下诚令臣毕陈于前,岂惟臣区区之愿,将天地之神、祖宗之灵,实与闻之。

书奏,孝宗赫然震动,欲榜朝堂以励群臣,用种放故事,召令上殿,将擢用之。左右大臣莫知所为,惟曾觌知之,将见亮,亮耻之,逾垣而逃。觊以其不诣己,不悦。大臣尤恶其直言无讳,交沮之,乃有都堂审察之命。宰相临以上旨,问所欲言,皆落落不少贬,又不合。

待命十日,再诣阙上书曰:

恭惟皇帝陛下厉志复仇,不肯即安于一隅,是有大功于社稷也。然坐钱塘浮侈之隅以图中原,则非其地;用东南习安之众以行进取,则非其人。财止于府库,则不足以通天下之有无;兵止于尺籍,则不足以兼天下之勇怯。是以迁延之计遂行,而陛下大有为之志乖矣。此臣所以不胜忠愤,斋沐裁书,献之阙下,愿得望见颜色,陈国家立国之本末,而开大有为之略;论天下形势之消长,而决大有为之机,务合于艺祖经画天下之本旨。然待命八日,未有闻焉。臣恐天下豪杰有以测陛下之意向,而云合响应之势不得而成矣。

又上书曰:

臣妄意国家维持之具,至今日而穷,而艺祖皇帝经画天下之太指,独可恃以长久,苟推原其意而变通之,则恢复不足为矣。然而变通之道有三:有可以迁延数十年之策,有可以为百五六十年之计,有可以复开数百年之基。事势昭然而效见殊绝,非陛下聪明度越百代,决不能一二以听之。臣不敢泄之大臣之前,而大臣拱手称旨以问,臣亦姑取其大体之可言者三事以答之。

其一曰:二圣北狩之痛,盖国家之大耻,而天下之公愤也。五十年之余,虽天下之气销铄颓堕,不复知仇耻之当念,正在主上与二三大臣振作其气,以泄其愤,使人人如报私仇,此《春秋》书卫人杀州吁之意也。

其二曰:国家之规模,使天下奉规矩准绳以从事,群臣救过之不给,而何暇展布四体以求济度外之功哉!

其三曰:艺祖皇帝用天下之士人,以易武臣之任事者,故本朝以儒立国,而儒道之振,独优于前代。今天下之士熟烂委靡,诚可厌恶,正在主上与二三大臣反其道以教之,作其气而养之,使临事不至乏才,随才皆足有用,则立国之规模不至戾艺祖之本旨,而东西驰骋以定祸乱,不必专在武臣也。

臣所以为大臣论者,其略如此。

书既上,帝欲官之,亮笑曰:"吾欲为社稷开数百年之基,宁用以博一官乎!"亟渡江而归。日落魄醉酒,与邑之狂士饮,醉中戏为大言,言涉犯上。一士欲中亮,以其事首刑部。侍郎何澹尝为考试官,黜亮,亮不平,语数侵澹,澹闻而嗛之,即缴状以闻。事下大理,笞掠亮无完肤,诬服为不轨。事闻,孝宗知为亮,尝阴遣左右廉知其事。及奏入取旨,帝曰:"秀才醉后妄言,何罪之有!"划其牍于地,亮遂得免。

居无何,亮家僮杀人于境,适被杀者尝辱亮父次尹,其家疑事由亮。闻于官,笞榜僮,死而复苏者数,不服。又囚亮父于州狱。而属台官论亮情重,下大理。时丞相淮知帝欲生亮,而辛弃疾、罗点素高亮才,援之尤力,复得不死。

亮自以豪侠屡遭大狱,归家益厉志读书,所学益博。其学自孟子后惟推王通,尝曰:"研究义理之精微,辨析古今之同异,原心于秒忽,较礼于分寸,以积累为工,以涵养为正,啐面盎背,则于诸儒诚有愧焉。至于堂堂之陈,正正之旗,风雨云雷交发而并至,龙蛇虎豹变现而出没,推倒一世之智勇,开拓万古之心胸,自谓差有一日之长。"亮意盖指朱熹、吕祖谦等云。

高宗崩,金遣使来吊,简慢。而光宗由潜邸判临安府,亮感孝宗之知,至金陵视形势,复上疏曰:

有非常之人,然后可以建非常之功。求非常之功,而用常才、出常计举常事以应之者,不待知者而后知其不济也。秦桧以和误国二十余年,而天下之气索然无余矣。陛下慨然有削平宇内之志,又二十余年,天下之士始知所向,其有功于宗庙社稷者,非臣区区所能诵说其万一也。高宗皇帝春秋既高,陛下不欲大举,惊动慈颜,抑心俯首以致色养,圣孝之盛,书册之所未有也。今才高宗既已祔庙,天下之英雄豪杰皆仰首以观陛下之举动,陛下其忍使二十年间所以作天下之气者,一旦而复索然乎?

天下不可以坐取也,兵不可以常胜也,驱驰运动又非年高德尊者之所宜也。东宫居曰监国,行曰抚军,陛下何以不于此时而命东宫为抚军大将军,岁巡建业,使之兼统诸司,尽护诸将,置长史司马以专其劳;而陛下于宅忧之余,运用人才,均调天下,以应无穷之变?此肃宗所以命广平王之故事也。

高宗与金有父兄之仇,生不能以报之,则死必有望于子孙,何忍以升退之哀告诸仇哉!遗留、报谢,三使继遣,金帛宝货,千两连发。而金人仅以一使,如临小邦,哀祭之辞寂寥简慢,义士仁人痛切心骨,岂以陛下之圣明智勇而能忍之乎!

陛下倘以大义为当正,抚军之言为可行,则当先经理建业而后使临之。纵今岁未为北举之谋,而为经理建康之计,以振动天下而与金绝,陛下之初志亦庶几于少伸矣!陛下试一听臣,用其喜怒哀乐之权鼓动天下。

大略欲激孝宗恢复,而是时孝宗将内禅,不报。由是在廷交怒,以为狂怪。

先是,乡人会宴,末胡椒特置羹臛中,盖村俚敬待异礼也。同坐者归而暴死,疑食异味有毒,已入大理。会吕兴、何念四殴吕天济且死,恨曰:"陈上舍使杀我。"县令王恬实其事,台官谕监司选酷吏讯问,无所得,取入大理,众意必死。少卿郑汝谐阅其单辞,大异曰:"此天下奇材也。国家若无罪而杀士,上干天和,下伤国脉矣。"力言于光宗,遂得免。

未几,光宗策进士,问以礼乐刑政之要,亮以君道师道对,且曰:"臣窃叹陛下之于寿皇莅政二十有八年之间,宁有一政一事之不在圣怀?而问安视寝之余,所以察辞而观色,因此而得彼者其端甚众,亦既得其机要而见诸施行矣。岂徒一月四朝而以为京邑之美观也哉!"时光宗不朝重华宫,群臣更进迭谏,皆不听,得亮策乃大喜,以为善处父子之间。奏名第三,御笔擢第一。既知为亮,则大喜曰："朕擢果不谬。"孝宗在南内，宁宗在东宫，闻知皆喜，故赐第告词曰："尔蚤以艺文首贤能之书，旋以论奏动慈宸之听。亲阅大对，嘉其渊源，擢置举首，殆天留以遗朕也。"授金书建康府判官厅公事。未至官，一夕，卒。

亮之既第而归也，弟充迎拜于境，相对感泣。亮曰："使吾他日而贵，泽首逮汝，死之日各以命服见先人于地下足矣。"闻者悲伤其意。然志存经济，重许可，人人见其肺肝。与人言必本于君臣父子之义，虽为布衣，荐士恐弗及。家仅中产，畸人寒士衣食之，久不衰。卒之后，吏部侍郎叶适请于朝，命补一子官，非故典也。端平初，谥文毅，更与一子官。

郑樵字渔仲，兴化军莆田人。好著书，不为文章，自负不下刘向、杨雄。居夹漈山，谢绝人事。久之，乃游名山大川，搜奇访古，遇藏书家，必借留读尽乃去。赵鼎、张浚而下皆器之。初为经旨、礼乐、文字、天文、地理、虫鱼、草木、方书之学，皆有论辨，绍兴十九年上之，诏藏秘府。樵归益厉所学，从者二百余人。

以侍讲王纶、贺允中荐，得召对，因言班固以来历代为史之非。帝曰："闻卿名久矣，敷陈古学，自成一家，何相见之晚耶？"授右迪功郎、礼兵部架阁。以御史叶义问劾之，改监潭州南岳庙，给札归抄所著《通志》。书成，入为枢密院编修官，寻兼摄检详诸房文字。请修金正隆官制，比附中国秩序，因求入秘书省翻阅书籍。未几，又坐言者寝其事。金人之犯边也，樵言岁星分在宋，金主将自毙，后果然。高宗幸建康，命以《通志》进，会病卒，年五十九，学者称夹漈先生。

樵好为考证伦类之学，成书虽多，大抵博学而寡要。平生甘枯淡，乐施与，独切切于仕进，识者以是少之。

同郡林霆，字时隐，擢政和进士第，博学深象数，与樵为金石交。林光朝尝师事之。聚书数千卷皆自校雠，谓子孙曰："吾为汝曹获良产矣。"绍兴中，为敕令所删定官，力诋秦桧和议之非，即挂冠去,当世高之。

李道传字贯之,隆州井研人。父舜臣,尝为宗正寺主簿。道传少庄重,稍长读河南程氏书,玩索义理,至忘寝食,虽处暗室,整襟危坐,肃如也。擢庆元二年进士第,调利州司户参军,徙蓬州教授。

开禧用兵,金人窥散关急,道传以诸司檄计事,道闻吴曦反,痛愤见于形色。遣其客间道持书遗安抚使杨辅,论曦必败,曰:"彼素非雄才,犯顺首乱,人心离怨,因人心而用之,可坐而缚也。诚决此举,不惟内变可定,抑使金知中国有人,稍息窥觊;正使不捷,亦无愧千古矣。"曦党以曦意胁道传,道传以义折之,竟弃官归。曦平,诏以道传抗节不挠,进官二等。

嘉定初,召为太学博士,迁太常博士兼沂王府小学教授。会沂府有母丧,遗表官吏例进秩,道传曰:"有襄事之劳者,推恩可也,吾属何与?"于是皆辞不受。迁秘书郎、著作佐郎,见帝首言:"忧危之言不闻于朝廷,非治世之象。今民力未裕,民心未固,财用未阜,储蓄未丰,边备未修,将帅未择,风俗未能知义而不偷,人才未能汇进而不乏;而八者之中,复以人才为要。至于人才盛衰,系学术之明晦,今学禁虽除,而未尝明示天下以除之之意。愿下明诏,崇尚正学,取朱熹《论语孟子集注》、《中庸大学章句》、《或问》四书,颁之太学,仍请以周敦颐、邵雍、程颢、程颐、张载五人从祀孔子庙。"时执政有不乐道学者,以语侵道传,道传不为动。兼权考功郎官,迁著作郎。

时薛拯、胡榘等皆以新进用事,贿赂成风,道传言:"今名优儒臣,实取材吏,刻剥残忍、诞谩倾危之人进矣。"遂求补郡,于是出知真州。城圮弗治,道传甓之,筑两石坝以护并江居民,益浚二壕,又堤陈公塘,有警则决之以为阻,人心始固。除提举江东路常平茶盐公事。初至,即按部劾吏之贪纵者十余人,胥吏为民害者大黜小逐百余人,释狱之滥系者二百余人,弛负钱一十余万缗。夏大旱,道传应诏言楮币之换,官民如仇;钞法之行,商贾疑怨,赋敛增加,军将推剥，皆切中时病。遂条上荒政，朝廷多从之。与漕臣真德秀振饥，道传分池、宣、徽三州，穷冬行风雪中，虽深村穷谷必至，赖以全活者甚众。摄宣州守，行朱熹社仓法，上饶、新安、南康诸郡翕然应命，人蒙其利。

广德守魏岘劾教官林庠委堂试而任荒政，挟漕臣以凌郡守；且言真德秀轻视朝廷，自专掠美，乞远之。道传上疏力辨，岘坐免。会胡榘为吏部侍郎，荐道传自代。引疾乞去，不许；召令奏事，再辞，又不许。遂入对，上自宫掖，次及朝廷，以侍从、台谏阙失，尽言无所讳，帝不以为忤。除兵部郎官，辞未就。监察御史李楠觇当路指意，乞授以节镇蜀，遂出知果州。至九江，得疾卒，年四十八，诏特转一官致仕，谥文节。

道传自蜀来东南，虽不及登朱熹之门，而访求所尝从学者与讲习，尽得遗书读之。笃于践履，气节卓然。于经史未有论著，曰："学未至，不敢。"于诗文未尝苟作，曰："学未至，不暇。"一日以疾谒告，真德秀造焉，卧榻屏间，大书"唤起截断"四字，知其用功慎独如此。居官以惠利为本，振荒遗爱江东，人久而思焉，三子：达可、当可、献可。献可为心传后。

宋史卷四三七
列传第一九六

# 儒林七

程迥　　刘清之　　真德秀　　魏了翁
廖德明

　　程迥字可久，应天府宁陵人。家于沙随，靖康之乱，徙绍兴之余姚。年十五，丁内外艰，孤贫飘泊，无以自振。二十余，始知读书，时乱甫定，西北士大夫多在钱塘，迥得以考德问业焉。

　　登隆兴元年进士第，历扬州泰兴尉。训武郎杨大烈有田十顷，死而妻女存。俄有讼其妻非正室者，官没其赀，且追十年所入租。部使者以诿迥，迥曰："大烈死，赀产当归其女。女死，当归所生母可也。"

　　调饶州德兴丞。盗入县民齐匊家，平素所不快者，皆胃缲逮狱。州属迥决禁囚，辨其冤者纵遣之。匊讼不已。会获盗宁国，匊犹讼还所纵之人，迥曰："盗既获矣，再令追捕，或死于道路，使其骨肉何依，岂审冤之道哉！"唐肃宗时，县有程氏女，其父兄为盗所杀，因掠女去，隐忍十余年，手刃尽诛其党，剜其肝心以祭其父兄。迥取《春秋》复仇之义，颂之曰："大而得其正者也。"表之曰："英孝程烈女。"

　　改知隆兴府进贤县。省符下，知平江府王佐决陈长年辄私卖田，其从子诉有司十有八年，母鱼氏年七十坐狱。廷辨按法追正，令候母死服阕日，理为己分，令天下郡县视此为法。迥为议曰："天下之人孰无母慈？子若孙宜定省温清，不宜有私财也。在律，别籍者有禁，异财者有禁。当报牒之初，县令杖而遣之，使听命于其母可矣，何稽滞偏诉有司，而达于登闻院乎？《春秋谷梁传》注曰：‘臣无讼君之道’，为卫侯郑与元喧发论也。夫诸侯之于命大夫犹若此，子孙之于母乃使坐狱以对吏，爱其亲者闻之，不觉泣涕之横集也。按令文：分财产，谓祖父母、父母服阕已前所有者。然则母在，子孙不得有私财。借使其母一朝尽费，其子孙亦不得违教令也。既使归于其母，其日前所费，乃卑幼辄用尊长物，法须五年尊长告乃为理。何至豫期母死，又开他日争讼之端也？抑亦安知不令之子孙不死于母之前乎？守令者，民之师帅，政教之所由出。诚宜正守令不职之愆与子孙不孝之罪，以敬天下之为人母者。”

民饥，府檄有诉闭籴及粜与商贾者，迥即论报之曰：“力田之人，细米每斗才九十五文，逼于税赋，是以出粜，非上户也。县境不出货宝，苟不与外人交易，输官之钱何由而得？今强者群聚，协持取钱，殴伤人者甚众，民不敢入市，坐致缺食。”申论再三，见从乃已。

县大水，亡稻麦，郡蠲租税至薄，迥白于府曰：“是驱民流徙耳！赋不可得，徒存欠籍。”乃悉蠲之。郡僚犹曰：“渡江后来，未尝全放，恐户部不从。”迥力论之曰：“唐人损七，则租、庸、调俱免。今损十矣，夏税、役钱不免，是犹用其二也，不可谓宽。”议乃息。

境内有妇人佣身纺绩舂簸，以养其姑。姑感妇孝，每受食，即以手加额仰天而祝之。其子为人牧牛，亦乾饭以饷祖母。迥廉得之，为纪其事白于郡，郡给以钱粟。

调信州上饶县。岁纳租数万石，旧法加倍，又取斛面米。迥力止绝之，尝曰：“令与吏服食者，皆此邦之民膏血也。曾不是思，而横敛虐民，鬼神其无知乎！”州郡督索经总钱甚急，迥曰：“斯钱古之除陌之类，今其类乃三倍正赋，民何以堪？”反复言之当路。

奉祠，寓居番阳之萧寺。程祥者，从伯父待制昌禹来居番阳，昌禹死，遂失所依。祥继亡，祥妻度氏犹质卖衾具以抚孤子，久之罄竭濒死，邻家皆莫识其面。有欲醮之者，度曰：“吾儿幼，若事他人，使

母不得抚其子,岂不负良人乎?"终辞焉。或为迥言言其事,迥走告
于郡守,月给之钱粟。

迥居官临之以庄,政宽而明,令简而信,绥强抚弱,导以恩义。
积年仇讼,一语解去。猾吏奸民,皆以感激,久而悛悔,欺诈以革。暇
则宾礼贤士,从容尽欢,进其子弟之秀者与之均礼,为之陈说诗书。
质疑问难者,不问蚤暮。势位不得以交私。祠庙非典祀不谒。隐德
潜善,无问幽明,皆表而出之,以励风俗,或周其穷厄,俾全节行。听
决狱讼,期于明允,凡上官所未悉者,必再三抗辨,不为苟止。贵溪
民伪作吴渐名,诬诉县令石邦彦,迥言匿名书不当受,转运使不谓
然,遂兴大狱,瘐死者十有四人。及闻省寺,讫报如迥言。

迥尝授经学于昆山王葆、嘉禾闻人茂德、严陵喻樗。所著有《古
易考》、《古易章句》、《古占法》、《易传外编》、《春秋传显微例目》、
《论语传》、《孟子章句》、《文史评》、《经史说诸论辨》、《太玄补赞》、
《户口田制贡赋书》、《乾道振济录》、《医经正本书》、《条具乾道新
书》、《度量权三器图义》、《四声韵》、《淳熙杂志》、《南齐小集》。卒
官。

朝奉郎朱熹以书告迥子绚曰:"敬惟先德,博闻至行,追配古
人,释经订史,开悟后学,当世之务又所通该,非独章句之儒而已。
曾不得一试,而奄弃盛时,此有志之士所为悼叹咨嗟而不能已者。
然著书满家,足以传世,是亦足以不朽。"绚以致仕恩调巴陵尉,摄
邑事,能理冤狱。孙仲熊亦有名。


刘清之字子澄,临江人。受业于兄靖之,甘贫力学,博极书传。
登绍兴二十七年进士第。调袁州宜春县主簿,未上,丁父忧,服除,
改建德县主簿。请于州,俾民自实其户。由是赋役平,争讼息。

调万安县丞。时江右大侵,郡檄视旱,徒步阡陌,亲与民接,凡
所蠲除,具得其实。州议减常平米直,清之曰:"此惠不过三十里内
耳,外乡远民势岂能来? 老幼疾患之人必有馁死者。今有粟之家闭
不肯粜,实窥伺攘夺者众也。在我有政,则大家得钱,细民得米,两

适其便。"乃请均境内之地为八，俾有粟者分振其乡，官为主之。规画防闲，民甚赖之。帅龚茂良以救荒实迹闻于朝，又偕诸公荐之。

发运使史正志按部至筠，俾清之拘集州县畸零之赋，清之不可。清之有同年生在幕中，谓曰："侍郎因子言，谓子爱民特立，将荐子矣，其以阀阅来。"清之贻之以书曰："所谓赢资者，皆州县侵刻于民，法所当禁。纵有赢资，是所谓羡余也，献之自下而诏止之，今则止而求之，乃自上焉。不夺不厌，其弊有不可胜言者。愿侍郎自请于朝，姑妇贰卿之班，主大农经费，以佐国家。如此，则士孰不愿出侍郎之门？不然，某诚不敢玷侍郎知人之鉴。"以荐者两有审察之命，清之竟不见丞相，诣吏部铨得知宜黄县。

茂良入为参知政事，与丞相周必大荐清之于孝宗。召入对，首论："民困兵骄，大臣退托，小臣苟偷。愿陛下广览兼德，并谋合智，清明安定，提要挈纲而力行之。古今未有俗不可变、弊不可革者，变而通之，亦在陛下方寸之间耳。"又言用人四事："一曰辨贤否。谓道义之臣，大者可当经纶，小者可为仪刑；功名之士，大者可使临政，小者可使立事。至于专谋富贵利达而已者下也。二曰正名实。今百有司职守不明，非旷其官，则失之侵逼。愿诏史官考究设官之本意，各指其合主何事，制旨亲定，载之命书，依开宝中差诸州通判故事，使人人晓然知之而行赏罚焉。三曰使材能。谓军旅必武臣，钱谷必能吏，必临之以忠信不欺之士，使两人者皆得以效其所长。四曰听换授。谓文武之官不可用违其才，然不当许之自列，宜令文武臣四品以上，各以性行材略及文武艺，每岁互举堪充左右选者一人，于合入资格外，稍与优奖。"

改太常寺主簿。丁内艰，服除，通判鄂州。鄂大军所驻，兵籍多伪，清之白郡及诸司，请自通判厅始，俾伪者以实自言而正之。州有民妻张以节死，嘉祐中，诏封旌德县君，表其墓曰"烈女"，中更兵火，至是无知其墓者，清之与郡守罗愿访而祠之。鄂俗计利而尚鬼，家贫子壮则出赘，习为当然，而尤谨奉大洪山之祠，病者不药而听于巫，死则不葬而畀诸火，清之皆谕止之。

差权发遣常州,改衡州。衡自建炎军兴,有所谓大军月桩过湖钱者,岁送漕司,无虑七八万缗,以四邑所入曲引钱及郡计畸零苗米折纳充之。旧法,民有吉凶聚会,许买引为酒曲,谓之曲引钱,其后直以等第敷纳。衡有五邑,独敷其四。取民之辞不正,良民遍受其害,而黠民往往侮易其上,乃并与常赋不输。虽得曲引钱四五万缗,而常赋之失,不啻数万缗矣。清之请于朝,愿与总领所酌损补移,渐图蠲减。不报。遂戒诸邑:董常赋,缓杂征,阁旧逋,戒预折,新簿籍,谨推收,督勾销,明逋负,防带钞,治顽梗,柅吏奸,扰户长,费用有节,渗漏有防,稽考有政,补置有渐。

先是,郡饰厨传以事常平、刑狱二使者,月一会集,互致折愧。清之叹曰:"此何时也?与其取诸民,孰若裁诸公。吾之所以事上官者,惟究心于所职,无负于吾民足矣。岂以酒食货财为勤哉?"清之自常禄外,悉归之公帑,以佐经用。至之日,兵无粮,官无奉,上供送使无可备。已而郡计渐裕,民力稍苏。或有报白,手自书之,吏不与焉。

尝作《谕民书》一编,首言畏天积善,勤力务本,农工商贾莫不有劝,教以事亲睦族,教子祀先,谨身节用,利物济人,婚姻以时,丧葬以礼。祠意质直,简而易从。邦人家有其书,非理之讼日为衰息。

念士风未振,每因月讲,复具酒肴以燕诸生,相与输情论学,设为疑问,以观其所响,然后从容示以先后本末之序。来者日众,则增筑临蒸精舍居之。其所讲,先正经,次训诂音释,次疏先儒议论,次述今所绅绎之说,然后各指其所宜用,人君治天下,诸侯治一国,学者治心治身治家治人,确然皆有可举而措之之实。

为阅武场。凡禁军役于他所,隐于百工者,悉按军籍俾诣训阅。作朱陵道院,祠张九龄、韩愈、寇准、周敦颐、胡安国于左,祠晋死节太守刘翼、宋死节内史王应之于右。雅儒吉士日相周旋其间,而参佐谋论多在焉。刘孝昌者,挚之孙也,贫不自立,清之买田以给之。部使者以清之不能媚己,恶之,贻书所厚台臣,诬以劳民用财,论罢,主管云台观。

归筑槐阴精舍以处来学者。胡晋臣、郑侨、尤袤、罗点皆力荐清之于上。光宗即位，起知袁州，而清之疾作，犹贻书执政论国事。诸生往候疾，不废讲论，语及天下，孜孜叹息，若任其责者。病且革，为书以别向浯、彭龟年，赋二诗以别朱熹、杨万里。取高氏《送终礼》以授二子曰："自敛至葬，视此从事。"周必大来视疾，谓曰："子澄其澄虑。"清之气息已微，云"无虑可澄"，遂卒。

初，清之既举进士，欲应博学宏词科。及见朱熹，尽取所习焚之，慨然志于义理之学。吕伯恭、张栻皆神交心契，汪应辰、李焘亦敬慕之。母不逮养，每展阅手泽，涕泗交颐。从兄肃流落新吴，族父晔寓丹阳、艾寓临川，皆迎养之。从祖子侨为邵州录事参军，死吴锡之乱，清之遣其孙晋之致书邵守，得其遗骨归葬焉。族人自远来，馆留之，不忍使之遽去。尝序范仲淹《义庄规矩》，劝大家族众者随力行之。本之家法，参取先儒礼书，定为祭礼行之。高安李好古以族人有以财为讼，见清之豫章，清之为说《讼》、《家人》二卦，好古惕然，遽舍所讼，市程氏《易》以归，卒为善士。

所著有《曾子内外杂篇》、《训蒙新书外书》、《戒子通录》、《墨庄总录》、《祭仪》、《时令书》、《续说苑》、文集、农书。


真德秀字景元，后更为希景，建之浦城人。四岁受书，过目成诵。十五而孤，母吴氏力贫教之。同郡杨圭见而异之，使归共诸子学，卒妻以女。

登庆元五年进士第，授南剑州判官。继试中博学宏词科，入闽帅幕，召为太学正，嘉定元年迁博士。时韩侂胄已诛，入对，首言："权臣开边，南北涂炭，今兹继好，岂非天下之福。然日者以行人之遣，金人欲多岁币之数，而吾亦曰可增；金人欲得奸臣之首，而吾亦曰可与；往来之称谓，犒军之金帛，根括归明流徙之民，皆承之唯谨，得无滋嫚我乎？抑善谋国者不观敌情，观吾政事。今号为更纪，而无以使敌情之畏服，正恐彼资吾岁赂以厚其力，乘吾不备以长其谋，一旦挑争端而吾无以应，此有识所为寒心。"又言："侂胄自知不为清议所贷，至诚忧国之士则名以好异，于是忠良之士斥，而正论不闻；正心诚意之学则诬以好名，于是伪学之论兴，而正道不行。今日改弦更张，正当褒崇名节，明示好尚。”

召试学士院，改秘书省正字兼检讨玉牒。二年，迁秘书郎。又对，言暴风、雨雹、荧惑、蝻蝗之变，皆赃吏所致。寻兼沂王府教授、学士院权直。三年，迁秘书郎。入对，乞开公道，窒旁蹊，以抑小人道长之渐；选良牧，励战士，以扼群盗方张之锐。四年，选著作佐郎。同列相甚谗之，德秀恬不与较。宰相将用德秀，会言官诋之，德秀力辞。兼礼部郎官，上疏言：“金有必亡之势，亦可为中国忧。盖金亡则上恬下嬉，忧不在敌而在我，多事之端恐自此始。”五年，迁军器少监，升权直。

六年，迁起居舍人，奏：“权奸擅政十有四年，朱熹、彭龟年以抗论逐，吕祖俭、周端朝以上书斥，当时近臣犹有争之者。其后吕祖泰之贬，非惟近臣莫敢言，而台谏且出力以挤之，则嘉泰之失已深于庆元矣。更化之初，群贤皆得自奋。未几，傅伯成以谏官论事去，蔡幼学以词臣论事去，邹应龙、许奕又继以封驳论事去。是数人者，非能大有所矫拂，已皆不容于朝。故人务自全，一辞不措。设有大安危、大利害，群臣喑嘿如此，岂不殆哉！今欲与陛下言，勤访问、广谋议、明黜陟三者而已。”时钞法楮令行，告讦繁兴，抵罪者众，莫敢以上闻。德秀奏：“或一夫坐罪，而并籍昆弟之财；或亏陌四钱，而没入百万之赏；至于科富室之钱，拘监商之舟，视产高下，配民藏楮，鬻田宅以收券者，虽大家不能免，尚得名便民之策？”自此籍没之产以渐给还。

兼太常少卿。又言金人必亡，君臣上下皆当以祈天永命为心。充金国贺登位使，及盱眙，闻金人内变而返。言于上曰：“臣自扬之楚，自楚之盱眙，沃壤无际，陂湖相连，民皆坚悍强忍，此天赐吾国以屏障大江，使强兵足食为进取资。顾田畴不辟，沟洫不治，险要不扼，丁壮不练，豪杰武勇不收拾，一旦有警，则徒以长江为恃；岂如及今大修垦田之政，专为一司以领之，数年之后，积储充实，边民父子争欲自保,因其什伍,勒以兵法,不待粮饷,皆为精兵。"又言边防要事。

时史弥远方以爵禄縻天下士,德秀慨然谓刘爚曰:"吾徒须急引去,使庙堂知世亦有不肯为从官之人。"遂力请去,出为秘阁修撰、江东转运副使。山东盗起,朝廷犹与金通聘,德秀朝辞,奏:"国耻不可忘,邻盗不可轻,幸安之谋不可恃,导谀之言不可听,至公之论不可忽。宁宗曰:"卿力有余,到江东日为朕撙节财计,以助边用。"

江东旱蝗,广德、太平为甚,德秀遂与留守、宪司分所部九郡大讲荒政,而自领广德、太平。亲至广德,与太守魏岘同以便宜发廪,使教授林庠振给,竣事而还。百姓数千人送之郊外,指道傍丛冢泣曰:"此皆往岁饿死者。微公,我辈已相随入此矣。"索毁太平州私创之大斛。新徽州守林琰无廉声,宁国守张忠恕规匿振济米,皆劾之,而以李道传摄徽。先是,都司胡槻、薛拯每诮德秀迂儒,试以事必败,至是政誉日闻,因倡言旱伤本轻,监司好名,振赡太过,使岘劾庠以撼德秀。德秀上章自明,朝廷悟,与岘祠,授庠干官,而道传寻亦召还。

德秀以右文殿修撰知泉州。番舶畏苛征,至者岁不三四,德秀首宽之,至者骤增至三十六艘。输租令民自概,听讼惟揭示姓名,人自诣州。泉多大家,为闾里患,痛绳之。有讼田者,至焚其券不敢争。海贼作乱,将逼城,官军败衄,德秀祭兵死者,乃亲授方略,擒之。复遍行海滨,审视形势,增屯要害处,以备不虞。

十二年,以集英殿修撰知隆兴府。承宽弛之后,乃稍济以严。尤留意军政,欲分鄂州军屯武昌,及通广盐于赣与南安,以弭汀、赣盐寇。未及行,以母丧归。明年,蕲、黄失守,盗起南安,讨之数载始平,人服德秀先见。

十五年,以宝谟阁待制、湖南安抚使知潭州。以"廉仁公勤"四字励僚属,以周敦颐、胡安国、朱熹、张栻学术源流勉其士。罢榷酤,除斛面米,申免和籴,以苏其民。民艰食,既极力振赡之,复立惠民仓五万石,使岁出粜。又易谷九万五千石,分十二县置社仓,以遍及乡落。别立慈幼仓,立义阡。惠政毕举。月试诸军射,捐其回易之利及官田租。凡营中病者、死未葬者,孕者、嫁娶者,赡给有差。朝廷从寿昌朱槔请,以飞虎军戍寿昌,并致其家口,力争止之。江华县贼苏师入境杀劫,檄广西共讨平之。司马遵守武冈,激军变,劾遵而诛其乱者。

理宗即位,召为中书舍人,寻擢礼部侍郎、直学士院。入见,奏:"三纲五常,扶持宇宙之栋干,奠安生民之柱石。晋废三纲而刘、石之变兴,唐废三纲而安禄山之难作。我朝立国,先正名分。陛下不幸处人伦之变,流闻四方,所损非浅。霅川之变,非济王本志,前有避匿之迹,后闻讨捕之谋,情状本末,灼然可考。愿讨论雍颐追封秦王舍罪恤孤故事,济王未有子息,亦惟陛下兴灭继绝。"上曰:"朝廷待济王亦至矣。"德秀曰:"若谓此事处置尽善,臣未敢以为然。观舜所以处象,则陛下不及舜明甚。人主但当以二帝、三王为师。"上曰:"一时仓猝耳。"德秀曰:"此已往之咎,惟愿陛下知有此失而益讲学进德。"次言:"霅川之狱未闻参听于公朝,淮、蜀二阃乃出于金论所期之外。天下之事非一家之私,何惜不与众共之。"且言:"乾道、淳熙间,有位于朝者以馈及门为耻,受任于外者以包苴入都为羞。今馈赂公行,薰染成风,恬不知怪。"

又疏言:"朝廷之上,敏锐之士多于老成,虽尝以耆艾褒傅伯成、杨简,以儒学褒柴中行,以恬退用赵蕃、刘宰;至忠亮敢言如陈宓、徐侨,皆未蒙录用。"上问廉吏,德秀以知袁州赵政夫对,亲擢政夫直秘阁为监司。具手扎入谢,因言崔与之帅蜀,杨长儒帅闽,皆有廉声,乞广加咨访。

上初御清暑殿,德秀因经筵侍上,进曰:"此高、孝二祖储神燕闲之地,仰瞻楹桷,当如二祖实临其上。陛下所居处密迩东朝,未敢遽当人主之奉。今宫闱之义浸备,以一心而受众攻,未有不浸淫而蠹蚀者,惟学可以明此心,惟敬可以存此心,惟亲君子可以维持此心。"因极陈古者居丧之法,与先帝视朝之勤。

宁宗小祥，诏群臣服纯吉，德秀争之曰："自汉文帝率情变古，惟我孝宗方衰服三年，朝衣朝冠皆以大布，惜当时不并定臣下执丧之礼，此千载无穷之憾。孝宗崩，从臣罗点等议，令群臣易月之后，未释衰服，惟朝会治事权用黑带公服，时序仍临慰，至大祥始除。侂胄枋政，始以小祥从吉。且带不以金，鞋不以红，佩不以鱼，鞍轿不以文绣。此于群臣何损？朝仪何伤？"议遂格。

德秀屡进鲠言，上皆虚心开纳，而弥远益严惮之，乃谋所以相撼，畏公议未敢发。给事中王塈、盛章始驳德秀所主济王赠典，继而殿中侍御史莫泽劾之，遂以焕章阁待制提举玉隆宫。谏议大夫朱端常又劾之，落职罢祠。监察御史梁成大又劾之，请加窜殛。上曰："仲尼不为已甚。"乃止。

既归，修《读书记》，语门人曰："此人君为治之门，如有用我者，执此以往。"汀寇起，德秀荐陈铧有文武才于常平使者史弥忠，言于朝，遂起铧讨平之。绍定四年，改职与祠。

五年，进徽猷阁知泉州。迎者塞路，深村百岁老人亦扶杖而出，城中欢声动地。诸邑二税尝预借至六七年，德秀入境，首禁预借。诸邑有累月不解一钱者，郡计赤立不可为。或咎宽恤太骤，德秀谓民困如此，宁身代其苦。决讼自卯至申未已，或劝啬养精神，德秀谓郡弊无力惠民，仅有政平、讼理事当勉。建炎初置南外宗政司于泉，公族仅三百人，漕司与本州给之，而朝廷岁助度牒。已而不复给，而增至二千三百余人，郡坐是愈不可为。德秀请于朝，诏给度牒百道。

弥远薨，上亲政，以显谟阁待制知福州。戒所部无滥刑横敛，无徇私黩货，罢市令司，曰："物同则价同，宁有公私之异？"闽县里正苦督赋，革之。属县苦贵籴，便宜发常平振之。海寇纵横，次第禽殄之。未几，闻金灭，京、湖帅奉露布图上八陵，而江、淮有进取潼关、黄河之议，德秀以为忧。上封事曰："移江、淮甲兵以守无用之空城，运江、淮金谷以治不耕之废壤，富庶之效未期，根本之弊立见。惟陛下审之重之。"

召为户部尚书，入见，上迎谓曰："卿去国十年，每切思贤。"乃以《大学衍义》进，复陈祈天永命之说，谓"敬者德之聚。仪狄之酒，南威之色，盘游弋射之娱，禽兽狗马之玩，有一于兹，皆足害敬"。上欣然嘉纳，改翰林学士、知制诰，时政多所论建。逾年，知贡举，已得疾，拜参知政事，同编修敕令、《经武要略》。三乞祠禄，上不得已，进资政殿学士、提举万寿观兼侍读，辞。疾亟，冠带起坐，迄谢事，犹神爽不乱。遗表闻，上震悼，辍视朝，赠银青光禄大夫。

德秀长身广额，容貌如玉，望之者无不以公辅期之。立朝不满十年，奏疏无虑数十万言，皆切当世要务，直声震朝廷。四方人士诵其文，想见其风采。及宦游所至，惠政深洽，不愧其言，由是中外交颂。都城人时惊传倾洞，奔拥出关曰："真直院至矣！"果至，则又填塞聚观不置。时相益以此忌之，辄挨不用，而声愈彰。及归朝，适郑清之挑敌，兵民死者数十万，中外大耗，尤世道升降治乱之机，而德秀则既衰矣。杜范方攻清之误国，且谓其贪黩更甚于前，而德秀乃奏言："此皆前权臣玩愒之罪，今日措置之失，譬如和、扁继庸医之后，一药之误，代为庸医受责。"其议论与范不同如此。然自伪胄立伪学之名以锢善类，凡近世大儒之书，皆显禁以绝之。德秀晚出，独慨然以斯文自任，讲习而服行之。党禁既开，而正学遂明于天下后世，多其力也。所著《西山甲乙藁》、《对越甲乙集》、《经筵讲义》、《端平庙议》、《翰林词草四六》、《献忠集》、《江东救荒录》、《清源杂志》、《星沙集志》。既薨，上思之不置，谥曰文忠。

魏了翁字华父，邛州蒲江人。年数岁从诸兄入学，俨如成人。少长，英悟绝出，日诵千余言，过目不再览，乡里称为神童。年十五，著《韩愈论》，抑扬顿挫，有作者风。

庆元五年，登进士第。时方讳言道学，了翁策及之。授金书剑南西川节度判官厅公事，尽心职业。嘉泰二年，召为国子正。明年，改武学博士。开禧元年，召试学士院。韩侂胄用事，谋开边自固，遍国中忧骇而不敢言。了翁乃言："国家纪纲不立，国是不定，风俗苟偷，边备废弛，财用凋耗，人才衰弱，而道路籍籍，皆谓将有北伐之举,人情恟恟,忧疑错出。金地广势强,未可卒图,求其在我,未见可以胜人之实。盍亦急于内修,姑谊外攘。不然,举天下而试于一掷,宗社存亡系焉,不可忽也。"策出,众大惊。改秘书省正字。御史徐冉即劾了翁对策狂妄,独倪眉持不可而止。

明年,迁校书郎,以亲老乞补外,乃知嘉定府。行次江陵,蜀大将吴曦以四川叛,了翁策其必败。又明年曦诛,蜀平,了翁奉亲还里。倪眉亦以误国诛。朝廷收召诸贤,了翁预焉。会史弥远入相专国事,了翁察其所为,力辞召命。丁生父忧,解官心丧,筑室白鹤山下,以所闻于辅广、李燔者开门授徒,士争负笈从之。由是蜀人尽知义理之学。

差知汉州。汉号为繁剧,了翁以化善俗为治。首蠲积逋二十余万,除科抑卖酒之弊,严户婚交讦之禁;复为文谕以厚伦止讼,其民敬奉条教不敢犯。会境内桥坏,民有压死者,部使者以闻,诏降官一秩,主管建宁府武夷山冲佑观。未数月,复元官知眉州。眉虽为文物之邦,然其俗习法令,持吏短长,故号难治。闻了翁至,争试以事。乃尊礼耆耈,简拔俊秀,朔望诣学宫,亲为讲说,诱掖指授,行乡饮酒礼以示教化,增贡士员以振文风。复蟆颐堰,筑江乡馆,利民之事,知无不为。士论大服,俗为之变,治行彰闻。

嘉定四年,擢潼川路提点刑狱公事。八年,兼提举常平等事,迁转运判官。戢吏奸,询民瘼,举刺不避权右,风采肃然。上疏乞与周敦颐、张载、程颢、程颐锡爵定谥,示学者趣向,朝论韪之,如其请。遂宁阙守,了翁行郡事。即具奏乞修城郭备不虞,廷议靳其费,了翁增埤浚隍,如待敌至者。后一年,溃卒攻掠郡县,知其有备不敢逼,人始服豫防之意。十年,迁直秘阁,知泸州,主管潼川路安抚司公事。丁母忧,免丧,差知潼川府。约己裕民,厥绩大著。若游似、吴泳、牟子才,皆蜀名士,造门受业。

十五年,被召入对,疏二千余言。首论人与天地一本,必与天地相似而后可以无旷天位,并及人才、风俗五事,明白切畅。又论郡邑强干弱枝之弊,所宜变通。盖自了翁去国十有七年矣,至是上迎劳优渥，嘉纳其言。进兵部郎中，俄改司封郎中兼国史院编修官。转对，论江、淮、襄、蜀当分为四重镇，择人以任，虚心以听，假以事权，资以才用，为联络守御之计。次论蜀边垦田及实录阙文等事，皆下其章中书。十六年，为省试参详官，迁太常少卿兼侍立修注官。

十七年，迁秘书监，寻以起居舍人，再辞而后就列。入奏，极言事变倚伏、人心向背、疆场安危、邻寇动静，其几有五，谓："宜察时几而共天命，尊道揆而严法守，集思广益，汲汲图之，不犹愈于坐观事会，而听其势之所趋乎？"又论士大夫风俗之弊，谓："君臣上下同心一德，而后平居有所补益，缓急有所倚仗。如人自为谋，则天下之患有不可终穷者。今则面从而腹诽，习谀而踵陋，臣实惧焉。盍亦察人心之邪正，推世变之倚伏，开拓规模，收拾人物，庶几临事无乏人之叹。"其言剀切，无所忌避，而时相始不乐矣。

宁宗崩，理宗自宗室入即位，时事忽异，了翁积忧成疾，三疏求闲不得请，迁起居郎。明年，改元宝庆，雷发非时，上有"朕心终夕不安"之语。了翁入对，即论："人主之心义理所安，是之谓天，非此心之外别有所谓天地神明也。陛下盍即不安而求之，对天地，事太母，见群臣，亲讲读，皆随事反求，则大本立而无事不可为矣。"又论："讲学不明，风俗浮浅，立朝无犯颜敢谏之忠，临难无仗节死义之勇。愿敷求硕儒，丕阐正学，图为久安长治之计。又请申命大臣，于除授之际，公听并观，然后实意所孚，善类皆出矣。

属济王黜削以死，有司顾望，治葬弗虔。了翁每见上，请厚伦纪，以弭人言。应诏言事者十余人，朝士惟了翁与洪咨夔、胡梦昱、张忠恕所言能引义劘上，最为切至。而了翁亦以疾求去。右正言李知孝劾梦昱窜岭南，了翁出关饯别，遂指了翁首倡异论，将击之，弥远犹外示优容。俄权尚书工部侍郎，了翁力以疾辞，乃以集英殿修撰知常德府。越二日，谏议大夫朱端常遂劾了翁欺世盗名，朋邪谤国，诏降三官，靖州居住。初，了翁再入朝，弥远欲引以自助，了翁正色不挠，未尝私谒。故三年之间，循格序迁，未尝处以要地。了翁至靖，湖、湘、江、浙之士，不远千里负书从学。乃著《九经要义》百卷，订定精密,先儒所未有。

绍定四年复职,主管建宁府武夷山冲佑观。五年,改差提举江州太平兴国宫,寻知遂宁府,辞不拜。进宝章阁待制、潼川路安抚使、知泸州。泸大藩,控制边面二千里,而武备不修,城郭不治。了翁乃奏葺其城楼橹雉堞,增置器械,教习牌手,申严军律,兴学校,蠲宿负,笔社仓,创义冢,建养济院。居数月,百废具举。弥远薨,上亲庶政,进华文阁待制,赐金带,因其任。

了翁念国家权臣相继,内擅国柄,外变风俗,纲常沦斁,法度堕弛,贪浊在位,举事弊蠹,不可涤濯。遂应诏上章论十弊,乞复旧典以彰新化:一曰复三省之典以重六卿,二曰复二府之典以集众议,三曰复都堂之典以重省府,四曰复侍从之典以来忠告,五曰复经筵之典以熙圣学,六曰复台谏之典以公黜陟,七曰复制诰之典以谨命令,八曰复听言之典以通下情,九曰复三衙之典以强主威,十曰复制阃之典以黜私意。疏列万言,先引故实,次陈时弊,分别利害,粲若白黑。上读之感动,即于经筵举之成诵。其后,旧典皆复其初。

臣庶封章多乞召还了翁及真德秀,上因民望而并招之,用了翁权礼部尚书兼直学士院。入对,首乞明君子小人之辨,以为进退人物之本,以杜奸邪窥伺之端。次论故相十失犹存,又及修身、齐家、选宗贤、建内小学等,皆切于上躬者。他如和议不可信,北军不可保,军实财用不可恃,凡十余端。复口奏利害,昼漏下四十刻而退。兼同修国史兼侍读,俄兼吏部尚书。经帏进读,上必改容以听,询察政事,访问人才。复条十事以献,皆苦心空臆,直述事情,言人所难。上悉嘉纳,且手诏奖谕。又奏乞收还保全弥远家御笔,乞定赵汝愚配享宁庙,乞趣崔与之参预政事,乞定履亩之令以宽民力,乞诏从臣集议以救楮弊,乞储阃才以备缓急。又因进故事:如储人才、凝国论,如力图自治之策,如下罪己之诏,如分别襄、黄二帅是非,如究见黄陂叛卒利害,如分任诸帅区处降附。

还朝六阅月,前后二十余奏,皆当时急务。上将引以共政,而忌者相与合谋排摈,而不能安于朝矣。执政遂谓近臣惟了翁知兵体国,乃以端明殿学士、同金书枢密院事督视京湖军马。会江、淮督府曾从龙以忧畏卒,并以江、淮付于翁。朝论大骇,以为不可,三学亦上书争之。适边警沓至,上心焦劳,了翁嫌于避事,既五辞弗获,遂受命开府,宣押同二府奏事,上勉劳尤至。寻兼提举编修《武经要略》,恩数同执政,进封临邛郡开国侯,又赐便宜诏书如张浚故事。朝辞,面赐御书唐人严武诗及鹤山书院四大字,仍赐金带鞍马,诏宰臣饮饯于关外。乃酌上下流之中,开幕府江州,申儆将帅,调遣援师,褒死事之臣,黜退懦之将,奏边防十事。甫二旬,召为金书枢密院事,赴阙奏事,时以疾力辞不拜。盖在朝诸人始谋假此命以出了翁,既出则复以建督为非,虽恩礼赫奕,而督府奏陈动相牵制,故遽召还,前后皆非上意也。

寻改资政殿学士、湖南安抚使、知潭州,复力辞,诏提举临安府洞霄宫。未几,改知绍兴府、浙东安抚使。嘉熙元年,改知福州、福建安抚使。累章乞骸骨,诏不允。疾革,复上疏。门人问疾者,犹衣冠相与酬答,且曰:“吾平生处己,澹然无营。”复语蜀兵乱事,蹙额久之,口授遗奏,少焉拱手而逝。后十日,诏以资政殿大学士、通奉大夫致仕。

遗表闻,上震悼,辍视朝,叹惜有用才不尽之恨。诏赠太师,谥文靖,赐第宅苏州,累赠秦国公。

所著有《鹤山集》、《九经要义》、《周易集义》、《易举隅》、《周礼井田图说》、《古今考》、《经史杂抄》、《师友雅言》。

廖德明字子晦,南剑人。少学释氏,及得龟山杨时书,读之大悟,遂受业朱熹。登乾道中进士第。知莆田县。民有奉淫祠者,罪之,沉像于江。会有显者欲取邑地广其居,德明不可,守会僚属谕之,德明曰:“太守,天子守土之臣,未闻以土地与人者。”守乃惭服。

累官知浔州,有声。诸司且交荐之,德明曰:“今老矣,况以道徇人乎?”固辞不受。选广东提举刑狱,弹劾不避权要。岁当荐士,朝贵多以书托之,德明曰:“此国家公器也。”悉不启封还之。有乡人为主簿,德明闻其能,荐之。会德明行县,簿感其知己,置酒延之,悉假富人觞豆甚盛。德明怒曰:"一主簿乃若是侈耶?必贪也。"于是追还荐章,其公严类此。

时盗陷桂阳,迫韶,韶人惧,德明燕笑自如,遣将驰击,而亲持小麾督战,大败之。乃分戍守,远斥堠,明审赏罚,宣布威信,韶晏然如平时。徙知广州,迁吏部左选郎官,奉祠,卒。

德明初为浔州教授,为学者讲明圣贤心学之要,手植三柏于学,浔士爱敬之如甘棠。在南粤时,立师悟堂,刻朱熹《家礼》及程氏诸书。公余延僚属及诸生亲为讲说,远近化之。尝语人以仕学之要曰:"德明自始仕,以至为郡,惟用三代直道而行一句而已。有《槎溪集》行于世。

宋史卷四三八

列传第一九七

# 儒林八

## 汤汉　何基　王柏　徐梦莘
## 李心传　叶味道　王应麟　黄震

　　汤汉字伯纪,饶州安仁人。与其兄干、巾、中皆知名当时,柴中行见而奇之。真德秀在潭,致汉为宾客。尝造赵汝谈,汝谈曰:"第一流也。"江东提刑赵汝腾荐汉于朝,诏免解差,充象山书院堂长。赴礼部别院试,正奏名,授上饶县主簿。江东转运使赵希塈言:"汉,今海内知名士也,岂得吏之州县哉!"诏循两资,差信州教授兼象山书院长。

　　淳祐十二年,差充史馆校勘,改国史实录院校勘。会大水,上封事曰:"群心敬肆之分,实上天喜怒之由。一念之敬,上帝临汝,祥风庆云所从出也;一念之肆,上帝震怒,妖浸阴渗所从生也。"火灾,应诏上封事曰:

　　　　臣闻任天下之大,立心不可不公;守天下之重,持心不可不敬。陛下膺皇天之眷命,受祖宗之宝图,则不当怀私恩,为天下共主,为亿兆寄命,则不当隆私亲。大臣迩臣,服休服采,皆陛下所倚仗也,则不当信私人。三省、密院者,陛下之朝廷,发号布政所从出也,则不当有私令。四海九州,土宇昄章,皆陛下之仓廪府库也,则不当殖私财。陛下于皇天祖宗之德弗永念,而报答私恩；于群黎百姓之疾苦弗深恤，而富贵私亲；公卿在廷，其信任不若近习之笃；中书造命，其除行不若内批之专：则陛下之立心，既未能尽合乎天下之公矣。

往者陛下上畏天戒，下恤人言，内则拘制于权臣，外则恐怯于强敌，敬心既不敢尽弛，则私意亦未得尽行。比年以来，天戒人言既以玩熟，而贪浊柄国，黩货无厌，彼既将恣行其私，则不得不纵陛下之所欲为。于是前日之敬畏尽忘，而一念之私始四出而不可御矣。姑以近事迹之：定策之碑，忽从中出，乡未欲亲其文也；贵戚子弟，参错中外，乡不如是之放也；土木之祸，展转流毒，讼牒细故，胥吏贱人皆得籍群珰之势，撤清都之邃，乡不如是之炽也；御笔之出，上则废朝令，下则侵有司，乡不如是之多也；贿赂之通，书致之操，乡不如是其章也。

故凡陛下之所以未能任大守重，而至于召怨宿祸者，始于立心之未公，成于持心之不敬，私以为主，而肆以行之。此所以感动天地，而水火之灾捷出于数月之内也。陛下得不亟为治乱持危之计，而可复以常日玩易之心处之乎！"

授太学博士，转对，言："太祖之天下坏其半者，蔡京、王黼也。高宗之天下坏其半者，郑清之也。"又曰："苟有志焉，则其纪纲必先正，其根本必先强，其藩篱必先固。夫然后心广体胖，泮涣而优游，其乐无极矣。舍此不务，而徒以九重之深、一笑之适以为乐。乐极而思之，吾有朝廷而不能治也，吾有黎民而无与保之也，起视四境，而外侮又至矣。虽有郑、卫之音，燕、赵之色，建章之丽，琼林之积，亦独何乐哉！"

召试馆职，迁秘书省校书郎。皇太子冠，差充太常博士，引宾赞，受命进《冠箴》，诏令太子拜谢。升秘书郎，转对，极言边事，以为："今日扶危救乱无复他策，在乎人主清心无欲，尽用天下之财力以治兵；大臣公心无我，尽用天下之人才以强本，庶几尚有以亡为存之理耳。"

提举福建常平，劾福州守史岩之、泉州守谢蕈。召为礼部郎官

兼太子侍读。寻以直华文阁、福建运判,改知宁国府。迁提举江西
常平兼知吉州。移江东运判、知隆兴府。召为尚左郎官兼太子侍读,
兼玉牒所检讨官,入奏:"愿陛下端本澄源,虚己尽下,恢大公之道,
开不讳之门,使朝廷之上,光明洞达,而无邪孽之根以挠其正;四海
之内,欢欣交通,而无怨怼之气以奸其和。臣之忠爱,莫切于此。"

迁太府少卿,升兼太子谕德,改秘书少监。疏论:"比年董宋臣
声焰薰灼,其力能去台谏,排大臣,结连凶渠,恶德参会,以致兵戈
相寻之祸。陛下灼见其故,斥而远之,臣意其影灭而迹绝矣。岂料
夫阴消而再凝,冰解而骤合,既得自便,即图复用,以其罪戾之余,
一旦复使之出入壸奥之中,给事宗庙之内,此其重干神人之怒,再
基祸乱之源,上下皇惑,大小切齿。而陛下方为之辨明,大臣方与之
和解,臣窃重伤此过计也。自古小人复出,其害必惨,将逞其愤怨,
啸其俦伍,颠倒宇宙,陛下之威神有时而不得以自行,甚可畏也。"

乞休致,擢太常少卿,太子以书勉留。求补外,以秘阁修撰知福
州、福建安抚,改知隆兴府。

度宗即位,召奏事,授太常少卿兼国史院编修官、实录院检讨
官。迁起居郎兼侍读,入奏言:"愿陛下持一敬心以正百度,则追养
继孝,所以报先帝者,必益致其隆;先意承志,所以事太母者,必益
致其谨。其爱身也,必不以物欲挠其和平;其正家也,必不以私昵蠹
其法度。政事必出于朝廷,而预防于多门;人才必由于明扬,而深杜
于邪径。"

兼权中书舍人,权兵部侍郎,升兼同修国史、实录院同修撰兼
直学士。累请致仕,授华文阁待制、知宁国府,赐金带。久之,又召
为刑部侍郎兼侍读,以龙图阁待制知福州、福建安抚使。改知太平
州、权工部尚书兼侍读。以显文阁直学士提举玉隆宫。进华文阁学
士,以端明殿学士致仕。卒,年七十一。特赠正奉大夫,谥文清。汉
介洁有守,恬于进取,有文集六十卷。

何基字子恭,婺州金华人。父伯慧为临川县丞,而黄干适知其

县事，伯慧见二子而师事焉。慧告以必有真实心地、刻苦工夫而后可，基悚惕受命。于是随事诱掖，得闻渊源之懿。微辞奥义，研精覃思，平心易气，以俟其通，未尝参以己意，立异以为高，徇人而少变也。凡所读无不加标点，义显意明，有不待论说而自见者。

朱熹门人杨与立一见推服。来学者众，尝谓："为学立志贵坚，规模贵大，充践服行，死而后已。读《诗》之法，须扫荡胸次净尽，然后吟哦上下，讽咏从容，使人感发，方为有功。"谓："以《洪范》参之《大学》、《中庸》，有不约而符者。"谓："读《易》者，当尽去其胶固支离之见，以洁净其心，玩精微之理，沉潜涵泳，得其根源，乃可渐观爻象。"盖其确守师训，故能精义造约。

王柏既执贽为弟子，基谦抑不以师道自尊。柏高明绝识，序正诸经，弘论英辨，质问难疑，或一事至十往返，基终不变以待其定。尝曰："治经当谨守精玩，不必多起疑论。有欲为后学言者，谨之又谨可也。"基淳固笃实，绝类汉儒。虽一本于熹，然就其言发明，则精义新意愈出不穷。基文集三十卷，而与柏问辨者十八卷。

郡守赵汝腾守婺，延聘请讲，辞不就；复首荐于朝，又率名从官列荐。通判郑士懿、守蔡沈杨栋相继以请，皆辞。景定五年，诏举贤，特荐基与建人徐几，同被命添差婺州学教授，兼丽泽书院山长，力辞未竟，理宗崩。咸淳初，授史馆校勘兼崇政殿说书，屡辞，改承务郎，主管西岳庙，终亦不受也。卒，年八十一。国子祭酒杨文仲请于朝，谥文定。

所著《大学发挥》、《中庸发挥》、《大传发挥》、《易启蒙发挥》、《通书发挥》、《近思录发挥》。


王柏字会之，婺川金华人。大父崇政殿说书师愈，从杨时受《易》、《论语》，既又从朱熹、张栻、吕祖谦游。父瀚，朝奉郎、主管建昌军仙都观，兄弟皆及熹、祖谦之门。

柏少慕诸葛亮为人，自号长啸。年逾三十，始知家学之原，捐去俗学，勇于求道。与其友汪开之著《论语通旨》，至"居处恭，执事敬",惕然叹曰:"长啸非圣门持敬之道。"亟更以鲁斋。

　　从熹门人游或语以何基尝从黄榦得熹之传,即往从之,授以立志居敬之旨,且作《鲁斋箴》勉之。质实坚苦,有疑必从基质之。于《论语》、《大学》、《中庸》、《孟子》、《通鉴纲目》标注点校,尤为精密。作《敬斋箴图》。夙兴见庙,治家严饬。当暑闭阁静坐,子弟白事,非衣冠不见也。

　　少孤,事其伯兄甚恭。季弟早丧,抚其孤,又割田予之。收合宗族,周恤扶持之。开之没,家贫,为之敛且葬焉。

　　来学者众,其教必先之以《大学》。蔡抗、杨栋相继守婺,赵景纬守台,聘为丽泽、上蔡两书院师,乡之耆德皆执弟子礼。理宗崩,率诸生制服临于郡。

　　柏之言曰:"伏羲则《河图》以画八卦,文王推八卦以合《河图》者,先天后天之宗祖也。《河图》是逐位奇偶之交,后天是统体奇偶之交,惟四生数不动。以四成数而下上之,上偶下奇,莫匪自然。"又曰:"大禹得《洛书》而列九畴,箕子得九畴而传《洪范》。范围之数,不期而暗合。《洪范》者,经传之宗祖乎!'初一曰五行'以下六十五字为《洪范》,'五皇极'以下六十四字为皇极经,此帝王相传之大训,非箕子之言也。"又曰:"今《诗》三百五篇,岂尽定于夫子之手?所删之诗,容或有存于闾巷浮薄之口,汉儒取于补亡。"乃定《二南》各十有一篇,两两相配。退《何彼秾矣》,《甘棠》归之《王风》,削去《野有死麕》,黜郑、卫淫奔之诗。又作《春秋发挥》。又曰:"《大学致知格物章》未尝亡。还《知止》章于《听讼》之上。谓"《中庸》古有二篇,诚明可为纲,不可为目。"定《中庸》诚明各十一章,其卓识独见多此类也。

　　其卒,整衣冠端坐,挥妇人勿近。国子祭酒杨文仲请于朝,谥曰文宪。

　　所著有《读易记》、《涵古易说》、《大象衍义》、《涵古图书》、《读书记》、《书疑》、《诗辨说》、《读春秋记》、《论语衍义》、《太极衍义》、《伊洛精义》、《研几图》、《鲁经章句》、《论语通旨》、《孟子通旨》、《书附传》、《左氏正传》、《续国语》、《阐学之书》、《文章复古》、《文章续古》、《濂洛文统》、《拟道志》、《朱子指要》、《诗可言》、《天文考》、《地理考》、《墨林考》、《大尔雅》、《六义字原》、《正始之音》、《帝王历数》、《江右渊源》、《伊洛精义集志》、《周子》、《发遣三昧》、《文章指南》、《朝华集》、《紫阳诗类》、《家秉》、文集。

徐梦莘字商老,临江人。幼慧,耽嗜经史,下至稗官小说,寓目成诵。绍兴二十四年举进士。历官为南安军教授。改知湘阴县。会湖南帅括田,号增耕税,他邑奉令惟谨。梦莘独谓邑无新田,租税无从出。帅恚其私于民,欲从簿书间捃摭其过,终莫能得,由是反器重之。

寻主管广西转运司文字。时朝廷议易二广盐法,遣广西安抚司干官胡廷直与东西漕臣集议于境。梦莘从行,谓:"广西阻山,止当仍官般法,则害不及民;广东诸郡并江,或可容客贩,未宜遽以二广概行。"议与廷直不合。廷直竟遂其说,以客贩变法得为转运使。梦莘既知宾州,犹以前议为梗法,罢去。不三年,二广商贾毁业,民苦无盐,复从官般法矣。

梦莘恬于荣进,每念生于靖康之乱,四岁而江西阻讧,母襁负亡去,得免。思究见颠末,乃网罗旧闻,会粹异同,为《三朝北盟会编》三百五十卷,自政和七年海上之盟,讫绍兴三十一年完颜亮之毙,上下四十五年,凡曰敕、曰制、诰、诏、国书、书疏、奏议、记序、碑志,登载靡遗。帝闻而嘉之,擢直秘阁。

梦莘平生多所著,有《集补》,有《会录》,有《读书记志》,有《集医录》,有《集仙录》,皆以"儒学"冠之。其嗜学博文,盖孜孜焉死而后已者。开禧元年秋八月,卒,年八十二。梦莘弟得之,从子天麟。

得之字思叔,淳熙十年举进士。部使者以廉吏荐,以通直郎致仕。安贫乐分,不贪不躁。著《左氏国纪》、《史记年纪》,作《具敝箧笔略》、《鼓吹词》、《郴江志》。

　　天麟字仲祥，开禧元年进士。调抚州教授，历湖广总领所干办公事、临安府教授、浙西提举常平司干官、主管礼兵部架阁、宗学谕、武学博士。轮对，言人主当持心以敬。奉祠仙都观，通判惠、潭二州，权英德府，权发遣广西转运判官。所至兴学明教，有惠政。

　　著《西汉会要》七十卷、《东汉会要》四十卷、《汉兵本末》一卷、《西汉地理疏》六卷、《山经》三十卷。既谢官，作亭萧滩之上，画严子陵像而事之。

　　李心传字微之，宗正寺簿舜臣之子也。庆元元年荐于乡，既下第，绝意不复应举，闭户著书。

　　晚因崔与之、许奕、魏了翁等合前后二十三人之荐，自制置司敦遣至阙下。为史馆校勘，赐进士出身，专修《中兴四朝帝纪》。甫成其三，因言者罢，添差通判成都府。寻迁著作佐郎，兼四川制置司参议官。诏无入议幕，许辟官置局，踵修《十三朝会要》。端平三年成书。召赴阙，为工部侍郎，言：

　　臣闻"大兵之后，必有凶年。"盖其杀戮之多，赋敛之重，使斯民怨怒之气，上干阴阳之和，至于此极也。陛下所宜与诸大臣扫除乱政，与民更始，以为消恶运、迎善祥之计。而法弊未尝更张，民劳不加振德，既无能改于其旧，而殆有甚焉。故帝德未至于罔怨，朝纲或苦于多紊，廉平之吏，所在鲜见，而贪利无耻，敢于为恶之人，挟敌兴兵，四面而起，以求逞其所欲。如此而望五福来备，百谷用成，是缘木而求鱼也。

　　臣考致旱之由：曰和籴增多而民怨，曰流散无所归而民怨，曰检税不尽实而民怨，曰籍赀不以罪而民怨。凡此皆起于大兵之后，而势未有以消之，故愈积而愈极也。成汤圣主也，而桑林之祷，犹以六事自责。陛下愿治，七年于此，灾祥饥馑，史不绝书，其故何哉？朝令夕改，靡有常规，则政不节矣；行赍居送，略无罢日，则使民疾矣；陪都园庙，工作甚殷，则土木营矣；

潜邸女冠，声焰兹炽，则女谒盛矣；珍玩之献，罕闻却绝，则包
苴行矣；鲠切之言，类多厌弃，则谀夫昌矣。此六事者一或有
焉，犹足以致旱。愿亟降罪己之诏，修六事以回天心。群臣之
中有献聚敛剽窃之论以求进者，必重黜之，俾不得以上诬圣
德，则旱虽烈，犹可弭也。然民怨于内，敌逼于外，事穷势迫，何
所不至！陛下虽谋臣如云，猛将如雨，亦不知所以为策矣。
帝从之。未几，复以言去，奉祠居潮州。淳祐元年罢祠，复予，又罢。
三年，致仕。卒，年七十有八。

心传有史才，通故实，然其作《吴猎》、《项安世传》，褒贬有愧秉
笔之旨。盖其志常重川蜀，而薄东南之士云。

所著成书，有《高宗系年录》二百卷、《学易编》五卷、《诵诗训》
五卷、《春秋考》十三卷、《礼辨》二十三卷、《读史考》十二卷、《旧闻
证误》十五卷、《朝野杂记》四十卷、《道命录》五卷、《西陲泰定录》九
十卷、《辨南迁录》一卷、诗文一百卷。


叶味道初讳贺孙，以字行，更字知道，温州人。少刻志好古学，
师事朱熹。试礼部第一。时伪学禁行，味道对学制策，率本程颐无
所避。知举胡纮见而黜之，曰："此必伪徒也。"既下第，复从熹于武
夷山中。学禁开，登嘉定十三年进士第，调鄂州教授。

理宗访问熹之徒及所著书，部使者遂以味道行谊闻，差主管三
省架阁文字。迁宗学谕，轮对，言："人主之务学，天下之福也。必坚
志气以守所学，谨几微以验所学，正纲常以励所学，用忠言以充所
学。"至若口奏，则又述帝王传心之要，与四代作歌作铭之旨，其终
有曰："言宣则力减，文胜则意虚。"从臣有荐味道可为讲官，乃授太
学博士，兼崇政殿说书。

故事，说书之职止于《通鉴》，而不及经。味道请先说《论语》，诏
从之。帝忽问鬼神之理，疑伯有之事涉于诞。味道对曰："阴阳二气
之散聚，虽天地不能易。有死而犹不散者，其常也，有不得其死而郁
结不散者，其变也。故圣人设为宗祧，以别亲疏远迩，正所以教民亲

爱,参赞化育。今伯有得罪而死,其气不散,为妖为厉,使国人上下为之不宁,于是为之立子泄以奉其后,则庶乎鬼有所知,而神莫不宁矣。"盖讽皇子竑事也。

三京用师,廷臣边阃交进机会之说。味道进议状,以为:"开边浸阔,应援倍难,科配日繁,饷饷日迫,民一不堪命,庞勋、黄巢之祸立见,是先摇其本,无益于外也。"经筵奏事,无日不申言之,而洛师寻以败闻。于是人谓味道见微虑远。

味道所奏陈,无一言不开导引翼,求切于君身;旁引折旋,推致于治道。迁秘书著作佐郎而卒。讣闻,帝震悼,出内帑银帛赗其丧,升一官以任其后,故事所未有也。

所著《四书说》、《大学讲义》、《祭法宗庙庙享郊社外传》、《经筵口奏》、《故事讲义》。

王应麟字伯厚,庆元府人。九岁通《六经》,淳祐元年举进士,从王埜受学。

调西安主簿,民以年少易视之,输赋后时。应麟白郡守,绳以法,遂立办。诸校欲为乱,知县事翁甫仓皇计不知所出,应麟以礼谕服之。差监平江百万东仓。调浙西提举常平茶盐主管帐司,部使者郑霖异待之。丁父忧,服除,调扬州教授。

初,应麟登第,言曰:"今之事举子业者,沽名誉,得则一切委弃,制度典故漫不省,非国家所望于通儒。"于是闭门发愤,誓以博学宏辞科自见,假馆阁书读之。宝祐四年中是科。应麟与弟应凤同日生,开庆元年亦中是科,诏褒谕之,添差浙西安抚司干办公事。

帝御集英殿策士,召应麟覆考。考第既上,帝欲易第七卷置其首。应麟读之,乃顿首曰:"是卷古谊若龟镜,忠肝如铁石,臣敢为得士贺。"遂以第七卷为首选。及唱名,乃文天祥也。迁主管三省、枢密院架阁文字。

迁国子录,进武学博士,疏言:"陛下阅理多,愿治久。当事势之艰,与图蹙于外患,人才乏而民力殚,宜强为善,增修德,无自沮怠;

恢弘士气，下情毕达，操纲纪而明委任，谨左右而防壅蔽，求哲人以辅后嗣。"既对，帝问其父名，曰："尔父以陈善为忠，可谓继美。"

丁大全欲致应麟，不可得。迁太常寺主簿，面对，言："淮戍方警，蜀道孔艰，海表上流皆有藩篱唇齿之忧。军功未集而吝赏，民力既困而重敛，非修攘计也。陛下勿以宴安自逸，勿以容悦之言自宽。"帝愀然曰："边事甚可忧。"应麟言："无事深忧，临事不惧。愿汲汲预防，毋为壅蔽所欺。"时大全讳言边事，于是应麟罢。

未几，大全败，起应麟通判台州。召为太常博士，擢秘书郎，俄兼沂靖惠王府教授。彗星见，应诏极论执政、侍从、台谏之罪，积私财、行公田之害。又言："应天变莫先回人心，回人心莫先受直言。箝天下之口，沮直臣之气，如应天何？"时直言者多迕权臣意，故应麟及之。迁著作佐郎。

度宗即位，摄礼部郎官，草百官表。旧制，请听政，四表已上；一夕入临，宰臣谕旨增撰三表，应麟操笔立就。丞相总护还，辞位表三道，使者立以俟，应麟从容授之。丞相惊服，即授兼礼部郎官、兼直学士院。

马廷鸾知贡举，诏应麟兼权直，俄兼崇政殿说书。迁著作郎，守军器少监。经筵值人日雪，帝问有何故事，应麟以唐李峤、李乂等应制诗对。因奏："春雪过多，民生饥寒，方寸仁爱，宜谨感召。"迁将作监。

帝视朝，谓应麟曰："为学要灼见古人之心。"应麟对曰："严恭寅畏，不敢怠皇，克勤克俭，无自纵逸，强以驭下，制事以断，此古人之心。然操舍易忽于眇绵，兢业每忘于游衍。"帝嘉纳之。既而转对，言："人君防未萌之欲，存不已之诚。"擢兼侍立修注官，升权直学士院，迁秘书少监兼侍讲。上疏论市舶，不报。

会贾似道拜平章事，叶梦鼎、江万里各求去，似道亦求去。应麟奏，孝宗朝阙相者亦逾年，帝亟取以谕之。似道闻应麟言，大恶之，语包恢曰："我去朝士若王伯厚者多矣，但此人素著文学名，不欲使天下谓我弃士。彼盍思少自贬！"恢以告，应麟叹曰："迕相之患小，

负君之罪大。"迁起居舍人,兼权中书舍人。冬雷,应麟言:"十月之
雷,惟东汉数见。命令不专,奸衰并进,卑逾尊,外陵内之象。当清
天君,谨天命,体天德,以回天心。守成必法祖宗,御治必总威福。"
似道闻之,斥逐之意决矣。

应麟牒阁门直前奏对,谓用人莫先察君子小人。方袖疏待班,
台臣亟疏驳之,由是二史直前之制遂废。以秘阁修撰主管崇禧观。

久之,起知徽州。其父挚尝守是郡,父老皆曰:"此清白太守子
也。"摧豪右,省租赋,民大悦。

召为秘书监,权中书舍人,力辞,不许。兼国史编修、实录检讨
兼侍讲。迁起居郎兼权吏部侍郎,指陈成败逆顺之说,且曰:"国家
所恃者大江,襄、樊其喉舌,议不容缓。朝廷方从容如常时,事几一
失,岂能自安?"朝臣无以边事言者,帝不怿。似道复谋斥逐,适应麟
以母忧去。

及似道溃师江上,授中书舍人兼直学士院,即引疏陈十事,急
征讨、明政刑、厉廉耻、通下情,求将材,练军实,备粮饷,举实材,择
牧守,防海道,其目也。且言:"图大患者必略细故,求实效者必去虚
文。"因请集诸路勤王之师,有能率先而至者,宜厚赏以作勇敢之
气,并力进战,惟能战斯可守。进兼同修国史、实录院同修撰兼侍
读,迁礼部侍郎兼中书舍人。日食,应诏论答天戒五事,陈备御十
策,皆不及用。

寻转尚书兼给事中。左丞相留梦炎用徐襄为御史,擢江西制置
使黄万石等,应麟缴奏曰:"襄与梦炎同乡,有私人之嫌;万石粗戾
无学,南昌失守,误国罪大。今方欲引以自助,善类为所搏噬者,秘
携持而去。吴浚贪墨轻躁,岂宜用之?况梦炎舛令慢谏,谠言弗敢
告,今之卖降者,多其任用之士。"疏再上,不报。出关俟命,再奏曰:
"因危急而紊纪纲,以偏见而拂公议,臣封驳不行,与大臣异论,势
不当留。"疏入,又不报,遂东归。

诏中使谭纯德以翰林学士召,识者以为夺其要路,宠以清秩,
非所以待贤者。应麟亦力辞。后二十年卒。

所著有《深宁集》一百卷、《玉堂类稿》二十三卷、《掖垣类稿》二十二卷、《诗考》五卷、《诗地理考》五卷、《汉艺文志考证》十卷、《通鉴地理考》一百卷、《通鉴地理通释》十六卷、《通鉴答问》四卷、《困学纪闻》二十卷、《蒙训》七十卷、《集解践阼篇》、《补注急就篇》六卷、《补注王会篇》、《小学绀珠》十卷、《玉海》二百卷、《词学指南》四卷、《词学题苑》四十卷、《笔海》四十卷、《姓氏急就篇》六卷、《汉制考》四卷、《六经天文编》六卷、《小学讽咏》四卷。

黄震字东发，庆元府慈溪人。宝祐四年登进士第。调吴县尉。吴多豪势家，告私债则以属尉，民多饥冻窘苦，死尉卒手。震至，不受贵家告。府檄摄其县。及摄长洲、华亭，皆有声。

浙东提举常平王华甫辟主管帐司文字。时钱庚孙守常，朱熠守平江，吴君擢守嘉兴，皆倚嬖幸厉民。华甫病革，强起劾罢三人，震赞之也。沿海制置司辟干办、提领浙西盐事，不就。改辟提领镇江转般仓分司。公田法行，改提领官田所，言不便，不听，复转般仓职。

入为点校赡军激赏酒库所检察官。擢史馆检阅，与修宁宗、理宗两朝《国史》、《实录》。轮对，言当时之大弊：曰民穷，曰兵弱，曰财匮，曰士大夫无耻。乞罢给度僧人道士牒，使其徒老死即消弭之，收其田入，可以富军国，纾民力。时宫中建内道场，故首及此。帝怒，批降三秩，即出国门。用谏官言，得寝。

出通判广德军。初，孝宗颁朱熹社仓法于天下，而广德则官置此仓。民困于纳息，至以息为本，而息皆横取，民穷至自经。人以为熹之法，不敢议。震曰："不然。法出于尧、舜、三代圣人，犹有变通，安有先儒为法，不思救其弊耶？况熹法，社仓归之于民，而官不得与。官虽不与，而终有纳息之患。"震为别买田六百亩，以其租代社仓息，约非凶年不贷，而贷者不取息。

郡有祠山庙，岁合江、淮之民祷祈者数十万，其牲皆用牛。郡恶少挟兵刃舞牲迎神为常，斗争致犯法。其俗又有自婴桎梏、自栲掠以徼福者，震见，问之，乃兵卒。责自状其罪，卒曰："本无罪。"震曰：

"尔罪多,不敢对人言,特告神以免罪耳。"杖之示众。又其俗有所谓
埋藏会者,为坎于庭,深广皆五尺,以所祭牛及器皿数百纳其中,覆
以牛革,封锸一夕,明发视之,失所在。震以为妖,而杀牛淫祀非法,
言之诸司,禁绝之。郡守贾蕃世以权相从子骄纵不法,震数与争论
是非,蕃世积不堪,疏震挠政,坐解官。

寻通判绍兴府,获海寇,戮之。抚州饥起,震知其州,单车疾驰,
中道约富人耆老集城中,毋过某日。至则大书"闭粜者籍,强籴者
斩。"揭于市,坐驿舍署文书,不入州治,不抑米价,价日损。亲煮粥
食饿者。请于朝,给爵赏旌劳者,而后入视州事。转运司下州籴米
七万石,震曰:"民生蹙矣,岂宜重困之。"以没官田三庄所入应之。
若补刻《六经》、《仪礼》,修复朱熹祠,树晏殊里门曰"旧学坊",制祭
社稷器,复风雷祀,劝民种麦,禁竞渡船,焚千三百余艘,用其丁铁
创军营五百间,皆善政也。

诏增秩,遂升提举常平仓司。旧有结关拒逮捕事系郡狱二十有
八年,存者十无三四,以事关尚书省,无敢决其狱者,以结关为作乱
也。震谓结关犹他郡之结甲也,非作乱比,况已经数赦,于是皆释
之。新城与光泽地犬牙相入,民夹溪而处,岁常忿斗争渔。会知县
事蹇雄为政扰民,因相结拒,起焚掠。震乃劾罢雄,谕其民散去。初,
常平有慈幼局,为贫而弃子者设,久而名存实亡。震谓收哺于既弃
之后,不若先其未弃保全之。乃损益旧法,凡当免而贫者,许里胥请
于官赡之,弃者许人收养,官出粟给所收家,成活者众。震论役法,
先令县核民产业,不使下户受抑于上户。大兴水利,废陂、坏堰及为
豪右所占者,复之。

改提点刑狱,决滞狱,清民讼,赫然如神明。有贵家害民,震按
之,贵家怨。又强发富人粟与民,富人亦怨。御史中丞陈坚以谗言
者劾震去,谗者乃怨震者也。遂奉云台祠。贾似道罢相,以宗正寺
簿召,将与俞浙并为监察御史,有内戚畏震直,止之,而浙亦以直言
去。

移浙东提举常平,镇安饥民,折盗贼萌芽。时皇叔大父福王与

芮判绍兴府,遂兼王府长史。震奏曰:"朝廷之制,尊卑不同,而纪纲不可紊。外虽藩王,监司得言之。今为其属,岂敢察其非,奈何自臣复坏其法?"固不拜长史。命进侍左郎官及宗正少卿,皆不拜。

震尝告人曰:"非圣人之书不可观,无益之诗文不作可也。"居官恒未明视事,事至立决。自奉俭薄,人有急难,则周之不少吝。所著《日抄》一百卷。卒,门人私谥曰文洁先生。

宋史卷四三九

列传第一九八

# 文苑一

## 宋白　梁周翰　朱昂　赵邻几

## 郑起　和岘 弟㟧　冯吉

　　自古创业垂统之君，即其一时之好尚，而一代之规模，可以豫知矣。艺祖革命，首用文吏而夺武臣之权，宋之尚文，端本乎此。太宗、真宗其在藩邸，已有好学之名，作其即位，弥文日增。自时厥后，子孙相承，上之为人君者，无不典学；下之为人臣者，自宰相以至令录，无不擢科，海内文士彬彬辈出焉。

　　国初，杨亿、刘筠犹袭唐人声律之体，柳开、穆修志欲变古而力弗逮。庐陵欧阳修出，以古文倡，临川王安石、眉山苏轼、南丰曾巩起而和之，宋文日趋于古矣。南渡文气不及东都，岂不足以观世变欤！作《文苑传》。

　　宋白字太素，大名人。年十三，善属文。多游雩、杜间，尝馆于张琼家，琼武人，赏白有才，遇之甚厚。白豪俊，尚气节，重交友，在词场名称甚著。

　　建隆二年，窦仪典贡部，擢进士甲科。乾德初，献文百轴，试拔萃高等，解褐授著作佐郎，廷赐袭衣、犀带。蜀平，授玉津县令。开宝中，阎丕、王洞交荐其才，宜预朝列。白以亲老，祈外任，连知蒲城、卫南二县。

太宗潜藩时，白尝赍文，有袭衣之赐；及即位，擢为左拾遗，权知兖州，岁余召还。泰山有唐玄宗刻铭，白摹本以献，且述承平东人望幸之意。预修《太祖实录》，俄直史馆，判吏部南曹。从征太原，判行在御史台。刘继元降，翌日，奏《平晋颂》，太宗夜召至行宫褒慰，且曰："俟还京师，当以玺书授职。"白谢于幄中。寻拜中书舍人，赐金紫。

太平兴国五年，与程羽同知贡举，俄充史馆修撰，判馆事。八年，复典贡部，改集贤殿直学士，判院事。未几，召入翰林为学士。雍熙中，召白与李昉集诸文士纂《文苑英华》一千卷。端拱初，加礼部侍郎，又知贡举。白凡三掌贡士，颇致讥议，然所得士如苏易简、王禹偁、胡宿、李宗谔辈，皆其人也。是时，命复旧制，专委有司，白所取二十八人，罢退既众，群议嚣然。太宗遽召已黜者临轩覆试，连放马国祥、叶齐等八百余人焉。

白尝过何承矩家，方陈倡优饮宴。有进士赵庆者，素无行检，游承矩之门，因潜出拜白，求为荐名。及掌贡部，庆遂获荐，人多指以为辞。又女弟适王沔，淳化二年，沔罢参知政事。时寇准方诋讦求进，故沔被出，复言白家用黄金器盖举人所赂，其实白尝奉诏撰钱惟浚碑，得涂金器尔。

张去华者，白同年生也，坐尼安道事贬。白素与去华厚善，遂出为保大军节度行军司马。逾年，抗疏自陈，有"来日苦少，去日苦多"之语，太宗览而悯之，召还为卫尉卿，俄复拜为礼部侍郎，修国史。至道初，为翰林学士承旨。二年，迁户部侍郎，俄兼秘书监。真宗即位，改吏部侍郎，判昭文馆。

先是，白献拟陆贽《梯子集》，上察其意，欲求任用，遂命知开封府以试之，既而白倦于听断，求罢任。咸平四年，擢王钦若、冯拯、陈尧叟入掌机要，以白宿旧，拜礼部尚书。

白学问宏博，属文敏赡，然辞意放荡，少法度。在内署久，颇厌番直，草辞疏略，多不惬旨。景德二年，与梁周翰俱罢，拜刑部尚书、集贤院学士、判院事。旧三馆学士止五日内殿起居,会钱易上言,悉令赴外朝。白羸老步梗,就班足跌,未几,抗表引年。上以旧臣眷顾未允,再上表辞,乃以兵部尚书致仕,因就宰臣访问其资产,虞其匮乏,时白继母尚无恙,上东封,白肩舆辞于北苑,召对久之,进吏部尚书,赐帛五十匹。

大中祥符三年,丁内艰。五年正月,卒,年七十七,赠左仆射。录其孙懿孙为将作监主簿,孝孙试秘书省校书郎,从子唐臣试正字。

白善谈谑,不拘小节,赡济亲族,抚恤孤藐,世称其雍睦。聚书数万卷,图画亦多奇古者。尝类故事千余门,号《建章集》。唐贤编集遗落者,白多缀缀之。后进之有文艺者,必极意称奖,时彦多宗之,如胡旦、田锡皆出其门下。陈彭年举进士,轻俊喜嘲谤,白恶其为人,黜落之,彭年憾焉,后居近侍,为贡举条制,多所关防,盖为白设也。会有司谥白为文宪,内出密奏言白素无检操,遂改文安。有集百卷。子宪臣,国子博士;得臣,赐进士及第,至太常丞;良臣,为太子中舍;忠臣,殿中丞。

梁周翰字元褒,郑州管城人。父彦温,廷州马步军都校。周翰幼好学,十岁能属词。周广顺二年,举进士,授虞城主簿,辞疾不赴。宰相范质、王溥以其闻人,不当佐外邑,改开封府户曹参军。宋初,质、溥仍为相,引为秘书郎,直史馆。

时左拾遗、知制诰高锡上封,议武成王庙配享七十二贤,内王僧辩以不令终,恐非全德。寻诏吏部尚书张昭、工部尚书窦仪与锡重铨定,功业终始无瑕者方得预焉。周翰上言曰:

臣闻天地以来,覆载之内,圣贤交骛,古今同流,校其颠末,鲜克具美。周公,圣人也,佐武王定天下,辅成王致治平,盛德大勋,蟠天极地。外则淮夷构难,内则管、蔡流言。鸱尾跋胡,垂至颠顿;偃禾仆木,仅得辨明。此可谓之尽美哉?臣以为非也。孔子,圣人也,删《诗》、《书》,定《礼》、《乐》,祖述尧、舜,宪章文、武。卒以栖迟去鲁,奔走厄陈,虽试用于定、哀,曾不容于季孟。又尝履盗跖之虎尾，闻南子之佩声，远辱慎名，未见其可。此又可谓其尽善者哉？臣以为非也。自余区区后贤，琐琐立事，比于二圣，曾何足云，而欲责其磨涅不渝、始卒如一者，臣窃以为难其人矣。

昉自唐室，崇祀太公。原其用意，盖以天下虽大，不可去兵；域中有争，未能无战。资其佑民之道，立乎为武之宗，觊张国威，遂进王号。贞元之际，祀典益修，因以历代武臣陪乡庙貌，如文宣释奠之制，有弟子列侍之仪，事虽不经，义足垂劝。况于曩日，不乏通贤，疑难讨论，亦云折中。今若求其考类，别立否藏，以羔袖之小疵，忘狐裘之大善，恐其所选，仅有可存。

只如乐毅、廉颇，皆奔亡而为虏；韩信、彭越，悉俎醢而受诛。白起则锡剑杜邮，伍员则浮尸江滋。左车亦偾军之将，孙膑实刑余之人。穰苴则偾卒齐庭，吴起则非命楚国。周勃称重，有置甲尚方之疑。陈平善谋，蒙受金诸将之谤。亚夫则死于狱吏，邓艾则追于槛车。李广后期而自刭，窦婴树党而丧身。邓禹败于回溪，终身无董戎之寄；马援死于蛮徼，还尸阙遗奠之仪。其余诸葛亮之俦，事偏方之主；王景略之辈，佐闰位之君。关羽则为仇国所禽，张飞则遭帐下所害。凡此名将，悉皆人雄，苟欲指瑕，谁当无累，或从澄汰，尽可弃捐。况其功业穹隆，名称烜赫。樵夫牧稚，咸所闻知；列将通侯，窃所思慕。若一旦除去神位，摈出祠庭，吹毛求异代之疵，投袂仇古人之恶，必使时情顿惑，窃议交兴。景行高山，更奚瞻于往躅；英魂烈魄，将有恨于明时。

况伏陛下方厉军威，将遏乱略，讲求兵法，缔构武祠，盖所以劝激戎臣，资假阴助。忽使长廊虚邈，仅有可图之形；中殿前空，不见配食之坐。似非允当，臣窃惑焉。深惟事贵得中，用资体要，若今之可以议古，恐来者亦能非今。愿纳臣微忠，特追明敕，乞下此疏，廷议其长。

不报。

　　乾德中，献《拟制》二十编，擢为右拾遗。会修大内，上《五凤楼赋》，人多传诵之。五代以来，文体卑弱，周翰与高锡、柳开、范杲习尚淳古，齐名友善，当时有"高、梁、柳、范"之称。初，太祖尝识彦温于军中，石守信亦与彦温旧故。一日，太祖语守信，将用周翰掌诰，守信微露其言，周翰遽上表谢。太祖怒，遂寝其命。

　　历通判绵、眉二州，在眉州坐杖人至死，夺二官，起授太子左赞善大夫。开宝三年，迁右拾遗，监绫锦院，改左补阙兼知大理正事。会将郊祀，因上疏曰："陛下再郊上帝，必覃赦宥。臣以天下至大，其中有庆泽所未及、节文所未该者，所宜推而广之。方今赋税所入至多，加以科变之物，名品非一，调发供输，不无重困。且西蜀、淮南、荆、潭、广、桂之地，皆以为王土，陛下诚能以三方所得之利，减诸道租赋之入，则庶乎均德泽而宽民力矣。"俄坐杖锦工过差，为其所诉，太祖甚怒，责之曰："尔岂不知人之肤血与己无异，何乃遽为酷罚！"将杖之，周翰自言："臣负天下才名，不当如是。"太祖乃解，止授左司农寺丞。逾年，为太子中允。

　　太平兴国中，知苏州。周翰善音律，喜蒲博，惟以饮戏为务。州有伶官钱氏，家数百人，日令百人供妓，每出必以肴具自随。郡务不治，以本官分司西京。逾月，授左赞善大夫，仍分司。俄除楚州团练副使。雍熙中，宰相李昉以其名闻，召为右补阙，赐绯鱼，使江、淮提点茶盐。

　　周翰以辞学为流辈所许，频历外任，不乐吏事。会翰林学士宋白等列奏其有史才，回下位，遂命兼史馆修撰。会太宗亲试贡士，周翰为考官，面赐金紫，因语宰相，称其有文，寻迁起居舍人。五年，张佖建议复置左右史之职，乃命周翰与李宗谔分领之。周翰兼起居郎，因上言："自今崇德、长春殿皇帝宣谕之言，侍臣论列之事，望依旧中书修为时政记。其枢密院事涉机密，亦令本院编纂，每至月终送史馆。自余百司凡干对拜、除改、沿革、制置之事，悉条报本院，以备编录。仍令郎与舍人分直崇政殿，以记言动，别为起居注，每月先进御，后降付史馆。"从之。起居注进御，自周翰等始也。周翰蚤有时誉,久摈废,及被除擢,尤洽时论。

会考课京朝官,有敢隐前犯者,皆除名为民。周翰被谴尤多,所上有司偶遣一事,当免。判馆杨徽之率三馆学士诣相府,以为周翰非故有规避,其实所犯频繁,不能悉记,于是止罚金百斤。

先是,赵安易建议于西川铸大铁钱,以一当十,周翰上言:"古者货、币、钱三者兼用,若钱少于货、币,即铸大钱,或当百,或当五十,盖欲广其钱而足用尔。今不若使蜀民贸易者,凡铁钱一止作一钱用,官中市物即以两钱当一。又西川患在少盐,请于益州置榷院,入物交易,则公私通济矣。"至道中,迁工部郎中。

真宗在储宫知其名,徽之时为左庶子,因令取其所为文章,周翰悉纂以献,上答以书;及即位,未行庆,首擢为驾部郎中、知制诰,俄判史馆、昭文馆。咸平三年,召入翰林为学士,受诏与赵安易同修属籍。唐末丧乱,籍谱罕存,无所取则,周翰创意为之,颇有伦贯。车驾幸澶渊,命判留司御史台,周翰恳求扈从,从之。明年,授给事中,与宋白俱罢学士。大中祥符元年,迁工部侍郎。逾年,被疾卒,年八十一。真宗悯之,录其子忠宝为大理评事,给奉终丧。

周翰性疏隽卞急,临事过于严暴,故多旷败。晚年才思稍减,书诏多不称旨。有集五十卷及《续因话录》。

朱昂字举之,其先京兆人,世家溴陂,唐天复末,徙家南阳。梁祖篡唐,父葆光与唐旧臣颜尧、李涛数辈挈家南渡,寓潭州。每正旦夕至,必序立南岳祠前,北望号恸,殆二十年。后涛北归,葆光乐衡山之胜,遂往家焉。

昂少与熊若谷、邓洵美同学。朱遵度好读书,人号之为"朱万卷",目昂为"小万卷"。昂尝间行经庐陵,道遇异人,谓之曰:"中原不久当有真主平一天下,子仕至四品,安用南为?"遂北游江、淮。时周世宗南征,韩令坤统兵至扬州,昂谒见,陈治乱方略,令坤奇之,署权知扬州扬子县。适兵革之际,逃亡过半,昂便宜绥辑,复通亡者七千余家,令坤即表授本县令。

　　宋初，为衡州录事参军，尝读陶潜《闲情赋》而慕之，因广其辞曰：

　　　　维禀气兮清浊，独得意兮虚徐。耳何聪兮无瑱，衣何散兮无裾。务冥怀于得丧，宁勤体乎葍菑。将使同方姬、孔，抗迹孙、蘧。精骛广漠，心游太虚。傲朝曦兮南荣，逆夕飚兮北疏。非道之病，惟情之舒。

　　　　由是含颖怀粹，凝和习懿。器渳沦兮幽忧，德芬馨兮周比。井无渫兮泉融，珠潜辉兮川媚。又何必陋雄之尚《玄》，笑奕之心醉，悲墨之素丝，叹展之下位？苟因时之明扬，乃斯文之不坠。

　　　　睇烟景兮飘飘，心悬旌兮摇摇。感朝荣而夕落，嗟响蜩而鸣蜩。姑藏器以有待，因寄物而长谣。愿在首而为弁，束玄发而未衰。会名器之有得，与缨珥兮相宜。愿在足而为舄，何坎险之瞿忧。欲效勤于竖亥，思追踵于浮丘。愿在服而为袯，传缯素而饰躬。异化缁之色涅，宁拭面而道穷。愿在目而为鉴，分妍丑于崇朝。惊青阳之难久，庶白首以见招。愿在地而为簟，当暑潦而冰寒。伊肤革之尚疢，胡瘑痹以求安？愿在筋而为醴，不乱德而溺真。体虚受之为器，革漓性以归淳。愿在握而为剑，每辅衽而保裾。殊铅铦之效用，比硎刃而有余。愿在橐而为矢，美笴羽之斯全。畴懋勋而锡晋，射穷垒而衄燕。愿在体而为裘，托针缕以成功。非珍华而取饰，将被服而有容。愿在轩而为篁，贯岁寒而不改。挺介节以自持，廓虚心而有待。

　　　　人之愿兮实繁，我之心兮若此。蓄为志兮璞藏，发为文兮雾委。既持瑾兮掌瑜，复撷兰兮艺芷。始无言兮植杖，终俯首兮嗟骱。振襟兮自适，觌物兮解颐。云无心兮退举，萝倚干兮丛滋。想陵谷之变地，况玄黄之易丝。人可汰而可锻，已不磷而不缁。苟一鸣而惊人，何五鼎而勿饴？

　　　　已而拥膝清啸，倾怀自宽。枢桑户茟兮差乐，鸠飞梭跃兮胡难。指夜蟾兮为伍，仰疏籁兮邀欢。何孙牧而伊耕？何巢箕而吕磻？涤我虑兮绿绮，清我眠兮琅玕。周旋兮有则，徙倚兮可观。终卷舒兮自得，契休哉于《考盘》。

李昉知州事，暇日多召语，且以文为赞，昉深所嗟赏。历宜城令。开宝中，拜太子洗马，知蓬州，徙广安军。会渠州妖贼李仙众万人，劫掠军界，昂设策禽之。自余果、合、渝、涪四州民连结为妖者，置不问，蜀民遂安。宰相薛居正称其能，迁殿中丞、知泗州。

尝作《隋河辞》，谓浚决之病民，游观之伤财，乃天意之所以亡隋也。使隋不兴役费财以害其民，则安得有今日之利哉！

尝聚淮水流尸三千，冢为瘗之。有戍卒谋乱，昂诛其首恶，凡支党之诖误者悉贳之。就迁监察御史、江南转运副使。太平兴国二年，知鄂州，加殿中侍御史，为峡路转运副使，就改库部员外郎，迁转运使。端拱二年，以本官直秘阁赐金紫。久之，出知复州，表求谢事，不许。迁水部郎中，复请老，召还，再直秘阁，寻兼越王府记室参军。

真宗即位，迁秩司封郎中，俄知制诰，判史馆，受诏编次三馆秘阁书籍，既毕，加吏部。咸平二年，召入翰林学士。逾年，拜章乞骸骨，召对，敦谕，请弥确，乃拜工部侍郎致仕。翌日，遣使就第赐器币，给全奉，诏本府岁时存问，章奏听附驿以闻。命其子正辞知公安县，以便侍养，许归江陵。旧制，致仕官止谢殿门外，昂特延见命坐，恩礼甚厚。令俟秋凉上道，遣中使赐宴于玉津园，两制三馆皆预，仍诏赋诗饯行，缙绅荣之。

昂前后所得奉赐，以三之一购奇书，以讽诵为乐。及是闲居，自称退叟，著《资理论》三卷上之，诏以其书付史馆。弟协以纯谨著称，仕至主客郎中、雍王府翊善。昂以书招之，协亦告老归。兄弟皆眉寿，时人比汉之二疏。知府陈尧咨署其居曰东、西致政坊。昂于所居建二亭：曰知止，曰幽栖。颇好释氏书。晚岁自为墓志。景德四年，卒，年八十三，门人谥曰正裕先生。诏加赗赠，录其孙适出身。

昂好学，纯厚有清节，澹于荣利，为洗马十五年，不以屑意。居内署，非公事不至两府。在王邸时，真宗居储宫，知其素守，故每加褒进，然昂未尝有所私请，进退存礼，士类多之。有集三十卷。子正彝、正辞并登进士第,正基虞部员外郎。

赵邻几字亚之,郓州须城人,家世为农。邻几少好学,能属文,尝作《禹别九州赋》,凡万余言,人多传诵。

周显德二年,举进士,解褐秘书省校书郎,历许州、宋州从事。太平兴国初,召为左赞善大夫、直史馆,改宗正丞。四年,郭贽、宋白授中书舍人,告谢日交荐之,俄而邻几献颂,上览而嘉之,迁左补阙、知制诰,数月卒,年五十九。中使护葬。

邻几体貌尫弱,如不胜衣。为文浩博,慕徐、庾及王、杨、卢、骆之体,每构思,必敛衽危坐,成千言始下笔。属对精切,致意缜密,时辈咸推服之。及掌诰命,颇繁富冗长,不达体要,无称职之誉。

常欲追补唐武宗以来实录,孜孜访求遗事,殆废寝食,会疾革,唯以书未成为恨。至淳化中,参知政事苏易简因言及邻几追补《唐实录》事,邻几一子东之,以荫补郎山主簿,部送军粮诣北边,没焉,其家属寄居睢阳。太宗遣直史馆钱熙往取其书,得邻几所补《会昌以来日历》二十六卷及文集三十四卷,所著《鲫子》一卷、《六帝年略》一卷、《史氏懋官志》五卷,并他书五十余卷来上,皆涂窜之笔也。诏赐其家钱十万。

时又有何承裕者,晋天福末,擢进士第,有清才,好为歌诗,而嗜酒狂逸。初为中都主簿,桑维翰镇兖州,知其真率,不责以吏事。累官至著作佐郎,直史馆,出为周至、咸阳二县令,醉则露首跨牛趋府,府尹王彦超以其名士而容之,然为治清而不烦,民颇安焉。每览牒诉,必戏判以喻曲直,诉者多心伏引去。往往召豪吏接坐,引满,吏因醉挟私白事,承裕悟之,笑曰:"此见罔也,当受杖。"杖讫,复召与饮。其无检多类此。

开宝三年,自泾阳令入为监察御史,后历侍御史,累知忠、万、商三州。太平兴国中,卒。

郑起字孟隆，不知何许人。少游京洛间，佻薄无检操。闻襄州双泉寺僧能为黄金，往依焉，遂削发为侍者。久之，知其诳耀，乃反初服，举进士。时举子多尚诗赋，惟起有文七轴，歌诗尤清丽。周广顺初，调补尉氏主簿，秩满，以书干宰相范质，荐为右拾遗、直史馆。恭帝初，迁殿中侍御史。

乾德初，出掌泗州市征。刺史张延范检校司徒，官吏呼以"太保"。起贫，常乘骡。一日，从延范出近郊送客，延范揖起曰："请策马令进。"起曰："此骡也，不当过呼耳。"以讥延范，延范深衔之，密奏起嗜酒废职。

初，显德末，起见太祖握禁兵，有人望，乃上书范质，极言其事。又尝遇太祖于路，横绝前导而过，太祖亦弗之怒。及延范奏至，出为河西令。会蜀平，当徙远官，起不欲往，乃炙烙其足，因是成疾而卒。

起负才倨傲，多所诋讦，数为群小窘辱，终亦不改。

时有郭昱者，好为古文，狭中诡僻。周显德中，登进士第。耻赴常选，献书于宰相赵普，自比巢、由，朝议恶其矫激，故久不调。后复伺普，望尘自陈，普笑谓人曰："今日甚荣，得巢、由拜于马首。"开宝末，普出镇河阳，昱诣薛居正上书，极言谤普，居正奏之，诏署襄州观察推官。潘美镇襄阳，讨金陵，以昱随军。昱中夜被酒号叫，军中皆惊，翌日，美遣还。岁余，坐盗用官钱，除名，因居襄阳，游索樊、邓间。雍熙中，卒。

又有马应者，薄有文艺，多服道士衣，自称"先生"。开宝初，效元结《中兴颂》作《勃兴颂》，以述太祖下荆、湖之功，欲刊石于永州结《颂》之侧，县令恶其夸诞，不以闻。太平兴国初，登第，授大理评事，坐事除名，羁旅积年。淳化中，以诗干同年殿中丞牛景，景因奏上，太宗览而嘉之，复授大理评事，未几卒。

又有颖贽、董淳、刘从义善为文章，张翼、谭用之善为诗，张之翰善笺启。赞拔萃登科，至太子中允。淳为工部员外郎、直史馆，奉诏撰《孟昶纪事》。从义多藏书，尝缵长安碑文为《遗风集》二十卷。余皆官不达。

和岘字晦仁，开封浚仪人。父凝，晋宰相、太子太傅、鲁国公。岘生之年，适会凝入翰林、加金紫、知贡举，凝喜曰："我平生美事，三者拼集，此子宜于我也。"因名之曰三美。

七岁，以门荫为左千牛备身，迁著作佐郎。汉乾祐初，加朝散阶。十六，登朝为著作郎。丁父忧，服阕，拜太常丞。建隆初，授太常博士，从祀南郊，赞导乘舆，进退闲雅，太祖谓近侍曰："此谁氏之子，熟于赞相？"左右即以岘门阀对。俄拜刑部员外郎兼博士，仍判太常寺。

乾德元年十一月甲子，有事于南郊。丁丑冬至，有司复请祀昊天上帝，诏岘议其礼，岘以祭义戒于烦数，请罢之。二年，议孝明、孝惠二后神主祔于别庙，岘以旧礼有二后同庙之文，无各殿异室之说，今二后同附别庙，亦宜共殿别室。孝明皇后尝母仪天下，宜居上室；孝惠皇后止以追尊，当居次室。从之。三年春，初克夔州，以内衣库使李光睿权知州，岘通判州事。代还，是岁十二月十四日戊戌腊，有司以七日辛卯腊百神，岘献议正之。四年，南郊，岘建议望燎位置爟火。

又尝言"依旧典，宗庙殿庭设宫县三十六架，加鼓吹熊罴十二案，朝会登歌用五瑞，郊庙奠献用四瑞，迴仗至楼前奏《采茨》之曲，御楼奏《隆安》之曲，各用乐章"。复举唐故事，宗庙祭科外别设珍膳，用申孝享之意。又谓"《八佾》之舞以象文德武功，请用《玄德升闻》、《天下大定》二舞"。并从其议。事具、《礼乐志》。

先是，王朴、窦俨洞晓音乐，前代不协律吕者多所考正。朴、俨既没，未有继其职者。会太祖以雅乐声高，诏岘讲求其理，以均节之，自是八音和畅，上甚嘉之。语具《律志》。乐器中有叉手笛者，上意欲增入雅乐，岘即令乐工调品，以谐律吕，其执持之状如拱揖然，请目曰"拱辰管"，诏备于乐府。

开宝初，迁司勋员外郎，权知泗州，判吏部南曹，历夔、晋二州通判。九年，江南平，受诏采访。太宗即位，迁主客郎中。太平兴国二年，知兖州，改京东转运使。

岘性苛刻鄙吝，好殖财，复轻侮人，尝以官船载私货贩易规利。初为判官郑同度论奏，既而彰信军节度刘遇亦上言，按得实，坐削籍，配隶汝州。

六年，起为太常丞，分司西京，复阶勋章服。端拱初，上躬耕籍田，岘奉留司贺表至阙下，因以其所著《奉常集》五卷、《秘阁集》二十卷、《注释武成王庙赞》五卷奏御，上甚嘉之，复授主客郎中，判太常寺兼礼仪院事。是秋得暴疾，卒，年五十六。弟蒙。

嵘字显仁，凝第四子也。生五六岁，凝教之诵古诗赋，一历辄不忘。试令咏物为四句诗，颇有思致，凝叹赏而奇之，语岘曰："此儿他日必以文章显，吾老矣不见，汝曹善保护之。"

太平兴国八年，擢进士第，释褐霍丘主簿。雍熙初，知崇仁县，就拜大理评事。江南转运杨缄以其材干奏，移知南昌县。代还，刑部取为详覆官，迁光禄寺丞。

先是，凝尝取古今史传听讼断狱、辨雪冤枉等事著为《疑狱集》，嵘因增益事类，分为三卷，表上之。俄献所著文赋五十轴，召试中书，擢为太子中允。先是，冯起撰《御前登第三榜碑》以献，上甚称奖，命直史馆。淳化初，嵘又撰《七榜题名记》，并补注凝所撰《古今孝悌集成》十卷以献，遂以本官直集贤院，中谢日，赐绯鱼。三年春，献《观灯赋》，诏付史馆，迁右正言。

是岁，太宗亲试贡士，嵘预考校，作歌以献，上对宰相称赏之，召问年几何。时摹印《儒行篇》，以赐新及第人及三馆、台省官，皆上表称谢。上时御便坐，出表以示宰相，而嵘与张洎尤称上旨，因谓李昉曰："嵘，宰相子，勤学自立，有文章，能荷堂构，如嵘者不可多得也。"遂以本官知制诰。不逾年，加水部员外郎，知理检院。至道元年，赐金紫，与王旦同判吏部铨。是秋，晨起将朝，风眩暴作而卒，年四十五。上闻之惊叹，遣中使就家问疾状，并恤其孤，赠赙加等。长子珙才十岁，即授大理评事；次子璥，补太庙斋郎。

嵘好修饰容仪，自五鼓张灯烛至辨色，冠带方毕。虽幼能属文，殊少警策，每草制，必精思讨索而后成，拘于引类偶对，颇失典诰之体。上以其贵家子能业文，甚宠待之，欲召入翰林，谓近臣曰："嵘眸子眊眊然，胸中必不正，不可以居近侍也。"其命遂寝。

嵘弟峄始为三班奉职，淳化中，献文求试，以上故相之后，改授大理评事。

冯吉字惟一，河南洛阳人。父道，周太师、中书令，追封瀛王。吉，晋天福初以父任秘书省校书郎，迁膳部、金部、职方员外郎，屯田、户部、司勋郎中，累阶金紫。周显德中，迁太常少卿。

吉嗜学，善属文，工草隶，议者以掌诰许之。然性滑稽无操行，每中书舍人缺，宰相即欲用吉，终以佻薄而止。

雅好琵琶，尤臻其妙，教坊供奉号名手者亦莫能及。父常戒令勿习，吉性所好，亦不能改。道欲辱之，因家宴，令吉奏琵琶为寿，赐以束帛，吉置于肩，左抱琵琶，按膝再拜如伶官状，了无怍色，家人皆大笑。

及为少卿，颇不得意，以杯酒自娱。每朝士宴集，虽不召亦常自至，酒酣即弹琵琶，弹罢赋诗，诗成起舞。时人爱其俊逸，谓之"三绝"。宋初，受诏撰述《明宪皇太后谥议》，见称于时。建隆四年，卒，年四十五。

宋史卷四四〇
列传第一九九

# 文苑二

### 高颐　李度　韩溥　鞠常　宋准
### 柳开　夏侯嘉正　罗处约　安德裕
### 钱熙

高颐字子奇，开封雍丘人。后唐清泰中举进士，同辈绐之曰："何不从裴仆射求知乎？"时裴皞以左仆射致仕，后进无至其门者。颐性纯朴，信其言，以文贽于皞。明年，礼部侍郎马裔孙知贡举，乃皞门下生也。皞以颐语之，遂擢乙科，四迁魏博观察支使。

周显德中，符彦卿奏署掌书记。时太宗亲迎懿德皇后于大名，彦卿遣颐迎候，日夕陪接，尤伸款好。后随彦卿镇凤翔，会诏留彦卿洛阳，颐复为天雄军掌书记。后以病免，居于魏。

雍熙二年，太宗亲试贡士，颐子南金举学究，自陈曰："臣父年八十四，尝佐使幕，久已罢职，家贫无以存养。愿赐一第，庶获寸禄，以及老父。"上问左右，其父何人？宰相宋琪以颐对，且言其素行廉介，老而弥厉，甚为搢绅推重。上曰："此高颐子耶！颐在大名幕中，尝与朕游处，迨逾旬月。晨暮对案饮食，常拱手危坐，未曾少懈，其恭谨盖天性也。惜其老矣，不欲烦以官政。"即擢南金第，拜颐左补阙致仕，赐钱十万。后卒于家。

颐有清节，力学强记，手写书千余卷。彦卿待之甚厚，或过致优给，颐计口受费，余皆不纳。彦卿左右多肆贪虐，民不能堪，及彦卿罢镇，其故时将吏、宾客皆心愧，无敢复游魏者。惟颐清苦守法，魏人爱之，在魏三十年，无一人言其非者。所乘马老，以糜饲之。仆夫年七十，待之如初。时称其长者。

次子鼎，举进士，至殿中丞。

李度，河南洛阳人。周显德中举进士。度工于诗，有"醉轻浮世事，老重故乡人"之句。时翰林学士申文炳知贡举，枢密使王朴移书录其句以荐之，文炳即擢度为第三人。释褐永宁县主簿。

累迁殿中丞、知歙州。坐事左迁绛州团练使，十年不调。度在歙州，尝以所著诗刻于石，有中黄门得其石本，传入禁中，太宗见之，谓宰相曰："度今安在？"即令召至，对于便殿，与语甚悦，擢为虞部员外郎，直史馆，赐绯。端拱初，籍田毕，交州黎桓加恩，命度借太常少卿充官告国信副使，上赐诗以宠行。未至交州，卒于太平军传舍，年五十七。

度之南使，每至州府，即借图经观其胜迹，皆形篇诗，以上所赐诗有"奉使南游多好景"之句，遂题为《奉使南游集》，未成编而亡。

弟康亦善诗，太平兴国二年，登进士第，官至太子右赞善大夫。

韩溥，京兆长安人，唐相休之裔孙。少俊敏，善属文。周显德初，举进士，累迁历使府。开宝三年，自静难军掌书记召为监察御史，三迁至库部员外郎，知华州，同判灵州，再转司门郎中。淳化二年，被病，表请辞职寻医，许之。溥博学，善持论，详练台阁故事，多知唐朝氏族，与人谈亹亹然可听，号为"近世肉谱"，搢绅颇推重之。尤善笔札，人多藏其尺牍。弟洎亦进士及第。

鞠常字可久，密州高密人。祖真，黄县令。父庆孙，申州团练判官，有诗名。

常少好学，善属文。汉乾祐二年，擢进士第，裁二十一，释褐秘书省校书郎。周广顺中，宰相范质奏充集贤校理，出为郓州观察支使，历永兴军节度掌书记、伊阳令。显德四年，诣阙进策，召试，复授猗氏令，迁蔡州防御判官，复宰介休、魏县。开宝中，赵普为相，擢为著作佐郎。时任此官，惟常与杨徽之、李若拙、赵邻几四人，皆有名于时。常应举时，著《四时成岁赋》万余言，又为《春兰赋》，颇存兴托。后为清河令。七年，卒，年四十七。

子仲谋，字有开，雍熙中进士，有材干，历御史、东京留守推官、陕西转运，至兵部员外郎。仲谋集其父所为文成二十卷。

弟愉，周广顺中进士，与常齐名。

宋准字子平，开封雍丘人。祖彦升，库部员外郎。父鹏，秘书郎。准，开宝中举进士。翰林学士李昉知贡举，擢准甲科。会贡士徐士廉击登闻鼓，诉昉用情取舍非当。太宗怒，召准覆试于便殿，见准形神伟茂，程试敏速，甚嘉之，以为宜首冠俊造，由是复擢准甲科，即授秘书省秘书郎，直史馆。

八年，受诏修定诸道图经。俄奉使契丹，复命称旨。明年，出知南平军，会改军为太平州，依前知州事，就加著作佐郎。太平兴国四年，迁著作郎，通判梓州，转左拾遗，归朝预修诸书。八年，同知贡举，出为河北转运使，岁余，以本官知制诰。雍熙中，加主客员外郎，复预知贡举，俄判大理寺。四年，被病，迁金部郎中，罢知制诰。端拱二年卒，年五十二，赐钱百万。

准美风仪，善谈论，辞采清丽，莅官所至，皆有治声。卢多逊之南流也，李穆坐同门生黜免，左右无敢言者。准因奏事，盛言穆长者，有检操，常恶多逊专恣，固非其党也。上寤，未几，尽复穆旧官。时论以此称之。天禧三年，录其子大年试秘书省校书郎。

准从弟可观，金部郎中。族子郊、祁，并天圣二年进士甲科，别有传。

　　柳开字仲途,大名人。父承翰,乾德初监察御史。开幼颖异,有胆勇。周显德末,侍父任南乐,夜与家人立庭中,有盗入室,众恐不敢动,开裁十三,亟取剑逐之,盗逾垣出,开挥刃断二足指。

　　既就学,喜讨论经义。五代文格浅弱,慕韩愈、柳宗元为文,因名肖愈,字绍元。既而改名字,以为能开圣道之途也。著书自号东郊野夫,又号补亡先生,作二传以见意。尚气自任,不顾小节,所交皆一时豪俊。范杲好古学,尤重开文,世称为“柳、范”。王祐知大名,开以文贽,大蒙赏激。杨昭俭、卢多逊并加延奖。开宝六年举进士,补宋州司寇参军,以治狱称职,迁本州录事参军。太平兴国中,擢右赞善大夫。会征太原,督楚、泗八州运粮。选知常州,迁殿中丞,徙润州,拜监察御史。召还,知贝州,转殿中侍御史。雍熙二年,坐与监军忿争,贬上蔡令。

　　会大举北征,开部送军粮,将至涿州,有契丹酋长领万骑与米信战,相持不解,俄遣使绐言求降,开谓信曰:“兵法云:‘无约而请和,谋也。’彼将有谋,急攻之必胜。”信迟凝不决。逾二日,贼复引兵挑战,后侦知果以矢尽,俟取于幽州也。师还,诣阙上书,愿从边军效死,太宗怜之,复授殿中侍御史。

　　雍熙中,使河北,因抗疏曰:“臣受非常恩,未有以报,年裁四十,胆力方壮。今契丹未灭,愿陛下赐臣步骑数千,任以河北用兵之地,必能出生入死,为陛下复幽蓟,虽身没战场,臣之愿也。”上以五代战争以来,自节镇至刺史皆用武臣,多不晓政事,人受其弊。欲兼用文士,乃以侍御史郑宣、户部员外郎赵载、司门员外郎刘墀并为如京使,左拾遗刘庆为西京作坊使,开为崇仪使、知宁边军。

　　徙全州。全西延洞有粟氏,聚族五百余人,常钞劫民口粮畜,开为作衣带巾帽,选牙吏勇辩者得三辈,使入谕之曰:“尔能归我,即有厚赏,给田为屋处之;不然,发兵深入,灭尔类矣。”粟氏惧,留二吏为质,率其酋四人与一吏偕来。开厚其犒赐,吏民争以鼓吹饮之。居数日遣还,如期携老幼悉至。开即赋其居业,作《时鉴》一篇,刻石戒之。遣其酋入朝,授本州上佐。赐开钱三十万。

淳化初,移知桂州。初,开在全州,有卒讼开,开即杖背黥面送阙下。有司言卒罪不及徒,召开下御史狱劾系,削二官,黜为复州团练副使,移滁州。复旧官,知环州。三年,移邠州。时调民辇送趣环、庆,己再运,民皆荡析产业,转运使复督后运,民数千人入州署号诉。开贻书转运使曰:"开近离环州,知刍粮之数不增,大兵可支四年。今蚕农方作,再运半发,老幼疲弊,畜乘困竭,奈何又苦之?不罢,开即驰诣阙下,白于上前矣。"卒罢之。又知曹、邢二州。

真宗即位,加如京使归朝,命知代州。上言曰:

国家创业将四十年,陛下绍二圣之祚,精求至治。若守旧规,斯未尽善;能立新法,乃显神机。

臣以益州稍静,望陛下选贤能以镇之,必须望重有威,即群小畏服。又西鄙今虽归明,他日未可必保,苟有翻覆,须得人制御,若以契丹比议,为患更深。何者?契丹则君臣久定,蕃汉久分,纵萌南顾之心,亦须自有思虑。西鄙积恨未泯,贪心不悛,其下猖狂,竞谋凶恶,侵渔未必知足,姑息未能感恩,望常预备之。以良将守其要害,以厚赐足其贪婪,以抚慰来其情,以宽假息其念。多命人使西入甘、凉,厚结其心,为我声援,如有动静,使其掩袭,令彼有后顾之忧,乃可制其轻动。今甲兵虽众,不及太祖之时人人练习,谋臣猛将则又悬殊,是以比年西北屡遭侵扰,养育则月费甚广,征战则军捷未闻。诚愿训练禁戟,使如往日,行伍必求于勇敢,指顾无纵于后先,失律者悉诛,获功者必赏,偏裨主将不威严者去之。听断之暇,亲临殿庭,更召貔虎,使其击刺驰骤,以彰神武之盛。

臣又以宰相、枢密,朝廷大臣,委之必无疑,用之必至当。铨总僚属,评品职官,内则主管百司,外则分治四海。今京朝官则别置审官,供奉、殿直则别立三班,刑部不令详断,别立审刑,宣徽一司全同散地。大臣不获亲信,小臣乃谓至公。至如银台一司,旧属枢密,近年改制,职掌甚多,加倍置人,事则依旧,别无利害,虚有变更。臣欲望停审官、三班,复委中书、枢密、宣徽院，银台司复归枢密，审刑院复归刑部，去其繁细，省其头目。

又京府大都，万方轨则，望仍旧贯，选委亲贤。今皇族宗子悉多成长，但令优逸，无以试材，宜委之外藩，择文武忠直之士，为左右赞弼之任。

又天下州县官吏不均，或冗长至多，或岁年久阙。欲望县四千户已上选朝官知，三千户已上选京官知。省去主簿，令县尉兼领其事。自余通判、监军、巡检、监临使臣并酌量省减，免虚费于利禄，仍均济于职官。

又人情贪竞，时态轻浮，虽骨肉之至亲，临势利而多变。同僚之内，多或不和，伺隙则致于倾危，患难则全无相救，仁义之风荡然不复。欲望明颁告谕，各使改更，庶厚化原，永敦政本。

恭惟太祖神武，太宗圣文，光掩百王，威加万国，无贤不用，无事不知。望陛下开豁圣怀，如天如海，可断即断，合行即行，爱惜忠直之臣，体察奸谀之党。臣久尘著位，浸荷恩宠，辞狂理拙，唯圣明恕之！

开至州，葺城垒战具，诸将多沮议不协。开谓其从子曰："吾观昴宿有光，云多从北来犯境上，寇将至矣。吾闻师克在和，今诸将怨我，一旦寇至，必危我矣。"即求换郡，徙忻州刺史。及契丹犯边，开上书，又请车驾观兵河朔。四年，徙沧州，道病首疡，卒，年五十四。录其子涉为三班奉职。

开善射，喜弈棋。有集十五卷。作《家戒》千余言，刻石以训诸子。性倜傥重义。在大名，党过酒肆饮，有士人在旁，辞貌稍异，开询其名，则至自京师，以贫不克葬其亲，闻王祐笃义，将丐之。问所费，曰："二十万足矣。"开即罄所有，得白金百余两，益钱数万遗之。

开兄肩吾，至御史。肩吾三子，浞、灏、沆并进士第，灏秘书丞。

夏侯嘉正字会之，江陵人，少有俊才。太平兴国中，举进士，历官至著作佐郎。使于巴陵，为洞庭赋曰：

楚之南有水曰洞庭，环带五郡，淼不知其几百里。臣乙酉夏使岳阳，抵湖上，思构赋。明日披襟而观之，则翼然动，促然跂，栗然骇，愕然眙。况若驾春云而轼霓，浩若浮汗漫而朝跻。退若据泰山之安，进若履千仞之危。懵若无识，智若通微。跛若不倚，跄若将驰。耳不及掩，目不暇逃，情悸心嬉。二三日而后，神始宅，气始正，若此不敢以赋为事者二年，然眷眷不已。

一日登崇丘，望大泽，有云嶂兮兴，欻兮止。兴止未霁，忽若有遇。由是溃阳辉，沐芳泽，睹一异人于岩之际，霞为裾，云为袂，冰肤雪肌，金玦玉佩，浮丘、羡门，斯实其对。

因言曰："若非好辞者耶？"臣曰："然。""然则若智有所不通，识有所不穷，用不通不穷而循乎无端之纪，若得无殆乎？"臣又曰："然。""然志极则物应，思精则道来，嘉若之勤无讳谈，吾为若称云：'太极之生，曰地曰天。中含五精，五精之用而水居一焉。水之疏，迩则为江兮，远则为河；积则为潴兮，总则为湖。若今所谓洞庭者，杰立而孤，廓然如无区，其大无徒。含阳字阴，玄神之都。暧暧昧昧，百川不敢逾。有若臣者，有若宾者，有若仆者，有若子者，有若附庸者，有若娣姒者。若禹会涂山，武巡牧野，千出百会，咸处麾下。每六合澄静，中流回眄。莽莽苍苍，纤霭不翳。太阳望舒，出没其间。万顷咸沸，强而名之为巨泽，为长川，为水府，为大渊。纵之不逾，跼之不卑。乍若贤人，以重自持。诱之不前，犯之愈坚。又若良将，以谋守边。澎澎濞濞，浩尔一致。又若太始，未有仁义。冲冲漠漠，二气交错。又若混沌，凝然未凿。此乃方与之心胸，溟海之郛郭也。三代之前，其气溟落。浩浩滔天，与物回薄。灭木襄陵，无际无廓。上帝降鉴，巨人斯作。乃命玄夷，授禹之机。隤山陻谷，涤源畅微。然后若金在熔，若木在工，流精成器，夫何不通。是泽之设，允执厥中。既异其性，遂得其正。有升有降，有动有静。'"

臣应之曰："升降动静，可得闻乎？"神曰："水性非圆非方，非柔非刚，非直非曲，非玄非黄。划象为坎，本乎羲皇。外婉而固，内健而彰。降以《姤》始，升以《复》张。其静处阴，其动随阳。
六府之甲，万化之纲。式观是泽，乃知天常。若乃四序之变，九
夏攸处。烘然而炎，沸然而煮。群物鸿洞，烁为隆暑。泽之作，
颀然其容，若去若住，若茹若吐。灵趋怪觏，杳不可睹。蒸之为
云，散之为雨。倏忽万象，如还太古。真可嘉也。若乃秋之为
神，素气清泚。肃肃脩脩，群籁四起。泽之动，黝然其姿，若挺
若倚，若行若止。《巽》宫离离，为之腾风。苍梧崇崇，为之供云。
四顾一色，黯然氤氲。其声弥弥，若商非商，若徵非徵。东凑海
门，一浪千里。又足畏也。言其状，则石然而骨，岸然而革。气
然而荣，泺然而脉。有山而心，有洞而腹。有玉而体，有珠而目。
穿鼻孤岛，呀口万谷。臂带三吴，足跰荆、巫。或跂然而望，或
翼然而趋。彭蠡、震泽，讵可云乎？”

臣又问曰：“泽之态已闻命矣。水之族将如何居？”神曰：
“大道变易，或文或质。沉潜自遂，其类非一。或被甲而遭，或
曳裾而圆。或秃而跋，或角而蜿。或吞而呀，或呿而牙。或心
以之蟹，或目以之虾。或修臂而立，或横鬐而疾。或发于首，或
鬐于肘。或俨而庄，或毅而黝。彪彪纷纷，若大虚之含万汇，各
循其生而合乎群者也。”

臣又问曰：“若神之资，其品何如也？”神曰：“清矣静矣，丽
矣至矣，邈难知矣。肇于古，古有所未达；形于今，今有所未察。
非希夷合其心于自然，然后上天入地，把三根六。况水居陆处，
夫何不烛。彼鲲鲤之贤，蟠龙之仙，乃吾之肩也。其余海若、天
吴，阳侯、神胥，靦靦而游，曾不我俦。”

臣又问曰：“《易》称‘王公设险’，是泽之险可以为固。而历
代兴衰，其义安取？”神曰：“天道以顺不以逆，地道以谦不以
盈。故治理之世，建仁为旌，聚心为城。而弧不暇弦，矛不暇锋，
四海以之而大同。何必恃险阻，何必据要冲？若秦得百二为帝，
齐得十二而王。其山为金，其水为汤。守之不义，歘然而亡。水
不在大，恃之者败。水不在微，怙之者危。若汉疲于昆明，桀困

于酒池，亦其类也。故黄帝张乐而兴，三苗弃义而倾。则知洞庭之波以仁不以乱，以道不以贼，惟贤者观其知而后得也。"

于是盘桓徙倚，凝精流视。整以辞对，倏然而晦。徐铉见之，曰："是玄虚之流也。"人多传写。

端拱初，太宗知其名，召试辞赋，擢为右正言、直史馆兼直秘阁，赐绯鱼。元夕，上御乾元门观灯，嘉正献五言十韵诗，其末句云："两制诚堪羡，青云侍玉舆。"上依韵和以赐之，有"狭劣终虽举，通才列上居"之句，议者以为诚嘉正之好进也。未几被病，诏以为益王生辰使。所获金币，鬻得钱辇归家，忽一缗自地起立，良久而仆，闻者异之。嘉正疾遂笃，月余卒，年三十七。

子纾，太子中舍。

罗处约字思纯，益州华阳人，唐酷吏希奭之裔孙。伯祖衮，唐末为谏官。父济，仕蜀为升朝官。归朝，至太常丞。处约尝作《黄老先六经论》，曰：

先儒以太史公论道德，先黄、老而后《六经》，此其所以病也。某曰："不然，道者何？无之称也，无不由也。混成而仙，两仪至虚而应万物，不可致诘。况名之曰'道'，道既名矣，降而为圣人者，为能知来藏往，与天地准，故黄、老、姬、孔通称焉。其体曰道，其用曰神，无适也，无莫也，一以贯之，胡先而尊，孰后而愧。"

"《六经者》，《易》以明人之权而本之于道；《礼》以节民之情，趣于性也；《乐》以和民之心，全天真也；《书》以叙九畴之秘，焕二帝之美；《春秋》以正君臣而敦名教；《诗》以正风雅而存规戒。是道与《六经》一也。"

"矧仲尼祖述尧、舜，而况于帝鸿氏乎？华胥之治，太上之德，史传详矣。老聃世谓方外之教，然而与《六经》皆足以治国治身，清净则得之矣。汉文之时，未遑学校，窦后以之而治，曹参得之而相，几至措刑。且仲尼尝问礼焉，俗儒或否其说。"

余曰："春秋昭十七年,郯子来朝,仲尼从而学焉,俾后之人敦好问之旨。矧老子有道之士,周之史氏乎?余谓《六经》之教,化而不已则臻于大同,大道之行则蜡宾息叹。黄、老之与《六经》,孰为先而孰为后乎?又何必缫藉玉帛然后为礼,筍虡鼓然后为乐乎?余谓太史公之志,斯见之矣。恶可以道之迹、儒之末相戾而疾其说?病之者可以观徼,未可以观妙。"

人多重之。

登第,为临涣主簿,再迁大理评事,知吴县。王禹偁知长州县,日以诗什唱酬,苏、杭间多传诵。后并召赴阙,上自定题以试之,以禹偁为右拾遗,处约著作郎,皆直史馆,赐绯鱼。会下诏求谠言,处约上奏曰:

伏观今年春诏旨,责以谏官备员未尝言事,虽九寺、三监之官,亦得尽其说议。陛下虔恭劳神,厉精求理,力行王道,坐致太平。心先天而不违,德生民而未有,所以散玄黄之协气,为动植之休祥,而犹不伐功成,屡求献替,此真唐尧、虞舜之用心也。

臣累日以来,趋朝之暇,或于卿士之内预闻时政之言,皆曰圣上以三司之中,邦计所属,簿书既广,纲条实繁,将求尽善之规,冀协酌中之道。窃闻省上言,欲置十二员判官兼领其职,贵各司其局,允执厥中。臣以三司之制非古也。盖唐朝中叶之后,兵寇相仍,河朔不王,军旅未弭,以赋调管榷之所出,故自尚书省分三司以董之。然国用所须,朝廷急务,故僚吏之属倚注尤深。或重其位以处之,优其禄以宠之,黾勉从事者姑务其因循,尽瘁事国者或生于睚眦,因循则无补于国,睚眦则不协于时。或浅近之人用指瑕于心计,深识之士以多可为身谋。蠹弊相沿,为日已久。今若如十二员判官之说,亦从权救弊之一端也。

然而圣朝之政臻乎治平,当求稽古之规,以为垂世之法。臣尝读《说命》之书,以为"事不师古,匪说攸闻"、又《二典》曰:

"若稽古帝尧。""若稽古帝舜。"皆谓顺考古道而致治平。以臣所见,莫若复尚书都省故事,其尚书丞郎、正郎、员外郎、主事、令史之属,请依六典旧仪。以今三司钱刀粟帛管榷支度之事,均在二十四司,如此则各有司存,可以责其集事。今则金部、仓部安能知储廪帑藏之盈虚,司田、司川孰能金知屯役河渠之远近,有名无实,积久生常。况此却复都省之事,下臣犹能金知其可,况陛下聪明浚哲乎!

然议者以为不行已久,难于改更,若断自宸心,下于相府,都省之制,故典存焉。上令下从,孰为不可。盖人者可与习常,难与适变;可与乐成,难与虑始。在《周易》有之:"天地革而四时成。"此言能改命而创制,及小人乐成则革面以顺上矣。况三司之名兴于近代,堆案盈几之籍,何尝能省览之乎? 复就三司之中,更分置僚属,则愈失其本原矣。今三司勾院即尚书省,比部元为勾覆之司,周知内外经费,陛下若欲复之,则制度尽在。迨及九寺、三监多为冗长之司,虽有其官,不举其职。

伏望陛下当治平之日,建垂久之规,不烦更差使臣,别置公署。如此则名正而言顺,言顺而事成,省其冗员则息其经费,故《书》曰:"唐虞稽古,建官惟百。夏、商官倍,亦克用乂。"伏望法天地简易之化,建《洪范》大中之道,可以亿万斯年,垂衣裳而端拱矣。

受诏荆湖路巡抚,欲以苛察立名,所奏劾甚众,官吏多被黜责。淳化三年,卒,年三十三。

初,济为开封府司录,太宗尹京颇嘉其强干。太平兴国中,处约与兄贲同举进士,上临试,知贲,济之子,遂置之高等。八年,处约复登第。贲后至员外郎。

处约形神丰硕,见者加重,虽有词采而急于进用,时论亦以此薄之。卒后,苏易简、王禹偁集其文,凡十卷,题曰《东观集》。禹偁为序,易简表上之,诏付史馆。

蜀士又有严储者,太平兴国中进士,后直史馆,使河北督军粮,隐于契丹。

安德裕字益之，一字师皋，河南人。父重荣，晋成德军节度，《五代史》有传。德裕生于真定，未期，重荣举兵败，乳母抱逃水窦中。将出为守兵所得，执以见军校秦习，习与重荣有旧，因匿之。习先养石守琼为子，及年壮无嗣，以德裕付琼养之，因姓秦氏。习世兵家，以弓矢、狗马为事。德裕孩提即喜笔砚，遇文字辄为诵读声，诸子不之齿，习独异之。既成童俾就学，遂博贯文史，精于《礼》、《传》，嗜《西汉书》。习卒，德裕行三年服，然后还本姓。习家尽以橐装与之，凡白金万余两。德裕却之，曰："斯秦氏之蓄，于我何有。丈夫当自树功名，以取富贵，岂屑于他人所有耶！"闻者高之。

开宝二年，擢进士甲科、归州军事推官，历大理寺丞，著作佐郎。太平兴国中，累迁秘书丞，知广济军。时军城新建，德裕作《军记》及《图经》三卷，优诏嘉奖。俄改太常博士。八年，通判秦州，就知州事。雍熙初，迁主客员外郎，通判广州，未行，宰相李昉言其有史才，即以本官直史馆。端拱初，改金部员外郎。

淳化初，知开封县，会备三馆职，改直昭文馆。三年春，廷试贡士，德裕与史馆修撰梁周翰并为考官，上顾宰相曰："此皆有闻之士而老于郎署，周翰狭中，德裕嗜酒，朕闻其能改矣。"遂并赐金紫。俄迁司勋员外郎。至道初，德裕常作《九弦琴五弦阮颂》以献，上称其词采古雅。至道三年，转金部郎中，出知睦州，还判太府寺。咸平五年，卒，年六十三。

德裕性介洁，以风鉴自负。王禹偁、孙何皆初游词场，德裕力为延誉。及领考试，何又其首选。然酗饮太过，故不被奖擢。有集四十卷。

钱熙字太雅，泉州南安人。父居让，陈洪进署清溪令。熙幼颖悟，及长，博贯群籍，善属文，洪进嘉其才，以弟之子妻之。将署熙府职，辞不就，著《楚雁赋》以见志。寻复辟为巡官，专掌笺奏。

洪进归朝，熙不叙旧职，举进士。雍熙初，携文谒宰相李昉，昉深加赏重，为延誉于朝，令子宗谔与之游。明年，登甲科，补度州观察推官。代还，寇准掌吏部选，上封荐钱若水、陈充、王扶洎熙皆有文，得试中书，迁殿中丞，赐绯鱼。著《四夷来王赋》以献，凡万余言，太宗嘉之，即以本官直史馆。

淳化中，参知政事。苏易简对太宗言赵邻几追补《唐实录》，邻几卒，家睢阳，即命熙乘传而往，尽取其书来上。熙尝与杨徽之言及张洎、钱若水将被进用，熙与刘昌言同乡里，相亲善，又语及其事。昌言因以语洎，洎疑熙交构，诉之，熙坐削职，通判朗州，俄徙衡州，就改太常博士。真宗即位，迁右司谏。李宗谔、杨亿素厚善熙，乃与梁颢、赵况、赵安仁同表请复熙旧职，不报。寻通判杭州，政多专达，为转运使所奏，徙通判越州。

熙负气好学，善谈笑，精笔札，狷躁务进。自罢职，因愤恚成疾，咸平三年，卒，年四十八。尝拟古乐府，著《杂言》十数篇及《措刑论》，为识者所许。有集十卷。子蒙吉，亦进士及第。

宋史卷四四一
列传第二〇〇

# 文苑三

陈充　吴淑　舒雅附　黄夷简　虑稹
谢炎　许洞附　徐铉　句中正　曾致尧
刁衎　姚铉　李建中　洪湛　路振
崔遵度　陈越

陈充字若虚，益州成都人。家素豪盛，少以声酒自娱，不乐从宦。邑人敦迫赴举，至京师，有名场屋间。雍熙中，天府、礼部奏名皆为进士之冠，廷试擢甲科，释褐孟州观察推官，就改掌书记。会寇准荐其文学，得召试，授殿中丞，出知明州。入为太常博士，直昭文馆，迁工部、刑部员外郎。久病告满，除籍，真宗怜其贫病，令致仕，给半奉。未几病间，守本官，仍充职，以久次迁兵部员外郎。景德中，与赵安仁同知贡举，改工部、刑部郎中。

大中祥符六年，以足疾不任朝谒，出权西京留守御史台，旋以本官分司卒，年七十。

充词学典赡，唐牛僧孺著《善恶无余论》，言尧舜之善、伯鲧之恶，俱不能庆殃及其子，充因作论以反之，文多不载。

性旷达，善谈谑，澹于荣利，自号"中庸子"。上颇熟其名，以疾故不登词职。临终自为墓志。有集二十卷。

　　吴淑字正仪,润州丹阳人。父文正,事吴,至太子中允。好学,多自缮写书。淑幼俊爽,属文敏速。韩熙载、潘佑以文章著名江左,一见淑,深加器重。自是每有滞义,难于措词者,必命淑赋述。以校书郎直内史。

　　江南平,归朝,久不得调,甚穷窘。俄以近臣延荐,试学士院,授大理评事,预修《太平御览》、《太平广记》、《文苑英华》。一日,召对便殿,出古碑一编,令淑与吕文仲、杜镐读之。历太府寺丞、著作佐郎。始置秘阁,以本官充校理。尝献《九弦琴五弦阮颂》,太宗赏其学问优博。又作《事类赋》百篇以献,诏令注释,淑分注成三十卷上之。迁水部员外郎。至道二年,兼掌起居舍人事,预修《太宗实录》,再迁职方员外郎。

　　时诸路所上《闰年图》,皆仪鸾司掌之,淑上言曰:"天下山川险要,皆王室之秘奥,国家之急务,故《周礼》职方氏掌天下图籍。汉祖入关,萧何收秦籍,由是周知险要。请以今闰年所纳图上职方。又州郡地里,犬牙相入,向者独画一州地形,则何以傅合他郡?望令诸路转运使,每十年各画本咱图一上职方。所冀天下险要,不窥牖而可知;九州轮广,如指掌而斯在。"从之。会诏询御戎之策,淑抗疏请用古车战法,上览之,颇嘉其博学。咸平五年,卒,年五十六。

　　淑性纯静好古,词学典雅。初,王师围建业,城中乏食。里闾有与淑同宗者,举家皆死,惟存二女孩。淑即收养如所生,及长,嫁之。时论多其义。有集十卷。善笔札,好篆籀,取《说文》有字义者千八百余条,撰《说文五义》三卷。又著《江淮异人录》三卷、《秘阁闲谈》五卷。

　　子安节、让夷、遵路皆进士及第。遵路官至祠部员外郎、秘阁校理。

　　舒雅字子正,久仕李氏。江左平,为将作监丞,后充秘阁校理。好学,善属文,与吴淑齐名。累迁职方员外郎,求出,得知舒州,仍赐金紫。恬于荣宦,州之潜山灵仙观有神仙胜迹,郡秩满,即请掌观事。东封,就加主客郎中,改直昭文馆,转刑部。在观累年,优游山水,吟咏自乐,时人美之。卒年七十余。弟雄,端拱二年进士。

黄夷简字明举,福州人。父廷枢,为王审知从事,甚被亲遇。嗣王延钧以女妻之。钱氏取福州,署光禄卿。夷简少孤,好学,有名于江东,为钱惟治明州判官。太平兴国初,随钱俶来朝,授检校秘书少监、元帅府掌书记,赐以袭衣、器币、鞍勒、马。八年,俶让元帅,改授夷简淮海国王府判官。雍熙四年,俶改封许王,出镇南阳,加夷简仓部员外郎,充许王府判官。

俶薨,归朝,为考功员外郎,累迁都官郎中,掌名表,人颇称其得体。至道二年,上言浙右人无预馆阁之职者,因自陈尝劝钱俶入朝,词甚恳激,太宗怜之,命直秘阁,俄判吏部南曹。咸平中,召试翰林,迁光禄少卿。

初,宰相张齐贤欲引夷简与曾致尧并知制诰,有急制,值舍人出院,即封除目命夷简草之,物议以为不可,故但进秩而已。景德中,夷简被病,告满二百日,御史台言当除籍,真宗以其吴越旧僚,有词学,且年老母在,特命绩其月廪。大中祥符初,迁秘书少监。三年,丁内艰,上遣中使存问,赙赠有加,因请护母丧归浙右,许之;且欲不绝其奉给,特授检校秘书监、平江军节度副使。逾年卒,年七十七。

夷简喜谈论,善属文,尤工诗咏,老而不辍。尝摄鸿胪卿,护许国长公主葬,在道,驸马都尉魏咸信礼接甚薄,夷简衔之,言于上云:"发引之日,以钱三十千遗臣治装,不重王人,若有轻国命之意,臣拒不纳。"上遣中使诘咸信,咸信言:"夷简始受命,屡有求丐,又献挽词以希赂遗,臣皆不敢受,以是为慊。"既而夷简又贡歌诗一编,大率讥咸信吝啬,且形于怨诅。复言所未受三十千钱,意欲索取。真宗甚鄙之,且不欲其歌诗流布于外,命中书召夷简对焚之。士大夫以是薄其为人。

浙右士之秀者，又有卢稹、谢炎、许洞。

卢稹字叔微，杭州人。幼颖悟，七岁能诗，十二学属文。及长，晓《五经》大义，酷嗜《周易》、《孟子》。端拱初，游京师，时徐弦以宿儒为士子所宗，览稹文甚奇之，为延誉于朝。是年登进士第，调补真定束鹿主簿。至府，值契丹围城，未及赴官，卒，年二十七。尝著《五帝皇极志》、《孺子问》、《翼圣书》数十篇。

谢炎字化南，苏州嘉兴人。父崇礼，泰宁军掌书记。炎慕韩、柳为文，与卢稹齐名，时谓之"卢、谢"。稹选懦，炎劲急，反相厚善。端拱初，举进士，调补昭应主簿，徙伊阙，连知华容、公安二县。卒，年三十四。有集二十卷。

许洞字洞天，苏州吴县人。父仲容，太子洗马致仕。洞性疏隽，幼时习弓矢击刺之伎，及长，折节励学，尤精《左氏传》。咸平三年进士，解褐雄武军推官。尝诣府白事，有卒踞坐不起，即杖之。时马知节知州，洞又移书责知节，知节怒其狂狷不逊，会洞辄用公钱，奏除名。

归吴中数年，日以酣饮为事。尝从民坊贳酒，一日大署壁作《酒歌》数百言，乡人争往观，其酤数倍，乃尽捐洞所负。景德二年，献所撰《虎钤经》二十卷，应洞识韬略、运筹决胜科，以负谴报罢，就除均州参军。大中祥符四年，祀汾阴，献《三盛礼赋》，召试中书，改乌江县主簿。卒，年四十二。有集一百卷。又著《春秋释幽》五卷，《演玄》十卷。

徐铉字鼎臣，扬州广陵人。十岁能属文，不妄游处，与韩熙载齐名，江东谓之"韩、徐"。仕吴为校书郎，又仕南唐李升父子，试知制诰，与宰相宋齐丘不协。时有得军中书檄者，铉及弟锴评其援引不当。檄乃汤悦所作，悦与齐丘诬铉、锴泄机事，铉坐贬泰州司户掾，锴贬为乌江尉，俄复旧官。

　　时景命内臣车延规、傅宏营屯田于常、楚州,处事苛细,人不堪命,致盗贼群起。命铉乘传巡抚。铉至楚州,奏罢屯田,延规等惧,逃罪,铉捕之急,权近侧目。及捕得贼首,即斩之不俟报,坐专杀流舒州。周世宗南征,景徙铉饶州,俄召为太子右谕德,复知制诰,迁中书舍人。景死,事其子煜为礼部侍郎,通署中书省事,历尚书左丞、兵部侍郎、翰林学士、御史大夫、吏部尚书。

　　宋师围金陵,煜遣铉求缓兵。时煜将朱令赟将兵十余万自上江来援,煜以铉既行,欲止令赟勿令东下。铉曰:"此行未保必能济难,江南所恃者援兵尔,奈何止之!"煜曰:"方求和解而复决战,岂利于汝乎?"铉曰:"要以社稷为计,岂顾一介之使,置之度外可也。"煜泣而遣之。及至,虽不能缓兵,而入见辞归,礼遇皆与常时同。及随煜入觐,太祖责之,声甚厉。铉对曰:"臣为江南大臣,国亡罪当死,不当问其他。"太祖叹曰:"忠臣也!事我当如李氏。"命为太子率更令。

　　太平兴国初,李昉独直翰林,铉直学士院。从征太原,军中书诏填委,铉援笔无滞,辞理精当,时论能之。师还,加给事中。八年,出为右散骑常侍,迁左常侍。淳化二年,庐州女僧道安诬铉奸私事,道安坐不实抵罪,铉亦贬静难行军司马。

　　初,铉至京师,见被毛褐者辄哂之,邠州苦寒,终不御毛褐,致冷疾。一日晨起方冠带,遽索笔手疏,约束后事,又别署曰:"道者,天地之母。"书讫而卒,年七十六。铉无子,门人郑文宝护其丧至汴,胡仲容归其葬于南昌之西山。

　　铉性简淡寡欲,质直无矫饰,不喜释氏而好神怪,有以此献者,所求必如其请。铉精小学,好李斯小篆,臻其妙,隶书亦工。尝受诏与句中正、葛湍、王惟恭等同校说文,序曰:

　　　　许慎《说文》十四篇,并《序目》一篇,凡万六百余字,圣人之旨盖云备矣。夫八卦既画,万象既分,则文字为之大辂,载籍为之六辔,先王教化所以行于百代,及物之功与造化均不可忽也。虽五帝之后改易殊体,六国之世文字异形,然犹存篆籀之迹,不失形类之本。及暴秦苛政,散隶聿兴,便于末俗,人竞师法。古文既变，巧伪日滋。至汉宣帝时，始命诸儒修仓颉之法，亦不能复。至光武时，马援上疏论文字之讹谬，其言详矣。及和帝时，申命贾逵修理旧文，于是许慎采史籀、李斯、杨雄之书，博访通人，考之于逵，作说文解字，至安帝十五年始奏上之。而隶书之行已久，加以行、草、八分纷然间出，反以篆籀为奇怪之迹，不复经心。

至于六籍旧文，相承传写，多求便俗，渐失本原。《尔雅》所载草、木、鱼、鸟之名，肆志增益，不可观矣。诸儒传释，亦非精究小学之徒，莫能矫正。

唐大历中，李阳冰篆迹殊绝，独冠古今，于是刊定《说文》，修正笔法，学者师慕，篆籀中兴。然颇排斥许氏，自为臆说。夫以师心之独见，破先儒之祖述，岂圣人之意乎？今之为字学者，亦多阳冰之新义，所谓贵耳而贱目也。

自唐末丧乱，经籍道息。有宋膺运，人文国典，粲然复兴，以为文字者六艺之本，当由古法，乃诏取许慎《说文解字》，精加详校，垂宪百代。臣等敢竭愚陋，备加详考。

有许慎注义、序例中所载而诸部不见者，审知漏落，悉从补录；复有经典相承传写及时俗要用而《说文》不载者，皆附益之，以广篆籀之路。亦皆形声相从、不违六书之义者。

其间《说文》具有正体而时俗伪变者，则具于注中。其有义理乖舛、违戾六书者，并列序于后，俾夫学者无或致疑。大抵此书务援古以正今，不徇今而违古。若乃高文大册，则宜以篆籀著之金石，至于常行简牍，则草隶足矣。

又许慎注解，词简义奥，不可周知。阳冰之后，诸儒笺述有可取者，亦从附益；犹有未尽，则臣等粗为训释，以成一家之书。

《说文》之时，未有反切，后人附益，互有异同。孙愐《唐韵》行之已久，今并以孙愐音切为定，庶几学者有所适从焉。

锴亦善小学，尝以许慎《说文》依四声谱次为十卷，目曰

《说文解字韵谱》。铉序之曰：

昔伏羲画八卦而文字之端见矣，苍颉模鸟迹而文字之形立矣。史籀作大篆以润色之，李斯变小篆以简易之，其美至矣。及程邈作隶而人竞趣省，古法一变，字义浸讹。先儒许慎患其若此，故集《仓》、《雅》之学，研六书之旨，博访通识，考于贾逵，作《说文解字》十五篇，凡万六百字。字书精博，莫过于是，篆籀之体，极于斯焉。

其后贾鲂以《三苍》之书皆为隶字，隶字始广而篆籀转微。后汉及今千有余岁，凡善书者皆草隶焉。又隶书之法有删繁补阙之论，则其讹伪断可知矣。故今字书之数累倍于前。

夫圣人创制皆有依据，不知而作，君子慎之，及史阙文，格言斯在。若草、木、鱼、鸟，形声相从，触类长之，良无穷极，苟不折之以古义，何足以观？故叔重之后，《玉篇》、《切韵》所载，习俗虽久，要不可施之于篆文。往者，李阳冰天纵其能，中兴斯学。赞明许氏，夬焉英发。然古法背俗，易为堙微。

方今许、李之书仅存于世，学者殊寡，旧章罕存。秉笔操觚，要资检阅，而偏傍奥密，不可意知，寻求一字，往往终卷，力省功倍，思得其宜。舍弟锴特善小学，因命取叔重所记，以切韵次之，声韵区分，开卷可睹。锴又集《通释》四十篇，考先贤之微言，畅许氏之玄旨，正阳冰之新义，折流俗之异端，文字之学，善矣尽矣。今此书止欲便于检讨，无恤其他，故聊存诂训，以为别识。其余敷演，有《通释五音》凡十卷，贻诸同志云。铉亲为之篆，镂板以行于世。

锴字楚金，四岁而孤，母方教铉，未暇及锴，能自知书。李景见其文，以为秘书省正字，累官内史舍人，因铉奉使入宋，忧惧而卒，年五十五。李穆使江南见其兄弟文章，叹曰："二陆不能及也！"

铉有文集三十卷，《质疑论》若干卷。所著《稽神录》，多出于其客蒯亮。锴所著则有文集、家传、《方与记》、《古今国典》、《赋苑》、《岁时广记》云。

句中正字坦然，益州华阳人。孟昶时，馆于其相毋昭裔之第，昭裔奏授崇文馆校书郎，复举进士及第，累为昭裔从事。归朝，补曹州录事参军、氾水令，又为潞州录事参军。

中正精于字学，古文、篆、隶、行、草无不工。太平兴国二年，献八体书。太宗素闻其名，召入，授著作佐郎、直史馆，被诏详定《篇》、《韵》。

四年，命副张洎为高丽加恩使，还，迁左赞善大夫，改著作郎，与徐铉重校定《说文》，模印颁行。太宗览之嘉赏，因问中正，凡有声无字有几何？中正退，条为一卷以献。上曰："朕亦得二十一字，可并录之也。"时又命中正与著作佐郎吴铉、大理寺丞杨文举同撰定《雍熙广韵》。中正先以门类上进，面赐绯鱼，俄加太常博士。《广韵》成，凡一百卷，特拜虞部员外郎。

淳化元年，改直昭文馆，三迁屯田郎中，杜门守道，以文翰为乐。太宗神主及谥宝篆文，皆诏中正书之。尝以大小篆、八分三体书《孝经》摹石，咸平三年表上之。真宗召见便殿，赐坐，问所书几许时，中正曰："臣写此书，十五年方成。"上嘉叹良久，赐金紫，命藏于秘阁。时乾州献古铜鼎，状方而四足，上有古文二十一字，人莫能晓，命中正与杜镐详验以闻，援据甚悉。五年，卒，年七十四。

中正喜藏书，家无余财。子希古、希仲并进士及第，希仲太常博士。

蜀人又有孙逢吉、林罕：逢吉尝为蜀国子《毛诗》博士、检校刻石经；罕亦善文字之学，尝著《说文》二十篇，目曰《林氏小说》，刻石蜀中。

曾致尧字正臣，抚州南丰人。太平兴国八年进士，解褐符离主簿、梁州录事参军，三迁著作佐郎、直史馆，改秘书丞，出为两浙转运使。尝上言："去岁所部秋租，惟湖州一郡督纳及期，而苏、常、润三州悉有逋负，请各按赏罚。"太宗以江、淮频年水灾，苏、常特甚，所言刻薄不可行，诏戒致尧毋扰。俄徙知寿州，转太常博士。

致尧性刚率，好言事，前后屡上章奏，辞多激讦。真宗即位，迁主客员外郎、判盐铁勾院。张齐贤荐其材，任词职，命翰林试制诰，既而以舆议未允而罢。

李继迁扰西鄙，灵武危急，命张齐贤为泾、原、邠、宁、环、庆等州经略使，选致尧为判官，仍迁户部员外郎。既受命，因抗疏自陈，愿不受章绶之赐，词旨狂躁。诏御史府鞫其罪，黜为黄州副使，夺金紫。未几，复旧官，改吏部员外郎，历知泰、泉、苏、扬、鄂五州。大中祥符初，迁礼部郎中，坐知扬州日冒请一月奉，降掌升州榷酤，转户部郎中。五年，卒，年六十六。

致尧颇好纂录，所著有《仙凫羽翼》三十卷、《广中台志》八十卷、《清边前要》三十卷、《西陲要纪》十卷、《为臣要纪》一十五篇。子易从、易占皆登进士第。

刁衎字元宾，升州人。父彦能，仕南唐为昭武军节度。衎用荫为秘书郎、集贤校理，衣五品服，以文翰入侍，甚被亲昵。李煜尝令直清辉殿，阅中外章奏。

金陵平，从煜归宋，太祖赐绯鱼，授太常寺太祝。称疾假满，屏居辇下者数岁。太平兴国初，李昉、扈蒙在翰林，勉其出仕，因撰《圣德颂》献之。诏复本官，出知睦州桐庐县。

会诏群臣言事，衎上《谏刑书》，谓：

淫刑酷法非律文所载者，望诏天下悉禁止之。巡检使臣捕得盗贼、亡卒，并送本部法官讯鞫，无得擅加酷虐。古者投奸凶于四裔，今远方囚人尽归京阙，以配务役，最非其宜。且神皋胜地，天子所居，岂使流囚于此聚役。自今外处罪人，望勿许解送上京，亦不留于诸务充役。

又《礼》曰："刑人于市，与众弃之。"则知黄屋紫宸之中，非用刑行法之处。望自今御前不行决罚之刑，殿前引见司钳黥法具，并赴御史台、廷尉之狱；敕杖不以大小，皆引赴御史、廷尉。

京府或出中使，或命法官，具礼监科，以重圣皇明刑慎法之意。

或有犯劫盗亡命，罪重者刖足钉身，国门布令。此乃小民昧于刑宪，逼于衣食，偶然为恶，义不及他，被其惨毒，实伤风化，亦望减除其法。如此则人情不骇，和固其生；各气无伤，必臻上瑞。

再迁大理寺丞，献文四十篇。召试，授殿中丞、通判湖州，上疏请定天下酒税额、修郡县城隍、条约牧宰、除两浙丁身钱、禁汴水流尸，凡五事。俄知婺州，迁国子博士。会考校百官殿最，衎被召，以无过得知光州，就改虞部员外郎，转运使状其政绩，优诏加奖，徙知庐州。

真宗即位，迁比部员外郎。尝上疏曰：

臣闻天下，大器也；群生，众畜也。治大器者执一以正其度，保众畜者齐化以臻其原。故至人谓莫神于天，莫富于地，莫大于帝王。又曰：帝王乘地而总万物，以用人也。则知万乘之尊，一人之位，等天地之覆焘，若日月之照临，可不慎思虑以安民，系惨舒而被物！所以尧、舜笃善道以垂化，而民谓之所天；桀、纣怀凶德以害世，而民谓之独夫。则君之于民，善恶有如是之验；民之于君毁誉有如是之异。

陛下纂图兹始，布政惟新，所宜上顺天心，下从人欲，进善以去恶，避毁而来誉。遵唐、虞之治，斥辛、癸之乱，私赏无及于小人，私罚无施于君子，任贤勿贰，去邪勿疑。开谏净之门，塞谗佞之口，爱而知其恶，憎而知其善，无以春秋鼎盛而耽于逸游，无以血气方刚而惑于声色。若太祖之勤俭，若太宗之惠慈，答天地敷锡之意，保祖宗艰难之业，则周成、汉文三宗之美，不可同年而议拟也。

代还，献所著《本说》十卷，得以本官充秘阁校理，出知颍州。入为驾部员外郎，改直秘阁，充崇文院检讨。时杜镐、陈彭年并预检讨，衎言此二人可专其任，诏许解职，判三司开拆司，预修《册府元龟》，加主客郎中。求领外任，得知湖州，转刑部郎中。岁满，复预编

修。大中祥符六年,书成,授兵部郎中。入朝,暴中风眩,真宗遣使
驰赐金丹,已不救,年六十九。

衎始仕李氏,权势甚盛。父为藩帅,家富于财,被服饮膳,极于
侈靡。归宋,以纯澹夷雅知名于时,恬于禄位,善谈笑,喜棋弈,交道
敦笃,士大夫多推重之。

子湛、湜、湝,皆登进士第。湛,刑部郎中;屯田员外郎;湝,太常
博士。湛子绛、约,天圣中并进士及第。

姚铉字宝之,庐州合肥人。太平兴国八年进士甲科,解褐大理
评事,知潭州湘乡县,三迁殿中丞,通判简、宣,升三州。淳化五年,
直史馆,侍宴内苑,应制赋《赏花钓鱼诗》,特被嘉赏,翌日,命中使
就第赐白金以奖之。

至道初,迁太常丞,充京西转运使,历右正言、右司谏、河东转
运使。俄上言曰:“伏见诸路官吏,或强明莅事、惠爱及民者,则必立
教条,除其烦扰。然狡胥之辈,非其所便,俟其罢官,悉藏记籍,害公
蠹政,莫甚于此。《礼》云:‘其人存则其政举,其人亡则其政息。’又
《语》曰:‘旧令尹之政必告新令尹。’斯实圣人之格言,国家之急务
也。欲望所在官吏,有经画利济事可长久者,岁终书历,受代日录付
新官,俾之遵守。若事有灼然匪便,听上闻,俟报改正。”诏从之。

咸平三年,河决郓州王陵埽,东南注钜野,入淮西,城中积水坏
庐舍,以铉知州事,徙州于汶阳乡之高原,委以营度,许便宜从事。
工毕,加起居舍人、京东转运使,徙两浙路。

铉隽爽,颇尚气。薛映知杭州,与之不协,事多矛盾。映摭铉罪
状数条,密以闻,诏使劾之,当夺一官,特除名,贬连州文学。吉州之
万安抵虔,江有赣石,舟行其中,湍险万状,铉过,感而赋之以自况。
大中祥符五年,会赦,移岳州,又移舒州,俄授本州团练副使。天禧
四年卒,年五十三。

铉文辞敏丽,善笔札,藏书至多,颇有异本,两浙课吏写书,亦
薛映所摭之一事。虽被窜斥,犹夫荷担以自随。有集二十卷。又采

唐人文章纂为百卷,目曰《文粹》。卒后,子嗣复以其书上献,诏藏内府,授嗣复永城主簿。幼子称,俊颖美秀,颇善属辞,裁十岁卒。铉纪其事为《聪悟录》,人多传之。

李建中字得中,其先京兆人。曾祖逢,唐左卫兵曹参军。祖稠,梁商州刺史,避地入蜀。会王建僭据,稠预佐命功臣,左卫将军。建中幼好学,十四丁外艰。会蜀平,侍母居洛阳,聚学以自给。携文游京师,为王祜所延誉,馆于石熙载之第,熙载厚待之。

太平兴国八年进士甲科,解褐大理评事,知岳州录事参军。转运使李惟清荐其能,再迁著作佐郎,监潭州茶场,改殿中丞,历通判道、郢二州。柴成务领漕运,再表称荐,转太常博士。时言事者多以权利进,建中表陈时政利害,序王霸之略,太宗嘉赏,因引对便殿,赐以绯鱼。会考课京朝官,建中旧坐公累罚金,漏其事,坐降授殿中丞,监在京榷易院。苏易简方被恩顾,多得对,尝言蜀中文士,因及建中,太宗亦素知之,命直昭文馆。建中父名昭文,恳辞,改集贤院。数月,出为两浙转运副使,再迁主客员外郎,历通判河南府,知曹、解、颍、蔡四州。景德中,以久次进金部员外郎。

建中性简静,风神雅秀,恬于荣利,前后三求掌西京留司御史台,尤爱洛中风土,就构园池,号曰“静居”。好吟咏,每游山水,多留题,自称岩夫民伯。加司封员外郎、工部郎中。建中善修养之术,会命官校定《道藏》,建中预焉。又判太府寺。大中祥符五年冬,命使泗州,奉御制《汴水发愿文》,就致设醮。使还得疾,明年卒,年六十九。

建中善书札,行笔尤工,多构新体,草、隶、篆、籀、八分亦妙,人多摹习,争取以为楷法。尝手写郭忠恕《汗简集》以献,皆科斗文字,有诏嘉奖。好古勤学,多藏古器名画。有集三十卷。

子周道、周士并进士及第。周士历侍御史、江东陕西转运、三司盐铁判官,赐金紫,终工部郎中。周民,太子中舍。

　　洪湛字惟清，升州上元人。曾祖勋，南唐崇文馆直学士。祖寿，桐城令。父庆元，献书李煜，授奉礼郎，补新喻令；归宋，至冤句令。湛幼好学，五岁能为诗，未冠，录所著十卷为《韶年集》。举进士，有声。雍熙二年，廷试已落，复试，擢置高等，解褐归德军节度推官。召还，授右拾遗、直史馆。

　　端拱初，通判寿、许二州。归宋。与左正言尹黄裳冯拯、右正言王世则宋沆伏阁请立许王元僖为储贰，词意狂率，太宗怒。时沆坐吕蒙正亲党，已出为宜州团练副使。上因语近臣曰："储副，邦国之本，朕岂不知。但近世浇薄，若立太子，即东宫僚属皆须称臣，官职联次与上台无异，人情深所不安。此事朕自有时尔。"湛坐削职，出知容州，黄裳知邕州，拯知端州，沆知靖州，世则知蒙州。容之戍卒谋窃发者，湛侦知，亟斩之。再迁比部员外郎，知郴、舒二州。

　　咸平二年召还，命试舍人院，复直史馆。是秋，命与阁门祗候韩绍辉使荆湖按视民事，修奏利病甚众。还，判三司都磨勘司。又与王钦若同知贡举，未几，同修起居注。时议城绥州，边臣互言利害，遣湛与阁门祗候程顺奇同往按视，湛言城之利有七而害有二，遂诏营葺，终以劳人罢之。

　　湛美风仪，俊辨有材干，凡五使西北议边要。真宗有意擢任，顾遇甚厚。曲宴苑中，赋赏花诗，不移晷以献，深被褒赏。

　　五年春，有河阴民常德方讼临津尉任懿纳贿登第，事下御史台，鞫得懿款云："咸平二年，补太学生，寓僧仁雅舍，因仁雅求院之主僧惠泰为道地，署纸许银七铤，仁雅、惠泰隐其二，易为五铤。惠泰素识王钦若已在贡院，乃因馆客甯文德、仆夫徐兴纳署纸于钦若妻李，李密召家仆祁睿书懿名于左臂，并口传许赂之数，入省告钦若。及懿过五场，睿复持汤饮至省，钦若遣睿语李，令取其银，懿未即与。即而懿预奏名授官，未行，丁内艰，还乡里。仁雅驰书索银，形于诅骂。"德方者，卖卜县市，获其书，以告中丞赵昌言，具其事奏白，请逮钦若属吏。

　　先是，钦若为亳州判官，睿其厅干，及代归，以睿从行而未除州之役籍。及贡举事毕,会州张绩还乡行服,托为睿去籍名。至是,钦若诉云:"睿休役之后,始庸于家,而惠秦未尝及门。"钦若方被宠顾,乃诏翰林侍读学士邢昺、内侍副都知阎承翰并驿召知曹州边肃、知许州毋宾古就太常寺别鞫,懿易款云:"有妻兄张驾举进士,识湛,懿亦与驾同造湛门,尝以石榴二百枚、木炭百秤馈之。懿之输银也,但凭二僧达一主司,实不知谁何?"乃以为湛纳其银。湛适使陕西,中途召还,时张驾已死,甯文德、徐兴悉遁去,钦若近参机务,门下仆使多新募至,不识惠泰,故无与左证。又固执知举时未有祁睿,遂以湛受银,法当死,特诏削籍,流儋州。懿杖脊,配隶忠靖军。惠泰坐受简札及隐银未入已,以年七十余,当赎铜八斤,特杖一百,黥面配商州坑冶。仁雅杖脊,配隶郓州牢城,而不穷用银之端。

初,王旦与钦若知举,出拜枢密副使,以湛代领其事。湛之入贡院,懿已试第三场半,及官收湛赃,家实无物。湛素与梁颢善,或假颢白金器,乃取以输官。六年,会赦移惠州,至化州调马驿卒,年四十一。

湛时一子偕行,甚幼,州以闻,特诏赐钱二万,官为护丧还扬州。因诏命官配流岭外而没者,悉给缗钱,听其归葬,如亲属幼稚者,所在遣牙校部送之。湛有集十卷。

子鼎,大中祥符四年进士,至度支员外郎、直史馆、盐铁判官。

路振字子发,永州祁阳人,唐相岩之四世孙。岩贬死岭外,其子琛避地湘潭间,遂居焉。振父洵美事马希杲,署连州从事,谢病终于家。振幼颖悟,五岁诵《孝经》、《论语》。十岁听讲《阴符》,裁百言而止,洵美责之,俾终其业。振曰:"百言演道足矣,余何必学?"洵美大奇之。十二丁外艰,母氏虑其废业,日加诲激,虽隆冬盛暑,未始有懈。

淳化中举进士,太宗以词场之弊,多事轻浅,不能该贯古道,因试《厄言日出赋》,观其学术。时就试者凡数百人,咸睸眙忘其所出,虽当时驰声场屋者亦有难色。振寒素,游京师人罕知者,所作赋尤为典赡，太宗甚嘉之。擢置甲科，释褐大理评事，通判邠州，徙徐州。召还，直史馆，复遣之任，迁太子中允，知滨州。一日契丹至城下，兵少，民相恐，众谓振文吏，无战御方略，环聚而泣。振乃亲加抚谕，且以敌盛不可与争锋，宜坚壁自守。数日，契丹引去。转运使刘综称其能，诏书褒美。

常作《祭战马文》曰：

咸平中，契丹犯高阳关，执大将康保裔，略河朔而去。天子幸魏，特遣将王荣以五千骑追之。荣无将材，但能走马，以驰射为事，受命恇怯数日不敢行，伺贼渡河而后发。有剽淄、齐者数千骑尚屯泥沽，荣不欲见敌，遂以其骑略河南岸而还。昼夜急骑，马不秣而道毙者十有四五，天子悯之，遣使收瘗焉。因作祭文曰：

房驷之精，降为骊骍。饮泉呀风，流沙激霆。虎脊孤耸，龙媒骛狞。丹髦晓霞，的颡秋星。弗方著干，宜乘旋膺。嵯胪角起，方背珠明。

尔其绝塞草荒，八月陨霜。毛缩蹄坚，筋舒脉张。兽恶恐噬，虬狞欲骧。喷沙散沫，千里飞雪。围人负绁，武士索铁。前遮后突，雷动地裂。忽挽一而制百，终伏挡而受绁。牧官劬劬，岁入券书。蹄躈累累，通乎鬼区。名驹大绐，衔尾入塞。劳其酋长，节以驵侩。蜀锦吴缯，积如丘陵。马归于我也重，币入于彼也轻。

于是络黄金之羁，浴天池之波。鼓鬣云衢，弄影星河。或跽而啮，或嗅而吪。原蚕申禁，驵骏何多。帝念神物，来经远道。阅之于内殿，养之于外皁。饮以玉池，秣之瑶草。

穷冬边尘，入我河溽。羽书宵飞，龙驭北巡。选仗下之名马，属阃外之武臣。琱戈电烛，禁旅星陈。授以长策，帅以全军。壮士怒兮山可攀，猛马哮兮虎可咋。何嚄唶之无勇，反迁延而避敌。

冰霜凄凄，介甲而驰。不饮不秣，载渴载饥。骏马馁死，行人嗟咨。委天骨于衢路，反星精于云雾。报主恩之无及，齐戎力而何误。生刍致祭，弊帷成礼。瘗于崇冈，全尔具体。马如有神，知帝之仁。呜呼！

又以西兵未弭，入判大理寺，改太常丞，知河中府，徙知邓州。代还，判吏部南曹三司催欠惩由司。景德中使福建巡抚，俄判鼓司登闻院。会修《两朝国史》，以振为编修官。大中祥符初，使契丹，撰《乘轺录》以献。改太常博士、左司谏，擢知制诰。

振文词温丽，屡奏赋颂，为名辈所称，尤长诗咏，多警句。及居文翰之职，深惬物议，自是弥加精厉。从祀谯、亳，时同职分局掌事，振独直行在，专典纶翰，笺奏填委，应用无滞，时推其敏赡。七年，同修起居注，张复、崔遵度以书事误失降秩，择振与夏竦代之。嗜酒得疾，其冬卒，年五十八。录其子纶为太常寺奉礼郎。

振纯厚无城府，恂恂如也，时人惜其登用之晚。有集二十卷。又尝采五代末九国君臣行事作世家、列传，书未成而卒。

崔遵度字坚白，本江陵人，后徙淄州之淄川。纯介好学，始七岁，授经于叔父宪，尝以《春秋》编年、《史汉》纪传之例问于宪，宪曰：“此儿他日成令名矣。”太平兴国八年，举进士，解褐和川主簿，换临汾。馈刍粮，三抵绥州，涉无定河。河沙与水混流无定迹，陷溺相继，遵度悯之，著铭以纪焉。端拱初，转运副使夏侯涛上其勤状，召归，对便坐，因献文自荐。时新建秘阁，命中书试作颂一首，擢著作佐郎。

淳化中，吏部侍郎李至荐之，迁殿中丞，出知忠州。李顺之乱，贼遣其党张余来攻，遵度领甲士百余背城而战，贼逾堞以入，遵度投江中，赖州兵援之，得免。坐失城池，贬崇阳令，移鹿邑。咸平初，复为太子中允。景德初，内出遵度名，引对崇政殿，诏索所著文，召试舍人院，改太常丞、直史馆。会修《两朝国史》，与路振并为编修官。大中祥符元年，命同修起居注。东封，进博士；祀汾阴，是岁，真宗以两省官绝少，故因覃庆选补之，命为左司谏。

遵度与物无竞，口不言是非，淳澹清素，于势利泊如也。掌右史
十余岁，立殿墀上，常退匿楹间，虑上之见。善鼓琴，得其深趣。所
僦舍甚湫隘，有小阁，手植竹数本，朝退，默坐其上，弹琴独酌，悠然
自适，尝著《琴笺》云：

世之言琴者，必曰长三尺六寸象期之日，十三徽象期之
月，居中者象闰，前世未有辨者。至唐协律郎刘贶以乐器配诸
节候，而谓琴为夏至之音。至于泛声，卒无述者，愚尝病之。因
张弓附案，泛其弦而十三徽声具焉，况琴瑟之弦乎！是知非所
谓象者，盖天地自然之节耳，又岂止夏至之音而已。

夫《易》有太极，是生两仪。两仪者，太极之节也；四时者，
两仪之节也；律吕者，四时之节也；昼夜者，律吕之节也；刻漏
者，昼夜之节也。节节相受，自细至大而岁成焉。既不可使之
节，亦不可使之不节，气之自然者也。气既节矣，声同则应，既
不可使之应，亦不可使之不应，数之自然者也。既节且应，则天
地之文成矣。文之义也，或任形而著，或假物而彰。日星文乎
上，山川理乎下，动物植物，花者节者，五色具矣。斯任形者也。
至于人常有五性而不著，以事观之然后著；日常有五色而不
见，以水观之然后见；气常有五音而不闻，以弦考之然后闻。斯
假物者也。

是故圣人不能作《易》而能知自然之数，不能作琴而能知
自然之节。何则？数本于一而成于三，因而重之，故《易》六画
而成卦。及其应也，一必于四，二必于五，三必于六焉。气气相
召，其应也必矣。卦既画矣，故画琴焉。始以一弦泛桐，当其节
则清然而号，不当其节则泯然无声，岂人力也哉！且徽有十三，
而居中者为一。自中而左泛有三焉，又右泛有三焉，其声杀而
已，弦尽则声减。及其应也，一必于四，二必于五，三必于六焉，
节节相召，其应也必矣。

《易》之书也，偶三为六，三才之配具焉，万物由之而出。虽
曰六画，及其数也，止三而已矣。琴之画也，偶六而根于一，一

鍾者,道之所生也。在数为一,在律为黄,在音为宫,在木为根,在四体为心,众徽由之而生。虽曰十三,及其节也,止三而已矣。卦之德方,经也;蓍之德圆,纬也;故万物不能逃其象。徽三其节,经也;弦五其音,纬也;故众音不能胜其文。先儒谓八音以丝为君,丝以琴为君。愚谓琴以中徽为君,尽矣。夫徽十三者,盖尽昭昭可闻者也。苟尽弦而考之,乃总有二十三徽焉,是一气也。丈弦具之,尺弦亦具之,岂有长短大小之限哉!

是则万物本于天地,天地本于太极,太极之外以至于无物;圣人本于道,道本于自然,自然之外以至于无为;乐本于琴,琴本于中徽,中徽之外以至于无声。是知作《易》者,考天地之象也;作琴者,考天地之声也。往者藏音而未谈,来者专声而忘理。《琴笺》之作也,庶乎近之。苟其阙也,请俟君子。

世称其知言。

七年,东郊,建坛恭谢。坛上设正坐奉天地,配坐奉二圣。遵度时与张复同典记注,书昊天为天皇,又增圣祖配位,坐谬误,降为右正言,复亦责为工部郎中。逾岁,并复其秩。

九年,仁宗以寿春郡王开府,诏宰相择耆德方正有学术之士,咸曰遵度力学,有士行,时称长者,遂命与张士逊并为王友。改户部员外郎,赐服金紫,又赉袭衣、犀带、缗钱。上作七言诗宠之,因谓左右曰:“翊善、记室,皆府属也,故王皆受拜,今宾友之礼,当令答拜。”府中文翰皆遵度所作。王读孝经撤章,复以御诗赐之。国史成,拜吏部员外郎,升邸进封,改礼部郎中,充谘议参军。储宫建,又加吏部兼左谕德。未几,命使契丹,判司农寺。

遵度性寡合,喜读《易》,尝云:“意有疑,则弹琴辨其数,筮《易》观其象,无不究也。”

天禧四年八月,卒,年六十七。其子拜官者二人。仁宗即位,特诏赠工部侍郎,又授其二孙官,有集二十卷。

陈越字损之,开封尉氏人。祖守危,兴道令。父夏,虞部员外郎。

越少好学，尤精历代史。善属文，辞气俊拔。咸平中，诏举贤良，刑部侍郎郭贽荐之，策入第四等，解褐将作监丞，通判舒州，徙知端州，又徙通判袁州。未几召还，迁著作佐郎、直史馆，掌鼓司登闻院。预修《册府元龟》，与陈从易、刘筠尤为勤职。真宗以其奉薄，并命月增钱五千。车驾朝陵，掌留司名表，时称为工。自是两府笺奏多命草之，勋贵家以铭志为请者甚众。迁太常丞、群牧判官，祀汾阴，擢为左正言。

越耿概任气，喜箴切朋友，放旷杯酒间，家徒壁立，不以屑意。然嗜酒过差，每食必先引数升，罕有醒日，亦用是过疾。大中祥符五年，卒，年四十。无子，母老，人皆伤之。

越兄咸，尝举进干，未第。杨亿、杜镐、陈彭年列奏为言，真宗悯之。及《册府元龟》奏御，特赐咸同《三传》出身。

故事，中书章表皆舍人为之，东封后，朝廷多庆礼，舍人或以他务所婴，乃择馆阁官，得盛度、路振、刘筠、夏竦、宋绶、泊越分撰表奏，宰相尝以名闻，其后皆相次掌外制，唯越不及登擢，时论惜之。